中国社会科学院创新工程学术出版资助项目

中国电信行业规制（上卷）：电信竞争时代

张昕竹　马　源　冯永晟 ● 著

中国社会科学出版社

图书在版编目（CIP）数据

中国电信行业规制. 上卷，电信竞争时代/张昕竹，马源，冯永晟著. —北京：中国社会科学出版社，2012.8
ISBN 978 - 7 - 5161 - 1257 - 1

Ⅰ. ①中…　Ⅱ. ①张…　②马…　③冯…　Ⅲ. ①电信—行业标准—中国　Ⅳ. ①F632.1 - 65

中国版本图书馆 CIP 数据核字（2012）第 177513 号

出 版 人	赵剑英	
选题策划	卢小生	
责任编辑	卢小生	
责任校对	韩海超	
责任印制	李　建	
出　　版	中国社会科学出版社	
社　　址	北京鼓楼西大街甲 158 号（邮编　100720）	
网　　址	http://www.csspw.cn	
	中文域名：中国社科网　　010 - 64070619	
发 行 部	010 - 84083635	
门 市 部	010 - 84029450	
经　　销	新华书店及其他书店	
印　　刷	北京市大兴区新魏印刷厂	
装　　订	廊坊市广阳区广增装订厂	
版　　次	2012 年 8 月第 1 版	
印　　次	2012 年 8 月第 1 次印刷	
开　　本	710×1000　1/16	
印　　张	34	
插　　页	2	
字　　数	553 千字	
定　　价	78.00 元	

凡购买中国社会科学出版社图书，如有质量问题请与本社发行部联系调换
电话：010 - 64009791

序

　　尽管政府规制往往与自然垄断联系在一起，并且世界各国的电信行业在过去很长时间内，也一直都将垄断作为主要的管理体制，但现代电信监管的基本标志是创新所带来的电信竞争，也就是说，电信竞争成为现代电信规制的主题。实际上，就在电信行业引入竞争之初，一个备受争议的基本问题是，电信规制最终是否会被彻底放弃，而被市场机制或者一般性的反垄断规制所取代。

　　近些年来，电信行业的发展和电信规制的变迁似乎表明，电信规制确实发生了根本性变化，不过，这种变化不仅表现为对准入、资费等规制政策的放松，从而让市场机制主导资源的配置，更重要的是，电信规制与竞争已经变得更为错综复杂，表现在不仅需要利用互联互通等规制政策来促进竞争，而且还要面临日益复杂的网络安全规制问题。此外，随着技术、网络和业务的不断变化，电信行业的定位已经不仅仅局限于可以市场化的基础设施产业，而正在变成国民经济和全球竞争中的一个重要的战略性产业。

　　从电信行业的基本面看，除了与其他基础设施产业类似的供给特征外，电信产业的需求特征，特别是显著的网络外部性，对电信行业的规制和竞争产生了至关重要的影响。

　　首先是电信网络的直接外部性。这种外部性起源于电信网络的人与人之间的通话属性。当网络用户增加时，用户的通话可能性增加，因此其效用就会增加，相应的网络效应也会增大。随着网络的不断演化和互联网的兴起，虽然其承载的业务更加多样化，通信业务早已不再限于人与人之间的通信，但是通信属性仍然是互联网产业的一个重要特征，网络外部性仍然存在并显著。

　　直接外部性是理解最重要的现代电信规制政策——互联互通政策的理

论基础。在缺乏或者互联互通或兼容性不完善的条件下，市场会产生垄断倾斜，从而阻碍有效竞争的形成。直接外部性也是理解普遍服务政策的基础。通过对用户入网接入决策进行补贴，可以将网络外部性内部化。此外，毋庸置疑的是，直接外部性是理解电信网络及业务扩散机制的基础。

其次是电信网络的间接外部性或者平台特征。本质上讲，这种外部性并不与用户的数量直接相关，但是，由于电信网络，特别是现代电信网络具有多种类型用户的特征，所以，当一种类型的用户增加时，其他类型的用户得到的效用就会增加，由此会使第一种类型用户的效用增加。从某种意义上讲，虽然可以将传统的电话网络视为主叫和被叫的双边市场，但由于传统业务的单一性，一般很少考虑其间接外部性。但随着互联网产业的崛起，很多业务具有显著的双边或多边市场特征，其独特的商业模式对传统的单边市场构成巨大的挑战，因此间接外部性就成为理解这类市场的规制与竞争的基本出发点。

最后是资费外部性。这种外部性主要是资费的局限性造成的。根据有效定价理论，谁受益谁付费以及边际（增量）成本定价是有效定价的基本原则。但是，在传统的电话网络中，一种普遍流行的定价方式是单向收费，而被叫尽管享受服务却不需要付费，由此产生所谓的资费外部性，或者说被叫对主叫的补偿问题。正因为如此，网间结算应该基于什么原则，以及结算价格与双向收费的关系等问题，成为电信规制政策关注的焦点。由此可见，资费外部性是理解网间结算原则以及双向收费之争的基础。

值得关注的是，在互联网时代，由于受互联网商业模式的影响，这种资费外部性表现得更为明显，其主要标志是包月制的普遍使用。比如，互联网接入普遍采用包月制，但这种资费带来的问题是，虽然接入网的成本具有（专属）固定成本属性，但是占网络成本三成至四成的核心网成本属于流量敏感成本，因此包月制资费很难保证流量敏感成本的回收，由此对网络投资激励产生扭曲。这正是产生在网络流量爆炸性增长的同时，运营商却不能从中受益等问题的重要原因。很显然，这种资费外部性是理解当前互联网骨干网接入和互联结算问题，以及网络扩散机制的理论基础。

虽然这些经济特征是影响电信规制与竞争的最重要因素，但理解中国电信规制与竞争问题，还需要考虑中国电信行业特殊的制度背景。从1994年联通成立起，中国电信行业正式开始了市场化进程，打破垄断、引入竞争成为统领电信改革的主旋律。可以说，在经过近20来年的电信改革以后，不但彻底解决了电信业的供需矛盾问题，更重要的是基本建立起了市场竞争机制，并形成了具有中国特色的电信规制框架。

尽管如此，中国电信行业仍面临很多深刻的结构性矛盾，需要进一步深化电信改革。

首先是电信业的定位不清晰。总体来看，电信业基本上被定位为一个可市场化的基础设施行业，由此导致电信业成为中国规制改革的试验田，成为市场化程度最高的基础设施行业；但政府又一直对电信行业保持高强度的控制和干预。目前，电信业正处于转型之中，面临着三网融合和宽带中国战略实施等重大问题，由此迫切需要顶层设计来进行统筹考虑，但很显然，顶层设计需要解决的首要问题是电信业的定位。

其次是电信业仍然存在很多体制和机制上的问题。虽然相对其他垄断行业来讲，中国电信行业的市场化程度已经很高，突出地表现为大量业务已经放开市场准入，电信资费已经完全由市场确定，但毋庸置疑的是，电信行业的政府治理仍存在着严重扭曲，表现为电信业的产权结构仍由国有主导，基础业务市场准入仍受到限制，更重要的是，在很多领域政府进行强力干预的同时，一些领域却存在监管真空的状态。由此带来的直接后果是，电信市场结构严重失衡，行业利润一直在高位运行等问题。

正是在这样一个行业发展的背景下，本书试图利用电信经济学理论和分析框架，并利用中国电信行业数据，特别是企业和用户层面的数据，借鉴国际电信改革的经验，对中国电信行业面临的规制与竞争问题进行理论和实证分析。

本书由五篇十二章组成，各篇的内容简要地说明如下：

第一篇研究电信改革问题。主要从宏大叙事的角度，利用实证分析方法，对中国电信改革绩效进行评估，寻找中国电信发展的制度来源，为未来电信深化改革重新寻找改革动力。此外，还针对三网融合的规制体制问题进行了实证研究，为从顶层设计角度破解三网融合困局提供支撑。

第二篇研究电信资费问题。在电信资费放开以后，非线性定价成为电信业务的基本定价方式和竞争手段，也因此产生了新的规制与竞争问题。本篇主要研究三部制定价特征，并利用用户层面的数据，采用结构计量模型方法，研究最优资费问题，评估现有非现行定价的特性，并采用微观计量模型，评估双向收费改单向收费的影响。

第三篇研究网间结算问题。主要结合互联定价的大量文献，围绕结算价格的定价原则，分析在不同收费方式下，或者在具有不同规制工具可能性时，结算价格的基本作用以及对市场竞争和资源配置的影响，并结合中国网间结算价格的制定原则，分析了基于资费的结算价格定价方法。最后利用基准价格方法，实证估计了基准结算价格。

第四篇研究接入竞争与普遍服务问题。首先以移动通信为背景，利用微观计量模型和用户层面的数据，实证分析了电信竞争对用户离网决策的影响。此外，还通过建立理论模型，分析了发展中国家普遍服务政策的实施所面临的激励问题，并对普遍服务政策进行了系统的经济学分析。

第五篇研究网间结算长期增量成本模型。主要基于长期增量成本原理，研究了固定电话网和移动电话网的长期增量成本模型。

本书的读者主要是对中国电信业规制与竞争感兴趣的政府官员、专家、学者以及研究生。本书的主要特色在于，在电信竞争的背景下，不但对一些重要的电信规制与竞争问题提出了分析框架，而且还进行了实证分析，特别是基于微观计量模型和用户层面数据进行需求分析。由此我们希望，本书的研究方法和结论对于推动电信规制与竞争的研究，以及相关问题的政策讨论能有所贡献。

我们衷心地感谢工业和信息化部（原信息产业部）、中国移动和中国联通等运营商在本书写作过程中所给予的很多方面的帮助。当然，我们非常感谢我们的家人，是他们在背后毫无怨言的支持，为我们的工作提供了巨大的动力。

张昕竹

2012 年 3 月

目　　录

第一篇　电信改革

第二篇　电信资费

第三篇　电话网网间结算

第四篇　接入竞争与普遍服务

第五篇　电话网长期增量成本模型

第一篇
电信改革

第一章 电信体制改革与电信行业增长[①]

第一节 引言

自 20 世纪 90 年代起，中国电信行业开始经济体制改革，通过这场改革，打破了邮电部的垄断经营格局，并取得了举世瞩目的成就，中国从一个通信落后国家迅速成为世界最大的电信市场［陆和王（Lu and Wong），2003］。1994 年，中国电信行业收入为 487.3 亿元，到 2004 年，就达到了 4906.8 亿元，每年的增速都高于 13.5%，并远超过 GDP 的增速。然而，行业高速增长的态势并没有保持下去，近年来呈现出快速下滑的态势。2007 年，电信行业出现了 30 年来首次低于 GDP 增速的现象，而且，2009 年仅增长 4.1%，这不仅低于 2008 年 6.6% 的增速，也低于 2009 年中国 GDP 8.7% 的增速［《中国通信统计年度报告》（2009）］。那么，中国电信行业从增长奇迹快速陷入增长困境，究竟经济体制改革力度与行业增长之间存在着怎样的逻辑关系？不同电信体制改革措施对电信行业增长的贡献有多大？停滞推进经济体制改革是否影响了电信行业的增长？继续推进电信体制改革对电信行业增长的改善空间有多大？电信行业作为国民经济中战略性、先导性和基础性产业，其发展对国民经济增长具有重要的拉动作用［罗拉和韦曼（Roller and Waverman，2001）、达塔和阿哥瓦（Datta and Agarwal，2004）］。因此，这些问题的回答将对深化电信经济体制改革、促进国民经济健康快速发展具有重要的指导意义。

[①] 本章与郑世林合作。

随着科学技术的发展，电信行业不再完全具有自然垄断属性［伯格和蒂色哈特（Berg and Tschirhart, 1998）］。此外，自然垄断和规制理论发展也为电信经济体制改革提供了重要依据［施蒂格勒（Stigler, 1972）、萨克（Sharkey, 1982）、鲍莫尔等（Baumol et al., 1983）］。20 世纪 70 年代末以来，世界发达国家电信行业开始以打破垄断、民营化和管制政策变化为主题的经济体制改革［斯皮勒和卡迪利（Spiller and Cardilli, 1997）、诺尔（Noll, 2000）］。目前，很多国外文献利用跨国面板数据考察了经济体制改革对电信行业劳动生产率的影响。博伊兰和尼科拉地（Boyland and Nicoletti, 2000）、鲍特洛蒂等（Bortolotti et al., 2002）和瓦尔斯坦（Wallsten, 2001）研究发现，竞争和独立管制显著提高了行业劳动生产率。罗斯（Ross, 1999）研究发现，民营化也显著改善了行业劳动生产率，甚至李和徐（Li and Xu, 2004）研究发现，完全民营化要比部分民营化更能提高行业劳动生产率。综合三种因素后，芬克等（Fink et al., 2003）研究发现，竞争、民营化和独立性管制机构对劳动生产率都具有显著正向影响。

有些文献进一步验证了电信经济体制改革对全要素生产率的影响。20 世纪 80 年代初，英国电信（BT）民营化，以及美国 AT&T 分拆引入竞争，引领了世界电信改革的潮流。科瓦卡（Kwoka, 1993）对 BT 和 AT&T 生产率分解后发现，80 年代竞争和民营化分别贡献了这两家企业 17% 和 25% 的生产率增长，并且科戈特和孙（KGort and Sung, 1999）对 AT&T 分拆效果研究也得出了基本相似的结论。另外，跨国实证研究结论也支持了竞争和民营化对电信行业全要素生产率具有显著的正效应［马丹和萨瓦奇（Madden and Savage, 2001）；马丹、萨瓦奇和黄（Madden, Savage and Ng, 2003）；李和徐，2004］。而且，拉姆和邱（Lam and Shiu, 2010）利用 1980—2006 年 105 个国家电信发展数据研究发现，存在竞争和民营化要比不存在的国家更能促进本行业全要素生产率增长。

受国外垄断行业改革浪潮的影响，自 1994 年中国开始电信经济体制改革，截至 2007 年，电信改革经历了三个阶段。

第一阶段是改革初期（1994—1997 年）。在这个阶段，行业引入了中国联通，形成双寡头竞争格局。

第二阶段是改革中期（1998—2002 年）。首先，国务院对处于几乎完全垄断地位的中国电信先后进行了纵向和横向分拆，并且还引入了中国铁通和卫通，最终形成了电信市场"5+1"分业竞争的格局①。其次，分拆出来的电信企业通过在海外股票市场上市来进行产权改革，将部分国有股份民营化，最终政企实现了分离。最后，在管制政策上发生了三大改变：一是 1998 年邮电分家后，信息产业部成立标志着相对独立管制机构的设立；二是 2000 年国务院颁布了《中华人民共和国电信条例》，放松了由政府完全管制的电信价格，电信价格不再完全由政府决定；三是 2001 年年底中国又加入了世界贸易组织（WTO），意味着中国电信行业必须遵守世界贸易组织规则。

第三阶段是改革后期（2003—2007 年）。这阶段电信改革已经放缓，基本处于停滞不前的状态。

对于中国电信经济体制改革效果，已有文献进行了初步研究。汪贵浦和陈明亮（2007）利用 1986—2004 年度时间序列数据，将市场集中度与行业增长率进行回归，发现分拆改革并未实现改革初衷，并认为基于分拆的电信市场结构没有提高行业增长。但是更多的文献却证实了电信行业去垄断改革促进了技术进步，降低了服务价格，并增进了社会福利水平（高锡荣，2008a、b；孙巍，2008）。包含产权影响因素后，郑世林（2010）及郑和瓦德（Zheng and Ward，2011）分别基于电信整体市场和细分市场，实证分析了市场竞争与上市产权改革改革对电信服务价格、电话普及率以及电信通话量的影响，研究发现，市场竞争显著提高了电信行业绩效，并且上市产权改革也对移动通信绩效具有积极的影响。

以上文献的研究结论并不统一，尤其在关于电信行业增长估算上略为简单。而且，迄今为止，笔者还尚未发现从市场竞争、产权改革和管制政策变化出发，全面而规范地考察改革对电信行业增长影响的文献。有鉴于此，本章将利用 1994—2007 年省级面板数据，实证分析经济体制改革对电信行业增长的影响并估算其贡献。

---

① 固定通信主要是中国电信、网通和铁通之间的竞争，移动通信形成了中国移动和中国联通之间的竞争。另外还有 1 家是中国卫通，主要从事卫星通信业务。

第二节 分析框架与研究假设

一 分析框架

从世界范围来看，各国电信行业经济体制改革可以归结为市场结构、产权结构和管制政策上的变化。在研究各国电信经济体制改革对生产率的影响时，马丹和萨瓦奇（1999，2001）在产业组织理论的重要分支哈佛学派的 SCP 范式下，探究了竞争、产权与行业全要素生产率之间的关系。瓦尔斯坦（2001）和芬克等（2003）在分析电信改革对劳动生产率的影响时，既包括竞争和产权的影响，也包括管制变化。另外，在测算中国行业性行政垄断对效率影响时，于良春和张伟（2010）也借鉴产业组织理论中的 SCP 范式，在考虑中国转轨制度因素、产权和市场结构因素基础上构造了扩展的产业组织 ISCP 分析框架。根据以上文献，本章形成了电信经济体制改革对行业生产率作用机制的 ISCP 分析框架，由于管制政策变化是中国电信行业重要的转轨制度因素之一，因此，本章中的 I（Institution）是指电信管制政策变化。而且，我们认为，管制政策变化不仅会对结构产生影响，而且作为外部变量会直接对厂商行为产生影响[①]；S（Structure）反映电信行业市场结构和产权结构；C（Conduct）表示电信厂商的行为；P（Performance）为电信行业绩效，在本章中主要指生产率。通过 ISCP 框架，我们建立起电信管制政策变化、市场结构、产权结构与行业生产率之间的作用机制。

二 研究假设

在 ISCP 分析框架中，因为厂商行为仅是中间变化，所以，本章将中间环节——厂商行为变化视为一个"黑箱"，直接建立起改革措施与绩效

---

① 在转型国家，对于竞争性行业而言，可以直接建立起竞争和产权与产业绩效之间的影响关系（刘小玄，2003）；而对于电信等垄断性行业来说，企业行为不仅是由企业经营者根据结构因素决定的，而且会受到主管部门管制政策的影响。因此，管制政策变化会直接对厂商行为产生影响，从而影响行业绩效。

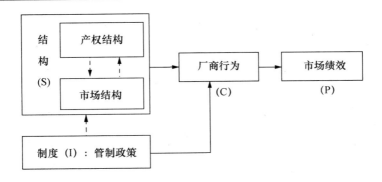

图1-1　ISCP分析框架：电信改革对生产率

之间的关系。在此基础上，根据竞争、产权和管制理论，并结合中国电信体制改革的差异化道路，提出研究假设。

（一）市场竞争对电信行业生产率影响

经济学主流思想认为，市场竞争是提高配置效率、技术效率和促进技术进步的可靠机制［哈耶克（Hayek，1945）、阿尔钦和凯瑟尔（Alchian and Kessel，1962）、威廉姆森（Williamson，1963）、利比斯坦（Leibenstein，1966）］。另外，新制度经济学派也支持竞争对技术效率有正向影响［诺斯（North，1990）、勒威和斯皮勒（Levy and Spiller，1996）］。对于电信行业来说，随着信息技术的发展，行业不再完全具有自然垄断特征，一些业务已经完全丧失自然垄断性，因此，打破行业垄断，走向市场竞争必然会带来行业生产率的显著提高。

在经济体制改革中，中国电信行业并没有像多数国家那样形成以民营企业为主的竞争主体，而是通过引入竞争和拆分重组形成了以国有企业独占的竞争性市场。那么，这种国有企业间的竞争能否改善生产效率呢？一方面，巴里和约瑟夫（Barry and Joseph，1983）和哈特（Hart，1983）认为，无论是国家还是私人拥有财产，只要是竞争性市场，就可以让企业股东比较容易地获得更多信息来推断管理工作，最终导致生产效率提升。另一方面，虽然行业中都是国有企业，但是由于企业有自身的独立利益，同样存在着促进竞争的因素（郑世林，2010）。一是企业绩效与员工的实际收入、职位和荣誉感有关；二是企业绩效不仅关系高级管理者的合同薪酬，也关系其在政府行政职务上的提拔和重用，高级管理者之间形成竞争"锦标赛"，其竞争压力不亚于民营高级管理者①。因此，我们提出假设如下：

假设1：打破垄断后所形成的市场竞争格局提高了电信行业生产率。

（二）上市产权改革对电信行业生产率的影响

新制度经济学探究了不同产权结构的激励效果（诺斯，1990；勒威和斯皮勒，1996）。委托—代理和公共选择理论也为产权结构与经济效率的关系提供了假设依据［尼斯卡恩（Niskanen，1971）、博依克和威斯尼（Boycko and Vishny，1996）］。这些理论认为，国有比民营产权生产效率低下。一是国有产权不但产权分散微弱，而且委托—代理关系层次较多，造成了较高监管成本、激励方式不够灵活等问题，使得企业内部效率较低。二是国有产权存在着软预算约束问题，也带来了大量效率损失。

中国电信产权改革也并未像多数国家那样采取大规模的民营化，而是通过企业海外上市部分民营化国有产权。大量的实证研究支持民营化产权改革显著提高了电信行业生产率（罗斯，2001；马丹、萨维奇和黄，2003；李和徐，2004，等等）。但对于上市产权改革对生产率的影响目前较少研究，我们认为，这种改革方式不但助于国有企业实现政企分开，硬化软预算约束，而且上市后受到海外资本市场监督，企业经营管理与国际接轨，生产效率也会得到改善。因此，我们提出如下研究假设：

假设2：以海外上市为主的产权改革提高了电信行业生产率。

（三）管制政策变化对电信行业生产率的影响

构建独立管制机构，不仅可以防止垄断权的滥用，保护消费者，也可防止随意的政治干涉用，保护投资者，又可以激励电信企业有效运营和投资。［拉丰和蒂罗尔（Laffont and Tirole），2002］。而且，在政府干涉较大的管制条件下，民营投资者不愿意投资和扩大生产规模［格帕塔和斯拉瓦特（Gupta and Sravat，1998）、霍尔伯姆（Holburn，2001）］。此外，严格的管制也会给企业投入和产出决策带来负面影响，使得企业生产率下降［阿武奇和强森（Averch and Johnson，1962）］。因此，就理论层面而言，

---

① 近年来中国越来越多的大型国有企业高级管理者被直接提拔到省部级重要领导岗位上。

构建独立性管制机构和加强电信立法会提高电信行业生产率，并且在经验研究上得到了验证（瓦尔斯坦，2001；芬克等，2003）。与国际相比，中国电信行业在管制政策改革方面仍然比较滞后，不仅缺乏独立管制机构，也未颁布正式的《电信法》。不过，相对政府行政经营时期，也取得了一定进展：建立了相对独立的管制机构、颁布了《电信条例》以及中国加入世界贸易组织后必须遵守国际管制条例。那么，这些变化对生产率影响如何？我们验证如下假设：

假设3：相对独立管制机构成立、《电信条例》颁布以及中国加入世界贸易组织改善了电信行业生产率。

第三节　实证模型和数据

一　基本模型的设计

为验证假设，本章利用电信行业生产函数来估计经济体制改革对行业生产率的影响。根据柯布—道格拉斯（Cobb – Douglas）生产函数，资本和劳动投入决定电信产出，在静态生产函数中，并没有考虑上一期产出对本期产出的影响。但电信产出是一个动态生产的过程，并且存在着明显的产业周期，因此，上一期行业产出水平会对下一期产生较大影响。为捕捉动态生产和产业周期性影响，我们在模型设计中使用了动态模型。

设某省份 i 在 t 年的电信行业生产函数为：

$$Y_{i,t} = A_{i,t} \cdot Y_{i,t-1}^{p} \cdot (K_{i,t}^{\alpha} \cdot L_{i,t}^{\beta}) \qquad (1-1)$$

式中，$Y_{i,t}$ 和 $Y_{i,t-1}$ 分别为某省份 i 在 t 年和 $t-1$ 年的电信行业产出值。引入 $Y_{i,t-1}$ 主要是考虑行业产出的持续和周期性，$A_{i,t}$ 为全要素生产率，$K_{i,t}$ 为资本投入，$L_{i,t}$ 为劳动投入。

对（1-1）式取对数并考虑各省份固定效应以及电信行业产出的随机波动后得到：

$$\ln Y_{i,t} = \ln A_{i,t} + \rho \ln Y_{i,t-1} + \alpha \ln K_{i,t} + \beta \ln L_{i,t} + u_i + \varepsilon_{i,t} \qquad (1-2)$$

式中，u_i 表示省份 i 不随时间变化的未观察因素，$\varepsilon_{i,t}$ 为随机波动扰动项。从 1994 年开始中国经历了前所未有的电信经济体制改革，改革到底对生产率产生怎样的影响？根据第二节研究假设，我们建立起市场竞争、产权改革和管制政策变化三个改革措施与生产率之间影响关系，即全要素生产率可以表示为：

$$\ln A_{i,t} = \delta_0 + \eta_1 Comp_{i,t} + \eta_2 Own_{i,t} + \eta_3 Reg_{i,t} \qquad (1-3)$$

式中，$Comp_{i,t}$ 表示电信行业市场竞争程度，$Own_{i,t}$ 表示行业产权结构变化。$Reg_{i,t}$ 表示行业管制政策变化。另外，δ_0 为常数项。令 $\eta_4 = \alpha$，$\eta_5 = \beta$，并将 （1-3） 式代入 （1-2） 式中，可以得到基于柯布—道格拉斯生产函数的估计模型：

$$\ln Y_{i,t} = \delta_0 + \rho \ln Y_{i,t-1} + \eta_1 Comp_{i,t} + \eta_2 Own_{i,t} + \eta_3 Reg_{i,t} + \eta_4 \ln K_{i,t} + \eta_5 \ln L_{i,t} +$$
$$u_i + \varepsilon_{i,t} \qquad (1-4)$$

在模型中，δ_0、ρ 和 η_1、η_2、η_3、η_4、η_5 为待估参数，本章将利用模型 （1-4） 来实证分析电信经济体制改革对行业生产率的影响。

二　变量和数据

本章所使用的数据涵盖 1994—2007 年 29 个省、直辖市和自治区电信行业发展的平衡面板数据。其中，西藏由于部分数据缺失，没有包括在内。另外，将重庆市数据纳入四川省一并处理①。本章主要涉及的变量指标主要包括电信产出指标、投入指标和经济体制改革指标三大类，所有数据的描述性统计详见表 1-1，对这些变量的详细说明如下：

（一）　电信产出指标

在衡量电信行业产出的指标中，本章利用电信业务收入来衡量。电信业务收入中包括固定本地电话、长途电话和移动通信三个子项目的业务收入。本章考虑到无线寻呼和数据通信业务在统计期间数据并不完备，因此，主要考察了受经济体制改革影响最大且是行业最重要部分的移动和固定通信业务。电信业务收入的单位为亿元。并且，为了确保指标的可比性，根据《中国统计年鉴》中逐年电信费价格指数进行了平减。

---

① 数据来源主要包括两个方面：电信行业资本和劳动投入数据主要来源于 1995—2008 年《中国统计年鉴》；其他电信部门数据主要来源于《中国通信统计年度报告》和逐年电信上市公司年报。

表 1-1　　　　　　　数据统计性描述（1994—2007 年）

衡量指标	变量	变量描述	单位	平均值	标准差	最小值	最大值
电信产出	Revenue	电信业务收入	亿元	99.1	122.2	0.8	914.7
资本投入	COcapacity	局用交换机容量	万门	871.3	904.5	7.8	5362.5
	Lexchange	长途电话交换机容量	路端	264078	286480	6934	2767211
	Mexchange	移动电话交换机容量	万户	840	1282	1	11366
	Fiber	长途光缆线路长度	公里	12889	11024	118	65226
劳动投入	Employee	电信职工人数	万人	4.16	2.44	0.50	13.26
市场竞争	HHI	赫芬达尔指数	—	0.62	0.29	0.29	1
	FirmNo	电信市场企业数量	个	3.364	1.492	1	5
产权改革	SOequity	国有股权比例	—	0.89	0.13	0.66	1
	ShareNo	电信企业上市改制数量	个	1.229	1.329	0	3

（二）电信投入指标

在投入性指标中分别包括资本投入和劳动投入。资本方面不仅包括电信设备投入，而且包括原材料投入[1]。其中，电信行业投入的主要设备包括局用交换机、长途电话交换机和移动电话交换机，由于在《中国统计年鉴》中，设备台数不可得，因此，本章利用三种交换机容量来衡量设备上的投入。局用交换机容量的单位为万门，长途电话交换机容量的单位为路端，移动电话交换机容量的单位为万户。原材料投入主要由长途光缆线路长度来衡量，单位为公里。此外，本章利用电信职工人数来衡量劳动投入，单位为万人。

（三）经济体制改革指标

经济体制改革指标分别包括市场竞争、产权改革和管制政策变化。市场竞争指标分别由赫芬达尔指数和市场中竞争企业数量来衡量；产权改革指标分别由国有股权比例和上市改制的企业数量来衡量；管制政策变化指标分别由三个年度虚拟变量来衡量。其中，在 1998 年的邮电部分家后，

---

[1]　由于电信行业固定资本形成总额数据难以获取，因此，本章借鉴 Lin（1992）衡量农业投入的做法，利用电信行业主要设备和原材料投入变量来衡量资本投入，而且这些数据能够在已出版的统计资料中获取。

信息产业部的成立意味着相对独立的管制机构形成。2000 年中国又颁布了《中华人民共和国电信规制条例》，学者通常称之为"小电信法"，形成了电信法制的初步轮廓，放松了一直由政府管制的电信价格，并开始进行互联互通管制。另外，2001 年年底中国加入世界贸易组织后，必须执行该国际组织的电信管制条例，并且受到国际电信运营商竞争压力。因此管制政策变化包含了三个时间虚拟变量（Year1998、Year2000 和 Year2002），分别来衡量相对独立管制机构的建立、《电信条例》的颁布和中国加入世界贸易组织事件的发生[①]。

第四节　实证结果的分析

本章利用 1994—2007 年度的 29 个省、直辖市和自治区电信行业发展的数据，应用最小二乘法（OLS）、固定效应法（FE）和系统广义矩估计法（SYS – GMM）对（1 – 4）式进行估计（估计结果见表 1 – 2）。为克服竞争和产权变量的内生性问题，与郑和沃德（2011）的处理一致，本章还利用某省相邻五省的市场集中度（赫芬达尔指数）和产权变量（国有股权比例）平均值为工具变量，并应用模型（1 – 4）给出改革变量为内生时的估计结果（见表 1 – 2）。

一　经济体制改革对电信行业生产率的影响

根据表 1 – 2 中的结果，我们主要得到以下几个结论：

第一，去垄断改革所形成的市场竞争对电信行业全要素生产率具有显著正向影响。表 1 – 2 中，在 1% 显著水平上，三种估算方法都显示市场集中度——赫芬达尔指数（HHI）与行业全要素生产率呈负相关，即市场竞争显著提高了电信行业全要素生产率，这个结果充分验证了理论假设 1。结果说明了电信行业通过引入竞争、两次拆分打破政府垄断经营，构建国有电信企业竞争格局，对于生产率提高发挥了重要作用。

---

① 由于中国从 2001 年 12 月 11 日才正式成为世界贸易组织（WTO）的正式成员，因此，本章把世界贸易组织管制的影响设定在 2002 年更为合理。

表 1 - 2　　　　　　　　　　基于生产函数的估计结果

解释变量	被解释变量：log（主营业务收入）					
	改革变量为外生			改革变量为内生		
	OLS	FE	SYS - GMM	OLS	FE	SYS - GMM
	(1)	(2)	(3)	(4)	(5)	(6)
log（主营业务收入）	0.389	0.122	0.281	0.394	0.128	0.308
	(0.032)***	(0.041)***	(0.053)***	(0.033)***	(0.041)***	(0.059)***
赫芬达尔指数（HHI）	-0.408	-0.538	-0.972	-0.451	-0.609	-0.880
	(0.104)***	(0.112)***	(0.121)***	(0.110)***	(0.119)***	(0.140)***
国有股权比例	-0.533	-0.962	-1.126	-0.502	-1.117	-0.894
	(0.124)***	(0.137)***	(0.169)***	(0.134)***	(0.150)***	(0.156)***
log（局用交换机容量）	0.044	0.001	-0.314	0.043	-0.027	-0.301
	(0.041)	(0.056)	(0.057)***	(0.041)	(0.057)	(0.046)***
log（长途电话交换机容量）	0.128	0.089	0.295	0.13	0.076	0.371
	(0.034)***	(0.040)**	(0.109)**	(0.034)***	(0.040)*	(0.087)***
log（移动电话交换机容量）	-0.043	-0.015	0.041	-0.05	-0.023	0.047
	(0.025)*	(0.024)	(0.027)	(0.025)**	(0.024)	(0.030)
log（长途光缆线路长度）	-0.052	0.015	0.014	-0.053	0.011	0.044
	(0.012)***	(0.031)	(0.070)	(0.012)***	(0.031)	(0.063)
log（电信职工人数）	0.271	0.226	1.234	0.274	0.218	1.165
	(0.037)***	(0.078)***	(0.090)***	(0.038)***	(0.079)***	(0.075)***
year1998	-0.105	-0.085	0.052	-0.096	-0.064	0.036
	(0.041)**	(0.040)**	(0.031)	(0.042)**	(0.041)	(0.035)
year2000	0.015	-0.021	0.008	0.011	-0.019	0.005
	(0.035)	(0.032)	(0.018)	(0.035)	(0.032)	(0.017)
year2002	-0.044	-0.058	0.056	-0.048	-0.054	0.06
	(0.034)	(0.032)*	(0.016)***	(0.035)	(0.032)*	(0.019)***
Arellano - Bond AR (1)			0.025			0.009
Arellano - Bond AR (2)			0.147			0.240
Hansen Test			0.180			0.185
观察值	377	377	377	377	377	377

注：（1）***、**、* 分别表示在 1%、5% 和 10% 统计水平上显著；（2）所有回归中均包含了常数项，为节省空间，此处均未列出；（3）表中括号内为稳健标准差；（4）为了满足工具变量数大于截面数及工具有效性，对于因变量（时间虚拟变量外）我们使用了滞后两期并用了 collapse。下表注释与本表相同。

第二，海外上市产权改革显著地提高了电信行业全要素生产率。从表 1-2 中三种方法估计结果可以看出，国有股权比例下降与生产率具有显著正效应。这个结果不仅验证了假设 2，而且也与麦吉森等（Megginson et al.，1994）、布巴克里和考斯特（Boubakri and Cosset，1998）、德苏扎（D'Souza）和麦吉森（1999）关于上市产权改革的实证结果基本保持一致。电信企业海外上市后，部分国有股份被民营化，虽然国家仍保持着控制权，但是，由于上市后企业治理结构发生很大的变化，从而提高了行业全要素生产率。可能的解释包括：一是电信企业海外上市，迫使企业进行改制，逐步摆脱了国有企业的行政性负担，并硬化了预算软约束；二是由于海外股票交易市场的监管和信息披露比较严格，电信企业不得不完善现代企业制度，按照国际惯例经营管理企业；三是电信企业在海外交易市场上的股价表现作为其绩效的"晴雨表"，激励企业不断地改善生产率［德沃斯金（DeWoskin，2001）］。

第三，管制政策变化对电信行业全要素生产率都具有正面影响。中国加入世界贸易组织显著地提高了电信行业生产率，虽然相对独立管理机构成立和《规制条例》颁布对行业生产率影响不显著，但是表现出正面影响。中国加入世界贸易组织后，电信管制措施逐步与世界接轨，必须遵守世界贸易组织电信管制规定，而且还受到国外电信巨头无形的竞争压力，因此，加入世界贸易组织对行业生产率提高呈现出显著正效应。

二　实证结果的稳健性检验

为增强研究结果的稳健性，本章将核心改革变量分别利用其他变量来衡量，进行了重新估计。自 1994 年以来，中国电信市场不断引入竞争者，拆分出相互竞争的对象，随着某省（市、自治区）市场中企业数量的增加，市场竞争的激烈程度不断增加，因此，竞争变量由电信市场中竞争者（企业）的数量来衡量。同时，产权改革变量由海外上市改制的企业数量衡量，因为某一省份完成海外上市改制的企业数量越多，意味着该省电信行业产权改革的程度越高。此外，我们还加入了这两个变量的滞后项，以考察改革措施的滞后影响，但限于篇幅，仅取滞后一期。最后我们利用模型（1-4）进行回归，稳健检验结果列于表 1-3 中。

表 1 - 3 基于生产函数的估算结果（可靠性检验）

解释变量	被解释变量：log（主营业务收入）				
	基于两阶段系统 GMM 的估算				
	（1）	（2）	（3）	（4）	（5）
log（主营业务收入）	0.040	0.026	0.068	0.059	0.195
	(0.067)	(0.067)	(0.051)	(0.049)	(0.042)***
竞争者（企业）数量	0.026				0.069
	(0.048)				(0.021)***
竞争者（企业）数量_1		0.008			
		(0.030)			
上市改制企业数量			0.101		0.085
			(0.019)***		(0.017)***
上市改制企业数量_1				0.081	
				(0.015)***	
log（局用交换机容量）	-0.097	-0.082	-0.188	-0.119	-0.081
	(0.120)	(0.075)	(0.087)**	(0.064)*	(0.080)
log（长途电话交换机容量）	0.691	0.724	0.487	0.586	0.401
	(0.076)***	(0.117)***	(0.108)***	(0.105)***	(0.072)***
log（移动电话交换机容量）	0.094	0.096	0.163	0.129	0.083
	(0.050)*	(0.045)**	(0.039)***	(0.032)***	(0.042)*
log（长途光缆线路长度）	0.163	0.177	0.085	0.109	-0.012
	(0.075)**	(0.060)***	(0.083)	(0.058)*	(0.047)
log（电信职工人数）	1.111	1.118	1.200	0.953	1.007
	(0.181)***	(0.185)***	(0.153)***	(0.158)***	(0.138)***
year1998	-0.140	-0.140	-0.142	-0.145	-0.092
	(0.040)***	(0.017)***	(0.013)***	(0.017)***	(0.023)***
year2000	0.062	0.058	0.015	0.073	0.048
	(0.016)***	(0.025)**	(0.017)	(0.013)***	(0.019)**
year2002	0.018	0.039	0.045	0.070	0.037
	(0.028)	(0.022)*	(0.021)**	(0.019)***	(0.014)**
Arellano - Bond AR（1）	0.015	0.028	0.021	0.007	0.038
Arellano - Bond AR（2）	0.105	0.135	0.137	0.122	0.119
Hansen Test	0.309	0.259	0.368	0.289	0.349
观察值	377	377	377	377	377
工具变量数	25	25	25	25	28

一方面，竞争者（企业）数量和企业完成上市改制数量与行业生产率呈现出显著正面影响，这进一步验证了假设1和假设2。此外，从我们的实证结果还可以得到一些有趣的结论。一是在不剔除产权改革变量影响的情况下，将竞争变量直接与其余变量回归发现，市场中企业数量增加虽然对行业生产率具有正面影响，但影响不显著。然而，当加入产权变量后，企业数量增加对生产率有显著影响，而且第（5）列回归系数要远远大于第（1）列。从这个结果可以推断，企业上市产权改革难以有效地促进企业竞争，从而降低了生产率。二是在不剔除竞争变量影响时，产权改革变量与行业生产率呈现出显著的正向关系（当期和滞后期），当加入竞争变量后，产权变量的影响依然显著，而且第（5）列的回归系数要小于第（3）列。因此，我们可以推断，市场竞争促进了企业上市改制的效果，从而促进了生产率的提高[①]。

另一方面，《电信条例》的颁布和中国加入世界贸易组织对全要素生产率具有显著的正效应，而相对独立管制机构的建立对生产率却呈现出负效应。与前面的实证结果有所差别，一是《电信条例》颁布对生产率的影响由不显著变为显著正相关，这说明，这项管制变化对电信生产率表现出积极的正面影响。二是相对独立的管制机构对生产率呈显著负面影响，但这并不会影响本章实证结果的可靠性，这可能是利用这两个代理变量效果较差所引起测算结果的波动，也可能是以下原因：一是由于电信运营商都是大型国有企业，与相对独立的管制部门还存在着千丝万缕的联系，难以实现独立监管；二是邮电分家、主辅分离举措花费了较大代价，进而影响了行业效率；三是电信行业"多头监管"使得生产率下降，其中，电信行业技术标准的选择和市场准入由信产部负责，投资决策、产业决策和技术经营管制决策由发改委负责，国有资本的保值增值由国资委负责，并且还要由国务院信息化办公室进行综合决策和统筹，因此，部门之间推诿和扯皮可能会降低监管效率。

---

① 我们在相关研究中也发现了类似结论，并做出了详细的原因解释，在此不赘述，请参见郑世林（2010）。

第五节　估算中国电信行业增长的源泉

由于模型（1-5）不仅反映了电信经济体制改革对电信行业全要素生产率的影响，而且也反映了经济体制改革、要素投入和行业产出动态与电信行业产出的关系。本章利用第四节表1-2第（3）栏中对电信生产函数的计算结果，估算了改革三阶段影响中国电信行业增长不同因素的贡献率，并将结果列于表1-4中。根据表1-4中结果，我们估算了电信行业增长的源泉。

表1-4　　　　　　　估算我国电信行业产出增长的源泉

解释变量	估计系数(1)	1994—1997 年		1998—2002 年		2003—2007 年	
		变量变化(2)	增长贡献率(%)(3)=(1)×(2)	变量变化(4)	增长贡献率(%)(5)=(1)×(4)	变量变化(6)	增长贡献率(%)(7)=(1)×(6)
经济体制改革			**1.42**		**79.44**		**21.25**
			(1.18)		**(60.79)**		**(18.22)**
市场结构			0.97		56.92		2.78
			(0.81)		(43.55)		(2.38)
赫芬达尔指数	-97.200	-0.01	0.97	-0.59	56.92	-0.03	2.78
产权结构			0.45		10.92		18.47
			(0.37)		(8.36)		(15.84)
国有股权比例	-112.600	-0.004	0.45	-0.10	10.92	-0.16	18.47
管制变化					**11.60**		
					(8.88)		
year1998	5.200				5.200		
					(3.98)		
year2000	0.800				0.800		
					(0.61)		

续表

解释变量	估计系数(1)	1994—1997 年		1998—2002 年		2003—2007 年	
		变量变化(2)	增长贡献率(%)(3)=(1)×(2)	变量变化(4)	增长贡献率(%)(5)=(1)×(4)	变量变化(6)	增长贡献率(%)(7)=(1)×(6)
year2002	5.600				5.600 (4.28)		
资本投入			12.87 (10.70)		10.10 (7.73)		19.55 (16.77)
局用交换机容量	-0.314	119.70	-37.59 (-31.26)	107.03	-33.61 (-25.71)	44.48	-13.97 (-11.98)
长途电话交换机容量	0.295	80.83	23.84 (19.83)	71.49	21.09 (16.14)	90.66	26.74 (22.94)
移动电话交换机容量	0.041	611.34	25.06 (20.85)	502.97	20.62 (15.78)	153.43	6.29 (5.40)
长途光缆线路长度	0.014	110.29	1.54 (1.28)	142.29	1.99 (1.52)	34.49	0.48 (0.41)
劳动投入			10.40 (8.65)		-5.12 (-3.92)		20.06 (17.20)
电信职工人数	1.234	8.43	10.40	-4.15	-5.12	16.26	20.06
产出动态			39.74 (33.05)		18.90 (14.46)		17.53 (15.03)
滞后一期行业产出	0.281	141.42	39.74	67.24	18.90	62.38	17.53
其他未解释余值			55.8 (46.41)		27.37 (20.94)		36.19 (31.04)
累计增长			120.23 (100.00)		130.69 (100.00)		116.60 (100.00)

注：表中括号内数字为行业增长贡献率（%），累计行业产出增长率设定为100%。

一 电信经济体制改革初期

表1-4显示，1994—1997年，中国电信行业总产出增长了120.23%[①]。其中，经济体制改革对电信行业增长的贡献率仅为1.18%。由于新引入中国联通太弱小难以对当时在位的电信运营商构成竞争威胁，这个时期行业依然保持着高度垄断状态，因此，市场结构对电信增长贡献率仅为0.81%；1997年中国电信最早将广东和浙江两省移动通信业务海外上市后，所引起产权结构变化对电信增长贡献率为0.37%；而管制政策并没变化，因此对电信增长没有贡献。另外，电信行业19.35%的增长来自要素投入增加：资本投入贡献了10.7%的增长；劳动投入贡献了8.65%的增长。此外，这阶段电信行业处于产业起飞期，上一期增长对本期产出增长贡献高达33.05%。最后，其他未解释余值为46.41%。

二 电信经济体制改革中期

1998—2002年，电信行业产出增长了130.69%。首先，行业60.79%的增长主要来自经济体制改革：一是分拆改革所带来市场结构变化对电信增长贡献最大，大约贡献了43.55%；二是随着国有电信企业不断海外上市，在这一时期产权结构变化对电信增长贡献为8.36%；三是这时期管制政策变化较大，总共为电信增长贡献了8.88%。尽管相对独立的管制机构成立和《规制条例》颁布对生产率影响不显著，但对电信增长贡献了4.59%，可能的解释是，管制政策变化期间政府对电信服务价格不断进行下调或放松管制，导致了电信产出的增长。其次，资本和劳动投入的增长贡献率仅为3.81%。其中，资本投入方面的贡献为7.73%，而劳动投入由于职工人数下降出现了负增长（-3.92%）。资本投入贡献最大的是长途和移动电话交换机投入（31.92%），但是局用交换机投入为负值（-25.71%），可能的原因是，南北分拆后，两大固网运营商允许相互进行竞争，在对方区域双方投入了大量固定电信设备，但由于移动对固定技术替代，固定业务出现了大规模萎缩，因此导致了固定设备投资对电信增

---

① 在表中，电信行业产出增长的来源被分成四类：第一类是由于经济体制改革所带来的全要素生产率变化，其中，经济体制改革包括竞争、产权和管制三项政策措施；第二类是电信行业通常的资本和劳动投入，其中，资本投入包括局用交换机、长途电话交换机、移动电话交换机和长途光缆；第三类是产出动态；第四类是不能解释的余值。

长呈现出负效应。最后，上一期增长和未能解释余值的贡献分别为 14.46% 和 20.94%。

三 电信经济体制改革后期

2003—2007 年，中国电信行业产出增长了 116.6%。经济体制改革对电信行业产出增长大约贡献了 18.22%，其中，市场结构和产权结构变化分别贡献了 2.38% 和 15.84%，而这期间，中国管制政策并没有变化。其次，资本和劳动投入变化对电信行业产出增长贡献率为 33.97%，包括资本投入变化贡献率为 16.77%，劳动投入变化为 17.20%。最后上一期增长和未能解释余值的贡献分别为 15.03% 和 31.04%。

第六节 分析中国电信行业低速增长之谜

近年来，中国电信行业经历了高速增长之后，逐渐滑入低速增长期，那么，究竟什么原因造成了中国电信的低速增长？本节试图分析经济体制改革与电信行业增长之间的关系，以揭开电信行业低速增长之谜。在第五节基础上，图 1-2 列出电信改革三个阶段中经济体制改革和市场结构变化对电信行业增长的贡献率。本节分析近年来电信行业低速增长的主要原因如下：

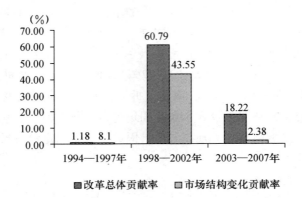

图 1-2 改革总体和市场结构对电信增长贡献率

一方面，电信行业经济体制改革停滞是部门低速增长的主要原因之一。与发达国家相比，中国无论是移动电话还是互联网普及率都远远落后，甚至滞后于国际平均水平（见图 1-3）。而且，国内农村电信行业与城市相比，差距明显，存在广阔的市场空间①。另外，三网融合、物联网、移动互联网等新兴业务发展潜力巨大。因此，中国电信行业远未达到饱和状况，近期行业增速下降与行业增长空间相关的证据不足。本章实证结果为揭示近期行业低速增长之谜提供了重要线索。从图 1-1 可以看出，1998—2002 年，中国电信行业进行了两次大刀阔斧的分拆改革，市场结构发生了深刻的变化，这一阶段，电信行业增长主要来自经济体制改革，贡献了电信行业 60.79% 的增长。然而，在 2002 年之后，中国电信行业经济体制改革步伐基本停滞，改革贡献下降到了 18.22%，贡献率相对第二阶段大幅度下降，这是电信增长速度下降的重要原因之一。在 2003—2007 年间，中国政府在市场结构和管制政策上并没有进行持续改革，尽管电信企业国有股份比例下降，但民间资本进入仍然受到限制。

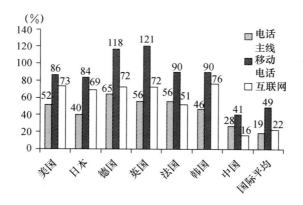

图 1-3　2007 年电信普及率国际间比较

---

① 2009 年，城市固定电话、移动电话和互联网普及率达到 33.9%、70.5% 和 44.6%，而农村普及率仅为 14.5%、17.8% 和 15%。

另一方面，分拆改革后，电信行业走向竞争失衡边缘，这在一定程度上也影响了近年来中国电信行业的产出增长。图 1 - 1 显示，在第一阶段（1994—1997 年）中国联通进入电信行业后，对市场集中度的影响较小，市场结构变化对电信行业增长的贡献仅为 0.81%。在第二阶段两次分拆期间，市场结构变化的影响为 43.55%，几乎贡献了电信行业增长的一半。而第三阶段（2003—2007 年），电信市场集中度并没按照改革者所预期的那样持续降低。反而在分业竞争的格局下，由于移动对固定技术的替代效应，固定电信运营商的经营业务出现了萎缩现象，中国移动逐渐"一家独大"，电信市场走向了竞争失衡的边缘（郑世林，2010）。因此，这种竞争失衡最终影响了电信行业增长，这一阶段市场结构对增长的贡献仅为 2.38%。

第七节　结　论

本章利用中国整个电信改革期间（1994—2007 年）的省级面板数据，考察了经济体制改革对电信行业全要素生产率的影响，并在此基础上估算了这期间竞争、企业改制和管制政策变化对行业增长的贡献。本章的主要研究结论如下：（1）市场竞争和上市产权改革对电信行业全要素生产率具有显著的正面影响；（2）中国加入世界贸易组织也显著提高了行业全要素生产率，但相对独立的管制机构的建立以及《规制条例》颁布的影响不显著；（3）经济体制改革力度越大，对电信行业增长的贡献越大。因此，继续深化经济体制改革对促进电信行业增长仍然具有较大的空间。

本章得出的结论，不仅对深化电信体制改革，而且对整个垄断行业改革取向具有一定的指导意义。20 世纪 90 年代初，电信、电力、航空、城市水业、燃气等部门掀起了前所未有的经济体制改革。政府通过去垄断、产权改革和管制政策变化方式，彻底打破了垄断行业行政垄断经营的格局，逐步形成了市场竞争格局，使得生产效率得到较大的改善。但是，在大规模改革之后，并没有持续深化改革，尤其是 2003 年以来，中国垄断行业改革出现了停滞不前的局面，甚至在有些部门出现了竞争不足、产权单一、监管缺位和国进民退的现象，使得垄断利益既得群体逐渐发展成阻碍深化改革的强大势力，经济体制改革积重难返。令人担忧的是，以电信行业为代表的垄断行业，在经历了高速增长后，随着改革红利耗尽而出现了增长低于国民经济增速的现象。作为国家命脉和经济基础的垄断行业，其增长关系到中国经济整体的健康发展，那么，究竟经济体制改革与垄断行业增长关系如何？以及进一步深化改革对行业增长的空间多大？本章的研究结论对深化垄断行业改革，破解增长难题具有重要的启示——继续深化改革对行业增长意义重大。

第二章 电信广电应分业规制还是统一规制？——基于跨国数据的实证研究

第一节 引言

在当代复杂的经济环境下，经济调节、市场规制、社会管理和公共服务成为现代政府的四项基本职能，其中，市场规制发挥着最重要的作用，但如何通过有效的制度安排来实施政府规制并没有统一的模式。2010年年初，国务院决定加快推进电信网、广播电视网和互联网的三网融合，电信和广电行业开始互相向对方开放部分业务，但为了保障双向进入的顺利推进，迫切需要解决相关的规制制度设计问题。

三网融合是一种生产力变革，它必然涉及规制体制等上层建筑的调整，以适应三网融合的技术要求。长期以来，由于技术环境和意识形态等原因，我国对电信和广电一直实行分业规制，这种规制模式虽然在特定的历史背景下有其合理性，但在网络技术不断融合的条件下，现有的规制体制已经难以适应日益融合的技术和业务发展的要求。有鉴于此，国务院要求建立适应三网融合的体制机制和规制政策体系。

如何建立适应三网融合的规制体制，一直是近年来理论界和业界争议的热点话题，其中一个重要的制度设计问题是，是否应该改变电信和广电分业规制的现状，设立一个融合的规制机构，对电信和广电进行统一规制。一种代表性观点认为，应建立统一的规制体制，这将有助于打破部门利益之争；但相反的观点则认为，在我国现有政治经济体制下，分业规制是更好的选择。

本章研究的核心问题是，针对我国现有的行政管理体制、经济和社会发展状况，在三网融合时代，我国应选择什么样的规制体制。为了回答这个重要的制度设计问题，本章将利用国际电联的各国电信和广电行业规制机构调查数据，通过建立离散选择模型研究哪些因素影响一个国家在三网融合时代的规制体制设计，在此基础上分析我国的规制体制选择。

第二节　文献综述

规制制度的出现，是现代市场经济国家工业化和城市化过程中出现的一个非常重要的制度创新［格拉瑟和施莱弗（Glaser and Shleifer，2003）；马琼（Majone，1997）］，而规制体制设计是规制制度安排的一个重要组成部分。历史经验表明，尽管不同国家规制制度演化的路径有所不同，但有两个相同的重要因素影响了规制体制设计：一是产业的技术经济特征，它要求规制体制必须满足技术理性约束；二是政府的政治组织架构（拉丰，2005），这个制度条件要求规制体制必须满足制度理性约束。

不同行业具有不同的技术特征，由此导致不同的规制体制选择。运输、公共事业等产业具有明显的区域规模经济特征，因此通常设置隶属于地方政府的规制机构，考虑到不同的公共事业需要的规制手段有很多相似之处，为此还常常在地方政府层面设立集中的规制机构进行规制。对于电信、铁路和供电等行业，规模经济要求这些企业在全国范围内运营，并且需要的规制手段比较复杂，而且跨区域协调成本比较高，因而出现了国家层面的规制机构（拉丰，2005）。

针对电信业的技术经济特征，拉丰和蒂罗尔（2000）系统讨论了电信规制所面临的定价、网间结算、普遍服务等问题。对广电行业而言，威特曼（Waterman，2004）与克兰普斯和霍兰德（Crampes and Hollander，2008）指出，频道规划和内容管制是广电行业面临的独特的规制问题。在三网融合时代，克兰普斯和霍兰德（2006）指出，无论是电信企业还是广电企业，它们采取的多业务捆绑策略可能带来排斥和限制竞争问题，这说明电信规制与广电规制存在巨大的外部性。

规制政策不仅需要行政机构去执行，还要求政治体制确保其合法性，因此，规制体制设计必须与国家政治体制相适应，规制体制选择取决于国家的制度能力。即使满足这样的制度条件，规制体制的选择也不完全是自由的，因为一旦某个产业的规制机构被设立以后，该规制机构就被赋予了通过规制政策创造和分配租金的强大权力。此时，重新配置规制权力就会变得相当困难，这种既得利益造成的制度刚性，使得规制体制改革很难取得突破［施蒂格勒，1971；佩茨曼（Peltzman），1976；拉丰，2005］。

国家制度能力对规制体制设计的约束，意味着规制体制选择是一个给定政府制度背景下的组织设计问题。萨和斯蒂格利茨（Sah and Stiglitz，1986）最早从组织理论视角，分析规制政策决策者具有有限理性时，如何在分业规制和集中规制之间进行取舍。他们认为，如果规制决策失误造成的损失很大，并且规制机构能力有限时，集中规制是更好的选择；反之则应选择分散规制。这意味着，对于决策过程缺乏保障，沟通成本比较高，并且人力资源缺乏的发展中国家来讲，应该选择统一的规制体制。

现代规制理论文献开始利用机制设计理论，分析统一规制和分散规制面临的权衡。根据规制制度设计的现实原理［巴龙和梅耶森（Baron and Myerson，1981）］，在不存在合谋且合同完备的条件下，即便规制机构和企业之间存在信息不对称，仍然可以通过集中的规制实现最佳规制。但现实情况是，规制过程普遍存在合谋、合同不完备等问题，因此，存在统一规制和分业规制的权衡问题。

沿此思路，大量文献开始研究在什么情形下分离的规制体制比集中的规制体制更符合效率原则。拉丰和马蒂莫（Martimort，1999）认为，假设规制机构与企业可以合谋，那么分散的规制体制可以有效地防范规制机构与规制企业合谋。根据这个推论，如果政企合谋的可能性很高，并且缺乏有效的监督机制时，那么分散的规制体制更好。巴龙和比散克（Baron and Besanko，1992）认为，如果缺乏信用机制，那么分散的规制体制可能更有效。巴德汗和姆克吉（Bardhan and Mookherjee，1999）也分析了分散规制比统一规制更效率的条件。

到目前为止，规制理论文献比较清晰地揭示了技术经济和政府制度变量如何影响分散规制与统一规制的权衡情形，但这些文献的局限性在于，它们都是在部分均衡的框架下进行的分析，无法全面地描述技术经济理性和制度理性的要求，更无法反映经济和社会发展等因素的作用［伊斯塔什（Estache），2009]，而这些因素正是规制体制设计需要考虑的问题。实际上，不同国家选择了不同的规制体制，在很大程度上表明，规制体制选择其实是一个实证问题。

已有很多实证文献分析各类制度因素对规制制度的影响，比如，德简科夫（Djankov，2002，2003）和斯勒夫（2010）分析了法律制度对规制制度的影响，考夫曼等（Kaufmann et al.，2007）构建了系统的政府治理结构指标，拉丰（2005）利用离散选择模型研究了私有化问题，但总体来看，分析规制体制选择的实证文献比较少，特别是尚未出现基于国际经验研究三网融合时代规制体制设计的实证文献。本书将试图填补这方面研究的空白。

第三节　模型设定与数据描述

本节设定三网融合下规制体制选择模型，以便在分析技术理性和制度理性对规制体制选择的影响的同时，分析经济和社会发展、文化和地理等因素的影响。在实证分析中，研究制度选择的经典方法是 Probit 选择模型。基于可获得数据，本章选择了横截面 Probit 模型，其中被解释变量是对电信和广电实行分业规制还是统一规制的选择变量。我们用 1 表示电信规制机构同时负责广电规制，0 表示电信和广电分开规制。

前面的文献综述表明，影响规制体制选择的因素主要有经济技术因素和政府制度变量。在本章中，我们用通信市场指标来表示技术和经济因素，用规制体制设计和政府能力变量来表示政府制度变量。需要说明的是，由于数据可获得性的限制，我们无法用时序数据来分析技术驱动对规制机构变动的影响，但各国电信市场发展的不同部分地体现了技术驱动因素。此外，解释变量还包括经济和社会变量。

下面设定 Probit 模型，定量分析不同国家选择统一规制或分业规制的概率，其具体形式如下（格林，2000）：

$$P_i = P(y_i = 1 \mid X) = \Phi(\beta'X)$$

式中，P_i 表示国家 i 选择统一规制的概率，$\Phi(.)$ 为标准正态分布函数，$\beta' = [\beta_1, \beta_2, \cdots, \beta_n]$ 表示待估参数，$x = [x_1, \cdots, x_n]$ 为各种解释变量。$\beta'X$ 为 Probit 函数的指示函数，β_i 则表示 x_i 变动一单位引起 Probit 指数变化一个标准差。而 x_i 变化一个单位引起的概率变化（边际效应）等于对应的正态密度函数与 β_i 的乘积。

本章所用数据来自国际电联的规制机构数据（ITU，2010）和世界银行的 ICT 数据（世界银行，2010）。ITU 规制机构数据包含对不同国家电信规制机构进行问卷调查得到的信息，世界银行的 ICT 数据包括不同国家经济和社会结构、ICT 产业市场结构、供给能力以及 ICT 经济绩效等方面的指标。

具体变量含义如下：

1. 规制机构设计指标。这部分数据来自 ITU 规制机构数据库，主要包括规制机构的独立性、电信规制机构是否负责广电的规制、在融合的情况下是否负责广电内容规制，以及电信机构是否对互联网内容进行规制等指标。根据 ITU 定义，电信规制机构是否具有独立性是指在电信机构授权范围内，电信规制机构是否具有制定规制决策的自主权。电信规制机构是否负责广电规制是指电信和广电规制机构是否统一。电信规制机构是否负责广电内容规制是指对网络实施统一规制时，融合的规制机构是否还负责广电内容规制。是否对互联网内容规制是指不管电信和广电规制机构是否融合，规制机构是否对互联网内容进行规制。

根据表 2 - 1，从涵盖 105 个样本国家的数据来看，规制机构具有独立性的均值为 0.88，电信和广电统一规制的均值为 0.58，电信和广电机构融合后，规制机构负责广电内容规制的均值为 0.18，电信机构负责互联网内容规制的均值只有 0.11。

表 2 - 1　　　　　　　　　　　变量定义和基本统计量

指标类型	变量名	变量解释	均值
1. 规制机构设计	规制机构是否具有独立性	2009 年规制机构 1 = 是，0 = 否	0.88
	电信规制机构是否负责广电规制	2009 年规制机构 1 = 是，0 = 否	0.58
	融合后是否负责广电内容规制	2009 年规制机构 1 = 是，0 = 否	0.18
	电信机构是否负责互联网内容规制	2009 年规制机构 1 = 是，0 = 否	0.11
	机构人员总数		199

指标类型	变量名	变量解释	均值
2. 经济社会发展	城市人口比例	2008 年城市人口比例	0.58
	GDP 年均增长率	2000—2008 年均 GDP 年增长率	0.054
	就学率	2008 年就学率	0.77
	人口总数	2009 年人口总数（百万人）	47.2
	人口密度	2009 年人口密度（人/平方公里）	230
	人均 GDP	2008 年人均 GDP（美元/人）	15760
3. 通信市场发展	固网产权结构	2008 年，1 = 私有，0 = 公有，0.5 = 混合	0.58
	国际长途竞争程度	2008 年，1 = 自由竞争，0 = 垄断，0.5 = 部分竞争	0.72
	移动电话竞争程度	2008 年，1 = 自由竞争，0 = 垄断，0.5 = 部分竞争	0.78
	互联网竞争程度	2008 年，1 = 自由竞争，0 = 垄断，0.5 = 部分竞争	0.90
	固定电话月资费	2008 年固定电话月资费（美元）	15.13
	移动电话月资费	2008 年移动电话月资费（美元）	12.74
	宽带接入月资费	2008 年宽带接入月资费（美元）	79.67
	固定电话普及率	2008 年每百人拥有固定电话（部）	21.93
	移动电话普及率	2008 年每百人拥有移动电话（部）	92.32
	互联网普及率	2008 年每百人多少人可以上网	12.37
	互联网使用率	2008 年每百人有多少互联网用户	37.72
	每百人拥有宽带	2008 年百人有宽带接入	10.19
4. 政府治理	政府可问责性	定义见考夫曼（2007）	56.13
	政治稳定性	同上	57.24
	政府有效性	同上	58.30
	规制质量	同上	58.69
	法治	同上	56.11
	腐败控制	同上	57.83

2. 社会经济指标和通信市场指标。这些数据来自世界银行 ICT 数据库。在通信市场指标中，包括固网产权结构、固定电话和移动电话竞争，以及互联网竞争等市场结构指标。在固网产权结构中，包括完全私有、完全国有和部分私有三种状态，为了量化固网产权结构，我们定义完全私有取值为 1，部分私有为 0.5，完全国有为 0。对于固定电话和移动电话竞争，存在完全竞争、管制下的竞争和垄断三种状态，我们将这三种状态分别取值为 1、0.5 和 0。使用同样的方法，我们对互联网产业的竞争进行了量化。由表 2－1 可知，固定电话产权私有化的均值为 0.58，国际长话竞争程度的均值为 0.72，移动电话竞争程度的均值为 0.78，互联网竞争程度的均值为 0.90。此外，我们还从世界银行 ICT 数据库得到固定电话、移动电话和互联网的资费和普及率指标。

3. 政府治理指标。这部分数据来自考夫曼（2007），这是世界银行建立的度量各国政府治理状况的指标体系，该指标体系包含政府的可问责性、政治稳定性、政府有效性、规制质量、法治程度和腐败的控制等指标。这个指标体系的数据来源于世界发展论坛的全球竞争力报告、世界银行商业环境问卷调查、亚洲开发银行、非洲开发银行等 30 多个世界著名机构建立的政府治理数据库。世界银行通过对不同来源的原始数据进行加总和加权处理，得到描述政府治理状况的权威数据库。

第四节　参数估计结果及分析

根据前面设定的模型，我们使用国际电信联盟和世界银行的数据来进行估计。为反映规制机构独立性对规制体制设计的影响，我们设定了两个不同的模型，模型 1 不考虑规制机构独立性的影响，模型 2 则反映了该变量的影响。参数估计结果如表 2－2 所示，表中第 2 列和第 5 列为参数估计值，第 3 列和第 6 列给出解释变量的边际效应，即相应变量每变动 1%，选择统一规制机构的概率将变化多少。需要说明的是，对于表 2－2 中给出的边际效应，如果所对应的变量是虚拟变量，则边际效应反映的是该变量 0—1 所产生的离散变化。

表 2－2 电信规制机构独立性与电信广电规制体制的 Probit 选择模型

变量名	模型 1			模型 2		
	参数系数	边际影响	z 统计量	参数系数	边际影响	z 统计量
规制机构是否具有独立性				0.4545	0.1104	0.97
城市人口比例	－ 0.0018	－ 0.0004	－ 0.17	－ 0.0010	－ 0.0002	－ 0.09
GDP 年均增长率	－ 0.0434	－ 0.0106	－ 0.48	－ 0.0333	－ 0.0081	－ 0.47
就学率	0.0033	0.0008	0.15	0.0032	0.0008	0.15
人口总数	0.0030	0.0007	0.93	0.0029	0.0007	0.92
人口密度	－ 0.0003	－ 0.0001	－ 1.46	－ 0.0003	－ 0.0001	－ 1.57
人均 GDP	－ 1.0554	－ 0.2578	－ 1.91	－ 1.0788	－ 0.2621	－ 1.94
固网产权结构	0.0828	0.0202	0.14	0.1231	0.0299	0.21
国际长途是否引入竞争	－ 0.4611	－ 0.1126	－ 0.78	－ 0.5627	－ 0.1367	－ 0.96
移动电话是否引入竞争	2.4393	0.5958	2.91	2.6659	0.6476	3.11
互联网是否引入竞争	0.0183	0.0045	0.74	0.0193	0.0047	0.79
固定电话月资费	－ 0.0423	－ 0.0103	－ 1.97	－ 0.0432	－ 0.0105	－ 2.07
移动电话月资费	0.0007	0.0002	0.65	0.0010	0.0002	0.90
宽带接入月资费	－ 0.0087	－ 0.0021	－ 0.31	－ 0.0053	－ 0.0013	－ 0.20
固定电话普及率	0.0087	0.0021	1.17	0.0085	0.0021	1.14
移动电话普及率	0.1170	0.0286	2.70	0.1183	0.0287	2.79
互联网普及率	－ 0.0169	－ 0.0041	－ 1.10	－ 0.0165	－ 0.0040	－ 1.07
互联网使用率	－ 0.0489	－ 0.0120	－ 0.84	－ 0.0502	－ 0.0122	－ 0.86
每百人拥有宽带	0.0296	0.0072	1.49	0.0308	0.0075	1.52
政府可问责性	0.0252	0.0061	1.66	0.0287	0.0070	1.94
政治稳定性	－ 0.0121	－ 0.0030	－ 0.45	－ 0.0143	－ 0.0035	－ 0.53
规制质量	－ 0.0021	－ 0.0005	－ 0.08	0.0001	0.0000	0.00
法治	－ 0.0452	－ 0.0110	－ 1.48	－ 0.0499	－ 0.0121	－ 1.64
腐败控制	0.0350	0.0085	1.61	0.0355	0.0086	1.61
观测值	105					

　　规制制度设计遵循的一个基本原则是，规制机构应保证其独立性，以避免政治力量对规制过程和规制决策的干扰。为此，从实证角度我们首先关注的是，规制机构的独立性是否影响规制体制设计。从理论上讲，融合的规制体制意味着规制决策更集中，因此政治力量更容易干预，这也是为什么在计划体制下，主要通过设置大而全的超级行政机构来对经济实施有效的控制。但集中的规制体制又可以减少协调成本，提高规制效率，这也正是实施大部制的主要原因。实证结果显示，规制机构的独立性对于是否选择统一规制机构的影响并不显著。对于三网融合的规制体制设计，这个实证结果的含义是，从规制机构改革的路径来讲，可以在没有建立独立规制机构，或者说在没有实现"政监分离"之前，先实现规制机构的融合，对电信和广电实施统一规制。

　　在模型2中，除规制机构独立性变量不显著外，还有一部分经济社会变量和通信市场变量不显著，去掉不显著变量，重新估计得到模型3的估计结果（见表2-3）。

表2-3　　　　　　　　电信广电规制体制的 Probit 选择模型

变量	参数估计值	边际影响	z统计量
人口总数	0.0019	0.0005	1.7000
人口密度	-0.0004	-0.0001	-2.0600
人均 GDP	0.0000	0.0000	-1.9500
固网产权结构	-0.9867	-0.2524	-1.9500
互联网是否引入竞争	2.3426	0.5992	3.1100
移动电话月资费	-0.0424	-0.0108	-2.5400
家庭宽带月资费	0.0006	0.0002	0.7200
互联网普及率	0.0600	0.0153	1.9000
政府可问责性	0.0268	0.0068	1.5900
政治稳定性	0.0256	0.0066	1.8700
政府效率	-0.0079	-0.0020	-0.3600
法治	-0.0454	-0.0116	-1.7300
腐败控制	0.0305	0.0078	1.5100
常数	-3.6854	0.0000	-2.8700
观测值	105		

估计结果显示：

第一，经济社会因素对是否选择统一规制机制有显著影响。人口总数越多和密度越低，选择统一规制机构的可能性越大。一方面随着人口总数的增加，规制的复杂性就会随之增加，统一规制有助于协调各方诉求；另一方面人口密度越低，覆盖地域面积就越广泛，集中的规制机构越能更好地保障规制一致性。边际效应估计结果显示，当人口数和人口密度分别增加和减少1%时，选择统一规制机构的概率分别增加0.05%和0.01%。

第二，电信技术和市场发展程度对统一规制机构的选择有显著影响。一个非常有意思的结果是，互联网引入竞争的程度越高，互联网普及程度越高，选择统一规制机构的概率就越大。其中，当互联网市场由垄断变为竞争时，选择统一规制机构的概率将提高近60%。此外，互联网普及程度每提高1%，选择统一规制机构的概率就会提高1.53%。产生该结果的原因在于：一是互联网规制与三网融合下对电信业务和广电业务的规制有相似之处。目前，电信规制机构普遍具备互联网规制的经验，包括市场、技术、业务等方面，如果互联网竞争程度很高，这说明电信规制机构更有可能借鉴已有规制经验，有效地承担三网融合以后的规制职责。需要特别指出的是，在互联网日益发展的当今，电信和广电部门又都面临相同的内容规制问题，只不过两者的定位略有差异。二是互联网代表着电信和广电未来技术发展的主要趋势，模型中的互联网变量代表了这种技术融合的影响，而这种技术融合要求统一的规制机构，这正好反映了规制机构设计对技术理性的依赖。

除了互联网以外，移动电话资费也会对是否选择统一规制机构产生影响。模型结果显示，移动电话每月资费每提高1%，选择统一规制机构的概率减少4.24%。由于在基础电信业务中，移动电话是竞争程度最高、收入份额最高的业务，因此，移动资费水平越高，就意味着电信市场成熟程度越低，从而融合后广电进入电信领域的可能性越大，规制机构出于行业保护的目的，限制对方进入的可能性就越大，因而更需要统一规制机构。但在电信市场成熟程度比较低时，市场空间相对比较大，限制对方进入的必要性就越小，选择统一规制的可能性也越小。我们的实证结果显示，限制竞争问题对规制机构设计的影响相对更大。

另一个有意思的结果是，电信产权结构对是否选择统一规制机构也有显著影响。我们在模型中用固定电话的私有产权比重来刻画这种影响。实证结果显示，固定电话的产权私有化程度越高，选择统一规制机构的可能性越小；反之，融合的规制机构更适合于以公有产权为主的电信市场的规制。

第三，政府治理能力变量对规制机构设计的影响。理论上讲，规制机构的制度理性意味着规制机构设计要与政府能力相吻合。模型实证结果显示，政府可问责性越强，政治稳定性越高，选择统一规制的概率越大。政府腐败控制能力提高 1%，选择统一规制机构的概率提高 0.78%。前面综述中已经分析过，分设规制机构的重要原因是限制规制机构与被规制企业形成"政企同谋"，因此，在其他因素不变的情况下，当政府越清廉时，就越不需要通过分设规制机构实现相互监督，而应该直接选择统一规制机构。

我们的实证结果还显示，法治程度对统一规制机构选择的影响是负的。对于规制机构设计来讲，法治程度越高，规制机构间的职责划分就越清晰，相互交叉或重叠的职能越少，同时即便有规制冲突，也可以依法处理，因此就没有必要强行设立融合统一规制机构了。此时，分设规制机构将更有助于发挥各个规制机构的专业规制能力，提高规制效率。

综上所述，本章的实证结果与现有经济理论基本一致，我们不但证实了产业技术经济特征和国家制度安排将影响三网融合下规制体制的选择，而且经济和社会因素也会对此产生重要影响。同时我们也观察到，不同国家由于各方面条件的不同，最终设置的规制架构也有所不同。那么，一个自然而然的问题是，在当前的国情条件下，我们国家究竟应选择什么样的规制体制呢？为了回答这个问题，我们采用基准比较的方法，利用前面估计出的模型来预测中国选择统一规制体制的概率。代入相应变量的中国值，就得到表 2-4 的预测结果。

表 2-4　　　　　　　中国选择电信和广电统一规制的概率

	预测值
模型 1	0.998
模型 2	0.995
模型 3	0.982

表 2 - 4 中的预测结果显示，相对于样本中采用统一规制体制的均值（0.58），无论相对哪种模型设定，我国选择统一规制的概率都非常高，这意味着我国应选择融合的规制机构。根据我们的模型设定，作出这样的选择的主要原因是：中国的人口数很大，规制机构的决策目标更为复杂，统一规制有助降低协调成本；互联网市场已引入竞争，普及率也在快速提高，电信和广电的技术和业务趋同度增强；电信和广电都是国有控股，私有化程度很低，分设规制机构必要性很小；中国的法治发展程度尚不完善，设立统一规制机构有助于减少推诿扯皮、选择性执法及限制竞争等行为，提高规制效率。

第五节　结　语

本章通过建立三网融合时代统一或分离规制体制的 Probit 选择模型，利用国际电信联盟和世界银行相关数据，分析了信息技术与市场、国家制度环境以及经济社会因素对三网融合下规制体制设计的影响。我们的实证结果显示，与现有规制制度设计理论一致，产业技术经济特征和国家制度环境，是影响三网融合下规制体制设计的重要因素。此外，经济和社会因素也会对此产生重要影响。需要强调的是，这些因素对于规制体制的影响非常复杂，这说明尽管规制体制设计需要遵循一些基本原则，但不同国家可能会依据本国情况作出不同的选择。

利用国际基准比较方法，我们得出的政策结论是，我国应该选择统一规制体制，以适应三网融合的要求。在中国现有社会、经济和制度条件下，导致这一结果的首要因素是互联网产业的发展，为了适应融合的技术趋势，促进业务和市场的发展，需要一个统一的规制框架来推动，这是技术理性的内在要求。在国家制度层面，不同的制度参数对于规制体制的影响是不同的，但总体来看，现有的制度能力也支持设立融合的规制机构，以减少协调成本、选择性执法和限制竞争等问题。

本章的实证结果对于后三网融合时代的规制改革也有重要意义。尽管从长远看，规制机构的独立性是树立规制权威、提高规制效率的一个重要的制度保证，但是，建立统一的规制体制并不一定以规制独立性为前提。

这意味着，如果出于某种原因，电信和广电规制机构除了需要承担促进市场竞争的职能外，还需要在一定时期内承担产业发展、国资保值增值和做大做强等职能，但这种制度设计并不妨碍推进以融合为导向的规制机构改革。实际上，选择统一规制体制也是与我国政府机构的大部制改革方向一致的。

参考文献

1. Bardhan, P. and D. Mookherjee, *Relative Capture of Local and Central Government: An Essay in the Political Economy of Regulation*, University of California, Berkeley, 1999.

2. Baron, D. and D. Besanko, Information, Control and Organizational Structure. *Journal of Economics and Management Strategy*, 1992, Vol. 1, pp. 237 – 275.

3. Baron, D. and R. Myerson, Regulating a Monopoly with Unknown Cost. *Econometrica*, 1982, Vol. 50, pp. 911 – 930.

4. Crampes, C. and A. Hollander, Triple Play Time. *Communications & Strategies*, 2006, No. 63, pp. 51 – 71.

5. Crampes, C. and A. Hollander, The Regulation of Audiovisual Content: Quotas and Conflicting Objectives. *Journal of Regulatory Economics*, 2008, Vol. 34, pp. 195 – 219.

6. Djankov, S., R. L. Porta, F. Lopez – de – Silanes and A. Shleifer, The Regulation of Entry. *Quarterly Journal of Economics*, 2002, Vol. 117, pp. 1 – 37.

7. Djankov, S., R. L. Porta, F. Lopez – de – Silanes and A. Shleifer, Courts. *Quarterly Journal of Economics*, 2003, Vol. 118, pp. 453 – 517.

8. Estache, A. and L. W. Lewis, Estache, A. and L. Wren – Lewis, 2009, Towards a Theory of Regulation for Developing Countries: Following Jean – Jacques Laffont's Lead. *Journal of Economic Literature*, 2009, Vol. 47, pp. 729 – 770.

9. Glaeser, E. L. and A. Shleifer, The Rise of Regulatory State. *Journal of Economic Literature*, 2003, Vol. XLI, pp. 401 – 425.

10. Green, W. H., *Econometric Analysis*, Upp. er Saddle River, NJ: Prentice Hall, 2000.

11. ITU Regulators Dataset, http://www.itu.int/ITU – D/ICTEYE/Regulators/Regulators.aspx, 2010.

12. Kaufmann, D., A. Kraay and Mastruzzi, Governance Matters VI: Governance Indicators for 1996 – 2006, World Bank Policy Research Working Paper No. 4280, 2007.

13. Laffont, J. J., *Regulation and Development*. Cambridge: Cambridge University Press, 2005.

14. Laffont, J. - J. and Martimort, Separation of Regulators against Collusive Behavior. *Rand Journal of Economics*, 1999, Vol. 30, pp. 232 - 262.

15. Laffont, J. J. and J. Tirole, *A Theory of Incentives in Procurement and Regulation*. Cambridge, MA: MIT Press, 1993.

16. Laffont, J. J. and J. Tirole, *Competition in Telecommunications*, Cambridge, MA: MIT Press, 1993.

17. Majone, G., From the Positive to the Regulatory State: Causes and Consequences of Changes in the Mode of Governance, Working Paper, Estudio, 1997.

18. Peltzman, S., The Economic Theory of Regulation after a Decade of Deregulation. *Brookings Papers on Economic Activity*, *Microeconomics*, 1989, pp. 1 - 60.

19. Sah, R. and J. Stiglitz, The Architecture of Economic Systems: Hierarchies and Polyarchies. *American Economic Review*, 1991, Vol. 76, pp. 716 - 727.

20. Stigler, G., The Economic Theory of Regulation. *Bell Journal of Economics*, 1971, Vol. 2, pp. 3 - 21.

21. The World Bank, The Little Data Book on Information and Communication Technology. Washington, DC: The World Bank, 2010.

22. Waterman, D., The Economics of Media Programming, *Handbook of Media Management and Economics*, edited by A. B. Albarran, S. Chan - Olmsted and M. Wirth, London: Lawrence Erlbaum Associates Publishers, 2004.

23. Alchian, A., 1965, Some Economics of Property Rights. *Il Politico*, 30, pp. 816 - 829.

24. Alchian, A. and R. A. Kessel, 1962, Competition, Monopoly and the Pursuit of Money. *Aspects of Labor Economics*, 14, pp. 157 - 183.

25. Averch, H. and L. Johnson, 1962, The Behavior of the Firm under Regulatory Constraint. *American Economic Review*, 5, pp. 1053 - 1069.

26. Barry, J. N. and E. S. Joseph, 1983, Prizes and Incentives: Towards a General Theory of Compensation and Competition. *Bell Journal of Economics*, 14, pp. 21 - 43.

27. Baumal, W. J. and R. D. Willig, 1982, Contestable Markets: An Uprising in the Theory of Industry Structure. *Amesrican Economic Review*, 72, pp. 1 - 15.

28. Berg, S. V. and J. Tschirhart, 1988, *Natural Monopoly Regulation—Principles and Practice*, Cambridge University Press.

29. Boubakri, N. and J. Cosset, 1998, The Financial and Operating Performance of Newly Privatized Firms: Evidence from Developing Countries. *Journal of Finance*, 53,

pp. 1081 – 1110.

30. Boycko, A. S. and R. Vishny, 1996, A Theory of Privatization. *Economic Journal*, 106, pp. 309 – 319.

31. Boyland, O. and G. Nicoletti, 2000, Regulation, Market Structure and Performance in Telecommunications. *Economics Department Working Paper*, No. 237.

32. D'Souza J. and W. Megginson, 1999, The Financial and Operating Performance of Privatized Firms during the 1990s. *Journal of Finance*, 54, pp. 1397 – 1438.

33. Datta, A. and S. Agarwal, 2004, "Telecommunications and Economic Growth: A Panel Data Approach", *Journal of Applied Economic*, 36, pp. 1649 – 1654.

34. DeWoskin, K. J. , 2001, The WTO and the Telecommunications Sector in China. *The China Quarterly*, 167, pp. 630 – 654.

35. Fink, C. , Mattoo, A. and R. Rathindran, 2003, An Assessment of Telecommunications Reform in Developing Countries. *Information Economics & Policy*, 15, pp. 443 – 466.

36. Gort, M. and N. Sung, 1999, "Competition and Productivity Growth: The Case of the U. S. Telephone Industry", *Economic Inquiry*, 37, pp. 678 – 691.

37. Gupta, J. P. and A. K. Sravat, 1998, Development and Project Financing of Private Power Project in Developing Countries: A Case Study of India. *International Journal of Project Management*, 16 (2), pp. 99 – 105.

38. Hart, O. , 1983, The Market Mechanism as an Incentive Scheme. *Bell Journal of Economics*, 14, pp. 366 – 382.

39. Hayek, F. A. , 1945, The Use of Knowledge in Society. *American Economic Review*, 35 (4), pp. 519 – 530.

40. Holburn, G. F. , 2001, Political Risk, Political Capabilities and International Investment Strategy: Evidence from the Power Generation Industry. Paper Presented at the 5th Annual EUNIP Conference. Vienna, 29, November 1.

41. Kornai, J. and J. Weibull, Paternalism, Buyers and Sellers Markets. *Mathematical and Social Sciences*, 1983, 6, pp. 153 – 169.

42. Kwoka, J. E. , 1993, The Effect of Divestiture, Privatization, and Competition on Productivity in U. S. and U. K. Telecommunications. *Review of Industrial Organization*, 8, pp. 49 – 61.

43. Laffont, J. J. and J. Tirole, 1993, *A Theory of Incentives in Procurement and Regulation*. MIT Press, Cambridge.

44. Lam, P. L. and A. Shiu, 2008, Productivity Analysis of the Telecommunications Sector in China. *Telecommunications Policy*, 32, pp. 559 – 571.

45. Leibenstein, H. , Allocative Efficiency Vs. "X - Efficiency". *American Economic Review*, 1966, 56, pp. 392 - 415.

46. Levy, B. and P. T. Spiller, 1996, *Regulations, Institutions, and Commitment: Comparative Studies of Telecommunications.* Cambridge University Press.

47. Li, W. and L. C. Xu, 2004, The Impact of Privatization and Competition in the Telecommunications Sector around the World. *The Journal of Law and Economics*, 47, pp. 395 - 430.

48. Lin, Y. L. , 1992, Rural Reform and Agricultural Growth in China. *American Economic Review*, 82, pp. 34 - 51.

49. Lu, D. and C. K. Wong, 2003, *China's Telecommunications Market: Entering a New Competitive Age.* Edward Elgar, Cheltenham.

50. Madden, G. , Savage, S. and Ng, J. , 2003, Asia - Pacific Telecommunications Liberalisation and Productivity Performance. *Australian Economics Papers*, 42, pp. 91 - 102.

51. Madden, G. and S. Savage, 2001, Productivity Growth and Market Structure in Telecommunications. *Economic Innovation New Technology*, 10, pp. 493 - 512.

52. Megginson, W. , Nash, R. and M. Randenborgh, 1994, The Financial and Operating Prformance of Newly Privatized Firms: An International Empirical Analysis. *Journal of Finance*, 2, pp. 403 - 452.

53. Niskanen, W. , 1971, *Bureaucracy and Representative Government.* Aldine Press.

54. Noll, R. G. , Telecommunications Reform in Developing Countries, 2000, Stanford Institute for Economic Policy Research (SIEPR) Discussion Paper, No. 31 - 99.

55. North, D. C. , 1990, *Institutions, Institutional Change, and Economic Performance.* Cambridge University Press.

56. Roller, L. and L. Waverman, 2001, Telecommunications Infrastructure and Economic Development: A Simultaneous Approach. *American Economic Review*, 91, pp. 909 - 923.

57. Ros, A. J. , 1999, Does Ownership Or Competition Matter? the Effect of Telecommunications Reform on Network Expansion and Efficiency. *Journal of Regulatory Economics*, 15, pp. 65 - 92.

58. Sharkey, W. W. , 1982, *The Theory of Natural Monopoly.* Cambridge University Press.

59. Spiller, T. P. and G. C. Cardilli, 1997, The Frontier of Telecommunications Deregulation: Small Countries Leading the Pack. *Journal of Economic Perspectives*, 11, pp. 127 - 138.

60. Stigler, G. , 1971, The Theory of Economic Regulation. *Bell Journal of Economics*, 2, pp. 3 – 21.

61. Wallsten, S. J. , 2001, An Econometric Analysis of Telecom Competition, Privatization, and Regulation in Africa and Latin America. *Journal of Industrial Economics*, 49, pp. 1 – 19.

62. Waterson, M. , 1988, Regulation of the Firm and Natural Monopoly, Basil Blackwell.

63. Williamson, O. , 1963, Managerial Discretion and Business Behavior. *The American Economic Review*, 44, pp. 1032 – 1057.

64. Zheng, S. L. and M. R. Ward, 2011, The Effects of Market Liberalization and Privatization on Chinese Telecommunications. *China Economic Review*, 2, pp. 210 – 220.

65. 高锡荣:《中国电信市场改革效率之消费者福利分析》,《中国软科学》2008 年第 2 期。

66. 高锡荣:《中国电信市场的去垄断改革与技术进步》,《经济科学》2008 年第 6 期。

67. 刘小玄:《中国经济转轨过程中的产权结构和市场结构》,《经济研究》2003 年第 1 期。

68. 孙巍、李何、何彬、叶正飞:《现阶段电信业市场结构与价格竞争行为关系的实证研究》,《中国工业经济》2008 年第 4 期。

69. 汪贵浦、陈明亮:《邮电通信业市场势力测度及对行业发展影响的实证分析》,《中国工业经济》2007 年第 1 期。

70. 于良春、张伟:《中国行业性行政垄断的强度与效率损失研究》,《经济研究》2010 年第 3 期。

71. 郑世林:《市场竞争还是产权改革提高了电信业绩效》,《世界经济》2010 年第 6 期。

72. 工业和信息化部:《中国通信统计年度报告》,人民邮电出版社 2009 年版。

第 二 篇
电 信 资 费

第三章 资费优化及其对用户
接入市场影响

第一节 引 言

资费是直接影响电信企业财务状况的一个重要因素，也是电信企业一个重要的竞争手段。但电信资费的重要性并不仅仅表现在运营商可以通过降价来增加竞争力，更重要的是，随着市场的不断成熟，企业之间的竞争已经不再是简单的相互杀价式的价格竞争，而是如何利用合理的资费设计，实现利润极大化的目标。

当然，企业之间的竞争并不只限于价格竞争，非价格竞争策略也会影响企业的竞争力和利润水平。但需要强调的是，资费设计往往与非价格策略密切相关。在很多情况下，运营商通过合理的资费设计，体现用户市场细分以及产品差异化等竞争策略。

为了适应市场竞争的要求，移动电话业务的资费经历了一个不断创新的过程。从预付费的出现，到各种资费套餐的急剧增加，再到固定和长话业务的统一定价，以及语音和增值业务的捆绑定价等。正是移动电话资费的不断创新，带动了世界范围内移动电话业务的爆炸式增长。

在我国移动电话市场，政府起初对资费实行管制，这种管制环境限制了企业利用资费设计作为竞争手段的可能性，从而使得运营商之间的竞争主要体现在非价格竞争，比如网络覆盖所反映的质量竞争、业务创新等方面。但随着政府不断放松资费管制以及竞争的日益加剧，特别是允许引入资费套餐以后，虽然政府仍对资费保持一定程度的控制（即基本资费，尤其是某些城市的资费），但资费设计无疑已经成为运营商的重要竞争手段。

尽管如此，我国电信资费仍然存在很多亟待深入研究的问题。针对中国移动运营商的资费设计，我们发现一些非常典型的问题：

首先，在中国移动市场上，运营商之间的资费水平存在着明显差异，然而奇怪的是，具有较低资费水平的运营商却未能表现出足够的竞争力，甚至与竞争对手的差距还在逐渐扩大。由此引出的问题是，降低资费水平是否一定会增强竞争力，低水平资费是否会给用户带来扭曲的质量信号，或者强化了用户对低资费运营商质量（网络和服务）低的感觉？

其次，中国主要的移动运营商都在向用户提供大量的资费选择。根据我们调研得到的信息，中国移动和中国联通在全国范围内各有2万—3万种资费，各个分公司也大多有上百种资费（包括历史的和现有的），而且有相当多的资费是明显被占优的，也就是说，无论用户消费水平如何，选择这些资费的费用高于选择其他资费产生的费用。对于这么多的资费选择，考虑到资费研发和管理成本，这种策略是否有效？提供这些资费仅仅是为了细分客户，还是一种竞争的手段？

再次，中国的移动运营商都在混合采用二部制定价（月租＋通话价格）和三部制定价方式（月租＋免费时长＋通话价格）。但不同的运营商在选择定价方式的侧重点上又存在差异，有的运营商使用二部制定价的比例更高一些，而有的则使用三部制定价更多一些。那么，问题产生了，为什么要提供不同的资费？什么样的资费组合才对运营商更有利呢？

最后，根据我们对某运营商下属分公司所提供数据的分析发现，有相当多的用户并没有选择最便宜的资费，甚至选择明显被占优的资费，这似乎违背了消费者行为理性的假设。那么这种行为仅仅是用户计算出错，还是在某些限制条件下的理性行为？用户选择错误的资费是否一定意味运营商获得利润？

非常遗憾的是，到目前为止，对这些问题的理论和实证研究都非常有限，远远不能满足实际工作中资费设计的要求。尤其在国内，不但学术界对此缺乏深入细致的理论和实证研究，不能对政府资费监管提供支撑，而且企业的研究也很不够，基本上处于跟进外国资费设计经验的状态。由此带来的影响是，一方面，政府对资费的监管难以适应有效竞争的要求；另一方面，企业过度依赖简单的杀价竞争手段，造成同质低水平竞争的局面。

本章希望填补这方面的一个空白。本章以某移动运营商为例，对其资费状况进行初步诊断，从而为资费优化乃至构建合理资费框架提供基础。因此，本章的主要工作是基于资费设计理论，利用相关数据建立需求和资费分析模型，分析中国移动运营商资费策略存在的问题，并针对未来可能的资费改革进行政策模拟，分析这些资费改革对运营商可能产生的影响。本章首先介绍并分析移动资费设计的国际经验；然后对现有资费研究理论进行综述；接着以具体运营商为例，分析资费策略中存在的问题，最后针对以上分析提出移动运营商资费优化的合理建议。

本章采用以建模为基础的实证研究方法，考虑到建模的复杂性，本章的研究范围将限定在移动语音资费上。

本章基于资费设计理论，通过建立计量经济模型，对移动运营商的资费进行实证研究。我们将利用中国某主要移动运营商下属某地级市分公司提供的用户话单数据进行建模。需要说明的是，选择更多地区的样本无疑会增加结论的可靠性，但基于项目规模和工作量上的考虑，我们没有选择大范围样本。但因为本章研究的问题在移动运营商运营过程中具有普遍性，我们认为得出的结论仍具有重要意义。

为了说明资费研究的重要性，有必要澄清一些误解。对于中国移动运营商的资费设计问题，很多专家和业内人士认为，对于在移动市场上处于从属地位的运营商而言，根据实证经验，消费者的价格弹性往往很小，并且消费者惰性很大，所以，资费主要取决于市场竞争，资费设计显得并不重要。对此我们并不认同，而是认为资费设计对所有移动运营商，无论其市场地位如何，都具有重要而特殊的意义。

第一，尽管传统上认为，区别定价的前提是存在市场支配力，但最近的研究结果表明（鲍莫尔，2005），区别定价是完全竞争时一个自然而然的结果，而不是仅仅在存在市场支配力时才会出现。换句话说，即使有的运营商缺乏市场支配力，也需要根据客户属性，通过合理的资费设计，对用户市场进行区分，否则就难以适应市场竞争的要求。由此可见，认为迫于市场压力，处于地位的运营商只能采用简单跟进，而不需要研究资费设计的观点并不正确。

第二，非价格政策也离不开资费设计。所有运营商都应该采取有效的产品区分和客户细分等非价格竞争策略，以减少同质化带来的低水平过度竞争，这也是目前我国移动市场乃至整个电信市场竞争亟须解决的重要问题。为此，中国的移动运营商特别需要研究横向产品区分策略，如品牌战略和市场营销战略等，以及纵向产品区分策略，如产品质量策略。但需要强调的是，这些非价格策略与资费设计密切相关。

第三，认为消费者弹性小的观点并不准确。一方面，虽然总的来讲，随着资费的不断降低，用户的消费弹性确实已变得很小，但由于目前市场竞争在很大程度上体现在争夺新用户，而这些用户基本上都是低端用户。根据实证研究结果，一般来说，低端用户的价格弹性要大于高端用户的价格弹性，换句话说，针对低端用户更有必要科学地设计资费，以刺激话务量。另一方面，用户对于资费的选择弹性很大，本章的实证研究证明了这一点。

第四，虽然很多因素造成消费者惰性，由此给运营商带来丰厚的利润，但这并不能说明资费设计不重要。实际上，理论和实证研究表明，消费者行为并不像想象的那么非理性，而且即使用户现在选错资费，也不等于用户永远选错资费。如果不积极引导用户，在用户了解竞争对手资费后，很可能造成用户的流失。

第二节　移动电话资费现状及变化趋势

总体上看，我国移动电话资费的主要特点可以概括为：第一，资费水平快速、大幅度降低；第二，运营商提供多种资费选择，其中以三部制定价或套餐为主打资费；第三，单向收费日益成为主流收费模式；第四，国内外资费结构逐渐趋同，并且国内不同运营商之间的资费结构也在趋同。下面先总结目前国内外资费现状和变化趋势的一般规律，然后以我国某主要移动运营商为例，说明国内资费与国际经验的主要不同之处。

一　平均价格水平大幅度下降

无论是国内还是国外，多数移动语音业务的资费都大幅度下降。以联通为例，仅仅经过两年半的时间，联通的本地通话平均资费水平就从

2004 年 1 月的 0.21 元/分钟（包括月租）[①]，下降到 2006 年 6 月的 0.12 元/分钟，差不多下降了一半，如果考虑到同期通货膨胀上涨因素，实际资费水平下降幅度更大。

移动电话资费水平大幅度下降，既是移动电话市场竞争日趋激烈的结果，包括移动电话运营商之间的同质竞争，以及与固定电话和其他新通信技术的替代竞争，同时又与移动用户急剧增长带来的规模收益，以及技术进步带来的业务成本急剧下降密切相关。

尽管多数移动电话业务的资费水平急剧下降，但国际漫游的价格仍远高于成本，并且下降趋势缓慢。较高的漫游资费是运营商进行双重加价，并且利用特殊用户群体高意愿支付的结果。针对国际漫游资费过高的问题，包括欧盟和美国在内的很多国家都在展开反垄断调查，研究是否存在滥用市场支配地位的情况，并考虑采取价格上限管制等监管措施，试图降低漫游资费。

二　提供多样化的资费选择

传统上，固定运营商一直提供相对比较单一的资费种类，但移动运营商却为用户提供了多种资费选择。实际上，多样化的资费选择，已成为运营商细分用户、分割市场的重要市场营销方式。

通常，移动运营商主要提供无歧视性的区别定价，即所有人都可以选择任何一种资费选择。尽管从事后（消费后）看，由于选择了不同资费，选择不同资费的用户实际支付的价格不同，但所有用户在事前面临同样的资费选择，因此，从法律意义上，这样的资费并不属于歧视性定价[②]。

根据实际资费是消费前决定还是消费后决定，通常将资费分为事前资费（如资费套餐）和事后资费（如阶梯定价）。目前，多数运营商提供事前资费，很少提供事后资费[③]。运营商在设计资费套餐时，主要针对用户

[①]　这里的平均本地资费 =（月租 + 本地通话收入）/本地计费时长。

[②]　但在某些情况下，比如对于大客户，运营商也提供歧视性的定价（Negotiated service agreement），即大客户可以选择所有资费，但一般用户不能选择提供给大客户的资费。因为这种资费具有滥用垄断势力的嫌疑，更重要的是，可以利用无歧视的区别定价达到同样的区分用户的目的，所以，这种方法已较少使用。

[③]　在用户具有完全理性时，无论运营商提供事前资费还是事后资费，事前资费和事后资费等价。

的各种属性，比如话务量，设计不同的资费选择①。资费套餐中一般包括多种形式的定价方式，如线性定价、二部制定价（包括包月制）、三部制定价等。

所谓线性定价，是指消费者的支出总额等于消费的话务量乘以一个边际价格。虽然这种定价的平均价格相同，都等于边际价格，但由于没有任何进入门槛，这种资费对低端用户非常有吸引力。正因为如此，在很多国家的资费选择中，在推出以低端用户为营销对象的预付费业务时，主要采用了线性定价。线性定价还适用于长话②和漫游等业务。此外，忙闲时定价是一种考虑容量限制的特殊线性定价，很多国家都基于时段（每日忙闲时）和日期（周末和节假日）实行优惠定价（见图3－1）。

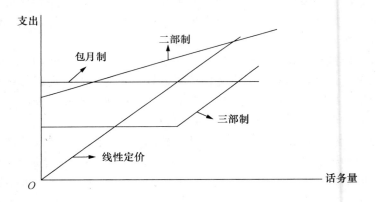

图3－1 各种定价及支出函数

二部制定价是从固定电话资费延续过来的一种传统定价方式，是一种由月租费和边际价格组成的非线性定价。与后面提到的三部制定价不同的是，二部制定价没有免费通话时长。此外，与线性定价的平均价格不变不同的是，二部制定价具有打折特征，即打得越多越便宜或平均价格越低，

① 即基于纵向市场区分。理论上说，此时区别定价主要依靠激励相容约束分割市场，但实践中，用户还借助其他手段分割市场，如不同资费选择号码不可携带，通过增加转移成本来锁定用户，加强市场的分割。

② 在美国，对于固话，用户需要分别缴纳长话和市话的月租费。

因此这种资费适用于中高端用户。包月是二部制定价的一种特殊形式，但是由于这种定价可能产生拥堵和成本回收等问题，对语音业务的使用不是很普遍，但在数据业务中得到了普遍使用。

三部制定价是指由月租和两个适用于不同话务量的不同边际价格构成的定价方式，但现实中使用的三部制定价由月租、免费通话时长和边际价格构成，因此属于一种特殊的三部制定价，并且话务量大时的边际价格大于话务量低时的边际价格，而且在很多情况下，消费得越多，平均价格越高。从北美和欧洲来看（如 Verizon、Sprint、T - Mobile 等），三部制定价已经成为主打资费。

三　资费选择种类急剧增加

在很多国家，无论是大运营商还是小运营商，都提供多种资费选择。比如，仅仅在 T - mobile 目前推广的资费中，包括个人计划、个人计划与朋友计划、亲情计划、亲情朋友计划、预付费业务等针对个人的语音资费有 25 种，针对企业客户的语音资费有 9 种，而针对数据的资费也有 9 种之多，这还不包括现有的资费中，过去提供但现在已经不再推广的历史资费。

在我国，多种资费选择并存的特征尤其突出。以某地级市分公司为例，包括 C 网和 G 网的目前推广的资费和历史资费在内，总共有将近 200 种资费。根据调研得到的信息，在所考察运营商的各分公司中，这种情况相当普遍。根据我们掌握的信息，这种情况在其他移动运营商中也普遍存在。

四　不同业务捆绑定价

捆绑定价主要是指在一种资费中，同时包含多种业务的定价。使用捆绑定价的主要目的是，根据用户的组合偏好，更好地细分用户市场。不同业务的捆绑定价是目前移动语音资费的一个重要特征。比如，在 Verizon、Sprint、Nextel 和 T - Mobile 等运营商提供的资费中，都不对长话和国内漫游额外收费，即实行移动语音与长话和国内漫游捆绑定价，这显然是一种特殊的捆绑定价。

在 3G 业务和三网融合的情况下，捆绑定价的另一种应用是语音业务和数据业务的捆绑定价。根据我们掌握的情况，尽管语音和数据的捆绑定价已经出现，但这种捆绑定价的应用还不是很多。目前来看，捆绑定价仍然分别用于语音业务或者数据业务，也就是说，分别对语音和数据业务制订资费选择计划。

五　基于现有用户或特定营销对象的资费

在移动业务发展初期，运营商的资费主要针对新增用户，比如通过降低资费和增加资费种类，不断开发新用户市场，以此增加用户市场份额。但随着市场的逐渐饱和，运营商在设计资费时，开始重点考虑如何挖掘现有用户价值，因此提供的资费发生了一些显著变化。

首先，新资费更简单，表现为新提供的资费选择种类下降，资费结构趋于纯粹的三部制定价。虽然新资费可能有利于吸引新用户，但可能造成已经选择某种资费的用户向新资费转移。当然，在可能转移的用户中，有些正是提供新资费的目的所在，但有些转移可能会对运营商不利，因此新资费需要更好地分割用户。为此，运营商选择的策略是，在新资费中不再包含复杂的捆绑因素，而变得相对简单，以避免不必要的用户转移。当然，由于竞争造成运营商分割用户的能力下降，所以资费简单化也是竞争增加的结果。

其次，随着市场的不断饱和，不论是大运营商还是小运营商，资费设计都更强调挖掘现有用户的价值。为此，很多运营商出台了具有自我激励的资费，即对用户消费进行奖励，用户打得越多，奖励越多，以此刺激话务量。

最后，由于现有用户的增多，运营商开始面临抢夺群体用户，而不是单一用户的机遇。为了达到这个目的，在几乎所有国家的资费选择计划中，都包括对网内用户的优惠措施，如网内网间区别定价，甚至网内通话在优惠时段完全免费，以及个人通话计划和亲朋通话等①。设立亲朋计划不仅可以根据特定的营销对象设计资费，从而使市场营销更有效，而且更重要的是可以更好地利用局部网络外部性，从而达到吸引用户和刺激话务量的目的。

六　多样化的促销手段

在正式的价格之外，运营商往往提供种类繁多的优惠手段，比如多种积分奖励计划，通过赠送话费和减免账单（账务优惠），鼓励多消费。从市场营销角度，促销可以看做正式定价的补充手段。比如，通过促销达到区别定价或细分用户的目的，即实现对于了解促销信息和不了解促销信息

---

①　国内为了防止垄断，规定不许采取区别定价。后面将讨论管制政策问题。

用户的区别定价、忠诚用户和非忠诚用户（只关心价格的高低的）的区别定价，以及使用多的用户与使用少的用户之间的区别定价。

七　单向收费成为主流

在不同国家的收费模式中①，多数国家的移动电话业务采用单向收费，而且很多国家从双向收费变成了单向收费，目前只有中国、美国、加拿大、新加坡等少数国家仍然采取双向收费。非常有意思的是，在我国讨论是否"双"改"单"的同时，由于欧洲等国家移动电话的网间结算价格过高，很多国家在考虑是否进行"单"改"双"，以此降低移动网的网间结算价格。

第三节　资费设计理论综述

本章简要介绍资费设计理论。需要说明的是，本章的目的并不是对资费设计理论进行全面的综述②，而只是针对电信业的主要特点，简要地总结资费设计的基本理论。我们试图回答的问题是，移动电话运营商为什么会提供前一节所描述的资费，以及最优定价如何确定等。在讨论资费设计之前，首先简要描述移动电话的主要经济特征。

一　移动电话的经济特征

（一）成本特征

从供给角度，移动通信的成本特征与其市场结构和监管环境密切相关，同时根据有效定价的成本归属原则［卡恩（Kahn，1970）］，它又是决定移动业务价格水平和相对价格结构的重要因素。

电信业务的网络成本一般分为三类③：一是用户独占网络资源所引致的成本，在电信经济学中，把这种成本称为用户数驱动的成本，或者流量不敏感成本；二是业务量增加需要扩容而导致的成本，称为使用或话务量

---

① 美国 FCC 将接听价格看成接听业务的收费，即将双向收费看成业务分类问题，而不是定价问题。

② 这方面已经有很好的文献（Stole，2002；Armstrong，2006）。

③ 本章主要讨论网络成本。当然，固定网和移动网的运营成本结构也有所不同，比如移动网的网络维护成本较低，但由于面临更为竞争的市场环境，其市场营销成本高于固定网。

驱动的成本①，或流量敏感成本；三是共同固定成本，即由用户数和话务量共同引致的成本。用户增量成本属于专属固定成本，是产生规模收益的原因，而共同成本则带来范围收益。

移动通信技术与固定通信技术的最根本区别是，移动用户可以在不同的地点呼叫和接听电话，即移动用户可以享受移动性，而固定电话只能在固定的地点使用电话，这种通信技术上的不同导致移动电话业务与固定电话业务在成本结构上的显著差异。

移动电话网的主要设备由基站、中继线、交换机、交换机房以及配套的附属设备构成。用户只有在通话时才占用网络资源，而在没有通话时基本上不占用网络资源，在用户关机时尤其如此。因此，在实现基本的覆盖要求之后，移动网的规模主要由用户的忙时业务量确定，或者说根据服务质量的要求，由空中信道的数量确定。如果忙时业务量增加，移动网就必须扩容以避免阻塞和业务损失，由此导致移动网成本的增加；如果忙时业务量的总量没有增加，用户数量的增加仅仅是把业务量摊薄，而不需要对移动网进行扩容，因此移动网的成本也就不会增加。因此，移动电话网基本上不存在用户独占资源，其所有设备基本上都属于用户共享资源，其成本基本上只与业务量有关，而与用户数量无关。

移动电话网的成本与固定市话网有着根本的不同。固定市话网的主要设备由用户线、终端局、中继线、汇接局等几部分构成，而终端局和汇接局又都由交换机、交换机房以及配套的附属设备（电源、空调等）组成。在终端局以下，网络设备的最大特点就是，每一个用户都拥有自己的用户线和相应的交换容量（用户板等），而终端局的机房和配套设施也由交换机的容量（门数）决定，设备的折旧和运营维护成本也由用户数量确定。因此，市话网终端局以下的网络设备属于用户独占资源。市话网中的局间中继和汇接局设备很显然由用户共享，属于用户共享资源，其成本与用户所产生的话务量有关。需要强调的是，在通常情况下，固定市话网的终端

---

① 根据主流电信经济学理论，通常把多个用户共享的成本看成话务量驱动的增量成本。后面将会看到，持互不结算观点的人认为，应把这部分成本看成共同成本，因此移动业务成本中，话务量驱动的成本很小，所以根据有效定价原则，由于互联业务带来的增量成本很小，互不结算带来的扭曲很小。

局和用户线等用户独占资源的成本，占据了市话网成本的绝大部分比例，在用户比较稀少的农村偏远地区尤其如此，正因为如此，固定市话网的成本主要由用户数量决定，而与业务量的关系较小①。

在电信成本理论中，通常将移动业务的网络成本分为最小覆盖成本和容量网络成本，其中容量网络成本与固定网的核心网的成本相似，都属于由话务量驱动的流量敏感成本，而最小覆盖网络被认为是所有移动业务的共同成本。

最小覆盖是移动电话网中非常重要的成本概念。与固定市话网向每个用户提供特定位置与网络的一对一连接不同的是，移动电话网提供的是网络覆盖或多点连接。移动电话网的网络最小覆盖的通常定义是，在任何时间、任何地点打一次电话的能力或选择，而其他所有成本都是由话务量增加带来的增量成本。需要说明的是，尽管在如何定义网络覆盖问题上存在争议，但多数经济学家和管制机构都认为，这种定义是最合适的最小网络覆盖定义。按照该定义，覆盖的增加意味着可以提供网络连接的区域的增加，因此覆盖的唯一成本驱动因素是覆盖面积，这显然为覆盖成本的测算提供了便利条件。

根据最小覆盖定义，覆盖成本不属于任何业务的增量成本，即任何业务的增加不会导致最小覆盖成本的增加，因而是所有移动业务的公共成本。这一点与固定市话网有所不同。尽管从接入功能上，固定市话网的接入网与最小覆盖网络有些相似，但多数管制机构倾向于把用户环路作为一种独立业务，或者说作为用户接入的增量成本，而不是所有使用本地环路业务的公共成本，而把最小覆盖成本作为移动网的公共固定成本。

由此可见，基于最小覆盖网络和容量网络的划分，除了固定电话网与移动电话网的相似成本要素以外，移动网还存在由于提供最小覆盖而产生的共同成本，所以，从成本结构上，尽管固定市话网也存在大量的共同成本，但和移动电话网相比，移动电话网的共同成本的比重更大，同时由于

---

① 需要说明的是，在电信经济学中，电信成本是按照成本属性而不是功能来划分的，正是这一点，在互联成本测算中引起了很大的争议。比如，固定市话网的接入网属于用户增量成本，因此不包括在属于流量敏感的互联成本中，但对于移动电话网，同样具有接入功能的无线部分，却由于属于流量敏感成本（或用户共享成本），因此包括在移动网的互联成本中。

移动电话网的用户驱动的接入成本很小，移动网具有使用增量成本相对较高，接入增量成本相对较低的特点。表 3 - 1 总结了移动电话网与固定市话网的成本特征。

表 3 - 1　　　　移动电话业务与固定市话业务的成本特征比较

	移动	固定
用户驱动成本/规模收益	小	大
话务量驱动成本	大	小
共同成本/范围收益	大	小

移动电话的这些成本特征决定了移动电话市场既不是一个充分竞争的市场，也不是一个自然垄断市场，而是一个寡头竞争市场，即有效市场结构为由少数几家运营，但此时运营商会存在一定市场支配地位，尤其是主导运营商。

（二）需求特征

需求特征是零售定价的基础，也是讨论收费方式的基本出发点。

1. 接入需求与使用需求

在电信需求理论中，一般将电信需求分为用户接入需求和使用需求。用户接入需求，是指用户加入电话网络而成为某个运营商的用户的意愿。用户接入需求表现为条件需求：

$$入网否 = \begin{cases} 是 & 从电话消费中得到的剩余 \geq 入网费 \\ 否 & 从电话消费中得到的剩余 < 入网费 \end{cases}$$

根据国际电联（ITU）的定义，入网费通常包括初装费和月租费。接入需求具有一次性或离散需求的特征，因为用户一旦入网成为某个网络的用户，就不需要重复申请入网。

使用需求包括对本地电话、长途电话、数据业务等各种业务的需求[①]。对于使用需求而言，入网费相当于一种沉淀成本，因此，不论话务

---

① 在单向收费时，月租费包括对接听服务的付费，或者说，接入与接听是捆绑的。从这个意义上讲，在最优定价情况时，保持其他条件不变，单向收费对应的月租费高于双向收费时的月租费，或者双向收费对应的使用费大于单向收费下的使用费。

量有多大，入网费并不影响消费水平①。电信服务的消费（话务量）主要取决于使用价格水平，而用户接入需求不但与用户接入价格有关，还取决于使用价格，这是接入需求与使用需求的一个重要区别。

需要说明的是，接入需求属于一种期权需求（Option Demand），它是用户购买的发起和接听电话的期权。期权需求主要相对于确定需求而言，是指在不确定环境下可能实现也可能不会实现的需求，它是电信需求的一种重要特征。比如，很多人安装电话是为了防备不测之需，尽管知道装电话后可能很少使用。期权需求的价值体现在，使用或实现了的需求所带来的消费者剩余大于用户对接入的意愿支付。初装费或月租费是用户接入价格，反映的就是这种期权需求的价值②。

2. 网络外部性

电信业最显著的需求特征就是存在两种不同的外部性，即（直接）网络外部性（Network Externality）和通话外部性（Call Externality）。在后面的讨论中将会看到，网络外部性和通话外部性是理解收费方式（与网间结算）最基本的经济学概念。

电信业的网络外部性，是指网络规模越大，网络的价值越大，因此用户效用与网络规模相关③，这是因为，网络中的用户越多，用户可以与之相联系的人就越多，或者说通话机会越多，因此网络规模越大，用户的效用就越大，所以，当某个新用户接入电信网络时，该用户不仅个人效用增加，而且使网络中原有用户的效用增加，或者说给网络中的原有用户带来正的外部性。

当存在网络外部性时，可能存在多个电话普及率的均衡水平［瑞沃顿（Riordan，2001）］。假设网络规模比较小时，多数人预期电信服务将来不会得到广泛应用，或者说电信网络的规模不会很大（这种预期与收

---

①　但这并不意味着接入定价不影响福利水平；相反，作为用户接入服务的价格也会影响资源配置的效率。根据二部制价理论，因为使用价格扭曲对所有用户（包括边际和非边际）的消费产生影响，用户接入价格扭曲只对边际用户的入网决策产生影响，而对已经入网的非边际用户没有影响，所以，在边际上，使用价格扭曲所产生的福利损失是一阶的，而用户接入价格扭曲带来的福利损失是二阶的。

②　这是月租费存在的需求方面的原因，此外还包括成本结构和区别定价方面的原因。

③　更确切地讲，这是直接网络外部性。详见卡茨和夏皮罗（Katz and Shapiro，1985）。

入水平和其他影响电话普及率的因素有关），由于用户效用与网络规模有关，此时安装电话的效用低于相应的成本，因而用户选择不安装电话。很显然，这种预期是自我维持的：如果大家都有这样的预期，那么在其他人没有安装电话的情况下，我也没有动机安装电话，因此不安装电话就成为一个（纳什）均衡，并且是在较小网络规模上达到的无效均衡。

当电话普及率超过某个临界值后，电信网络就会通过自我发展，在较高的普及率水平上达到均衡：如果预期其他人都安装电话，那么在其他人安装电话的情况下，我安装电话的效用就会比较高，因而我也会选择安装电话，从而在比较高的网络规模上达到均衡。

但是需要指出的是，由于现有网络用户不会考虑边际用户的效用，所以，尽管通过自我发展可以达到比较大的网络规模，但此时达到的网络规模仍然低于社会最优网络规模，也就是说，不仅在普及率较低时，网络外部性可能导致配置效率损失，在普及率很高时，仍然可以导致网络规模低于社会最优规模①。

我们可以用图 3－2 来说明这个结论。图中的横轴表示用户规模，纵轴表示平均成本、价格和效用。在达到临界规模 $n1$ 前，除非存在外部补贴，否则网络无法自我生存，此时由于入网用户太少，用户得到的效用低于较高的价格或平均成本；超过临界规模后，随着用户的增加，网络成本分摊得更低，用户效用大于平均成本，网络逐渐自我成长壮大，但用户规模达到 $n2$ 时，用户效用开始趋于稳定，而此时平均成本开始上升，所以私人最优网络规模为 $n2$，即如果没有外部补贴，网络不会超过这个规模。但从社会福利角度，在决定网络扩充决策时，网络现有用户并没有考虑新用户的增加所带来的正效用，如果考虑到这个边际用户带来的效用，网络规模会继续扩展到 $n3$，它介于私人最优规模 $n2$ 和社会净效用开始小于零的网络规模 $n4$ 之间，即社会最优网络规模 $n3$ 大于私人最优网络规模。

网络外部性的政策含义是，在固定电话或移动电话发展的初期，当网络外部性比较显著时，需要对接入提供补贴；而如果只依靠市场机制，将难以形成有效的网络规模，很多消费者因此得不到电信服务，由此带来社

①　Moam, E. (undated) Beyond Liberalization III: Reforming Universal Service, Memio, http://www. citi. columbia. edu/elinoam/articles/beyondlib3. html.

平均成本、价格和效用（c,p,u）

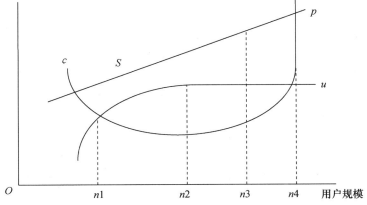

图 3 - 2　网络外部性与多重均衡

会福利损失。换句话说，电信行业的网络外部性是政府实施普遍服务政策的一个重要的理论基础。需要说明的是，尽管在电话网发展的初期，这种市场失灵可能更为严重，但根据前面的分析，网络外部性是电信网络的一种内在属性，在网络规模超过临界点以后，这种外部性依然存在。

　　表 3 - 2 中第 2 列给出了部分国家和地区移动电话用户的普及率。容易看出，单向收费国家的平均移动电话普及率为 82%，高于双向收费国家和地区 68% 的普及率。表 3 - 2 给出的普及率数据说明，双向收费国家和地区可能存在没有内部化的网络外部性，因此，与有效水平相比，此时的网络规模相对比较小；而在单向收费国家，由于高结算价格带来的超额利润，使得移动网运营商普遍可以利用手机补贴等方式，对网络接入提供补贴，从而使移动网的用户规模处于更有效的水平。

　　3. 通话外部性

　　作为通话的基本特征，任何通话都是有主被叫共同完成的，因此，电话需求具有互补的特征[①]：一方面，当主叫方发起通话时，如果被叫方从

---

　　① 在成本上具有共同成本特征，即通话成本是主被叫的共同成本。根据卡恩（Kahn，1970），对于具有共同成本的产品或服务，其需求供给的分析框架借用了公共品的分析框架，即需求或成本沿着价格轴加总，而不是数量轴。

表 3 - 2　　部分国家和地区移动电话用户普及率及移动电话使用情况（2003 年）

国家和地区	移动普及率（%）	用户每月通话时长（分钟）
单向收费国家和地区		
澳大利亚	78	176
芬　兰	92	243
法　国	68	174
德　国	79	75
意大利	99	116
日　本	67	161
韩　国	70	311
英　国	91	147
西班牙	94	109
平均值	82	168
双向收费国家和地区		
加拿大	41	296
中国香港	95	380
美　国	54	557
新加坡	82	231
平均值	68	366

资料来源：FCC Ninth Report（2004），Table 11，pp. A - 12。

这次通话中得到正的收益，主叫方给被叫带来了正的外部性；另一方面，当被叫决定是否接听电话时，如果通话给主叫带来价值，那么被叫的接听给主叫带来正的外部性①。

由此可见，如果存在显著的通话外部性，或者说如果不能将通话外部性内部化，那么通话次数将小于有效水平，或者说通话时长将小于有效水

① 电信经济学称为接听主权。

平，也就是说，电话网的使用将小于最优水平。通话外部性的一个重要的政策含义是，通过引入双向收费可以将通话外部性内部化，从而提高通话水平。表 3 - 2 中第 3 列给出部分国家和地区移动网的网络使用情况，其中双向收费国家和地区的通话时长高于单向收费国家，这在一定程度上说明，双向收费起到了将通话外部性内部化的作用①。

需要说明的是，强调不同外部性的意义在于两点：

首先，在产业发展的不同阶段，不同外部性的重要性有所不同。在电信网络发展的初期，由于正反馈效应，市场双边的用户只有达到临界规模，网络才能够得以生存，并达到有效、稳定的网络规模，所以，此时网络外部性非常重要。但是，在网络达到一定规模后，网络外部性的重要性相对减弱。但对于使用外部性来讲，无论是在网络发展的初期，还是进入成熟期以后，因为都涉及网络的有效使用问题，所以这种外部性的重要性一直存在。因此，通常将使用外部性称为基本外部性。

其次，对于不同的外部性，需要解决的问题不同，采取的策略也必然有所不同。当存在网络外部性时，需要解决的问题是，设法吸引用户增加市场规模；而对于使用外部性，需要解决的问题是，如何得到有效的通话水平。

二　确定电信资费需要考虑的因素

资费不仅是取得营业收入的重要财务手段，更重要的是，资费是影响资源配置的价格信号。根据产业组织理论，某种电信业务资费的确定取决于成本、需求和竞争策略（或竞争行为）三个因素（见图 3 - 3），其中，成本主要是指提供该业务的边际（或增量成本）；需求是指该用户对运营提供业务的主观价值，或者用户的意愿支付②；竞争主要是指竞争者的行为方式③，而不同竞争方式对定价的影响是不同的。比如，选择价格竞争

---

①　当然，得出这个结论还需要控制收入水平和资费水平等其他因素。

②　注意：是企业面对的需求曲线，而不是产业需求曲线，对应的是企业需求弹性，而不是产业需求弹性，在存在竞争时，两者并不相同，前者要大于后者。

③　为了分析竞争者行为，经济学家主要使用对策论工具，使用的是纳什均衡概念。所谓纳什均衡，是指竞争对手都不愿意自动偏离的状态。有了这样的概念，在假设一定的行为方式后，就可以预测市场竞争结果。但竞争分析的难点在于，竞争均衡取决于竞争对手的行为假设，行为假设不同，竞争均衡结果会不同。

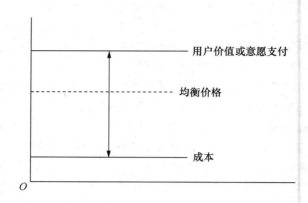

图3-3 定价需要考虑的因素

[伯川德（Bertrand）竞争] 和数量竞争 [古诺（Cournot）] 竞争，会产生完全不同的均衡价格。换句话说，取决于竞争因素的影响，均衡价格可以位于用户意愿支付和成本之间的任一点。

这个看起来非常简单的定价原理似乎很容易理解，但将其转化为实际资费策略却并不是一件容易的事。实际上，资费设计是电信经济学和产业组织理论的一个热门领域，同时也是理论和实证研究的一个前沿领域，现代经济学的很多最新发现，包括对策论的发展和很多实证模型的建立，在这里都得到了很好的应用。

三 区别定价理论

在最简单的充分竞争情形，最优价格等于边际成本，此时的定价自然而简单。但是在更现实的非充分竞争和垄断环境下，区别定价成为资费设计中最常见的定价方式，因此区别定价理论成为资费设计最重要的经济学基础（各种环境下的定价策略见表3-3）。

区别定价理论考虑的主要问题是，如何根据不同的竞争环境下不同用户的价格敏感程度，通过资费设计来对用户进行细分，从而增加利润。在设计具有区别定价特征的资费时，运营商面临的一个重要问题是，资费设计基于的用户信息只有用户自己知道，而企业不知道，所以是一种非对称

表3-3　　　　　　　　　　　　　企业价格策略分类

不同环境下价格策略	充分竞争	统一定价	价格等于边际成本	
		区别定价	拉姆齐定价	
	非充分竞争	无差异产品	统一定价：交叉补贴	
		区别定价	第一类区别定价	
			第二类区别定价	
			第三类区别定价	
	产品差异化	横向差异化	各类区别定价	
		纵向差异化		
	垄断（管制）	基于成本管制	配置效率（区别定价）无生产信息效率（收益率管制服务成本管制）	
		激励性管制	配置效率（区别定价）部分生产效率	
		价格上限管制	配置效率：拉姆齐定价生产效率	

信息①。因此，区别定价理论的主要分析工具是对策论中的机制设计理论。

除了信息不对称外，在竞争环境下，资费设计还需要考虑产品差异化策略的影响，而这些策略主要通过产品细分策略来体现。产品细分策略的出发点是，通过产品细分增加市场支配力，或减少市场竞争，以此来增加利润。产品细分一般分为横向产品细分和纵向产品细分。横向细分主要是指不同用户有不同偏好，即萝卜白菜，各有所爱。比如，在品牌策略下，不同人对不同品牌有不同的偏好。而纵向细分主要是指用户具有一致的偏好。比如，对于质量竞争策略，在同样的价格下，所有用户都希望享受网络质量更好的服务。但对电信业来讲，同一个网络运营商向不同用户提供

---

①　当然，运营商通过信息系统的投资，掌握很多用户信息，如用户的消费、支出、个人属性等，但本质讲，资费设计需要的是用户的意愿支付信息，运营商所掌握的信息只能部分反映意愿支付信息，而不是准确的意愿支付，从这个意义上讲，这里谈到的信息不对称是指剩余的信息不对称。

的业务的质量差异很小，也就是说，基本没有沿质量维度的纵向产品细分，而主要靠其他方面的纵向产品细分。选择不同产品细分策略会对竞争结果，从而对资费设计产生不同影响①。

下面概述区别定价的基本思想，但是忽略产品细分选择问题②。这样做主要是为了论述方便，否则如果同时考虑区别定价和产品细分，论述将过于复杂。也就是说，我们在产品细分策略和其他非价格策略给定情况下，考虑资费设计问题③。

（一）最优定价理论

当运营商以不同的价格向两个不同的用户或者向同一个用户出售两种同样的某种服务时，在经济学意义上，就称该运营商在采取区别定价策略。运营商实现区别定价的方法有很多，具体采用哪种区别定价方法依赖于两个基本要素：一是对于用户的主观价值，即用户对于某种电信服务的意愿支付的了解程度；二是运营商可以避免用户进行投机的程度。

在经济学中，根据运营商具有的用户偏好信息，区别定价划分为第一类区别定价、第二类区别定价和第三类区别定价。在使用第一类区别定价时，运营商必须知道每个消费的偏好信息，即意愿支付或边际效用，因此只要运营商知道相应的信息，并且从计费角度实行完全个性化定价是可行的，就可以使用针对每个用户的定价，价格等于该用户的意愿支付或愿意支付的最高价格。第一类区别定价的好处是，可以导致社会最优的配置结果，这是因为，运营商在极大化利润时，实际上等于极大化社会福利，只不过此时的剩余分布是不均匀的，更确切地讲，运营商得到全部或者大部分剩余④。在现实中，由于缺少必要的信息，完全个性化定价则很难实

---

① 到目前为止，移动运营商主要采取产品区分策略，包括：第一，网络覆盖。由于网络覆盖影响通话质量，所以网络覆盖可以看成纵向产品区分的参数，在移动网络发展的初期尤其如此，但随着网络的不断发展，其影响显然会减弱。第二，预付费。第三，用户锁定。很多企业通过补贴等手段，将用户锁定在自己的网络上。

② 如果将每种资费看做不同的业务，由于对所有人来讲，消费越高，效用越大，因此基于话务量的区别定价可以看做一种纵向产品细分。

③ 有关产品细分战略的更详细讨论请见 Tirole（1988）。

④ 在垄断时，消费者的剩余为零，但是，在竞争时，消费者只是相对于剩余需求时的剩余为零，而相对于非剩余需求的剩余大于零。

现①，所以，这种区别定价只具有理论意义，即保证带来社会有效的资源配置结果。但是，如果运营商不知道具体的偏好信息，比如，只知道用户偏好的分布情况，甚至只知道用户偏好的某种信号，就无法保证得到这样的结果。

如果没有第一类区别定价所要求的那么多信息，那么可以考虑采用第三类区别定价。所谓第三类区别定价，是指对于不同的用户群体设定不同的价格。根据定义，实行这类区别定价的前提是，虽然运营商不知道个体用户的信息，但知道某些群体的信息，因此可以根据这些信息，按照区域和人群进行市场分割。第三类区别定价的最优定价原则为熟知的拉姆齐或反比弹性定价原则，也就是说，每个市场的单位利润与相应的弹性成反比，即每个分割市场的价格需求弹性越大，单位利润就应该越小；反之亦然②。容易理解，第三类区别定价的一个重要特征是线性定价。需要强调的是，实行第三类区别定价受到几方面的限制：首先，能否实行第三类区别定价取决于用户从不同市场购买的交易成本，或者说是否存在某些制度因素，使得运营商能够防止用户的投机行为。其次，能否执行第三类区别定价取决于执行成本，比如按照用户所在地、年龄、性别所在网络进行区别定价的执行成本，要远高于按照收入进行区别定价的成本。最后，第三类区别定价容易受到反垄断机构的审查。

容易看出，无论是第一类区别定价，还是第三类区别定价，前提条件都是能够防止用户投机。如果不能防止用户的投机行为，那么运营商只能选择第二类区别定价。由于运营商只知道用户偏好的分布情况，而不知道具体的偏好值，因此要解决的问题是，在尽可能地挖掘用户价值的同时，保证不同的用户不会模仿其他用户的行为，特别是高端用户不会去模仿低端用户，即选择为低端用户设计的资费，用经济学语言来说，此时的区别定价就变成一个机制设计问题，通过设计一个非线性定价，在保持用户激励相容的同时极大化利润，所以第二类区别定价也称为非线性定价。

在垄断情况下，人们对非线性定价问题已经有了非常好的理解。在非常一般的条件下，比如，假设运营商提供单一产品或业务，具有不对称信

① 随着市场用户信息市场的发展，运营商可以得到更多的用户信息，从而改善区别定价。

② 这里的弹性不仅包括自弹性，还包括交叉弹性，并且竞争会通过替代影响弹性。

息特征的偏好参数只有一个维度，对应用户的话务量需求，并且用户偏好的分布具有递增的风险率时，可以很容易得到最优定价的解析解，并且最优定价具有几个非常重要的性质：第一，可以对不同类型的用户设计用户自我选择的不同定价（称为分离解）。第二，对偏好最高（消费倾向最高）的用户实行边际定价，而其他用户的边际价格都要大于边际成本，即要有一个正的单位利润，换句话说，最高端（消费倾向最高）的用户所得到的消费者剩余最大，而最低端用户的剩余只等于机会成本。第三，分离不同偏好用户的难易程度取决于用户偏好的分布，具体来讲，高端用户越多，低端用户的单位利润贡献越大，或者说低端用户的消费者剩余就越小，从而使高端用户越不愿意模拟低端用户的行为；反之，低端用户越多，低端用户的单位利润相对较小，就可以保持激励相容约束。第四，在一定条件下，最优定价曲线为非线性凹形曲线，该性质保证，可以用一系列二部制定价来实现最优定价，也就是说，二部制定价可以逼近作为下端包络的最优定价曲线。

显然，这些结果与实际环境并不完全一致，但把这些结果看做基准结果，可以在此基础上进行推广，以更好地反映实际情况。近年来，经济学家已做了大量的工作，沿不同方向推广基准结果。比如，人们将基本模型推广到动态区别定价，或序贯区别定价的情形［马拉维特（Miravete），2004a］。在电信这样需要定制的产业，消费者首先需要选择某种服务（某种资费），之后根据选择的资费决定消费，换句话说，消费者选择资费和决定消费并不同时进行，而这期间可能出现某些不确定性因素，这意味着消费者在选择资费前的偏好，可能不同于不确定因素实现后用户消费的事后偏好。因此，运营商在设计资费时，需要同时考虑事前偏好信息和事后偏好信息。容易理解，由于利用更多的信息区别定价，序贯区别定价可以给运营商带来更多的利润。

更具有挑战性的工作在于，把基本模型推广到多维偏好的情形[1]。这种推广工作的意义在于：首先，为了反映竞争环境下的区别定价，需要用到用户对不同运营商提供业务的多维偏好信息，因此多维偏好下的区别定价可以更好地反映竞争环境。其次，多维偏好可以更准确地刻画用户需

---

① 需要强调的是，序贯区别定价不同于二维区别定价。

求，比如可以刻画用户话务量以外的维度，并且可以更好地反映用户需求的奇异性，也就是说，反映刻画需求所需要的截率和曲率以外的信息。最后，在多产品情形，同样需要对于不同产品的用户的多维偏好信息，反映不同产品之间的互补或替代关系，以设计不同产品捆绑的最优价格。非常不幸的是，由于技术上的复杂性，通常只能得到某些特殊情形下的最优定价结果，而无法得到一般条件下非线性定价的解析结果。

这方面最经典的工作是依瓦蒂和马蒂莫（Ivaldi and Martimort, 1994），他们在寡头竞争环境下，研究了区别定价问题。假设不同用户的消费水平为不对称信息，因此存在二维不对称信息。为了使问题可解，他们用了一个技巧，通过引用充分统计量，将二维信息不对称转化成可解的一维问题。在此基础上，他们证明了二次支出函数为均衡最优定价。他们的结果已经成为采用结构化方法分析资费的基本框架［马拉威特和罗拉（Miravete and Roller, 2004）］，也是本章第五节评估资费所采用的分析框架。

（二）最优定价的实现

1. 二部制定价

根据最优非线性定价理论，对于消费不同单位的不同用户，或者同一用户消费的不同单位，其定价都应该不同，更确切地讲，最优定价是一个复杂的非线性曲线，只有按照这样的数量—价格关系，运营商才能极大化利润。但是，从实际操作角度看，这样的最优定价显然非常复杂，甚至从实施角度看也是不现实的，因此存在如何实现非线性最优定价的问题。

简单地讲，所谓最优定价的实施，是指如何用简单的定价方式，实现最优定价能够实现的配置结果。容易理解，非线性定价的实施依赖于最优非线性定价曲线的形状。根据资费设计理论，在满足一定条件下，最优线性定价曲线为凹形曲线，因此可以用一组与非线性定价曲线相切的直线，逼近非线性定价曲线，也就是说，运营商在提供这些特殊的定价时，所得到的资源配置结果与提供非线性定价时得到的配置结果相同，因此这些切线可以实现最优定价。需要强调的是，这些切线的经济含义恰好表示由不同月租费和使用费组成的二部制定价套餐，也就是说，二部制资费套餐可以实现最优定价。这正是现实中运营商采用二部制资费套餐的理论基础。

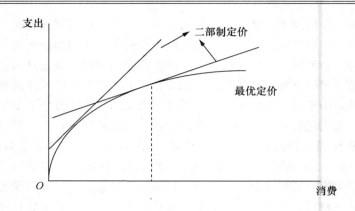

图 3 - 4 最优定价及实现

图 3 - 4 中的曲线表示最优线性定价，直线表示不同的二部制定价。不难看出，用二部制定价套餐实现最优定价具有以下几个特征：

首先，二部制定价是最优定价的切线，或者说最优定价是二部制定价套餐的包络，因此，对于二部制定价与最优定价的切点所对应的用户类型，无论运营商提供二部制定价还是提供复杂的最优非线性定价，所得到的结果都相同，即消费者都会选择切点对应的消费，并支付相应的价格。

其次，理论上讲，有多少种消费者偏好，就应该包括多少种二部制定价，这样才能逼近非线性定价。基于此，可以部分地解释，在现实中，运营商为了对用户进行更细的市场区分，往往提供越来越多的资费种类。但需要特别强调的是，在现实中，资费种类多并不意味着资费的优化，这是因为，这个结论并没有考虑资费设计的成本问题，而如果考虑到资费研发的直接和间接成本，最优资费选择的种类应该是有限的。实际上，最优资费选择种类的确应该满足在边际上额外增加一种资费选择所带来的利润增加等于资费研发的成本；否则当额外增加一种资费选择所带来的利润增加大于资费研发的成本时，应该提供更多的资费，而增加资费选择所带来的利润增加小于资费研发的成本时，应该减少现有的资费选择。

最后，最优定价的激励相容条件要求，对于不同的二部制定价，月租费与使用价格成反比，因此适用于高端用户的月租费高，使用价格低；而低端用户使用价格高，月租费却较低。

2. 三部制定价

尽管提供二部制定价是移动业务的通常做法，并在理论上可以得到很好的解释，但随着电信竞争的发展，特别是电信普及率的不断提高，运营商开始提供更复杂的资费，比如三部制定价。现实中，一个典型的三部制定价由月租、免费通话分钟数和边际通话价格组成，并且免费通话分钟数越低，月租费越低。

近年来，我国移动业务运营商和固定运营商（小灵通）推出的大量资费套餐。据估计，移动运营商在全国共有 2 万—3 万种资费，其中多数属于三部制定价；而过去资费种类比较单一的固定运营商，也对小灵通和固定语音引入了以三部制为主的套餐资费；另外几家运营商还对固定互联网接入和移动互联网接入引入了同样的资费选择。可以说，三部制套餐已经成为主要资费选择。

（1）提供三部制定价的原因。根据资费设计理论，简单的二部制定价可以实现利润最大化，那么为什么运营商都纷纷引入三部制定价呢？作为近年来研究的一个热点问题，目前对此有几种答案：

首先，很多用户对具有纯粹月租的二部制定价表示不满，希望运营商能够取消月租费，并且很多研究表明，用户对包月式的资费具有特殊的偏好；同时，从理论上讲，在定价曲线满足凹性条件时，三部制定价也可以实现最优定价结果（见图 3-5）。实际上，对于一组资费选择，真正起作用的只是这些资费的下端包络，而其他部分可以任意设定，比如可以假设边际价格为零。在这个意义上，三部制定价的出现可以看做纯粹是对公众压力的一种反应。

其次，三部制定价可以看成是捆绑定价。容易看出，三部制定价本身并没有取消月租费，而只是将月租费与一定的免费通话时长捆绑销售而已，即将接入与一定数量的通话捆绑销售。根据捆绑定价理论，这实际上是为了更好地实现区别定价，所以三部制定价也可以看成是以实现区别定价为目的的捆绑定价。实际上，在三部制定价中，免费通话分钟数的设置增加了定价问题的维度，因此增加了运营商制定资费策略的灵活性。比如，为了使某种资费更具吸引力，运营商不仅可以变动月租或者使用价格，还可以变动免费通话分钟数。容易理解，这种灵活性可以帮助运营商更好地针对用户的不同偏好进行区别定价，从而增加利润。

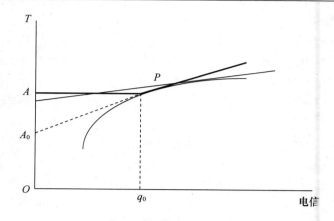

图 3 – 5　用三部制定价实现最优定价

再次，三部制定价的出现，与非线性最优定价曲线的性质有关。确切地讲，当非线性定价曲线存在凸性时①，使用三部制定价可以实现最优定价。比如，当非线性定价曲线在低话务量区域呈现凸性时，用二部制定价不能实现最优定价的配置结果，这是因为，此时无法用简单的二部制定价在满足低端用户的参与约束时，同时满足高端用户的激励相容条件，也就是说，无法对低端用户同时收取较高的使用价格以及正的月租费。对此，可以找到的一种解决办法是，对于一定消费范围内的低端用户，引入免费通话分钟数，而在免费通话分钟数之外，保留较高的通话费，即用带有免费分钟数的三部制定价实现最优定价②。

根据图 3 – 6，对于低端用户，可以用带有免费通话分钟数的三部制来实现最优定价，而对于高端用户，则仍使用二部制定价实现最优定价（Jensen，2006）。但与现实相比，这种解释存在一定的局限性，这是因为，现实中不仅低端资费包括三部制定价，高端资费也同样包括三部制定价。

---

① 比如由于理性约束的机会成本是可变的，此时尽管风险率递增，但此时丰线性定价曲线存在凸性。

② 此时三部制定价的含义是只能得到混合解，而不能得到分离解。

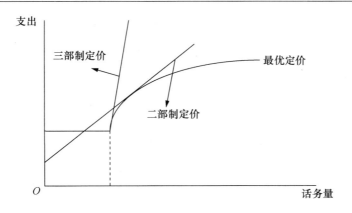

图 3 - 6　三部制定价

　　最后，三部制定价可以看成能够满足用户的保险需要。实证研究表明，在三部制定价下，很多用户并没用完免费通话时长，换句话说，如果用户选择二部制定价，支出会更小，那么为什么还会选择三部制定价呢？这是目前电信经济学理论和实证研究都还没有得到很好解释的问题。兰博李奇等（Lambrecht et al.，2005）研究了用户消费的不确定性对资费选择的影响。当用户订购移动电话这样基于订购的服务时，一般并不知道在接下来的计费期间内，会打多少分钟的电话，而是根据平均消费及不同月份的变化来选择具体的资费。在选择资费后，在计费期间实现实际的消费数量。正是这种资费选择决策与消费决策的分离，使得选择二部制定价或三部制定价会对消费行为产生不同的影响。

　　对于二部制定价，用户支出随着话务量变动。只要实际消费与平均消费之间的偏误的分布是对称的，那么不管是在确定性情形还是不确定情形下，消费者的平均支出都相等。但对于三部制定价，用户支付月租等于购买了一定的免费通话分钟数，此时只有当通话分钟数超过免费通话分钟数时，用户的支出才会变动，否则用户的支出保持不变。在这种情况下，对于给定的资费选择，用户通话量的变动带来支出增加的可能性更大，而不是减少用户的支出。如果导致这种非对称影响的需求不确定性有足够大，那么与基于平均消费量选择的资费相比，消费者更有可能选择免费通话分钟数相对较高的资费。由此可以看出，三部制定价可以看成是防止消费变动带来支出变动的保险。显然，如果每月支出偏离的分布是不对称的，这种需求不确定性的影响会更大。因此，在选择三部制定价时，用户的平均通话量和通话量变动的大小，都会影响资费的选择。对运营商来讲，如果只考虑平均通话，而不考虑通话变动，设计的资费肯定不是最优的。

前面的分析可以用图3-7来表示。由于用户在计费期开始时选择资费，所以资费选择只会考虑可能实现的需求，而不是实际通话量。当用户在事后实际消费超过免费分钟数时，如果额外支出所带来的负效用足够大，那么用户很可能选择某种资费，其免费通话分钟数超过事后能够极小化支出的资费所对应的免费通话分钟数。由图3-6可知，在二部制定价时，如果通话不确定性的分布对称，那么由此导致通话和支出都对称的变动，也就是说，用户通话的不确定性程度，不会影响预期通话支出。但是，在三部制定价时，虽然通话不确定性同样造成需求的对称变动，但对支出的影响却不是对称的，即更有可能造成通话支出的增加。因此，对于具有同样平均通话量的用户，需求变动大的用户的支出高于通话量变动小的用户的支出，由此影响消费者的资费选择。因此，通话量变动大的用户会选择具有更高月租、更多免费通话分钟数的资费，并且从事前角度看，用户的这种选择是最优的。

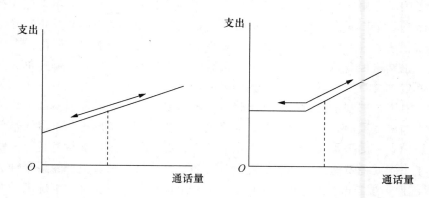

图3-7 不确定性对二部制定价和三部制定价的影响

（2）三部制定价下的需求。由于三部制定价下的需求具有一些非常独特的特点，为了后面第五节中需求分析的方便，我们对三部制下的需求和资费设计做一些讨论。我们将会看到，与二部制相比，三部制下的需求分析要复杂得多，这无疑给实证分析带来了巨大的挑战。

　　为了方便起见，首先考虑只提供一种三部制下的需求。假设二次效用函数，并假设不同用户的需求函数的截距为偏好参数，容易求解此时的需求（见附录）。与二部制下的需求相比，三部制定价下的需求具有以下几个特点；第一，二部制对应线性需求函数，而三部制下的需求函数为非线性。第二，相对于偏好参数，二部制定价下，不同用户的需求为严格递增曲线，而三部制下，不同用户的需求为分段递增曲线，其中只有高端用户消费边际分钟数，话务量取决于边际价格，而中低端用户都不消费边际分钟数，具体来讲，低端用户一直消费到饱和消费水平为止，而中端用户的话务量正好等于免费通话时长。第三，在免费通话时长存在一个积聚点（Mass point），即有测度大于零的用户的话务量等于免费通话时长（见图 3 - 8）。

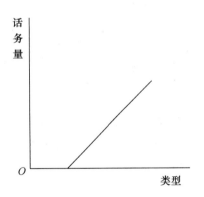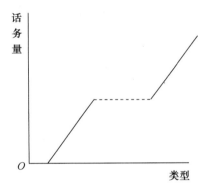

　　图 3 - 8a　二部制下的需求　　　　图 3 - 8b　三部制下的需求

　　当运营商提供两种资费选择时，用户的需求将更加复杂。图 3 - 9 对应两种二部制下的需求。容易看出，此时虽然需求不连续，但满足严格递增，因此，可以在非常一般的条件下，实现非线性最优定价。但当运营商提供两种由三部制定价组成的资费选择时，需求分析更为复杂。

　　图 3 - 10 描述了两种三部制资费选择的边际价格相同时，对应的不同用户的需求曲线的几种情形（推导见附录）。容易看出，对应不同的参

数，用户的需求曲线不同。同理，可以求解运营商提供多种资费选择时的需求，很显然，此时的需求将变得更加复杂。

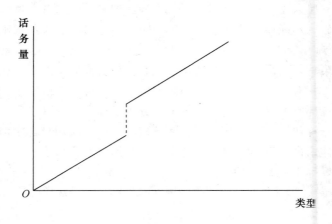

图 3－9 两种二部制定价下的需求

运营商在提供三部制资费选择时，需求的复杂性为实证分析带来了极大的挑战，其中最主要的问题是，在常用的需求函数设定中，将会产生严重的内生性问题，这是因为，由于交易数据存在选择偏误，数据中同时反映了需求关系（即价格越高，消费越低）以及选择的影响（选择高端资费的用户，其消费水平本身也高，所以实际消费高），换句话说，所得到的需求方程并没有反映真实的需求关系，在极端情形下，得出的结果与需求理论矛盾。因此，在做需求分析时，需要更复杂的设定。

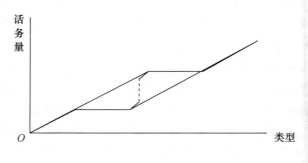

图 3－10a 三部制资费选择的需求

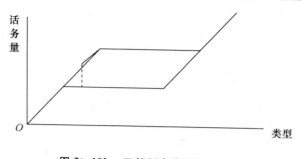

图 3-10b 三部制资费选择的需求

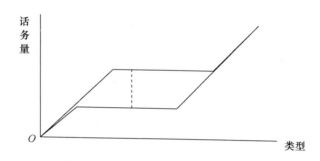

图 3-10c 三部制资费选择的需求

四 小结

本节对电信业的资费设计理论，尤其是区别定价理论进行了综述。为了更好地把握资费设计的基本思想，下面概括主要结论：

第一，运营商通过提供资费选择进行区别定价，特别是依靠激励相容约束隔离用户的第二类区别定价。提供资费选择的目的在于，更好地细分用户，挖掘用户的价值。

第二，最优定价为非线性曲线，但在现实中，通过提供二部制定价或三部制定价组成资费选择，来逼近最优定价。

第三，尽管理论上资费选择越多越有效，但考虑到资费研发成本，最优资费选择个数是有限的。

第四，相比二部制定价，三部制定价考虑了用户偏好的更多维度（如消费变动、事后资费等），但其设计更复杂，容易违背激励相容约束，因此隔离客户比较困难。目前，对三部制的研究还非常有限。

第五，不同收费模式各有利弊，在具体环境下，哪种方式更好，是一个需要实证检验的问题。

第四节 基于某移动运营商的资费分析
——以某地级市分公司为例

第二节简要地总结了目前国内外移动电话资费的一般特征。本节将以国内某主要移动运营商的某地级市分公司为例，更具体地总结该移动运营商资费的特征，然后分析其在资费设计中存在的主要问题。在分析资费现状和问题之前，需要强调的是，根据前面的资费设计理论，我们所要考察的移动运营商的资费设计具有更大的挑战性。首先，就该移动运营商而言，其成本相对较高，甚至用户价值相对较低，因此在用户价值和成本之间，它的资费空间相对比较小；其次，在移动通信市场中，该运营商更多的是处于从属地位，市场支配力要比竞争对手小得多；再次，该运营商的用户主要是低端用户，这些用户更喜欢没有准入门槛的线性定价，而线性定价本身无法区别定价；最后，由于低端用户多，该运营商的用户的弹性更大。

一 基本状况

总的来看，在 G 网和 C 网统一品牌管理方式下，在每个区域市场，该运营商提供包含线性定价、二部制定价和三部制定价在内的多种选择性资费，这些资费选择整合在面向中高端市场的品牌 1、面向青少年市场的品牌 2、面向大众市场的品牌 3 以及面向集团客户的品牌 4 之下。

（一）资费水平低的优势逐步减小

所考察运营商在进入市场的初期，为了形成有效的市场竞争，在资费受到严格监管的情况下，资费水平低于其主要竞争对手的资费水平，并且随着市场的演化，形成了该运营商主要面向低端市场，竞争对手主要面向高端市场的市场细分格局。但是随着移动市场竞争的加剧，以及资费逐渐放松管制，尽管总体上该运营商的资费仍然低于竞争对手的资费，但作为非主导运营商之一，即使在低端市场，其资费水平低的优势也正在逐渐减小。

表3-4为该运营商在某地级市提供的主要资费。需要说明的是，这些资费并不是该地级市分公司提供的所有资费，而只是随机抽样样本中包含的主要资费种类。实际上，在抽样样本中，选取这些资费的用户占总样本的72.6%，包含有18种资费。容易看出，这些资费包括线性定价、二部制定价和三部制定价，其中用户选择最多的资费主要在品牌2和品牌3之下。

表 3-4　　　　　　　　　所考察移动运营商的资费信息

资费名称	月租（元）	主叫价格（元/分钟）	被叫价格（元/分钟）	免费通话时长（分钟）	短信优惠
U1	28	0.35	0.35	200	无
U2	10	0.26	0.26	20	联通移动各100条
U3	30	0.36	0.36	200	无
U4	50	0.2	0	0	无
U5	20	0.3	0.2	30	100条
U6	25	0.2	0	0	无
U7	13	0.26	0.02	0	无
U8	10	0.25	0.25	20	200条全网
U9	8	0.26	0.01	0	60条网内
U10	15	0.1	0.05	120	200条
U11	10	0.1	0.01	120	无
U12	10	0.2	0.2	120	无
U13	10	0.24	0.04	0	无
U14	8	0.26	0.02	0	60条网内
U15	13	0.2	0.2	20	联通移动各100条
U16	10	0.2	0.2	20	联通移动各100条
U17	15	0.1	0.01	60	联通移动各100条
U18	10	0.15	0.15	0	无
基本统计量					
最小值	8	0.10	0.00	0.00	
均值	16.39	0.22	0.13	51.67	
最大值	50	0.36	0.36	200.00	

表3-5为所考察的移动运营商的竞争对手在相同地级市提供的主要资费。同样，这些资费也不是该公司提供的全部资费，而只是目前正在推广的资费。与所考察移动运营商的资费相类似，这些资费包括线性定价、二部制定价和三部制定价，包含在三个主要品牌之下。

表3-5　　　　　　　　移动运营商竞争对手的资费信息

资费名称	月租（元）	免费通话时长（分钟）	主叫价格（元/分钟）	套内最小平均价格（元/分钟）	是否折扣
M1	50	0	0.4	NA	√
M2	25	0	0.2	NA	√
M3	88	250	0.22	0.35	√
M4	128	450	0.18	0.29	√
M5	188	700	0.14	0.27	√
M6	100	0	0.4	NA	√
M7	200	0	0.2	NA	√
M8	300	0	0.3	NA	√
M9	400	0	0.25	NA	√
M10	50	140	0.3	0.36	√
M11	30	80	0.4	0.38	×
M12	30	100	0.4	0.30	×
M13	15	26	0.4	0.58	√
M14	5	14	0.28	0.36	√
M15	0	0	0.4	NA	√
M16	15	100	0.25	0.15	×
M17	20	125	0.25	0.16	×
M18	30	115	0.25	0.26	×

根据所考察的移动运营商和其竞争对手的资费信息可以发现，该运营商资费的最高月租为50元/月，而竞争对手的最高月租达400元/月，远远高于其相应水平；该运营商最高主叫价格为0.36元/分钟，最低为

0.10 元/分钟；而竞争对手的最高主叫价格为 0.40 元/分钟，最低主叫价格为 0.20 元/分钟，二者接近；该运营商资费的最高免费通话时长为 200 分钟，而竞争对手的最高免费时长为 700 分钟，远高于其相应水平。由此可以看出，一方面，二者分别面向不同的客户群体，其中竞争者主要面向高端客户群，而该运营商则面向低端客户群，从这个意义讲，其竞争对手的某些资费，甚至其平均资费仍然高于该运营商；另一方面，竞争对手的低端资费水平已接近该运营商的资费水平。这意味着，即使不考虑网络覆盖和品牌等其他因素，与该运营商相比，在低端市场，其竞争对手的资费已具有相当的竞争力，呈现高端市场和低端市场通吃的趋势①。

随着移动用户的增加和资费的降低，移动电话和固定电话之间的替代竞争也越来越激烈，特别是小灵通的存在，更加剧了低端移动电话市场的竞争。表 3 - 6 为某固网运营商在相同地级市提供的小灵通资费，其中最低月租 10 元/月，最高月租为 88 元/月，主叫价格 0.10 元/分钟，最低免费时长 105 分钟，最高为 1200 分钟。考虑到小灵通单向收费，可以说在低端市场，所考察的移动运营商不但与其他移动运营商竞争，而且还面临着小灵通强大的竞争压力。

（二）分散化的多种资费选择

提供多样化的事前资费选择，是所考察移动运营商资费设计的主要特征。以其下属的某地级市分公司为例，该分公司提供的包括 G 网和 C 网在内的语音资费有 175 种，移动数据业务的资费有 85 种，其中包括目前正推广的资费以及现已不再推广但仍有用户的资费。

根据资费设计理论，提供多种资费选择的目的是更好地细分客户市场。为此，在资费设计中，该运营商主要利用了两种方式：

首先，区别定价。实际上，该运营商同时利用了第三类区别定价和第二类区别定价两种区别定价方式。比如，针对大客户市场，主要使用了第三类区别定价，即规定只有大客户才能选择的资费，而不是所有用户都能自由选择的资费。当然，在区域市场之间，实行的也是第三类区别定价。

---

① 这里的结论是根据某地级市分公司提供的资费信息得出的。根据我们实地调研得到的信息，竞争对手的实际资费水平会更低。

表3-6   某固网运营商的移动资费信息

资费代码	资费名称	月租（元）	免费通话时长（分钟）	主叫价格（元/分钟）
F1	语音包月：38 元包月	38.00	290	0.10
F2	语音包月：58 元包月	58.00	800	0.10
F3	语音包月：88 元包月	88.00	1200	0.10
F4	短信包月：10 元包月	10.00	105	0.10
F5	短信包月：28 元包月	28.00	270	0.10
F6	短信包月：38 元包月	38.00	370	0.10
F7	短信包月：48 元包月	48.00	520	0.10
F8	短信包月：58 元包月	58.00	1080	0.10
基本统计量	最小值	10.00	105	0.10
	平均值	45.75	580	0.10
	最大值	88.00	1200	0.10

其次，语音与短信的捆绑定价。除了语音外，对于某些用户来讲，短信也是用户偏好的重要组成部分。对此，可以通过两种方式细分客户：一是在相同通话价格的情况下，通过月租与短信价格的不同组合实现区别定价；二是通过月租、通话价格和短信价格的不同组合，即通过不同业务的捆绑定价来细分客户市场。需要指出的是，在所考察运营商的已有资费中，除了短信外，一般不与长话和漫游等其他语音业务捆绑，也就是说，这些业务实行标准资费（包括忙闲时定价），同时也不与移动数据业务实行捆绑定价。

尽管使用了第三类区别定价，该运营商细分客户市场主要使用的仍是第二类区别定价手段。在这些资费选择中，主要沿着几个与消费者偏好有关的维度细分客户：

首先，用户的话务量水平，这是通过不同的二部制或三部制定价的组合来实现的。一般来讲，在满足激励相容的条件下，对于三部制定价，话务量高的用户会选择月租高、免费时长长的资费；反之亦然。而对于二部制定价，话务量高的用户会选择月租高、通话价格低的资费；反之亦然。

其次，产品细分，包括横向产品细分和纵向产品细分。对于纵向产品细分，尽管在某些资费中，也有一些微小的业务特性上的差异，从而使不同资费下的业务差异化，但一般来讲，不同资费提供的业务的质量差异并不显著，从这个意义上讲，不存在明显的纵向产品细分；另外，在电信业，通常将不同资费看成不同的业务，从这个意义上讲，前面提到的区别定价与纵向产品差异化是等同的，或者说这些区别定价实际上也是纵向产品细分。与此相对应的是，该运营商利用了明显的横向产品差异化策略，这主要是通过品牌战略来实现的，比如分别针对中高端市场、年轻群体市场和大众市场分别设计专门品牌。

需要指出的是，对于区别定价引致的用户市场细分，除了第三类区别定价以外，一般是通过激励相容约束来维持不同用户市场的隔离；而对产品细分导致的用户市场细分，一般通过服务差异或品牌忠诚度，隔离不同用户市场。但除此之外，该运营商还使用了其他一些方法，比如号码不可携等，主要通过增加交易成本，加强对不同用户市场的隔离①。

随着市场的不断成熟和竞争的不断加剧，多种资费选择带来的结果是用户市场越来越细分。实际上，用户的选择已经变得非常分散。表 3 - 7是前面描述的样本中，选择不同资费的用户市场份额。前面已经说明，这些选择用户最多的资费对应的用户数为总样本用户数的 72.6%。表 3 - 7显示，选择用户最多的资费为资费 11，在样本中的份额为 15.68%，而选择用户最少的资费 4 的用户份额为 1.79%。表中的数据表明，对于该移动运营商的用户来讲，用户的资费选择已经非常分散，也就是说，选择多数资费的用户份额比较小，有些资费的用户甚至非常少。

（三）资费曲线形状

考察所研究的移动运营商的资费曲线可以发现，该运营商资费的形状有两个特点：

一是更多地使用三部制定价。对比表 3 - 4、表 3 - 5 和表 3 - 6，尽管该运营商和其竞争对手都提供二部制定价和三部制定价，但其竞争对手资费的二部制定价相对较多，而它自身的三部制定价相对较多，固网的小灵

---

① 信产部已出台新措施，从 2007 年 1 月 1 日开始，对同一运营商，用户可以不受任何限制选择不同资费。

表 3 - 7　　　　　　　　　　　选择不同资费的市场份额

资费代码	网络类型	样本用户数（个）	样本市场份额（%）
资费 1	G	142	4.03
资费 2	G	168	4.76
资费 3	C	68	1.93
资费 4	C	63	1.79
资费 5	C	72	2.04
资费 6	G	161	4.57
资费 7	G	148	4.20
资费 8	G	72	2.04
资费 9	G	92	2.61
资费 10	G	151	4.28
资费 11	G	553	15.68
资费 12	G	333	9.44
资费 13	G	78	2.21
资费 14	G	513	14.55
资费 15	G	374	10.61
资费 16	G	250	7.09
资费 17	G	96	2.72
资费 18	C	192	5.45

通则完全提供三部制定价。很显然，这种定价方式的区别反映了不同运营商的用户市场的差异化，这是因为，二部制定价更适合高端用户，而三部制定价更适合中低端用户。

二是同时具备打折和加价。对于该运营商提供的由月租和使用价格组成的二部制定价，一般具有打折的特征，也就是说，用户消费得越多，平均价格就越低。但对于由月租、使用价格和免费时长组成的三部制价格，既存在打折情形，又存在加价的资费，即对于某些资费，用户打得越多，价格越高。

对于三部制定价，在实际通话水平小于免费通话时长时，由于通话价格为零，所以随着话务量的增加，平均通话价格逐步降低，一直到话务量等于免费通话时长。在话务量水平大于免费通话时长以后，通话价格一般有两种情形：一是如果边际话务量的通话价格低于免费通话市场点的平均价格，套外定价具有数量折扣特点，即平均价格水平逐渐降低；二是如果边际通话价格高于免费通话市场点的平均价格，那么套外定价具有数量加价的特征，即平均价格水平逐渐增加。图 3-11 描述了不同三部制定价的形状。

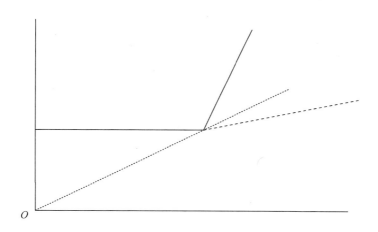

图 3-11　折扣与加价

表 3-8 和表 3-5 的最后一列给出了所考察的移动运营商与其竞争对手的资费形状的对比。根据表 3-8，该移动运营商的资费 A、资费 B、资费 D 和资费 E 等资费选择具有加价特征，其他资费具有打折特征；而根据表 3-5，其竞争对手的资费 M11、M12、M16 和 M17 等具有加价特征，其余资费具有折扣特征。需要强调的是，国外三部制定价一般具有加价特征，而这两家移动运营商都以折扣定价为主。

表 3 – 8　　　　　　　　　　　所考察移动运营商的资费形状

资费名称	月租（元）	免费通话时长（分钟）	主叫价格（元/分钟）	是否折扣
资费 A	28	200	0.35	×
资费 B	28	200	0.30	×
资费 C	30	100	0.20	√
资费 D	30	200	0.36	×
资费 E	50	400	0.20	×
资费 F	0	0	0.24	√
资费 G	0	0	0.48	√
资费 H	8	0	0.26	√
资费 I	8	0	0.26	√
资费 J	10	0	0.15	√
资费 K	13	0	0.26	√
资费 L	13	20	0.20	√
资费 M	10	20 主，100 被	0.10	√
资费 N	10	20 主，100 被	0.20	√
资费 O	10	20	0.20	√
资费 P	10	20	0.18	√
资费 Q	10	0	0.24	√
资费 R	15	20 主，100 被	0.10	√
资费 S	10	20	0.16	√
资费 T	15	600 被	0.10	√
资费 U	20	30	0.30	√
资费 V	13	20	0.18	√

　　根据三部制定价的需求理论，在免费时长处，存在一个积聚点，即很多用户的消费等于免费通话时长。但该运营商资费形状的特点是，在免费通话时长处，并没有明显的积聚点。表 3 – 9 描述了选择三部制定价的用户样本中，选择不同资费用户的计费时长的分布情况，其中第 3 列到第 6 列给出了计费时长占免费通话时长不同比重的用户比例，即每个用户的月平均主叫计费时长与该种资费所规定的免费时长之比分别小于或等于50%、大于 50% 小于或等于 1、大于 1 小于或等于 150%，以及大于

150%的份额。比如选择资费1的用户中，其实际通话计费时长小于或等于50%、大于50%小于或等于1、大于1小于或等于150%，以及大于150%的用户分别占49.62%、43.51%、4.58%、2.29%。容易看出，对多数用户来讲，实际计费市场与免费时长的比都小于50%或大于150%，也就是说，在免费时长点的积聚并不显著，这说明用户每个月实际话务量水平的变化很大。

表3-9　　　　　　　主叫计费时长与免费时长比率

资费代码	免费时长（分钟）	计费时长/免费时长<50%（%）	50%<计费时长/免费时长<100%（%）	100%<计费时长/免费时长<150%（%）	计费时长/免费时长>150%（%）
资费1	200	49.62	43.51	4.58	2.29
资费2	20	19.74	23.68	11.84	44.74
资费3	200	14.03	23.13	26.23	36.61
资费5	30	30.65	12.90	12.90	43.55
资费8	20	31.58	12.28	8.77	47.37
资费10	120	57.14	0.00	14.29	28.57
资费11	120	46.88	28.13	18.75	6.25
资费12	120	48.75	25.00	15.00	11.25
资费15	20	17.07	9.76	9.76	63.41
资费16	20	14.29	14.29	10.71	60.71
资费17	60	17.07	17.07	14.63	51.22

（四）事后用户选错资费普遍

根据资费设计理论，在用户完全理性的情况下，从事后角度看，用户不会选错资费，因此，运营商提供事前资费和事后资费的结果一样。但在现实中，用户往往根据平均消费水平选择资费，由于每个月消费的变动，在有些时候，用户可能会事后选错资费，而且即使按平均消费水平来看，消费者也有可能选错资费。

为了考察用户的事后资费选择情况，我们根据每个用户近三个月（2006年7—9月）的平均消费水平，计算每种资费下的平均支出，支出最小的资费被看成是相对该消费水平的最优资费。计算每个用户的最优资费后，再考虑在现有用户分布条件下，每种资费下的用户最优资费的分布状况。

首先，计算每个用户近三月的平均消费水平，包括平均主叫通话时长和平均被叫通话时长。

其次，计算在此消费水平上，每个用户在各种资费下的支出，并选出每个用户的最优支出，计算公式如下：

$$T_{\min} = \min \{ A_i + p_{ci} \times \max (\overline{q_{ci}} - q_{c0i}) + p_{ri} \times \max (\overline{q_{ri}} - q_{r0i}) \}$$

式中，$T_{\min}$表示消费者的事后最优支出，A_i、p_{ci}、p_{ri}、q_{c0i}和q_{r0i}中的下标i表示资费种类，$i=1$，2，…，18，分别表示第i种资费的月租、主叫价格、被叫价格，主叫免费时长和被叫免费时长。

最后，计算在已经选择某种资费的所有用户中，应选择不同资费作为其最优选择的用户数，除以已经选择该种资费的用户数，得到相应份额。

表 3 - 10 为计算结果。以第 1 行数字为例，第 1 行中的 1.27% 表示，在已经选择第一种资费的用户中，有 1.27% 的用户的最优资费是资费 7，第一行中的 31.81% 表示，有 31.81% 的用户的最优资费为资费 11，其他类推。对角线上的数字表明，已经选择某种资费的用户中，事后选择正确的份额，比如第 2 行中的 10.53% 表示，在已经选择资费 2 的用户中，有 10.53% 用户的最优支出就是他们已经选择的资费 2[①]。

对运营商来讲，用户选错资费既是机遇，又是挑战。选错资费意味着用户支付更多的费用，或者说运营商可以得到额外的利润；同时，选错资费意味着用户可能重新选择资费，所以，运营商又面临这些用户选择不同资费，甚至有流失到竞争对手的风险。如何小心处理用户选错资费问题，将是运营商面临的一个重要挑战。

---

① 需要说明的是，在计算过程中，在某些用户的平均消费水平上，有两种或可能更多的资费选择，这些资费对这些消费者而言都是最优的，但我们没有考虑消费者如何在这些资费中作出选择。具体一点说，假设资费 a 和资费 b 对消费者 1 来说都能带来最低的支出，但他实际上选择了资费 c，在计算应该选择 a 和选择 b 的消费者数量时，我们都考虑了消费者 1，也就是消费者 1 既包括在应该选择资费 a 的消费者群体里，也包括在应该选择资费 b 的消费者里群体里。这样处理带来的问题，就是第一行的份额相加之和大于 1。

表 3 – 10　　　　　　　　　　　　　事后资费选择偏误

单位:%

代码	1	2	3	4	5	6	7	8	9	10	11	12	13	14	15	16	17	18
资费1	0.00	4.58	0.00	0.00	0.00	0.00	1.27	4.58	5.60	5.09	31.81	15.01	4.58	6.11	1.78	6.11	11.45	4.07
资费2	0.00	10.53	0.00	0.00	1.32	0.00	0.00	5.26	17.11	0.00	32.89	28.95	3.95	13.16	0.00	5.26	0.00	5.26
资费3	0.00	0.00	0.00	0.00	0.00	0.00	0.00	0.00	0.00	0.00	0.00	0.00	0.00	0.00	0.00	0.00	0.00	0.00
资费4	0.00	4.24	0.00	0.00	0.00	0.00	1.82	6.06	10.30	4.24	24.24	15.15	6.67	9.70	1.21	7.27	9.70	3.64
资费5	0.00	9.68	0.00	0.00	0.00	0.00	1.61	4.84	16.13	0.00	37.10	25.81	1.61	11.29	0.00	4.84	3.23	1.61
资费6	0.00	1.81	0.00	0.00	0.60	0.60	2.41	3.01	10.84	6.63	24.70	9.64	7.83	10.24	2.41	3.61	13.25	4.22
资费7	0.00	4.82	0.00	0.00	0.00	0.00	4.82	12.05	1.20	33.73	22.89	2.41	14.46	1.20	7.23	3.61	2.41	
资费8	0.00	7.02	0.00	0.00	0.00	0.00	1.75	3.51	21.05	0.00	26.32	24.56	3.51	22.81	0.00	3.51	0.00	7.02
资费9	0.00	6.35	0.00	0.00	0.00	0.00	0.79	3.17	11.11	3.17	33.33	20.63	4.76	8.73	1.59	3.17	0.79	3.97
资费10	0.00	14.29	0.00	0.00	0.00	0.00	0.00	0.00	28.57	14.29	28.57	0.00	0.00	14.29	0.00	0.00	0.00	0.00
资费11	0.00	9.38	0.00	0.00	0.00	0.00	3.13	3.13	6.25	3.13	34.38	28.13	0.00	9.38	0.00	3.13	0.00	6.25
资费12	0.00	5.00	0.00	0.00	0.00	0.00	1.25	3.75	16.25	1.25	31.25	30.00	2.50	7.50	0.00	5.00	1.25	0.01
资费13	0.00	5.16	0.00	0.00	0.00	0.00	2.38	22.22	0.00	35.71	33.33	1.59	20.63	0.00	3.97	0.00	1.59	
资费14	0.00	3.77	0.00	0.00	0.38	0.00	0.38	5.66	8.68	1.13	16.23	13.21	3.77	6.79	1.13	4.15	0.75	41.13
资费15	0.00	0.00	0.00	0.00	0.00	0.00	0.00	0.00	0.00	0.00	0.00	0.00	0.00	0.00	0.00	0.00	0.00	100.00
资费16	0.00	0.00	0.00	0.00	0.00	0.00	0.00	0.00	0.00	0.00	0.00	0.00	0.00	0.00	0.00	0.00	0.00	100.00
资费17	0.00	0.00	0.00	0.00	0.00	0.00	0.00	0.00	0.00	0.00	0.00	0.00	0.00	0.00	0.00	0.00	0.00	100.00
资费18	0.00	0.00	0.00	0.00	0.00	0.00	0.00	0.00	0.00	0.00	0.00	0.00	0.00	0.00	0.00	0.00	0.00	100.00

（表左侧纵向标注：最初选择某种资费的用户）

二　与国际经验的主要区别

对比国外移动电话资费的现状与发展趋势，国内移动运营商资费与国际经验的主要区别可以简要概括为以下八个方面：

第一，国外资费逐渐趋于简单，但国内运营商的资费不但种类繁多，而且结构似乎过于复杂，主要表现在包含的捆绑内容非常复杂。

第二，很多国家的免费通话时长可以滚动使用，即当月的免费通话时长没用完时，可以用于下个月；而国内运营商似乎还没有提供这种资费。

第三，国外特别是美国（与我国更可比）对于国内长话不再额外收取费用；而包括本章所考察运营商在内的国内移动运营商，尽管提供长话捆绑优惠，但仍收取长话费用。

第四，国外对国内漫游通常不再收取费用；而包括该运营商在内的国内移动运营商仍收取国内漫游费。

第五，国外网内网外通话存在明显的区别定价，甚至网内优惠时段免费；而国内为了防止主导运营商滥用市场支配地位，规定不允许网内网间实行区别定价。

第六，国外资费中，不同资费之间的隔离主要通过内生转移成本（如优惠等激励因素），或者说通过满足激励相容约束；而在国内运营商的资费中，外生转移成本（如号码不可携）在隔离不同资费用户时发挥重要作用。

第七，由于信用基础的差异，国外有相当比例的后付费用户；在国内，对新用户一般只提供预付费业务，后付费往往只针对具有一定信用基础的老用户，而不存在纯粹的后付费业务。

第八，必须特别强调的是，国内外市场环境存在显著差异，因此，国内外的资费并不完全可比。在国外，移动电话资费（除了某些国家的结算价格外）完全由市场决定，移动电话市场存在充分竞争。在我国，虽然运营商已成为资费制定的主体，但市场竞争远没有达到充分的程度；相反，中国移动电话市场存在占据绝对市场支配地位的主导运营商，因此需要政府对资费实行有效监管。但目前的主要问题是，很多资费监管政策已经失效，政府监管部门对于市场支配权力的监管处于失控的边缘。

三　目前存在的主要问题

基于实地调研和资料分析，我们认为，移动运营商的资费存在的问题可以总体上概括为以下六个方面：

第一，资费框架还不够清晰：从资费种类、定价方式、捆绑内容、营销对象等方面，运营商资费与竞争对手趋同，缺少差异化。应当承认，由于竞争的影响，竞争对手之间的资费设计有趋同的压力；但由于竞争实力的不同，以及客户群不同等因素，两者的资费设计应有所不同。实际上，现代定价理论表明，区别定价的前提并不是一定具备市场支配地位；相反，区别定价是在激烈的市场竞争中，企业维持生存的必然。

第二，各地资费设计缺乏协调统一的框架。目前，各地出台的资费基本只考虑了本地市场，这在一定程度上是非常必要的，因为资费设计确实要以各地的需求、成本和竞争情况为基础；但在某些情况下，各地资费设计的相互协调又是非常必要的，这是因为，各地的资费设计，要服从移动运营商整体竞争策略的要求。现代产业组织理论已经表明，各地资费的相互协调确实能提高盈利水平。需要特别强调的是，由于是移动运营商内部各分公司协调定价，这种协调定价行为并不违反与反垄断有关的法律法规。

第三，资费选择种类过多且复杂。根据最优定价理论，可以用连续的二部制（或三部制）定价套餐实现区别定价，因此最优定价理论似乎意味着，提供的套餐越多越好。事实上，富哈伯和潘扎（Faulhaber and Panzar，1977）确实证明了，提供的套餐种类越多，运营商得到的利润越多，实现的总社会福利也越大；威尔逊（Wilson，1993）也证明，相对于非线性最优定价，使用有限的二部制定价所牺牲的利润随着资费种类的增多而递减。

但在现实中，往往只提供有限个套餐，其主要原因是，上述结论没有考虑资费的研发成本，包括直接成本和间接成本。考虑到实际研发成本，最优资费设计意味着提供有限个资费选择，更确切地讲，提供最优个数的资费种类时，增加资费种类所带来的增量利润应等于新资费的研发成本。

显然，运营商提供的资费种类如何影响运营商利润，是一个重要的实证问题。马拉维特（2004）使用美国移动市场数据进行实证研究发现，平均来讲，相对于提供最优非线性定价，运营商仅提供一种二部制定价，而不是两种资费选择时，每个用户所导致的利润损失为 4%，消费者福利损失为 10.4%，总福利损失为 8.27%；在运营商已经提供三种资费时，放弃提供更多资费所带来的利润损失仅为 0.6%，福利损失仅为 1.32%。由此可见，从效率上讲，提供很多种资费缺乏依据。

既然如此，为什么运营商提供如此多的资费选择呢？一种可能的解释是，提供很多资费选择给运营商提供额外的盈利机会，即迷惑性定价策略，这是因为用户受有限理性约束的影响，在面对复杂资费时很难作出正确的资费选择①，由此给运营商带来盈利的机会。尽管原则上，更多地选择使消费者受益，但人们仍然认为，提供很多资费的动机主要在于，利用用户选择出错而盈利。正是这个原因，过多的资费选择在一些国家已经引起了这些国家的反垄断机构的密切关注。比如，英国公平竞争局开始了一项调查，研究限制资费数量是否有利于消费者；印度的反垄断当局也在做类似的调查。

即使抛开反垄断法律风险不谈，需要研究的一个重要问题是，运营商是否真的能通过提供过多的资费，因使用户错误选择资费而受益。如果消费者会犯错误，那么原则上，运营商确实可以通过资费设计，利用消费者的这种行为而获利。比如，运营商可以不提供资费选择的详细描述，从而向消费者和竞争对手掩盖真实信息，使用户无法选择最便宜的资费。在增加消费者选择的同时，复杂的资费策略还会避免更剧烈的市场竞争，因为这样一来，竞争对手就难以确定，用更低的价格是否还能吸引到用户群。

马拉维特（2002）发现，尽管消费者确实会选错资费，但这种错误并不是系统性的，实际上，消费者为了减少话费支出，会改变资费选择，尽管这样做带来的收益可能不会很大。目前，人们对迷惑定价策略假说提出很多不同意见，认为这种策略充其量只是一种短期策略，因为通过逐步学习，用户最终会选择极小化支出的正确资费，并且当竞争对手提供更简单、更便宜的资费时，竞争会消除这种迷惑。

在分析迷惑定价策略时，需要定义什么是迷惑定价。一种方法是将迷惑定价定义为被其他资费占优的资费，也就是说，如果用户选择该种资费，那么用户可以通过选择其他资费来降低支出。根据这种定义，一些研究表明，竞争会增加提供的资费种类 ［塞姆和维德（Seim and Viard，2004）］，这可以有几种解释：

一是竞争促使运营商使用更复杂的手段挖掘不同用户的价值，从而通

---

① 资费的复杂性不仅体现在资费选择的数量上，而且体现在定价的不同维度上，如分时定价、按距离定价、网内网间区别定价、漫游费以及各种优惠等。

过更好地区别定价增加利润；

二是迷惑价格策略说法认为，使用这种策略可以减少竞争；

三是被占优资费的出现可能是因为原有的资费正在退出，由于消费者惰性，原有用户不会一下子转向新资费，但运营商并不会期望新用户会选择这些资费。

马拉威特（2002）得出的结果是，竞争确实导致运营商提供更多的劣势资费，并且在位运营商会提供远多于新进入者的资费种类；当市场变得更加成熟时，运营商会提供更多的资费，以弥补由于低端用户的进入而导致的利润下降；最后，竞争导致用户选错资费的比例降低，也就是说，竞争实际上在约束运营商利用资费设计诱导消费者选择错误资费的行为。

对于移动通信服务的用户，本章的实证研究结果表明，资费设计的复杂性会降低用户选择某种资费的概率，在极端情形下，会降低用户选择某个运营商的可能性，或者说增加用户离网的可能性。

第四，缺乏系统评估资费的手段和方法。虽然对新资费的出台，从总公司到省公司，再到分公司，都有一套非常规范的管理流程和机制，但根据我们调研掌握的情况，总的来讲，移动运营商对于资费的研发相对比较匮乏，还尚未形成资费的系统研发机制，评估方法也比较简单，通常只是做一些成本—收益的简单匡算，缺乏系统的资费评估的手段和方法。

容易理解，资费设计通常是一个部分优化过程，而非完全优化过程，也就是说，在出台新资费时，不可能也没必要把过去的所有资费都推倒重来，设立全新的资费体系，但这并不意味着，不需要考虑其他资费；相反，新资费的设计不仅需要考虑新资费本身的盈亏问题，而且还要系统地考虑其对整个资费体系的影响。在第五节，我们试图沿着这个方向，提出一个系统评估资费的框架。但由于数据和时间等方面的原因，我们只能说做了非常初步的探索，但这种研究是非常必要的，值得进一步深入。

第五，接听价格对利润的贡献降低。随着接听价格逐步降低，甚至完全取消，接听价格的利润贡献逐步降低。根据我们的调研结果，对于接听价格的降低，人们一般认为对维持竞争力而言是必要的。但根据前面的理论分析，接听价格对企业有多重影响，换句话说，接听价格是否对企业的竞争力产生负面影响，是需要实证检验的问题。正因为如此，本章利用某移动运营商提供的交易数据，对接听价格的影响进行了实证分析。初步结果显示，尽管接听价格降低的直接影响是增加用户选择某种资费的概率，但也会通过改变不同资费的相对价格，影响用户的资费选择行为，从而影响用户的接入行为。实际上，根据我们计算的结果，在其他条件不变时，取消接听价格会降低该运营商的用户市场份额。

第六，主要依赖事前资费。目前，国内运营商提供的资费主要是事前资费，而缺少事后资费，换句话说，其资费种类多且复杂与资费单一并存。事前资费意味着消费者根据自己的平均预期消费水平，选择一种最便宜的资费。提供事前资费的主要有以下两个问题：

首先，尽管一般来讲，事前资费会造成用户事后选择错误，即对同样的消费水平，用户支付了更多的费用，从而为运营商带来额外利润，但即便如此，用户选错资费也不一定就意味着运营商利润增加，这是因为，如果用户应该选择低端资费，但选择了高端资费，那么用户的消费可能会相应调整，比如在二部制定价情形，因为错选资费的使用价格低，所以用户会做出相应的调整，通过增加消费来减少选错资费带来的损失；如果用户应该选择低端资费，而错误地选择了高端资费，容易验证，当用户的价格弹性足够大时，提供事后资费会增加利润。

其次，提供事后资费更重要的问题是，没有有效地利用用户信息进行市场细分。根据资费设计理论，为了更好地细分市场，不但应考虑到平均消费，还需要考虑到消费的变动，也就是说，应把消费变动作为区别定价的另一个维度。已有的资费设计理论（马拉威特，2002）表明，可以通过事前定价和事后定价的结合，改善单一的事前定价。

提供事后资费的好处是，有利于市场营销，因为事后资费给用户造成的印象是，用户可以根据实际消费，选择支出最小的资费；更重要的是，可以通过更好地细分市场来增加盈利。但需要强调的是，事后定价并非简单地让用户在计费期末，事后选择一个支出最小的资费，对运营商来讲，这样的定价显然不是最优的，尤其是在信用基础弱的情况下，会产生很大的问题。实际上，虽然理论结果显示，最优定价应该是套餐的套餐，即事前选择由多种资费选择构成的套餐，然后由用户事后在该套餐内选择一种资费，但究竟在实际中如何实施，仍然是一个需要仔细研究的问题。

第五节　移动通信资费的实证分析

　　第三节已经简要介绍了资费设计理论。容易看出，资费设计理论非常复杂，影响定价的因素很多，这说明，在一定程度上，定价实际是一个实证问题；第四节分析了所考察移动运营商资费的状况和问题。同样，如何利用定价理论对移动运营商的资费进行评估，也需要具体的实证研究。

　　本节以资费设计理论为基础，利用计量经济模型方法，并基于某地级市分公司提供的数据，对该移动运营商的资费弹性，包括使用价格弹性和资费选择弹、现有资费的有效性，以及"双"改"单"对用户市场的影响进行实证研究。我们的目的是，通过这些实证研究，从移动运营商制定资费政策角度，提供一些重要信息，同时为移动运营商今后的资费设计和评估，提供一个可以借鉴的方法。

一　数据说明

　　本章在建模时，主要使用由企业提供的用户话单数据。我们选取2006年4月为时点，按照等距离随机抽取样本。这些抽样数据包括三方面的信息：一是资费信息，包括每个人选择的资费种类和该资费的具体信息；二是用户的各种消费量，包括各种语音计费时长和短信计费量等；三是用户属性信息，包括年龄和性别。

　　前面曾提到，样本城市现有资费种类达100多种。为了简化分析，我们只考虑了用户使用最多的前18种资费。去掉某些无效样本，样本容量为3526个，而选择这18种资费的用户约占全部样本的72.6%。第四节中的表3-4是对资费基本信息的描述。表3-11为各种话务量的基本统计量。容易看出，该移动运营商用户的ARPU值最高为900元/月，平均为54元/月左右；最大计费时长为3994分钟/月，平均值接近200分钟/月。

　　因为在建模时，我们将市话话务量作为基本区别定价参数，因此需要更详细地描述市话信息。表3-12给出了抽样样本中18种资费所对应的市话计费时长的基本统计量。

表 3 – 11 消费信息基本统计量

资费代码	计费时长均值（分钟/月）	ARPU 值（元/月）	市话费均值（元/月）	长话费均值（元/月）	漫游费均值（元/月）	短信费均值（元/月）
资费 1	187.99	51.27	13.72	2.17	2.24	5.30
资费 2	103.84	45.69	18.53	7.08	5.40	4.71
资费 3	144.93	59.42	8.10	7.78	9.31	5.91
资费 4	363.32	68.76	27.31	19.34	0.79	4.38
资费 5	68.49	41.42	7.50	8.15	3.01	5.18
资费 6	592.22	98.12	37.39	12.71	12.41	11.30
资费 7	227.04	55.00	23.70	7.93	0.89	10.06
资费 8	125.51	52.82	18.61	12.59	7.01	4.41
资费 9	162.86	33.04	17.44	2.95	0.00	4.59
资费 10	326.17	64.53	12.70	22.28	6.17	11.17
资费 11	233.54	56.12	10.57	19.44	6.34	16.37
资费 12	147.98	50.47	16.90	8.64	5.31	14.91
资费 13	60.21	31.32	18.18	2.44	3.33	5.11
资费 14	171.60	39.74	19.29	5.47	0.63	6.28
资费 15	219.52	76.28	29.94	18.06	8.80	5.85
资费 16	109.39	56.99	15.46	9.64	6.39	8.97
资费 17	243.02	57.68	10.82	11.96	7.91	11.98
资费 18	64.24	27.17	8.90	3.22	1.81	1.44
全样本基本统计量						
最小值	0.00	0.00	0.00	0.00	0.00	0.00
均值	198.61	54.18	17.83	11.10	4.97	9.02
最大值	3994.00	899.80	470.22	515.34	459.82	301.85

表 3-12 市话计费时长基本统计量

单位：分钟

资费代码	最小值	均值	最大值	标准偏差
资费 1	0	187.99	1185	141.67
资费 2	0	103.84	766	145.72
资费 3	0	144.93	994	148.18
资费 4	0	363.32	1507	344.69
资费 5	0	68.49	595	89.42
资费 6	0	592.22	3994	683.46
资费 7	0	227.04	2555	371.99
资费 8	0	125.51	902	151.21
资费 9	0	162.86	814	199.09
资费 10	0	326.17	3668	529.42
资费 11	0	233.54	2347	306.39
资费 12	0	147.98	1385	201.96
资费 13	0	60.21	789	96.03
资费 14	0	171.60	1962	236.42
资费 15	0	219.52	1572	263.67
资费 16	0	109.39	2253	191.35
资费 17	0	243.02	2121	326.53
资费 18	0	64.24	2015	158.56

表 3-13 描述了用户属性信息。在此，我们按品牌、性别和年龄段来考察用户的支出情况，分别列出了用户比例、平均消费水平和平均消费标准偏误等。

表 3 – 13 样本用户信息表

项目		比例（%）	平均支出（元/月）	平均支出标准偏误差
品牌	品牌 3	35.29	45.70	53.30
	品牌 2	66.12	54.99	62.17
	品牌 4	4.94	98.12	113.03
	品牌 5	1.93	68.76	36.45
性别	男	71.24	54.40	59.73
	女	28.76	53.63	71.33
年龄	20 岁及以下	15.43	55.00	59.60
	21—35 岁	61.32	53.40	60.18
	36—50 岁	21.30	55.86	74.11
	51—65 岁	1.84	54.61	60.15
	66 岁及以上	0.11	42.31	33.13

二 弹性分析

弹性研究的意义在于，作为评估资费的重要参数，了解弹性可以更好地评估资费，否则只能做静态评估。比如，消费弹性可以帮助了解，不同资费属性变动对话务量的影响，而选择弹性可以帮助了解，在资费属性变动时，用户选择不同资费属性的概率变化。

因为运营商提供选择性资费，弹性分析并不是一件很容易的事，其难点在于：由于三部制定价以及选择性定价的存在，需求曲线具有非线性，换句话说，这种环境下的需求分析，需要考虑非线性预算约束，也就是说，此时的需求函数不仅依赖于某个价格，而是依赖于整个资费结构。需要特别强调的是，对于简单的需求函数设定，可能产生严重的内生性问题，导致有偏误的估计，甚至改变变量的符号[1]。

---

① 在运营商提供选择性定价时，需求分析面临的一个重要问题是选择偏误，比如说选择月租高资费的用户，其话务量当然高，但这并不意味着，在需求函数中，消费与月租为正相关关系。实际上，这种正相关关系只反映了用户的自我选择，换句话说，在存在这种选择偏误时，得到的需求函数并不一定是纯粹的需求函数。不考虑选择性偏误的影响，在需求分析时，就会得出类似于消费与价格正相关的错误结论。

对于多部制定价下的需求分析，通常采取以下设定和估计方法：一是线性化方法［霍尔（Hall，1973）］；二是工具变量法［麦克法登等（McFadden et al.）］；三是离散/连续模型［伯特里斯和豪斯曼（Burtless and Hausman，1985）］；四是选择修正方法［海克曼（Heckman，1974）］。

由于数据的限制，本章主要采取缩减形式的设定，而没有采用结构方法。尽管如此，我们认为，得到的结果仍具有重要参考价值。

（一）话务量需求弹性

所谓话务量需求价格弹性，是指当某种价格，如月租、免费通话时长或通话价格变动1%时，用户通话量变动的百分比。容易看出，话务量需求弹性描述的是话务量对于资费的敏感度，因此是设计资费时参照的一个重要参数。

对于由三部制定价组成的选择性资费，由于需求函数具有非线性，需求分析变得非常复杂，并且需要非常详细的数据信息。为了简便起见，本章将采用简单的缩减形式的需求方程设定进行需求分析。但即便如此，此时的需求分析仍需要格外小心，不然会得出错误的结论。比如，即使具备个体需求信息，如果简单地用消费对各种资费属性回归，得到的符号会与经济学理论相矛盾。

为此，我们对于给定的个体消费和资费信息计算平均价格，并对个体平均价格和消费信息，设定如下线性需求方程：

计费时长＝F（平均价格，收入，选择变量）

式中，平均价格等于月租加上市话收入后除以市话计费时长。由于没有收入变量，我们把用户总支出成为收入的替代变量。容易理解，如果假设收入与支出成比例，那么所得到的需求弹性等于真实的需求弹性。此外，我们用每种资费的选择变量，D1，…，D17，反映选择效应，其中，取用户选择某种资费时为1，其他情形时为0。按照霍尔（1974）的观点，可以把这种设定看成原始需求函数的线性化。利用加权最小二乘法，得到表3-14中的估计结果。

容易看出，价格的符号为负，而收入的符号为正，与经济学理论一致，并且各个系数的估计结果都显著，说明该方程是可靠的。利用估计出的需求方程，根据弹性计算公式，在选择每种资费用户的均值话务量点时，可以得到对应每种资费的弹性系数（见表3-15）。

表 3 – 14　　　　　　　　　　需求方程估计结果

解释变量	参数	标准误差
常数项	– 3.638463	0.301745
平均价格	– 14.83175	0.151559
D1	37.50503	0.260677
D2	– 21.63131	0.704017
D3	– 29.01126	2.573888
D4	154.4854	0.241517
D5	– 41.08418	0.563812
D6	267.3293	4.561666
D7	64.15989	0.430198
D8	– 24.70817	1.283192
D9	75.88308	1.202326
D10	122.1258	0.302510
D11	59.74937	0.737840
D12	1.194636	0.299635
D13	– 7.999711	1.133981·
D14	62.11305	0.240780
D15	– 17.37061	0.274020
D16	– 60.56963	0.711763
D17	71.81635	0.610757
AGE	– 0.496438	0.011106
SGENDER	– 12.26994	0.227611
BILL	3.572093	0.002727

表 3 – 15　　　　　　　　　　弹性系数估计结果

资费代码	市话计费时长（分钟/月）	平均价格（元/分钟）	价格弹性（%）
资费1	187.99	0.30	– 2.33
资费2	103.84	0.56	– 7.93
资费3	144.93	0.58	– 5.93
资费4	363.32	0.66	– 2.71

续表

资费代码	市话计费时长（分钟/月）	平均价格（元/分钟）	价格弹性（%）
资费 5	68.49	0.63	-13.65
资费 6	592.22	0.29	-0.72
资费 7	227.04	0.41	-2.68
资费 8	125.51	0.48	-5.71
资费 9	162.86	0.32	-2.92
资费 10	326.17	0.23	-1.03
资费 11	233.54	0.28	-1.76
资费 12	147.98	0.46	-4.65
资费 13	60.21	0.62	-15.37
资费 14	171.6	0.43	-3.73
资费 15	219.52	0.44	-3.00
资费 16	109.39	0.39	-5.27
资费 17	243.02	0.63	-3.87
资费 18	64.24	0.48	-11.19

估计结果显示，与话务量弹性的典型估计结果相比[1]，该移动运营商资费的话务量弹性值很小。但是，为了避免误读这些弹性值，必须强调的是，根据我们的设定，该弹性的确切含义是，主被叫时长对月租、主被叫价格和免费通话时长的平均弹性，也就是说，这是一种平均意义上的弹性。但很显然，话务量相对于不同资费属性，如月租、免费通话时长或者通话价格的需求弹性是不同的，更重要的是，在三部制定价下，相对于不同资费属性的弹性与二部制或线性定价下的弹性值有很大的不同。我们希望在今后的研究中，更深入地进行需求分析。

（二）资费选择弹性

选择弹性是指用户选择某种资费的概率相对于某种资费信息变化的敏感度。为了估计选择弹性，需要首先利用个体信息估计用户的资费选择模

---

① 比如根据豪斯曼（2004）的观点，移动电话的消费弹性在0.6左右。

型, 即用户选择某种资费的概率。

根据格林 (2002) 的观点, 多元 Logit 模型①主要用于分析个人属性变量对个人选择概率的影响, 而个人属性变量不会因选择项的改变而改变。比如, 对于用户年龄和性别等个人属性, 不论某个用户选择哪种资费, 他的年龄和性别都是不变的, 但对每种个人属性, 需要估计 $J-1$ 个 (假设有 J 种选择) 参数; 而条件 Logit 模型则主要用于分析选择属性变量对个人选择概率的影响, 这些选择属性会随着选择项的变化而变化。比如不同的资费具有不同的月租、免费通话时长和通话价格, 但对每个变量只需要估计一个参数。

在实际中, 往往需要同时考虑个人属性和资费属性对个人选择所产生的影响, 因此, 单纯地用多元选择模型或条件选择模型都不能很好地利用个体信息。根据格林 (2002) 的观点, 可以把多元选择模型和条件选择模型组合成为一种混合模型:

$$p_{ij} = \Pr(Y_i = j) = \frac{e^{\beta' x_{ij} + \gamma' w_i}}{\sum_{j=1}^{J} e^{\beta' x_{ij} + \gamma' w_i}}$$

式中, p_{ij} 表示第 i 个用户选择第 j 种资费的概率, $i = 1, 2, \cdots, N$; $j = 1, 2, \cdots, J$。令 $z_{ij} = [x_{ij}, w_i]$ 表示决定用户选择的所有变量, x_{ij} 表示选择属性, 在不同选择之间变化, 也可能在个人之间变化, w_i 表示个人属性, 因此对不同选择都是相同的。$[\beta', \gamma']$ 表示所有待估参数。为了刻画个人属性的影响, 我们用虚拟变量进行修正。具体来讲, 就是先产生一组选择虚拟变量, 然后用每一个虚拟变量乘以同一个人属性变量, 经过这种处理, 对应不同选择的个人属性参数就会不同。根据虚拟变量的设置原则, 如果有 J 种选择, 我们只能设置 $J-1$ 个虚拟变量, 对应的个人属性参数也就只有 $J-1$ 个②。

---

① 本章选择 Logit 模型, 而没有选择 Probit 模型, 两种方法的理论内涵一致, 不过, Logit 模型计算更简单。

② 在进行预测时, 只能直接预测出 $J-1$ 个选择概率, 而第 J 种选择概率则是根据其他 $J-1$ 种选择概率间接预测的, 所以, 在实际预测中, 会有一种选择概率的预测误差相对比较大, 这是由我们选择设置虚拟变量的方法决定的。当选择数量比较少时, 这种误差可以忽略不计, 但当选择数量增加时, 误差会增加, 因此会影响到对某种资费市场份额预测的准确性。

　　根据样本数据提供的信息，可以得到三种个人属性变量，包括用户的年龄信息、性别信息和支出信息等，其中支出信息又包括总话费支出、市话费支出、长途话费支出、漫游费支出和短信支出等，在设定的方程中，我们选择了总话费支出，由于无法获取个人收入信息，我们实际上把总支出作为个人收入的替代变量。资费属性主要有四种，包括月租、主叫价格、被叫价格和免费时长①。

　　在估计过程中，我们发现性别在所考察的大多数资费下都不显著。由于我们的目的主要是估计弹性和政策模拟②，而不是结构分析，所以，在方程设定中去掉了性别解释变量，只保留年龄和支出解释变量。表 3 – 16 是选择模型的估计结果。

表 3 – 16　　　　　　　　　　选择模型估计结果

解释变量	系数	标准误差
月租	− 0.0790707	0.008977
主叫价格	− 4.822375	1.143119
被叫价格	− 3.830339	0.7132072
免费时长	0.0079943	0.0011718
年龄 1	0.0147981	0.009539
年龄 2	0.0003079	0.005952
年龄 3	− 0.0044497	0.0107975
年龄 4	0.0189254	0.0117121
年龄 5	− 0.0023491	0.0079576
年龄 6	− 0.0188598	0.0073328
年龄 7	− 0.0277979	0.0075586
年龄 8	− 0.0335811	0.0073241
年龄 9	− 0.0317871	0.0086722
年龄 10	− 0.0926616	0.0077919
年龄 11	− 0.0545143	0.007019

---

　　①　在资费属性中还包括其他信息，比如短信优惠、账务优惠和服务类型，等等，这些信息会有影响，我们将在后面的分析中考虑。
　　②　估计出的模型将作为估计选择弹性和"双"该"单"对用户影响的基础。

续表

解释变量	系数	标准误差
年龄 12	-0.0260027	0.0062852
年龄 13	-0.014413	0.007888
年龄 14	0.008861	0.0067253
年龄 15	0.0047411	0.0045659
年龄 16	-0.0149004	0.0049895
年龄 17	-0.0868043	0.0077204
话费总额 1	0.0230053	0.0038042
话费总额 2	0.0200955	0.0038143
话费总额 3	0.0251495	0.0039303
话费总额 4	0.0277441	0.0037314
话费总额 5	0.0176389	0.0045833
话费总额 6	0.0298466	0.0035078
话费总额 7	0.0237802	0.003723
话费总额 8	0.0221497	0.0041109
话费总额 9	0.0045789	0.005328
话费总额 10	0.0270366	0.003601
话费总额 11	0.0242872	0.0035049
话费总额 12	0.0225997	0.0035813
话费总额 13	-0.0078808	0.0063125
话费总额 14	0.0175407	0.0036137
话费总额 15	0.0277753	0.0034716
话费总额 16	0.0254548	0.0035467
话费总额 17	0.0240848	0.0038432

估计结果表明，月租、主叫价格、被叫价格和免费时长等资费属性的符号与经济学理论一致，并且非常显著。此外，在个人属性变量中，对应9种资费的年龄解释变量非常显著，对应15种资费的支出解释变量显著。

对于资费选择弹性，可以考察两种弹性：第一是选择弹性；第二是份额弹性。选择弹性是指用户选择某种资费的概率对于某种资费属性变动的反应程度，而份额弹性则是指某种资费的市场份额对某种资费属性变动的反应程度。

根据定义，选择弹性为：

$$\varepsilon_C = \beta_j(1 - p_{ij})x_j$$

式中，x_j 表示第 j 种资费的某种属性，β_j 表示对应参数[①]。

表 3 – 17 为选择弹性的估计结果。

表 3 – 17　　　　　　　　　选择弹性估计结果

资费代码	月租	主叫价格	被叫价格	免费时长
资费 1	– 2. 12257	– 1. 61814	– 1. 28527	1. 532844
资费 2	– 0. 75164	– 1. 19188	– 0. 94669	0. 151987
资费 3	– 2. 32421	– 1. 70099	– 1. 35107	1. 566569
资费 4	– 3. 88468	– 0. 94768	0	0
资费 5	– 1. 54834	– 1. 41645	– 0. 75004	0. 234813
资费 6	– 1. 88204	– 0. 91826	0	0
资费 7	– 0. 98256	– 1. 19849	– 0. 07323	0
资费 8	– 0. 77302	– 1. 17863	– 0. 93617	0. 156311
资费 9	– 0. 61433	– 1. 21768	– 0. 0372	0
资费 10	– 1. 13619	– 0. 46196	– 0. 18346	0. 918983
资费 11	– 0. 66165	– 0. 40353	– 0. 03205	0. 802742
资费 12	– 0. 71414	– 0. 87109	– 0. 69189	0. 866427
资费 13	– 0. 76865	– 1. 12509	– 0. 14894	0
资费 14	– 0. 54165	– 1. 07361	– 0. 0656	0
资费 15	– 0. 91042	– 0. 85423	– 0. 6785	0. 14161
资费 16	– 0. 73559	– 0. 89724	– 0. 71267	0. 148741
资费 17	– 1. 15118	– 0. 46806	– 0. 03718	0. 465552
资费 18	– 0. 77456	– 0. 70859	– 0. 56282	0

---

① 选择弹性的推导参见附录。

根据表 3 - 17 中的估计结果，可以得到几个非常有意思的结论：

首先，一般来讲，选择弹性远大于需求价格弹性。比如，第四种资费的相对月租的选择弹性为 3.89（取小数点两位，四舍五入，下同），这也是相对月租选择弹性最大的资费选择。这个结果意味着，该种资费的月租增加 1% 时，选择这种资费的人将减少 3.89%；而第三种资费相对主叫价格的选择弹性最大，达到 1.7，表示该种资费的主叫价格增加 1% 时，选择这种资费的人减少 1.7%；与此同时，第三种资费还是相对免费时长选择弹性最大的资费，为 1.57，表示免费时长增加 1% 时，选择这种资费的用户减少 1.57%。

其次，对于很多资费选择，相对于月租的选择弹性大于相对于主叫价格的选择弹性，也就是说，对于某些资费，变动月租对资费选择的影响，可能大于变动主叫价格的影响。与此相对的是，二部制下的需求分析结果表明，使用价格的敏感度要大于接入价格的敏感程度，这也是三部制区别于二部制的重要之处。

再次，相对于接听价格的选择弹性，小于相对于其他资费属性的选择弹性。

最后，也是三部制定价的另一个特点是，消费者的资费选择相对免费通话时长非常敏感。根据我们的分析结果，对于某些资费选择，相对于免费时长的选择弹性，大于相对于主叫价格的选择弹性，但对其他资费选择则相反。

同样，可以计算份额弹性为[1]：

$$\varepsilon_S = \frac{\partial \alpha_j}{\partial x_j} \cdot \frac{x_j}{\alpha_j} = \frac{\beta_j x_j}{N\alpha_j} \sum_i [p_{ij}(1-p_{ij})]$$

表 3 - 18 给出了份额弹性的计算结果。

表 3 - 18　　　　　　　　份额弹性计算结果

资费代码	月租	主叫价格	被叫价格	免费时长
资费 1	- 2.11381	- 1.61147	- 1.27997	1.526525
资费 2	- 0.74981	- 1.18896	- 0.94438	0.151616
资费 3	- 2.32306	- 1.70015	- 1.3504	1.565792

[1]　相关推导参见附录。

续表

资费代码	月租	主叫价格	被叫价格	免费时长
资费 4	– 3. 87015	– 0. 94413	0	0
资费 5	– 1. 54622	– 1. 41451	– 0. 74902	0. 234491
资费 6	– 1. 84204	– 0. 89874	0	0
资费 7	– 0. 98198	– 1. 19778	– 0. 07318	0
资费 8	– 0. 77258	– 1. 17795	– 0. 93563	0. 15622
资费 9	– 0. 60994	– 1. 20897	– 0. 03693	0
资费 10	– 1. 1217	– 0. 45607	– 0. 18112	0. 907257
资费 11	– 0. 65155	– 0. 39737	– 0. 03156	0. 790483
资费 12	– 0. 71319	– 0. 86992	– 0. 69096	0. 865267
资费 13	– 0. 75911	– 1. 11111	– 0. 14709	0
资费 14	– 0. 53196	– 1. 05441	– 0. 06442	0
资费 15	– 0. 8956	– 0. 84032	– 0. 66746	0. 139305
资费 16	– 0. 73475	– 0. 89622	– 0. 71186	0. 148572
资费 17	– 1. 14376	– 0. 46504	– 0. 03694	0. 46255
资费 18	– 0. 76929	– 0. 70376	– 0. 55899	0

　　容易验证，尽管选择弹性和份额弹性的意义不尽相同，但两者的差别很小，所以，我们可以选择任一种选择弹性的估计值作为资费选择弹性。

（三）资费复杂性对资费选择的影响

　　第三节曾说明，复杂资费的有效性是一个实证问题。在这里，我们将利用资费选择模型，初步估计资费复杂性对用户选择的影响。容易理解，如何定义资费复杂性并不是一件容易的事。为了简便起见，这里采用一种非常简单的方式来定义资费选择的复杂性，具体来讲，就是通过反映某个方面资费复杂性的虚拟变量，来反映资费选择的复杂性，然后利用前面设定的选择模型进行估计，其中，d1 表示该种资费是否提供短信优惠，如果是则为 1，如果否则为 0；d2 表示是否提供账务优惠，如果是则为 1，如果否则为 0；d3 表示是否提供长话优惠，如果是则为 1，如果否则为 0；

d4 表示服务类型，如果是 G 网则为 1，如果是 C 网则为 0，其他变量的含义与前面选择模型相同，得到的估计结果如表 3 – 19 所示。

表 3 – 19 资费复杂性与资费选择估计结果

解释变量	系数	标准差
月租	– 0.1034174	0.0110408
主叫价格	– 6.45332	1.282757
被叫价格	– 6.157107	0.8229936
免费时长	0.0131352	0.0016048
d1	0.9207144	0.3073604
d2	– 0.3270951	0.2519469
d3	– 0.9602945	0.2730311
d4	– 1.590897	0.3206718
年龄 1	0.0370185	0.0119486
年龄 2	0.0273142	0.009687
年龄 3	0.0023425	0.0124758
年龄 4	0.0465755	0.0154837
年龄 5	– 0.0173095	0.0122193
年龄 6	0.0008073	0.0110008
年龄 7	– 0.0113652	0.0104505
年龄 8	– 0.0066743	0.0106277
年龄 9	– 0.019509	0.010819
年龄 10	– 0.1049244	0.0139077
年龄 11	– 0.0291973	0.0096626
年龄 12	– 0.0120281	0.0106566
年龄 13	0.0329104	0.0116302
年龄 14	0.0221753	0.0092873
年龄 15	0.0273812	0.0092174
年龄 16	0.0058428	0.0090707
年龄 17	– 0.0902256	0.0127416

续表

解释变量	系数	标准差
话费总额 1	0.0266505	0.0041325
话费总额 2	0.0241398	0.0041462
话费总额 3	0.0280686	0.0042422
话费总额 4	0.0314351	0.004079
话费总额 5	0.0180937	0.0050367
话费总额 6	0.0332807	0.0038612
话费总额 7	0.0270752	0.0040657
话费总额 8	0.0259682	0.004402
话费总额 9	0.0071721	0.0055806
话费总额 10	0.0298807	0.0039686
话费总额 11	0.0279007	0.0038514
话费总额 12	0.0257534	0.0039414
话费总额 13	0.0018488	0.0063117
话费总额 14	0.0204765	0.0039534
话费总额 15	0.031307	0.0038441
话费总额 16	0.0289396	0.0039075
话费总额 17	0.0268023	0.0042074

结果显示，提供短信优惠会增加用户选择某种资费的概率，但提供财务优惠和长话优惠会降低用户选择某种资费的概率。从这个意义讲，尽管在某些情况下，提供复杂资费会由于改善资费设计而增加用户选择某种资费的概率，但在某些情形下，资费设计的复杂性确实会降低用户选择该资费的概率。

三 现有资费的评估

前面利用所考察移动运营商的实际数据进行了需求分析。容易看出，在进行需求分析时，只考虑了需求因素，而没有考虑供给和竞争因素，换句话说，所得到的弹性相当于在用户选定该移动运营商的情况下的需求弹性。

本小节引入竞争和供给因素，我们试图回答的问题是，如何评估移动运营商已有的资费，比如，从极大化利润的角度，资费设计是否有效，从而为移动运营商评估资费提供一个系统的方法。很显然，评估现有资费需要一个标准，而最优资费就是一个自然而然的标准。当然，估计最优资费不但需要考虑需求因素，而且要考虑供给和竞争因素，也就是说，准确地反映现实的竞争环境。

（一）方程设定

根据资费设计理论，现实世界非常复杂，因此，定价模型也必然非常复杂。为了使实证研究可行，需要对现实进行适当的抽象，保留最重要的特征，而忽略其他一些特征。为此，我们采用依瓦蒂和马蒂莫（1994）的结构方法，估计最优定价模型。

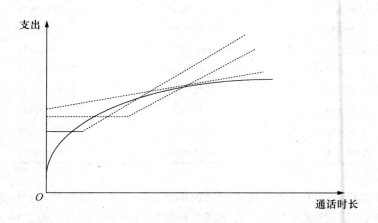

图 3－12 最优定价曲线的估计

这种方法的基本思想和思路是，假设运营商的定价逼近一个最优定价即运营商提供资费的包络（见图 3－11）[1]，因此，交易数据（消费和资费）中包含需求、供给和竞争策略方面的信息。这样，利用一定的实证研究方法，就可以从交易数据中得到这些信息。假设消费者的消费量为不

———————

① 当然，这样的假设并意味着运营商的定价是最优的。

对称信息（更确切地讲，需求函数的截距为不对称信息），或者称为区别
定价参数，在某些给定假设条件下，可以建立基于区别定价理论的定价模
型。实际上，最终得到的最优定价或均衡定价为二次函数①，具体来讲，
就是均衡最优非线性定价可以设定为：

$$T_1(x_1) = \alpha_1 + \beta_1 x_1 + \gamma_1 x_1^2$$

式中，x_1 为话务量，α_1、β_1、γ_1 为待估参数。利用计量模型方法，就
可以用个体消费信息估计最优定价函数②，然后利用估计出的最优定价函
数，可以与实际资费选择进行对比，或者说对实际提供的资费进行评估。

（二）估计结果

利用加权最小二乘法，最优定价函数的估计结果如表 3 – 20 所示。

表 3 – 20　　　　　　　　最优定价估计结果

解释变量	参数	标准误差
α	0.023079	1.46E – 05
β	0.794977	0.001311
γ	– 0.566963	0.018234

容易看出，估计结果与经济学理论一致，即最优定价是一个凹的非线
性函数，并且统计检验显著。

根据这个最优定价方程，对于每种资费的平均消费水平（即平均计
费时长）计算相应的支出水平，因此得到相应消费水平的最优支出；同
时，对比实际支出，可以得到表 3 – 21，其中第 2 列为每种资费下的平均

表 3 – 21　　　　　　　　最优资费评估

资费代码	最优支出（元/月）	实际支出（元/月）	（实际支出 – 最优支出）偏离度（%）
资费 1	53.87	51.27	– 4.83
资费 2	39.19	45.69	16.58

① 注意：只是一个均衡解，并没有排除其他解。
② 详细推导过程参见附录。

续表

资费代码	最优支出（元/月）	实际支出（元/月）	（实际支出－最优支出）偏离度（％）
资费 3	46.39	59.42	28.10
资费 4	83.73	68.76	－17.87
资费 5	32.96	41.42	25.68
资费 6	121.22	98.12	－19.06
资费 7	60.60	55	－9.25
资费 8	42.99	52.82	22.86
资费 9	49.51	33.04	－33.27
资费 10	77.48	64.53	－16.72
资费 11	61.72	56.12	－9.07
资费 12	46.92	50.47	7.57
资费 13	31.49	31.32	－0.55
资费 14	51.03	39.74	－22.12
资费 15	59.31	76.28	28.61
资费 16	40.17	56.99	41.88
资费 17	63.35	57.68	－8.95
资费 18	32.21	27.17	－15.64

计费时长所对应的最优支出，第 3 列为每种资费下用户的平均实际支出，第 4 列为实际支出对最优支出的偏离程度。

表 3 - 21 的最后一列给出最优支出与实际支出的对比。需要指出的是，根据资费设计理论，最优定价函数是一个连续的二次函数，而在实际中，通过提供有限种资费选择来逼近最优资费，因此判断某种资费是否有效，并不仅仅是看某种资费是否带来更多的利润[①]，而是看这种资费是否接近最优资费，换句话说，实际资费带来的利润越接近最优利润，说明资费设计越接近最优；反之，如果实际资费与最优资费差距很大，说明尽管某种资费的利润可能大于最优资费带来的利润，但可能因此影响其他资费

---

① 容易得出，根据估计出的最优定价曲线，可以得到边际成本为 0.22 元/分钟，据此可以将收入对比转化为利润对比。

的效率,因此,实际资费偏离最优资费越大,说明该种资费存在的优化空间越大。比如,根据表 3 - 21 可知,第 16 种资费还存在较大的优化空间,而第 13 种资费则接近最优资费设计。

四 "双"改"单"对用户市场的影响

对比单向收费与双向收费国家,一个非常有趣的典型事实是收费方式与普及率之间的关系:在单向收费国家,普及率相对较高,而在双向收费国家,普及率相对低一些。在一些双向收费的典型国家,移动普及率为 41%—95%①,平均普及率为 68%,其中,美国的移动电话用户普及率为 54%,加拿大为 41%;而在采用单向收费的典型国家,移动普及率为 68%—99%,平均普及率为 82%,其中,英国的普及率为 91%,芬兰为 92%(FCC,2004)。容易看出,在这些事实背后,隐含着一个有趣的收费方式与移动结算价格和用户普及率之间的一个权衡。

非常遗憾的是,尽管存在前面所述的典型事实,但是,移动电话用户普及率与收费方式之间到底存在什么样的关系,并没有一个广泛认可的确定结论[利特查尔德(Littlechild,2004)]。实际上,收费方式与普及率的关系,与其说是一个理论问题,毋宁说是一个实证问题,但目前相关实证研究还相当有限。

(一)估计方法

一般来说,根据电信需求理论,用户规模是月租变量、价格变量、人均 GDP 和其他影响因素的函数。如果我们能收集到这些变量的时间序列数据,就可以利用标准的时间序列模型估计用户规模方程;然后,根据双向收费改为单向收费的政策含义设定政策变量(如取被叫价格为零,主叫价格不变),估计收费方式变化后的用户规模。

但这种实证方法存在重要的理论缺陷,这是因为,这种方法隐含地假定,在收费方式变化后,在网用户的资费选择行为保持不变,换句话说,这种方法缺乏合理的微观基础。很显然,随着收费方式的改变,均衡价格

---

① 这里仅考虑了加拿大、中国香港、美国和新加坡几个发达国家和地区,中国目前的移动电话用户普及率仅为 24% 左右。总体上讲,RPP 国家和地区的移动普及率要低于 CPP 国家和地区的移动普及率。需要注意的是,我国普及率口径为百人拥有电话数,而不是其他国家常用的家庭普及率。

会发生变化，不同资费的相对价格也会发生相应的变化，从而导致消费者选择行为的改变，因此假设消费者选择不变不符合消费者行为理论[①]。实际上，根据前面的弹性估计结果，由于选择弹性很大，资费属性变化将对用户资费选择行为产生重要影响，从而影响资费的平均水平以及用户的接入需求或用户规模。因此，在分析收费方式变化对用户规模的影响时，必须考虑这种选择行为的变化。

本章通过建立两类行为方程，估计收费方式对用户入网决策的影响：一是利用前面已经建立的用户选择模型，估计收费方式变化对用户的资费选择所产生的影响；二是建立用户规模的行为模型。在一般情况下，需要中国移动通信市场中所有运营商的相关数据以反映竞争的影响。但由于数据收集的限制，我们只得到一家运营商的数据，因此只能假设其竞争对手也采取相同的策略。

利用用户选择模型得到用户市场份额，构造收费方式变化后的价格指数，然后利用用户规模模型，就可以估计收费方式变化对用户规模产生的影响。很显然，这种实证方法所具有的优点是，构建的价格指数具有微观基础，能够反映不同资费的相对价格变化对用户规模产生的影响，因此解决了上面所指出的一般估计方法中存在的结构性缺陷。

（二）估计结果

根据 Logit 模型，将样本中所有用户选择某种资费的概率加总，便得到选择该种资费的预测用户数，用得到的预测用户数除以样本总数，便得到相应资费的预测市场份额，即：

$$\alpha_j = \frac{\sum_i p_{ij}}{N}$$

式中，α_j 表示第 j 种资费的市场份额，p_{ij} 表示第 i 个用户选择第 j 种资费的概率，N 表示样本用户总数。按照前面估计的资费选择模型，可以得到各种资费用户数和相应的市场份额。表 3 - 22 给出了实际用户数和响应的市场份额，以及基于选择模型的预测值。

---

① 假设"双"改"单"后主叫假设不变，那么在一般方法中，方程中代入的平均主叫价格保持不变，但是，在本章使用的方法中，主叫价格是变化的。

表 3 - 22　　　　　　　　　　样本用户信息及政策变动前预测数[①]

资费代码	样本用户数（个）	样本市场份额（%）	预测用户数（个）	预测市场份额（%）
资费 1	142	4.03	145.5867	4.13
资费 2	168	4.76	174.1911	4.94
资费 3	68	1.93	71.21167	2.02
资费 4	63	1.79	61.41221	1.74
资费 5	72	2.04	73.75205	2.09
资费 6	161	4.57	168.9599	4.79
资费 7	148	4.20	155.6022	4.41
资费 8	72	2.04	78.84959	2.24
资费 9	92	2.61	101.6385	2.88
资费 10	151	4.28	148.2455	4.20
资费 11	553	15.68	575.4935	16.32
资费 12	333	9.44	341.4161	9.68
资费 13	78	2.21	98.34981	2.79
资费 14	513	14.55	506.7792	14.37
资费 15	374	10.61	403.0492	11.43
资费 16	250	7.09	245.7875	6.97
资费 17	96	2.72	103.6927	2.94
资费 18	192	5.45	71.98256	2.04

　　为了估计对用户的影响，需要估计用户数方程。但由于缺乏数据，本章只得到用户数和（平均）月租数据，所以，只能将用户数简单地设定为月租的方程。用对数用户数对平均月租回归，得到如下总量用户方程，估计结果如表 3 - 23 所示。

---

　　① 在前面的分析中，由于选择虚拟变量的方法决定必定有一种资费的选择概率是通过 1 减去其他所有资费的选择概率而求得的，所以，这种资费（即资费 18）的预测概率累积了其他概率的预测误差，随着选择种类的增加，这种累积误差会越来越大。同时，这种误差也会传递到计算的预测资费份额上，表现在预测的用户份额与样本份额相差比较大。这是系统性误差。

表 3 – 23 用户数方程估计结果

变量	估计结果
常数	13. 8915 （134. 8069）
月租	− 0. 05729 （− 11. 2944）

根据这种设定，可以将模拟思路概括为：（1）根据不同模拟方案，确定资费市场份额变化；（2）计算月租指数；（3）将月租指数带入用户数方程，得到用户数变动。

在模拟"双"改"单"的影响时，我们考察以下几种方案：

方案一：主叫价格不变，被叫价格为零，月租和免费时长不变；

方案二：主叫价格增加 15%，被叫价格为零，月租和免费时长不变；

方案三：月租增加 10%，被叫价格为零，主叫价格和免费时长不变；

方案四：免费时长减少 10%，被叫价格为零，主叫价格和月租不变。

模拟结果如表 3 – 24 所示。

表 3 – 24 不同模拟方案的变动

单位:%

资费代码	方案一	方案二	方案三	方案四
资费 1	4. 27	3. 41	3. 38	3. 38
资费 2	2. 20	1. 89	2. 41	2. 43
资费 3	2. 31	1. 83	1. 79	1. 85
资费 4	− 0. 81	− 0. 80	− 1. 04	− 0. 76
资费 5	0. 31	0. 13	0. 19	0. 36
资费 6	− 2. 15	− 2. 15	− 2. 36	− 2. 02
资费 7	− 1. 82	− 1. 94	− 1. 81	− 1. 70
资费 8	0. 93	0. 81	1. 02	1. 03
资费 9	− 1. 28	− 1. 36	− 1. 21	− 1. 21
资费 10	− 1. 36	− 1. 16	− 1. 39	− 1. 49
资费 11	− 7. 01	− 6. 34	− 6. 74	− 7. 44
资费 12	1. 60	1. 58	1. 93	1. 08

续表

资费代码	方案一	方案二	方案三	方案四
资费 13	− 1.08	− 1.13	− 1.03	− 1.00
资费 14	− 6.15	− 6.51	− 5.77	− 5.75
资费 15	1.87	1.88	1.97	2.31
资费 16	1.16	1.16	1.41	1.43
资费 17	− 1.25	− 1.13	− 1.27	− 1.25
资费 18	8.26	9.81	8.54	8.74

表 3 – 25　　　　　　　　各种模拟方案对用户市场的影响

项目	实际值	方案一	方案二	方案三	方案四
月租指数	13.25922	13.89462	13.65041	13.48467	13.68751
预测用户数	504785.7	486740.9	493598.5	498307.8	492550.6
增加用户数		− 18044.8	− 11187.2	− 6477.91	− 12235.1
变动比例（%）		− 3.57	− 2.22	− 1.28	− 2.42

由表 3 – 25 可以得到以下几个结论：

第一，在采用不平衡资费时，即"双"改"单"后被叫为零，其他资费不变时，用户数下降，其主要原因是收费模式改变后，对于该移动运营商来讲，选择不同资费的用户的选择行为发生变化，导致选择月租较高资费的用户增加，从而增加平均月租水平，进而造成市场份额的下降。

第二，如果"双"改"单"后采用资费平衡，比如增加主叫价格，或增加月租，或者降低免费通话时长，相对于资费不进行平衡，那么该移动运营商的用户会增加，而不是减少，这是非常有意思的结论。

第三，在月租、主叫价格和免费通话时长中，由于与不平衡资费相比变动最大，所以月租对市场的影响最大，而免费通话时长对用户市场的影响最小。很显然，这些结论对于"双"改"单"后移动运营商的资费调整具有重要意义。

当然，需要指出的是，由于缺少数据，用户数方程的设定成只与月租有关，这无疑过于简单，忽略了收费方式变动后，其他资费属性的变动对用户数的影响。我们希望，在今后能够获得更完备的数据时，进行更深入和全面的分析，从而得出更可靠的结论。尽管如此，本章提出的评估收费方式改革影响的方法仍具有重要价值。

第六节　研究结论

本章基于资费设计理论，对一家主要移动运营商的资费状况与问题进行了分析，并在一家地级市分公司提供的样本数据基础上，利用计量模型方法进行了实证分析，测算了消费弹性和资费选择弹性，对该移动运营商的资费进行了评估，并估计了收费方式改变对其用户市场份额的影响。

我们认为，移动运营商的资费设计仍存在的主要问题包括：资费框架还不够明晰，资费结构与竞争对手趋同；资费设计过于分散化，缺乏协调统一，不利于统一的竞争策略的形成；资费的种类过多，并且过于复杂，虽然在某种程度上，可以因为消费者选错资费而获利，但会降低消费者的体验；对资费体系的评估框架过于简单，缺乏系统的评估手段和方法；过于依赖事前资费，而缺少事后资费等。

本章实证研究结果显示，总体来讲，该移动运营商用户的平均需求弹性比较小，但并不排除相对不同资费属性的弹性，以及不同用户之间的弹性差别。更重要的是，用户的资费选择弹性远远大于消费弹性。选择弹性参数对于资费评估以及资费体系的维护具有重要意义。特别需要指出的是，相对于月租的资费选择弹性，要大于相对于边际价格的选择弹性。这说明对于三部制定价来讲，其弹性特征与线性定价或二部制定价有着很大的不同。

本章的另一个重要实证研究，是对该移动运营商资费进行了评估。我们提出了一个对资费进行系统评估的方法。在实际资费是对最优资费逼近的假设下，我们采用的评估方法是，基于经济学理论和计量经济模型方法，估计一个非线性最优定价模型，然后用该定价模型与实际资费进行比较。我们认为，虽然本章所采用的评估方法理论基础复杂，但操作相对比较简单，因此可以进一步推广使用。除此之外，本章得到的实证结果显示，在该移动运营商的已有资费中，有相当一部分资费选择还有较大的优化空间。

最后，我们对"双"改"单"进行了实证研究。研究这个问题的关键是，描述收费模式改变后，用户的选择行为如何变动。通过用户资费选择模型，我们得到收费模式改变后，用户选择不同资费的概率的变化，进而得到选择不同资费的用户份额，利用这个份额可以得到一个具有微观基础的平均价格，最后利用接入模型，可以估计移动运营商用户的变化。本章的实证结果显示，取决于"双"改"单"后的资费平衡措施，收费模式变化可能减少所考察运营商的用户市场份额。

尽管由于数据和时间等方面的原因，本章的研究结果可能是初步的，在有些方面仍有待于进一步研究，但仍可以得出很多有用的启示。基于此，根据本章的研究成果，我们对移动运营商的资费设计提出以下几点建议：

第一，移动运营商应根据自身条件，包括市场定位、竞争实力、竞争策略以及企业发展战略等，深入研究和明晰移动通信服务的总体资费框架。

第二，移动运营商应加强各地区资费策略的协调，形成统一的资费策略，以增加价格竞争力。需要再次强调的是，这种企业内部的价格协调并不违背反垄断法律。

第三，移动运营商在总公司层面，应设立一套统一的资费评估方法，建立面向所有分公司的资费评估平台，以系统地评估各地方分公司现有和未来出台的资费。

第四，对已有资费进行优化，具体操作方法是：

首先，按照类似本章采用的方法，首先对已有资费进行评估，找出究竟哪些资费需要优化。

其次，对于需要优化的资费选择，根据现有和未来更深入的弹性研究结果，评估资费变动的影响，找出应该变动哪些资费属性、如何变动以及变化程度，确定优化后的新资费。

最后，新资费确定后，利用小范围实验得出的数据，按照本章的方法进行再评估，如果评估结果显示有很大改进，那么新资费方案可以大面积推广，否则应进一步优化。

第五，对于新出台的资费，应遵照"简单明了，客户喜欢，企业有利"的原则，建议每次新推出的资费选择个数不超过三种。

第六，加强对沉淀资费客户的消费行为的分析，在此基础上进行合理的引导，防止这些客户流失。

第七，采用本章的方法，对"双"改"单"的影响进行系统评估。因为本章无法得到更多丰富的数据，所以有必要完善这个方法，为此我们建议利用更多指标的数据（如月租收入、主叫收入、被叫收入、相应通话时长等）建模，以提高评估结果的可靠性。

最后，可考虑对事后资费进行试验，但需要深入研究事后资费的资费设计，特别是具体的实施方法，比如选择性的阶梯打折定价等。

我们相信，作为企业重要的管理战略，如果移动运营商能够进一步优化资费，那么一定会增加其在移动通信市场中的竞争力，改善企业的财务状况。

附　录

一　三部制定价的实施

在经典文献中，假设风险率递增，那么最优定价是凹的，因此可以用二部制定价执行最优定价。但在凹性条件下，二部制定价只是实现最有定价的一种方法，而并不排出其他可以实现最优定价的方式，也就是说，二部制定价只是实现最有定价的充分条件，而不是必要条件。实际上可以证明，在同样条件下，即对于凹的最优定价曲线，三部制定价同样可以实现最优定价，即最优曲线为三部制定价的包络。在图 3 - 5 中，三部制定价（A，q_0，p）与最优曲线相切，与此对应的是一个二部制定价（A_0，p）。可以证明的是，（A，q_0，p）可实现最优定价，并且（A_0，p）也可以实现最优定价。假设 T（q）为最优定价曲线，T'（q_0）为定价曲线在 q_0 点的导数，定义三部制定价曲线 T（q）$= A + \max$（$q - q_0$，0）$\times p$，其中，取 $p = T'$（q_0）和 $A = T$（q_0）即可。同理，取 $p = T'$（q_0）和 $A_0 = T'$（q_0）$- A + pq_0$，可得对应的二部制定价。注意，我们只是说明了三部制定价可以执行最优定价，同样，二部制定价也可以执行最优定价，但并没有说明，在实际中，为什么会选择某种定价执行最优定价，比如用三部制定价而不是二部制定价，而这需要深入讨论，在什么情况下，这两种定价会产生不同的效应。

二　三部制定价需求

假设效用函数为：$u = \frac{1}{b}\left(\theta q - \frac{1}{2}q^2\right)$，其中，$\theta$ 为消费者的类型，为用户的私人信息，q 为话务量，b 为需求参数。假设三部制定价为：$T = A + p\max\{q - q_0, 0\}$，其中，$A$ 为月租，p 为边际价格，q_0 为免费通话时长。

根据边际效用等于边际支出，以及消费是否在免费通话时长内，可得消费函数为：

$$q = \begin{cases} \theta - bp & \theta \geq bp + q_0 \\ q_0 & q_0 \leq \theta < bp + q_0 \\ \theta & \theta^* \leq \theta < q_0 \end{cases}$$

式中，θ^* 为用户是否入网成为用户的临界点。将 θ^* 代入效用函数，得 $\theta^* = \sqrt{2bA}$。容易看出，消费是类型的增函数，但存在一个积聚点，即有测度不为零的消费者，消费正好等于免费通话时长。

三　三部制定价的选择

为了简便起见，假设运营商提供两个三部制定价 $T_1 = A_1 + p\max\{q - q_1^0, 0\}$ 和 $T_2 = A_2 + p\max\{q - q_2^0, 0\}$，其中，为了简化起见，假设边际价格相等。实际上，这种边际价格相等的套餐也是现实中应用最广的资费设计。假设 $A_1 > A_2$ 和 $q_1^0 > q_2^0$。

下面求用户选择不同资费的临界点。根据激励相容约束，临界点有三种情形：

情形1：$q_2 = \theta$，$q_2 = \theta - bp$，即用户选择第一种资费时消费到饱和水平，选择第二种资费时消费边际分钟数。因为

$$u_1 = \frac{1}{b}\left(\theta_1^2 - \frac{\theta_1^2}{2}\right) - A_1$$

$$u_2 = \frac{1}{b}\left[\theta_1(\theta_1 - bp) - \frac{(\theta_1 - bp)^2}{2}\right] - A_2 - p(\theta_1 - bp - q_2^0)$$

由 $u_1 = u_2$ 得：

$$\theta_1 = \frac{bp}{2} + q_2^0 + \frac{1}{p}\ (A_1 - A_2)$$

情形 2：$q_2 = \theta$，$q_2 = q_2^0$，即用户选择第一种资费时消费到饱和水平，选择第二种资费时消费免费通话时长。由于

$$u_1 = \frac{\theta_1^2}{2b} - A_1$$

$$u_2 = \frac{1}{b}\ (\theta_1 q_2^0 - \frac{q_2^{02}}{2})\ - A_2$$

由 $u_1 = u_2$ 得：

$$\theta_1 = q_2^0 + \sqrt{2b\ (A_1 - A_2)}$$

情形 3：$q_2 = q_1^0$，$q_2 = q_2^0$，即用户选择第一种资费和选择第二种资费时，都正好消费免费通话时长。由于

$$u_1 = \frac{1}{b}\ (\theta_1 q_1^0 - \frac{q_1^{02}}{2})\ - A_1$$

$$u_2 = \frac{1}{b}\ (\theta_1 q_2^0 - \frac{q_2^{02}}{2})\ - A_2$$

由 $u_1 = u_2$ 得：

$$\theta_1 = \frac{1}{2}\ (q_1^0 + q_2^0)\ + \frac{b\ (A_1 - A_2)}{q_1^0 - q_2^0}$$

根据临界点值，容易验证三种情形对应的参数 b：

当 $b < \frac{2\ (A_1 - A_2)}{p^2}$ 时，情形 1 成立；

当 $\frac{(q_1^0 - q_2^0)^2}{2\ (A_1 - A_2)} > b \geq \frac{2\ (A_1 - A_2)}{p^2}$ 时，情形 2 成立；

当 $b \geq \frac{(q_1^0 - q_2^0)^2}{2\ (A_1 - A_2)}$ 时，情形 1 成立。

四 用户选择某种资费的需求分析

假设用户 i 选择某种资费 $T = A + p\max\ \{q - q_0, 0\}$，则相应的需求函

数为：

$$q = \begin{cases} \theta - bp + \varepsilon & \theta \geqslant bp + q_0 \\ q_0 + \varepsilon & q_0 \leqslant \theta < bp + q_0 \\ \theta + \varepsilon & \theta_1^* \leqslant \theta < q_0 \end{cases}$$

式中，ε 为随机误差项，表示不可观测的用户偏好，或者度量误差。$\varepsilon \propto N(0, \sigma_\varepsilon^2)$ $\theta \propto TN(\mu, \sigma^2)$，并且 θ 和 ε 相互独立。θ_1^* 为选择某种资费的关键类型。由于资费选择错误是普遍现象，从一定意义上讲，这相当于用户没有选择资费，所以，我们令 $\theta_1^* = \theta^*$，即等于用户入网的关键类型，并且容易验证 $\theta^* = \sqrt{2Ab}$。

假设 $f(\theta)$ 为选择这种资费的条件概率，$F(\theta)$ 为相应的分布函数，$\varphi(\cdot)$ 和 $\Phi(\cdot)$ 为正态分布的标准密度函数和分布函数。用户 i 选择 q_i 的概率为

$$f(q_i) = \int_{\theta^*}^{q_0} \frac{1}{\sigma_e} \varphi\left(\frac{q_i - \theta}{\sigma_e}\right) f(\theta) d\theta + \int_{q_0}^{q_0 + bp} \frac{1}{\sigma_e} \varphi\left(\frac{q_i - q_0}{\sigma_e}\right) f(\theta) d\theta$$
$$+ \int_{q_0 + bp}^{\infty} \frac{1}{\sigma_e} \varphi\left(\frac{q_i - \theta + bp}{\sigma_e}\right) f(\theta) d\theta$$

当 $\theta \geqslant \theta^*$ 时，假设 $f(\theta) \propto N(\hat{\mu}, \hat{\sigma}^2)$，因此有

$$\text{当 } q = \begin{cases} \theta - bp + \varepsilon \\ q_0 + \varepsilon \\ \theta + \varepsilon \end{cases} \text{ 时，}$$

$$q_i \propto \begin{cases} N(\hat{\mu} - bp, \hat{\sigma}^2 + \sigma_e^2) \\ N(q_0, \sigma_e^2) \\ N(\hat{\mu}, \hat{\sigma}^2 + \sigma_e^2) \end{cases}$$

由于 $f(\theta, q_i) = f(\theta|q_i) f(q_i) = f(q_i|\theta) f(\theta)$，所以

$f(\theta|q_i) \propto N(\alpha + \beta q_i, \hat{\sigma}^2(1 - \rho^2))$，其中，$\alpha = \mu_{q_i} - \beta\mu_\theta$，$\beta = \dfrac{\sigma_{\theta q_i}^2}{\sigma_{q_i}^2}$。易得 $\sigma_{q_i}^2 = \hat{\sigma}^2 + \sigma_e^2$，$\sigma_{\theta q_i} = \hat{\sigma}^2$，$\rho = \dfrac{\hat{\sigma}}{\sqrt{\hat{\sigma}^2 + \sigma_e^2}}$，所以有

$$f(\theta|q_i) \propto N\left(\hat{\mu} + \frac{\hat{\sigma}^2(q_i - \hat{\mu})}{\hat{\sigma}^2 + \sigma_e^2}, \frac{\hat{\sigma}^2 \sigma_e^2}{\hat{\sigma}^2 + \sigma_e^2}\right)$$

因此,

$$\int_{\theta^*}^{\theta_0} \frac{1}{\sigma_e} \varphi\left(\frac{q_i - \theta}{\sigma_e}\right) f(\theta) = \int_{\theta^*}^{\theta_0} f(\theta|q_i) f(q_i) d\theta$$

$$= \frac{1}{\sqrt{\hat{\sigma}^2 + \sigma_e^2}} \varphi\left(\frac{q_i - \hat{\mu}}{\sqrt{\hat{\sigma}^2 + \sigma_e^2}}\right) \left[\Phi\left(\frac{q_0 - \hat{\mu} - \frac{\hat{\sigma}^2(q_i - \hat{\mu})}{\hat{\sigma}^2 + \sigma_e^2}}{\frac{\hat{\sigma}\sigma_e}{\sqrt{\hat{\sigma}^2 + \sigma_e^2}}}\right) - \Phi\left(\frac{\sqrt{2Ab} - \hat{\mu} - \frac{\hat{\sigma}^2(q_i - \hat{\mu})}{\hat{\sigma}^2 + \sigma_e^2}}{\frac{\hat{\sigma}\sigma_e}{\sqrt{\hat{\sigma}^2 + \sigma_e^2}}}\right) \right]$$

同理, 有

$$\int_{q_0}^{q+bp} \frac{1}{\sigma_e} \varphi\left(\frac{q_i - q_0}{\sigma_e}\right) f(\theta) d\theta$$

$$= \frac{1}{\sigma_e} \varphi\left(\frac{q_i - q_0}{\sigma_e}\right) \left[\Phi\left(\frac{q_0 + bp - \hat{\mu}}{\hat{\sigma}}\right) - \Phi\left(\frac{q_0 - \hat{\mu}}{\hat{\sigma}}\right) \right]$$

以及 $q_i = \theta - bp$ 时, $f(\theta|q_i) \propto N\left(\hat{\mu} - bp + \frac{\hat{\sigma}^2(q_i - \hat{\mu})}{\hat{\sigma}^2 + \sigma_e^2}, \frac{\hat{\sigma}^2 \sigma_e^2}{\hat{\sigma}^2 + \sigma_e^2}\right)$

$$\int_{q_0 + bp}^{\infty} \frac{1}{\sigma_e} \varphi\left(\frac{q_i - \theta + bp}{\sigma_e}\right) f(\theta) d\theta$$

$$= \frac{1}{\sqrt{\hat{\sigma}^2 + \sigma_e^2}} \varphi\left(\frac{q_i - \hat{\mu} + bp}{\sqrt{\hat{\sigma}^2 + \sigma_e^2}}\right) \left[1 - \Phi\left(\frac{q_0 + 2bp - \hat{\mu} - \frac{\hat{\sigma}^2(q_i - \hat{\mu})}{\hat{\sigma}^2 + \sigma_e^2}}{\frac{\hat{\sigma}\sigma_e}{\sqrt{\hat{\sigma}^2 + \sigma_e^2}}}\right) \right]$$

所以, 极大似然函数为

$$L = \prod_i f(q_i)$$

$$= \prod_i \left\{ \frac{1}{\sqrt{\hat{\sigma}^2 + \sigma_e^2}} \varphi \left(\frac{q_i - \hat{\mu}}{\sqrt{\hat{\sigma}^2 + \sigma_e^2}} \right) \left[\Phi \left(\frac{q_0 - \hat{\mu} - \dfrac{\hat{\sigma}^2 (q_i - \hat{\mu})}{\hat{\sigma}^2 + \sigma_e^2}}{\dfrac{\hat{\sigma} \sigma_e}{\sqrt{\hat{\sigma}^2 + \sigma_e^2}}} \right) - \right. \right.$$

$$\Phi \left(\frac{\sqrt{2Ab} - \hat{\mu} - \dfrac{\hat{\sigma}^2 (q_i - \hat{\mu})}{\hat{\sigma}^2 + \sigma_e^2}}{\dfrac{\hat{\sigma} \sigma_e}{\sqrt{\hat{\sigma}^2 + \sigma_e^2}}} \right) \right] + \frac{1}{\sigma_e} \varphi \left(\frac{q_i - q_0}{\sigma_e} \right) \left[\Phi \left(\frac{q_0 + bp - \hat{\mu}}{\hat{\sigma}} \right) - \Phi \left(\frac{q_0 - \hat{\mu}}{\hat{\sigma}} \right) \right]$$

$$+ \frac{1}{\sqrt{\hat{\sigma}^2 + \sigma_e^2}} \varphi \left(\frac{q_i - \hat{\mu} + bp}{\sqrt{\hat{\sigma}^2 + \sigma_e^2}} \right) \left[1 - \Phi \left(\frac{q_0 + 2bp - \hat{\mu} - \dfrac{\hat{\sigma}^2 (q_i - \hat{\mu})}{\hat{\sigma}^2 + \sigma_e^2}}{\dfrac{\hat{\sigma} \sigma_e}{\sqrt{\hat{\sigma}^2 + \sigma_e^2}}} \right) \right] \right\}$$

注意：每种资费选择的资费信息 A、q_o、p 以及计费时长 q_i 已知，据此可以对于每一种资费选择估计出相应的参数 b、$\hat{\mu}$、σ_e、$\hat{\sigma}$。

五　选择弹性

我们考察两种弹性：一是选择弹性，二是份额弹性。选择弹性是指用户选择某种资费的概率对某种资费属性变动的反应程度；而份额弹性则是指某种资费的市场份额对某种资费属性变动的反应程度。

需要说明的是，选择弹性是针对用户而言的，所以，对每个用户来说，如果有 J 种选择，那么就有 J 个选择弹性，如果对所有用户都计算弹性的话，假设有 N 个用户，那么就有 $N \times J$ 个选择弹性。我们通常关心的是代表性用户的选择弹性，一般来说，就是处于平均概率水平的用户的选择概率：

$$p_j = \frac{\sum_i p_{ij}}{N}$$

式中，p_j 为选择第 j 种资费的平均概率水平。容易验证，它与选择第 j 种资费的市场份额 α_j 相等，但是意义不同。

下面确定计算两种弹性的公式。由条件选择概率模型有

$$p_{ij} = \text{Pr}\ (Y_i = j \mid x_{i1},\ x_{i2},\ \cdots,\ x_{iJ})$$

$$= \frac{e^{\beta'_{ij}x_{ij}}}{\sum_j^J e^{\beta'_{ij}x_{ij}}}$$

在该模型中，x_{ij} 表示第 j 种资费的属性向量，$i = 1, 2, \cdots, N$；$j = 1, 2, \cdots, J$。在下面的分析中，我们考察用户平均选择概率和份额对某种选择属性的边际影响及弹性，因为选择属性不在用户之间变动，所以，可以省略表示用户的下标，用 x_j 和 x_k 分别表示第 j 种和第 k 种资费的某种属性 x，β_j 和 β_k 分别表示对应参数。则

当 $j = k$ 时，有

$$\frac{\partial p_{ij}}{\partial x_k} = \frac{\partial p_{ij}}{\partial x_j}$$

$$= \frac{\beta_j e^{\beta'x_{ij}}\big(\sum_{j=1}^J e^{\beta'x_{ij}}\big) - \beta_j e^{\beta'x_{ij}} e^{\beta'x_{ij}}}{\big(\sum_{j=1}^J e^{\beta'x_{ij}}\big)^2}$$

$$= \beta_j p_{ij} - \beta_j p_{ij}^2$$

当 $j \neq k$ 时，有

$$\frac{\partial p_{ij}}{\partial x_k} = \frac{\beta_k e^{\beta'x_{ij}}\big(\sum_{j=1}^J e^{\beta'x_{ij}}\big) - \beta_k e^{\beta'x_{ij}} e^{\beta'x_{ik}}}{\big(\sum_{j=1}^J e^{\beta'x_{ij}}\big)^2}$$

$$= \beta_k p_{ij} - \beta_k p_{ij} p_{ik}$$

综上，有

$$\frac{\partial p_{ij}}{\partial x_k} = \beta_k p_{ij}(1\ (j = k)\ - p_{ik})$$

其中，$1\ (j = k) = \begin{cases} 1, & if\ \ j = k \\ 0, & if\ \ j \neq k \end{cases}$。

选择弹性为：

$$\varepsilon_C = \frac{\partial p_{ij}}{\partial x_k} \cdot \frac{x_k}{p_{ij}} = \beta_k p_{ij}(1\ (j=k)\ -p_{ik}) \cdot \frac{x_k}{p_{ij}}$$

$$= \beta_k(1\ (j=k)\ -p_{ik})x_k$$

若只考虑自弹性，即令 $j=k$，则有

$$\varepsilon_C = \beta_j\ (1-p_{ij})\ x_j$$

份额弹性为：

由 $\alpha_j = \dfrac{\sum_i p_{ij}}{N}$，有

$$\frac{\partial \alpha_j}{\partial x_k} = \frac{\partial(\sum_i p_{ij})}{N \partial x_k}$$

$$= \frac{\sum_i (\partial p_{ij})}{N \partial x_k}$$

$$= \frac{1}{N} \sum_i [p_{ij}(1(j=k)\ -p_{ik})]\beta_k$$

$$\varepsilon_S = \frac{\partial \alpha_j}{\partial x_k} \cdot \frac{x_k}{\alpha_j}$$

$$= \frac{1}{N} \sum_i [p_{ij}(1(j=k)\ -p_{ik})]\beta_k \cdot \frac{x_k}{\alpha_j}$$

$$= \frac{\beta_k x_k}{N\alpha_j} \sum_i [p_{ij}(1(j=k)\ -p_{ik})]$$

若只求自弹性，即令 $j=k$，则有

$$\varepsilon_S = \frac{\partial \alpha_j}{\partial x_j} \cdot \frac{x_j}{\alpha_j} = \frac{\beta_j x_j}{N\alpha_j} \sum_i [p_{ij}(1-p_{ij})]$$

从上面的推导可以看出，虽然在计算两个弹性时，使用的数值是一样的，但是，代入的公式却不同，这是由它们不同的含义所决定的，p_j 表示一个具有平均水平选择概率的用户选择第 j 种资费的概率，而 α_j 则表示资费 j 的市场份额，p_j 是从个人角度考察而 α_j 则是从整个市场角度考察。

六　均衡定价

（一）消费者的效用函数

$$U\left(x_1, x_2, \theta_1, \theta_2, \kappa\right) = \theta_1 x_1 + \theta_2 x_2 - \frac{b_1}{2}x_1^2 - \frac{b_2}{2}x_2^2 + \kappa x_1 x_2$$

式中，x_1、x_2 表示消费者消费不同运营商提供服务的数量（为分析方便，也表示两种服务）；θ_1、θ_2 分别表示消费者对两种服务的偏好程度；b_1、b_2 分别表示消费者对两种服务的需求特征；κ 表示两种服务之间的关系[1]。

（二）类型分布[2]

$$\theta_1 \sim F_1\left(\theta_1\right) = 1 - \left[1 - \frac{\theta_1 - \overline{\theta}_1}{\overline{\theta}_1 - \overline{\theta}_1}\right]^{\frac{1}{\lambda_1}}, \ \theta_i \in \left[\overline{\theta}_1, \overline{\theta}_1\right] \quad ③$$

式中，λ_1 表示类型分布参数[4]。

这种分布的风险率为：

$$r_1\left(\theta_1\right) = \frac{1}{\lambda_1(\overline{\theta}_1 - \theta_1)}$$

（三）成本函数

$$C_1\left(Y, W_1\right) = C_1 + c_1\left(Y, W_1\right) Y$$

式中，C_1 是固定成本，c_1 是边际成本，Y 是总产出水平，W_1 是厂商面临的要素价格向量。

（四）充分统计量

$$z_1 = \theta_1 + \frac{\kappa\theta_2}{b_2 + \gamma_2}$$

通过这个充分统计量，把二维的信息不对称问题转化为一维的信息不

---

① 　若 $\kappa < 0$，则 x_1、x_2 是替代品；若 $\kappa > 0$，则 x_1、x_2 是互补品；若 $\kappa = 0$，则 x_1、x_2 是独立品。

② 　这种分布在分析中有许多优势，更详细的讨论见 Miravete 和 Roller（2004）。

③ 　为方便分析，下列方程中各种变量的下标均以 1 为基准。

④ 　若 $\lambda_1 = 1$，则类型服从均匀分布，对服务 1 的高评价消费者者和低评价消费者者份额相等；若 $\lambda_2 > 1$，则高评价消费者数量多于低评价消费者数量；若 $\lambda_1 < 1$，则低评价消费者数量多于高评价消费者数量；若 $\lambda_1 = 0$，则分布退化为 $\theta_1 = \underline{\theta}_1$。

对称问题，从而使这个重新定义的偏好可以在单一维度下进行排序，进而可以采用标准的机制设计方法来解决问题。

（五）有效类型的分布

$$f(z_1,z_2) = \prod_{i=1}^{2} \frac{\left[1 - \dfrac{z_i - \underline{z}_i}{\overline{z}_i - \underline{z}_i}\right]^{\frac{1}{\lambda_i}-1}}{\lambda_i(\overline{z}_i - \underline{z}_i)} \cdot \left[1 + \varphi \prod_{i=1}^{2}\left(z_i - \frac{\lambda_i \overline{z}_i - \underline{z}_i}{1 + \lambda_i}\right)\right]$$

$$z_1 \sim F_1(z_1) = 1 - \left[1 - \frac{z_1 - \underline{z}_1}{\overline{z}_1 - \underline{z}_1}\right]^{\frac{1}{\lambda_1}}, \quad z_1 \in (\underline{z}_1, \overline{z}_1)$$

（六）资费函数

$$T_1(z_1) = \underline{W}_1 + \frac{c_1(Y, W_1) + \lambda_1\left(\overline{z}_1 - \dfrac{\kappa\beta_2}{b_2 + \gamma_2}\right)}{1 + \lambda_1} x_1(z_1) - \frac{\lambda_1}{2(1 + \lambda_1)}$$

$$\left(b_1 - \frac{\kappa^2}{b_2 + \gamma_2}\right)x_1^2(z_1),$$

$$x_1(z_1) = \frac{(1 + \lambda_1)z_1 - \dfrac{\kappa\beta_2}{b_2 + \gamma_2} - c_1(Y, W_1) - \lambda_1\overline{z}_1}{b_1 - \dfrac{\kappa^2}{b_2 + \gamma_2}}$$

七　均衡的二次支出形式

$$T_1(x_1) = \alpha_1 + \beta_1 x_1 + \gamma_1 x_1^2$$

式中，α_1、β_1、γ_1 为待估参数，与上面相对应，有

$$\alpha_1 = \underline{W}_1$$

$$\beta_1 = \frac{c_1(Y, W_1) + \lambda_1\left(\overline{z}_1 - \dfrac{\kappa\beta_2}{b_2 + \gamma_2}\right)}{1 + \lambda_1}$$

$$\gamma_1 = -\frac{\lambda_1}{1 + \lambda_1}\left(b_1 - \frac{\kappa^2}{b_2 + \gamma_2}\right)$$

第四章 "双"改"单"对用户接入市场的影响

第一节 绪论

移动电话业务的一个显著特征是，与固定电话业务一般采用单向收费相比[①]，不同国家采取了不同的收费方式。目前，国际上普遍采用的收费方式主要有两种：一种是单向收费（Calling Party Pays，简记为CPP）。这种收费方式与传统的固定电话业务的收费方式相同，即只由主叫方承担全部通话成本，被叫方无须为接听电话支付任何费用。大多数欧洲国家采用这种收费方式。另一种为双向收费（Receiving Party Pays，简记为RPP）。在这种收费方式下，对于移动电话用户来讲，无论是作为主叫方还是被叫方，都需要支付一定的通话费用，而对于固定电话用户，只有作为主叫方时，才需要支付通话费用，而无须为接听电话支付任何费用。美国、加拿大、中国香港等国家和地区采用这种收费方式，我国也采用了双向收费模式。

有意思的是，在采取不同收费方式的国家或地区，移动电话业务的发展呈现了不同的特点：

首先，在采用单向收费的国家或地区，移动网的结算价格（Termination rate）都相对比较高，而在采用双向收费的国家或地区，移动网的结算价格都非常低。长期以来，各国或地区电信管制机构都对固定电话和移动电话的网间互联采取了非对称管制政策。对于固定电话，几乎所有国家

[①] 固定业务的800业务也由被叫付费。

或地区都对网间互联的定价实行非常严格的管制，尤其是近年来，大都采取了基于成本的定价原则。对于移动电话，实行单向收费的国家或地区通常对零售价格和网间结算定价完全放松了管制，由此导致很多国家或地区移动网的结算价格居高不下；而在实行双向收费的国家或地区，移动网的网间结算价格或者不受管制（如美国），或者在管制约束下，采取不对称的结算方式（如中国），但不管采取什么样的制度安排，移动网的结算价格一般都很低，甚至为零。根据表4-1，某些采用单向收费的典型国家或地区的移动结算价格的平均值，是采用双向收费国家或地区的移动结算价格平均值的20多倍，其中，美国的移动结算价格仅为0.005美元/分钟，是欧洲国家移动结算价格的1/40左右（FCC，2004）。

表4-1　　　　部分国家和地区的网间结算费（2000年）

国家和地区	固定—移动结算费（美元/分钟）	移动—固定结算费（美元/分钟）	(2)／(3)
CPP			
澳大利亚	0.23	0.017	13.5
丹麦	0.170	0.008	21.3
芬兰	0.210	0.013	16.2
法国	0.200	0.006	33.3
德国*	0.240	0.008	30.0
意大利	0.230	0.009	25.6
墨西哥	0.200	0.026	7.7
荷兰	0.180	0.009	20.0
瑞典	0.220	0.008	27.5
英国	0.160	0.005	32.0
平均值	0.204	0.0109	22.71
RPP			
加拿大	NA	0.007	0.0
中国香港	0.008	0.008	1.0
美国**	0.020	0.020	1.0
平均值	0.014	0.012	1.0

注：*德国没有监管移动结算费；**2003年2月，美国的移动结算费已经下降到0.005美元/分钟。

资料来源：ITU New Initiatives Programme（Sep.14，2000），Figure 5，p.11。

移动结算价格的居高不下，已经引起人们的广泛关注，因此很多人士甚至认为，在移动接入市场存在严重的市场缺陷，需要政府实施有效的管制。比如，国际电联指出[①]："在多数采用单向收费方式的国家，移动结算价格远远高于固定运营商的结算价格……较高的移动结算价格已经严重阻碍了通信业务的持续增长"，因而建议各国电信管制机构对移动结算价格进行管制；2001 年，英国管制机构 Oftel（现为 Ofcom）经过长期调查和分析，认为移动结算价格远远高于接入成本，因此率先对移动结算价格实行价格上限管制，建议 Vodafone、O2、Orange 和 T - mobile 四家运营商，在之后四年内，按照 PRI - 9 规则降低其移动结算价格[②]。

其次，在采用双向收费的国家或地区，移动电话用户普及率相对较低；而在采用单向收费的国家，移动电话用户普及率相对比较高。根据表 4 - 2，在一些采用双向收费的典型国家或地区，移动普及率为 41%—95%[③]，平均普及率为 68%，其中，美国的移动电话用户普及率为 54%，加拿大为 41%；而在一些采用单向收费的典型国家，移动普及率为 68%—99%，平均普及率为 82%，其中，英国的普及率为 91%，芬兰为 92%（FCC，2004）。

此外，一些原来采用双向收费的国家纷纷改为单向收费。根据扎勒（2003），1991 年以来，已经有 27 个国家从 RPP 改为 CPP，但没有一个国家从 CPP 改为 RPP，而且在收费方式改变之后，这些国家的移动电话用户普及率普遍得到了较快增长。比如智利于 1999 年 2 月 23 日、萨尔瓦多于 1999 年 2 月、墨西哥于 1999 年 5 月 1 日、巴基斯坦于 2000 年 12 月 1 日、Guatemala 于 1999 年 10 月 21 日起，分别由双向收费改为单向收费，在改为单向收费的一年之内，这些国家的移动电话用户普及率分别增加了

---

① ITU New Initiatives Programme，Sep. 14，2000.

② 实际上，英国的竞争委员会（The Competition Commission）认为，当前的价格上限管制不足以抵消公共福利的损失，因此决定实行更严厉的管制政策，要求这四家移动运营商在未来四年内按每年 15% 的幅度降低其移动结算价格，所以最后实行的价格管制比管制机构最初提出的更为严格。

③ 这里仅考虑了加拿大、中国香港、美国和新加坡几个发达国家和地区，中国目前的移动电话用户普及率仅为 24% 左右。总体上讲，RPP 国家的移动普及率要低于 CPP 国家的移动普及率。需要注意的是，我国普及率口径为百人拥有电话数，而不是其他国家常用的家庭普及率。

表4-2　　　　　部分国家移动电话用户普及率（2003年）

国家或地区	移动普及率（%）
CPP	
澳大利亚	78
芬兰	92
法国	68
德国	79
意大利	99
日本	67
韩国	70
英国	91
西班牙	94
平均值	82
RPP	
加拿大	41
中国香港	95
美国	54
新加坡	82
平均值	68

资料来源：FCC Ninth Report（2004），Table 11，pp：A-12。

1.5%、4.0%、2.0%、0.1%[①]、1.3%[②]。

综上所述，可以发现两个非常有趣的典型事实。一是收费方式与网间结算价格之间的关系。在采用单向收费的国家，移动结算价格相对较高，而在采取双向收费的国家或地区，结算价格都很低；二是收费方式与普及率之间的关系。在单向收费国家，普及率相对较高，而在双向收费国家或地区，普及率相对低一些。容易看出，在这些事实背后，隐含着一个有趣的收费方式与移动结算价格同用户普及率之间的一个权衡。

----

① 2000年12月，巴基斯坦的移动电话用户普及率还不到0.4%。

② 注意在经历了短时间的增加之后，普及率的增加幅度（incremental）都开始下降，这主要与网络外部性特性有关。事实上，短期内普及率的快速增加，也有网络外部性的因素，而不仅仅与收费方式改变有关。

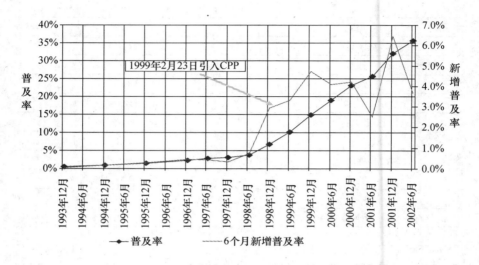

图 4-1a 引入 CPP 后智利移动电话用户普及率的变化

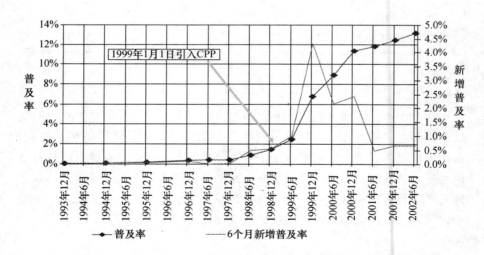

图 4-1b 引入 CPP 后萨尔瓦多移动电话用户普及率的变化

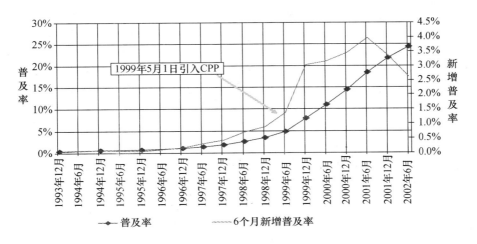

图4-1c 引入CPP后墨西哥移动电话用户普及率的变化

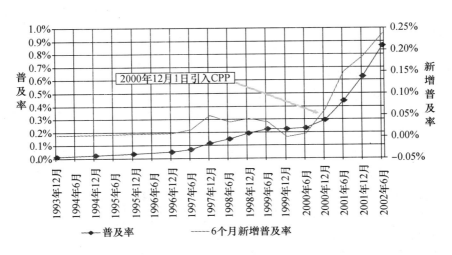

图4-1d 引入CPP后巴基斯坦移动电话用户普及率的变化

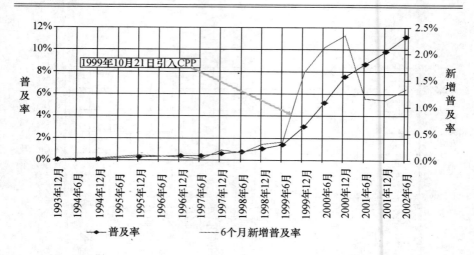

图4-1e　引入CPP后Guatemala移动电话用户普及率的变化

资料来源：CPP Benchmark Report（2003），Stefan，Zehle，Coleago Consulting Ltd.。

　　正是在这种权衡关系的指引下，很多国家的管制机构采取了不同的政策选择。在一些采用单向收费的国家，管制机构通过引入价格上限管制来解决高结算价格问题，甚至考虑将收费方式由单向收费改为双向收费的可能性，但很多人担心改变收费方式会对普及率产生不利影响[①]；而在采用双向收费的国家或地区，为了提高移动电话用户普及率，一些国家或地区的管制机构决定将双向收费改为单向收费。很显然，无论改革的起点如何，移动电话用户普及率都是影响收费方式改革的一个非常重要的因素。

　　非常遗憾的是，尽管存在前面所述的典型事实，但是，移动电话用户普及率与收费方式之间到底存在什么样的关系，并没有一个广泛认可的结论（利特查尔德，2004）。实际上，这种关系的背后隐含着两个非常重要的问题：一是实证问题，即收费方式本身是否影响企业的竞争力，从而影响不同企业的相对市场份额；二是规范性问题，即收费方式是否会增加移动市场的总用户规模，从而通过规模收益和网络外部性作用，增加移动市

---

　　① 英国最初考虑引入双向收费的可能性，但由于担心对普及率的影响而作罢（Littlechild，2004）。

场资源配置的效率①。换句话说，收费方式改革是仅仅反映了利益之争，还是代表着帕累托有效的改革取向？

到目前为止，已有的理论和经验研究还难以对这些问题作出很好的回答。实际上，对于收费方式与普及率的关系，相关的实证研究非常有限，并且没有基于系统的实证研究方法。缺乏系统的实证研究的原因有很多，有微观数据难以获得的因素，也有缺乏理想分析框架方面的原因。事实上，虽然从统计数据来看，采用单向收费国家的用户普及率普遍高于采用双向收费的国家或地区②。并且在收费方式改革后，这些国家移动电话用户的普及率都较快的增长，但到目前为止，尚无系统的经验研究证明，移动电话用户普及率与收费方式之间存在显著的统计关系［扎勒（Zehle，2003）；利特查尔德，2005］。

实际上，对于收费方式与普及率之间的关系，现有的实证研究给出了完全不同的答案。根据前面的讨论，支持单向收费的人通常认为，实行双向收费时，由于移动电话运营商难以从固定电话运营商获取结算利润，因此在市场竞争激烈的情况下，将减少新用户的入网补贴，或者说用户自身的入网支出会增加，这样会导致移动电话用户普及率的降低（利特查尔德，2005）。根据利特查尔德（2005）中的引述，Vodafone 委托 Frontier 咨询公司所做的一份研究表明，如果由单向收费改为双向收费，英国的移动电话用户普及率将会从目前的 70% 降低到 64% 左右③。

扎勒（2003）也指出，尽管将手机降价、引入竞争等因素的影响与收费方式改革的影响分离开来并不容易，但是，大量的实证数据已经表明，引入单向收费可能会在短期内促进移动电话用户普及率的快速提高，而且根据一些由双向收费改为单向收费的运营商的报告，在引入单向收费后，其移动电话用户规模都得到较快增长。此外，他还认为，在新兴移动通信市场上，用户对收费方式的敏感度要远大于对价格的敏感度，因此引入单向收费对用户规模有更大的拉动作用，但笔者并没有提供其具体的测算方法、假设及过程。

与该结论相对的是，克兰达尔和斯达克（Crandall and Sidak，2004）

---

① 移动电话的成本特征决定了其规模收益比较小，因此用户规模达到一定程度以后，主要通过网络外部性来改进效率。

② 在一些采用双向收费的国家或地区，移动电话用户普及率也达到了较高水平，比如中国香港和新加坡。

③ 由于该报告并未公开，我们无法得知其具体的测算方法、假设及背后的经济学基础。

采用贡波特和珀尔（Gompert and Pearl）S 形曲线，分别对 1990—2002 年美国移动电话用户普及率进行拟合，他们得到的结论是，美国的移动电话用户普及率在 2008—2014 年间即可达到 85%，这意味着双向收费下的移动电话用户普及率可能达到，甚至超过单向收费下的用户普及率。但需要指出的是，他们的研究使用的是加总数据，因此，他们的模型缺乏合理的微观基础，比如无法估计收费方式改变后，用户消费行为的变化。

需要注意的是，移动电话用户普及率的变化可能仅仅是一种短暂的现象，其他因素的影响很可能抵消这种变化。实际上，除了收费方式外，收入水平、资费水平、市场竞争程度、促销和文化等因素都会影响普及率，因此从理论上讲，要想分离出收费方式对用户规模的定量影响，需要控制其他变量保持不变。比如经济合作与发展组织（2000）认为，单向收费国家率先推行预付费业务带动了用户规模的快速增长。经济合作与发展组织（2000）认为，若假定影响用户加入移动电话网与加入固定电话网的因素相同，比如人均国民收入等，那么可以利用每年的移动电话用户数与固定电话用户数之比，粗略地度量收费方式对用户规模的影响。

总之，上述研究从不同角度阐述了收费方式变化可能对移动电话用户规模带来的影响，而且都指出了用户规模受多种因素的影响，因此如何分离收费方式本身对用户规模的影响成为争论的关键所在。遗憾的是，上述研究大多从统计数据的角度出发，推测收费方式变化带来的用户规模的变化，但没利用系统的数量研究方法分析这种影响。

本章就是在收费方式与用户关系的实证研究方面所做的一个初步尝试。我们要研究的基本问题是，收费方式与移动电话普及率（或用户规模[1]）之间的关系[2]，我们希望通过科学、系统的经验研究，检验不同收费方式对用户规模产生的影响。更确切地讲，我们将在中国的移动通信市场环境下，通过具有政策模拟特征的经验研究，利用移动电话用户微观数据，估计影响用户资费选择偏好的结构参数，然后根据这些偏好参数，估

---

[1]　普及率和用户规模都是度量用户接入需求，以下将普及率和用户规模交替使用。

[2]　本章没有考虑收费方式与利润之间的关系，这是因为利润数据非常难以得到，而普及率的数据比较容易得到，更重要的是我们对收费方式与用户规模的关系更感兴趣。由于用户规模是用户接入需求的加总，所以本章实际上主要是需求分析，分析的是收费方式与接入需求的关系。

计双向收费改为单向收费对用户规模的影响。很显然，这样的实证研究将为深刻理解收费方式与普及率之间的关系，从而为收费方式改革的学术之争作出贡献，而且还会为管制机构制定合理的管制政策提供一个理论基础，因而具有非常重要的政策意义。

一般来说，根据电话需求理论，用户规模是月租变量、价格变量、人均 GDP 和其他影响因素的函数。如果我们能收集到这些变量的时间序列数据，就可以利用标准的时间序列模型估计用户规模方程；然后，根据双向收费改为单向收费的政策含义设定政策变量（如被叫价格为零，主叫价格不变），估计收费方式变化后的用户规模。

但需要指出的是，这种实证方法存在重要的理论缺陷：上面的方法隐含地假定，在收费方式变化后，在网用户的资费选择行为保持不变，因此这种方法缺乏合理的微观基础。但很显然，随着收费方式的改变，均衡价格会发生变化，不同资费的相对价格也会相应地变化，从而导致消费者选择行为的改变，因此假设消费者选择不变不符合消费者行为理论①。实际上，资费的相对价格变化将对用户资费选择行为产生重要影响，从而影响资费的平均水平以及用户的接入需求或用户规模，所以，在分析收费方式变化对用户规模的影响时，必须考虑这种选择行为的变化。

本章通过建立两类行为方程，估计收费方式对用户入网决策的影响：一是建立用户选择模型，估计收费方式变化对用户的资费选择产生的影响。为此，我们首先根据消费者需求理论，描述移动电话用户的业务品牌选择行为，然后利用从某移动运营商得到的抽样用户话单数据，估计用户的资费选择模型（离散选择模型），由此得到选择不同资费的用户市场份额的变化。二是建立用户规模的行为模型。一般情况下，需要中国电信市场中所有运营商的相关数据以反映竞争的影响，但由于数据收集的限制，我们只得到了一家主要移动运营商司的数据，因此在估计结果中，竞争的影响只能由其他变量间接地反映。利用用户选择模型得到用户市场份额，构造收费方式变化后的价格指数，然后利用用户规模模型，就可以估计收费方式变化对用户规模产生的影响。很显然，我们的实证方法所具有的优

---

① 假设"双"改"单"后主叫假设不变，那么在通常的错误方法中，方程中代入的平均主叫价格保持不变，但是在本章使用的方法中，此时主叫价格是变化的。

点是，构建的价格指数具有微观基础，能够反映不同资费的相对价格变化对用户规模产生的影响，因此解决了上面所指出的一般估计方法中存在的结构性缺陷。

第二节 实证方法

本实证研究的主要目的是，用实证方法检验收费方式改革对用户规模产生的影响，而本节的目的是建立实现这一目标所需要的实证方法。我们将要采用的实证方法是，首先建立描述用户资费选择的微观模型。然后利用资费等相关抽样数据，估计影响用户选择行为的偏好参数，在假设这些结构参数不变的前提下，估计收费方式变化对用户选择行为的变化，而用户选择行为变化影响选择不同资费的用户市场份额，由此可以估计平均价格水平的变化。最后通过建立加总的用户规模模型，就可以估计收费方式变化对用户规模产生的影响。容易看出，因为我们评估的是尚未发生的事件产生的影响，因此具有政策模拟的特征[①]。

需要强调的是，我们采用的实证方法的核心是建立微观选择行为模型。实际上，按照通常的实证方法，比如，通过建立用户规模总量模型，然后控制收入等影响市场总量的因素，并设定相关的政策变量，比如令被叫价格为零，平均主叫价格加倍（月租保持不变），可以估计收费方式变化导致的相对价格变动对用户规模的影响。但容易看出，这种估计方法隐

---

① 对于我国来讲，"双"改"单"并没有发生（反事实的历史事件）或尚未发生（未来可能发生的事件），所以，本章采用反事实来描述本章的实证方法。当然，从未来政策改革角度，本章的实证方法也可理解为预测，但严格意义讲，本章是反事实分析而不是预测。需要强调的是，"反事实"的实证方法虽然传统上主要应用于宏观政策研究，但随着微观计量的兴起，这种方法开始在微观领域得到越来越多的应用。与本章一样，这些模型主要是基于微观理论，特别是微观理论的最新发展，利用微观数据估计结构参数，然后利用这些参数估计某些政策的影响（Elyakime et al.，1997；Aguirregabiria，1999；Shum，2004；Lee，2004；Eklof and Lunander，2003）。比如，在 Eklof and Lunander（2003）中，作者首先估计了一个具有独立私有价格和秘密底价的拍卖模型，特别是估计了模型中的结构参数，即投标者的价值分布，然后利用这个估计出来的模型估计，如果采取公开底价的政策，拍卖者的利润会受到的影响。容易看出，这些文章的实证方法与本章采用的实证方法类似。

含着一个重要前提①：在收费方式变化前后，用户的资费选择行为保持不变，或者说选择不同资费的用户份额不变。但是，收费方式变化将会导致不同资费的相对价格发生变化，从而使用户的选择行为发生变化，或者说选择不同资费的用户份额也会改变，在这种情况下，上述实证方法不符合消费者行为理论。由此可见，建立微观模型描述用户的资费选择行为是必不可少的一个步骤。

需要说明的是，在收集数据的过程中我们发现，由于各方面条件的限制，我们只能得到中国移动通信市场中一家运营商的数据，而无法得到其竞争对手的数据。由此带来的影响是，用户的资费选择集合全部由一家移动运营商提供的资费组成，而不包括其竞争对手的资费选择；另外，由于只有一家运营商的数据，我们所做的实证检验也只限于收费模式改变对该移动运营商电话用户规模的影响。为此，我们对运营商的行为所做的假设是，假设收费方式改变以后，不同运营商的相对平均价格保持不变。在这种假设条件下，我们的实证研究将要分析的是，收费方式改变对该移动运营商提供的不同资费的相对价格的影响，以及由此对其用户规模产生的影响。

本章所考察的移动运营商向市场提供了三类主要的资费种类或业务品牌，为方便起见，我们分别定义为资费1、资费2、资费3（或资费品牌1、资费品牌2、资费品牌3或资费选择1、资费选择2、资费选择3），其中资费1主要面向大众市场，资费2主要面向高端用户，资费3主要面向年轻群体。一般而言，由于每个用户通常只选择一种资费的特征，因此我们可以采用离散选择模型描述用户的资费选择行为。众所周知，估计多元选择模型的关键是得到可靠的微观个体数据，包括用户收入和各种社会经济属性和资费属性。但在数据收集中我们发现的另一个限制是，收入和社会经济属性数据的获得非常困难，为此，我们在模型的设定中忽略了收入和其他社会经济属性，而主要使用该运营商提供的话单数据来估计，这些数据涵盖了各种资费的价格属性，如网内主叫价格、网内被叫价格等，以及该用户各种业务的话务量等。

----

① 假设平均主叫价格为 $\bar{p}^* = \sum a_i p_i$，假定双改单后 $p^{**} = p^*$ 或者 $p^{**} = 2p^*$，那么，在假设月租不变的条件下，简单地假设 $\bar{P}^{**} = \bar{p}^*$ 或者 $\bar{P}^{**} = 2\bar{p}^*$ 相当于隐含地假设，在计算平均价格时权重保持不变。

本章实证研究的主要特点是：首先，在实证研究过程中，微观模型（多元选择模型）与宏观模型相结合，更确切地讲，描述用户资费选择行为使用的是用户话单数据，而用户规模建模使用的是省级总量数据，因此，我们不仅可以估计收费方式改变导致的资费水平的直接变化（取消接听价格），还可以估计由于用户资费选择变化而导致的资费水平的间接变化。其次，利用微观选择模型构造价格指数。需要强调的是，这种方法并非只限于本章，而可以在更广泛的范围内，作为一种构造价格指数的有效方法。容易看出，与其他指数方法不同的是，这种方法直接从消费行为出发，因此具有可靠的微观基础。最后，本章利用计量经济学发展的最新成果，不但对各种多元选择模型的设定做了重要的统计检验，还将多元选择模型与利用泰勒（Taylor）展开得到的随机系数模型进行了对比。

一　模型设定

由于移动运营商提供的业务（或者资费）具有典型的横向差异化特征，我们采用多元 Logit 模型以及在设定上更具灵活性的随机系数模型（RCM），分别描述用户的选择行为，第三节具体讨论这两种模型的模型选择问题。

（一）多元 Logit 模型

当用户决定选择移动运营商提供的业务时，首先需要考虑该运营商各类业务的属性，如月租、主被叫价格等资费属性；而后结合个人属性，如年龄、性别、收入等，选择极大化个人效用的业务类型。但由于用户往往难以观察到影响消费选择的全部信息，因此从本质上讲，用户效用是随机的，并且可以分解为确定性和随机性两部分，更确切地讲，用户 i 选择业务 j 的效用为：

$$U_{ij} = V_{ij} + \varepsilon_{ij} \tag{4-1}$$

式中，V_{ij} 为确定性部分，ε_{ij} 为随机性部分。因此，给定选择集合 C，用户 i 选择业务 j 的概率为：

$$P_{ij}(C) = P(U_{ij} = \max_{k \in C} U_{ik}) \tag{4-2}$$

不失一般性，假设该确定性部分为个体 i 及业务 j 各类属性的线性函数，则有：

$$V_{ij} = x'_{ij}\beta \tag{4-3}$$

式中，$x'_{ij} = [x_{ij1}, x_{ij2}, \cdots, x_{ijn}]$，其中 x_{ijk} 为用户 i 选择资费 j 时第 k 类

支出为 $n \times 1$ 维属性向量，β 为 $n \times 1$ 维系数向量。线性假设可大大简化模型的设定及估计过程，而且这样的假设并没有显著的局限性，因为各种属性也可以反映非线性对用户选择行为的影响。对于随机效用部分，通常假设它们相互独立，同服从极值分布，由此得到常系数多元 Logit 模型①。

对移动电话用户来讲，在双向收费体系下，无论是作为主叫方还是作为被叫方，都需要为通话付费，所支付的价格分别为主叫价格和被叫价格。此外，由于现有的结算制度安排使结算价格不等于成本，所以，对运营商网来讲，网内通话和网间通话的感觉成本不同，因此企业通常对网间及网内通话采取区别定价②，因而用户支付的价格细分为网内主叫价格、网间主叫价格、网内被叫价格、网间被叫价格等。对于像资费品牌 2 和资费品牌 3 这样的业务，还存在固定月租价格。相对应的，每个移动电话用户的通话支出可细分为网内主叫支出、网间主叫支出、网内被叫支出、网间被叫支出和月租支出等。

在理想情况下，Logit 模型中的属性向量除了应该包括上述价格属性外，还应该包括用户自身属性，如年龄、性别、收入等。但是，从抽样反馈数据得知，多数用户的年龄、性别及收入数据均严重缺失，这意味着我们将无法利用这些个人属性数据估计模型，并分析个人属性对业务选择的影响。当然，忽略这些个人属性变量可能会影响估计的可靠性，但总的来讲，这样做将不会对估计结果产生很大影响，这主要是因为，电信消费支出只占可支配收入很小的比例，因此忽略收入变量不会对估计结果的可靠性产生很大影响③。

---

① 在文献中，通常把解释变量中仅包括个体属性变量的选择模型称为多元选择或无条件选择模型，而把包括属性变量的选择模型成为条件选择模型。
② 这是基于网络的区别定价的最根本原因。
③ 当然，收入、性别、年龄等个体属性变量的缺失是本章的一个遗憾，这是因为，首先，作为计量经济学的一个基本结论，方程的拟合优度通常与变量的个数成正比，也就是说，获得这些变量肯定会改善拟合优度。其次，缺失的这些变量确实对需求产生重要影响，因此可能会在一定程度上影响方程的解释力和结果的可靠性，这是毫无疑问的。实际上，在前面的抽样设计中，包括这些相关数据，这也是需求分析的标准要求。但本章的前提是，主要利用某移动运营商的内部数据，这是一个非常"硬"的预算约束。更重要的是，虽然从理论上讲，可以不惜代价得到这些数据，比如利用问卷调查得到相关数据（假设可行且数据可靠），但我们认为本质上并不能改变我们的结果。另外，需要说明和强调的是，本章方程的设定并不是完全没有反映这些变量的影响：比如说支出变量在很大程度上与收入相关，更重要的是，本章设定了选择虚拟变量来反映这部分影响。

假定效用函数确定性部分 V_{ij} 为：

$$V_{ij} = \beta_1 x_{ij1} + \beta_2 x_{ij2} + \beta_3 x_{ij3} + \beta_4 x_{ij4} + \beta_5 x_{ij5} + \beta_6 x_{ij6} \tag{4-4}$$

式中，x_{ij1} 为用户 i 选择资费 j 时的固定月租支出；x_{ij2}、x_{ij3}、x_{ij4}、x_{ij5} 分别为用户 i 在网内主叫、网间主叫、网内被叫、网间被叫方面的支出；x_{ij6} 为与业务类型相关的虚拟变量，以描述各类业务的具体特性，如资费选择 3 主要定位于青少年人群。这样，用户 i 选择业务 j 的概率为：

$$P_{ij}(C) = \frac{e^{x_{ij}\beta}}{\sum_{k \in C} e^{x_{ik}\beta}} \tag{4-5}$$

需要说明的是，在抽样数据中，我们得到样本用户所选择的资费类型、资费标准以及用户在样本月的网内主叫通话时长、网间主叫通话时长、网内被叫通话时长、网间被叫通话时长等，但在方程的估计中，我们使用了各种支出变量，为了构造这些支出数据，我们将各类呼叫的通话价格乘以对应的通话时长，比如，对于网内主叫通话支出 x_{ij2}：

x_{ij2}（元）= 网内主叫通话价格（元/分钟）× 网内主叫通话时长（分钟）

其他通话支出的构造类似。容易理解，无论是月租，还是各种通话支出，它们的单位都是元（人民币）。

在我们的设定下，效用的含义是用户在不同资费选择下的支出。在这种设定下，用户面临的决策问题是，对于给定的资费选择，如果用户知道自己将要消费的话务量或者支出，选择哪种资费可以使自己的效用最大或者支出最小。显然，用户的选择取决于各种资费的特征和用户自身的偏好。比如由于二部制定价的平均价格随着话务量的上升而下降，所以话务量高的消费者愿意选择资费 2，而话务低的用户会选择资费 1。因为所有用户将在同样的资费选择之间权衡，选择满足自己偏好的最优资费，所以，我们选择具有相同系数的条件 Logit 模型。因此，在我们的模型中，由于对个体属性没有区分，方程（4-5）中，系数反映的是，所有用户对某种资费属性的（平均）偏好或价值，而此模型的主要用处是，当运营商提供新的资费选择时，估计所有用户选择这些资费的（平均）

概率①。

假设样本容量为 N，用户 i 选择业务 j 时，y_{ij} 等于 1，选择其他业务时，y_{ij} 等于 0，则该常系数多元 Logit 模型的对数似然函数为：

$$L = \sum_{i=1}^{N} \sum_{j \in C} y_{ij} \left(x_{ij} \beta - \ln \sum_{k \in C} x_{ik} \beta \right) \tag{4-6}$$

根据格林（2000）的观点，在相当弱的条件下，对数似然函数全局凹，因此存在唯一极大似然估计值，且该估计值为一致性估计，并具有渐进正态和渐进有效等性质。

（二）随机系数模型

多元 Logit 模型的一个非常明显的局限性在于，所有用户的系数 β 相同，也就是说，任何支出对所有用户的影响相同。为了突破多元 Logit 模型的这种局限性，自贝里（Berry，1995）以来，计量经济学家逐步放松上述限制性条件，假定系数 β 可随个体变动，在这种情况下，构造这类选择行为的微观基础。具体来说，假设用户 i 的系数 β_i 服从随机分布 F，那么用户 i 在选择集合 C 中选择业务 j 的概率为：

$$P_{ij}(C) = \int \frac{e^{x_{ij}\beta_i}}{\sum_{k \in C} e^{x_{ik}\beta_i}} dF(\beta_i) \tag{4-7}$$

一般条件下，该表达式并不存在解析解。在估计该类随机系数模型的参数时，通常采用蒙特卡洛模拟方法，或其他数值积分方法，但这些方法在计算上都比较复杂。为简化随机模型的估计方法，豪斯曼（2004）提出了一种解决方法，首先利用泰勒展开逼近选择概率 $\dfrac{e^{x_{ij}\beta_i}}{\sum_{k \in C} e^{x_{ik}\beta_i}}$，然后对随机分布 F 求积分，得到用户 i 选择业务 j 的概率 $P_{ij}(C)$。这样，就可以借助常规的非线性最小二乘法估计模型参数。

---

① 与此相对应的是，如果将方程设定为多元选择模型（假设存在个体属性变量），此时，方程系数的含义是不同个体属性对于不同资费选择属性的偏好，方程估计的是具有一定属性的用户选择给定资费的概率。

具体来说，定义 $x_{ikj} = x_{ik} - x_{ij}$，那么，$\dfrac{e^{x_{ij}\beta_i}}{\sum\limits_{k \in C} e^{x_{ik}\beta_i}}$ 在 β_i 的均值处的泰勒展

开为：

$$\frac{e^{x_{ij}\beta_i}}{\sum\limits_{k \in C} e^{x_{ik}\beta_i}} = \frac{1}{\sum\limits_{k \in C} \exp(x_{ikj}b)} - \frac{\sum\limits_{k \in C} [x_{ikj}\exp(x_{ikj}b)](\beta_i - b)}{[\sum\limits_{k \in C}\exp(x_{ikj}b)]^2} + (\beta_i - b)'$$

$$\left\{ \frac{\sum\limits_{k \in C} [x_{ikj}\exp(x_{ikj}b)]' \sum\limits_{k \in C} [x_{ikj}\exp(x_{ikj}b)]}{[\sum\limits_{k \in C}\exp(x_{ikj}b)]^3} - \frac{1}{2} \frac{\sum\limits_{k \in C} [x'_{ikj}x_{ikj}\exp(x_{ikj}b)]}{[\sum\limits_{k \in C}\exp(x_{ikj}b)]^2} \right\}$$

$$(\beta_i - b) + o(\beta_i - b)^3$$

假设不同系数之间相互独立，将上式对分布 F 积分得：

$$P_{ij}(C) = \frac{1}{\sum\limits_{k \in C}\exp(x_{ikj}b)} + \sum_m \sigma_{mm}$$

$$\left\{ \frac{\sum\limits_{k \in C} [x_{ikjm}\exp(x_{ikj}b)]' \sum\limits_{k \in C} [x_{ikjm}\exp(x_{ikj}b)]}{[\sum\limits_{k \in C}\exp(x_{ikj}b)]^3} - \frac{1}{2} \frac{\sum\limits_{k \in C} [x'_{ikjm}x_{ikjm}\exp(x_{ikj}b)]}{[\sum\limits_{k \in C}\exp(x_{ikj}b)]^2} \right\} +$$

$$o(\beta_i - b)^3$$

式中，σ_{mm} 为第 m 个系数的方差，x_{kjm} 为向量 x_{kj} 的第 m 个元素。

由此可得常系数模型的设定形式：

$$P_{ij}(C) = \frac{1}{\sum\limits_{k \in C}\exp(x_{ikj}b)} + \varepsilon_{ij}$$

而具有二阶泰勒展开的随机系数模型的设定形式为：

$$P_{ij}(C) = \frac{1}{\sum\limits_{k \in C}\exp(x_{ikj}b)} + \sum_m \sigma_{mm}$$

$$\left\{ \frac{\sum\limits_{k \in C} [x_{ikjm}\exp(x_{ikj}b)]' \sum\limits_{k \in C} [x_{ikjm}\exp(x_{ikj}b)]}{[\sum\limits_{k \in C}\exp(x_{ikj}b)]^3} - \frac{1}{2} \frac{\sum\limits_{k \in C} [x'_{ikjm}x_{ikjm}\exp(x_{ikj}b)]}{[\sum\limits_{k \in C}\exp(x_{ikj}b)]^2} \right\} + \varepsilon_{ij}$$

当然，我们也可以对概率选择式做三阶泰勒展开，得到包含系数三阶距的随机系数模型，但一般而言，二阶泰勒展开即能满足分析要求。

（三）用户规模方程设定

容易知道，用户规模是用户需求的加总，所以，为了描述用户规模，需要分析用户规模的微观基础，即用户的接入需求。在电信经济学中，电信需求包括用户接入需求和使用需求［斯奎尔（Squire，1973）］，并且用户接入需求为条件需求，也就是说，用户是否接入取决于从通话中获得的预期受益是否大于收益，因此接入需求除取决于接入价格外，还与使用价格有关①。下面按照"接入—消费者剩余"框架分析用户接入需求，然后给出用户规模的设定方程。②

假设市场上只有一家运营商，用户入网决策为入网和不入网，即为离散决策，假设用户选择是否入网的离散性变量为 y，若选择入网则 $y = 1$；反之 $y = 0$。用户 i 的效用函数是通话量 q、其他物品消费量、在网用户规模 N 的函数③：

$$U_i = U\ (q_i,\ x_i,\ N)$$

预算约束为：

$$(r + pq_i) + \hat{p}x_i = I_i$$

式中，r 为接入价格，p 为使用价格，$\hat{p}$ 为其他物品价格，I_i 为用户总收入，由此得到 $q_i = q\ (p,\ \hat{p},\ N,\ I_i - r)$，设对应的逆需求函数为 $p = p\ (q_i,\ \hat{p},\ N,\ I_i - r)$，因此用户通话时长为 q 时获得的净剩余为：

$$S_i = \int_0^q p(z, \hat{p}, N, I_i - r)\, dz - pq_i$$

或者

$$S_i = h\ (p,\ \hat{p},\ N,\ I_i,\ r)$$

---

① 使用带来的剩余大于接入价格，因此用户的接入需求看做一种能够打出和接听电话的期权。

② 以下基于泰勒（1994）。

③ 加入用户规模 N 主要是为了考虑通信网络的网络外部性。

由电信网接入需求特性知，当 $S_i \geqslant r$ 或消费者剩余大于或等于接入意愿时，用户 i 将选择接入；反之选择不接入：

$$y_i = \begin{cases} 1 & S_i \geqslant r \\ 0 & S_i < r \end{cases}$$

假设人口总数为 M，电话用户数 $N = \sum_{i=1}^{M} y_i$，显然用户数 N 取决于 $S_i - r$ 的分布。在假定各类价格以及消费者偏好保持不变的情况下，$S_i - r$ 的分布由个人收入 I_i 分布决定，因此在总量上，用户接入通信网的概率为：

$$P(S_i - r) = 1 - F(r)$$

$$= 1 - \int_0^r f(S_i) \, dS_i$$

$$= 1 - \int_0^{h^{-1}(p,\hat{p},N,r)} f[h(p,\hat{p},N,I_i,r)] h'(p,\hat{p},N,I_i,r) \, dI_i$$

$$= \int_{h^{-1}(p,\hat{p},N,r)}^{+\infty} f[h(p,\hat{p},N,I_i,r)] h'(p,\hat{p},N,I_i,r) \, dI_i$$

或者

$$N = M \int_{h^{-1}(p,\hat{p},N,r)}^{+\infty} f[h(p,\hat{p},N,I_i,r)] h'(p,\hat{p},N,I_i,r) \, dI_i$$

求解此函数可以得到均衡用户规模 N，它是通话价格、接入价格、其他商品价格、总收入及人口总数的函数，而这个函数是我们设定总量方程的基础。根据得到的数据，我们将用户规模方程设定为简单的对数线性形式：

$$\log N = C + \alpha R + \beta P + \lambda Y + \tau r + \zeta PP + \zeta POP + \varepsilon \qquad (4-8)$$

式中，N 为用户规模（户），C 为常数项，R 为月租指数（元/月），P 为通话价格指数（元/分钟），r 为接听价格指数（元/分钟），Y 为收入（如人均 GDP），PP 为其他商品价格指数，POP 为人口，ε 为随机扰动项。需要说明的是，将总量方程设定为对数线性形式，一方面，是因为样本个数比较小,所以很难选择比较复杂的设定形式;另一方面,通过选择这样的设定,可以与前面提到的"错误"的实证方法进行比较①。

二 抽样方案与数据处理

本章使用了某移动运营商的一次内部抽样数据②,以及各样本省市的总量统计数据。具体来讲,这次抽样包括二类数据,一是在微观层面,抽取样本城市用户话单数据,这些数据来自该运营商各样本城市的计费系统;二是在总量层面,抽取样本省的用户数、通话时长、各类话务收入等时间序列总量数据,这些数据同样来自该运营商各样本省的计费系统。此外,我们还需要某些宏观经济统计数据。比如,由电信需求理论知,除各类选择的资费水平影响用户规模外,用户可支配收入更是直接决定了用户规模大小,以及通话时长,因此在估计总量方程时,还需要人均可支配收入等数据,但非常遗憾的是,我们无法获取相应的统计数据,而只能从国家统计局得到了月度 GDP 数值③。

由于样本量较大,抽样结果不可避免地存在一些问题,针对各类问题的产生过程,我们分别提出了不同的处理方案,以保证抽样数据的质量。下面说明抽样设计及数据处理过程。

(一) 抽样方案

由于各个地区经济发展情况不同,更重要的是,不同地区的资费也有所不同,因此需要选择合适的抽样单位。根据现有政府资费管制政策和该移动运营商提供的信息,其资费中的菜单主要由市级分公司决定④,所以,我们选择市为抽样单位,保证数据抽样具有代表性。我们的具体做法是:在抽取调查样本时,首先将全国 31 个省、自治区、直辖市按六大地区随机排队,然后在每一地区随机抽选一省,再将已确定的省市所辖全部城市分别按大中小随机排队,并从每一省中随机抽取大、中、小城市各一个。

在保证数据可获得前提下,对个体抽样调查的方法是:在样本抽取过

---

① 注意"双"改"单"后接听价格为零。

② 更确切地讲,是根据所考察移动运营商的话单数据做的抽样。

③ 如文中所述,解释变量应取人均可支配收入,其他可替代的变量有人均 GDP、人均消费水平如最终消费、居民消费等。在本章中,因为数据获得问题,我们选择了人均 GDP 这一变量。我们希望在以后的研究中,进一步寻找更合适的数据。

④ 基础资费由国家确定。

程中，采取等距原则（不放回）抽取的方法，在选取的城市中随机选取该移动运营商的电话用户，即在选取的城市中先随机确定运营商的任一用户作为一个抽样起点，然后每隔一个间隔（抽样距离）抽取一个样本。每个被选中城市用户样本的间隔（抽样距离）为所选城市的用户总数/该城市的抽样数（视城市大中小而定，抽样数分别为 5000 份、3000 份、1000 份）。抽样起点时间为历史月份的某一天①，向前连续追溯一个月，每天 24 小时，追溯全部样本的操作时间要求统一。最终选定的样本省市如表 4 - 3 所示。

表 4 - 3　　　　　　　　　　　抽样省份及城市

样本省份	样本城市	样本规模
北京	北京	9000
吉林	长春	5000
	白山	3000
	松源	1000
陕西	榆林	5000
	宝鸡	3000
	商洛	1000
浙江	杭州	5000
	金华	3000
	丽水	1000
广西	南宁	5000
	桂林	3000
	百色	1000
广东	深圳	5000
	中山	3000
	梅州	1000

①　与用户月度话单数据的起点保持一致。

在抽样调查中我们发现，各地提供的资费相当复杂，有的地区提供的资费种类甚至达到几百种，为合理简化分析，需要对随机抽样所得话单数据，按照各业务市场份额进行排序，并提取市场份额位居前5位的资费，而将其他业务都归结为第6种业务。为了保证这种处理方法的合理性，选择前5种资费的市场份额之和应该比较大，比如大于75%，经过实际验证，所有样本城市的话单数据都满足这个要求。将资费种类归并以后，我们假设第6种资费为前5种资费以外其他资费的平均值。

样本用户话单数据主要包含用户个人属性和用户所选资费的资费属性方面的信息，其中对含有优惠措施的业务，还需要标明优惠措施详细信息。抽样用户话单表格如表4-4所示。

表4-4　　　　　　　　　　样本市用户话单数据

用户信息				资费信息												通话信息														
				资费代码	资费排序代码	资费标准										计费时长（分钟/月）											话费总额（元/月）			
						月租（月/元）			主叫价格（元/分钟）			被叫价格（元/分钟）			合计	本地计费时长									国内长话计费时长（秒）		本地话费			国内长话费总额
																主叫						被叫								
									网内		网间平均	网内		网间平均		纯本地			国内长途基本通话			网内		网间小计	本地话费					
用户序列	签约用户/非签约用户	年龄	性别	代码	排序代码	固定月租	套餐月租	包月	普通	虚拟		普通	虚拟			网内普通	网内虚拟	网间	小计	普通	IP	网内普通	网内虚拟		普通	IP	主叫	被叫	普通	IP

在总量层面上，用户规模不仅与月租有关，而且还与主被叫通话价格相关。为了使估计结果更可靠，在设计抽样方案时，我们希望得到尽可能长的时间序列，但最后只得到 2001 年 8 月到 2003 年 9 月共 26 个月的用户规模、各类话费收入、通话时长等月度数据的总量信息。省级总量数据抽样表格如表 4-5 所示。

表 4-5　　　　　　　　　　　样本省总量数据

时间序列	用户规模	月租总收入	话费收入（元）						通话计费时长（分钟/月）														
			本地基本通话收入			国内长途话费收入			本地基本通话计费时长												国内长途计费时长		
									本地主叫计费时长							本地被叫计费时长						
									网内	网间		合计	其中国内长途通话时长			网内	网间		合计	普通	IP	合计
			主叫收入	被叫收入	合计	主叫收入	被叫收入	合计		移动	固定		普通	IP	小计		移动	固定				

表 4-6 是样本省总量数据的基本统计量。

（二）抽样数据问题

从样本城市的用户话单数据及样本省的总量数据来看，数据质量总体不错，但也存在无效样本、数据不符合要求、优惠信息遗漏等问题。下面先对这些数据问题进行总结，然后说明数据的处理办法。

表 4-6　　　　　　　　　　省级月度时间序列样本统计量

	样本数(个)	变量	最大值	最小值	均值	中位数	标准差	偏度	峰度
北京	26	用户数	9152560	4139726	6238958	6285513	1320516	0.14	2.14
		月租费	25.68	11.36	18.45	17.51	4.38	0.23	1.72
		被叫价格	0.53	0.49	0.52	0.52	0.01	-0.61	2.04
		主叫价格	0.53	0.49	0.52	0.52*	0.01	-0.63	2.27
吉林	25	用户数	3774038	2105727	2854895	2907926	515554	0.15	1.91
		月租费	21.01	7.2	12.563	10.100	4.663	0.55	1.71
		平均价格	0.724	0.255	0.493	0.467	0.148	-0.016	1.70

续表

	样本数(个)	变量	最大值	最小值	均值	中位数	标准差	偏度	峰度
陕西	26	用户数	3486957	1785793	2612005	2554786	541585	0.07	1.6
		月租费	18.94	6.82	13.15	13.27	3.97	0.02	1.4
		平均价格	1.11	0.27	0.51	0.45	0.26	1.36	3.63
浙江	26	用户数	12659925	5895991	9087735	8756760	1982527	0.169	1.904
		月租费	21.08	7.761	12.913	11.972	3.246	0.977	3.162
		平均价格	1.096	0.804	1.037	1.066	0.0716	-1.743	5.747
广西	26	用户数	3569641	1882170	2631614	2556893	490385.7	0.1173	1.763
		月租费	24.489	15.263	18.104	18.036	1.766	1.509	7.876
		平均价格	0.817	0.255	0.460	0.458	0.113	1.048	5.643
广东	20	用户数	31332072	18697858	23713077	22811920	3590967	0.586	2.461
		月租费	20.589	14.586	17.606	17.814	1.843	0.148	2.013
		平均价格	0.916	0.536	0.838	0.888	0.111	-1.601	4.391

1. 样本城市用户话单数据问题

具体到样本城市的用户话单数据，主要有以下几个问题：

（1）样本无效。对比用户的话务量数据和对应的资费信息，我们发现部分样本数据明显异常。比如，某个用户选业务品牌 1，主叫 50 分钟的主叫话费支出为零，被叫也为零；而另一个用户也选业务品牌 1，主叫 10 分钟的主叫话费支出却为 6 元。在用户面对同样的资费类型时，有理由怀疑前一样本数据是否有效。在无法获得更详细的资费优惠措施时，我们只能得出这样的结论。

（2）资费信息不完备。在某些时候，部分样本城市所提供的"资费信息描述"并不完备，甚至出现某些资费的价格水平明显对另一种业务占优或占劣的情况，这同电信最优定价理论相矛盾，在实际定价中，也难以想象会发生这类情况。因此，在不能获取更加详细的业务信息或优惠措施时，需要对某些业务进行合并处理。比如，在北京移动通信市场上，资费选择 1 和其 VPMN 业务，除组内价格信息不一样外，两者其余价格信息完全一样，在没有 VPMN 组内、组外话务量的情况下，尽管根据直觉可以判断，这两种业务是不同的，但根据现有信息，我们只能近似地认为这两者为同一种业务。

（3）数据不符合要求。根据离散选择模型理论，移动电话用户结合自身属性，对不同业务表现出"一致"的偏好，至于具体选择何种业务，取决于该种选择给用户带来的净效用。但由于实证研究的需要，我们不但需要知道各种业务的名义价格，在实际价格与名义价格不同时，还要知道与各种业务相应的优惠政策，这样可以在模型中考虑优惠措施的影响，换句话说，我们需要的不仅仅是实际价格，而且需要知道名义价格和实际优惠。如果仅仅知道每个用户面临的实际价格，我们无法区分"双"改"单"与优惠政策之间的区别。因此，在无法得到各种业务的名义价格信息时，我们只能舍弃这些样本①。

（4）抽样偏差。由于各种原因，部分样本城市移动运营商的分公司在抽样时未能真正实现随机抽样，导致部分业务的样本市场份额显著高于或低于该市相应业务的真实市场份额。比如，北京分公司提供的个体数据中，资费品牌1的市场份额为54%，资费品牌2的市场份额为43%。而实际上，其资费品牌1市场份额为68%，资费品牌2的市场份额为30%。很明显，抽样数据发生很大的偏差。根据抽样理论，在大样本随机抽样情况下，发生抽样偏差事件的概率应该很小，所以我们认为，抽样工作在某些情况下并没有充分保证随机性。

表4-7总结了16个样本城市存在的数据问题。

表4-7   **个体样本数据问题汇总**

样本省份	样本城市	数据问题
北京	北京市	资费品牌2的用户比例明显偏高，无 VPMN 话务量数据
吉林	长春市	无
	白山市	无
	松源市	无
陕西	榆林市	少数样本无效
	宝鸡市	少数样本无效
	商洛市	少数样本无效

---

① 本章要求该移动运营商在全国所有省份的分公司，根据要求填写各类业务的名义价格信息，如果有优惠措施，另附说明即可，但部分省份直接填写了实际价格信息，如四川、山西等省份。在本章中，我们需要的6个省份的样本数据均为名义信息。

续表

样本省份	样本城市	数据问题
浙江	杭州市	资费品牌 1 的用户比例明显偏低，套餐用户比例偏高
	金华市	资费品牌 2 的用户比例偏高，资费品牌 1 的用户比例过低
	丽水市	少数样本无效
广西	南宁市	样本容量偏差
	桂林市	样本容量偏差
	百色市	样本容量偏差
广东	深圳市	少数样本无效
	中山市	少数样本无效
	梅州市	无 VPMN 话务量

2. 样本省总量数据问题

对于总量数据，我们发现主要有以下几个问题：

（1）月度价格指数异常。总体看来，各样本省份 2002 年 6 月的价格指数明显偏大，而且某些省的价格指数在其他月份也异常，如 2002 年 1 月，广东省价格指数明显异常，因此需要具体情况具体分析①。

（2）数据统计口径变化。近年来，移动通信市场竞争日趋激烈，各省移动运营商为了保持或抢占市场份额，纷纷推出新的移动电话业务，造成部分省级样本数据统计口径发生变化。比如广东省与 2003 年 1 月推出新业务，并调整部分变量的统计口径。

（3）主被叫数据不分。鉴于各省统计手段不一样，有些数据无法拿到，如主叫和被叫收入，但总收入可以获得，比如陕西省主被叫收入并不分开，因此在设定用户规模方程时，需要针对各省的具体情况，设定不同的方程形式。

表 4 - 8 总结了 6 个样本省份数据存在的问题。

---

① 我们与提供抽样的移动运营商工作人员进行过多次沟通，但他们也未能解释这些数据异常的原因。

表 4 - 8   省级样本数据问题汇总

样本省份	数据问题
北京	2002 年 6 月价格指数异常
吉林	2003 年前后统计口径调整，2002 年 6 月价格指数异常，收入不分开
陕西	2002 年 11—12 月价格指数异常，主被叫收入不分开
浙江	2002 年 6 月价格指数异常
广西	2002 年 1 月价格指数异常，主被叫收入不分开
广东	2002 年 1 月价格指数异常，2003 年后统计口径调整，主被叫不分开

（三）抽样数据处理

为了保证模型能够准确地刻画现实市场结构的情况，高质量的抽样数据是一个必要条件。因此，在模型估计前，需要综合考虑各种信息，针对样本中出现的问题进行必要的处理。

1. 样本城市用户话单数据处理

针对城市样本中出现的几类问题，主要做如下处理：

第一，在能够获取样本城市各业务的实际市场份额数据时，可以依照各种资费的真实市场份额，对抽样时出现较大偏差的资费的样本进行二次抽样，即对已知样本重新抽样，以反映真实的市场信息。

第二，当出现无效样本时，我们首先考虑的是，是否存在其他优惠措施。假如没有其他优惠措施解释话费支出与价格信息的内在逻辑矛盾，那么在实际市场份额的约束下，控制无效样本，进行二次抽样。

2. 用户话务量扩展

根据样本市抽样数据，我们可以得到用户话单数据，它反映的是移动电话用户在选择既定业务类型后的消费信息，比如网内主叫通话时长、网间被叫通话时长、当月主叫话费支出等（见表 4 - 4）。为估计离散选择模型，需要对用户话务量数据进行扩展①，以构造出样本用户面对其他业务时的话务量。但是，由于我们只知道该用户在某一点的话务量信息，并不

---

① 当用户选择某种业务后，我们将无法获取他选其他业务时的消费情况，也就是说，微观样本存在着数据"缺失"（Unobservable）问题。Lee（1982）、奥尔森（Olsen，1980）等文献分别提出了不同的校正方法。

知该用户的需求函数，因而无法推断其面对其他业务时的话务量数据。作为一种处理方法，我们假设每个用户在面对其他资费时，其各类通话量保持不变，由此构造出该用户在面对其他类型业务时的支出。

根据消费者行为理论，当收费方式变化以后，各类通话价格都会发生变化，对应的话务量也随之改变，而这里之所以做出话务量保持不变的近似假设，是因为：首先，根据现有信息，无法了解每个用户的需求函数；其次，由于移动话费支出只占可支配收入的比例很小，所以资费变动所引起的收入效应可以忽略不计。

三 收费方式对用户规模影响的模拟思路

本实证研究的基本假设是，收费方式变化影响不同资费的相对价格，进而影响用户的资费选择。基于资费选择模型和用户规模总量模型，我们可以估计收费方式变化对移动运营商电话用户规模产生的影响。为便于理解"双"改"单"对用户规模影响的实证研究过程，我们将整个估计过程大致划分为五个步骤，核心模型为多元 Logit 模型和用户规模总量方程，其关键之处在于选择模型与总量方程的衔接。

第一步：估计用户资费选择模型。当移动运营商提供多种差异化业务时，由前面的讨论可知，用户 i（$i = 1, 2, \cdots, n$）选择业务 j（$j = 1, 2, \cdots, 6$）的概率为：

$$P_{ij} \equiv P_i(Y = j) = \frac{\exp(x_{ij}'\beta)}{\sum_{j=1}^{6} \exp(x_{ij}'\beta)} = \frac{\exp(\beta_1 x_{ij1} + \beta_2 x_{ij2} + \beta_3 x_{ij3} + \beta_4 x_{ij4} + \beta_5 x_{ij5} + \beta_6 x_{ij6})}{\sum_{j=1}^{6} \exp(\beta_1 x_{ij1} + \beta_2 x_{ij2} + \beta_3 x_{ij3} + \beta_4 x_{ij4} + \beta_5 x_{ij5} + \beta_6 x_{ij6})}$$

各参数定义见模型设定部分。

第二步：模拟"双"改"单"后各业务市场份额。对于政策模拟性质的实证研究，为了估计收费方式变化对用户规模的影响，需要确定和设计合适的政策模拟方案。本质上讲，"双"改"单"主要是指收费方式发生变化，而不是平均价格的变动，也就是说，虽然接听价格为零[①]，但总体价格水平应该保持不变，因此，在确定收费方式变化后的主叫价格时，不仅要对移动电话业务的资费进行平衡，而且要对固定电话业务的资费进

---

① 或者说呼叫抵达的成本由主叫方承担。

行调整，所以，严格来讲，确定收费方式改变后的主叫价格需要详细的成本和需求分析。

但从实证研究角度看，我们希望找到可以操作的政策模拟方案，为此需要合理地简化。由于调整后移动电话业务的主叫价格一般介于"主叫价格不变"和"主叫价格加倍"之间（假设月租不变），并且这两种方案也代表了人们对"双"改"单"的典型理解，因此我们设计了这两种不同的政策模拟方案①。在确定了模拟方案以后，结合第一步估计出的用户选择模型参数、"双"改"单"后资费信息及用户个人信息，就能估计出"双"改"单"以后，每个用户选择各种业务的概率，加总后就得到各样本城市移动运营商内部各种业务的用户市场份额。

由于"双"改"单"后接听价格为零，被叫支出因此也为零，而主叫支出则随模拟方案变化。比如在主叫价格不变，被叫价格为零的方案 1 下，用户 i 选择业务 j 的概率为：

$$P_{ij} \equiv P_i(Y = j) = \frac{\exp(x'_{ij}\beta)}{\sum\limits_{j=1}^{6} \exp(x_{ij}{}'\beta)} = \frac{\exp(\beta_1 x_{j1} + \beta_2 x_{ij1} + \beta_3 x_{ij2} + \beta_6 x_{ij6})}{\sum\limits_{j=1}^{6} \exp(\beta_1 x_{ij1} + \beta_2 x_{ij2} + \beta_3 x_{ij3} + \beta_6 x_{ij6})}$$

根据 Logit 选择模型的含义，易知样本市移动运营商业务 j 的市场份额 α_j：

$$\alpha_j = \frac{\sum\limits_{i=1}^{n} P_{ij}}{n} \tag{4-9}$$

第三步：构造市级和省级价格指数。在收费方式变化后，利用估计出的样本城市内各种业务的市场份额及对应的资费信息，就可以构造出该样本城市的加权价格指数。比如，假设某样本城市的移动运营商推出三种业务（业务品牌 1、品牌 2、品牌 3），利用估计得到的政策变化后，每种业务的市场份额和资费信息（月租、网内主叫、网间主叫、网内被叫、网间被叫），以市场份额为权重，就可以计算出该样本城市加权月租和四种加权价格指数；然后以样本省份的 3 个样本城市对应的抽样用户数为权

---

① 　实际上，这两种模拟方案也是当前最有代表性的两种改革办法，具体参见第二节有关内容。

重，对城市加权价格指数再次加权，就得到政策变化后各样本省份的价格指数。

由抽样方案可知，在每个样本省份抽取三个样本城市，然后分别估计其在收费方式变化后各种业务的市场份额。

假设样本城市的个数为 M = 3，那么对某一样本城市 m（m = 1，2，3）来讲，其加权价格指数向量 PP_m 为：①

$$PP_m = [\alpha_{m1}, \alpha_{m2}, \alpha_{m3}, \alpha_{m4}, \alpha_{m5}, \alpha_{m6}] \times \begin{pmatrix} x_{11} & p_{11} & \cdots & p_{41} \\ x_{12} & \ddots & & \\ \vdots & & & \vdots \\ x_{16} & p_{16} & \cdots & p_{46} \end{pmatrix}$$

$$= [x_m, P_{m1}, P_{m2}, P_{m3}, P_{m4}] \qquad (4-10)$$

式中，α_{mk} 为样本城市 m 内，资费类型 k 在"双"改"单"之后的用户市场份额，x_{11}，$\cdots$，x_{16} 分别定义为资费类型 1—6 的月租，p_{11}，$\cdots$，p_{16} 分别为资费 1—6 的网内主叫价格，p_{21}，$\cdots$，p_{26} 分别定义为资费 1—6 的网间主叫价格，p_{31}，$\cdots$，p_{36} 分别定义为资费 1—6 的网内被叫价格，p_{41}，$\cdots$，p_{46} 分别定义为资费 1—6 的网间被叫价格。

然后，以样本市的样本个数占所在省份样本总数的份额 n_i 为权重，对样本城市的价格指数再次加权，就得到样本省的价格指数向量 PP：

$$PP = [n_1, n_2, n_3] \times [PP_1, PP_2, PP_3]'$$

$$= [n_1, n_2, n_3] \times \begin{pmatrix} x_1 & P_{11} & \cdots & P_{14} \\ x_2 & P_{21} & \cdots & P_{24} \\ x_3 & P_{31} & \cdots & P_{34} \end{pmatrix}$$

$$= [X, P_1, P_2, P_3, P_4] \qquad (4-11)$$

式中，X 定义为样本省加权月租，P_1 定义为样本省加权网内主叫价格，P_2 定义为样本省加权网间主叫价格，P_3 定义为样本省加权网内被叫价格，P_4 定义为样本省加权网间被叫价格。

第四步：估计省级用户规模方程。利用各样本省用户数等时间序列数

---

① 为了简便起见，我们取样本用户市场份额作为平均主叫价格的权重。

据，可回归得到各省移动电话用户数的总量方程，它是月租指数 F_t，主被叫价格指数 P_t 和 r_t，人均国民收入 Y_t 的函数：

$$\log N_t = C + \theta_1 F_t + \theta_2 P_t + \theta_3 r_t + \theta_4 Y_t + \varepsilon_t \qquad (4-12)$$

其中，各参数定义同模型设定部分。

第五步：模拟"双"改"单"后各省用户数。利用前面模拟出的省级价格指数和省级总量方程，即可模拟出某一时点上，"主叫价格不变"和"主叫价格加倍"两种方案下，各省移动电话用户总数及其变化率。这样，就将用户的微观选择行为与用户总量紧密连接起来，从而得出在考虑了用户选择行为可能发生变化的情况下，"双"改"单"对各省用户规模产生的影响。利用模拟得到的两种"双"改"单"方案对应的各样本省份的移动电话用户总数，加总得到全国用户数的平均变化率。以抽样时间 2003 年 8 月为基点进行模拟，可得到收费方式变化后的用户数 N'_t 为[①]：

$$N'_t = e^{C + \theta_1 F_t + \theta_2 P_t + \theta_3 r_t + \theta_4 Y_t + \theta_5 T_t} \qquad (4-13)$$

用户数的变化率为：

$$\eta_t = \frac{N'_t}{N_t} - 1 \qquad (4-14)$$

整个估计过程如图 4-2 所示。

下面对本章的实证方法做一些讨论。

首先，对我国来讲，"双"改"单"并没有发生，所以本章采用了政策模拟方法。由于事件没有发生，所以无法按照标准的实证方法来检验；但是，倘若收费改革已经发生，就可以利用相关数据，直接检验"双"改"单"变量对相对价格、市场份额，乃至用户规模的影响，所以，从这个层面来讲，要研究的问题决定了需要采用的实证方法[②]。

---

① 取均值预测，所以，$e^{et} = 1$。

② 需要说明的是，如果可以得到国外已经发生"双"改"单"改革国家的相关数据，理论上可以做这样的检验，当然，从中国的角度，这仍然存在用国外预测中国的问题。

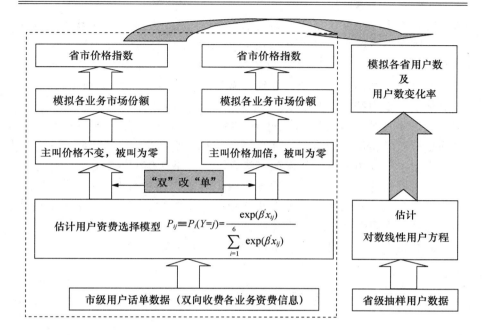

图 4 − 2　模拟流程

　　其次，本实证研究属于政策模拟研究，而不是预测①，但由于这两种实证方法非常类似（都在估计方程中代入外生变量得到估计结果），从这个意义讲，本章采取的实证方法存在用"历史预测未来"的问题。但正如前面所指出的，对于本章研究的问题来讲，这是一个现实可行的实证方

———————

　　① 在计量经济学中，预测和与政策模拟的区别在于，是在样本区内（"反事实"或政策模拟，注意本章选择模型属于横截面模型）还是样本区外（预测），也就是说，如果把本章的研究认定为预测，那么从现在与未来的角度，谈不上"反事实"问题，因为未来还没有发生，因此，无所谓"反事实"。但本章之所以使用了这个术语，主要是为了遵从这类文献的习惯用法，因此没有采用计量经济学预测中常用的预测，或者咨询文献中常用的所谓"情景分析"（Senario analysis）。更重要的是，尽管由于"双"改"单"容易被人理解成一个未来的政策选择，因此，从政策意义上，可以将我所得到的结果理解成对未来政策变化的实证研究，或者说，本章的研究属于用"历史预测未来"，但严格意义上，本章的结果应该解释为"反事实"的模拟分析，因为除了价格以外，其他值保持不变或等于历史原值，也就是说，我们分析的是在历史点上，如果采用单向收费，而不是双向收费，结果将会如何。

法。首先，无论是反实事或预测问题本身的约束，还是数据可获得性的约束，在既定的目标下，这些约束决定了选择"历史预测未来"方法的必然性。当然，本章也可以采取数值模拟的方法，比如根据一定的理论模型，本章可以利用数值模拟，得到所需要的实证结果。虽然这种方法也是目前学术文献中很常用的方法，但从本质上，仍没有避免"历史预测未来"的基本特征，这是因为，对于这些非常复杂的非线性理论模型，需要确定有效的初值才能得到计算结果①。这带来了两方面的问题：一是初值的决定本身并不一定有明确的经济含义，二是初值的确定也是对未来的预测，所以从这个意义上讲，这种方法也具有"历史预测未来"的特征。其次，从实证方法论上，不可否认这种方法的意义。实际上，由于前面提到的约束，在目前的学术文献中，特别是在产业组织理论的文献中，这方面的研究很多，也就是说，本章的学术价值是毋庸置疑的。

第三节　估计结果与分析

在前一节，我们从理论模型出发，结合移动运营商提供的各类资费的差异化特征，对多元 Logit 模型和随机系数模型分别进行了设定。在设定的多元 Logit 模型中，我们假设随机效用函数的确定性部分是月租、网内通话主被叫支出、网间通话主被叫支出的线性函数，并且用户对各类业务的同一种属性如月租等具有相同的系数；而在随机系数模型中，为了描述各用户对支出具有的偏好差异性，假定不同的用户对同一种属性具有不同的系数。

本节基于样本城市用户话单数据和样本省的相关总量数据，利用 Eviews 软件分别估计出各样本城市的用户资费选择模型，以及相应样本省的用户总量方程，然后按照前面给出的实证方法，估计"双"改"单"对用户资费选择的影响，并由此得到选择各种资费的用户市场份额的变化，再通过构造价格指数并利用用户规模模型，得出收费方式对用户规模产生的影响，在此基础上分析得出的估计结果。

---

① 从数值模拟技术上讲，如何确定有意义的初值非常关键。

一 模型选择

根据前一节的讨论,随机系数模型允许不同资费之间具有一定的替代性,而且能够描述不同消费者对同一属性偏好程度的不同,也就是说,随机系数模型在设定上具有更大的灵活性,因此,我们的实证研究似乎应该选择随机系数模型。但使用这种模型可能的代价是,模型的估计过程更加复杂,尽管相关学者已开发出多种不同的估计方法,但这种模型的估计牵涉数值积分和蒙特卡洛模拟,因此,在实证研究中并不常用,更重要的是,相对多元 Logit 模型而言,是否选择随机系数模型需要考虑能否显著地改善模型的拟合度。下面以北京市的用户话单数据为例,分别采用这两种模型进行估计,并对模型识别结果进行比较分析。

(一)多元 Logit 模型

在样本城市北京,假设用户面临三种资费选择,分别定义为资费选择 1、资费选择 2 和资费选择 3[①]。考虑到移动电话运营商可能会对网内网外通话实行差别定价,因此,在模型设定中,我们将话费支出分为 5 类,如表 4 - 9 所示。通过在模型中引入不同的变量,限制或者不限制某些系数相等,我们可得到如下 4 种设定形式:

表 4 - 9 解释变量定义

	资费选择 1	资费选择 2	资费选择 3
X_1	月租	月租	月租
X_2	网内主叫支出	网内主叫支出	网内主叫支出
X_3	网间主叫支出	网间主叫支出	网间主叫支出
X_4	网内接听支出	网内接听支出	网内接听支出
X_5	网间接听支出	网间接听支出	网间接听支出
X_6（Dummyj）	0	0	1

① 根据抽样结果,总的来讲,北京、上海等地的资费种类比较少,用户选择余地比较小。但在实际中,为了进一步细分市场,移动电话运营商也采取了套餐或补贴的形式,变相给用户各种优惠措施。由于选择套餐的用户份额很小(不到 0.4%),为了分析的简便,我们在这里略去套餐用户,但是,在后面的估计中,我们考虑了套餐用户。

设定 1：网内和网间通话支出不分开

$$V_{ij} = \beta_1 x_{ij1} + \beta_2 (x_{ij2} + x_{ij3}) + \beta_4 (x_{ij4} + x_{ij5})$$

设定 2：网内和网间通话支出不分开，再加上资费选择 3 的虚拟变量

$$V_{ij} = \beta_1 x_{ij1} + \beta_2 (x_{ij2} + x_{ij3}) + \beta_4 (x_{ij4} + x_{ij5}) + \beta_6 x_{ij6}$$

设定 3：网内和网间通话支出分开

$$V_{ij} = \beta_1 x_{ij1} + \beta_2 x_{ij2} + \beta_3 x_{ij3} + \beta_4 x_{ij4} + \beta_5 x_{ij5}$$

设定 4：网内和网间通话支出分开，再加上资费选择 3 的虚拟变量

$$V_{ij} = \beta_1 x_{ij1} + \beta_2 x_{ij2} + \beta_3 x_{ij3} + \beta_4 x_{ij4} + \beta_5 x_{ij5} + \beta_6 x_{ij6}$$

给定上述四种设定形式，表 4 - 10 和表 4 - 11 给出了采用多元 Logit 模型的估计结果。从估计结果看，在每种设定形式下，各个解释变量都比较显著，月租及各类支出的系数基本为负数。根据接入需求理论（Taylor，1994），接入需求与接入价格成反比，并且与接入后使用价格成反比，而通话需求与通话价格成反比。由于选择模型估计的是用户资费选择概率，而用户的资费选择决定用户的使用需求和接入需求，所以估计结果与需求理论的预期结果一致①。而且资费选择 3 的虚拟变量也通过了统计

表 4 - 10   北京网内和网间通话支出不分开时的估计结果

解释变量	模型 1	模型 2
月租	− 0.039941（0.000808）	− 0.029794（0.000657）
主叫支出	− 0.04835（0.002496）	− 0.032845（0.002242）
被叫支出	− 0.068108（0.002582）	− 0.048593（0.002312）
资费选择 3 虚拟变量		− 2.74560（0.059404）
log likelihood	− 9610.74	− 6984.93
Observations	11271	11271
Schwarz B. I. C.	9624.73	7003.59

注：（1）月租的单位为元/月，主叫支出的单位为元，被叫支出的单位为元；（2）括号中的数据为对应被估参数的标准差；（3）所有标准差的显著性水平均为 5%。

---

① 在设定 4 中，虽然网内被叫支出的系数为负，与消费者行为理论相悖，但该变量并不显著。

表 4 – 11   北京网内和网间通话支出分开时的估计结果

解释变量	模型 3	模型 4
月租	– 0. 04147（0. 000795）	– 0. 030499（0. 000664）
网内主叫支出	– 0. 031448（0. 004808）	– 0. 082899（0. 005716）
网间主叫支出	– 0. 058381（0. 003221）	– 0. 01698（0. 002626）
网内被叫支出	0. 052447（0. 004977）	0. 005642（0. 004892）
网间被叫支出	– 0. 142442（0. 003981）	– 0. 073687（0. 003474）
资费选择 3 虚拟变量		– 2. 71094（0. 062599）
log likelihood	– 8766. 24	– 6890. 05
Observations	11271	11271
Schwarz B. I. C.	8789. 57	6918. 04

注：（1）各解释变量的单位同表 4 – 10。（2）括号中数据为对应系数的标准差；（3）所有标准差的显著性水平均为 5%。

检验，这表明资费 3 的选择概率确实受用户群体属性的影响。需要指出的是，在北京和其他样本城市的个体属性方程中，我们使用了个体属性虚拟变量来反映个体属性的影响。根据格林（Greene，2000），在条件选择模型中，属性变量可以分解为资费选择属性和用户个体属性，即 $z_{ij} = [x_{ij}, w_i]$，所以有

$$P_{ij} = \frac{\exp(\beta' x_{ij} + \alpha'_i w_i)}{\sum_{j=1}^{J} \exp(\beta' x_{ij} + \alpha'_i w_i)}$$

$$= \frac{\exp(\beta' x_{ij}) \cdot \exp(\alpha'_i w_i)}{\sum_{j=1}^{J} \exp(\beta' x_{ij}) \cdot \exp(\alpha'_i w_i)}$$

$$= \frac{\exp(\beta' x_{ij})}{\sum_{j=1}^{J} \exp(\beta' x_{ij})}$$

也就是说，模型中的个体属性变量约掉了。为了反映个体属性变量的影响，一种方法是用个体属性虚拟变量乘以个体属性向量 w，而在本章中，个体属性变量无法得到，所以，我们直接使用资费选择虚拟变量反映个体属性的影响①。

为了选择较好的设定形式，下面利用似然比检验对上述四组估计结果进行检验。由于第四种设定形式的似然值最大，我们选择它作为分析比较的基准。令第四种设定形式中的 $\beta_6 = 0$，则设定 4 变成设定 3，而设定 3 和设定 4 的似然值之差为 1876.19，乘以 2 得似然比数值为 3752.38，它大于自由度为 1 的 χ^2 方分布在 95% 置信度下的临界值 3.84，因此，拒绝 $\beta_6 = 0$ 的假设，即相对设定 3 来讲，应选择模型设定 4。

同理，将设定 4 与设定 2 进行比较：模型设定 2 与模型设定 4 的似然值之差 94.88，二倍值为 189.76，而具有 2 个自由度的 χ^2 在 95% 置信度下的临界值为 5.99，所以应拒绝假设 $\beta_2 = \beta_3$ 和 $\beta_4 = \beta_5$，即相对于设定 2 来讲，同样应选择模型设定 4。

最后，将设定 4 与设定 1 进行比较，模型设定 1 和模型设定 4 的似然值之差为 2720.69，二倍值为 5441.38，而具有 3 个自由度的 χ^2 分布在 95% 置信度下的值等于 7.81，所以应拒绝假设 $\beta_6 = 0$，$\beta_2 = \beta_3$ 和 $\beta_4 = \beta_5$，同样应选择设定 4 而不是设定 1。

综上所述，在上述四种设定形式中，模型设定 4 给出了最佳的估计结果，并且刻画出月租和四类通话支出对用户资费选择的影响。当然，利用上述估计结果还可以分析各解释变量对用户资费选择的弹性，但就模型比较而言，我们无须进一步展开分析。

（二）随机系数模型

为了与常系数多元 Logit 模型进行对比，下面采用随机系数模型估计北京市用户资费选择模型。由于允许不同用户对同一属性具有不同的系数，因此与常系数多元 Logit 模型相比，随机系数的设定形式更为灵活，在这种情况下，随机系数方程可能会更好地拟合数据，更重要的是，由于随机系数模型可估计个体选择系数分布的高阶距，因此，还可以减轻

---

① 此时虚拟变量系数的经济含义是用户的不同个体属性（如性别、年龄等）对于不同资费属性的偏好，而其他变量系数反映的是所有用户对于某个资费属性的（平均）偏好或价值。

常系数多元 Logit 模型 IIA 假设的影响，并充分考虑各类资费之间的替代性。

基于豪斯曼（2004）提出的泰勒展开法，利用 TSP4.5① 得到的估计结果如表 4 - 12 所示。对于具有泰勒二阶展开（表 4 - 12 中第 3 列）的随机系数模型，可以得到三个系数的标准差估计值：月租标准差为 0.0611，主叫价格标准差为 0.0593，接听价格标准差为 0.0314。根据这些估计值，我们发现主叫价格系数与月租系数相比，服从一个更紧的分布，这意味着主叫价格对不同个体的资费选择影响的差异性，要大于月租对资费选择影响的差异性。显然，这些信息及相应的估计结果，都是常系数多元选择模型难以获得的。

将多元 Logit 模型和随机系数模型对消费者资费选择的预测结果进行比较，我们发现在 9438 个样本中，常规多元 Logit 模型可以正确预测 7074 个用户的资费选择，而随机模型可以正确预测 7062 个用户的资费选择，因此就北京市用户话单数据而言，这两种模型对数据的预测精度基本相同：多元 Logit 模型预测的正确率为 75%，而随机系数模型预测的正确率也为 75%。我们还发现，使用随机系数模型对资费选择 3 的市场份额解释得更好，而多元选择 Logit 模型对选择 1 和选择 2 的市场份额解释得更好（见表 4 - 13）。

总之，尽管随机系数模型在设定方面具有更大的灵活性，并能够提供更多的信息，但就本章的目的而言，与常用的多元 Logit 模型相比，这种模型并没有改善对用户资费选择的预测精度，因此在余下的研究中，我们将采用较为简洁的常系数多元 Logit 模型，而不再使用随机系数模型。

二 用户资费选择模型估计结果及分析

前面已经指出，一方面，"双"改"单"本身并不意味着整体资费水平的下降，换句话说，如果要保持"双"改"单"前后资费水平不变，那么在"双"改"单"以后，还要对资费进行适当的平衡；但另一方面，无论是从公众预期的角度，还是考虑到技术进步、市场竞争的因素，收费方式改革不仅意味着资费结构的调整，还很有可能伴随着资费水平的调整，或者说平均资费水平的降低。为估计这两种不同的情形，我们设计了

---

① 一般的计量模型估计软件如 EVIEWS 等尚没有估计随机模型的功能。

表 4 – 12　　　　　　　　北京网内网间支出不分开时的估计结果

解释变量		常系数	二阶展开随机系数	三阶展开随机系数
期望值	月租	– 0. 1451	– 0. 1632	– 0. 1589
		(0. 0018)	(0. 0025)	(0. 0022)
	主叫支出	– 0. 191	– 0. 2334	– 0. 2532
		(0. 0041)	(0. 0039)	(0. 0038)
	被叫支出	– 0. 112	– 0. 1466	– 0. 1286
		(0. 0034)	(0. 0033)	(0. 0027)
标准差	月租		0. 0611	0. 0499
			(0. 0026)	(0. 0021)
	主叫支出		0. 0593	0. 0605
			(0. 0080)	(0. 0072)
	被叫支出		0. 0314	0. 0336
			(0. 01)	(0. 0073)
三阶矩	月租			0. 0004
				(0. 0002)
	主叫支出			0. 0027
				(0. 0002)
	被叫支出			0. 0008
				(0. 0006)
log likelihood		– 5087. 92	– 4149. 88	– 3797. 75
Observations		9438	9438	9438
No. of iterations		53	105	21
Schwarz criterion		5102. 69	4179. 42	3842. 06

　　注：（1）各解释变量的单位同表 4 – 10；（2）括号中数据为对应系数的标准差；（3）所有标准差的显著性水平均为 5% 。

表 4 - 13　　　　　　　模型估计结果比较（样本数 = 9438）

	选择 1	选择 2	选择 3	预测正确数量
实际数	6092	3063	283	
多元 Logit 方程预测数	6822	2203	413	7074
随机系数方程预测数	7182	1869	387	7062

两种实证研究方案，一是主叫价格不变，被叫价格为零；二是主叫价格加倍，被叫价格为零。方案 1 可以看做是资费降价方案，而方案 2 可以看成是资费平衡方案。

由于各样本城市提供不同的资费种类，而且用户选择的资费也不相同，我们对每个样本城市分别采取了不同的模型设定形式。本章附录中的附表 1 至附表 6 给出了各样本城市用户资费选择模型的估计结果。

根据前一节，个体选择模型设定为条件 Logit 模型，因此方程系数反映的是所有用户相对于某种资费属性的（平均）偏好或价值，或者说所有用户相对于各种通话的消费结构。由估计结果可知，所有变量的系数为负，且通过显著性检验。需要指出的是，考虑到每个样本城市的样本数介于 1000—5000 之间，因此本章采用 z 检验来检验微观方程中解释变量的显著性问题①。此外，由于多元离散选择模型的关键假设条件是无关选择独立性（IIA 假设），所以除了 z 检验之外，还进行了豪斯曼检验，以验证 IIA 假设是否成立。根据得到的估计结果，所有微观选择方程的 IIA 检验都通过（各个样本城市的用户资费选择方程的检验结果列于附录）。

根据接入需求理论，估计结果不但与消费理论一致，而且用户的资费选择行为确实由方程中设定的解释变量决定。需要注意的是，在所有的资费选择模型中，都包含月租支出解释变量，也就是说，月租对各样本地区的全部用户都有显著影响。在这个意义上，可以认为月租是资费设计中最重要的变量。另外，在不同的样本城市，决定用户资费选择行为的变量可

_____

① 一般而言，检验自变量的显著性通常采用 t 检验，即给定显著性水平 0.05，当 t 统计量的绝对值大于等于 1.96（显著性水平为 0.05 时，双边检验的临界值），可以认为变量是显著的，通过变量显著性检验；否则该变量并不显著。然而，理论分析表明，当方程的自由度超过 100 时，t 检验和标准正态分布几乎是无差异的；当方程的自由度超过 30 时，z 检验比 t 检验更合适。详细论述请参见格林（2000）。

能并不相同。比如在北京、金华、梅州等样本城市，资费选择行为主要受网内和网间的主被叫支出影响；而在长春、宝鸡、广西、深圳等样本城市，选择选择行为主要由主叫支出和被叫支出解释。这个结果表明，在有些城市，被叫支出比较敏感，而在其他城市则不敏感；同样，网内和网间区别定价对不同样本城市的影响也各不相同，这主要反映了不同运营商之间的业务互补性非常强，以至于区别定价没有产生显著的影响，另外价格弹性可能比较小，区别定价不足以对选择决策产生决定性影响。

此外，在不同城市中，个体属性对资费选择的影响也不一样。需要指出的是，由于采用固定系数的多元选择模型，并且由于无法得到个体属性数据，为了反映个体属性对资费选择的影响，我们使用了对应每种资费选择的虚拟变量，以反映个体属性对资费选择的影响。估计表明，由于不同地区用户的个体属性不同，对资费选择的影响也不同。比如在北京，个人属性主要影响资费选择 3 和套餐选择，这个结果说明，由于北京位于时尚和经济发展中心，所以个人属性如年龄和收入等，能够更好地解释用户对资费选择 3 和套餐的选择；又如在长春，个人属性主要影响资费选择 1 和专门针对校园用户设计的某种资费资费等。这些结果验证了，在不同的地区，个人属性如年龄和收入等，对资费选择行为产生不同的影响。

利用这些估计结果，代入"双"改"单"的政策变量，如降价方案的主叫价格不变，被叫价格为零，或者平衡价格方案的主叫价格加倍，被叫价格为零，就可以估计出"双"改"单"以后，各类资费的用户市场份额，再利用估计出来的用户市场份额作为权重，对收费方式变化后的月租和四类价格求加权平均值，就可以构造出样本城市的通话价格指数。估计结果见表 4 - 14 和表 4 - 15。

在收费方式变化前，作为被叫方的用户需要为接听电话支付接听费用，而且通过得到的数据可以发现，很多地区的接听价格几乎与主叫价格相等；但是在收费方式由"双"改为"单"以后，被叫价格变成零，资费结构因此发生较大的变化。根据电信需求理论［泰勒（Taylor, 1994）；金等（Jeon et al., 2004）］，这种收费方式变化不仅影响主被叫双方的通话动机，而且还会影响用户的接入需求。根据第四章的分析，在不对称信息和网络竞争的影响下，取消被叫价格将对用户的接入决策和资费选择行为产生重要影响，并由此导致月租和通话价格指数发生变化。

表 4 - 14　　　　　　　　　　　**样本城市价格指数汇总表**

单位：元/月、元/分钟

省份	城市	模拟方案	价格指数				
			月租	网内主叫	网间主叫	网内被叫	网间被叫
北京	北京	实际值	16.6481	0.536	0.5403	0.536	0.5403
		方案1	9.9226	0.5566	0.5628	—	—
		方案2	12.7782	1.0830	1.1109	—	—
吉林	长春	实际值	10.17	0.2971	0.2971	0.2904	0.2904
		方案1	9.9364	0.3215	0.3215	—	—
		方案2	10.2415	0.6324	0.6324	—	—
	松源	实际值	3.5467	0.2606	0.2606	0.1627	0.1627
		方案1	3.7239	0.2636	0.2636	—	—
		方案2	3.6032	0.5233	0.5233	—	—
	白山	实际值	13.78	0.2483	0.2483	0.2202	0.2202
		方案1	13.2894	0.2531	0.2531	—	—
		方案2	13.3985	0.5026	0.5026	—	—
陕西	榆林	实际值	18.3383	0.187	0.187	0.187	0.187
		方案1	16.3131	0.1789	0.1789	—	—
		方案2	16.0558	0.3552	0.3552	—	—
	宝鸡	实际值	10.8373	0.201	0.201	0.201	0.201
		方案1	10.8635	0.2033	0.2033	—	—
		方案2	10.6157	0.3954	0.3954	—	—
	商洛	实际值	12.095	0.2038	0.2038	0.2038	0.2038
		方案1	11.7050	0.2040	0.2040	—	—
		方案2	12.3890	0.4095	0.4095	—	—
浙江	杭州	实际值	12.09	0.5081	0.5081	0.5081	0.5081
		方案1	12.367	0.5505	0.5505	—	—
		方案2	22.5762	1.0372	1.0372	—	—
	金华	实际值	17.1085	0.4686	0.4901	0.4686	0.4901
		方案1	16.7020	0.5293	0.5293	—	—
		方案2	24.2790	0.9676	0.9676	—	—
	丽水	实际值	5.1587	0.4667	0.4964	0.3533	0.4008
		方案1	4.1280	0.4961	0.5255	—	—
		方案2	4.4598	0.9382	1.0204	—	—

续表

省份	城市	模拟方案	价格指数				
			月租	网内主叫	网间主叫	网内被叫	网间被叫
广西	南宁	实际值	19.1823	0.3405	0.3572	0.2249	0.2571
		方案1	20.1025	0.3607	0.3768	—	—
		方案2	18.9488	0.6873	0.7176	—	—
	桂林	实际值	22.7531	0.2498	0.2692	0.1687	0.1952
		方案1	23.5671	0.2532	0.2733	—	—
		方案2	22.8670	0.5665	0.6005	—	—
	百色	实际值	19.1867	0.2567	0.2801	0.1781	0.2087
		方案1	18.7658	0.2577	0.2796	—	—
		方案2	16.4108	0.5429	0.5730	—	—
广东	深圳	实际值	10.265	0.4843	0.5226	0.4695	0.5078
		方案1	10.0770	0.5001	0.5321	—	—
		方案2	11.0950	0.9531	1.0371	—	—
	中山	实际值	19.5025	0.2926	0.3847	0.19	0.19
		方案1	32.5130	0.3204	0.4043	—	—
		方案2	32.6150	0.3180	0.4030	—	—
	梅州	实际值	14.769	0.10821	0.391	0.1014	0.3692
		方案1	13.4276	0.1252	0.4021	—	—
		方案2	16.5985	0.1743	0.7961	—	—

注：方案1指"主叫价格不变，被叫价格为零"；方案2指"主叫价格加倍，被叫价格为零"。

表4-15　　　　　　　　　　**样本省价格指数汇总表**

单位：元/月、元/分钟

省份	模拟方案	价格指数		
		月租	网内主叫	网间主叫
北京	方案1	9.9226	0.5566	0.5628
	方案2	12.7782	1.0830	1.1109
吉林	方案1	8.2381	0.2946	0.2946
	方案2	8.3795	0.5816	0.5816

续表

省份	模拟方案	价格指数		
		月租	网内主叫	网间主叫
陕西	方案1	13.9846	0.1898	0.1898
	方案2	13.8350	0.3746	0.3746
浙江	方案1	12.4388	0.5344	0.5393
	方案2	20.1244	0.9976	1.0112
广西	方案1	21.1088	0.3134	0.3315
	方案2	19.9729	0.6310	0.6625
广东	方案1	14.3572	0.3985	0.4750
	方案2	15.3228	0.7607	0.9330

注：方案1指"主叫价格不变，被叫价格为零"；方案2指"主叫价格加倍，被叫价格为零"。

由表4-14可知，当采用资费下降方案1时，多数地区的月租价格指数下降，而网内和网间主叫价格都上升。比如，北京的月租价格由每月16.6481元下降到每月9.9226元，网内主叫价格由每分钟0.536元上升到每分钟0.5566元；长春的月租价格指数由每月10.17元下降为每月9.9364元，网内主叫价格由每分钟0.2971元上升为每分钟0.3215元。带来这种变化的主要原因是，在被叫价格取消的情况下，原来选择资费1的用户只需按照主叫通话时长支付一个线性的资费支出，除此之外没有其他任何支出；而对于原来选择资费2的用户来讲，除了按照主叫通话时长支付一个线性支出外，还需要支付月租费，但按照给定的"双"改"单"政策的含义，月租费并不下降，这意味着与资费1的用户相比，资费2的用户只能享受到部分收费方式改革带来的好处，所以，采用资费下降方案1时，选择资费1之类业务的用户增多，而选择资费2的用户减少，并由此导致加权月租指数下降，对应的通话价格则会相应的上升。

如果管制机构决定采用资费平衡方案2，一部分地区的月租价格指数下降，而另一部分地区的月租价格指数上升，同时主叫价格全部增加。比如北京的月租价格由每月16.6481元降低为每月12.7782元，而商洛地区的月租价格却由每月12.095上升为每月12.389元，我们认为这主要是因为，北京地区的资费管制措施执行得非常严格，因此当主叫价格加倍时，本来选择资费 2 的用户转而选择资费 1，以降低月租支出；而在商洛地区，其资费水平已经较低，这样当主叫价格加倍时，本来选择资费 1 的用户可能会选择签约业务，以享受较低的网内通话价格。

非常有意思的是，可以将我们的结果与其他国家的实证经验进行比较。比如，在巴基斯坦，收费方式改革后，移动电话网的网内通话和移动电话网打往固定电话网的资费保持不变，但是打往其他移动电话网的资费，以及固定电话网打往移动电话网的资费增加，而从支出情况看，用户每月的平均支出减少 18%（扎勒，2003），由此看来，巴基斯坦的情况相当于我们的第一种模拟方案，即平均价格降低，因此我们的实证研究验证了巴基斯坦发生的变化[①]。

三　用户总量方程估计结果及分析

考虑到各样本省之间的差异较大，比如有的省份在样本期内推出新业务，不同样本省的时间序列长度不一，所以尽管得到的数据具有面板结构，但我们并没有利用截面—时序数据建立面板模型，而是以样本省份为对象，直接设定不同的总量方程。

在估计用户规模总量模型时，我们使用的是省级时间序列数据，因此，误差项可能存在序列自相关的问题，这个问题的产生，主要与解释变量和被解释变量存在时间趋势有关，而通过杜宾—沃森（Durbin – Watson，DW）检验，可以检验是否存在显著的序列自相关问题[②]。

当存在序列自相关时，待估方程的系数将被错误地估计。为了解决序列自相关问题，一种方法是，首先对变量序列进行单位根检验，判别单根阶数 N；然后对原序列进行 N 次差分，消除其波动趋势，将原序列由非稳态序列，变成平稳序列；最后建立协整模型，分析解释变量变化对因变量的长期和短期影响。协整分析的目的就在于，确保各变量阶数相同，避免出现直接使用 OLS 法可能带来的"虚假回归"问题。

---

① 对于巴基斯坦"双"改"单"后资费的变动结构导致的支出变化情况，需要进行非常复杂的分析。比如，根据标准的市场分析，需要知道业务结构、各种业务的需求弹性，各种业务市场的竞争状况，各种复杂的网络外部性和通话外部性，等等。但简单地讲，主要是资费降价部分所带来的支出下降的影响，大于资费上涨部分所带来的支出上升的影响，所以净结果为用户的平均支出下降。

② 经验分析表明，如果误差项不存在一阶自相关，一般也不存在高阶自相关。

另一种方法处理自相关问题的方法，同时也是本章采取的方法是，利用 OLS 法直接估计因变量与自变量之间的关系方程，通过 DW 值或观察误差图形等方法，来判别估计误差项是否平稳，或者说是否符合经典 OLS 法的假设条件。倘若 DW 值满足 $d_u < \text{DW} < 4 - d_u$，则可认为序列误差项不存在自相关问题，否则序列误差项出现自相关。此时，为了解决可能出现的自相关问题，可以采用杜宾二步法或广义差分法，其实质在于通过变量再定义，消除误差项的非平稳趋势[①]。根据格林（2000），通过杜宾二步法或广义差分法，可以得到原模型参数的无偏、有效估计量。

当然，无论是采用杜宾二步法或广义差分法，都存在一个关键假设，即各变量的变化趋势具有一致性，或者说各变量的阶数都相同，此时它们与协整模型等价；但是当各变量的变化趋势并不一致时，最优的处理方法是建立协整模型。根据总附录中的估计结果，除北京和广东外，其他省的方程估计都存在显著的自相关问题，但是经过杜宾二步法处理以后，DW 检验结果表明，序列自相关问题消失[②]。这个结果表明，各个变量的阶数相同，或者说对于这些方程杜宾法与协整模型等价。

下面以广西用户规模方程为例，说明序列自相关的处理方法和处理过程。利用 OLS 直接回归，原始估计结果的 DW 值为 0.415675[③]，说明可能存在显著序列自相关。根据杜宾（1970），以本期误差项为被解释变量，前面若干期误差项为解释变量，得到估计结果可以验证，确实存在序列自相关问题。为了消除原总量方程 $Y_t = X'_t\beta + \varepsilon_t$ 中的自相关问题，构造广义差分方程格林（2000）：

---

① 杜宾二步法的步骤如下：（1）首先采用 OLS 法对原方程进行估计，若 DW 值在 $d_u < \text{DW} < 4 - d_u$ 区间内，方程误差项不存在自相关问题，否则存在自相关问题；（2）分析本期误差项与前几期误差项之间是否存在线性关系。比如，本期误差项 = 0.742477 × 前一期误差项 − 0.736019 × 前二期误差项，如果估计参数非常显著，则表明误差项之间确实存在相关关系；（3）根据估计出的误差项方程，将原方程中各变量按如下形式重新定义：新变量 = 原变量 − 0.742477 × 原变量前一期值 + 0.736019 × 原变量前二期值；（4）结合新变量，用 OLS 法重新估计总量方程，结果显示，自相关问题消失。如果估计误差项仍然存在自相关问题，则可重复上述步骤，直到消除自相关问题为止。参见格林（2000）。

② 详细的检验结果见附录。

③ 详细估计结果见附录。

$$Y_t - 1.095071Y_{t-1} + 0.363367Y_{t-2} = (X'_t - 1.095071X'_{t-1} + 0.363367X'_{t-2})\beta$$
$$+ (\varepsilon_t - 1.095071\varepsilon_{t-1} + 0.363367\varepsilon_{t-2})$$

估计该广义差分方程可知，此时自相关问题消失。

除了自相关问题以外，由于我们所设定的方程可能存在变量的内生性问题，而普通的 OLS 法在存在内生性时通常会错误地估计真正的参数，所以一般采用豪斯曼检验来检测方程的内生性问题。估计结果显示，所有方程的豪斯曼统计量的伴随概率小于 0.05，所以可以认为自变量与随机误差项不存在相关性，方程的设定不存在内生性问题①。表 4 - 16 给出各样本省份的用户总量方程估计结果。

表 4 - 16　　　　　　　　北京及广东省用户总量方程估计结果

（被解释变量：月度移动通信用户数对数值）

	北京	广东
	OLS	OLS
常数	15.16317 (0.006598)	17.39626 (0.240514)
平均月租	- 0.035946 (2.04E - 05)	- 0.045851 (0.005617)
人均 GDP	5.07E - 05 (0.568248)	4.30E - 05 (9.99E - 06)
平均通话价格		- 0.346366 (0.066042)
调整的 R^2	0.993750	0.978990
DW	2.028986	1.922258
F - 统计量	1908.976	296.1137
样本日期（调整）	2001 年 8 月至 2003 年 9 月	2002 年 2 月至 2003 年 9 月

注：（1）月度移动电话用户数单位为户，月租单位为元，人均 GDP 单位为元，平均通话价格为元/分钟；（2）括号中数值为对应解释变量的标准差；（3）所有解释变量的显著性水平为 5%。

———————

① 可参见 J. Hausman, "Specification Tests in Econometrics". *Econometrica*, 46, 1978.

由表 4 – 16 到表 4 – 18 中的结果可以看出，所有省份的价格系数为负，而收入系数为正，并且方程系数的 t 检验都显著，由此说明估计结果与需求理论一致。容易验证，用户规模对通话价格的弹性为 $\varepsilon_p = \dfrac{pdQ}{Qdp} = \beta p$，

表 4 – 17 　　　　　　吉林及陕西两省用户总量方程估计结果
（因变量：月度移动通信用户数对数值）

	吉林		陕西	
	GLS[1]	OLS	GLS[2]	OLS
常数	12. 52228 (0. 200953)	12. 53339 (0. 21679)	11. 64689 (0. 22974)	12. 12724 (0. 35027)
平均月租	− 0. 004550 (0. 001509)	− 0. 003106 (0. 00174)	− 0. 007439 (0. 00220)	− 0. 006027 (0. 00295)
人均 GDP	0. 000293 (2. 28E − 05)	0. 000303 (2. 42E − 5)	0. 000494 (3. 76E − 5)	0. 000507 (5. 49E − 5)
平均通话价格	− 0. 147923 (0. 039171)	− 0. 198454 (0. 04957)	− 0. 051474 (0. 02697)	− 0. 057308 (0. 03846)
Dummy[3]	− 0. 019902 (0. 012048)	− 0. 030650 (0. 01324)	0. 031784 (0. 01035)	0. 034891 (0. 01875)
调整的 R^2	0. 992281	0. 989284	0. 990486	0. 989585
DW	1. 726251	1. 217967	1. 866146	1. 307473
F – 统计量	708. 0449	554. 8888	599. 6474	594. 8404
样本日期	2001 年 8 月至 2003 年 9 月		2001 年 8 月至 2003 年 9 月	

注：（1）在广义差分方程 GLS[1] 中，各解释变量重新定义为原解释变量的函数，如新平均月租变量 $X'_t = X_t - 0.742477 X_{t-1} + 0.736019 X_{t-2}$，其他变量定义类同；（2）在广义差分方程 GLS[2] 中，各解释变量重新定义为原解释变量的函数，如新的平均月租变量 $X'_t = X_t - 0.484428 X_{t-1} + 0.438269 X_{t-2}$，其他变量定义类同；（3）在吉林省中，用虚拟变量表示 2003 年前后用户数统计口径发生变化带来的影响，其数值在 2003 年之后取 1，在 2003 年取 0；而在陕西省中，用虚拟变量表示 2002 年 11 月、12 月和 2003 年 1 月平均月租异常带来的影响，其值在这三个月取 1，其余月份取 0；（4）括号中数值为对应解释变量被估参数的标准差；（5）所有标准差的显著性水平均为 5%；（6）各解释变量的单位同前表 4 – 16。

由于通话价格系数 β 为负，降低通话价格 p 将导致用户规模增加。更确切地讲，当通话价格 p 较高时，价格弹性 ε_p 的绝对值也比较高，此时通话价格微小的降低将带来用户规模的大幅增加，这意味着资费水平偏高，用户普及率偏低，行业处于高速增长期；而当通话价格 p 较低时，价格弹性 ε_p 的绝对值也比较低，此时降低通话价格对用户规模增长几乎没有作用，这意味着资费水平已较低，用户普及率很高，行业处于成熟期。

表 4-18　　　　　　　浙江及广西两省用户总量方程估计结果

（被解释变量：月度移动通信用户数对数值）

	浙江		广西	
	GLS[1]	OLS	GLS[2]	OLS
常数	9.441978 (0.24555)	15.81289 (0.33298)	3.965094 (0.07419)	14.23906 (0.47143)
平均月租	-0.035054 (0.01029)	-0.033953 (0.00611)		
人均 GDP	5.18E-05 (1.50E-5)	6.19E-05 (1.10E-5)	9.78E-05 (4.23E-5)	0.000202 (6.93E-5)
平均通话价格	-0.374761 (0.19231)	-0.431691 (0.13123)	-0.827681 (0.17425)	-0.839384 (0.18924)
调整的 R^2	0.867930	0.950876	0.645072	0.880325
DW	1.702929	1.172552	1.755534	0.415675
F-统计量	51.38332	155.8522	20.99219	89.27161
样本日期	2001年8月至2003年9月		2001年8月至2003年9月	

注：（1）在广义差分方程 GLS[1] 中，各解释变量重新定义为原解释变量的函数，如新的平均月租变量 $X'_t = X_t - 0.407729 X_{t-1}$，其他变量的定义类同；（2）在广义差分方程 GLS[2] 中，各解释变量重新定义为原解释变量的函数，如新的平均月租变量 $X'_t = X_t - 1.095071 X_{t-1} + 0.363367 X_{t-2}$，其他变量定义类同；（3）括号中数值为对应解释变量被估参数的标准差；（4）所有标准差的显著性水平均为5%；（5）各解释变量的单位同表4-16。

实际上，遵循上述弹性分析思想，我们可以对样本省份的用户规模的增长潜力做出初步判断。比如对吉林和陕西两省，由于它们的通话价格系数分别为 −0.147923 和 −0.051474，所以当吉林省的通话价格大于或等于陕西省的通话价格时，吉林省的价格弹性 ε_p 的绝对值相对较高，这意味着同样幅度的价格下降将使吉林省用户规模的大幅增加；反之，当吉林省的通话价格小于陕西省的通话价格时，通话价格下降是否依然能促进吉林省用户规模的大幅增加，则取决于其价格弹性是否大于陕西省的价格弹性。

同理，由用户总量方程知，用户规模对人均 GDP 的弹性为：

$$\varepsilon_{GDP} = \frac{GDPdQ}{QdGDP} = \gamma GDP$$

在 γ 为正的情况下，增加 GDP 将促进用户规模增加。具体来讲，当 GDP 较低时，弹性 ε_{GDP} 也比较低，此时增加 GDP 只能带来用户规模的少量增长；而当 GDP 较高时，弹性 ε_{GDP} 也较高，这意味着增加 GDP 将带来用户规模的大量增长。

最后，将表 4 – 15 中的省级价格指数代入各样本省的用户总量方程，就可以得到两种收费方式改变方案下的用户规模变化情况，表 4 – 19 是估计结果的汇总。

估计结果显示，两种"双"改"单"方案对用户规模产生了迥然不同的影响。更确切讲，在其他因素保持不变的情况下，当采用"双"改"单"方案 1，即主叫价格不变，被叫价格为零时，用户规模增加 6.67%；当采用"双"改"单"方案 2 时，即主叫价格加倍，被叫价格加倍时，用户规模降低 10.54%，换句话说，"双"改"单"导致用户规模的降低，而不是用户规模的增加。很显然，这里得到的估计结果与多数人的预期正好相反。

根据表 4 – 19 显示的估计结果，对于方案 1 来讲，也就是在具有降价性质的收费方式改革下，"双"改"单"后所有样本城市的用户规模增加。根据前面的分析，尽管随着收费方式的改变，各种资费选择的接听价格取消，月租和主叫价格保持不变，但由于用户选择行为发生变化，选择不同资费的市场份额将随之改变，由此导致平均月租和平均主叫价格也发生变化。由此可以看出，能够对这些复杂的影响进行分析，正得益于微观选择模型的建立。

表 4 - 19 "双"改"单"对用户规模影响估计结果

省（市）	模拟方案	移动电话用户数 （以 2003 年 8 月为基点）		用户数变化 百分比（%）
		实际值	模拟值	
北京	方案 1	7795507	9114353	16.92
	方案 2	7795507	8225227	5.51
吉林	方案 1	3774038	4163949	10.33
	方案 2	3774038	3516594	-6.82
陕西	方案 1	3435103	3667281	3.85
	方案 2	3435103	3254624	-3.51
浙江	方案 1	12116881	12693657	4.76
	方案 2	12116881	10389014	-14.26
广西	方案 1	3314418	3493681	5.40
	方案 2	3314418	2686482	-18.90
广东	方案 1	31332072	32755094	4.54
	方案 2	31332072	27187632	-13.2
六省（市）汇总	方案 1	61768019	65888015	6.67
	方案 2	61768019	55259573	-10.54

更确切地讲，"双"改"单"对平均月租和平均主叫价格的影响可以分解为两种效应：其一是相对价格变化效应。为了说明这种效应，不妨假设"双"改"单"前有三种资费，一是月租为零的资费，二是月租为中等水平的资费，三是高月租的资费，所以话务量小的用户选择第 1 种资费，话务量最大的用户选择第 3 种资费，而话务量介于两者之间的用户选择第 2 种资费。"双"改"单"后，为了表达简便起见，如果不考虑弹性因素，并且假设所有人话务量平衡，那么可以把第 1 种收费方式改革方案看成总价格下降一半①，而月租保持不变。假设收费方式改革后，用户的话务量保持不变，但由于门槛的降低，那些原来选择中间水平资费的用户

———————————

① 如果假设主叫价格不变，还要考虑到取消接听价格变化对平均价格产生的影响。

也会选择第 1 种资费,所以选择第 1 种资费的(相对)用户市场份额将增加,而选择第 2 种和第 3 种资费的用户市场份额下降;同理,对于第 2 种和第 3 种资费的相对市场份额,选择低月租资费的相对用户市场份额增加,而选择高月租资费的相对市场份额下降,但考虑选择第 1 种资费的用户后,选择第 2 种和第 3 种资费的(绝对)用户市场份额的变化不确定[①]。

综上所述,尽管各种资费选择的月租费水平保持不变,但由于不同月租水平对应的用户市场份额发生变化,平均月租水平也会改变,其中平均月租水平既有可能上升,也有可能下降;同样,平均主叫价格的变动情况,也取决于市场份额与主叫价格的相对变化结果。

取消接听价格还会间接地带来另外一种效应——数量变动效应。同样,可以把第 1 种改革方案看成总价格降低一半,由于移动价格具有比较高的弹性[嘎巴兹和汤普森(Garbacz and Thompson),2003,2004],主叫价格的降低将提高用户的话务量。如果假设所有用户的弹性一样,那么选择不同资费的用户市场份额不变;但如果更合理地假设高端用户,或者选择高月租用户的话务量相对增加较大,而选择低月租资费的低端用户的话务量增加较小,那么选择零月租和低月租的市场份额减少,由此造成平均月租水平上升,平均主叫价格下降。

容易看出,最终的变化结果取决于上述两种效应的相互影响。我们得出的估计结果是,在所有样本城市,尽管增加的规模不同,但用户规模都增加,其中北京增加幅度最高,达到 16.92% ,陕西的增加幅度最低,仅为 3.85% ,全国平均增加幅度为 6.67% 。但必须指出的是,此时用户规模的上升并不一定是由"双"改"单"本身带来的,而与"双"改"单"本身所隐含的资费水平下降有密切关系。实际上,北京的估计结果恰好说明,由于北京的现有资费水平相对较高,在给定的模拟方案下,价格变动相对较大,而广东的情况也许正好相反[②]。正因为如此,要想分析

---

① 假设 $\alpha_1 + \alpha_2 + \alpha_3 = 1$ 和 $\alpha'_1 + \alpha'_2 + \alpha'_3 = 1$,相应的符号分别对应改革前后的市场份额。容易得出, $\alpha_1 < \alpha'_1$,并且对于相对市场份额有 $\alpha'_2/(\alpha'_2 + \alpha'_3) < \alpha_2/(\alpha_2 + \alpha_3)$,但容易验证,选择第 2 种和第 3 种资费的市场份额不确定。

② 广东的情况也许与直觉有一定差异。由于市场营销,可能现有资费中已包含很多优惠,或者接听价格已经很低,所以取消接听价格产生的影响相对叫小;反过来,对于第 2 种模拟方案,主叫价格加倍高估了"双"改"单"的影响。

"双"改"单"本身对用户规模产生的影响，还需要分析对应资费平衡的收费方式改革方案的估计结果。

对于保持资费平衡的方案 2，我们得出的估计结果是，除北京增加 5.51% 以外，在其他样本城市，在双向收费改为单向收费后，用户规模都将下降，其中浙江下降幅度最大，为 14.26%，下降幅度最小的陕西为 3.51%，全国下降幅度为 10.54%。为了模拟资费平衡，我们在这里近似地假设"双"改"单"后，月租水平和优惠政策不变，而只有主叫价格加倍，被叫价格为零（方案 2）[1]。如果此时假设话务量不变，那么"双"改"单"前后每次通话的价格相同，产生的收入也相同[2]。

但"双"改"单"后，不同资费的相对价格水平发生变化，因而用户会在各种资费选择之间重新作出选择，也就是说，用户可能选择与收费方式改革以前不同的资费，由此造成的结果是，在收费方式改变以后，选择不同资费的用户市场份额发生变化。按照类似的思路，我们同样可以将"双"改"单"的影响分为相对价格变动效应与数量变动效应。与前面的分析类似，尽管各种资费的主叫价格加倍，但用户相对市场份额的变化导致平均主叫价格既有可能增加，也有可能降低：确切讲，对于用户市场份额下降的资费选择，如果其市场份额的下降足以抵消资费水平的增加，那么总的价格水平就会下降；反之亦然。因此在主叫价格增加以后，平均主叫价格水平增加，由此导致用户规模减小，但最终结果是否如此，还取决于平均月租水平的变化。

同理，尽管原有的月租水平保持不变，但由于用户重新对各种资费进行权衡，选择不同资费的用户市场份额发生变化，由此导致平均月租水平的改变。平均月租水平的变化结果，取决于选择有月租或低月租的资费选择的市场份额，与没有月租或高月租的资费选择的用户市场份额的相对变化。比如对于北京，由于选择资费 1 和套餐的用户市场份额减少，而选择资费 2 和资费 3 的用户市场份额增加，因此平均月租水平下降，由此导致用户规模的增加。

---

[1] 但实际上，由于用户需求具有弹性，主叫价格加倍后，话务量将会下降，所以真正的资费平衡点应该满足，资费平衡后的主叫价格大于原有主叫价格的 2 倍。

[2] 不考虑成本的变动，利润也相同。

最终结果取决于这两种效应的综合结果，或者更确切讲，取决于选择不同资费的用户市场份额变化所导致的平均月租和平均主叫价格的变化。我们得到的实证结果表明，对北京以外的样本城市，各种价格影响导致用户规模下降，尽管减少幅度有所不同；而对于北京，不同价格影响最后导致用户规模增加。

第四节　主要发现与结论

本章利用政策模拟实证方法，估计了收费方式改革对我国移动电话用户规模可能带来的影响。本章所采用的实证方法的主要特点是，通过建立用户选择计量经济学模型，描述用户对资费的选择行为，以此作为估计收费方式改变对用户规模影响的微观基础。我们得到的估计结果显示，实证研究结果取决于具体的改革方案：如果"双"改"单"以后，在被叫收费被取消的同时，保持主叫价格不变，这也是多数用户所理解的收费方式改革的含义，那么在此时用户规模将会上升；而如果收费方式改革后，被叫价格为零而通话价格加倍，这实际上是更接近资费平衡的调整方案，那么用户规模会下降。

本章的实证结果表明，收费方式变化对不同资费的相对价格产生影响：在取消被叫收费、保持主叫价格不变的方案下，收费方式的改变导致用户选择行为发生变化，由此导致平均资费水平下降；而在被叫价格为零、主叫价格加倍的方案下，用户选择行为改变导致平均价格上升。由此可见，通过系统的实证研究我们验证了，收费方式改革的本质在于，通过改变用户的资费选择，影响移动电话业务的价格水平。这个结论有以下几个方面的重要含义：

首先，收费方式改革本身是否具有规范含义，或者这种改革是否会带来帕累托改进，取决于收费方式改革带来的价格水平变化[1]。理论上讲，

---

[1] 这里忽略由于网络外部性，用户规模本身带来的配置效率的改善。但需要注意的是，我们主要利用的是一家移动运营商的数据，在这种情况下，某个运营商的用户增加，可能是替代性竞争的结果，而不代表市场容量的增加。

如果现有的定价为均衡价格，那么由于接听价格所具有的内部化外部性的重要作用（金等，1994），取消接听价格或改变收费方式无疑会降低资源配置的效率。但问题的复杂性在于，由于种种历史原因，现实中的移动资费存在很多扭曲。比如现有的移动资费（政府定价部分）是在几年前确定的，而电信业的一个重要特点就是技术进步快，并带来网络成本的快速下降，所以原有的资费已经不能反映市场已经发生的巨大变化。在这种情况下，根据次优原理，在现有资费扭曲的基础上增加另一个扭曲的资费政策——单向收费，而不是在最优价格的基础上引入扭曲的价格政策，反而可能对带来资源配置的改善。比如通过将双向收费改为单向收费，降低原来过高的移动资费，从而提高移动电话网络的使用率，改进资源配置结果。

但必须指出的是，这个结论并不能否认双向收费方式中，在存在复杂的外部性的情况下，接听价格所具有的重要的资源配置作用，换句话说，至少从理论上讲，双向收费方式是一个更有效的选择，而在一般情况下，单向收费并非最有效的选择，即没有考虑通话外部性[1]。这个结论的政策意义是，假设政府仍然保留对于移动资费的管制[2]，那么在移动资费存在严重扭曲的情况下，尽管单向收费可以改善福利，但这并不代表资费改革的根本方向。长期看，政府的管制政策应该着眼于改善移动资费的管制，比如降低某些业务的移动资费，或者引入更加灵活的上限管制，而不是用收费方式改革取代资费改革。

其次，收费方式的改变对于不同利益相关者的影响是不同的。对于用户来讲，无论是对取消被叫价格、主叫价格保持不变的方案，还是对被叫价格为零、主叫价格加倍的方案，虽然用户规模（用户接入需求）在总量上表现为上升或下降，但由于收费方式变化改变不同资费的相对价格，因此在保持用户消费不变的情况下，收费方式改革影响用户得到的消费者剩余，从而影响用户对于资费的选择。对于通话和接听具有不同偏好的消费者，对不同收费方式的偏好显然不同：对于打电话较多的用户，在双向收费时，平均移动资费水平相对较低，而对于接听电话多的用户，在采取

---

①　因而造成价格确实，从而带来不完全市场（Incomplete Market）问题。

②　这里不讨论是否应该放松管制的问题，而只是讨论在政府管制的前提下，如何得到好的管制政策。

单向收费时，平均资费水平相对较低。比如对于北京的用户，我们的实证结果表明，双向收费改为单向收费以后，选择低端资费的用户增加，而选择高端资费的市场份额下降。这些结果说明，在不同收费方式下，用户显示出来的对于不同资费选择的偏好是不同的。

由此可见，从用户角度，收费方式改革可能意味着用户之间的转移支付，比如在主叫价格不变、被叫价格为零时，可能存在主叫多的用户向被叫多的用户进行补贴。当然，如果这种转移支付的结果与收入再分配的目标一致，即由低收入者向高收入者进行补贴，那么这种转移支付至少具有再分配的积极意义。但问题是，在电话需求中，通话类型的分布相当复杂，比如在接听电话多的人中，除了对接听价格比较敏感的低收入者以外，还包括很多对接听价格不敏感的高收入者，在这种情况下，转移支付与收入再分配的目标正好相反，这显然是值得担忧的一种情况。因此，在通常情况下，不应该通过扭曲价格实现资源配置以外的社会目标，否则会带来严重的价格扭曲和福利损失①。

收费方式改革对不同运营商的影响也会有很大的不同。实际上，这种差异对竞争态势产生的影响是影响收费方式改革的关键因素。根据本章的理论分析部分我们知道，收费方式之争的背后是网间结算体系的调整，并通过结算体系的调整影响现有的竞争格局。在本章的实证研究部分，我们通过两种不同的资费调整方案，反映收费方式改变以后的竞争格局：主叫价格不变、被叫为零的方案相当于增加移动电话网络相对于固定电话网的竞争，而主叫价格加倍、被叫价格为零相当于减缓移动电话网相对于固定电话网的竞争。模拟结果表明，对于前一种政策调整，移动电话网络的用户市场份额增加并由此导致用户规模增加，而相对于后一种结果，移动电话网用户的市场份额减少，用户规模也相应地减少，换句话说，不同的收费方式改革政策对于运营商的影响是不同的，每个运营商都希望借助收费方式改革降低自己的价格，以此来增加自己的竞争力，从而达到增加自己用户市场份额的目的。

由此可以看出，对于运营商而言，收费方式改革并不意味着简单的资

---

① 在电信领域，传统上确实通过价格扭曲进行交叉补贴，实现普遍服务的目标，但目前的趋势是，或者通过公共财政的方法，或者通过明补的方式，实现普遍服务。

费调整，更主要的是对运营商之间的竞争格局产生的影响。在目前固定电话网与移动电话网之间的竞争日趋激烈的情况下，收费方式改革将对未来竞争格局产生非常关键的影响。实际上，如何维持移动与固定之间合理的竞争格局，是政府在实施收费方式改革时，需要考虑的一个非常关键问题。表面上看，政府可以依靠市场竞争，而不是对于竞争格局的干预，维持有效的竞争格局，但问题的复杂性在于：一方面，由于移动电话网可以带来移动性，所以移动代表未来通信技术的一个发展方向；另一方面，宽带技术对于未来国民经济的发展具有不可估量的作用，而现有的移动技术还无法取代固定通信在提供带宽方面的优势，但根据目前的情况，宽带的发展仍处于网络发展的初期，具有显著的网络外部性，因此可能需要一定程度的政府干预。很显然，管制机构在实施收费方式改革时，必须考虑这种复杂的技术格局：如果管制政策过于偏向移动，那么就会影响互联网乃至整个经济的发展；如果管制政策偏向固定政策，就会影响移动价值的实现，降低消费者福利。

本章的主要贡献是，通过系统的经验研究，在分析微观用户选择行为的基础上，估计了收费方式改革对用户规模的影响。根据前面的分析，由于电信系统的复杂性，收费方式对用户规模的影响取决于成本、需求和竞争态势等诸多因素，所以在通常的部分均衡分析框架内，很难综合分析收费方式变化产生的影响，更不用说定量地估计这些影响。所以，在相关经验研究尚不多见的情况下，本章填补了这方面实证研究的空白，更重要的是，本章所采用的具有微观基础的实证方法，至少在电信需求实证理论、价格指数理论等相关研究领域是一个重要的创新。此外，在当前管制改革不断深入的背景下，本章不仅对目前有关收费方式改革的学术争论是一个重要贡献，而且对于政府管制部门制定相应的资费改革政策具有重要的指导意义。

当然，由于理论模型和数据获得等方面的限制，尤其是不能得到包括固定电话网在内的所有竞争对手的数据，本章的结果存在一定的局限性，因此需要小心地解释本章的估计结果和政策含义：

首先，本章采用政策模拟方法，即"利用历史预测未来"，但由于收费方式改变后，结构参数会发生变化，因此这种实证方法存在一定的局限性。实际上，即使我们能够得到国外"双"改"单"的数据，并且可以利用这些数据估计的结构参数，估计收费方式改变对中国移动电话市场产生的影响，也存在用国外数据预测中国情况的问题。需要特别强调的是，由于收费方式改革还没有发生，所以无论是采取数值模拟，还是基于计量模型进行预测，只要对改革后的情形进行实证分析，就无法避免这些方法本身存在的局限性。

其次，在对模型进行估计时，我们只得到了移动通信市场上一家运营商的数据，而没有得到其竞争对手的数据，由此产生的影响是：一方面，尽管在某些假设下，通过拓展现有的估计结果，可以得到收费方式改革对整个移动产业的用户规模的影响，但我们主要估计的是收费方式改革对单一运营商的影响，而不是对全行业的影响。在这种情况下，需要小心解释估计结果，特别是社会福利方面的含义。容易理解，一家运营商电话用户数的变化可能只是反映不同移动电话运营商之间的替代竞争，而不是移动电话用户总规模的变动。为了考虑收费方式变化对全行业移动电话用户规模产生的影响，还需要估计收费方式对竞争对手产生的影响。另一方面，由于无法得到竞争对手的数据，我们在模型的设定中没有同时考虑竞争和资费选择的影响，而只考虑了在资费选择下，收费方式变化对不同资费的相对价格产生的影响，由此造成的结果是，在估计结果中无法区分网络竞争和资费选择分别对相对价格产生的影响，以及由此对用户规模产生的影响。

再次，由于无法得到用户收入数据，以及性别、年龄等社会经济方面的数据，在设定方程时，我们忽略了这些变量的影响，更确切讲，我们只是用资费选择虚拟变量来反映这些影响。尽管我们认为这不会对研究结果产生很大影响，但得到这些数据无疑会增加估计结果的可靠性，因为根据需求理论容易知道，这些属性会影响用户的资费选择。比如有的资费种类专门针对年轻人和时尚群体设计，而套餐资费则针对用户收入进行市场区分，这些资费选择具有很强的个体属性特征。所以，尽管从目前市场情况看，选择这些资费的用户只占很小的份额，但忽略这些变量无疑会对估计结果的可靠性产生一定的影响：由于这些属性变量的缺省，这些属性变量的影响可能反映在其他解释变量的系数中，或者方程缺乏这些变量的解释，因此影响结构参数的准确性。

最后，本章的实证研究中没有分析收费方式变化对社会福利产生的影响，比如对于运营商利润产生的影响，或者是对消费者剩余产生的影响，而只是分析了由此产生的用户规模的变化。很显然，用户规模本身并不是最终的福利目标，而只是通过网络外部性和潜在的网络使用率的增加，间接地影响社会福利。

我们希望能够在未来的研究中，完善收费方式问题的分析框架，特别是在能够得到收入和社会经济方面的数据，以及竞争对手数据的情况下，利用本章的分析框架和经验研究方法，得到更可靠的估计结果。

附录　估计结果汇总

附表 1 北京用户选择模型估计结果

（被解释变量：用户选择某种资费的概率）

解释变量	系数
月租	− 0. 039540
	(0. 000737)
网内主叫支出	− 0. 051278
	(0. 002366)
网间主叫支出	− 0. 002150
	(0. 002502)
网内被叫支出	− 0. 001007
	(0. 002228)
网间被叫支出	− 0. 073184
	(0. 002535)
资费 3 Dummy	− 3. 481564
	(0. 083578)
资费 4 Dummy	− 1. 204122
	(0. 265203)
log likelihood	− 4942. 212
Included observations	9062
No. of iterations	11
Schwarz criterion	1. 097794

注：（1）月租的单位为元/月，网内主叫支出、网间主叫支出、网内被叫支出、网间被叫支出的单位均为元；（2）括号中数据为对应系数的标准差；（3）所有标准差的显著性水平均为5%。

附表2　　　　　　　　吉林用户选择模型估计结果

（被解释变量：用户选择某种资费的概率）

解释变量	吉林省		
	长春系数	松源系数	白山系数
月租	－0.017054（0.001115）	－0.054913（0.003653）	－0.046818（0.004318）
主叫通话支出	－0.003448（0.000755）		
被叫通话支出	－0.010535（0.000981）		
网内通话支出		－0.001557（0.001293）	
网间通话支出		－0.003370（0.001369）	
通话总支出			－0.001228（0.000629）
资费2 Dummy		－0.231362（0.047822）	
资费3 Dummy			0.205109（0.117054）
资费4 Dummy	－1.438782（0.070350）	－1.326553（0.129589）	－0.235638（0.131380）
资费5 Dummy	－2.286388（0.087659）	－3.409516（0.259395）	－1.517195（0.171682）
资费6 Dummy	－0.763518（0.044719）	－4.085761（0.210207）	0.161007（0.272102）
log likelihood	－7662.860	－3467.373	－1483.374
observations	5000	3000	1000
No. of iterations	9	8	11
Schwarz criterion	3.075365	2.330264	3.008194

注：（1）各解释变量的单位同附表1；（2）括号中数据为对应系数的标准差；（3）所有标准差的显著性水平均为5%。

附表3　　　　　　　　陕西用户选择模型估计结果

（被解释变量：用户选择某种资费的概率）

解释变量	陕西省		
	榆林系数	宝鸡系数	商洛系数
月租	－0.013812（0.002822）	－0.385617（0.036227）	－0.762459（0.229848）
通话总支出	－0.003155（0.000872）		
主叫通话支出		－0.007821（0.004895）	

续表

解释变量	陕西省		
	榆林系数	宝鸡系数	商洛系数
被叫通话支出		− 0. 004170（0. 005188）	
网内通话支出			− 0. 005914（0. 011164）
网间通话支出			− 0. 033178（0. 02119）
资费 1 Dummy	1. 045675（0. 041688）	− 0. 640450（0. 303191）	− 4. 594108（2. 290336）
资费 2 Dummy			− 9. 862262（3. 477996）
资费 3 Dummy		− 3. 726457（0. 310274）	− 14. 58212（4. 647075）
资费 5 Dummy	− 3. 094144（0. 161519）	− 10. 37755（0. 761859）	− 19. 85593（5. 789613）
资费 6 Dummy	− 1. 865259（0. 088396）	− 3. 732797（0. 278634）	
log likelihood	− 6718. 764	− 1776. 193	− 1009. 078
observations	4854	2954	1000
No. of iterations	18	36	29
Schwarz criterion	2. 777084	1. 221504	2. 066510

注：（1）各解释变量的单位同附表 1；（2）括号中数据为对应系数的标准差；（3）所有标准差的显著性水平均为 5%。

附表 4　　　　　　　　　　浙江用户选择模型估计结果

（被解释变量：用户选择某种资费的概率）

解释变量	浙江省		
	杭州系数	金华系数	丽水系数
月租	− 0. 032287（0. 000601）	− 0. 050829（0. 001337）	− 0. 071752（0. 004304）
通话总支出	− 0. 018628（0. 001057）		
网内通话支出		− 0. 012677（0. 001752）	
网间通话支出		− 0. 019213（0. 001894）	
主叫通话支出			− 0. 007963（0. 002063）
被叫通话支出			− 0. 013566（0. 000904）

续表

解释变量	浙江省		
	杭州系数	金华系数	丽水系数
资费 1 Dummy		− 1.292607（0.080129）	
资费 2 Dummy			− 1.396186（0.140623）
资费 3 Dummy	− 2.532690（0.463782）		− 1.999606（0.130050）
资费 4 Dummy	− 2.804299（0.737368）	− 6.918177（0.342746）	
资费 5 Dummy	− 2.283598（0.941825）	− 6.182943（0.223860）	− 1.594666（0.215722）
资费 6 Dummy	− 4.439076（0.520746）	− 6.577315（0.312032）	− 2.522321（0.175854）
log likelihood	− 1544.887	− 1395.942	− 1165.111
Observations	2507	1725	963
No. of iterations	34	31	16
Schwarz criterion	1.251191	1.648728	2.469691

注：（1）各解释变量的单位同附表1；（2）括号中数据为对应系数的标准差；（3）所有标准差的显著性水平均为5%。

附表 5　　　　　　　广西用户选择模型估计结果

（被解释变量：用户选择某种资费的概率）

解释变量	广西壮族自治区		
	南宁系数	桂林系数	百色系数
月租	− 0.004924（0.000504）	− 0.003436（0.000688）	− 0.010314（0.000917）
网内通话支出	− 0.004855（0.000625）	− 0.002580（0.001224）	
网间通话支出	− 0.012910（0.000722）	− 0.005727（0.001368）	
主叫通话支出			− 0.028033（0.001589）
被叫通话支出			− 0.007881（0.001048）
资费 1 Dummy	0.617520（0.047952）	0.584737（0.091093）	
资费 2 Dummy	− 0.542401（0.052277）		
资费 3 Dummy		− 0.125733（0.077030）	− 0.655585（0.093310）

续表

解释变量	广西壮族自治区		
	南宁系数	桂林系数	百色系数
资费 4 Dummy	0.406703 （0.054777）	− 0.124441 （0.080718）	− 1.073555 （0.098204）
资费 5 Dummy	− 0.486361 （0.058120）		− 0.328428 （0.100586）
资费 6 Dummy		0.705911 （0.072308）	
log likelihood	− 8477.765	− 3908.086	− 2185.665
observations	5016	2254	1320
No. of iterations	10	32	9
Schwarz criterion	3.392180	3.491666	3.344275

注：（1）各解释变量的单位同附表1；（2）括号中数据为对应系数的标准差；（3）所有标准差的显著性水平均为5%。

附表6　　　　　　　　广东用户选择模型估计结果

（被解释变量：用户选择某种资费的概率）

解释变量	广东省		
	深圳系数	中山系数	梅州系数
月租	− 0.031858 （0.000658）	− 0.012372 （0.000844）	− 0.06400 （0.005497）
主叫通话支出	− 0.011775 （0.001166）		
被叫通话支出	− 0.007652 （0.000648）		
总通话支出		− 0.000527 （0.000225）	
网内主叫通话支出			− 0.067612 （0.004480）
网间主叫通话支出			− 0.004863 （0.004898）
网内被叫通话支出			− 0.020892 （0.004175）
网间被叫通话支出			− 0.017048 （0.006017）
资费 2 Dummy		− 0.841990 （0.065002）	
资费 3 Dummy	− 2.238153 （0.059354）	− 0.781396 （0.070203）	− 1.298276 （0.144754）

续表

解释变量	广东省		
	深圳系数	中山系数	梅州系数
资费 4 Dummy	− 3. 672590 （0. 092228）		− 0. 420034 （0. 151541）
资费 5 Dummy	− 1. 362097 （0. 121414）	− 0. 645852 （0. 079320）	− 2. 113478 （0. 159916）
资费 6 Dummy		− 0. 133496 （0. 055707）	
log likelihood	− 4118. 732	− 4386. 347	− 977. 3574
observations	4004	2550	1000
No. of iterations	22	39	17
Schwarz criterion	2. 069739	3. 458728	2. 009977

注：（1） 各解释变量的单位同附表 1；（2） 括号中数据为对应系数的标准差；（3） 所有标准差的显著性水平均为 5% 。

参考文献

1. Anderson, S. P. , A. de Palma and J. F. Thisse （1992） *Discrete Choice Theory of Product Differentiation.* MIT Press.

2. Armstrong, M. （2002） The Theory of Access Pricing and Interconnection, in *Handbook of Telecommunications Economics*, ed. by M. Cave, S. Marjumdar and I. Vogelsang, North Holland Press.

3. Atkinson, J. and C. Barnekov （2000） A Competitively Neutral Approach to Network Interconnection, FCC OPP Working Paper 34.

4. Baumol, W. （undated） Some Subtle Issues in Railroad Deregulation. International Journal of Transport Economics 10.

5. Baumol, W. and G. Sidak （1994a） The Pricing of Inputs Sold to Competitors. *Yale Journal of Regulation* 11.

6. Baumol. W. and G. Sidak （1994b） Toward Competition in Local Telephony. MIT Press.

7. Berry, S. , J. Levinsohn and A. Pakes （1995） Automobile Prices in Market Equilibrium. *Econometrica*, 63, 841 − 890.

8. Crandall, R. W. and J. G. Sidak (2004) Should Regulators Set Rates to Terminate Calls on Mobile Networks? *forthcoming in Yale Journal on Regulation*, 21.

9. DeGraba, P. (2001) Bill and Keep at Central Office as the Efficient Interconnection Regime, Patrick DeGraba. FCC OPP Working Paper 33.

10. Doganoglu, T. and Y. Tauman (2002) Network Competition with Reciprocal Proportional Access Charge Rules. *The Manchester School*, 70, 16 – 35.

11. Doyle, C. and J. C. Smith (1998) Market Structure in Mobile Telecoms: Qualified Indirect Access and the Receiver Pay Principle. *Information Economics and Policy*, 10, 471 – 488.

12. Eklof, M. and A. Lunander (2003) Open Outcry Auctions with Secret Reserve Prices: An Empirical Application to Executive Auctions of Tenant Owner's Apartments in Sweden. *Journal of Econometrics* 114, 243 – 260.

13. Elyakime, B., P. Loisel, W. Voung (1997) Auctioning and Bargaining: An Econometric Study of Timber Auctions with Secret Reserve Prices. *Journal of Business and Economic Statistics* 15, 1997.

14. FCC (2004) Ninth Report, Federal Communications Commission. Http: //hraunfoss. fcc. gov/edocs_ public/attachmatch/FCC – 04 – 216A1. pdf.

15. Garbacz, C. and H. Thompson (2003) Estimating Telephone Demand with State Decennial Census Data from 1970 – 1990: Update with 2000 Data. Working Paper.

16. Garbacz, C. and H. Thompson (2004) Universal Telecommunications Service: A World Perspective. Working Paper.

17. Greene, W. (2000) Econometric Analysis. Fourth Edition, Prentice – Hall Press.

18. Hausman, J. and D. McFadden (1984) A Speciation of Test for Multinomial Logit Model. *Econometrica*, 52, 1219 – 1240.

19. Hausman, J. (2002) Mobile Telephone, in *Handbook of Telecommunications Economics*, ed. by M. Cave, S. Marjumdar and I. Vogelsang, North Holland Press.

20. Hensher, D. A. and W. Greene (2003) The Mixed Logit Model: The State of Practice. *Transportation*, 30, 133 – 176.

21. Jeon, D. S., J. J. Laffont and J. Tirole (2004) On the Receiver Pays Principle. *Rand Journal of Economics*, 35, 85 – 110.

22. Kahn, A. (1970) *The Economics of Regulation: Principles and Institutions.* Vol. I, John Wiley & Sons, Inc., New York.

23. Keane, M. P. (1997) Current Issues in Discrete Choice Modeling. *Marketing Letters*, 8: 3, 307 – 322.

24. Laffont, J. J. , S. Marcus, P. Rey and J. Tirole (1998) Internet Interconnection and the Off – Net – Cost Pricing Principle. *Mimeo*, IDEI.

25. Laffont, J. J. , P. Rey and J. Tirole (1998) Network Competition: I. Overview and Nondiscriminatory Pricing. *Rand Journal of Economics* 29, 1998.

26. Laffont, J. J. and J. Tirole (2000) *Competition in Telecommunications*. MIT Press.

27. Lee, S. (2004) Measuring the Effects of Uniform Settlement Rate Requirement in the International Telephone Industry. Working Paper, Department of Economics, University of Wisconsin – Madison.

28. Littlechild, S. (2004) Mobile Terminate Charges: Calling Party Pays Vs Receiving Party Pays. Cambridge Working Papers in Economics, No. 0426, Department of Applied Economics, University of Cambridge.

29. McFadden, D. and K. Train (2000) Mixed MNL Models For Discrete Response. *Journal of Applied Econometrics*, 15, 447 – 470.

30. McFadden, D. (1973) Conditional Logit Analysis of Qualitative Choice Behavior, *in Frontiers in Econometrics*, ed. by P. Zarembka, Academic Press.

31. McFadden, D. (1989) A Method of Simulated Moments for Estimation of Discrete Choice Models without Numerical Integration. *Econometrica*, 57, 995 – 1026.

32. McFadden, D. (2000) Disaggregate Behavioral Travel Demand's RUM Side: A 30 – Year Retrospective. Working Paper, Department of Economics, University of California, Berkeley.

33. OECD (2000) Cellular Mobile Pricing Structures and Trends. Working Party on Telecommunication and Information Services Policies. Http: //www. oecd. org/dataoecd/54/ 42/2538118. pdf.

34. Panzar, J. (1989) Technological Determinants of Firm and Industry Structure, in *Handbook of Industrial Economics*, ed. By R. Schmalensee and Willig, R. , North Holland.

35. Riordan, M. (2001) Universal Residential Telephone Service. *Handbook of Telecommunications Economics*.

36. Rochet, J. – C. and J. Tirole (2003) Cooperation among Competitors: Some Economics of Payment Card Associations. *Rand Journal of Economics*, Vol. 33.

37. Rochet, Jean – Charles and J. Tirole (2004) Two – sided Markets: An Overview. IDEI Working Paper.

38. Sharkey, W. (1982) *The Theory of Natural Monopoly*. Cambridge University Press, 1982.

39. Schmalensee, R. (2001) Payment Systems and Interchange Fees. NBER Working

Paper No. 8256.

40. Squire, L. (1973) Some Aspects of Optimal Pricing for Telecommunication. *Bell Journal of Economics and Management Science*, 4, 515 – 525.

41. Taylor, L. D. (1994) *Telecommunications Demand in Theory and Practice*. Kluwer Academic Publishers.

42. Train, K., D. Mcfadden and M. Ben – Akiva (1987) The Demand for Local Telephone Service: A Fully Discrete Model of Residential Calling Patterns and Service Choices. *Rand Journal of Economics*, 1987, 109 – 123.

43. Valletti, T. (2002) Is Mobile Telephony A Natural Monopoly. Imperial College and CEPR.

44. Zehle, S. (2003) *CPP Benchmark Report*. Coleago Consulting Ltd..

45. Armstrong, M. (2006) Recent Developments in the Economics of Price Discrimination. University of College London.

46. Basaluzzo, G. and E. J. Miravete (2006) Constrained Monopoly Pricing with Endogenous Participation. University of Pennsylvania.

47. Baumol, W. J. (2005) Regulation Misled by Misread Theory. AEI – Brookings Joint Center, Washington, D. C..

48. Berry, S., J. Levinsohn and A. Pakes (1995) Automobile Prices in Market Equilibrium. *Econometrica*, Vol. 63, No. 4, pp. 841 – 890.

49. Brown, S. and D. Sibley (1986) *The Theory of Public Utility Pricing*. Cambridge University Press.

50. Burtless, G. and J. Hausman (1985) The Effect of Taxation on Labor Supply: Evaluating the Gary Income Maintenance Experiment. *Journal of Political Economy*, Vol. 86, pp. 1103 – 1130.

51. Busse, Meghan R. (2000) Multi – market Contact and Price Coordination in the Cellular Telephone Industry. *Journal of Economics & Management Strategy*, Volume 9, No. 3, 287 – 320.

52. Della Vigna, S. and U. Malmendier (2005) Paying Not to Go to the Gym. *American Economic Review*, Forthcoming.

53. Esteban, S., E. Miyagawa and M. Shum (2006) Empirical Modeling of Endogenous Quality Choice: The Case of Cable Television. *Journal of Economic Theory*, Forthcoming.

54. FCC (2004) Ninth Report. Federal Communications Commission.

55. Goettler, R. L. and K. Clay (2006) Price Discrimination with Experience Goods:

Sorting – Induced Biases and Illusive Surplus.

56. Greene, W. (2000) Econometric Analysis. Fourth Edition.

57. Grubb, M. (2006) Selling to Overconfidence Consumers. Stanford University.

58. Gul, F. and W. Pesendorfer (2001) Temptation and Self – Control. *Econometrica*, Vol. 69, pp. 1403 – 1436.

59. Hall, R. (1973) Wages, Income, and Hours of Work in the US Labor Force, in Gain, Glen and H. Watts eds. , *Income Maintenance and Labor Supply*, Chicago: Markham Press.

60. Hanemann, M. (1984) Discrete/Continuous Models of Consumer Demand. *Econometrica*, Vol 52, No. 3, pp. 541 – 561.

61. Hausman, J. (1984) The Econometrics of Nonlinear Budget Sets. *Econometrica*, Vol. 53, No. 6, pp. 1255 – 1282.

62. Heckman, J. (1979) Sample Selection Bias as a Specification Error. *Econometrica*, Vol. 47, pp. 153 – 161.

63. Huang, C. I. (2006) Estimating Demand for Cellular Phone under Nonlinear Pricing. Northwestern University.

64. Ivaldi, M. and D. Martimort (1994) Competition under Nonlinear Pricing. Annales D'Economie Et DE Statistique, No. 34, pp. 71 – 113.

65. Iyengar, R. (2006) A Structural Demand Analysis for Wireless Services under Nonlinear Pricing Schemes. Columbia University.

66. Jensen, S. (2006) Implementation of Competitive Nonlinear Pricing: Tariffs with Inclusive Consumption. *Review of Economic Design*, Forthcoming.

67. Kahn, A. (1970) The Economics of Regulation: Principles and Institutions. Vol. I, John Wiley & Sons, Inc. , New York.

68. Kim, J. Y. (2006) A Structural Analysis for Consumer's Dynamic Switching Decision in the Cellular Service Industry.

69. Kobayashi, B. H. (2005) Not Ready for Prime Time: A Survey of the Economic Literature on Bundling. Georgy Mason University.

70. Laffont, J. J. and J. Tirole (2000) *Competition in Telecommunications*. MIT Press.

71. Lambrecht, A. , K. Seim and B. Skiera (2005) Does Uncertainty Matter? Consumer Behavior under Three – Part Tariffs, Stanford University.

72. Littlechild, S. (2004) Mobile Terminate Charges: Calling Party Pays Vs Receiving Party Pays. Cambridge Working Papers in Economics No. 0426, Department of Applied Economics, University of Cambridge.

73. McFadden, D. , C. Puig, D. Kirshner (1977) Determinats of the Long – Run Demand for Electricity. Proceedings of the American Statistical Association, Business and Economics Section, pp. 109 – 117.

74. Miravete, E. J. (2002) Choosing the Wrong Calling Plan? Ignorance and Learning. University of Pennsylvania.

75. Miravete, E. J. (2004a) The Welfare Performance of Sequential Pricing Mechanisms. University of Pennsylvania and CEPR.

76. Miravete, E. J. (2004b) The Doubtful Profitability of Foggy Pricing. University of Pennsylvania.

77. Miravete, E. J. (2004c) Are those Calling Plans Really Neccesary? The Limited Gains From Complex Tariffs. University of Pennsylvania.

78. Miravete, E. J. and L. H. Roller (2004) Competitive Nonlinear Pricing in Duopoly Equilibrium: The Early U. S. Cellular Telephone Industry. University of Pennsylvania.

79. Mitchell, B. and I. Vogelsang (1991) *Telecommunications Pricing*. Cambridge University Press.

80. Moffitt, R. (1990) The Econometrics of Kinked Budget Constraints. *Journal of Economic Perspectives*, Vol. 4, No. 2, pp. 119 – 139.

81. Neslin, S. A. (2002) Sales Promotion. Marketing Science Institute, Cambridge, MA.

82. Panzar, J. and J. G. Sidak (2005) When Does an Optimal Tariff Not Lead to a Pareto Improvement? The Ambiguous Effects of Self – Selecting Nonlinear Pricing When Demand is Interdependent or Firms Do Not Maximize Profit.

83. Pudney, S. (1989) Modelling Individual Choice: The Econometrics of Corners, Kinks and Holes. Basic Blackwell.

84. Reiss, P. C. , M. W. White (2005) Household Electricity Demand, Revisited. *Review of Economic Studies*, 72, pp. 853 – 883.

85. Reiss, P. C. and F. A. Wolak (2005) Structural Econometric Modeling: Rationales and Examples from Industrial Organization. Stanford University.

86. Seim, K. and V. B. Viard (2004) The Effect of Entry And Market Structure on Cellular Pricing Tactics. Stanford University.

87. Stole, L. A. (1995) Nonlinear Pricing and Oligopoly. *Journal of Economics & Management Strategy*, Vol. 4, No. 4, pp. 529 – 562.

88. Stole, L. A. (2000) Price Discrimination and Imperfect Competition. University of Chicago.

89. Taylor, L. D. (1994) *Telecommunications Demand in Theory and Practice*. Kluwer

Academic Publishers.

90. Taylor, L. D. (2002) Customer Demand Analysis. in Cave, M. , S. Majumdar, and I. Vogelsang eds. , *Handbook of Telecommunications Economics*, Vol. 1, North – Holland.

91. Tirole, J. (1988) *The Theory of Industrial Organization*. MIT Press.

92. Winer, R. S. (2005) Pricing, Marketing Science Institute, Cambridge, MA.

93. Yang, H. X. and L. X. Ye (2006) Nonlinear Pricing, Contract Variety and Competition. Ohio University.

94. 刁兆坤:《单向收费对网络的影响分析》,《电信工程技术与标准化》2004 年第 5 期。

95. 吴先锋、张瑜:《实施移动通信单向收费的经济学思考》,《价格理论与实践》2004 年第 2 期。

96. 信息产业部:《电信网间通话费结算办法》,2001 年 3 月 14 日。

97. 信息产业部:《公用电信网间互联管理规定》,2001 年 4 月 29 日。

98. 信息产业部、国家计委:《关于部分电信业务实行市场调节价的通知》,2002 年 7 月 6 日。

99. 奚国华、刘仲英:《我国电信资费改革探索》,《数量经济技术经济研究》2004 年第 1 期。

100. 余京丰:《网间结算数据让我相信谁?》,《通信信息报》2004 年 10 月 12 日。

101. 信息产业部经济调节与通信清算司:《电信资费管理——发展与改革》,人民邮电出版社 2006 年版。

102. 张昕竹:《从双边市场看网间结算与收费方式》,《经济社会体制比较》2006 年第 1 期。

第 三 篇
电话网网间结算

第五章　不同收费方式下的网间结算理论

第一节　导　言

21 世纪前十年，在宏观经济持续快速增长的带动下，我国电信行业紧紧抓住通信技术升级换代的历史机遇，实现了从固定通信到移动通信的跨越式发展。最新统计数据显示，我国移动用户数已经超过 10 亿户，成为全球最大的移动通信大国。回顾我国移动通信业的发展历程，早期我国对移动通信采取了双向收费政策；直到 2004 年以后，各家移动企业在政府的推动下推出大量包括接听免费的资费套餐方案，才逐步完成了由双向收费向单向收费的制度变革。

在用户收费方式由双向转为单向的过程中，电信企业之间的网间结算体系又该如何调整呢？这是一个值得深入探讨的理论问题。对于市场上的电信企业来讲，当不同企业间存在网间通话时，该网间通话的路由实际上是由主叫方企业和被叫方企业共同携手搭建的，或者说主叫方企业提供了通话发起服务 （Call Origination Services），而被叫方企业提供了通话落地服务 （Call Termination Services），主被叫双方都耗费了通话线路成本。如何弥补主叫方的通话发起成本以及被叫方的通话落地成本自然就成为理论界和产业界关注的热点问题。

从用户效用的观点来说，通话主叫方用户从通话发起中获得了效用，应当为通话发起成本付费；被叫方用户也从通话中获得了效用，同样应当为通话落地成本付费；与此对应的收费方式就是双向收费。此时，被叫方企业的通话落地成本实际上就由通话被叫用户支付的接听费用补偿了。但多数情况下，出于多种原因如政府管制要求，电信企业并没有采取双向收费，而是单向收费，此时被叫方的通话落地成本又该如何补偿呢？或者尽管电信企业都采取了双向收费，但被叫用户支付的接听费用很低，不足以弥补其通话落地成本，那么又该如何解决呢？

不难看出，在不同的收费模式下，需要研究采用什么样的补偿机制来弥补被叫方企业的通话落地成本从经济上才更为有效。这就需要综合考虑主被叫用户的收费模式、主被叫网络的网间通话成本情况，在主叫方企业和被叫方企业之间建立网间结算机制。但是，网间结算的功能不仅仅局限于弥补通话落地成本，结算价格的高低还直接影响到主被叫网络的通话资费水平高低，以及市场竞争的强弱，甚至有的国家还在网间结算体系增加其他管制目标，如实施不对称管制政策或普遍服务义务等。

在我国，移动通信的双向收费模式与对应的网间结算体系与当时移动通信乃至整个电信业的发展起步较晚，以及政企合一和垄断经营的计划经济体制密切相关，具有非常强烈的路径依存特征，在某种程度上，现有的相关政策基本上是过去管理方式的延续，与现代电信监管理念和原理普遍存在偏差。近年来，随着电信业的改革与发展，特别是电信竞争的引入和不断深化，用户收费模式、网间结算体系及市场竞争架构之间存在越来越大的潜在冲突，比如移动用户的收费方式已经由双向改为单向了，但固定网打向移动网时，只是象征性地向被叫方移动网支付低廉的结算费用是否合适？这些矛盾得不到有效解决，必然会影响运营商投资和创新的激励，阻碍电信市场有效竞争的形成，最终影响消费者的福利。

本章的研究重点就是深刻理解收费方式改革和网间结算改革的内在本质关联和影响机制。在研究的逻辑起点上，我们将基于整个社会福利的极大化，而不是某家企业的利润最大化。这种选择的主要考虑是，我国移动通信行业仍然是一个准入受到政府严格管制的行业，而且在可见的将来，政府还会继续实施准入管制，而政府监管的出发点首先要考虑到社会福利。

第二节 双边市场视角下的网间结算与收费方式

本节前言指出电话网存在网络外部性和通话外部性等多种外部性。实际上，后面的讨论将阐明这些外部性特征是决定一国网间互联结算和用户收费方式等制度安排的关键因素。但在现有讨论互联定价的文献中，一般是将收费方式看成外生的，然后分别讨论不同收费方式对应的网间结算问题。此时，网间通话被认为使主叫网络对被叫网络产生使用外部性，而根据庇古（Pigou）原理，征收网间结算费可以将这种外部性内部化。很显然，这种研究框架的一个重要缺陷是，无法同时讨论收费方式的选择与互联定价问题，因此无法解释为什么将通话外部性内部化同时需要网间结算价格和接听价格两个工具。

本节利用双边市场理论，讨论互联定价和收费模式选择问题。我们将要说明，作为一种网间转移支付手段，网间结算价格的主要作用是将通话外部性内部化，从而实现主叫市场和接听市场的最优定价或最优通话水平。

一　通话市场为双边市场

为什么会有不同的收费方式选择，收费方式的本质是什么，网间结算的作用是什么，收费方式选择与互联定价的关系又是什么，理解这些问题需要理解双边市场概念。

双边市场（或多边市场），是指通过某个（或多个）交易平台，能够使终端用户形成互动，并通过适当的定价，使每一端市场都能参与的一类市场，也就是说，交易平台既要吸引每一端的用户。同时又要总体上保持盈利，或者至少保持盈亏平衡。

在经济学意义上，双边市场更确切的定义是，给定每一端市场的定价总和，如果交易平台上实现的交易额与价格结构或两端市场的相对价格有关，这样的市场就是双边市场；反之，如果交易平台上实现的交易额只与总价格水平有关，而与相对价格无关，这种市场就是单边市场。

因为运价可以在发货人和收货人之间转嫁，所以铁路是一个典型的单边市场，或者更一般地说，很多由供需双方构成的市场都可以看成是单边市场。此外，如果把政府看成一个消费者和商家之间的交易平台，不管市场的竞争程度如何，那么增值税或销售税可以在商家和消费者之间相互转嫁；假设商家可以完全转嫁用卡成本，那么银行卡支付系统也是单边市场等。

对于电话市场，运营商主要向主叫用户提供主叫发起业务，向被叫用户提供落地抵达业务。如果主叫用户和被叫用户可以相互协商，那么通话数量只取决于通话成本，而与主叫支付的价格和被叫支付的接听价格无关①，换句话说，此时的电话市场就是单边市场。但由于信息不对称和交易成本等原因，这样的谈判或协商很难实现，在这种情况下，由于通话市场存在网络外部性和使用外部性等外部性，主、被叫相对价格的高低会影响通话数量：当存在网络外部性时，入网用户越多，通话机会越多，通话数量因此会相应地增加；当存在使用外部性时，主叫（或被叫）的通话（或接听）决策，影响被叫（或主叫）从接听（通话）带来的效用，从而影响通话数量。所以按照定义，电话市场是一个典型的双边市场，即主被叫双方通过电话网络平台实现通话，其中双边市场分别为主叫市场和被叫市场。其他典型的双边市场还包括婚姻介绍所（双边市场分别为征婚男女双方）、媒体（双边市场分别为广告商和受众）、计算机操作系统（双边市场分别为用户和应用软件开发商）等②。

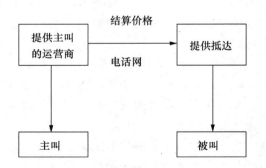

图 5 – 1 通话市场为双边市场

双边市场之所以引起了人们的极大关注，主要是这种市场具有非常独特的定价方式或商业模式，更确切地讲，就是在这类市场中，不同用户或者市场的每一端用户所承受的价格往往不平衡，或者说偏离相应市场的成

---

① 此时外部性并不会影响资源配置效率，这个结果在经济学中称为科斯定理。
② 对于前面提到的信用卡例子，如果因为种种原因，用卡成本不能直接转嫁给持卡人，银行卡支付也是双边市场。

本，在很多情形中，市场中某一方承担大部分甚至全部成本。比如，婚姻介绍所或舞厅对男方收费较高，甚至由男方承担全部费用；电视或报纸的成本主要由广告商承担，而观众免费观看节目；计算机操作系统主要从用户而不是向程序开发商收取费用；电话业务采用单向收费或者双向收费等。

二 通话外部性与双边市场定价

下面利用一个简单的分析框架，分析最优互联定价与收费方式。需要说明的是，尽管这里的分析框架非常简单，但根据我们的了解，目前还很少有利用双边市场理论分析收费方式的文献，这主要是因为，双边市场理论主要用于分析商业模式设计问题，而对于传统的电话业务，特别是固定电话业务，商业模式已经比较成熟。尽管如此，通过后面的分析框架可以发现，利用双边市场理论来分析电话市场，仍然可以得到很多新的思想。

（一）网间结算价格的作用

在电信产业，网间结算是一种重要的制度安排，所以理解网间结算的本质是非常重要的。实际上，要想说明不同收费方式的选择，需要首先说明网间结算价格的作用，为此，需要从电信网的外部性出发。为了分析的简便起见，下面只考虑使用外部性[①]。

分析通话外部性对资源配置效率产生的影响需要考虑的问题是，在什么条件下能够实现有效通话？[②] 很显然，答案取决于主被叫分别从通话中得到的效用，以及运营商提供通话的成本。容易知道，实现有效通话的社会最优条件是通话带来的总收益要大于总成本：

> 主叫方从通话得到的效用 + 被叫方从通话得到的效用 ≥ 运营商提供通话的总增量成本

但是，在主叫市场和接听市场满足完全竞争条件的情况下，如果不借助主被叫之间的转移支付，有时可能难以满足上述有效通话的条件，也就

---

① 当存在网络外部性时，需要同时考虑网络外部性和使用外部性，参见罗奇特和蒂罗尔（2004）。

② 为了简化分析，不妨假设有效通话次数和有效通话时长等价。

是说，使用外部性将会带来市场缺陷。比如，某些有效通话可能没有实现，而某些无效电话却得以接通。

为了说明这个问题，假设主被叫市场满足完全竞争条件，那么市场竞争导致主叫支付的价格等于运营商提供通过主叫业务的边际成本，而被叫支付的价格等于运营商提供通话抵达业务的边际成本。在市场竞争条件下，由于交易是自愿性的，所以，只有主被叫用户都从通话中收益，通话才能实现，为此需要满足以下条件：

> 主叫方从通话得到的效用≥主叫价格（＝提供主叫业务的边际成本）
> 被叫方从通话得到的效用≥接听价格（＝提供接听业务的边际成本）

容易验证，完全竞争下通话发生的条件比社会有效的通话条件更严格，这个结论可以借助图5－2来说明。

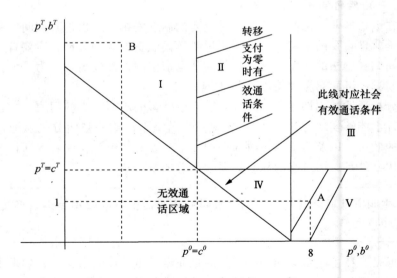

图5－2 社会最优与私人最优通话条件

在图5－2中，横轴代表主叫方的效用、主叫价格或成本，而纵轴代表被叫方的效用、接听价格或成本。容易验证，社会有效通话包括区域

Ⅰ、区域Ⅱ、区域Ⅲ、区域Ⅳ和区域Ⅴ，而市场竞争时通话发生的区域为区域Ⅱ和区域Ⅲ。因为社会有效对应的区域大于市场竞争时通话发生对应的区域，所以，当不存在转移支付或者商家策略性的考虑时，尽管从社会意义上讲，完成某些通话符合效率原则，但由于边际成本定价不能同时满足主被叫的成本收益条件，所以这些有效通话最终不能实现①，由此造成电话的使用低于社会最优水平。

下面说明通话效率损失与使用外部性密切相关。为此不妨假设，通话给主叫带来的效用为8，被叫得到的效用为1，运营商提供主叫和接听成本分别为3和2，这些条件对应图5-2中的A点。容易验证，此时社会最优条件满足：主被叫效用之和（9=8+1）大于提供主被叫带来的成本（5=3+2），因此，从社会效率角度，此时电话应该接通，但由于被叫的意愿支付低于接听价格或边际接听成本（1<2），因此被叫方不愿意接通电话；而如果被叫接听电话，那么主叫方得到的净效用为5（8-3），所以被叫不接通电话给主叫带来的效用损失为5，或者说被叫给主叫带来的外部性为-5。同理，假设通话给主叫带来的效用为1，被叫得到的效用为8，并且通话成本保持不变，这些条件对应图5-2中的B点。容易验证，此时主叫的意愿支付低于成本（1<3），所以尽管接通电话给被叫带来的效用为6（8-2），但主叫不愿接通电话，即主叫不发起电话给被叫带来-6的外部性。

根据前面的分析思路，为了分析结算价格和接听价格的作用，可以比较三种情形下的通话效率：（1）主被叫之间没有转移支付，并采用双向收费；（2）主被叫之间存在转移支付，并采用单向收费②；（3）主被叫可以转移支付，并采用双向收费。

首先比较情形（1）和情形（2）。假设采用双向收费时，市场存在充分竞争，因此主叫价格和接听价格都反映成本；而采用单向收费时，充分竞争使主叫价格趋于总边际成本。假设被叫可以无成本地得到主叫信息（比如来电显示可以使被叫得到主叫的完全信息）。需要强调的是，单向

---

① 满足图5-2中的区域Ⅰ、区域Ⅳ和区域Ⅴ内的通话。

② 在没有转移支付时，除非相互完全补偿，否则是不可维持的。有关单向收费带来的不完全市场问题请见本章后面的分析。

收费时隐含的一个重要前提条件是，主叫需要向被叫转移支付，并且均衡支付额等于提供抵达业务的成本。在这种情况下，通话实现的条件为主叫得到的效用大于主叫价格，而在完全竞争条件下，主叫价格与总边际成本相等，所以通话实现的条件变成，主叫得到的效用大于总通话成本，因此容易验证，在单向收费时，所有实现了的通话落在区域Ⅲ和区域Ⅴ；而在双向收费时，所有实现的通话落在区域Ⅱ和区域Ⅲ。对比社会最优通话条件可知，无论采用单向收费还是双向收费，所有实现了的通话都是有效的，即满足社会最优通话条件，或者说这些区域的通话不存在通话外部性，因此采用单向收费或双向收费没有效率上的差别。

从效率角度，不同收费方式的差别只是体现在满足社会有效条件但由于使用外部性而没有实现的通话所带来的效率损失上。容易看出，在单向收费时，没有实现的有效通话落在区域Ⅰ、区域Ⅱ和区域Ⅳ；而在双向收费时，没有实现的有效通话落在区域Ⅰ、区域Ⅳ和区域Ⅴ。由于区域Ⅰ和区域Ⅳ是在单向收费和双向收费下都没有实现的有效通话，因此单向收费和双向收费的通话效率差别主要反映在区域Ⅱ和区域Ⅴ：在实行单向收费时，某些通话对被叫的价值很大，比如被叫价值超过总成本，不过，对主叫而言，其价值要小于主叫方支付的价格或成本，此时这些有效通话将无法实现（对应图5-2中区域Ⅱ），但若采用双向收费，同样的通话将会实现；而在实行双向收费时，某些通话可能对主叫而言价值很大，但对被叫的价值小于接听价格，这样的有效通话也不会实现（对应图5-2中的区域Ⅴ），但是，如果采用单向收费，通话就会实现。

其次比较情形（1）和情形（3）[①]。假设主被叫之间能够进行转移支付，那么就可以利用网间支付手段，校正使用外部性所带来的市场缺陷，从而达到有效的通话水平。在网间通话时，此时的转移支付价格对应的就是网间结算价格。在前面的第一个例子中，假设主叫向被叫支付的网间结算价格等于提供接听的成本（2）减去被叫效用（1），那么主叫的成本变成总成本（3）减去被叫效用（1）。推广到一般情形，在完全竞争条件下，成本变化将完全反映到主叫支付的价格上，因此有效通话的条件

[①] 情形（2）和情形（3）的比较显而易见，此时，如果为单向收费，在转移支付的情况下，通话实现的区域为Ⅲ和Ⅴ，而在双向收费时，通话实现的区域等于社会有效通话条件。

变成：

> 主叫得到的效用 ≥ 总通话成本 - 被叫得到的效用

这个条件与社会最优条件等价，换句话说，通过转移支付，可以将通话外部性内部化，达到有效通话水平。

同理，当主叫的通话效用比较小（小于主叫服务的边际成本），而被叫的通话效用比较大（大于被叫服务的边际成本），并且总通话效用大于总通话成本时，通过被叫向主叫转移支付（比如 800 被叫付费电话），就可以将此时的外部性内部化，得到有效通话水平。

根据上面的讨论，尽管转移支付的方向取决于双边市场各自的成本收益，因此既可能由主叫向被叫进行转移支付，也可能被叫向主叫进行转移支付，但可以得到的基本结论是：转移支付机制或者网间结算机制的作用在于，作为转移支付手段，平衡通话市场中主被叫双边的成本和收益，达到最优通话水平。

总结前面的分析可知，如果在双向收费时允许转移支付，那么此时的通话效率可以实现社会最优；但如果采用双向收费时，不允许主被叫之间进行转移支付，或者采用单向收费方式，都只能达到次优的通话效率。但是，究竟是双向收费时不允许转移支付时通话效率高，还是采用单向收费时通话效率更高，取决于主被叫通话价值和相应的成本。

虽然前面的分析很好地解释了主被叫之间的转移支付或者网间结算价格的作用，但并没有回答如何确定网间结算价格，这是因为，在完全竞争条件下，无论网间结算价格如何确定，主叫市场和被叫市场的经济利润为零，因此结算价格是中性的。为了在双边市场框架下分析最优交换费，必须拓展完全竞争的分析框架。

（二）最优结算价格

利用罗奇特和蒂罗尔（Rochet and Tirole，2002，2004）和施马兰西（Schmalensee，2001）的分析框架，假设主叫市场和被叫市场都为不完全竞争，并且通话需求为主叫通话需求和被叫通话需求的积[①]，由此可以得

---

① 以此刻画双边市场的需求特征。

到极大化利润的网间结算价格需要满足的条件[①]：

> 主叫价格 × 被叫业务的价格弹性 = 被叫价格 × 主叫业务的价格弹性

并且有

> （主叫价格 + 被叫价格 – 总通话成本） × （主叫业务价格弹性 + 被叫业务价格弹性）
>
> = （主叫价格 + 被叫价格）

可以用一个例子，说明这个定价模型的含义。假设在均衡状态下，主叫的通话需求为被叫通话需求的 5 倍，分别为 500 和 100，因此，总需求为 50000。由于总需求等于双边需求相乘，主叫的需求变化对总需求产生的影响程度，等于被叫同样大小的变化对总需求影响的 5 倍。如果主叫的需求减少 1 个单位变成 99，那么总需求减少 500；但如果被叫需求减少 1 个单位，总需求减少 100 个单位。在均衡状态下，主叫市场单位价格变化所引起的利润变化，必然等于被叫市场单位价格变化所引起的利润变化。因此，最优主被叫价格满足边际价格变动带来的主叫市场需求的变化，等于被叫市场边际价格变动所引起的需求变动的 1/5，即满足主叫价格 × 被叫业务的价格弹性 = 被叫价格 × 主叫业务的价格弹性。

容易看出，虽然该定价模型给出了主叫市场价格和被叫市场价格，即主叫支付的价格和接听价格，但并没有直接确定主被叫之间的转移支付价格，而只是隐含地决定了主被叫之间的转移支付价格或者最优网间结算价格。实际上，主被叫最优价格与网间结算价格是同时决定的，比如假设知道市场定价与双边市场的成本之间的关系，就可以推导出结算价格与需求、成本以及竞争态势之间的复杂关系，也就是说，最优主被叫价格决定了主被叫转移支付的方向和数量。需要强调的是，虽然这个公式隐含决定了将通话外部性内部化所需要的最优转移支付额，但转移支付本身是隐含的补贴还是直接的支付，一般取决于通话为网内通话还是网间通话。

---

① 罗契特和蒂罗尔（2002）认为，需要区别极大化利润的价格和极大化社会福利的价格，但他们认为，两者都由成本、需求、竞争环境等因素决定，而且极大化利润的价格未必一定大于极大化社会福利的价格。

根据前面的分析，运营商或管制机构可以通过隐含的转移支付，或者网间结算价格来制定合适的主被叫相对价格①，保证主叫市场和被叫市场的协调发展，以得到有效的通话数量。根据最优定价模型，取决于相关参数值，最优定价的结果既可能是主叫支付的价格比较高，甚至完全由主叫付费或单向收费，也可能被叫支付的价格比较高，使主叫或被叫支付的价格远远偏离相应的成本。

三　网间结算机制与收费方式选择

实际上，前面的定价公式只是确定了某两个主被叫用户支付的价格②，以及他们相互之间为达到有效通话数量所需要的转移支付价格，但还不能完全解释现实中的网间结算机制和收费方式选择。

（一）网间结算的统一定价

因为不同主叫和被叫的成本和效用不同，所以，根据前面给出的定价公式，主被叫支付的主叫价格和接听价格就会不同，他们之间的转移支付的数量甚至方向也会有所不同。但在现实中，结算价格往往由管制机构或者运营商之间协商确定的③，并且对所有用户而言是统一定价。

这种统一定价机制主要是为了节约交易成本，因为如果结算价格不是统一定价，那么就只能依靠主被叫或者由不同运营商之间通过一对一协商谈判来确定，但这种协调谈判本身存在巨大的交易成本，在一般情况下是不现实的，而由政府或者提供互联服务的系统平台统一确定网间结算价格，或者说不同运营商之间的转移支付价格，可以有效地节约一对一谈判带来的交易费用。

此外，需要说明的是，现有网间结算机制的另一个特点是，网间结算只针对网间通话，而同网通话似乎不存在转移支付问题。但双边市场原理实际上说明，不但网间通话存在直接的转移支付，网内通话也隐含地存在转移支付。比如在固定电话中，这种转移支付隐含地体现在主叫支付的价格远大于成本，而被叫虽然不付费，但却从通话中得到效用，也就是说，

---

① 可以证明，尽管运营商和管制机构确定的结算价格不同，但由类似的因素决定，而且运营商确定的结算价格未必高于管制机构确定的满足社会福利极大化的结算价格。

② 或者所有主叫的成本和效用相同，被叫的成本和效用也相同。

③ 因为篇幅所限，我们这里忽略对运营商或管制机构定价所带来的差别的讨论。但需要指出的是，在很多双边市场，这是一个争议很大的一个问题。

对于网内通话，由于主被叫都是自己的用户，运营商可以通过直接控制主叫方支付的价格和接听价格，实现主被叫之间的转移支付，达到双边市场的有效定价；但对于网间通话，主被叫分属不同的网络，所以任何运营商，或者在放松零售资费的情况下的管制机构①，都不能通过控制主叫方支付的价格和接听价格实现转移支付，而只能通过明确的转移支付机制，即通过网间结算来达到同样的目的。

（二）双向收费的制度安排

在现实中，固定网通常采用单向收费，而移动网却出现了不同选择，而且有些国家的移动电话网采用单向收费，而有些国家则采用了双向收费。根据前面给出的双边市场定价模型容易得出，造成不同收费方式选择的主要原因是：

首先，固定电话的接听弹性要远远小于移动业务的接听弹性。固定电话的发展远远早于移动电话，并且在固定电话出现的时候，接听业务的替代技术很少，比如，当时还没有来电显示技术，所以固定电话的接听替代弹性很小，根据双边市场最优定价公式，固定电话的接听价格应该比较低，甚至在极端情形，当接听价格的弹性趋于零时，接听价格即使等于零，也不会产生显著的通话扭曲，这是固定电话采用单向收费的重要原因之一。

其次，与移动电话相比，固定电话的成本较小，并且用户的意愿支付较低，所以采用单向收费带来的扭曲比较小：一方面，移动电话具有移动性，因此用户对其有较高的意愿支付；另一方面，固定电话的成本特征是固定成本高，或者说用户驱动的成本高，但是增量成本或者使用驱动的成本低，而移动电话的成本结构正好相反。根据有效定价原则，用户驱动成本由固定费回收，而增量成本利用使用费回收。由于成本结构不同，固定电话与移动电话相比，其使用价格相对要低很多。前面指出在单向收费时，通话效率损失产生的主要情形是某些通话对被叫价值很大，但对主叫的价值小于主叫方支付的价格或成本，由此造成有效通话不能实现；而在双向收费时，使用外部性所带来的通话效率损失主要由于某些通话对主叫

---

① 但如果资费受到严格管制，并且是有效的，至少在理论上，通过控制主被叫价格就可以实现主被叫之间的转移支付，使网络外部性内部化，而不需要结算价格。

的效用大，但给被叫带来的效用比较小。在固定电话使用价格较低并且用户意愿支付较低的情况下，采用单向收费所带来的效率损失相对较小，因此固定电话采用单向收费带来的通话效率损失比较小，或者采用单向收费的可能性较大；而对于移动网，采用单向收费时使用价格较高，并且用户的意愿支付较高，由此带来的通话效率损失相对较大，因此至少从通话效率角度，存在采用双向收费的可能性。实际上，如果移动通话的成本过高或使用价格较高，几乎可以肯定采用双向收费的效率高于单向收费。我们可以用图 5-3 来说明这个结论。图中细线对应成本较低的固定网，粗线对应成本较高的移动网。对于固定电话来讲，通话位于 A 点附近区域的可能性较大，而移动电话通话落在 B 点附近区域较大，从这个意义上讲，相对于这样的技术经济条件，固定电话采用单向收费、移动电话采用双向收费更有效。

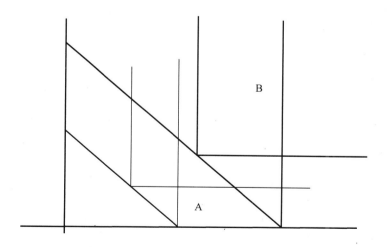

图 5-3　固定电话与移动电话的收费方式选择

　　最后，路径依赖对收费方式的选择产生很大影响。路径依赖的影响体现在：一方面，固定电话的收费方式影响移动电话的收费方式。尽管在某些情况下，成本和需求特征决定了移动业务采用双向收费更合理，但由于更早出现的固定电话采用单向收费，移动电话也被锁定在相同的收费方式中。另一方面，即使认识到双向收费优于单向收费，由于存在改革成本，在移动网采用了某种收费方式后，也很难改变现有的收费方式。单向收费国家以及双向收费国家的改革困境说明了这一点。

（三）双向收费与网间结算

在现实中，一个非常有争议的问题时，采用双向收费（接听价格大于零）是否还需要结算。第四节将对这个问题进行更加深入的分析，但在此我们可以利用双边市场理论对这个问题先做一个简要的分析。

根据双边市场最优定价理论，为了将外部性内部化，主叫支付的价格和被叫支付的接听价格不一定完全对应成本，而是取决于主被叫用户的成本收益，需要通过合适的转移支付机制或者网间结算机制，达到将外部性内部化的目的，也就是说，从这个意义上讲，接听价格与结算价格在一定程度上相互替代。比如，随着接听价格的增加，主叫向被叫支付的结算价格也会下降。但根据最优定价公式，在一般情况下，即使在双向收费下，结算价格也可能不为零，至少根据双边市场理论，不一定能够得出向被叫方用户收取接听价格，网间结算价格就应该为零的结论。

总体上说，根据前面的分析，我们知道如果采用网间结算的机制，那么双向收费时的通话效率可以达到社会最优水平，而单向收费时的通话效率只能达到次优水平。换句话说，只有在双向收费时不使用网间结算机制，或者不允许主被叫之间转移支付时，才存在单向收费和双向收费的选择问题。

第三节 单向收费下的网间互联定价理论

尽管移动网存在双向收费和单向收费，但研究网间互联定价的逻辑起点是单向收费，这主要是因为固定电话网的出现早于移动电话网，并且固定电话网主要采用单向收费。鉴于此，我们先讨论单向收费下的互联定价理论，然后讨论实际中采用的互联定价方法，以便为理解现实条件下应该采用的最优互联定价方法提供一个理论基础。

互联定价无疑是一个非常复杂的问题，主要体现在两个方面：一是理论层面的复杂性。电信行业的成本结构和各种外部性等技术经济特征，决定了互联定价理论的复杂性。二是操作层面的复杂性。而且管制机构的多重目标，甚至管制目标的模糊性，以及管制手段的有限性也决定了互联定价的复杂性。正因为如此，讨论互联定价理论的文献非常庞杂，在不同管制环境下得到的各种观点和结论并存，本节的目的就是对互联定价的基本理论做一个比较有机的梳理。

我们可以用一个简单的例子说明这两个层面的复杂性的区别。经济学的基本原理就是边际成本定价原则，基于成本的互联定价也应基于这个原则。但从操作上讲，这样的定价原则实际上非常复杂，因为管制机构通常没有所需要的成本信息，这个定价原则不可实施①；相对之下，可以采用分散化的方法实现最优结算定价，比如价格上限管制，在操作上就相对比较简单，这也是很多国家引入结算价格上限管制的主要原因。

下面首先对网间互联问题进行分类，然后分别讨论单向接入和双向接入或网间互联问题，最后讨论放松管制环境下移动电话网的互联定价问题。

一 网间互联的分类

网络间的互联可以分为单向接入和双向互联两大类。单向接入通常是指竞争者需要向在位者购买关键性生产要素，但是，在位者不需要向竞争者购买生产要素的情形。图 5－4 中左图表示最典型的单向互联，图中左边的公司既提供关键生产要素 A，又提供竞争性产品或服务 B②，而右边的公司只有向左边的公司购买关键生产要素 A，才能提供竞争性产品或服务 C。单向接入的产生主要与生产过程的分工以及不同生产过程的可竞争程度密切相关。比如，相对于固定本地电话而言，长途电话的规模经济比较小，所以更容易引入竞争，因此成为最早放开的电信业务，此时新进入的竞争性长话运营商需要向在位本地运营商购买网络接入服务，因此产生竞争性长话运营商对于本地网的单向接入问题。

而双向接入或网间互联是指市场上的竞争者需要相互购买对方提供的关键生产要素的情形。图 5－4 中的右图表示典型的双向互联，图中左右两边的企业都需要购买对方提供的关键生产要素 A 和 D，才能提供竞争性

---

① 根据激励理论，必须放弃信息租金才能得到成本信息，由于放弃租金有成本，所以只能达到次优的配置结果。

② 这里竞争性产品或服务 B 由不同的公司提供，所以 B 就不是独立的基本设施。

产品或服务 B 和 C。产生双向接入的根本原因在于，关键要素市场存在显著规模收益，因此关键设施不能完全复制。比如本地电话引入竞争以后，在长话和本地电话市场竞争的两个一体化运营商，都需要通过竞争对手的网络才能接入到竞争对手的用户。也就是说，双方对于自己的用户都具有市场支配权力，因此都需要竞争对手提供网络接入才能提供最终服务。

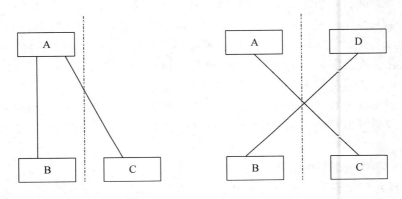

图 5 - 4　单向接入与双向互联

根据定义，不同互联问题对应的市场结构是不同的。单向互联对应的是不对称的市场结构，即某个企业独享关键性生产要素，而其他企业只提供竞争性产品或服务①。比如，在位运营商一体化经营长话和本地电话，而竞争者只经营长话；双向互联对应的是对称的市场结构，即互联双方都提供关键生产要素。比如，无论是在位者还是新进入者，都同时经营长话和本地电话，或者同时经营批发业务和零售业务。不同的市场结构造成单向互联和双向互联下，运营商不同的谈判力量对比，更确切地讲，在单向互联时，独享关键生产要素的厂商拥有更大的谈判地位，而在双向互联时，因为都提供关键生产要素，互联双方的谈判力量更加趋于平衡。由此导致管制制度安排存在显著差异：一般来讲，单向互联由管制机构定价，而对于双向互联，管制机构往往优先规定双方协商原则，只有难以达成协

---

①　关键设施可能在上游，也可能在下游。比如本地服务为长话的上游，而对于百货供应商而言，超市提供的是下游的卖场服务。

议时，政府才会干预。

由此可以看出，对于不同的互联问题，需要解决的问题是不同的：首先，对于单向接入，由于提供接入服务的网络具有市场垄断权力，如果管制机构不对单向接入进行管制，就可能产生市场关闭问题，即在位者不为竞争者提供接入，因此单向接入解决的核心问题是市场关闭问题，而不需要考虑用户接入市场的竞争问题。其次，双向互联问题更为复杂：一方面，与单向互联类似的是，当互联双方谈判力量不平衡时，仍有可能存在市场关闭问题；另一方面，当互联双方谈判力量相等时，还存在默契合谋的可能，也就是说，当互联双方协商互联定价时，存在串谋的动机，设定较高的互联价格，使最终用户支付较高的零售价格。

区分互联接入类型自然而然引起的一个的问题是，无论是单向接入还是双向接入，将要购买的都是接入服务，而且物理成本是相同的，但在实践中，购买接入服务时，具有接入网和没有接入网的运营商，需要支付不同的接入价格，这种区别定价的理论基础何在。这样的争议首先反映在管制实践上，因为不同国家对单向接入和双向接入的处理不尽相同：有些国家制定不同的单向接入费和双向接入费，而其他国家则不做这种区分，而只是根据提供的是去话互联还是来话互联，或者是转接互联来区分。通过后面的讨论将会发现，由于面临不同的市场结构，单向互联和双向互联的最优定价并不相同。

二　单向接入的最优结算价格

对应于特有的市场结构，单向接入定价是最早出现和被研究的问题。理解单向接入最优定价的关键是管制环境，具体来讲，就是最优接入定价取决于是否要求同时决定最优零售价格和接入价格，以及相对于管制目标而言，管制机构是否具备相应的手段，比如管制机构是否可以征税。不同的管制环境，将对应不同的最优单向接入定价。

（一）有效成分定价原则

当给定竞争性业务的零售价格，而只需考虑关键要素的接入费的确定时，此时面临的一个重要问题是，零售价格本身可能扭曲。比如由于种种原因，零售价格中存在交叉补贴，因此对于产生利润的市场，在位运营商等于在支付产品税，用于补贴亏损的市场，并且税额正好等于利润额。容易理解的是，这种扭曲的零售市场价格会产生错误的市场准入信号，产生著名的"撇奶油"问题，带来生产效率的损失，也就是说，此时发生的市场准入纯粹是由零售价格的扭曲造成的，而不是新进入者在效率上更具有优势。形成有效市场准入的一个方法是，对新进入者也征收同样的产品税，这样使在位者和新进入者在相同的起跑线上进行竞争。容易理解，此时最优单向接入的价格等于提供接入服务的成本，这样就会形成有效市场准入。

但问题是，由于种种原因，管制机构往往不能对新进入者征收这样的产品税，在缺乏管制手段的情况下，达到有效市场准入的最优单向接入定价就是有效成分定价原则（Efficient Component Pricing Rule，简称ECPR）[①]。这种定价原则最早由鲍莫尔（Baumol，1983）在铁路定价的环境里提出，经过鲍莫尔和斯达克（Baumol and Sidak，1994a and 1994b）的共同努力，成为理论和实践中争议最大的一种定价原则。

有效成分定价原则实际上非常简单。假定电信市场上由本地电话和长途电话上下游两种业务构成，但上游本地电话由在位者独家提供，因此属于一种关键生产要素；下游长话服务在竞争环境下提供，在位者和竞争者都能提供长话，但竞争者必须从在位运营商得到本地用户接入服务才能提供最终服务。在这种情况下，支持 ECPR 的人认为，在位者向竞争者出售接入服务时，其定价应该遵循有效成分定价原则：

接入定价 = 在位者提供接入的成本 + 在位者提供接入的机会成本
= 在位者提供接入的成本 + 替代系数 × 零售市场的利润

其中，替代系数表示每向竞争者提供一个单位的接入，在位者失去的零售需求。这个定价公式的含义是，竞争者支付的接入费，除了需要补偿在位者提供接入服务的直接成本外，还应该补偿在位者的机会成本，即因为提供接入服务而失去的下游市场所导致的利润损失。容易验证，按照ECPR，只有竞争者的成本低于在位者时，竞争者才会进入市场参与竞争，因此 ECPR 导致有效的市场准入。

[①] ECPR 通常是在单向接入环境下讨论，拉丰等（1998a）讨论了双向接入下的 ECPR 问题。

除了可以达到生产效率以外，ECPR 还有一个非常重要的特点或者说优点，就是满足竞争中性。容易理解，因为 ECPR 接入定价补偿了在位者的机会成本，也就是说不管是在位者自己提供最终产品和服务，还是只提供批发接入服务，再由竞争者提供最终服务，在位者本身的利润不会受到任何影响，因此不会产生任何排挤竞争对手的动机。由此可见，利润采用这种原则将有助于形成有效竞争。

但这种定价原则也引起了很大争议，这些争议与它的一些重要缺陷有关。容易看出，只有在严格的假设条件下，按照 ECPR 制定的接入价格才是有效定价。比如 ECPR 要求最终市场是可竞争的，但实际中这些条件往往并不成立。比如下游市场存在市场支配权利，或者管制者的价格管制政策存在扭曲，由此导致在位运营商获得超额利润，也就是说利润额超出了普遍服务的要求，甚至在位者并没有完成相应的义务。很多人因此批评，这种定价实际上等于在竞争环境下保护在位运营商的垄断利润，这也是这种定价原则受到最多批评的地方，由此带来的政治风险使其在实际中很少得到应用。

（二）拉姆齐定价

前面指出，ECPR 只考虑了给定零售价格时接入价格的确定，而没有考虑零售价格的确定问题，因此属于一种不完全定价。在同时考虑零售定价和接入定价时，ECPR 一般不再是最优定价，最优接入定价应该满足拉姆齐原则，或者说最优接入定价为拉姆齐定价（拉丰和蒂罗尔，2000）。拉姆齐接入定价的基本思想是，在线性定价情况下以最小的价格扭曲回收固定成本，其中包括接入亏损等政策性成本。具体来讲，就是在确定接入价格和零售价格时，应该在各自的边际成本上有一个加价，并且加价的幅度与相应的业务弹性成反比[①]。接入定价遵循拉姆齐定价原则的具体含义如下：

首先，接入定价应该参与回收固定成本，包括接入亏损等政策性成本，也就是说，无论是在位者还是竞争者，都要对固定成本的回收作贡献。在过去很长时期内，这是一个广泛争议的一个问题。在垄断时期，政府为了实现普遍服务目标，使市话的资费低于成本，同时靠较高的长话资

---

① 更准确地讲，应该是超弹性。

费提供交叉补贴。但是，引入长话竞争以后，这种交叉补贴自然难以维持，而且会导致无效市场准入。为了维持公平竞争，并得到有效市场准入，竞争性的运营商应该承担同样的普遍服务义务。假设普遍服务目标不变①，达到这样的目标可以有两种方式：一是征收普遍服务基金，那么此时的接入价格应该等于成本；二是无法完全征收普遍服务基金来校正零售价格扭曲时，应该遵照拉姆齐定价原则②。

其次，固定成本分摊应考虑弹性信息，这意味着在一般情况下，ECPR 并不是拉姆齐定价。容易验证，只有在充分对称的条件下，即在位者与竞争者提供互联业务的成本相同、新进入者不存在市场支配权利、竞争性市场中在位者和新进入者的需求相等、并且竞争性业务的成本对称等，ECPR 才与拉姆齐定价等价。

最后，拉姆齐定价可以用分散化的方式实现。由于拉姆齐定价需要很多需求和成本方面的信息，政府往往不具备这些信息，很多人因此认为拉姆齐定价只是一个理论结果，很难在现实中采用。但可以证明，利用整体价格上限管制，即与常见的价格上限管制不同的是，把结算价格和最终价格放在同一个价格上限中，只要合适选择价格上限中的权重，就可以让运营商基于自己掌握的弹性信息选择相对价格，得到拉姆齐定价结果（拉丰和蒂罗尔，2000）。当然，为了防止价格挤压等垄断行为，即在位者在价格上限允许的范围内，确定很高的结算价格，从而挤走竞争对手，可以在采用整体价格上限的同时，再加上 ECPR 约束，这样就既防止了价格挤压，又实现了拉姆齐有效定价。

三　双向接入的互联定价

由于基于设施的网络竞争的发展，双向接入或互联定价逐渐成为最主要的接入定价问题。在现实中，互联定价主要指本地电话竞争形成以后，不同固定电话运营商之间的竞争所产生的互联问题。在电信经济学中，人们在两种不同的分析框架下对双向互联进行分析：一是运营商之间的竞争

---

① 此外，改革的一个重要方向是直接增加月租费，让用户直接承担用户接入的增量成本，减少接入亏损。

② 美国接入定价的复杂性就在于对普遍服务基金的考虑。但需要强调是，通过接入加价征收普遍服务基金与征收产品税并不等价，因为前者会带来无效市场逾越问题，造成接入设施不必要的重复建设。

是对称的，即二者的成本结构相同，此时主要针对固定电话网之间或者移动网之间的互联定价；二是运营商之间的竞争不对称，此时主要针对固定网与移动网之间的互联定价。

（一）对称网络竞争下的互联定价

在讨论不同环境下的互联定价前，我们先对网间互联的结算体制做一个划分。网间互联通常分为互不结算和结算两种不同的结算体制，而在相互结算的体制下又分为不对等结算和对等结算两大类。产生不对等结算的原因有很多：比如为了鼓励市场准入，管制机构规定了非对称管制政策，允许新运营商不必向在位运营商支付互联费；或者采取基于互联需求的定价原则，此时新进入者对互联需求更为迫切，为此要支付较高的互联费。此外，在移动网采取双向收费时，移动电话网向固定电话网支付互联费，而后者不必向前者支付互联费。总体上，产生非对等结算的原因非常复杂。

对等结算一般有两种不同的理解：一种观点认为，对等结算意味着双方以相同的价格进行结算，结算价格根据在位运营商的成本确定，这也是管制机构通常的理解。这种结算体制下，由具有净流出话务量的运营商向具有净流入话务量的运营商支付净结算费。另一种观点认为，互联双方按照各自的成本进行结算，不一定要求结算价格相等。比如美国 FCC 对于对等结算的解释是，主叫所在的用户本地电话公司有义务向被叫用户所属的运营商提供补偿，而且补偿的基准是被叫方提供互联抵达业务的长期增量经济成本。也就是说，结算价格以各自的长期增量成本为基础。在实践中，多采用前种解释，我们的讨论也以这种定义为基础。下面首先分析结算体制下的互联定价问题，然后分析互不结算的网间结算体制。

1. 分析框架

在完全竞争的条件下，通过市场竞争可以实现有效的资源配置。但对于电信市场竞争，不完全竞争使得这个基本结论失效，因此需要建立新的分析框架。分析网络竞争与互联定价的最重要文献是拉丰等［拉丰、雷（Rey）和蒂罗尔，1998a 和 1998b，简称 LRT］，他们的贡献是奠定了电信竞争的基本分析框架和理论基础。这篇文章研究的基本问题是，假设互联价格通过某种方式事先给定，那么在零售市场价格不受管制的情况下，网络竞争的基本状况将会如何，特别是互联定价与资源配置效率之间有何关系。

　　LRT 中有两个关键基本假设：一个是假设对等结算原则，这也是各国电信管制机构通常采纳的结算原则；另一个是假设平衡的通话模式（Balanced Calling Pattern），即任何用户打往其他任何用户的概率相等。这个技术性假设的基本含义是，对于每个用户或运营商来讲，网内通话量占全部通话量的比例等于自己的用户市场份额，而网间通话的比例则等于竞争对手的用户市场份额。在现实生活中，很容易找到这个假设的反例，比如电话营销公司通常打出电话更多，而出租车公司则接听更多电话，但该假设是理论分析的一个出发点。实际上，在后面的讨论中我们将会看到，放松这个条件后文章的基本结论仍然成立。

　　最后，需要说明的是，LRT 假设不存在外部性①。在这个假设下，容易得到的一个非常基本的推论是，从资源配置效率的角度，政府管制并不需要同时对零售价格和网间结算进行管制②，因为一旦零售价格给定，消费者剩余就已经确定了，那么此时结算价格对资源配置效率不会产生任何影响，而只对分配产生影响，即在给定总剩余的情况下，互联价格只影响互联双方得到的剩余的大小。实际上，网间结算在所有国家都是一个非常有争议的话题，但由于我国零售价格仍受到一定程度的管制，此时的网间结算价格在很大程度上主要起再分配的作用，因此双方关于网间结算的利益冲突更为直接和激烈。

　　2. 竞争均衡与最优互联定价

　　在上述假设条件下，考虑两个成本结构及网络覆盖完全相同的运营商，在同一个市场上展开差异化竞争，他们首先通过争抢用户争夺用户市场份额，然后展开价格竞争。容易理解，因为运营商的利润主要来自零售和互联两个市场，所以每个运营商在选择竞争策略时，都希望通过最优的价格策略，使得零售市场和互联市场的利润之和最大。LRT 证明，竞争的均衡结果是③，如果运营商以线性价格展开竞争，当网络替代性比较小，

---

　　①　LRT 在其拓展工作中引入了使用外部性，后面讨论存在外部性时的网络竞争。
　　②　根据第三节的分析，当存在使用外部性时，结算价格可以起到将使用外部性内部化的作用，因此会影响资源配置结果。
　　③　经济学中均衡的基本含义是合理性，即为纳什均衡，当然这意味着稳定性。

或者不同网络所提供业务的差异性比较大时，网络竞争存在唯一、稳定的对称均衡；但是，当网络之间的替代性很强，或者结算价格与成本偏离较大时，竞争均衡将不存在。在电信经济学理论体系中，这是一个非常重要的结果，其意义堪与完全竞争下阿罗和德布鲁的一般均衡理论并论。

为了理解这个结果，需要了解感觉边际成本（Perceived Margin Cost）概念。容易理解，当 A 网的用户与网 B 用户通话时，A 网的感觉边际成本等于 A 网的发起成本，再加上网间结算价格，而由于节约了来话成本，所以还要减去来话成本，在平衡的通话模式假设下，因为网内通话的比例等于本网用户的市场份额，而网间通话的比例等于对方用户市场份额，因此平均感觉边际成本或机会成本等于：

平均感觉边际成本＝总通话实际成本＋对方市场份额×（互联价格－互联成本）

容易看出，对于给定的网间结算价格，如果互联定价高于成本，那么运营商存在很强的动机，通过增加自己的市场份额，以降低自己的感觉边际成本，即产生内生边际成本效应；但对于给定的市场份额，每个运营商的平均感觉边际成本与网间结算价格成正比，如果此时忽略市场份额效应，那么运营商都存在很强的动机，通过制定较高的结算价格，得到较高的零售价格。

当运营商进行价格竞争时，运营商在制定最优策略时面临非常复杂的权衡：如果运营商降低自己的价格，那么可以增加自己的市场份额，或减少对手的市场份额，从而降低自己的感觉边际成本，但这样做可能造成零售市场的单位利润率可能下降，并导致净流出话务量，因而增加净结算成本；反过来，如果运营商提高自己的价格，那么可以增加零售市场的单位利润率，并增加净流入话务量和结算收入，但会减少自己的市场份额。

对于这样复杂的权衡，一个自然而然的问题就是竞争均衡的存在性。LRT 证明在某些条件下，竞争均衡确实不存在。比如当网间结算价格远高于互联成本时，高结算价格导致较高的零售价格，但是当零售价格很高，并且网络替代性很强时，每个网络都想自己杀价，以便独占市场，但独占市场的情况又不可能是均衡状况，因为其他运营商可以效仿先行杀价的运营商。也就是说，在对称情况下，可能的均衡只能是对称的市场结构或者垄断的市场结构，但前面的分析说明，这两种情况都不是均衡，因此不存在（纳什）竞争均衡。

那么均衡不存在的经济含义是什么？看起来，均衡不存在似乎是一个纯粹的技术问题，但实际上，这是一个非常强健并具有重要政策含义的问题。在经济学意义上，不均衡意味着不稳定的市场竞争，说明存在市场缺陷问题。因此，这个重要结果的政策含义在于，指出了政府对于网间结算进行干预的必要性，并且给出了干预的基本原则，即在网络竞争比较激烈的条件下，网间结算价格应该位于互联成本的邻域，否则就会产生资源配置效率损失的问题（但是在网络替代比较小时，竞争均衡总存在）。

在均衡存在的情况下，即当互联价格位于互联成本的邻域，或者网络替代性比较大时，LRT 给出了均衡零售价格。他们的结果表明，即便存在竞争均衡，仍存在市场缺陷问题，此时的市场缺陷主要与市场支配力等因素密切相关，也存在高零售价格或存在超额零售利润。在这种情况下，结算价格可以发挥重要的资源配置作用，即通过控制结算价格，降低零售市场的高价，使之恢复到社会有效定价水平。根据这个结果，社会最优的结算价格既有可能高于互联成本，也有可能低于互联成本。比如当垄断加价很高而固定成本较低时，拉姆齐结算价格低于结算成本。换句话说，如果管制机构希望用结算价格工具，校正零售市场的市场支配权力带来的垄断高价，基于成本的定价原则不一定为拉姆齐定价。这个结果与单向接入的最优定价类似。

LRT 模型还表明，在均衡存在的情况下，均衡零售价格为结算价格的增函数，因此运营商可以通过协商确定较高的网间结算价格，互相抬高对方的边际通话成本，通过合谋制定较高的最终价格，获取行业垄断利润，因此运营商可以把网间结算价格作为合谋的工具，也就是说，社会最优的互联定价肯定低于导致垄断利润的结算价格。这个结果表明，管制机构对互联价格进行管制的一个重要目的，就是防止这种管制环境下合谋的出现。

正如任何规范的理论分析一样，前面的结果是在一定的假设条件下得到的，这些条件有些纯粹是技术上的，有些可能与现有的技术条件和制度安排不完全一致，由此带来一个问题是，如果放松这些条件，主要结论是否依然成立，或者说，在现实条件下，他们的理论是否仍具有解释力。答案当然是肯定的，这也说明 LRT 基本理论体系的重要意义。从这个意义上讲，LRT 以后的大量文献所做的一个重要工作，就是在更加宽松的条件下，验证 LRT 的主要结论是否成立[①]。

比如，与现实相对应，LRT 将基本结果推广到在位运营商与竞争者市场份额不对称，考虑了市场准入问题，得到了均衡存在性的类似结论，即在均衡存在的条件下，新进入者的均衡零售价格低于在位者的零售价格。此外，如果放松线性定价的条件，假设运营商以二部制价格展开竞争，他们也得出了类似的竞争均衡结果，只是此时的均衡利润与网间结算价格无关，因此在二部制价格竞争时，运营商没有动机通过网间结算费合谋。此时，运营商却有通话价格和固定费（月租费）两个价格竞争工具，每个运营商都可以通过降低固定费获取市场份额，而无需担心价格竞争带来的接入亏损问题。

德赛因（Dessein，2003）在 LRT 模型的基础上，放松了用户同质性假设和平衡通话模式假设，在非线性定价的情况下，得到了均衡的存在性和合谋等方面类似的结论。哈恩（Hahn，2000）在 LRT 模型基础上，假设用户偏好服从某个连续性分布，在满足激励相容及非线性定价的情况下，也得到了类似的结论。希夫（Schiff，2002）放松了 LRT 模型中的用户全部入网的假设，而假设用户入网行为与每个网络的价格相关，在非线性定价情况下，利用数值模拟得出的结论是，极大化利润的结算价格低于互联成本，而社会最优结算价格可能大于或小于互联成本，具体结论要取决于网络替代性的大小。波莱蒂和怀特（Poletti and Wright，2000）在 LRT 和德赛因（2003）的基础上，同样假设二部制定价和部分用户入网，得到类似的竞争均衡存在性结论，并且利用数值模拟得出在网络之间的替代性比较小时，运营商可以通过结算价格抬高对方的成本，从而增加低端用户的竞争压力，并且当结算价格偏离互联成本较大时，消费者剩余和社会总福利将下降。

此外，前面的研究都假设，运营商对网内通话和网间通话实行统一定

[①] 但 Doganoglu 和 Tauman（2002）利用特殊的选择性需求模型，得出了竞争均衡总是存在的结论。

价。如果运营商可以实行基于网络的区别定价①，当网间结算价格不等于互联成本时，就会在消费者之间产生资费引致的外部性问题②，此时，LRT 模型得出了类似的均衡存在性结果。非常有意思的是，他们的结果表明，基于网络的区别定价是一种特殊的第三类区别定价，考虑到电信产业本身处于次优状态，实行这种区别定价可能有助于降低行业平均通话价格，从而提高社会福利，也就是说网内网间差别定价反而可能提高资源配置效率。

甘斯和金（Gans and King, 2000）在 LRT 模型基础上得出的结论是，如果允许网内网间区别定价，运营商可以通过制定低于互联成本的网间结算价格合谋，从而获取垄断利润，并提出互不结算政策可能引致企业合谋：当网间结算价格低于互联成本时，均衡网间通话价格低于网内通话价格，因此运营商争抢用户的动机大大下降，从而弱化了网络竞争，此时运营商可以通过收取较高的固定费得到更高的利润。伯杰（Berger, 2000）在 LRT 模型基础上提出，如果允许区别定价，并且被叫从通话中获取效用，那么当通话外部性比较大时，为了将外部性内部化，主叫方支付的通话价格将趋于无穷大，由此导致网间话务量趋于零，出现所谓的网间互联关闭问题。

（二）非对称网络竞争下的互联定价

下面讨论的非对称网络竞争主要涵盖单向收费情形下，固定电话网与移动电话网之间的竞争。对于这个问题，虽然可以在 LRT 模型框架内，通过网络差异化来解释固定电话网与移动电话网的竞争，但 LRT 模型所假设的网络成本结构的对称性，却无法解释两者在成本结构上差异所引致的不对等结算问题。

在网络成本差别较大的情况下，一种解决方法是互联双方协商谈判③。如果通过谈判能够达成合理的网间结算价格，那么根据科斯定理，谈判结

---

① 即运营商对网内通话和打向其他网络的通话收取不同的资费。一般来讲，管制机构不允许这种基于网络的区别定价。

② 此时，网内与网间通话价格不相等。如果结算费大于互联成本，则网内通话价格低于网间通话价格，用户将会聚集在同一个网内，即产生正的网络外部性；反之，如果结算费小于互联成本，则产生负的网络外部性。

③ 注意在对称结构下，互联定价面临着不同的问题：如果此时允许协商谈判确定互联定价，容易产生合谋问题。

果将是有效的，只是不同运营商获得的利益不同，因此不需要政府干预；但如果二者无法达成互联协议，或者各自以非合作的方式确定自己的结算价格，那么正如拉丰等（2003）所指出的，互联双方有无限提高结算价格的动机，很可能导致互联关闭或双重加价，从而产生严重的市场缺陷，降低社会总福利。伊克诺米德斯（Economides，1996）也指出，如果互联双方各自独立确定本方的结算价格，那么由于存在市场支配权力，将会出现双重加价问题，互联双方将分别以垄断价格提供互联服务，导致零售市场价格过高；此外，如果互联双方市场份额不对称，市场份额大的一方将有很强的谈判优势，因此会欺压市场份额较小的一方。

在这种情况下，可能需要管制机构介入结算价格的确定过程，但由于两类网络的成本相差较大，管制机构并不能先验地要求互联双方实行对等结算。在非对等结算原则下，关于成本结构不对称情况下的网络竞争的研究相对非常少，因为此时的竞争均衡将变得非常复杂。到目前为止，在有限的研究非对等结算的相关文献中，人们研究的最重要的问题是，针对移动电话网的资费和结算价格都放松管制的情况下，移动电话网的高结算价格是否合理，以及是否应该对移动电话网的结算价格进行管制，但是，还没有建立像 LRT 之于对称竞争那样的分析框架。

欧洲市场移动结算价格居高不下的问题，已经引起人们的广泛关注，很多人士甚至认为，移动互联抵达市场存在严重的市场缺陷，需要政府实施有效的管制。比如国际电信联盟指出，"在多数采用单向收费方式的国家，移动结算价格远远高于固定运营商的结算价格……较高的移动结算价格已经严重阻碍了通信业务的持续增长"，因而建议各国电信管制机构对移动结算价格进行管制；2001 年，英国管制机构 Oftel（现为 Ofcom）经过长期调查和分析，认为移动结算价格远远高于接入成本，因此率先对移动结算价格实行价格上限管制，建议 Vodafone、O2、Orange 和 T – mobile 四家运营商，在未来四年内，按照 PRI – 9 规则降低其移动结算价格①。

---

① 实际上，英国的竞争委员会（The Competition Commission）认为，当前的价格上限管制不足以抵消公共福利的损失，因此决定实行更严厉的管制政策，要求这四家移动运营商在未来的四年内按每年 15% 的幅度降低其移动结算价格，所以最后实行的价格管制比管制机构最初提出的更为严格。

在假设所有移动电话均为网间通话，没有通话外部性以及移动市场完全竞争时，阿姆斯特朗（Armstrong，2002）分析了固定电话网与移动电话网之间的竞争情况，他得出的结论是，如果不对移动结算价格进行管制，那么在提供互联业务时，由于移动电话网对自己的用户具有市场支配力，因此会以垄断价格向固定电话网收取结算费；而在提供零售业务时，由于移动电话市场竞争充分，移动电话网将利用从固定电话网所获取的结算利润补贴新入网用户，即将网络外部性内部化，因此，总体上说，移动电话运营商获取的净利润将为零。但他认为，很多国家的移动结算价格过高，已经远远超过内部化网络外部性的需要，产生严重的市场缺陷，因此需要政府对移动网结算价格进行管制。

但豪斯曼（Hausman，2002）、克兰达尔和斯达克（Crandall and Sidak，2004）却认为，如果固定电话网用户知道移动网收取的结算价格信息，并让用户知道呼叫移动电话时将要多支出话费的话，移动电话网就有降低移动结算价格的动机，因此原则上不需要政府对移动抵达价格进行管制。

四　互联定价的实施

前面分别讨论了单向接入和双向接入的最优定价。容易看出，无论对应于哪种管制环境，确定最优互联定价都需要很多信息，如网络成本、需求弹性等，但在实际中，很多信息可能很难得到，这就引出一个重要的操作方面的问题，即如何利用实际中可获得的信息，甚至在一定程度上牺牲互联定价的有效性，来确定实际中可操作的有效互联定价。

（一）互不结算

现实中，很多国家或很多运营商之间采用了互不结算的互联定价方式。互不结算的含义是，互联双方虽然相互提供基本设施的接入服务，但是"各记各的账，各收各的钱"，而不需要支付结算费。互不结算既有可能应用于单向收费，也可能用于双向收费情形下①。

互不结算的操作简便性使其实践中得到了一定程度的应用，但根据现有的研究，这种网间结算体制似乎还缺乏充分的理论基础。互不结算原则

---

①　在双向收费时，互不结算也称独立资费原则，也就是说，独立资费是双向收费下的互不结算原则。

最有代表性的倡导者包括美国联邦通信委员会的德格拉巴（DeGraba）、阿特金森（Atkinson）和巴尼科夫（Barnekov）。他们的基本观点是，如果把网间互联看成相互带来外部性的活动，那么传统的结算方法属于利用庇古税来内部化外部性，但由于电信成本基本上与话务量无关，网间互联带来的增量成本几乎为零，主要是共同成本，因此现有的结算机制存在根本缺陷。根本的解决方法是按照科斯的思路，通过清晰地定义产权，明确各自应该承担的共同互联成本，然后从自己的用户以某种方式回收①。

德格拉巴（DeGraba，2001）的方法称为"COBAK"，主要含义是通过本地电话交换中心接入用户不收取互联结算费。COBAK 包括两个主要原则：第一，被叫用户所属的运营商不用向使用其网络进行用户接入的其他运营商收取电话抵达费；第二，从主叫用户的本地交换中心到被叫用户本地交换中心之间的传输成本由主叫用户的网络运营商承担。阿特金森和巴尼科夫（Atkinson and Barnekov，2000）的方法称为"BASIC"，也包含两个主要原则：首先，用户接入成本由各公司分别记账，相互不进行结算；其次，互联接入的直接成本由互联双方共同负担。

德格拉巴（2001）对相互结算的网间结算体制提出的主要批评是：

第一，互联价格的制定具有很大的随意性。德格拉巴以美国为例，认为美国本地网的管辖权分属于不同的州，由于各州互联定价政策不同，因此接入本地网的价格千差万别。

第二，接入垄断问题。当电话打给某个人时，主叫运营商通常没有选择权，只能购买被叫用户运营商的用户接入服务，因此承担把电话接续到被叫用户的本地电话公司便具有了市场支配力。即便在新用户市场上存在着事前竞争，即用户可以选择不同的电信公司来为其提供电信服务，但抵达接入市场仍然具有一定的垄断性，或者说运营商对用户接入仍然是垄断的。由于主叫运营商不能选择被叫用户，每一个提供用户抵达接入的网络公司，都有动机把结算价格定得较高，从而抬高竞争对手的最终价格，或者降低竞争对手的竞争力。

---

①　他们不否认存在其他外部性，以及结算价格可以将这些外部性内部化，但认为应使用其他手段。但实际上，如果流量敏感的互联成本为零，这种外部性并不存在，而且用户的月租费已经补偿了独占的用户接入成本。

第三，无效定价。管制者通常设定一个统一的按分钟计费的网间结算价格。这种定价会导致零售价格的无效性，因为它们并不完全反映成本。政府实际上采取的是一种线性定价方法，这种网间结算价格限制了固定收费或其他形式的非线性定价方式的使用，而采用非线性定价方式可能更有效。

第四，主叫用户支付一切费用，即单向收费问题。相互结算体制源于单向收费，而单向收费本来就不合理，因为对于每次通话，主被叫用户共同享受到通话的利益，因此有理由要求由主被叫用户共同承担成本，而一切费用都由主叫用户支付的做法显然不合理。

德格拉巴（2001）认为，这些都是相互结算体制带来的问题，而在不结算体制下，这些问题根本就不存在。需要强调的是，德格拉巴认为，互不结算需要采取双向收费。如果运营商不能通过接入费从抵达服务中回收成本，就必然会从用户那里回收相应的成本，因此在采用不结算体制时，提供抵达接入的运营商就会从被叫用户那里回收抵达接入的成本，即接听电话也收费，这样就不存在收取较高的结算价格的问题。换句话说，他认为，结算价格与接听价格完全相互替代，因此采用了双向收费就不用再结算。

阿特金森和巴尼科夫（2000）认为，互不结算体制至少有以下四点好处：

第一，减少管制干预，降低了交易成本。不结算体制不需要管制者制定网间互联的管制价格，管制机构的主要作用就是处理争议，确定主叫运营商接入被叫运营商本地交换局的位置或接入点（POI）。

第二，限制网络运营商向其他网络的用户转嫁成本的能力。网络运营商不能随意将其成本转嫁给其他网络的用户，只有在别的网络用户愿意向其支付费用时，它才能从别的网络用户那里回收某些成本。

第三，以更有效的方式控制成本。在相互结算体制下，运营商从自己用户只回收一部分成本，特别是在对等结算体制下，网络成本是一种平均成本，运营商不能控制互联价格，因此缺乏控制自己提供业务的成本的动机。只有在不结算体制下，网络的成本才是由自己的决策确定，因此有动机控制成本。

第四，消除投机因素。在结算体制下，人们会利用现有网间结算政策扭曲带来的空间进行投机，产生无效市场准入，比如组织一些单向的业务流，增加互联收费的业务。实际上，正是由于网间结算政策的扭曲，才出现了五花八门的回叫业务，非法国际来话抵达等业务。

尽管如此，绝大多数经济学家都反对互不结算体制，这主要是因为除非网间互联带来的增量成本可以忽略不计，否则互不结算体制不能达到有效定价。根据前面的分析，净结算为零并不等价于结算价格为零：前者的含义是话务量平衡的结果，即不论结算价格是多少，净结算额为零；而结算价格为零的含义是，互联双方按照零的结算价格相互结算。但问题是，结算价格影响感觉边际成本，从而影响零售价格，所以在结算价格为零时，不可能达到有效定价，这是因为此时的零售定价中，没有考虑接入服务的成本，这相当于得到接入服务的运营商在搭对方的"便车"，因此每个运营商都存在增加净打出流量的动机，并且存在净流入流量的一方，会产生阻碍互联互通的动机。

由此可见，除非在满足完全对称的特殊条件下，否则互不结算体制并不是有效互联定价。举个最极端的例子，对于单向接入问题，互不结算肯定不会是有效的互联定价，更不可能成为实际中采用的结算方式。需要说明的是，只有满足完全对称条件时，即成本、需求、市场份额、来往话务量等都相同时，互不结算才等价于基于成本，因为此时的隐含结算价格等于接入成本，即以自己提供接入的成本为接入价格，得到对方提供的接入服务。但即便如此，互不结算也不一定为有效的互联定价，因为基于成本定价本身就不一定为有效定价。

（二）基于资费的定价方法

在现实中，因为用户零售资费比较容易获得，所以很多国家的管制机构都设法利用用户零售价格信息来制定互联价格，我们将这些方法称为基于资费的互联定价方法。

1. 折扣定价法

如果从资费的角度考虑互联定价问题，那么互联定价就不能脱离合理的资费。根据前面的讨论，这实际上正是有效成分定价的基本思想。折扣定价法的基本思想是，把需要得到互联的运营商看做一个大用户，此时的基本问题是这样一个用户所支付的价格，是否应当不同于在位运营商向其他用户提供服务的价格。

很显然，把竞争性运营商看做在位运营商的大客户，会大大简化管理上的安排，但同时也会给运营商提供其他方面的激励，比如通过制定较高的价格排挤竞争对手，对非流量敏感性的业务收取费用，对不必要的设备和必要的设备实施捆绑定价等。容易理解，为了与在位运营商展开竞争，新进入运营商需要一个低于零售价的互联接入价格，在此条件下只要在位运营商以相同的价格对自己提供接入服务，非一体化的电信运营商就可以同在位运营商展开竞争。但问题是，竞争者的竞争力依赖于互联费与在位运营商最终价格的差距。在制定批发价格时，由于公共政策等方面的原因，零售价往往定得过低，例如居民和农村用户的资费一般定价很低，甚至低于成本，因此即使给予竞争者基于成本的批发价，也可能使竞争者得不到零售利润。

但是，如果批发价在零售价基础上有一个很大的折扣，这意味着在位运营商的用户需要补贴新进入运营商及其用户，这样会导致以下几个问题：第一，大用户会为获得同样优惠条件而努力，因此这种方法会扭曲高端市场。第二，这种批发定价会导致较低的零售价，当批发价是零售价一定比例时，会进一步降低批发价，结果形成对在位运营商的一种倒逼效应。第三，一旦批发价造成零售价的下降，从而导致批发价的进一步下降，就会降低运营商提高效率的激励，此时在位运营商会认为，最好的策略是提高零售价以便提高批发价。第四，如果零售资费折扣有利于在位运营商的竞争者，就会降低新进入运营商投资建设网络设备的激励。

因此，资费折扣定价带来复杂的双重问题：如果折扣过小，转售性的进入者不会成功；如果折扣过高，将会扭曲价格信号，使新进入者认为，转售比采用基于设施的进入方式更有吸引力。这种复杂性意味着，在基于设施的竞争没有形成的条件下，管制机构可能需要持续控制互联定价：在竞争引入的初期，需要制定一个较高的折扣率以鼓励进入，但同时要规定一个固定而确定的折扣结束时间，例如解除折扣条款，这样使新进入者形成管制性折扣终止的预期，从而促使竞争者投资建设自己的网络设备。

由此可以看出，尽管人们认为促进竞争需要对互联批发服务提供折扣，但是对折扣程度的确定常常存在争议。需要互联的运营商和转售者认为，较大的折扣率是鼓励竞争的最好办法，因此不给予具有竞争性的折扣是不合理的。但网络设备供应商，例如在位的本地电信运营商，则赞成提供较低的折扣，他们认为，较大的折扣会影响新进入运营商的投资激励，从而不利于基于设施的竞争。

批发折扣的测算通常采用可避免成本的概念。容易理解，确定这些成本不可避免地会引起各方面乃至概念上的争议。对此，美国联邦通信委员会（FCC）采取的措施是，让各州管制委员会决定具体的折扣，但提出了一个17%—25%的默认折扣范围。

2. 价格上限法

根据前面的讨论，价格上限法可以通过给予运营商的定价自主权，实现有效互联定价，因此在现实中，价格上限法成为很多国家确定互联定价的选择。

需要说明的是，价格上限法最初主要应用于零售价格的管制，而不是互联定价的管制。从20世纪80年代开始，很多国家的监管机构逐步采用价格上限法，管制具有自然垄断特性企业的价格，从最初用于电力、天然气和运输业的价格管制，到后来在电信业也采用了价格上限法。伴随着管制政策的改革，价格上限法也开始用于互联定价的管制。比如英国的互联定价管制从开始时的基于成本，到逐步采用价格上限。特别值得一提的是，2001年英国管制机构对移动网的互联定价开始管制以后，采用的就是价格上限法。

互联定价的价格上限法的基本思想是：如果采用单一互联接入服务的价格上限，那么只要不超过这一规定的上限，企业可以任意选定互联价格；如果采用多种互联服务的价格上限管制，那么对这些互联服务的价格的某一加权平均设定一个上限，垄断运营商可以任意选择互联服务的相对价格，其中价格上限和加权系数由监管者决定。在一定的时间范围内（通常为四年或五年），价格上限的确定通常与消费者零售价格指数相关，并且以四年或五年为期限，要重新对价格上限或加权系数进行调整。

除了对互联服务单独设定价格上限外，还可以把互联接入定价和零售价格同等看待，在计算加权平均价格指数时，把互联接入的价格放进去，这种方法被称为综合价格上限法。综合价格上限法的优点是：第一，如果加权系数选择适当，这种方法可以得到拉姆士定价，因此综合价格上限法可以导致最优互联定价和有效零售定价。第二，采用综合价格上限法会减少主导运营商使用非价格方法（如拖延互联速度，拒绝分开计价，或者昂贵的技术需求）来排挤竞争者，这是因为，排挤竞争对手会降低竞争者对接入的需求，因此降低在接入方面的收益。第三，把接入互联和其他电信服务同等看待可以减少横向补贴。

五　基于成本的定价方法

基于成本是目前讨论最多、应用最广的互联定价方法，但在实际中，实施基于成本定价原则的方法并不相同，具体讲，实际中主要采用了历史成本法（全分摊成本法）和长期增量成本法。

（一）历史成本或全成本分摊法

通常认为，运营商的成本可分为可归属成本和共同成本，其中可归属成本是指那些可明确归属于某些业务的成本，而共同成本则是提供各种业务而引致的成本。全分摊成本法基于历史成本，将这些公共成本按某种方式分摊到各种业务的成本中。

具体的分摊比例可以用多种方法来确定：第一种是基于这些业务的相对产出水平，这种方法等于把共同成本按照相对产出水平，分摊到每种业务上。第二种是基于产品或服务的相对可归属成本，在这种情况下，所有业务的价格相对于可归属成本的百分比是相等的。第三种方法是利用相对收益来分摊共同成本。在实际中，这些方法都得到了一定的应用。

全分摊成本法存在很多问题：首先，成本分摊和价格制定需要一个繁琐的过程。例如，结算价格的重新确定需要正确度量成本，这可能意味着重新确定结算价格会拖延几个月。其次，全分摊成本法基于历史成本，因此不会鼓励降低成本。最后，这种方法导致不合理的相对价格结构，并且对接入赤字也是一种"次优"的融资方式，当存在竞争时，还会产生无效的市场进入。比如，在一定条件下，无效进入者也会觉得进入市场有利可图。此外，根据全分摊成本定价法得到的接入定价会产生无效旁路。

欧盟中许多国家，包括比利时、卢森堡、葡萄牙、希腊、瑞典、意大利、奥地利等，都采用全分摊成本法。但非常有意思的是，这些国家的互联结算价格也恰好是欧盟国家中最高的，这就说明全分摊成本法更多地考虑了历史成本。

（二）增量成本定价法

按照前面的讨论，在一定条件下基于边际成本定价为有效定价。虽然这种定价原则看起来很简单，但是在实施时会相当复杂：首先，在理论上边际成本是指生产单位额外产出带来的成本，但在实际中边际成本很难度量；其次，忽略公共成本会使企业难以回收成本[①]。正因为如此，实际采用的成本概念为长期增量成本加上公共成本分摊，或简称增量成本法，即提供一定数量的某种业务所引致的长期成本，它实际上等于提供这个增量的平均长期成本，另外再加上公共成本的分摊。

在美国、加拿大等国家，管制机构采用的是所谓的全要素长期增量成本法，而在欧洲一些国家，管制机构采用的方法称为全业务长期增量法。需要说明的是，除了网络互联以外，全要素长期增量成本法还可以用于网络元素的互联费的确定，而全业务长期增量法只能用于网络互联，换句话说，对于网络互联而言，这两种方法是等价的[②]。

测算长期增量成本主要步骤包括：第一，计算每种网络元素的前瞻性长期增量成本。第二，计算电信运营商的前瞻性共同成本。第三，向各种网络元素合理分摊前瞻性共同成本。采用全业务或全要素长期增量成本法的核心是，如何准确测算各种网络元素的成本。由于运营商通常提供多种业务，以及联合和共同成本分摊的复杂性，管制者很难确定不同业务之间的补贴和成本转移，当受管制的业务和不受管制的业务产生某些共同成本时，问题变得更加复杂。

在实际中，通常采用两种方法测算长期增量成本：一种是自上而下法。即根据会计数据测算长期增量成本。采用这种方法分摊成本的核心在于，如何准确收集实际成本信息，而做到这点的关键是建立标准监管会计体系。比如为了确保成本分摊的合理性，美国的 FCC 和州管制委员会采取一致性会计体系（USOA），规定本地电话公司必须遵守这样的会计准则，其收益、维护成本、折旧费用以及在工厂和设备上的投资必须保持准确的记录，对受管制和不受管制的成本要做出合理区分，必须在 FCC 的管理信息系统自动报告里，提供有关流量敏感性和流量不敏感性成本数据。另一种确定长期增量成本的方法是自下而上方法，与基于企业实际会计成本度量的自上而下法不同的是，这种方法根据前瞻性成本原则确定应

[①] 除非能够补贴固定成本。

[②] 理论上讲，网络元素定价与互联定价存在本质上区别，其中在计算网络元素定价时，需要考虑到实期权问题，即提供网络元素带来的额外风险。

包括那些成本,并采用工程模型测算成本,这种方法在世界各地得到了非常广泛的应用,而且可以说是目前采用最多的方法。

第四节 双向收费下的网间互联定价理论

一 前言

在移动电话领域,双向收费一直发挥着非常重要的作用。据 2000 年 ITU 对 66 个国家和地区的 121 家移动运营商的统计,当时采用双向收费的有中国、新加坡、日本、美国、加拿大和中国澳门、中国香港等 10 个国家和地区的 21 家运营商。其实,双向收费的应用远不止于此:国际漫游和国内漫游一般都采用这种收费方式,固定电话中的对方付费业务(如 800 业务)也采用被叫收费等。因此,双向收费是一种典型的定价模式。

移动业务采用双向收费主要源自 20 世纪 80 年代的美国,其原因有两个方面:一是当时移动通信刚刚起步,根据当时的美国电信法(1934 年颁布的电信法),移动运营商不能享受与固定电话网同等待遇,只能以大客户形式接入固定电话网。为回收较高的移动业务成本,移动运营商只能采用双向收费方式。二是美国的电话编码与我国不同,它们对移动电话和固定电话采取相同的编号方式。在这种情况下,当固定用户打往被叫方时,并不知道被叫方是固定用户还是移动用户,因此固定通信企业没有理由因为被叫方是移动用户,就特别向拨打电话的固定电话用户收取较高的通话资费,以结算给被叫方移动企业。这样,对于被叫方移动企业而言,只能通过双向收费来解决落地成本回收问题。由此可以看出,双向收费的产生主要是体制上的原因,并且具有路径依存的特征。

从理论上研究双向收费不过是最近几年的事情。引起对这一问题的关注主要与两个现象有关:一个是全球采用单向收费的国家要远远多于采用双向收费的国家,且采用单向收费国家的用户普及率普遍高于双向收费国家(ITU,2002)。很多人因此认为,单向收费优于双向收费,这也是很多最初采取双向收费的国家,改为单向收费的最主要动机。另一个是采取单向收费的国家又普遍产生网间结算价格居高不下的问题,导致从固定电话网打往移动电话网的通话资费非常高，由此引发互联抵达市场是否存在市场支配力的争议，于是在一部分国家，相关的争论又变成是否需要"单"改"双"，而不是"双"改"单"的问题。

对于后一个现象，如英国电信监管机构（1998）在对本国电信业调查后认为，从固定电话网打往移动电话网的通话资费确实过高，并建议对此类通话的价格进行某种方式的管制①。但是多利和史密斯（Doyle and Smith，1998）提出，可以通过引入双向收费，利用接听价格竞争吸引用户，从而降低从固定电话网打往移动电话网的通话资费，并且刺激话务量增加，这样就不必引入价格管制。这些争议说明，可以采用双向收费和结算价格管制不同手段来校正市场缺陷。

金和林（Kim and Lim，2000）深入对比分析了单向收费和双向收费对通话费、社会福利、互联价格的影响，通过建立数学模型证明了在一定条件下，实行双向收费可以降低通话费，增加运营商的利润，但消费者剩余却未必增加。不过，如果需求函数为价格的线性函数，他们证明双向收费可以提高消费者剩余。换句话说，对于运营商和全社会，双向收费是一个双赢的选择。

前美国联邦通信委员会官员德格拉巴（De Graba，2000）也得出一个引起广泛关注的结果，他认为在对称情况下，互不结算可以达到有效定价。尽管他并没有直接讨论双向收费，但他的理论隐含地要求双向收费。不过，后面的分析将会说明，这个结论的意义非常有限，因为现实世界难以满足对称条件。

对双向收费及相应的互联定价最为系统的研究是乔恩等（Joen, Laffon and Tirole，2002，JLT）以及拉丰等（Laffont, Marcus, Rey and Tirole，2003，LMRT）。他们研究在复杂的市场竞争中，特别是存在通话外部性、被叫付费、被叫主权时的市场均衡，以及有效互联定价，这些都是

---

①　需要指出的是，作为一种付费方式，目前对双向收费有两种处理方法：一种是把这种付费方式看做一种区别于单向收费的业务，美国的 FCC 就是这样处理的；另一种情况是，把双向收费看做是一种定价行为，我们国家似乎是这样处理的。从政府管制的角度，这两种不同的处理方式意味着不同的监管领域，问题的性质有所不同，政府监管的松紧也不同。如果是作为不同的业务，那么问题的核心是，是否应该提供这种业务；而如果作为定价问题，问题就变成定价方式的选择问题，对于放松价格管制的国家，相应的监管就会比较宽松。

以往研究中被忽视了的问题。他们的主要结论是：首先，如果监管机构能够对接听价格和网间结算价格实行有效管制，但运营商可以通过月租费和通话价格展开价格竞争，那么只有在一定条件下才能保证市场竞争均衡的存在，并且通过市场竞争达到有效资源配置。其次，如果结算价格由市场决定，市场竞争的最终结果是通话价格和接听价格都等于通话成本。最后，如果允许对网内和网间通话实行区别定价，那么即使彼此完全相等的网络，也会产生阻碍互联互通的动机。

这些重要结论的意义在于，揭示了接听价格的主要作用是将通话外部性内部化，指明了在存在资费竞争的情况下，接听价格和结算价格这两个工具，既是保证竞争均衡存在的需要，也是保证有效定价的需要。换句话说，接听价格和结算价格的作用并不仅仅在于回收成本，因而可以相互替代；相反，无论是结算价格还是接听价格，都是实现有效资源配置所不可或缺的。

本小节的主要目的是利用电信经济学的最新研究成果，分析双向收费下的网间结算问题，包括为什么实行双向收费，以及采用双向收费时是否应该结算，或者说接听价格与结算价格之间的关系。需要指出的是，第二节，我们已经从双边市场的角度，讨论了互联价格的作用以及最优定价问题，但是在那里，我们没有区分网络竞争或平台竞争，而本章将打开网络竞争的"黑箱"，讨论双向收费与互联定价问题，因此是对第二节的进一步补充。

二　双向收费的理论基础

第二节指出，电信网存在通话外部性，将这种外部性内部化是双向收费的最根本原因。为了简化分析结果，同时使下面的分析更为明确和具体，我们首先做一些假设，假设存在两个提供电信业务的运营商，他们通过向用户提供三部制定价[①]，即月租费、主叫通话费和接听价格展开竞争，每个运营商的成本完全相同，都已经实现了完全覆盖，每个移动网都不存在显著的网络外部性，但各自的市场份额可能不同；为了分析通话外部性，假设主叫和被叫都从通话中得到效用，并且假设主叫效用与被叫效

---

① 更确切地讲，运营商提供的是由三部制定价构成的资费菜单。

用的比例为常数①。此外，与单向收费时相同，我们还对话务量模式和网间结算原则作如下假设：

假设1：平衡话务量模式。根据这种假设，任何网络上的任何用户，在任何时刻与任何其他用户通话的概率或可能性相同。在这种假设下，当存在用户市场份额的竞争时，每个运营商的网内通话的比例等于该运营商的用户市场份额，或者网间通话的比例等于对方用户的市场份额。这个假设的重要含义是，当不同运营商的通话价格相等时，即便用户市场份额不同，每个运营商的话务量仍然是平衡的。但是，当不同运营商的资费不相同时，最后的话务量平衡结果取决于相对价格的高低。

假设2：网间结算价格由管制机构基于互惠互利或对等原则确定，即任何运营商向对方收取的网间结算价格，等于对方向自己收取的结算价格水平。在平衡话务量模式和对等原则下，不仅物理流量平衡，相互间的支付的结算费也是平衡的。有意思的是，世界各国管制机构对于同类网络的网间结算一般采取对等结算原则，包括互不结算；而对不同性质的网络，无论实行双向收费还是单向收费，一般采取了非对等原则。

对这些假设及相应结论的正确理解是：首先，这些假设是研究的起点，没有这些假设，就很难得到系统的研究结果。其次，这些结论只是在分析了外部性、双向收费、被叫福利对运营商和消费者产生影响后得出的结论，而不是分析各种因素的综合影响得出的结论，换句话说，这些结论只是基于部分均衡分析得出的结论，而不是基于一般均衡分析。从这个意义讲，双向收费选择其实是一个实证问题，需要进一步检验。

（一）社会最优或垄断情形

在不同监管环境下，资源配置的结果是不同的。为了与后面的结果进行对比，先考虑不存在对策行为时的社会最优配置结果，与之相对应的制度安排是，尽管存在市场份额竞争，但监管机构具备完全信息，能够计算出最优配置结果和相应的条件，并且能够利用管制工具，执行得到最优配置结果所需的管制政策，比如所有资费由极大化社会福利的政府进行管制，与我国目前的管制环境相比，这种情形相当于政府对资费进行管制，

---

① 或者更一般的，主叫通话的边际效用与被叫通话的边际效用的比率为常数。

并且所有运营商都严格执行资费管制政策的情形①。容易理解，此时监管机构的目标是极大化通话带来的剩余，从而极大化用户的平均效用②。

　　假定话务量由主被叫以非合作的方式决定，因此话务量由主叫需求和接听需求中的最小者决定。从影响外部性的意义上，这是一个比较极端的假设；另一个极端假设是，话务量完全由通话双方协商决定，比如通话双方存在某种长期合同关系，根据科斯定理，此时的话务量接近于极大化双方共同收益的要求③。下面的分析将主要基于非合作假设，承认被叫有权对话务量产生影响。当然，被叫主权的存在是否有意义取决于接听价格。目前，固定电话业务采用的是单向收费，此时被叫主权主要由接听电话所花费时间的机会成本决定，因此被叫主权的影响不会很大；但在移动行业，特别是在采用双向收费时，被叫主权似乎对资源配置存在显著影响，这表现在人们通常只愿意把电话号码告诉少数人，并且希望尽量减短通话时间。

　　为了使通话带来的消费者剩余极大化，需要选择合适的通话价格，使主叫方将被叫的剩余内部化，即需要同时考虑主叫和被叫的效用。此时，最优通话条件为主叫和被叫的边际剩余之和等于边际成本④，也就是说，最优话务量必须满足，增加单位通话量所带来的社会效益等于所耗费的资源：

主叫通话价格 = 通话成本 − 边际接听效用

　　另外，由于被叫主权的存在，还要选择足够低的接听价格，保证被叫不会拒绝接听主叫发起的通话，而被叫愿意接听相应通话的最优条件为，

---

①　或者完全垄断的情形，此时相当于市场中垄断运营商不受管制，虽然此时运营商的动机是极大化利润，但在允许使用三部定价时，运营商的行为与极大化社会福利相似，只是月租费存在扭曲，这种管制制度相当于完全放松资费管制。

②　换句话说，在垄断体制下，不需要政府干预，运营商自己就可以将通话外部性内部化，因此通话外部性本身并不一定是政府干预的理由。根据产业组织理论，在运营商提供三部定价时，社会最优与垄断情形下得出的使用费相等，都能达到社会最优水平，但是，在垄断情形，运营商会把提高月租费作为极大化利润或者获得超额利润的手段，而在利用监管手段达到社会最优时，只允许运营商得到规定的利润。

③　但对于处于二者之间的合作情形，目前还没有人进行研究。

④　假设效用函数满足凹性条件。

接听价格小于接听通话的边际成本。

当最优条件和被叫主权条件都满足时，就得到了社会最优的话务量或资源配置结果。实际上，在政府对资费进行管制时，对任何由月租费和总接听费（等于接听价格乘以接听话务量）构成的等价月租费，即尽管月租费和接听费的构成不同，但等价月租费水平相同，只要接听价格小于边际通话外部性，都可以达到最优通话水平①。

这些结论的主要含义是：

第一，从社会最优角度存在多种带来最优配置的通话价格和接听价格组合，特别是可以选择通话费等于最优通话价格，接听价格等于零。同样，从利润极大化角度，运营商会选择通话费等于最优通话价格，并且使接听价格等于零，也就是说，垄断运营商有利用通话价格将通话外部性内部化的动机，并且可以在选择单向收费时实现最优通话水平。但区别在于，垄断运营商在选择月租费时考虑的是利润极大化，因此带来月租的扭曲（如果考虑没有完全覆盖的情形，将会带来用户接入的扭曲），因此当不存在策略行为或市场结构为垄断时，即使存在通话外部性，也没必要实行双向收费，比如可以选择通话费等于最优通话价格，接听价格等于零，即只要能够对月租和通话价格进行有效管制，接听价格完全是多余的。

第二，根据最优通话条件可以得出，最优价格等于通话的边际成本减去被叫的边际外部性，或最优价格小于通话的边际成本，因此采用单向收费时，存在用户接入（月租）对通话的补贴，补贴额等于被叫的边际效用，但此时的补贴属于内部交叉补贴，由于月租的价格弹性小于通话费的弹性，在必须满足预算约束时，这种定价符合拉姆齐原则。

第三，因为最优价格等于通话的边际成本减去被叫的边际外部性，即等于主叫方所面临的实际边际成本，所以被叫的边际外部性越大，主叫方得到的通话补贴越高，均衡价格水平越低，或者均衡话务量水平越高，因此为了确定有效的通话价格，即使采用单向收费，也需要很好地度量被叫

---

① 月租费和接听价格可以根据管制约束条件决定，但处于放松管制环境下的垄断运营商，为了得到最大剩余会选择接听价格等于零，但此时仍得到社会最优的话务量水平，但与管制情形不同的是，月租水平会因为利润极大化动机而扭曲。

的边际效用，这是以前定价时通常被忽略的因素。

第四，在社会最优或所有定价都由政府管制时，网间结算价格没有任何资源配置的作用，或者说，网间结算价格只影响总剩余或"饼"如何分配，而不影响其大小，因此，在不考虑再分配管制目标，即不同运营商的相对利润水平时，也可以让结算价格为零，而不会影响资源配置结果，也就是说，此时结算价格和接听价格完全可以相互替代。

（二）接听价格由管制机构决定

当存在网间通话时，除了通话外部性以外，还会产生新的问题。假设运营商利用月租费和通话价格展开竞争之前，管制机构先确定不同运营商的接听价格，因此运营商变成用二部制价格，即月租费和通话费与对手展开竞争。对比现实情况，这种管制环境相当于，政府放松接听价格以外的零售价格管制，或者尽管仍实行资费管制，但除了接听价格和网间结算价格以外，政府难以对月租费和通话价格等进行有效的管制①。

尽管后面会讨论被叫决定话务量的条件，为了便于理解，不妨先假设话务量由主叫决定，这相当于被叫或者没有主权，即被叫不能停止通话，或者接听价格足够低，被叫没有任何停止通话的动机，这实际上等于假设被叫对接听电话缺乏弹性。这意味着，接听价格和月租费不影响话务量，只有月租费与接听费总额相加构成的有效固定费，才会影响话务量。

在这种管制环境下，首先可以得出的结论是，尽管给定竞争对手的价格，接听价格本身不影响利润水平②，但接听价格确实影响价格，进而影响用户福利水平，这个结论是 JLT 和 LMRT 得到的一个非常重要的结果，即在竞争均衡存在的条件下，每个运营商的均衡通话价格等于策略边际成本：

零售价格 = 通话成本 + 对方用户市场份额 ×（互联价格 – 互联成本） – 自己用户市场份额 × 对方接听价格

理解这个结果首先需要理解运营商的策略边际成本的含义。在由某个

---

① 我们再后面将放松这些假设，讨论更接近现实的管制环境。

② 这个结论与完全覆盖的假设有关，放松该假设可以得出接听价格影响利润水平。

运营商发起的所有通话中，根据话务量平衡模式的假设，网内通话的比例等于该运营商的用户市场份额，其边际成本等于发端成本与收端成本相加；网间通话比例为竞争对手的用户市场份额，其成本等于发端成本加上结算价格。定义结算价格与互联边际成本的差为结算价格加价，按照网内通话和网间通话比例加权平均，可以得到由某个网络发起的通话平均成本为，发端成本和收端成本相加，再加上结算价格加价乘以网间通话的比例。

对于发起于任何网络的平均通话（即网内通话与网间通话的平均），对不同运营商的被叫产生的外部性，分别为相同的边际外部效用，减去不同网络的接听价格，或者说等于每个网络尚未内部化的外部性。因为通话给对方网络的被叫带来外部性，假设自己网络的接听价格高于对手的接听价格，那么对手网络就会得到较高的剩余，为了保持自己网络对用户的相对吸引力和竞争力，该运营商必须降低其月租费，减少的幅度等于自己网络的月租费，减去竞争对手的月租费，即等于不同网络的用户得到的通话外部性之差，但考虑到已经从自己用户那里得到接听费，于是通话外部性给该运营商带来的净成本等于，接听价格之差减去已得到的接听费，然后乘以自己的用户市场份额（月租的基数），实际上等于负的自己网络的用户市场份额乘以对方网络的接听价格，这里负数的含义（即月租费相应增加）在于，竞争对手的接听价格实际上降低了自己的感觉边际成本，或者可以增加自己网络的月租费。因此在计算感觉边际成本或策略边际成本时，需要从实际平均成本中减去外部性带来的净成本，这也是保持市场份额的情况下，月租费可以增加的程度。

为进一步理解这个结论，假设增加某个网络到另一个网络的话务量，这将对后者的用户产生两种不同的效应：一方面，因为接听到更多的通话，这些用户的剩余增加，这种效应称为直接外部性；但同时，他们需要为接听这些通话支付相应的费用，这种效应称为货币外部性。因此，通话外部性被细化为直接外部性和通话外部性。但是运营商在计算感觉边际成本时，这也是运营商的定价决策需要考虑的机会成本，只会考虑货币外部性，而不会考虑直接外部性。假设运营商通过降低通话价格使话务量增加。显然，不管用户属于哪个网络，根据平衡话务量模式假设，都会增加相同的接听话务量，因此对所有用户都产生相同的直接外部性。因为话务量增加，发起呼叫的网络上的用户当然会支付更多的接听费，但该网络要极大化总剩余，所以能将任何网内通话的影响内部化，因此该网络的感觉边际成本不变。但被叫网络的用户支付更多接听费后，发起主叫的网络在保持市场份额的情况下，可以增加自己的月租费，增加幅度为其用户市场份额乘以对方接听价格，换句话说，货币外部性导致主叫所在网络的感觉边际成本减少，减少幅度等于用户市场份额乘以对方接听价格。由此可见，增加被叫网络的接听价格使主叫所在网络产生增加话务量的激励。

根据这个结论，如果管制机构既可以控制结算价格又能够决定接听价格，那么管制机构就可以利用这两种管制手段，达到社会最优的配置结果或话务量水平，这实际上等于用两个控制手段达到一个目标，这有可能意味着，某个管制政策比如双向收费或结算价格可能是多余的，或者说二者可以相互替代，但 JLT 证明了，在运营商提供相近的替代服务时，竞争均衡可能不存在，换句话说，此时两种管制手段都不可或缺。

在双向收费体制下，导致竞争均衡不存在的基本原因是，如果均衡通话价格很高，比如因为结算价格很高或接听价格很低，通话价格与接听价格之和与通话成本相差很大①，运营商就会存在很强的打价格战的动机，因为通过降低很小幅度的月租费，在网络间替代程度很高时，运营商就有可能垄断用户市场，并调整使用价格使之趋于通话成本与被叫成本之差，这样做会得到一阶的收益（用户增加带来利润增加），而相应的损失仅仅是二阶的（月租费降低），所以从整体上有利可图②。因此，在运营商提供相近的替代业务时，为了保证竞争均衡的存在，需要使结算价格接近抵达成本与接听价格之差。

$$结算价格 \approx 抵达成本 - 接听价格$$

---

① 这种情形在某个网络得到全部市场份额时是最优的。
② 因为通话价格偏离的是最优价格，根据泰勒展开和一阶最优条件，由此带来的利润损失是二阶的，但降低月租费可以垄断所有用户，所以由此带来的利润增加是一阶的，因此从总体上，这样的竞争策略有利可图。

竞争均衡的存在性要求，网间结算价格加上接听价格与抵达成本的差或网络之间的替代性不能太强。在结算价格和网络替代性过强时，竞争均衡的不存在并不仅仅是一个技术性的结果，而是一个有重要经济含义的问题。根据前面的讨论，在其他条件不变的情况下，结算价格越高，通话价格越高。当两个网络的通话价格很高并且具有很强的替代性时，每个网络产生很强的激励发动价格战，从而垄断市场；但垄断并不能成为市场均衡，因为只要任何网络得到垄断利润，另一方只需复制对方的策略，就可以平分垄断利润，或者双方最后得到的利润为零，但在结算价格很高的情况下，可以提高通话价格并产生结算收入。因此在网络之间的替代性很高时，对于很高的结算价格，很可能不存在竞争均衡。但在网络之间替代性不是很大时，可以证明对任意结算价格都存在竞争均衡。

可以利用博弈论进一步解释竞争均衡不存在的含义。在前面的讨论中，竞争均衡不存在实际上是指不存在纯粹策略均衡，但混合均衡策略是存在的。所谓混合均衡策略是指，在均衡状态下，每种策略都可能以一定的概率发生。根据博弈论理论，利用摄动方法可以将混合均衡纯粹化［富登伯格和蒂罗尔（Fudenberg and Tirole，1991）］，得到依赖于随机变量的纯粹均衡，即相对于任何随机变量的实现值，都可以得到一个纯粹的策略，这实际上说明，均衡的不存在意味着，竞争均衡依赖于某个随机变量，因此均衡是不稳定的，任何竞争条件的变化比如结算价格的变化，都会导致竞争均衡或市场发生剧烈变动。

除了需要考虑均衡的存在性以外，由于存在通话外部性，前面得到的市场均衡并不一定是社会最优，所以还需要考虑有效配置问题，这也是需要政府利用不同监管手段（这里为结算价格和接听价格）进行监管的根本原因。如果可以对运营商直接提供补贴，那么通过对通话提供补贴，并且使补贴额等于接听通话的边际外部性，同时让结算价格等于互联成本，那么在没有接听价格的情况下，可以得到社会最优；但是当不能从外部提供补贴时，就同时需要结算价格和接听价格两种管制手段才能达到最优价格。因为任何网络只将自己用户的外部性内部化，在对称均衡中，如果结算价格等于成本，接听价格就必须远大于边际外部性，但接听主权的存在会导致接听者挂断电话，换句话说，接听价格不能高于边际外部性，由此可知，结算价格必须低于抵达成本，并且被叫从接听电话得到的效用越大，或者接听价格越高，结算价格就越低①。容易看出，为了保证均衡的存在，并使竞争均衡有效，可以使接听价格等于接听边际外部性，并使结算价格等于抵达成本减去接听价格。

根据前面的结果可以得到一个重要的推论：当且仅当在对称情形时，互不结算可以达到有效配置结果。对称假设意味着，不但运营商的成本相等，而且主叫从通话中得到的效用，等于被叫从接听电话中得到的效用，因此在均衡时，通话价格等于接听价格，并且等于呼叫抵达成本，由此得出结算价格为零，并且容易验证解的存在性条件也得到满足，可以说，这个推论为是否应该结算奠定了理论基础。

前面给出了双向收费下的竞争均衡以及结算价格与接听价格的关系，下面讨论这些结果的政策含义：

首先，引入被叫网络的接听价格，等于降低主叫网络的策略边际成本，因此，如果结算价格接近且高于结算成本，引入接听价格可以降低通话价格，或者双向收费能够刺激更多的话务量；对于给定的结算价格和接听价格水平，通话价格（话务量）与对手用户市场份额成正比（反比），而与自己的用户规模成反比（正比）。

其次，不考虑均衡是否存在的问题，比如运营商之间的替代竞争不是很强时（如移动与固定网之间的竞争），如果可以利用补贴手段对通话进行补贴，那么只需使结算价格等于抵达成本，并且对通话价格的补贴等于边际通话外部性，那么不需要接听价格或双向收费就可以达到社会最优；如果不能对通话进行补贴，由于存在被叫主权，接听价格必须低于边际外部性，并且结算价格要低于结算成本，这意味着在不能提供任何补贴的情况下，必然实行双向收费，以便回收互联互通成本②。

最后，当存在竞争均衡的存在性问题时，比如网络之间替代性很强时（如移动网之间的竞争），为了既保证均衡的存在，又能达到社会最优的话务量，尽管确定接听价格和网间结算价格的具体水平存在一定自由度，

---

① 注意：我们没有考虑固定成本，如果引入固定成本，结算价格可能高于，也可能低于抵达成本。

② 实际上可以验证，相对双向收费而言，在接听价格为零时，结算价格需要更高的折扣对于对称均衡解，抵达成本与结算价格之差将两倍于双向收费时的水平。

但都是必不可少的政策手段，其中存在性要求接听价格与结算价格之和接近结算成本，而最优话务量条件间接决定了互联价格。满足这些条件的一种监管政策是让接听价格等于边际外部性，并且使接听价格加上结算价格等于抵达成本。

（三）其他管制环境

前面讨论了结算价格和接听价格受管制时，网络之间竞争导致的均衡价格以及结算价格与接听价格之间的关系。为了更接近现实的管制环境，下面讨论其他管制环境下的结论。

1. 接听价格由市场决定

下面放松前面的假设，假定接听价格与月租费和通话费都由运营商依据市场竞争的状况决定，而不是由管制机构确定，但不允许对网内和网间通话实行区别定价。显然，与前面的假设相比，现在的假设与目前的管制状况更加接近。假设边际效用是确定的，我们已经知道，在话务量由主叫方决定的参数范围内，决定竞争均衡的实际是月租费与接听费的总和或等价月租，而不是月租费或接听价格的具体水平。

在现实中，接听的效用很可能是随机的，也就是说，接听的效用随着时间地点而改变。比如在有客人访问时，或者手头正做重要事情时，对于同样的通话，人们更有可能比其他情形缩短通话时间。为了更准确地反映现实，假设通话效用是随机的，或者说在边际上每分钟通话所产生的效用是随机的，因此通话费和接听价格都将对话务量产生影响，从而得到确定的均衡解。需要说明的是，在原理上，通过引入随机摄动，将多重均衡变成唯一均衡，与前面谈到的混合策略均衡的纯粹化非常相似。

当话务量由主叫决定时，均衡通话价格等于平均通话成本，再减去校正外部性引致的成本：

主叫通话价格 = 通话成本 + 对方用户市场份额 × （互联价格 - 互联成本） - 自己用户市场份额 × 对方接听价格

根据对称性可以证明，在话务量由被叫决定时，接听价格等于来话的平均成本，再减去外部性对月租费带来的影响，即等于接听来话的机会成本：

接听价格＝自己用户市场份额×通话成本－对方用户市场份额×
（互联价格－互联成本）－自己用户市场份额×对方零售价格

在某个网络接听的所有通话中，网内通话的比例等于其用户市场份额，其成本等于总通话成本；而对于比例为对手用户市场份额的网间通话，其接听成本等于抵达成本减去网间结算价格；要想得到接听通话的机会成本，还需要减去外部性带来的成本（等于自己网络的市场份额，乘以对手的通话价格），这是保持市场份额不变的前提下，月租费可以降低的幅度。其作用与前面讨论的对方网络的接听价格一样，都代表货币外部性。

随机边际效用意味着，在某些时候，由主叫方决定通话数量，而在另一些时候，由被叫方决定通话数量，这也是引入随机效用的目的。在均衡状态下，主叫和被叫的定价都等于相应的策略边际成本：无论市场份额如何，市场均衡条件都为，通话费等于通话成本加上结算价格加价，接听价格等于抵达成本减去结算价格。这两个均衡条件的含义是，每个运营商在确定某个用户的通话费和接听价格时，都使价格等于所有其他用户都属于对方网络时的边际成本。当随机性逐步消失时，选择合适的结算价格水平，不仅可以保证市场均衡存在，而且可以使市场均衡达到社会最优；但随机性比较大时，因为边际通话收益大于均衡通话价格，边际通话外部性大于均衡接听价格，所以通话的总收益永远大于通话成本，或者说话务量水平总是低于最优话务量，因此资源配置存在一定程度的扭曲。

在接听外部性为随机的条件下，可以得到的主要结论为：首先，在均衡状态下，不论市场份额如何，通话价格和接听价格都满足网间通话成本定价原则，即通话价格等于所有其他用户都属于对方网络的边际成本，结算价格与接听价格之和等于抵达成本，从这个意义讲，接听价格与结算价格在一定程度上可以相互替代（不考虑消费弹性），并且与通话价格成正比。其次，选择合适的结算价格，在随机性趋于零时，可以保证网间边际成本定价为均衡价格，并且趋于社会最优的话务量水平；但是当随机性比较大时，电信监管机构仅仅依赖结算价格作为调控工具，不能保证达到社会最优的资源配置结果。

　　2. 基于网络的区别定价

　　现在假设运营商可以确定任何零售价格，并且可以对网内和网间通话实行区别定价，但政府可以对结算价格进行管制，这种假设也许最能反映我国目前的管制状况。

　　在允许这种区别定价时，因为需要区分网内通话和网间通话两个不同的市场，运营商在网内和网间通话市场有不同的定价行为。在网内通话市场，不管是否引入接听价格或双向收费，每个运营商都能使主叫和被叫间的外部性完全内部化；但是对网间通话市场，网间通话和接听价格会影响竞争对手的福利，因此会存在相应的策略行为。更确切地讲，给对方网络用户带来的直接外部性，可以使之产生非常强烈的动机阻碍网间互联。当允许区别定价时，不同网络相对吸引力决定了各自的利润水平，这是互联互通出现问题的根本原因。

　　可以证明，在不存在接听价格或单向收费的情况下，如果属于对方网络的被叫从通话中得到的效用与主叫近似，或者大于主叫方，那么每个网络都由动机，对网间通话收取无穷大的费用。这个结果很容易理解：对于网间通话，在上述条件下因为不需要支付接听费，对方网络的被叫得到通话给他带来的所有剩余，而主叫方从通话中得到的剩余等于通话剩余减去支付的价格，因此网间通话将增加对方网络的相对吸引力。

　　在对称均衡中，根据网间边际成本定价原理，通话的边际收益等于所有其他用户属于对方网络时的网间通话成本，加上被叫接听电话的边际收益：

通话的边际收益＝通话成本＋对方用户市场份额×（互联价格－互联成本）＋接听边际收益

　　也就是说，如果允许网内通话和网间通话的区别定价，那么运营商在确定定价策略时，要同时考虑边际通话剩余和接听剩余，以及自己网络的边际成本，而不考虑被叫的边际成本，因此当边际通话剩余和接听剩余接近或相等时，只要感觉边际成本大于零，除非网间通话价格趋于无穷大，或者说网间通话话务量趋于零，否则不会达到竞争均。所以，在允许区别定价时，如果接听价格缺失，网络间的互联互通就会停止。

引入接听价格可以降低主叫方的策略边际成本，在这个意义上，双向收费可以改善互联互通的动机；但在允许区别定价时，被叫所属的网络可以通过接听价格策略，使被叫停止接听通话，因此双向收费又为阻碍网间互联提供了新的手段。

根据网间通话边际成本定价原理，接听价格加上网间结算价格等于抵达成本，通话价格等于网间通话边际成本加上未被接听价格内部化的外部性，由此得到通话边际剩余等于网间通话边际成本加上边际接听通话剩余减去接听价格。因此，只要网间通话成本与接听价格之和大于零，即结算价格充分大，网间通话价格必然等于无穷大，或者不同网络间将停止互联互通。此时，尽管接听价格产生的货币外部性可以降低通话价格，但不足以消除直接外部性的影响。

需要说明的是，标准文献一般强调，具有较大用户规模的主导运营商，通常有阻碍网间互联以加强自己市场支配地位的动机，但这些结论与这里得到的阻碍网间互联的原因有本质的不同，因为在这里即使满足网络对称条件，仍存在阻碍网间互联的动机。

允许区别定价所得到的新结论是，在存在通话外部性时，如果没有接听价格，会产生阻碍互联互通的问题：如果能够对互联互通提供足够的补贴（结算价格充分小），那么可以恢复互联互通；但在网络之间替代性很强时，为了保证均衡的存在性，接听价格必须接近抵达成本。换句话说，在没有接听价格时，结算价格不能既保证互联互通，又能保证均衡的存在性和有效性。

三 双向收费的政策含义

前面讨论了双向收费的经济学基础，下面根据这些结论，进一步分析接听价格和相应的网间结算价格的作用，并分别从社会最优和利润极大化角度，分析相应的政策含义。

（一）双向收费的社会意义

在接听者从通话中得到效用的情况下，如果仍采用单向收费，或者接听价格过低，就会产生通话外部性，或存在没有内部化的外部性，造成"被叫搭主叫的便车"。根据经济学基本原理，为了将这种外部性内部化，或者需要对主叫"征收（正的）庇古税"，即直接对呼叫提供补贴，从而实现最优话务量水平；或者在不能直接提供补贴的情况下，通过收取适当的接听价格，降低通话的机会成本，因而降低通话价格。

　　当然，很多外部性都可以由经济人自己来内部化，而不需要政府的干预。比如由于人们交流的交互性特征，或者通过一些简单的制度安排，在一定程度上，不需要政府规定双向收费，就可以在一定程度上将通话外部性内部化；但是有充分的理由相信，现实中仍存在很大程度的没有内部化的外部性①，在这种情况下，采用双向收费政策可以改进资源配置的效率②。

　　如果不将通话外部性内部化，资源配置就会产生扭曲，这是因为，尽管主叫方会给被叫方③，尤其是其他网络的被叫方带来正的外部性，但在定价时运营商只会考虑自己用户的效用，从被叫来讲，这意味着被叫搭主叫的便车，因此最终得到低水平的话务量。由于主叫隐含地对被叫提供补贴，取消接听价格或接听价格过低等于降低持有电话的价格，因此低端用户也会入网成为用户，产生典型的"热装冷用"问题，由于任何资源都具有正的影子价格，所以单向收费下的高普及率很可能意味着社会资源的浪费。

　　当然，当存在显著的网络外部性，或者电信业本身给其他产业带来外部性时，增加普及率本身会改进资源配置的效率。但问题是，由于接入受到补贴，很多低端用户的意愿支付可能低于相应的社会成本，这种情况下的普及率增加，实际上是一种资源的浪费，更重要的是，即使所有入网用户的意愿支付都大于社会成本，普及率增加带来的剩余增加是二阶的，而由于接听价格缺失造成通话价格上升，由此带来的社会成本是一阶的，因此总体上不符合成本收益原则。

　　综上所述，从社会最优角度，合理的接听价格使通话外部性内部化，由此导致资源配置效率的增加，因此双向收费是更有效率的制度安排。

　　（二）接听价格与结算价格的关系

　　网间结算价格与接听价格的替代关系有两层含义：一是接听费和结算

---

　　①　相关的实证研究得出的结论并不明确。

　　②　无论正外部性，还是负外部性，都会带来市场缺陷，也就是说，在没有政府干预时，将产生资源配置的扭曲。

　　③　根据前面的讨论，运营商会将同一网络的内的通话外部性内部化。

价格是否应该同时存在，这实际上是从发挥资源配置功能上讲，这两种管制手段是否可以相互替代的问题。对此通常的观点是，有接听费就不必再有结算价格。二是假设两者有同时存在的必要，接听费回收成本部分要在结算价格中扣除，最有代表性的观点是，在采取双向收费时，接听电话的终端用户要为打入的通话付费，如果向终端用户收取的资费已经足以回收通话成本，包括提供互联服务而使用的网络元素的成本，那么再向与之互联的运营商收取互联费就意味着双重收费，此时移动运营商回收的成本超过它在竞争性市场能够回收的成本①，而在主叫付费时，这种情况肯定是不会发生的，因为用户接电话时不必付钱，而提供网间接续服务的运营商需要从与之互联的运营商收取网间接续费，以此回收提供互联互通服务的成本。

接听价格与结算价格相互替代的观点，既有真理的一面，也有谬误的一面。根据前面的讨论，假设接听价格可以作为有效监管工具，不考虑均衡解的存在问题，那么监管机构可以利用接听价格和结算价格这两种管制手段，达到有效配置结果，由于存在一定的自由度，接听价格和结算价格在资源配置的功能上可以相互替代。同样，在资费竞争环境下，根据网间通话成本定价原则，结算价格与接听价格的确存在一定程度的替代关系。换句话说，在不同管制环境下，存在上面谈到的第二种意义上的替代关系。

但需要指出的是：

第一，利用合适的结算价格和接听价格可以得到最优话务量，但这并不等于在成本回收上，接听价格和结算价格可以完全相互替代。

第二，必须指出的是，接听价格的作用本身并不在于回收成本，而是将通话外部性内部化，因此从资源配置作用上，结算价格与接听价格并不可相互替代②。

第三，因为通话的主被叫都从通话中得到效用，主被叫分摊成本的方式并不唯一，从这个意义讲，收费方式对互联定价的重要意义在于，决定

---

① 在竞争性市场，移动运营商应该同时通过互联互通价格和终端用户资费回收网间接续成本。实际上，由于网间接续价格和终端用户资费的需求价格弹性之间存在差异，所以根据效率原则不应该利用资费（被叫支付的接话费）从终端用户回收所有网间接续成本。

② 除非通话外部行为零，即使在这种情况下，仍需要考虑拉姆齐定价。

由谁分摊网间接续服务的成本（LMRT，2003），比如需要比较接听价格与结算价格的相对弹性。

第四，当需要考虑竞争均衡的存在性问题时，比如固定网或移动网之间替代性较大的竞争，保证存在性的条件是，接听价格必须接近于抵达成本减去结算价格，并且接听价格由被叫主权和通话外部性决定，而不是与结算价格相互替代，这意味着即使采用双向收费，也需要相互结算。

第五，根据网间通话成本定价原则，虽然结算价格与接听价格存在一定程度的替代性，但是除非满足对称条件，否则即使接听价格大于零，结算价格也应该大于零。

（三）接听价格缺失带来的问题

根据微观经济学理论，完备的市场需要所有市场具有相应的价格，而没有接听价格意味着价格缺失，因此电信市场将变成一个不完全市场，并最终影响资源配置结果。需要说明的是，当存在通话外部性时，即使依靠依靠补贴手段将这种外部性内部化，但因为补贴资金的影子价格大于零，所以接听价格缺失也会带来社会成本。

接听价格缺失造成无效均衡，或低效率的资源配置结果，表现在很多方面，其中最重要的结果是，话务量低于社会最优水平，并且用户规模高于社会最优水平，由此造成资源的浪费。此外，在替代性很强的竞争中，接听价格缺失产生的另一个后果是，可能带来竞争均衡不存在的问题。根据博弈论理论，竞争均衡的不存在说明只存在混合策略，而利用混合策略的随机摄动进行纯粹化可知，市场均衡的不存在等价于市场竞争的不稳定。前面的分析结果表明，如果管制机构只有结算价格作为监管手段时，不能同时保证竞争均衡有效性和存在性。在现实世界中，竞争均衡的存在性看起来更像是一个理论概念，似乎不太容易理解。但实际上，某个市场的竞争均衡不存在，而是说明存在某种形式的无效率（区别于无效率的均衡或不稳定的均衡），比如在其他条件不变的情况下，不稳定的价格竞争，不稳定的市场准入和退出等。很显然，这些问题都会对市场效率产生重要影响。

（四）双向收费下的互联定价

无论是接听价格，还是网间结算价格，当存在通话外部性时，都可以为资源配置提供正确的价格信号。当这些价格信号扭曲，甚至价格信号缺失时，将会带来资源配置的扭曲。根据前面的分析，政府可以利用这两种管制工具，达到校正市场缺陷的目的。但作为零售价格的接听价格，比作为批发价格的网间结算价格更难管制，其原因在于，由于消费者非常分散，零售资费的监管成本要比互联定价高得多。在这个意义上，对监管机构来讲，结算价格的作用显得更加重要。

在讨论单向收费时已经分析了网间结算价格在资源配置上的多重作用，包括为在位运营商和新进入者提供投资和创新的正确激励，为新进入者提供正确的市场准入信号等，可以说，有效配置资源是结算价格的基本功能。在双向收费机制下，网间结算价格同样具有这些功能，但是，当存在通话外部性时，其资源配置功能还具有一些特殊性。首先，不考虑均衡的存在性问题时，虽然理论上监管机构可以利用接听价格和结算价格两种工具，但是在管制机构难以对接听价格进行有效监管时，结算价格起着重要的资源配置作用，保证话务量达到社会最优水平，更具体地讲，结算价格是通话价格中必须包括的一项重要的机会成本。其次，结算价格的作用体现在保证竞争均衡的存在，比如使结算价格加上接听价格趋于抵达成本，这是保证均衡存在的一个充分条件。

结算价格的另一个作用在于，在零售价格决定一次分配的基础上，实现二次分配，在很多情况下，这也是电信监管机构需要兼顾的问题。当然，从本质上讲，任何价格不仅可以改变资源配置结果，这在经济学上称为替代效应，同时还可以影响收入分配状况，这是所谓的收入效应。实际上，根据前面的分析，在所有价格都受到政府管制，并且在监管有效的情况下，总剩余是由政府监管决定的，此时结算价格的唯一功能是分配运营商之间的利润。更确切讲，假设结算价格大于成本，那么随着结算价格的增加，收入分配向具有净来话流量的运营商倾斜，但此时无论怎样利用结算价格调整运营商之间的利润分配，都不会对社会总剩余产生任何影响。但是在引入资费竞争以后，这种调整不仅会影响利润分配，还会对社会总剩余产生影响，也就是说，影响"饼"的大小。因此，如果监管机构想利用结算价格达到利润重新分配的目的（假设监管机构只能利用结算价格手段，而不具备其他财政手段，如税收和补贴等），那么监管机构必须考虑的问题是，是否只存在纯粹的分配效应，使得结算价格的变动不会影响资源配置；否则，调整结算价格的合法性会大大减弱。

根据前面的分析，当管制机构能够对结算价格和接听价格实行有效监管，并且不用担心均衡存在性问题时，管制机构可以利用接听价格与结算价格达到社会最优的话务量，在满足接听主权的前提下，结算价格与结算价格在一定条件下可以替代，在这种自由度允许的范围内，结算价格的高低确实只影响利润分配状况，而不会对社会剩余产生任何影响。由此可见，能否利用结算价格作为再分配的手段，取决于监管部门是否具备其他的监管手段。

最后对独立资费原则作一些评价。很多人认为，在其他很多网络，企业只需向自己用户收费，而不必相互结算，这就是所谓的独立资费原则。由于独立资费原则意味着双向收费，所以独立资费原则实际上就是双向收费时的互不结算原则。独立资费原则的本质在于，假设接听价格与结算价格完全可以相互替代，根据前面的讨论，这显然是一个非常有局限性的结论。实际上，电信网络与其他网络的不同之处在于使用外部性，也就是说，对于那些没有使用外部性的产业，比如在运输业，发货人与收货人之间不存在使用外部性，或者说是单边市场，在这种情况下不需要相互结算，而只需要分段付费。而对于电信网络，由于使用外部性的存在，只有满足对称性条件时，互不结算才是有效的结算原则，这也说明了，独立资费原则有很大的局限性。

四　"双"改"单"面临的挑战

长期以来，围绕收费方式改革问题，业界一直存在激烈的争议。理解我国收费改革之争的本质，首先需要了解我国收费改革的背景，并理解收费改革背后复杂的利益。

（一）现有管制政策存在的问题

首先，移动资费政策难以反映移动电话业务的成本变化。现有的移动资费在多年前就已经制定，但随着用户数和业务量的不断增长，在移动通信技术进步和规模经济的双重影响下，移动电话业务的单位成本已大大下降，当初制定的资费水平已无法反映移动电话业务的当前成本，更无法适应当前的市场竞争状况[1]。

---

① 当然，近年来允许运营商推出灵活的套餐计划、积分方案等，这些措施在一定程度上减弱了资费扭曲带来的影响。

　　当资费存在严重扭曲时，在市场竞争的压力之下，运营商就会想法突破管制约束，特别是在网络效应的驱使下，为了增加用户市场份额，运营商会产生很强的打价格战的动机。这种扭曲的资费管制政策的主要表现是：一方面，在资费管制比较严格的地区如北京等，尽管用户需求旺盛，但准入管制所导致有效竞争缺乏，资费水平仍维持在较高水平，这为无效的市场准入提供了扭曲的价格信号。实际上，就是在这种扭曲价格信号的导引下，作为无效技术的小灵通用户曾经发展到了十分庞大的地步。另一方面，在政府管制无效的地区，实际资费水平已远远低于政府定价，不对称管制政策已名存实亡，资费管制已经失去实际意义，无序价格竞争的情况非常突出。由此可以看出，从整体上讲，这种扭曲的竞争格局没有反映市场供求关系。

　　近年来，中国移动和中国联通各地的子公司纷纷通过套餐、补贴等形式，规避价格管制措施[①]，大打"价格战"。容易理解，企业大打价格战有两个方面的原因：一是政府管制不力，缺乏有效的管制工具，这也是我国电信市场管制的一个基本状况。特别是政府缺乏反垄断管制的经验，因此难以区分正常的价格战与具有反竞争性质的恶性价格战，再加上当企业违反政府的管制措施时，政府缺乏得力的处罚手段，最终导致政府束手无策。二是目前的价格水平比较高，现行的收费方式及资费水平给各运营商以较大的降价空间，在存在巨大盈利空间和市场竞争的前提下，价格战的出现是不足为奇的。

　　其次，现有的移动资费和网间结算政策不能反映电信市场的竞争状况。在移动电话业务出现的早期，移动电话业务与固定电话业务基本上互补，两者之间的竞争相对很弱，因而高移动资费、低固定资费以及相应的非对称网间结算政策，对于保持这种互补的竞争态势，不但必要而且也是可行的。但随着移动电话业务成本的不断降低，各家运营商纷纷通过入网补贴或价格战来吸引用户，导致移动电话业务对固定电话业务的越来越明显的替代竞争。在竞争格局已经发生变化的情况下，原有的资费政策已经失效，固定电话网与移动电话网之间的结算政策也面临着挑战。

---

① 套餐按照报批机制进行管理。

最后，我国对零售资费和结算价格同时实行管制，这种管制框架决定了结算价格的特殊作用。由于零售价格管制事实上已经决定了总剩余，即饼的大小；网间结算价格的作用只是决定利润的分配，也就是由管制机构决定"饼"的划分。正是由于网间结算价格这种租金的分配作用，导致在分业经营的业务结构下，固定电话运营商和移动电话运营商的利益针锋相对而难以调和，网间结算问题变得日益突出。

由此不难看出，收费方式改革的本质在于：一是移动资费无法反映移动电话业务成本的变化和移动市场的竞争状况，所以收费方式改革实际上反映了移动电话用户对于资费调整的诉求；二是随着移动电话业务替代竞争加剧，结算政策对市场竞争产生越来越显著的影响，因此前些年收费方式改革背后反映的是，运营商对网间结算政策改革的要求，或者说希望通过改变收费方式，达到调整网间结算政策的目的，从而增加自己的竞争实力。

（二）收费方式改革对用户的影响

随着市场竞争加剧，移动电话用户希望通过收费方式变化，来降低移动电话业务的资费。但收费方式改革与降低零售资费水平是两个不同的问题，降低资费水平并不一定需要改变收费方式，也就是说研究收费方式改革必须区分价格改革和收费方式改革。实际上，早年政策讨论中关于移动电话业务收费方式改革（"双"改"单"）方案就有两种理解：一种是将现行的由主被叫双方分别承担的资费由主叫方一方完全承担，即由主被叫双方分别承担 0.40 元/分钟，改为主叫方承担 0.80 元/分钟，被叫方完全免费；另一种是同样取消被叫价格，但主叫方的收费标准仍然为 0.40 元/分钟，这也是广大用户所理解的单向收费（吴先锋等，2004）。

早在 1998 年，原信息产业部与原国家计委就举行了移动电话业务收费方式由双向收费改为单向收费的听证会，当时原信息产业部提出的"双"改"单"方案为：（1）移动电话业务主叫价格由 0.40 元/分钟提高到 0.60 元/分钟，被叫价格由 0.40 元/分钟变成零；（2）当固定电话用户呼叫移动电话用户时，固定电话业务的主叫价格由原来的 0.18 元/3 分钟提高到 0.20 元/分钟。虽然原信息产业部和主要电信运营商都赞成收费方式改革，但国家计委明确表示反对，并得到国家经贸委和财政部支持[①]。国务院有关部门研究了正反两方面意见后提出：移动电话业务收费方式是否实行"双"改"单"，应在中国电信改组、关系理顺后再研究（王学庆，2004）。此后，移动电话业务的收费方式改革一直是社会关注的热点问题。

除了降价因素以外，移动电话用户关心收费方式改革还与收费方式改革对不同通话类型的用户影响不同有关。在采取双向收费时，移动电话用户不仅要为拨打电话支付主叫价格，而且还要为接听电话支付接听价格，为了避免支付接听费用，移动电话用户就可能保持关机状态[②]。在移动电话业务发展的初期，中国就有大量用户同时持有手机和寻呼机，以便用寻呼机收取来电信息，而后用手机回电（Xu，2000），由此证明了这种动机的存在；而反过来，在通话物理成本保持不变的情况下，由于被叫方分担了一定的通话成本，所以移动电话用户将面临着比较低的主叫价格。

由此可见，对于通话和接听具有不同偏好的消费者，对不同收费方式的偏好显然不同。更确切地讲，对于打电话较多的用户，在双向收费时平均移动资费水平相对较低，而对于接听电话多的用户，在单向收费时平均资费水平相对较低。从这个意义讲，对于移动电话用户而言，在我国目前的资费管制政策下，"双"改"单"不但体现了降低资费的总体要求，而且还反映了不同用户的偏好。

（三）收费方式改革对运营商的影响

历史地看，我国移动电话业务之所以采用双向收费方式，是与当时移动通信乃至整个电信业的发展起步较晚，以及政企合一和垄断经营的计划经济体制密切相关，并且具有非常强的路径依赖特征：首先，在移动电话业务发展的初期用户规模不大，为了扶持移动通信事业持续发展，需要加快资金收回速度，也就是说，双向收费是被作为对移动电话业务的扶持政策来实行的。其次，最先入网的用户收入水平和支付意愿都比

---

① 国家计委等部门表示反对的主要理由是国有资产流失，因为它们担心价格水平将会降低，由此带来利润的降低。但实际上，收费方式改革的影响并非这么简单。

② 需要指出的是，为了避免出现用户关机行为，扩大接听收入，很多运营商往往对某些用户赠送来电显示业务，以便用户分辨主叫方。

较高，实行双向收费对他们的消费行为影响不大，同时又可避免单向收费方式带来的固定电话用户向移动电话用户提供入网补贴的问题（刁兆坤，2004）。

但固定与移动网之间的不对称结算体系一直在业界存在很大的争议，随着竞争的加剧，这种争议变得越来越激烈：

一方面，固定电话运营商认为，当前的网间结算标准基于固定电话网的零售价格，而不是基于成本确定的，但固定电话网的零售价格因为受到管制而不能完全弥补成本①，因此 0.06 元/分钟的结算价格不能反映固定电话运营商向移动电话运营商提供接入服务的成本，所以应该提高固定电话网的网间结算价格（余京丰，2004）。同时固定电话运营商还认为，由于移动电话网实行双向收费，即已经向网内用户收取了接听价格，所以当固定电话用户呼叫移动电话用户时，固定电话运营商无需再向移动电话运营商支付结算价格，否则属于双重收费。

另一方面，移动电话运营商认为，即使实行双向收费，当固定电话用户呼叫移动电话用户时，固定电话运营商也应该向移动电话运营商支付结算价格，这是因为作为零售价格的接听价格（直接向用户收取）与作为批发价格的网间结算价格（向运营商收取的互联费）并不可以任意地相互替代；否则的话，他们宁愿改变目前的收费方式，而在单向收费方式下，固定电话运营商显然应该与移动电话运营商进行结算，并且由于移动成本相对较高，还会要求固定电话运营商向移动电话运营商支付一个较高的结算价格。

由此不难看出，从运营商的角度，我国目前有关收费方式的争论，主要是由网间结算问题引起的，尤其是移动电话运营商认为，不对称的结算政策使移动电话运营商在市场竞争中处于不利地位，而改变这种网间结算政策的前提是改变收费方式②。但收费方式改革对运营商的影响并不是一个简单的问题，只有仔细地分析这些影响，才能理解不同运营商对于收费方式改革的背后利益。

---

①　更确切地讲，是月租费不能回收用户线路成本，存在所谓的介入亏损，因此争议的本质实际上变成，结算价格是否应帮助弥补接入亏损。

②　当然，还希望改变结算价格。

相对于单向收费而言，在双向收费方式下，除了增加接听收入外，由于存在接入市场的竞争，引入接听价格将降低结算价格，由此导致主叫价格相对较低，即降低移动电话业务相对于固定电话业务的价格，从而增加移动电话网的发起话务量，更重要的是，会增加相对于固定电话业务的市场份额，因此在弹性充分大时，双向收费会增加移动电话运营商从主叫得到的零售收入。当然当存在接听价格时，月租费也会发生变化，不过由于月租的价格弹性比较小，带来的影响可以忽略不计。综合来看，双向收费可能带来零售收入的增加①。

除了零售收入以外，还应该考虑网间结算收入。在非对称结算政策下，移动运营商只有向固定电话运营商支付结算费用，而不会从固定电话网运营商得到结算收入②。但在采用单向收费方式时，即使管制机构对移动电话网结算价格进行管制，比如采用对等结算原则，移动电话网也会得到结算收入，同时由于造成竞争对手价格的增加，自己的市场份额将会增加，可部分地弥补实行单向收费带来的接听收入的损失。

容易理解，如果政府取消结算价格的管制，在网间结算上"双"改"单"将对移动电话运营商更为有利。实际上，在很多国家，管制机构一般都对固定电话网结算价格实行基于成本的价格管制，而对移动市场放松管制。由于移动电话运营商在接入市场具有市场支配权力，因此有动机向固定电话运营商征收较高的结算费，这种不对称结算政策显然使移动电话运营商获取高额的结算利润。当然，由于移动市场面临的竞争，这些结算利润并不一定转化为移动电话运营商的超额利润，而是在竞争压力下，通过用户接入补贴的形式转移给用户，这也是单向收费方式下，用户普及率较高的一个重要原因③。

需要特别指出的是，收费方式的改变对成本也会产生影响。从成本方面看，有些成本变动是显而易见的，比如双向收费需要增加接听的计费设备，因此双向收费将增加通话成本。但更有意义的问题是，收费方式本身是否对网络成本产生影响，这是制定结算价格时需要仔细考虑的问题。显

---

① 更详细的理论分析见 Jeon 等（2002）。
② 这里没有考虑移动—移动以及固定—固定之间的结算问题。
③ 参见 Crandall、Sidak（2004）和 Littlechild（2004）。

然，就移动电话网提供互联互通所使用的网络元素而言，如果不考虑收费方式变化前后导致的话务量变化，那么采用哪种付费方式并不会对成本产生什么影响，也就是说，无论是被叫付费还是主叫付费，移动电话运营商提供接入服务所使用的网络元素都是相同的。

然而，由于收费方式的确会对用户话务量产生影响，因而导致不同收费方式下的网络成本可能有所不同。比如对于交换设备而言，影响交换成本的一个重要因素是高峰时段的话务量，当峰值需求增加以后，提供业务所需要的交换容量的投资成本也会相应增加。"双"改"单"以后，由于被叫方无须支付接听费用，因而将增加接听话务量及网络成本；但收费方式改变之后，主叫方需要支付更高的资费，因而又将减少打出话务量及网络成本。显然，网络成本是否增加取决于收费方式变化前后的高峰话务量的变化。

从前面简单的分析可以看出，收费方式变化对运营商的影响非常复杂，取决于业务弹性、网间话务量模式等众多因素，所以评价收费方式改革对运营商的影响并不是一件容易的事，但可以肯定的是，收费方式改革将对竞争格局产生重要影响。

（四）管制机构面临的挑战

当政府管制结算价格时，无非是将市场决定的高结算价格所产生的扭曲，变成政府制定的结算价格所带来的扭曲而已。实际上，在采用双向收费时，由于存在抵达竞争，网间互联更容易形成，从这个意义讲互联管制相对容易一些；而如果采用单向收费，由于抵达市场的竞争相对较弱，网间互联更难以达成，因此网间互联涉及的问题更为复杂，根据我们国家以往的管制经验，市场监管的任务将变得更为艰巨。

实际上，收费方式与网间结算政策有密切关系，所以收费方式改革对于不同利益相关者，包括不同运营商和具有不同偏好的用户，可能意味着不同的权衡。在这种情况下，如果不考虑收费方式改革所隐含的资费调整因素，收费方式改革可能并不是一个简单的帕累托改进，而有可能包含非常复杂的利益调整，特别是固定电话运营商和移动电话运营商之间竞争格局的改变。为此，如何在系统评估不同收费方式的基础上，合理选择我国移动电话业务的收费方式和结算体系，维护电信竞争的有效格局，是我国政府面临的一项非常艰巨的任务。

第五节 结论与建议

本章的基本出发点是，电信市场是一个特殊的市场，其特殊之处体现在该行业的技术经济属性，包括规模经济和范围经济等成本特征，以及网络外部性和使用外部性等需求特征，这些特征导致电信市场一些特殊的制度安排。借助电信经济学的最新成果，本章分析了网间结算价格和接听价格的资源配置作用，并讨论了不同收费方式下的最优互联定价理论。下面总结主要结论。

第一，如果把通话和接听看成不同的市场，那么电话市场就是典型的双边市场。忽略不完全竞争问题，而只考虑外部性（比如使用外部性），那么此时接听价格的作用在于传递接听市场的价格信号，而网间结算价格作为转移支付手段，使使用外部性内部化。

第二，在单向收费的约束下，运营商之间通过价格竞争争夺用户市场和话务量时，假设忽略外部性问题，那么成本特征意味着不完全竞争，特别是主导运营商具有市场支配权力，这时的网间结算价格具有保证竞争均衡存在和保证有效配置资源的作用，最优价格为拉姆齐价格，有可能低于成本，也可能高于成本；但如果不考虑零售市场的价格扭曲，基于成本定价为有效定价。尽管拉姆齐定价需要很多信息，但可以通过价格上限管制，通过给予电信企业以定价自主权来实施。

第三，在双向收费条件下，运营商通过价格竞争争夺用户市场和话务量，但在存在通话外部性的情况下，此时接听价格的作用是将通话外部性内部化，网间结算价格主要是保证竞争均衡存在，并且保证有效配置资源的作用，也就是说，网间结算价格和接听价格并非完全相互替代。不难看出，将电信市场看成双边市场或单边市场，得出的结论略微不同，比如看成双边市场时，网间结算价格的作用与外部性有关，而如果不考虑双边市场时，则利用接听价格将外部性内部化。尽管如此，基本结论是一致的，即为了保证电信市场的有效竞争，需要网间结算和双向收费两种制度安排同时存在。

容易看出，本章的核心是，如何解决外部性带来的资源配置扭曲。对于外部性问题，经济学给出两种解决办法：一是科斯方法，即政府只需要定义产权，那么在交易成本很低的情况下，通过市场方法（相互协商）可以达到资源的有效配置；二是庇古方法，即通过价格信号将外部性内部化。显然，本章的出发点是庇古方法，但这并不意味排斥科斯方法。当然，电信网络是否存在显著的外部性，尤其是使用外部性，是个存在争议的实证问题。尽管有些数据表明，单向收费国家移动网的人均通话量低于双向收费国家，但仍需要系统的实证研究验证外部性的存在。

第六章　基于用户资费的网间结算理论

第一节　导　言

传统上，电信、电力、铁路等网络产业都由国家直接经营或授权垄断经营。自 20 世纪 80 年代起，随着技术进步和管制制度的创新，英国、美国等发达国家纷纷对本国的网络产业放松管制或进行私有化改革，以打破垄断，引入竞争机制。我国也不例外，其突出表现就是自 90 年代以来，我国逐渐加快了网络产业的改革步伐，如在电信领域，引入中国联通，打破了原中国电信独家垄断的局面；在电力领域，鼓励通过集资融资办电，发电端竞争态势也正在逐步形成。这些改革措施显著地提高了运营效率，降低了服务成本。

综观这些产业，可以发现它们都具有典型的垂直一体化结构，产业链上游都存在着垄断性的"瓶颈设施"或"必需设施"，如电力传输网、铁路轨道网等。随着改革的不断深入，一些与网络产业结构紧密相关的问题正成为改革的重点所在。比如，在引入竞争的过程中，无论进入者是否已经铺设了自己的基础网络设施，如果它要提供全程全网服务，就需要接入在位者的"瓶颈设施"，或者说购买在位者互补性的生产要素。

针对网络产业的接入问题，目前经济学界和管制机构已经达成一种普遍共识，一个好的接入政策是促进有效竞争的关键所在。具体来说，它至少要兼顾如下几重目标：促使"瓶颈设施"所有者降低成本，激励它提供接入服务；避免无效市场进入；考虑具体的制度环境；确保政策执行成本比较小（张昕竹，2000）。容易看出，这几重目标有所冲突，因此，公平合理地解决接入问题并不容易。

下面我们以电信产业为例，首先分析接入问题的产生原因及其分类；其次介绍解决此类问题的制度安排；最后总结不同结算方法的理论基础，并给出本章主要结论及行文安排。

一　接入问题的产生及其分类

一般来说，电信业务可分为两大类：一类是基础性业务，如本地市话业务，人们通常把提供这类服务的本地市话网络称为"瓶颈设施"；另一类是竞争性业务，如长话业务和增值业务等，在这类市场上，各业务提供商之间充满了竞争。对于技术进步迅速的电信产业来讲，这样的划分或许具有一定的局限性，但从各国电信业的业务分类来看，这种划分具有一定的代表性，而且它也是讨论接入问题的出发点（拉丰和蒂罗尔，2000）。

在讨论接入政策时，人们往往根据电信业产业结构及相关管制政策的不同，而将接入问题分为两类。第一类接入问题称为单向接入。比如只有在位者拥有"瓶颈设施"，它既可提供基础性业务，也可提供竞争性业务，而长途业务提供商却只能提供竞争性业务。这样，当长途业务提供商向用户提供最终服务时，就需要向在位者购买本地市话网络接入服务，而在位者却无须对方提供接入服务。对于这类"单向接入"问题，管制机构主要采用反垄断政策限制在位者延伸其本地市话网络的市场支配力量，其理论研究已比较成熟①。

随着电信市场的进一步放开，特别是本地网络竞争格局的形成②，在政策及理论讨论中，第二种接入问题即"双向接入"或"网间互联"问题，已引起管制机构和经济学界的广泛关注。"双向接入"是指不仅在位运营商拥有"瓶颈设施"，进入者也拥有自己的"瓶颈设施"。这样，在提供一单位网间通话业务时，任何一方都需要对方网络为其提供"瓶颈设施"的接入服务。比如当在位运营商的用户作为主叫与进入者的用户通话时，就需要进入者为其提供落地接入服务；反之亦然。

---

①　具体内容请参见 Laffont and Tirole, *Competition in Telecommunication*. MIT Press, 2000; Armstrong, "The Theory of Access and Pricing", in *Handbook of Telecommunications Economics*, edited by M. Cave, S. Marjumdar and I. Vogelsang, North Holland, 2002。

②　美国1996年《电信法》明确规定市场进入者可通过业务转售、网元租用、基于网络设施等方式进入本地市话市场，而我国早在1994年就批准了中国联通经营本地市话业务的运营资格。

显然，在引入本地网络竞争初期，进入者通常面临两类问题：一是用户规模太小；二是网络覆盖范围太小。此时，如果在位者与其实现互联互通，进入者无须投入巨额资金铺设网络，即可提供全程服务，新入网用户也无须担心通话机会的减少。相反，如果在位者拒绝实行互联互通，由网络外部性知，新用户都将加入在位者网络，进入者将处于不利地位。因此，对进入者来讲，这种"双向接入"显得异常重要。

二　解决双向接入问题的制度安排

容易理解，"双向接入"可降低市场进入壁垒，扩大用户通话机会，改善社会福利。然而，对于在位者来讲，它不仅没有动机主动提供网间互联业务，甚至还可能采取非价格手段破坏网间互联。因此，在管制政策上，多数国家的电信管制条例都对网间互联制度做出了明确规定①，如《中华人民共和国电信条例》第十七条规定："电信网之间应当按照技术可行、经济合理、公平公正、相互配合的原则，实现互联互通。主导的电信业务经营者不得拒绝其他电信业务经营者和专用网运营单位提出的互联互通要求。"同时，它还规定由"网间互联双方按照国务院信息产业主管部门的网间互联管理规定进行互联协商，并订立网间互联协议"，如果"互联双方经协商未能达成网间互联协议"，则由协调机关提出网间互联方案，"强制实现互联互通"。

虽然这些法律条例为网间互联提供了制度保障，但互联双方能否提供高质量的网间互联业务仍然取决于多种因素，比如选择何种技术方案以及如何结算，等等。我们知道，互联业务提供方在提供接入服务时，需要耗费一定的网络资源，或者说需要付出一定的互联成本；作为补偿，互联业务需求方通常需向互联业务提供方支付一定的结算价格②。显然，这直接关系到互联双方的经济利益：若结算价格过高，则用户将面临较高的零售价格，竞争对手将支出高额的结算费用；若结算价格过低，则会招致无效的市场进入，降低在位者提供网间互联业务的动机，使其缺乏网络投资、

---

　　①　新西兰是一个例外，它沿着自由化的思路走，完全依靠竞争法处理网间互联争议，而不再对电信市场进行任何价格管制。具体请参见 Laffont and Tirole, *Competition in Telecommunication*. MIT Press，2000，p. 181。

　　②　又称接入价格（Access charge）、互联费（Interconnection fee）或接续费（Termination fee）。本章只考虑落地接入的结算问题，而不考虑发起接入的结算问题。

维护和更新的积极性。

三　两种结算规则的理论基础

容易看出，"双向接入"问题的核心在于如何设计一套合理的结算价格，以平衡互联双方的经济利益。在关于网间结算规则的讨论中，目前最主要的思路是基于成本。多数管制机构也规定互联双方应"依据透明、非歧视、具有经济可行性的条款和以成本为基础的价格及时提供网间互联业务"（Intven，2000）。

在理论研究方面，拉丰等（Laffont，Rey and Tirole，1998a，b）假设互联双方展开横向差异化价格竞争，开创性地建立了本地网络竞争模型。他们得到的重要结论是：当互联双方以线性价格展开竞争时，除非结算价格在互联成本的邻域内，或者网络替代性充分小，否则零售市场价格竞争的均衡可能不存在；并特别指出互联双方可能将结算价格作为合谋工具。德赛因（2003）在拉丰等（1998a，b）模型基础上，引入用户异质性假设，也得到了类似的结论。这些重要的研究成果为基于成本的结算规则奠定了理论基础。

尽管基于成本结算规则具有很好的理论根基，但在多数发展中国家，由于缺乏必要的管制经验及测算网间互联成本所必需的数据信息和资源，管制机构往往难以采用基于成本的结算规则，转而采用一些临时性的、缺乏理论根基的结算规则。比如，在我国及东欧的捷克、波兰和匈牙利，管制机构所确定的结算价格通常为本地市话主叫价格的一半，也就是说，结算价格依本地市话零售价格高低而定（OECD，2004）。显然，这种结算方法既非基于网络互联成本，也非基于用户需求行为。但考虑到发展中国家的制度现状，这种结算规则也具有一定的优点，比如管制机构只需确定合理的结算价格系数，而无需关注互联成本的具体数值；当然，它也避免了互联成本测算过程中的信息不对称问题。

虽然基于资费的结算规则在实践中得到了广泛应用[①]，但在理论研究上，只有少量文献讨论这类结算规则。都干鲁和图曼（Doganoglu and Tauman，2002）首先正式分析了基于资费的结算规则。假设互联双方结

---

① 目前，澳大利亚在确定其本地市话结算价格时，也采用该方法，其结算价格系数是 0.5。具体参见 OECD，"Access Pricing in Telecommunications"，2004，p. 94。

算价格 $a_i = \gamma p_i$，通话边际成本和互联边际成本均为零，固定成本不为零，他们得到的主要结论是：无论网络替代性如何，网络竞争始终存在纯粹均衡[1]，其均衡价格是结算价格系数的单调增函数，网络替代性的单调减函数。需要说明的是，这里之所以得出与拉丰等（1998a，b）不同的均衡存在性结论是因为都干鲁和图曼（2002）模型采用离散选择模型描述用户网络选择行为，而拉丰等（1998a，b）模型则采用了豪泰林（Hotelling）模型。

然而，在基于资费的网间结算实践中，管制机构通常采用 $a_i = \gamma p_j$（$i \neq j$）的结算规则，即被叫网络 i 收取的结算价格等于结算价格系数乘以主叫网络 j 的零售价格。按照这种结算规则，提高本方主叫价格 p_i 将抬高己方支付给对方的结算价格，增加己方的结算支出。而在都干鲁和图曼（2002）模型中，结算价格按 $a_i = \gamma p_i$ 确定，即被叫网络 i 收取的结算价格等于结算价格系数乘以己方（网络 i）的零售价格。此时，提高本方通话价格将增加对方支付给本方的结算价格，增加己方的结算收入。注意到这种差别，拉丰和张昕竹在 2001 年的研究中以拉丰等（1998a）为基础，初步分析了互联双方采用 $a_i = \gamma p_j$（$i \neq j$）结算规则时的网络竞争均衡，并得到了互联双方可能利用结算价格系数合谋的结论，但他们没有深入研究其均衡存在性条件，也没有进一步讨论其政策含义。

四　本章结论及总体结构

本章在拉丰和张昕竹（2001）基础上，假设互联双方采用基于资费结算规则，首先重点分析了网络竞争均衡的存在性条件，而后对基于资费和基于成本结算规则进行横向比较分析。

假设博弈时序为：互联双方首先协商确定结算价格系数 γ，而后展开价格竞争，最后按 $a_i = \gamma p_j$（$i \neq j$）结算规则相互支付结算价格，本章的主要结论是：当互联双方以线性价格展开竞争时，除非网络替代性和结算价格系数比较小，否则零售市场价格竞争均衡可能不存在；在均衡存在的区域内，互联双方可能将结算价格系数作为合谋工具。当互联双方以二部制价格展开竞争时，竞争均衡同样可能不存在；在均衡存在的区域内，均衡利润与结算价格系数无关，互联双方也没有动机合谋。

---

① 由利润函数的连续性可知，当通话和互联成本较小时，网络竞争仍将存在纯粹均衡。

虽然上述结论与拉丰等（1998a）中的结论比较类似，但它们的内在机制并不相同。在基于成本结算规则下，提高结算价格使互联双方更不愿意降低零售价格，其原因在于降价虽可获取市场份额，但将降低单位零售利润和恶化网间结算状况；而在基于资费结算规则下，提高结算价格系数使互联双方更愿意降低零售价格，其原因在于降价虽可降低单位零售利润，但将增加市场份额和改善网间结算状况。

实际上，本章分析结果表明，当两种结算规则下的结算价格相等时，如果互联双方以线性价格进行竞争，那么基于资费结算规则下的均衡零售价格将小于基于成本结算规则下的均衡零售价格，而其社会福利则高于基于成本结算规则下的社会福利；如果互联双方以二部制价格进行竞争，那么基于资费结算规则下的均衡零售价格仍将小于基于成本结算规则下的均衡零售价格，但其社会福利是否大于基于成本结算规则下的社会福利取决于结算价格系数的高低。从政策含义讲，这些结论意味着基于资费的结算规则使互联双方更有动机削价或者说打"价格战"，并在一定程度上解释了当前电信市场上"价格战"行为。

第二节　网间结算理论文献综述

从历史角度看，"双向接入"问题并不是引入本地网络竞争之后才出现的新问题，在此之前，电信业的"双向接入"主要表现为两类特殊的接入问题：

一类是国际长话互联。由于互联双方分别处于两个国家，无须为用户市场份额展开竞争，因此，它们都有动机就结算价格进行协商，相互提供互补性落地接入服务[1]。

另一类是固定——移动互联。在引入竞争初期，移动电话资费比较高，固定和移动电话之间往往是异质竞争，或者说双方业务更多的是互补

---

[1]　关于国际长话间的互联问题，请参见 Armstrong，"The Theory of Access and Pricing"，in "*Handbook of Telecommunications Economics*"，edited by M. Cave，S. Marjumdar and I. Vogelsang，North Holland，2002。

关系，而非替代关系，因此互联双方也有动机达成互联协议① （拉丰和蒂罗尔，2000）。

这里，我们所关心的"双向接入"主要是指本地电信市场上的双向接入，即互联双方既要为市场份额展开"面对面"的竞争，又要相互为对方提供"瓶颈设施"的接入服务。对于这类"双向接入"问题，管制机构通常采用的结算规则主要有两类：基于成本结算和基于资费结算［英特温（Intven），2000］。下面首先讨论基于成本的网间结算规则。

一 基于成本结算理论

从资源配置角度来说，最优的定价规则是边际成本定价——某种业务的价格应等于提供该业务的边际成本，其中边际成本定义为提供额外一单位产品或业务所增加的成本。但是，在沉淀成本巨大、规模经济和范围经济比较显著的电信产业中，按照边际成本定价将导致沉淀成本无法收回，致使网络运营商产生巨额亏损。因此，管制机构在确定结算价格时，往往让结算价格也分摊一部分公共成本，如在欧洲，多数国家都根据全业务长期增量成本（TSLRIC）来确定网间结算价格（OECD，2004）。

虽然管制机构确定了基于成本的结算规则，但在不同的竞争阶段，互联双方所处的地位并不一样，具体的管制政策也会有所不同。如在竞争成熟期，互联双方几乎具有同等地位，或者说任何一方都没有谈判优势，此时假设互联双方展开对称网络竞争就具有一定合理性。因此，在研究基于成本的结算理论时，人们根据市场结构的不同，将本地网络竞争分为对称竞争和非对称竞争两大类。

（一） 对称网络竞争

前面曾指出，基于成本结算理论的奠基性工作主要由拉丰等（1998a，b）完成。为研究双向接入问题，他们假定电信市场竞争业已进入成熟期，在位者与进入者没有区别，管制机构对零售市场放松了价格管制（如新西兰电信业），而后建立了一个具有对称特征的网络竞争模型。近年来，为了更好地描述网络竞争现状，大量文献从各个方面放松拉丰等（1998a，b）模型中的主要假设条件，如放松用户同质性假设等。总体上讲，这些模型所讨论的主要问题是，互联双方是否可能将结算价格作为合

---

① 随着移动通信业务价格的不断下降，它们之间将更多地呈现出替代关系。

谋工具？不同的结算制度安排对网络竞争均衡有何影响？

1. 主要假设条件

为简化讨论，拉丰等（1998a，b）还对网络成本和用户需求行为做了大量假设。具体来说，在成本方面，假设电信市场上有两家网络运营商，它们具有相同的成本结构和网络覆盖范围，其业务差异程度由用户的"运输成本"来刻画。在需求方面，假设用户同质，全部入网，但只能加入其中一家网络；其通话量是使用价格的常弹性函数，且无须为接听电话付费[①]。在博弈时序方面，假设互联双方首先就结算价格进行协商；而后在结算价格互惠，禁止对网内和网间实行区别定价条件下[②]，双方非合作地确定零售价格，并展开横向差异化豪泰林竞争[③]；最后，用户在观察到互联双方的零售价格后加入其中一家网络，并实现预期通话量。

此外，为揭示网络竞争的本质所在，拉丰等（1998a，b）模型还做了两个重要假设：

一个是互惠结算原则（Reciprocal access pricing），即互联双方在提供接入服务时，彼此向对方网络收取的结算价格始终保持相等。需要指出的是，无论结算价格是由双方协商决定，还是由管制机构强制确定，只要给定结算价格，均衡零售价格就可以确定。但对管制机构来讲，其目标是福利极大化，而互联双方的目标却是利润极大化，因此，它们确定的结算价格肯定不同。

另一个是平衡通话模式，即在每个网络发起的全部通话量中，终接在对方网络的通话量占全部通话量的比例等于对方的用户市场份额。容易验证，当任何一个用户打出电话与接听电话的概率相等时，该假设肯定成立。虽然

---

① 本章只研究单向收费制度下的网间结算理论。关于双向收费制度下的网间结算理论，请参见 Jeon，Laffont and Tirole，"On the Receiver Pays Principle". *Rand Journal of Economics*，Vol. 35，pp. 85－110，2004；Kim and Lim，"An Economic Analysis of the Receiver Pays Principle". *Mimeo*，Dongguk University，2001 等文献。

② 用户全入网和非区别定价假设意味着拉丰等（1998a，b）基准模型无需考虑网络外部性对互联双方竞争策略的影响。

③ 在描述用户的网络选择行为时，目前主要采用两类模型：一类是豪泰林模型，另一类是离散选择模型。其中，离散选择模型的优点在于它可以描述多个网络之间的选择行为，详见 Alexander，A Tractable Cross－Nested Logit Model for Evaluating Two－way Interconnection Competition With Multiple Network Subscription. *Dissertation*，The George Washington University，2003。

在现实中，该假设并不一定成立，比如电话营销公司通常打出更多电话，火车售票点则收到更多电话，但对于理论分析来讲，这却是一个理想出发点。

2. 线性定价

当互联双方以线性价格展开竞争时，由拉丰等（1998a，b）及相关理论文献，我们可得到以下几条重要结论：

第一，通话边际成本是内生的。对于主叫网络来讲，其网内通话边际成本等于发起成本加落地成本，而网间通话边际成本则等于发起成本加结算价格，因此，当主叫用户发起呼叫时，由平衡通话模式假设可得，主叫网络单位通话的感觉边际成本等于其网内通话及网间通话边际成本的加权平均值，对应权重为本网和对方网络的用户市场份额。拉丰等（1998a）称之为"内生边际成本效应"。显然，该感觉边际成本随对方市场份额的变化而变动。具体地，当结算价格高于（低于）互联成本时，它随对方用户市场份额增加而增加（减小）。因此，为降低通话感觉边际成本，互联双方都有动机降低零售价格，扩大己方市场份额。

此外，对于给定的市场份额而言，每个网络的感觉边际成本随结算价格的增加而增加。因此，如果暂不考虑市场份额的影响（内生边际成本效应），抬高结算价格将直接抬高互联双方的感觉边际成本，为获得较高利润，互联双方将直接提高其零售价格。拉丰等（1998a）称之为"相互抬高成本效应"。

第二，竞争均衡的存在性。拉丰等（1998a）和阿姆斯特朗（1998）的分析结果表明，当结算价格远离互联成本，或者网络替代性较高时，零售市场竞争均衡可能不存在[①]。拉丰等（1998a）特别指出，均衡不存在性"不仅是一个技术问题，而且具有很强的经济意义"。其原因在于提高结算价格将会抬高互联双方的零售价格，在网络替代性或业务同质性较高的情况下，每个网络都有动机将零售价格降低一点，以独占整个市场，避免支付网间结算费用。但这样的角点市场均衡并不存在，因为当一家网络获取正利润时，另一家网络至少会模仿其定价策略，并分享一半的用户市场份额和利润。

---

① 在现实中，均衡不存在性可能并不是一个问题，因为互联双方除了声誉不同外，网络服务质量及容量也有较大的差别，这意味着互联双方的业务差异较大。

第三，合谋可能性。拉丰等（1998a）、阿姆斯特朗（1998）、卡特和怀特（Carter and Wright，1999）分别指出，在对称均衡处，均衡零售价格是结算价格的增函数，这表明互联双方有可能将结算价格作为合谋工具。也就是说，如果结算价格由互联双方协商确定，它们都有动机合谋将结算价格定在边际成本之上，或者说相互征收"接入税"，并通过"相互抬高成本效应"来抬高业务零售价格，获取较高的甚至垄断利润。值得注意的是，此时降低业务零售价格虽可从对方手中夺取一定的用户市场份额，但将给己方带来较高的网间结算亏损，其结果将导致利润总量下降，因此，互联双方都没有动机偏离该对称性均衡，或者说均衡是稳定的。

卡特和怀特（1999）还研究了用户对两个网络具有不同的品牌忠诚度，或互联双方的声誉有所不同时的网络竞争均衡。分析结果表明，当用户品牌忠诚度不同时，互联双方将具有不同的市场份额，但它们仍有可能将互惠结算价格作为合谋工具。而且，即使管制机构强制要求互联双方按照通话的感觉边际成本对零售业务进行定价，它们也可通过"相互抬高成本效应"获得垄断利润。因此，卡特和怀特（1999）建议管制机构应该对结算价格，而不是对零售价格进行管制。

当用户非同质，及通话模式不平衡时，为了检验互联双方是否仍可能将结算价格作为合谋工具，德赛因（2003）放松了拉丰等（1998a）中的用户同质性假设，按照通话量高低将用户分为商业用户和居民用户两大类，并根据用户通话量的分布情况将通话模式分为三类：（1）偏向低端，即低需求用户收到话务量大于其发起话务量；（2）偏向高端，即高需求用户收到话务量大于其发起话务量；（3）平衡通话，即高、低需求用户所收到话务量分别等于其发起话务量。由德赛因（2003）分析结果可知，当通话模式为"偏向低端"和"平衡通话"时，均衡零售价格随结算价格增加而增加，合谋结论仍然成立；而当通话模式为"偏向高端"时，均衡零售价格并不一定随结算价格增加而增加。

为理解起见，我们假设互惠结算价格大于互联成本。当通话模式为"偏向低端"时，降低价格将对网间结算亏损有两类影响：首先，增加网间发起通话量，带来网间结算亏损；其次，改变网络中两类用户的构成比例。与第一种影响相比，这是将用户分类后产生的新影响。由于高需求用户从降价中受益更大，对价格变动也更加敏感，因此降低零售价格将增加用户群中高需求用户的比例（德赛因，2003）。然而，在"偏向低端"的通话模式下，高需求的发起话务量将大于其接听话务量，这意味着降低零售价格将进一步恶化网间结算状况。因此，与"平衡通话"模式相比，互联双方更不愿意降低结算价格，而是希望将结算价格作为合谋工具，以抬高终端零售价格。

同理，当通话模式为"偏向高端"时，降低零售价格一方面将增加网间发起话务量，带来网间结算亏损；另一方面又能吸引更多高需求用户，给己方带来网间结算收入。因此，其均衡零售价格取决于这两种效应的综合效果，它既可能随结算价格增加而增加，也可能随结算价格增加而降低。

显然，在上述几种情况下，互联双方都有可能合谋。虽然价格合谋行为在零售市场上是违反法律的，但在批发市场上，它却可能是管制机构所希望和鼓励的，因为当互联双方非合作确定己方结算价格时，将出现"双重加价"现象，降低社会总福利（蒂罗尔，1988）。

第四，最优结算费。当结算价格由管制机构确定时，由拉丰等（1998a）知，如果不考虑网络公共成本，那么，拉姆齐最优结算价格将小于互联成本。这是因为当零售市场放松管制时，只要互联双方的业务并非完全同质，它们就具有一定的市场支配势力，并通过合谋使其均衡零售价格高于社会最优价格。因此，为削弱市场支配势力，矫正零售市场的价格扭曲行为，就需要使拉姆齐最优结算价格低于互联成本，或者说让互联双方分别为竞争对手提供"接入补贴"。

第五，双重加价问题。当互联双方非合作地确定己方结算价格时，由于互联双方对本方的接入服务具有垄断权，因此，它们均有动机对接入服务收取垄断价格，其结果将导致均衡零售价格非常高，出现"双重加价"现象。拉丰等（1998a）分析结果表明，当网络替代性较小时，其均衡结算价格将高于互联成本，均衡零售价格远高于垄断价格[1]。

伊克诺米德斯等（Economides, Lopomo and Woroch, 1996）建立了一个不同于拉丰等（1998a）的二阶段博弈模型。他们假设消费者首先加入

---

[1] 这只是一次性博弈的均衡结果，他们并没有深入讨论当互联双方展开重复博弈时，是否存在合谋以降低均衡零售价格的可能性。

其中某家网络运营商，而后网络运营商制定其价格策略，最后用户依效用最大化和互联双方的价格策略选择自己通话量。考虑到网络竞争现实，这种博弈时序也具有一定的合理性，因为在加入某家网络运营商之后，用户往往因为切换成本（Switching cost）而不愿更换网络运营商。

由他们的研究结果知，当互联双方非合作地确定己方结算价格时，"双重加价"现象将再次出现。因此，为了降低均衡零售价格，提高社会福利，各国管制机构一般都要求互联双方实行互惠结算原则，如美国《电信法》规定当话务量没有明显不对称时，结算价格就应该保持互惠。

3. 非线性定价

考虑到电信产业固定成本高，通话边际成本几乎为零的技术经济特性，运营商对其零售业务进行定价时，往往采用二部制或多部制价格，也就是说，通过固定价格来收回固定成本，通过单位使用费影响用户的通话量。需要说明的是，当用户同质时，二部制价格还可以起到另一个作用——对用户进行完全歧视。

假定互联双方以二部制价格展开竞争，拉丰等（1998a）的研究表明：均衡使用价格等于感觉通话边际成本；均衡固定价格等于吸引一名新用户的成本加上豪泰林加价；均衡利润等于豪泰林利润①，与结算价格无关，合谋结论不再成立。实际上，当结算价格增加时，一方面，互联双方的通话边际成本将被抬高，这使它们不愿意降低零售价格；另一方面，互联双方又希望扩大用户市场份额，在不愿改变网间结算状况的情况下，互联双方只有通过提供较低的甚至负的固定价格来吸引用户。在均衡情况下，这两种效应对利润的影响恰好抵消，均衡利润与结算价格无关（Laffont and Tirole，2000）。从这个意义上讲，网络运营商不再关心结算价格高低，也没有动机把结算价格当作合谋工具。

将线性价格与二部制价格的竞争均衡进行对比，我们可以发现：在二部制价格情形下，运营商让两个价格工具分别承担了不同的功能：以使用价格来影响网间结算状况，以固定价格来影响市场份额。而在线性价格情形下，运营商只有使用价格这一工具，由于改变使用价格将同时影响用户

---

① 豪泰林利润等于"运输成本"的一半。当"运输成本"较高时，互联双方的业务差异性比较大，这意味着它们能够获取更高的均衡利润。

市场份额和网间结算状况，因此，它们的均衡利润与结算价格相关。

利润"中性"结论引起了很多学者的关注，阿姆斯特朗（1998）和拉丰等（1998a）认为，之所以出现这种情况，其原因可能源自用户同质性假设。他们进一步猜测，当用户不同质时，互联双方仍有可能合谋，利润"中性"结论将不再成立。

为验证该猜测是否成立，德赛因（2003）将用户分为高需求和低需求两类，并引入了非平衡通话模式假设①。在二部制价格情形下，网络运营商通过使用价格和固定价格这两个工具，来实现三个目标：（1）通过使用价格来创造剩余；（2）使用两个价格工具与用户分享剩余；（3）利用价格工具对用户进行隐性区别，以满足激励相容约束。德赛因（2003）证明当前两个目标满足时，激励相容约束自然成立；这意味着异质用户假设下的均衡利润，将与同质用户假设下的均衡利润保持相等，且与结算价格无关。

然而，德赛因（2003）仅考虑了用户激励相容约束，而没有考虑它们的参与约束，当用户同质时，这种简化具有一定的合理性。但当用户异质时，这种简化就有欠妥当，尤其是当互联双方的结算价格较高时，两类用户所面临的使用价格也较高，这很可能导致某类用户的参与约束变紧。

观察到这一点，波普莱蒂和怀特（Poletti and Wright，2000）在德赛因（2003）基础上，全面分析了满足用户激励约束和参与约束条件下的网络竞争均衡②。分析结果表明：

首先，当参与约束紧时，对低需求用户讲，决定其使用价格的是参与约束，而非市场竞争程度；对高需求用户讲，决定其使用价格的是市场竞争程度，而非参与约束。因此，当通话模式不平衡时，网络运营商总可通过选择高于或低于互联成本的结算价格，使高需求用户产生结算亏损，从而弱化对高需求用户的争夺，强化对低需求用户的竞争。

其次，当参与约束和激励约束都紧时，两类用户的固定价格完全由其

---

① 哈恩（2000）假设用户偏好服从连续性分布，同样得到了利润"中性"结论。具体请参见 Hahn，Network Competition and Interconnection with Heterogeneous Subscribers. *mimeo*，Keele University，2000。

② 即使用户参与约束紧，网络运营商也不能只为某类用户提供服务，而摒弃另一类用户。注意：它与用户全入网假设并不矛盾。

使用价格决定。具体地，低需求用户固定价格等于其消费者剩余，高需求用户固定价格则由其激励约束条件决定，但它们都是使用价格的函数，而使用价格又是结算价格的函数。因此，当两类约束都紧时，结算价格的高低将直接影响到互联双方的均衡使用价格和均衡固定价格。

需要特别指出的是，波莱蒂和怀特（2000）证明当参与约束紧时，无论激励相容约束是否满足，无论互联双方是否以非线性价格展开竞争，它们都可能将结算价格作为合谋工具。但在结算价格只有一个的情况下，它难以同时使两类用户的使用价格都等于垄断价格，所以互联双方虽可合谋，但无法获取垄断利润。这个结论意味着，只要存在用户异质性，网络运营商就可能利用"通话模式不平衡"和"相互抬高成本效应"，将竞争压力从一个用户群转移到另一个用户群，并通过合谋来获取较高利润。

如果我们坚持拉丰等（1998a）的用户同质性假设，转而放松其用户全入网假设或者说用户普及率小于100%，那么利润"中性"结论是否仍然成立呢？希夫（Schiff，2002）和德赛因（2003）的研究表明，当考虑网络外部性对用户入网行为的影响时，互联双方仍有可能合谋，但协商确定的结算价格将低于互联成本。这是因为，较低的结算价格可带来较低的零售价格，从而对用户入网行为产生两种影响：一是影响在网用户转网，这在前面的分析中已经讨论过，即已入网用户根据自身情况和互联双方零售价格的高低，可能从现在所处网络加入对方网络；二是影响新用户入网，这是由于网络外部性所带来的新效应，即当市场零售价格较低时，部分未入网用户也将加入通信市场，从而提高了整个市场的用户普及率。

如果由管制机构确定该结算价格，则从希夫（2002）的数值模拟结果可知，一般情况下，社会最优结算价格大于互联成本，且随着用户普及率逐步升高，它将收敛于互联成本。但当互联双方提供的业务差异性较大时，社会最优结算价格则可能小于互联成本。对于一些新兴市场如移动通信市场来讲，这些结论为管制决策提供了重要的理论指导。

4. 区别定价

虽然在前面的分析中，我们假设运营商不能实行基于网络的区别定价，即不能对网内和网间电话实行区别定价，但当结算价格高于（小于）

互联成本时，由于网间通话边际成本高于（低于）网内通话边际成本，所以互联双方有动机对网间（网内）通话收取更高的零售价格。需要指出的是，这种区别定价在技术上没有任何障碍，因此，在竞争比较充分、放松管制的电信市场上，网络运营商往往实行区别定价策略①。

在允许基于网络区别定价的情况下，拉丰等（1998b）得到了一个有趣的结论，即随结算价格高于、等于或小于互联成本，网络将呈现出正、无或负的外部性。这是由于当结算价格较高时，网内通话价格更加便宜，用户将选择用户规模大的网络；反之，当结算价格较低时，网间通话价格更加便宜，用户将选择用户规模小的网络。一般把这种由于结算价格不同引起的外部性称为"资费调节的网络外部性"（Tariff – mediated network externality）。

他们得到的另一个结论是，较高的结算价格不一定会促成合谋，其原因与非线性定价不会促成合谋的原因基本相同。反过来，它还可能拉大网内通话和网间通话的成本差距，强化互联双方对用户市场份额的竞争。由于电信产业本身处于次优状态，因此，当网络替代性较小时，实行区别定价可能降低行业平均通话价格，提高社会福利，并减轻由于垄断延伸所引起的"双重加价"问题（拉丰和蒂罗尔，2000）。问题在于，在引入竞争初期，在位者可能利用市场势力强迫进入者接受一个较高的结算价格，并利用区别定价阻碍有效竞争的形成。从管制政策角度讲，这意味着管制机构在竞争初期应当禁止区别定价，而在竞争成熟期，允许实行区别定价，以提高社会福利［沃各斯朗（Vogelsang），2003］。

假设互联双方对网内网外通话实行区别定价，同时又实行二部制价格，甘斯和金（Gans and King，2000）的分析结果指出，互联双方可通过确定一个低于互联成本的结算价格而实现合谋，并指出"互不结算法"（Bill and Keep）可能使运营商合谋。此时，对用户来讲，他将面临一个较低的网间通话价格和较高的固定价格，并愿意加入网络规模较小的网

① 目前，我国部分运营商也采用区别定价作为竞争手段。但是，去年信息产业部和国家发改委联合下发了《关于通信网内网外差别定价问题的通知》（又称452号文件），要求各地通信管理局自2004年12月1日起暂停受理固话、手机、长途电话等业务的网内外差别定价资费方案，不过通知并未规定旧"套餐"的网内网外差价如何处理。具体请参见修荣滕《电信市场：理性竞争是主流》，《通信信息报》2005年1月5日。

络；对运营商来讲，它们争抢用户市场份额的动机将大大下降，或者说用户市场竞争弱化了。然而，在运营实践中，尚没有证据支持该结论；相反，我们经常看到的却是运营商为用户提供大量入网补贴，以激励用户入网［赛德龙（Cherdron），2001］。

上面的讨论都假定被叫方在接听电话时，没有获取效用，同时也无须为接听电话支付费用。伯杰（Berger，2002）在拉丰等（1998b）基础上，假定被叫方也从通话中获取了效用，但仍然坚持单向收费制度。他的研究结果表明，如果实行区别定价，那么在引入通话外部性后，互联双方仍有可能合谋，其合谋结算价格将小于互联成本。这与甘斯和金（2000）的研究结果比较类似。

总之，当互联双方展开对称竞争时，它们可能将结算价格作为合谋工具，但随假设条件和竞争环境的不同，合谋结算价格可能大于或小于互联成本。当然，它们也可能无法合谋，也没有动机去关心结算价格的高低。从政策意义上讲，这意味着当管制机构无法量化这些因素对结算价格的影响时，确保结算价格接近于互联成本也许是一个较好的次优政策（德赛因，2003）。

（二）不对称网络竞争

在引入竞争初期，在位者和进入者的成本及覆盖状况有很大不同。此时，如果任由市场竞争确定结算价格，那么，在位者将有很大动机拒绝互联，或者通过非价格手段提高进入者的进入壁垒。一般来说，为使进入者免遭在位者的"揉搓"行为，管制机构需要介入网间互联市场，制定经济合理的结算价格。这就引出了一个相当重要的问题：当互联双方的成本/需求不对称，或网络覆盖范围不同时，我们能否"先验地"认为互联双方的结算价格应该保持互惠；如果不应该保持互惠，该选择何种结算规则？

不幸的是，到目前为止，只有少量文献讨论网络不对称情形下的竞争均衡。正如阿姆斯特朗（2002）所指出的，即使互联双方的成本完全对称，但当一方是在位者，另一方是进入者时，结算价格互惠性假设也不是无懈可击，因为此时的竞争均衡取决于互联双方的讨价还价势力。他认为，要处理非互惠结算价格下的网络竞争问题，可能需要寻找一个令人信服的理论模型；如果找不到这类模型，那么采用数值模拟来模拟不同政策的效果可能是最有前途的解决办法①。

1. 成本或需求不对称

一般来说，由于在位者无须承担沉没成本，且具有较好的市场声誉，而进入者则要铺设新网络，因此，互联双方提供互联及零售业务的成本往往并不相同。哈林和罗尔夫斯（Haring and Rohlfs, 1997）在考虑这类问题时，建议采用一种简单的结算规则，即任由在位者选择它的零售价格和结算价格，管制机构只要求互联双方的结算价格保持互惠即可。初看起来，该方法可能不利于进入者，比如在位者有动机制定较高的结算价格，以抬高进入者的网间通话成本，但对进入者来说，它也可主动通过价格手段吸收接听话务量较多的用户，并获取高额结算利润。

卡特和怀特（2003）在拉丰等（1998a）基础上，假设在位者具有一定的声誉，对哈林和罗尔夫斯（1997）提出的结算规则给出了正式分析。证明结果表明，当互联双方以二部制价格竞争时，在位者的最优定价对策是将结算价格等于它提供互联服务的边际成本。比如，当结算价格低于互联成本时，进入者可通过制定较低的零售价格，使其网间净发起话务量为正，致使在位者产生结算亏损。这样，为减少该结算亏损，在位者有动机抬高其结算价格，以抬高进入者通话成本和零售价格。因此，在上述互惠结算规则下，进入者可根据在位者的结算价格，"相机抉择"己方的零售价格，迫使在位者结算价格等于互联成本。

同时，他们又指出，当互联双方的互联成本不同时，这种结算规则并不能达到社会最优定价。为解决这个问题，哈林和罗尔夫斯（1997）建议结算价格可随互联点（POI）的不同而不同。从某种意义上讲，这有点儿类似于伊克诺米德斯等（Economides, Lopomo and Woroch, 1996）提出的"结算价格加价保持互惠"的结算规则。

需要说明的是，虽然哈林和罗尔夫斯（1997）提出的结算规则简单明了，但它仍然坚持"结算价格互惠"假设。从各国电信管制实践来看，在竞争初期，管制机构往往对在位者实行严格管制，而对进入者给予一定

---

① 在 De Bijl 和 Peitz（2003）的著作里，他们就大量地采用数值模拟方法，并取得了很多结果。具体请参见 De Bijl, P. and M. Peitz, *Regulation and Entry into Telecommunications Markets.* Cambridge Press, 2003。

的政策倾斜，或者说对互联双方实行不对称价格管制。显然，这类结算规则有别于哈林和罗尔夫斯（1997）提出的结算规则。

受不对称管制政策的启发，佩茨（Peitz，2005）提出如下"非互惠"结算规则：在位者收取的结算价格等于己方互联成本，进入者收取的结算价格等于己方互联成本加一个"加价"，具体加价幅度取决于市场竞争环境。在线性定价、二部制定价、区别定价等情况下，他的分析结果均表明，非互惠结算规则有助于增强进入者的获利能力，降低进入壁垒；同时与对称性竞争均衡相比，它还可改善消费者福利状况。但需要指出的是，非对称管制政策可能带来无效的市场进入及"撇奶油"问题，因此，管制机构应当规定非对称管制政策的有效期，以激励进入者提高运营效率。

随着电信市场逐步放开，在位者将面对越来越多的市场进入者。假设这些进入者完全同质，且正好保持盈亏平衡；在位者的定价行为受政府管制；用户分为高需求和低需求两类；阿姆斯特朗（2004）的分析表明，（1）提高在位者的结算价格将导致进入者提高其零售价格；（2）提高进入者结算价格将导致进入者降低所有用户的零售价格，其原因在当结算价格较高时，进入者为了从结算中获得较高的收入，它们将在用户市场展开激烈竞争；（3）同时提高互联双方的结算价格将导致进入者降低低需求用户的零售价格，提高高需求用户的零售价格，这是由于低需求用户往往接听更多的电话，吸收这些用户将给进入者带来较高的结算收入，而高需求用户则发起更多的电话，吸收这些用户将给进入者带来结算亏损，因此，互联双方对低需求用户的争夺将更加激烈。

2. 网络覆盖不对称

如果进入者不愿或者无法从在位者那里租用网络设备，那么，进入者在进入市场过程中，如何选择其价格策略和覆盖范围就成为非常重要的问题。拉丰等（1998a）和阿姆斯特朗（1998）全面地分析了自建网络设施进入市场时的网络竞争均衡[①]。

当在位者网络覆盖整个地区，进入者网络只覆盖部分地区时，进入者

---

① 拉丰等（1998a，b）还分析了租用网元进入时的最优定价策略。具体请参见 Laffont, J. J., P. Rey and J. Tirole, Network Competition I: Overview and Nondiscriminatory Pricing. *Rand Journal of Economics*, 29, pp. 1–37, 1998。

在其整个覆盖范围内都面临着在位者的"面对面"的竞争,而在位者却可以垄断在进入者没有覆盖到的地区具有垄断势力。此时,在位者有动机对处于进入者覆盖范围的用户收取较低零售价格,对没有选择余地的用户收取垄断价格。当在位者只能实行统一定价时,它就必须作出一个折中选择,即将其零售价格定在垄断价格及竞争性价格之间。这样,进入者的零售价格就将低于在位者的零售价格,在结算价格有加价的情况下,这意味着进入者必将遭受网间结算亏损。

此外,拉丰等(1998a)还分析了不同的结算制度安排对进入者网络覆盖策略的影响。当结算价格由管制机构强制确定时,无论进入者覆盖范围为多少,它都能够提供全程服务,而不会处于劣势地位。此时,为减少在位者的竞争性定价行为,进入者将保持低姿态,并综合考虑扩大网络覆盖范围的"直接效应"和"战略效应",选择一个最优的覆盖范围。而当结算价格由互联双方协商确定时,除非进入者有足够大覆盖范围,否则在位者将拒绝提供接入服务,用户也不愿意加入进入者网络。此时,为防止被在位者排斥在市场之外,进入者有过度投资的动机,以诱使在位者与自己实现互联。

二 基于零售资费结算理论

在发展中国家,受资源和信息所限,管制机构在确定网间结算价格时,往往采用一些简单易行的结算规则,如基于资费的结算规则。这类结算规则的优点在于管制机构无须了解网络运营商的成本或需求信息,而且当网络技术进步或通信业务需求波动时,网络运营商可自动调整其零售价格及结算价格,或者说网络运营商具有更大的定价自主权。

在第五章中,我们曾指出都干鲁和图曼(2002)首先分析基于资费的结算规则,并称之为互惠成比例接入费规则(Reciprocal Proportional Access Charge Rules,RPACR)。他们建立了不同于拉丰等(1998a)的网络竞争模型,其中以下几个主要区别:

(1)结算价格规则不同。这里假设互联双方就结算价格系数进行协商,而后互联双方展开价格竞争,最后主叫网络向被叫网络支付的结算价格为 $a_i = \gamma p_i$,而拉丰等(1998a)假设互联双方直接就结算价格进行协商。

(2)横向差异化模型不同。这里采用离散选择模型描述用户入网选择行为，而拉丰等（1998a）则采用豪泰林模型描述入网行为。

（3）用户需求函数不同。这里采用线性需求函数，当使用价格趋于零时，用户通话量也是有限的；而拉丰等（1998a）采用常弹性需求函数，这意味着使用价格趋于零时，用户通话量将趋于无穷，这是不现实的。

在线性价格竞争情形下，他们得到的结论是：当结算价格系数满足 $0 \leqslant \gamma \leqslant 1$ 时，无论互联双方的业务网络替代性有多大，网络竞争始终存在纯粹均衡；均衡零售价格是结算价格系数的增函数。但考虑到固定成本回收问题，只有当网络替代性较小时，互联双方才可能将结算价格系数作为合谋工具。

然而，在基于资费的结算实践中，被叫网络收取的结算价格往往依主叫网络的通话价格而定，也就是说结算价格 $a_i = \gamma p_j$（$i \neq j$）。观察到这一点，拉丰和张昕竹（2001）在拉丰等（1998a）基础上，初步分析了 $a_i = \gamma p_j$（$i \neq j$）结算规则的均衡情况。他们得到了类似于拉丰等（1998a）的结论：当互联双方以线性价格竞争时，它们可能将结算价格系数作为合谋工具，但当互联双方以非线性价格竞争时，均衡利润与结算价格无关。但是，他们没有完成该结算规则对市场进入影响的研究工作，也没有深入探讨对应的政策含义。

三　网间结算理论总结

在网间结算实践中，因竞争环境的不同，各国管制机构往往选择了不同的结算规则。虽然这些结算规则具有相同的目的，即降低进入壁垒，促进市场竞争，避免无效进入，但它们的理论基础并不一样，所关注的问题也有所不同。

在基于成本的结算规则下，管制机构和经济学家关注的重点在于互联双方是否可能将结算价格作为合谋工具，以及在位者是否可能利用结算价格将进入者排斥在市场之外。在对称的情况下，当互联双方以线性价格竞争时，它们可能将互惠结算价格作为合谋工具。此后，大量研究表明该合谋结论具有一定普遍性，如在下面几种情况下，合谋结论仍然成立：（1）用户参与约束紧；（2）部分用户入网；（3）基于网络的区别定价。其中，在后两种情况下，互联双方合谋确定的结算价格将小于互联成本。

然而，正如拉丰和蒂罗尔（Laffont and Tirole，2000）所指出的，下面几个因素将使合谋结论难以成立：（1）业务高度同质。此时互联双方的均衡零售价格趋于拉姆士最优价格，均衡利润趋于零。（2）非线性定价。无论用户是否同质，如果不考虑低需求用户的参与约束，那么互联双方的均衡利润将与结算价格无关，它们也没有动机合谋。（3）基于网络的区别定价。在线性价格的情况下，运营商可分离两个价格工具的功能，即让网间通话价格影响网间结算状况，而让网内通话价格影响用户市场份额。（4）被叫补贴。当结算价格存在加价时，运营商为增加用户市场份额，可能会对被叫方进行补贴，这降低了互联双方的利润总量。

当互联双方的成本不对称时，经济学家们提出了各种不同的结算规则，如任由在位者选择其结算价格，管制机构仅要求结算价格互惠的结算规则。但是，从理论上讲，有效的竞争均衡取决于互联双方的讨价还价能力，因此，要处理非互惠结算价格下的网络竞争问题，可能需要建立一个令人信服的理论模型；或者通过数值模拟来分析不同管制政策的效果。

在互不结算的结算规则下，争论的中心是被叫方是否从通话中获得了效用，他们是否愿意支付接听价格。这种结算规则要求运营商相互免费为对方提供接入服务，同时向被叫方收取接听价格，以回收互联成本。它的优点在于减少管制干预，降低交易成本，促使运营商降低成本；但当被叫方效用远低于主叫方效用时，它也有一定的缺点，如无法内部化主被叫网络之间的网络外部性，无法按照拉姆齐定价理论收回通话成本，等等。

实际上，互不结算规则等价于互联双方的结算价格均为零，这意味着它只是基于成本结算规则的一个特例。由"内生边际成本效应"知，即使互联双方的网间通话净流量为零，结算净支出也为零，结算价格也将影响双方的均衡零售价格，因此，取消结算价格可能扭曲资源配置效率。

在基于资费的结算规则下，所关注的问题是网络竞争均衡是否存在，互联双方是否可能将结算价格系数作为合谋工具。这种结算规则要求互联双方首先协商确定结算价格系数，然后再按照均衡零售价格相互支付结算价格。它的优点在于减轻了管制机构对运营商成本信息或需求信息的依赖程度，而且当通信市场发生波动时，网络运营商可立即调整其零售价格及结算价格。从现有研究结果看，当互联双方以线性价格竞争时，网络竞争均衡可能不存在，而且它们可能利用结算价格系数合谋，因此，与基于成本的结算规则比，基于资费的结算规则并没有显著改变竞争均衡的性质。

容易看出，虽然不同的结算规则所关心的问题有所相同，但它们都要考虑互联双方是否可能合谋，在位者是否可能利用结算手段排斥进入者。从政策意义上讲，选择何种结算规则取决于互联双方的市场势力、用户异质性、零售价格手段、被叫方效用和用户普及率等影响因素。显然，这需要管制机构对电信产业竞争现实有一个深刻的理解。

第三节 基于资费的网间结算理论——线性定价

本节以拉丰等（1998a）模型为分析框架，假设互联双方按照拉丰和张昕竹（2001）提出的基于资费结算规则进行结算，首先重点分析互联双方以线性统一价格展开竞争时的均衡存在性条件，而后讨论最优结算价格系数的选择问题，最后在基于成本与基于资费结算规则下的结算价格相等的基准条件下，对两种结算规则下的均衡零售价格和社会总福利进行了横向比较分析。

下面首先给出网络成本结构和用户需求行为假设，而后再给出网络竞争的博弈时序。

一 模型假设条件

（一）网络成本结构

本章的网络成本结构与拉丰等（1998a）模型相同。假设电信市场存在两家全覆盖、成本结构对称的电信运营商。当网络 1 的用户打网内电话时，网络 1 所付出成本包括：边际发起成本 c_0，传输成本 c_1，边际落地成本 c_0，因此，网内电话的边际成本 c 为 $c = c_0 + c_1 + c_0 = 2c_0 + c_1$，网间电话边际总成本为 $c_0 + c_1 + a = c + a - c_0$，其中，$a$ 为基于资费的结算价格。

另外，网络每吸收一位用户还要付出一次性固定成本 f，它主要包括开户成本、连接电缆成本及服务成本等，但不包括任何联合成本和公共成本，如法律成本、管理成本等。在定价实践中，为保持盈亏平衡，电信运营商还需在本节均衡价格基础上，加上一定的加价。

（二）用户需求行为

在需求方面，假设入网带来的固定效用 v_0 非常大，以致所有用户都加入电信网络。为了简化分析，我们假定用户只能加入其中一家网络，其通话量为 $q = p^{-\eta}$，$\eta > 1$。

假设用户总数为 1，均匀分布在 [0，1] 区间上，两个电信运营商分布在区间两端，即 $x_1 = 0$，$x_2 = 1$。这样，对于分布在 x 点的用户来讲，他购买网络 i 的服务需要支出"运输成本 $t|x - x_i|$"。在给定用户的收入为 y，电话需求量为 q 的情况下，位于 x 点的用户加入网络 i 所获得的净效用为：

$$y + v_0 - t|x - x_i| + v(q)$$

式中，$v(q)$ 为消费 q 单位电话所带来的净剩余。

（三）市场份额

在电信市场上，互联双方展开横向差异化价格竞争，假设两家运营商的通话价格分别为 p_1 和 p_2。由豪特林模型可知，要使位于 $x = \alpha$ 的用户对两个网络无差异，通话价格需满足：

$$v(p_1) - t\alpha = v(p_2) - t(1 - \alpha)$$
$$\alpha = \alpha(p_1, p_2) = \frac{1}{2} + \sigma[v(p_1) - v(p_2)] \qquad (6-1)$$

式中，$\sigma = \frac{1}{2t}$ 反映两个网络业务差异的程度：$\sigma \to 0$ 代表两个网络不可替代，或者说两家运营商对自己的用户具有完全支配权；$\sigma \to \infty$ 代表两个网络完全替代，或者说两家运营商的业务完全同质。在用户全入网的假设条件下，网络 1 的市场份额 $\alpha_1 = \alpha$，网络 2 的市场份额为 $\alpha_2 = 1 - \alpha$。

（四）博弈时序

本章博弈时序如下：首先，互联双方就基于资费的结算价格系数 γ 进行协商，并达成结算协议，如果无法达成结算协议，则由管制机构强制介入，确定一个合理的结算价格系数。其次，电信运营商在统一定价的约束下，同时选择价格变量（线性或二部制）展开竞争，其中结算价格为 $a_i = \gamma p_j$，$i \neq j$。最后，用户根据两家运营商提供的价格信息，加入其中一家网络并实现自己的通话量，互联双方则分别按照结算规则支付结算价格。

博弈时序如图 6 - 1：

协商确定　　　　　　网络选择价格变量　　　　用户决定通话时长
结算价格系数　　　　展开差异化竞争　　　　　　并选择网络

图 6 - 1

二　均衡存在性

假设互联双方以线性价格展开竞争，其零售价格分别为 p_i 和 p_j，那么，当网络 i 的用户呼叫网络 j 的用户时，网络 i 需向提供互联服务的网络 j 支付结算价格 $a_j = \gamma p_i$。在平衡通话模式假设下，网络 i 的网内主叫和网间主叫话务量分别为 $\alpha_i^2 q(p_i)$ 和 $\alpha_i \alpha_j q(p_i)$，而网内接听和网间接听话务量分别为 $\alpha_i^2 q(p_i)$ 和 $\alpha_i \alpha_j q(p_j)$。

因此，网络 i 的利润函数 $\pi_i(p_i, p_j)$ 为：

$$\pi_i(p_i, p_j) \equiv \alpha_i(p_i, p_j)[\alpha_i(p_i, p_j)(p_i - c)q(p_i) + \alpha_j(p_i, p_j) \times (p_i - c_0 - c_1 - \gamma p_i)q(p_i) - f] + \alpha_i(p_i, p_j)\alpha_j(p_i, p_j)(\gamma p_j - c_0)q(p_j) \quad (6-2)$$

也可表示为：

$$\pi_i(p_i, p_j) \equiv \alpha_i(p_i, p_j)[(p_i - c)q(p_i) - f] + \alpha_i(p_i, p_j)\alpha_j \times (p_i, p_j)[(\gamma p_j - c_0)q(p_j) - (\gamma p_i - c_0)q(p_i)] \quad (6-3)$$

（6 - 2）式表明，网络 i 利润包含两部分，一部分来自用户网内及网间通话的零售利润，另一部分来自网络 j 向网络 i 支付的网间结算收入。（6 - 3）式则表明，网络 i 利润函数可分解为零售利润（若所有通话都落在网内）$\alpha_i[(p_i - c)q(p_i) - f] \equiv \alpha_i[R(p_i) - f]$ 加上网间结算净收入（或亏损）$A_i = \alpha_i \alpha_j[(\gamma p_j - c_0)q(p_j) - (\gamma p_i - c_0)q(p_i)]$。

对结算净收入（或亏损）A_i 进行分析，可以发现：如果结算价格 a_i 和 a_j 都大于互联边际成本 c_0，且价格 p_i 和 p_j 都小于垄断价格 $\dfrac{\eta c_0}{(\eta - 1)}) \gamma$，那么由函数 $(\gamma p - c_0)q(p)$ 的性质可知，当零售价格 $p_i < p_j$，或网间话务量 $q(p_i) > q(p_j)$ 时，网络 i 将获得网间结算净收入，这不同于拉丰等（1998A，B）模型。在他们的模型里，当零售价格 $p_i < p_j$，或网间话务量 $q(p_i) > q(p_j)$ 时，由 $A_i = \alpha_i \alpha_j(a - c_0)[q(p_j) - q(p_i)]$ 知，网络 i 将获得结算净亏损。

　　容易看出，在基于资费的结算规则下，降低网络 i 的通话价格 p_i 将带来用户市场份额和网间结算收入的双重增加，虽然它将降低每用户的零售利润 R（p_i）$-f$。而在基于成本的结算规则下，尽管降低通话价格 p_i 同样能带来用户市场份额的增加，但它却带来零售利润 R（p_i）$-f$ 和网间结算收入的双重下降。因此，与基于成本的结算规则相比，基于资费的结算规则将强化零售市场的竞争程度。

　　需要指出的是，当互联双方的通话价格相等时，网间结算净收入 $A_1 = A_2 = 0$。表面上看，这等价于"互不结算法"。但在后面的分析中，我们将看到虽然结算价格系数 γ 不影响网间结算收入，但它将影响均衡价格和零售利润的大小，这表明不同结算价格系数 γ 将产生不同的竞争均衡。

　　下面分析对称均衡下的利润极大化一阶条件，而后验证其二阶条件：

$$\max_{p_i} \ \alpha_i \ （ \ p_i, \ p_j \ ） \ [（p_i - c）q(p_i) - f] \ + \ \alpha_i \ （ \ p_i, \ p_j \ ） \ \alpha_j \ （ \ p_i,$$
$$p_j）[（\gamma p_j - c_0）q(p_j) - （\gamma p_i - c_0）q(p_i)]$$

　　求其一阶条件，并利用 $\dfrac{\partial \alpha_i}{\partial p_i} = -\sigma q_i$ 及均衡对称条件（$p_i = p_j = p^*$，$\alpha_i = \alpha_j = \dfrac{1}{2}$，$A_1 = A_2 = 0$），得到：

$$\frac{d \pi_i (p_i, p_j)}{d p_i}\Big|_{p_i = p_j = p^*} = \frac{1}{2}[（p^* - c）q'(p^*) + q(p^*)] - \sigma q(p^*) \times$$
$$[（p^* - c）q(p^*) - f] - \frac{1}{4}[\gamma q(p^*) + （\gamma p^* - c_0）q'(p^*)] = 0$$

　　代入 $q' = \dfrac{-\eta q}{p}$，上式可整理为拉姆齐型表达式：

$$\frac{p^* - （\dfrac{3c_0 + 2c_1}{2 - \gamma}）}{p^*} = \frac{1}{\eta}[1 - \frac{4\sigma \pi(p^*)}{2 - \gamma}] \tag{6-4}$$

　　也可以表达为：

$$\frac{p^* - c}{p^*} = \frac{2\sigma f + \dfrac{2 - \gamma}{2} + \dfrac{\eta}{2} \dfrac{（\gamma p^* - c_0）}{p^*}}{\eta + 2\sigma p^* q^*} \tag{6-5}$$

或进一步改写为：

$$4\sigma\pi(p^*) = \eta(3c_0 + 2c_1)\frac{1}{p^*} + (2-\gamma)(1-\eta) \tag{6-6}$$

式中，$\pi(p^*) = (p^*-c)q(p^*)-f$ 为零售价格等于 p^* 时，从某个用户所获得的净利润。这三个等式虽然形式上有所不同，但它们完全等价。在下文我们将看到，在不同的情况下，引用不同的等式会给分析带来极大的方便。比如（6-6）式的左端只与网络替代性 σ 有关，而等式的右端则只与结算价格系数 γ 有关，这样，当 σ 和 γ 变化时，就可以通过图形直观地展现出它们对均衡价格 p^* 的影响。

将（6-4）式与垄断价格 $\dfrac{p^M - c}{p^M} = \dfrac{1}{\eta}$ 对比，可以发现以下几个方面的不同：第一，在制定价格时，电信运营商需要考虑结算价格系数对通话边际成本的影响。在对称均衡处，一次通话的平均成本为 $\dfrac{3c_0 + 2c_1}{2-\gamma}$，它是结算价格系数 γ 的增函数。第二，当网络替代性 $\sigma \neq 0$ 时，通话价格变化将影响电信运营商的用户市场份额。具体地，通话价格每提高一单位将导致市场份额下降 σq_i，从而给自己带来利润损失 $\sigma\pi(p)$，给对方增加利润 $\sigma\pi(p)$，因此，当均衡利润 $\pi(p)$ 较高时，电信运营商更加不愿意失去市场份额。第三，当结算价格系数 γ 增加时，提高通话价格将导致对方结算价格升高，从而给自己带来较高的结算支出，所以还需要对利润损失项乘以系数 $\dfrac{2}{2-\gamma}$。

另外，要使均衡价格具有可行性，均衡利润 $\pi(p^*)$ 还需满足 $0 < \pi(p^*) < \pi^M$，结合（6-4）式，我们得到以下结果：

定理1：（线性价格均衡存在性）

◆ 给定 σ 较小，如果结算价格系数满足：

$$2 - \frac{\eta}{\eta-1}\frac{3c_0 + 2c_1}{\bar{p}} < \gamma < 2 - \frac{\eta}{\eta-1}\left[\frac{3c_0 + 2c_1}{p^R} - \frac{4\sigma\pi^M}{\eta}\right]$$

那么网络竞争存在唯一、对称性均衡[①]，均衡价格满足等式（6 - 4）；

◆给定 σ 较大，如果结算价格系数 $\gamma > \dfrac{\eta}{\eta - 1} \dfrac{2c + c_0}{p^R} - 2$，那么网络竞争不存在均衡。

证明：参见附录 A。

从定理 1 可以看出，均衡存在性要求网络替代性 σ 不能太高。这主要是当网络替代性及结算价格系数都较高时，虽然降低通话价格将降低在网用户的单位获利水平，但它能显著地增加市场份额。因此，每个电信运营商都有动机降低通话价格，以垄断整个市场。比如当连接成本 f 较高时，对称均衡利润就非常低，电信运营商有动机偏离均衡而独占市场，以获取较高的利润。这意味着，当通话的边际成本 c 相对于单位固定成本 $\dfrac{f}{q\ (p^R)}$ 非常小时，电信运营商就有动机独自占领整个市场。

而当互联双方的业务替代性较小时，虽然降低通话价格可以改善网间结算状况，带来用户市场份额的小量增加，但是它将显著地降低在网用户的单位获利水平，因此，每个网络都没有动机偏离该对称性均衡。一个特例是网络替代性 $\sigma \to 0$，此时零售价格几乎不影响用户市场份额，互联双方对自己的用户具有支配权，并可获得垄断利润。

从理论上讲，当 σ 较小时，互联双方的均衡价格可能大于垄断价格 p^M，比如由等式（6 - 4）可知，$\sigma = 0$ 时的均衡价格为 $p^* = \dfrac{\eta(3c_0 + 2c_1)}{(\eta - 1)(2 - \gamma)}$，如果结算价格系数 $\gamma > \dfrac{c_0}{c}$，均衡价格 p^* 将大于垄断价格 p^M，这将降低互联双方的均衡利润和社会福利。但为极大化均衡利润，互联双方在博弈第一阶段协商的结算价格系数 γ 将小于 $\dfrac{c_0}{c}$，以保证均衡零售价格小于等于垄断

---

① 拉姆齐社会最优价格 $P^R = \min \ \{p；\ (p - c)\ q\ (p)\ = f\}$，它是对称均衡价格的下限；$\overline{p} = \max \ \{p；\ (p - c)\ q\ (p)\ = f\}$ 则为对称均衡价格的上限。具体请参阅 Laffont, J. J., P. Rey and J. Tirole, Network Competition I: Overview and Nondiscriminatory Pricing. *Rand Journal of Economics*, 29, pp. 1 - 37, 1998。

价格 p^M①。由利润函数连续性可知，当 σ 较小时，互联双方有动机协商一个合理的结算价格系数 γ，以确保均衡价格位于区间 $[p^R, p^M]$ 之内。

三　比较静态分析

对均衡价格（6-6）式两端求关于结算价格系数 σ 的导数，结合 $p^R \leqslant p^* \leqslant p^M$，得到：

$$\frac{\partial p^*}{\partial \sigma} = \frac{-4\pi(p^*)}{4\sigma\pi'(p^*) + \eta(3c_0 + 2c_1)\dfrac{1}{(p^*)^2}} < 0$$

即均衡价格是网络替代性 σ 的单调减函数。由 $\partial\alpha_i/\partial p_i = -\sigma q_i$ 知，提高网络替代性参数 σ 将使电信运营商在降低单位通话价格的情况下，即可获取较高的市场份额，因此，较高的 σ 将强化互联双方对用户市场份额的争夺。

同理，对均衡价格（6-6）式两端求关于结算价格系数 γ 的导数，整理得到：

$$\frac{\partial p^*}{\partial \gamma} = \frac{(\eta - 1)}{4\sigma\pi'(p^*) + \eta(3c_0 + 2c_1)\dfrac{1}{(p^*)^2}} > 0$$

即均衡价格是结算价格系数 γ 的单调增函数。这主要是因为提高结算价格系数 γ 将增加互联双方支付给对方的结算价格 a，从而抬高了双方的感觉边际成本。为收回该成本，互联双方都有动机提高其均衡通话价格。

定理 2 总结了比较静态分析结果。

定理 2：（线性价格比较静态分析）

◆　在对称均衡处，均衡价格 p^* 是网络替代性 σ 的单调减函数，即 $\partial p^*/\partial\sigma < 0$，此时增加网络替代性将强化零售市场竞争；

◆　当对称均衡处，均衡价格 p^* 是结算价格系数 γ 的单调增函数，即 $\partial p^*/\partial\gamma > 0$，此时运营商可能将结算价格系数作为合谋工具。

证明：参见附录 A。

---

①　对于管制目标是极大化社会福利的管制机构来讲，当 $\sigma = 0$ 时，其确定的结算价格系数不可能大于 c_0/c，因为这将导致均衡价格高于垄断价格。

实际上，从（6 - 6）式可看出，它的左端只与 σ 有关，令函数 $h(p) = 4\sigma\pi(p)$；等式右端只与 γ 有关，令函数 $g(p) = \eta(3c_0 + 2c_1)/p + (2 - \gamma)(1 - \eta)$。如果横轴为价格 p，纵轴为 h（p）和 g（p），那么图6 - 2 中两条实曲线交点所对应的横坐标即为均衡价格 p^*。

显然，当网络替代性增加 $\Delta\sigma$ 时，由于曲线 h（p）只与 σ 有关，所以只需将曲线 h（p）上的每个点放大 $\Delta\sigma$ 倍即可；但曲线 h（p）上两点 $(p^R, 0)$ 和 $(\bar{p}, 0)$ 与 σ 无关，因此当网络替代性变化时，这两个点将始终保持不变。根据图6 - 2，当 σ 增加时曲线交点将向左移动，即均衡价格下降了。同理，当结算价格系数增加 $\Delta\gamma$ 时，由于曲线 g（p）只与 γ 有关，所以只需将曲线 g（p）向上平移 $\Delta\gamma(\eta - 1)$ 单位，从图6 - 2 可知，交点将向右移动，即均衡价格上升了。

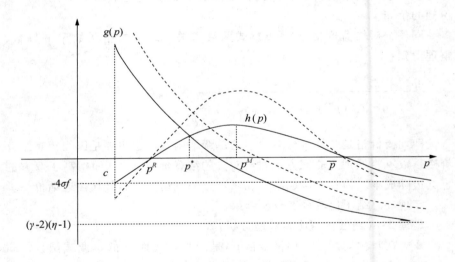

图6 - 2　均衡价格的图形比较静态分析

四　最优结算价格系数

在对称均衡处，互联双方的网间结算净收入为零，其利润等于 $1/2$ $[R$（p^*）$- f]$，由于 $p^R \leqslant p^* \leqslant p^M$，因此，它是均衡价格的单调增函数。对于互联双方来讲，这意味着它们有动机合谋通过"相互抬高成本效应"提高零售价格，来获取垄断利润。令（6 - 6）式中的均衡价格为 p^M，均衡利润为$\pi\ (p^{M})$，整理得到：

$$4\sigma\pi\ (p^{M})\ -\eta\ (3c_{0}+2c_{1})\ \frac{1}{p^{M}}-\ (2-\gamma^{M})\ (1-\eta)\ =0$$

$$\gamma^{M}=\frac{c_{0}}{c}+\frac{4\sigma\pi\ (p^{M})}{\eta-1}=\gamma^{M}\ (c_{0},\ c,\ \eta,\ \sigma,\ f)$$

作为一个特例，当$\sigma=0$时，合谋结算价格系数$\gamma^{M}_{\sigma=0}=\dfrac{c_{0}}{c}$（与连接成本$f$无关），即根据互联成本占通话成本的比例协商确定结算价格系数将使互联双方获取垄断利润。由拉姆士价格$p^{R}<p^{M}$及$0<\dfrac{\partial p^{*}}{\partial\gamma}$知，$\sigma=0$时的结算价格系数满足$\gamma^{R}_{\sigma=0}<\gamma^{M}_{\sigma=0}$，即$\gamma^{R}_{\sigma=0}<\dfrac{c_{0}}{c}$。

而对于管制机构来讲，它的目标是社会福利极大化。令（6－6）式中的均衡价格为$p^{R}=c+\dfrac{f}{q\ (p^{R})}$，均衡利润为$\pi\ (p^{R})\ =0$，得结算价格系数$\gamma^{R}$：

$$4\sigma\pi\ (p^{R})\ -\eta\ (3c_{0}+2c_{1})\ \frac{1}{p^{R}}-\ (2-\gamma^{R})\ (1-\eta)\ =0$$

$$\gamma^{R}=2-\frac{\eta}{\eta-1}\frac{(3c_{0}+2c_{1})}{p^{R}}=\gamma^{R}\ (\eta,\ c_{0},\ c_{1},\ f)$$

显然，社会最优结算价格系数γ^{R}与网络替代性σ无关，因此$\gamma^{R}=\gamma^{R}_{\sigma=0}$。结合$\gamma^{R}_{\sigma=0}<\dfrac{c_{0}}{c}$可知，管制机构确定的$\gamma^{R}$将小于互联互通成本占通话成本的比例系数。

定理3给出最优结算价格系数。

定理3：（线性价格最优结算价格系数）

◆　互联双方合谋结算价格系数$\gamma^{M}=\dfrac{c_{0}}{c}+\dfrac{4\sigma\pi\ (p^{M})}{\eta-1}$，且有$\gamma^{M}>\dfrac{c_{0}}{c}$；它是连接成本$f$的单调减函数，是网络替代性$\sigma$的单调增函数（需保证均衡存在）。

◆ 社会最优结算价格系数 $\gamma^R = 2 - \dfrac{\eta}{\eta - 1} \dfrac{(3c_0 + 2c_1)}{p^R}$，且有 $\gamma^R < \dfrac{c_0}{c}$；它是连接成本 f 的单调增函数，与网络替代性 σ 无关（需保证均衡存在）。

根据定理 3，合谋结算价格系数 γ^M 是连接成本 f 的单调减函数，这主要是因为较高的连接成本降低了单位新用户的获利水平，也削弱了网间竞争强度，为了减轻"双重加价"问题，互联双方将会同意降低结算价格系数 γ^M。

合谋结算价格系数 γ^M 是网络替代性 σ 的单调增函数，这是由于增加网络替代性 σ 将强化零售市场竞争，降低均衡通话价格。因此，为获取较高的甚至垄断利润，网络运营商有动机协商确定一个较高的结算价格系数，从而相互抬高对方的感觉边际成本，将均衡价格提高到垄断价格。

五 与基于成本结算规则的比较分析

在网间结算实践中，欧美等发达国家基本上采用基于成本的网间结算规则，而在多数发展中国家，受资源约束，它们往往采用基于资费的网间结算规则。由此引发的问题是，当两类结算体系下的结算价格相等时，它们的竞争均衡有何区别呢？由拉丰等（1998a）知，在基于成本的结算规则下，如果互联双方的结算价格为 a，那么对称均衡零售价格 p_L^* 满足如下等式：

$$\frac{p_L^* - \left[c + \dfrac{1}{2}(a - c_0) \right]}{p_L^*} = \frac{1}{\eta} \left[1 - 2\sigma \pi(p_L^*) \right] \tag{6-7}$$

根据社会总福利公式

$$W(p_1, p_2) = \alpha_1 [(p_1 - c)q(p_1)] + \alpha_1 [(p_2 - c)q(p_2)] - f + \alpha_1 v(p_1) + \alpha_2 v(p_2) - t\left(\frac{\alpha_1^2 + \alpha_2^2}{2} \right)$$

得到对称均衡处的社会总福利 W_L^* 等于：

$$W_L^* = \left[(p_L^* - c)(p_L^*)^{-(\eta-1)} \right] - f + \frac{(p_L^*)^{-(\eta-1)}}{\eta - 1} - \frac{1}{8\sigma} \tag{6-8}$$

假设基于资费结算规则下的结算价格也为 a，那么由 $a = \gamma p^*$ 知，结算价格系数 $\gamma = \dfrac{a}{p^*}$，代入（6-4）式并整理，得到：

$$\frac{p^* - \left[c + \dfrac{1}{2} \left(a - c_0 \right) \right]}{p^*} = \frac{1}{\eta} \left[1 - 2\sigma \pi \left(p^* \right) \right] - \frac{a}{2\eta p^*} \qquad (6-9)$$

及社会总福利 W^* 等于：

$$W^* = \left[\left(p^* - c \right) \left(p^* \right)^{-(\eta-1)} \right] - f + \frac{\left(p^* \right)^{-(\eta-1)}}{\eta - 1} - \frac{1}{8\sigma} \qquad (6-10)$$

对比（6-7）式和（6-9）式，可以发现当两种结算规则下的结算价格 a 相等时，基于资费结算规则下的均衡零售价格 p^* 将小于基于成本结算规则下的均衡零售价格 p_L^*。其原因在于，在基于成本结算规则下，降低零售价格虽可获取市场份额，但将降低单位零售利润和恶化网间结算状况，因此互联双方更不愿意降低零售价格；而在基于资费结算规则下，降低零售价格虽可降低单位零售利润，但将增加市场份额和改善网间结算状况，因此互联双方更原因降低零售价格。

对比（6-8）式和（6-10）式，可以发现当结算价格 a 相等时，两种结算规则下的社会总福利高低取决于其均衡零售价格。由于社会福利函数具有如下性质：当 $p_L^* > c$ 时，$\partial W_L^*/\partial p_L^* < 0$；当 $p_L^* < c$ 时，$\partial W_L^*/\partial p_L^* > 0$，且 $c < p^* < p_L^*$，因此，当互联双方以线性价格竞争时，基于资费结算规则下的均衡社会福利将高于基于成本结算规则下的社会福利。

第四节　基于资费的网间结算理论
——二部制定价

本节假设互联双方对零售服务实行二部制定价，其整个价格由固定价格（如月租费）和使用价格组成。此时，运营商具有两个价格工具，所以可以让两个工具分别实现不同的目标。显然，第三节讨论的线性定价也可以看做非线性定价的推广，因为当采用线性定价时，可以把固定价格当做零，或者更一般地将固定价格看做外生给定的。

下面首先分析其均衡存在性条件及其性质，而后对两种结算规则下的均衡零售价格和社会总福利进行比较和分析。

一 均衡存在性

假设网络 i 的二部制价格为 (F_i, p_i)，其中，F_i 为固定价格，p_i 为通话的边际通话价格，那么用户打 q_i 通话量的总支出 $T_i(q)$ 为：

$$T_i(q) = F_i + p_i q_i, \ i = 1, 2$$

所获得净剩余 w_i 为：

$$w_i = v(p_i) - F_i$$

根据豪泰林模型，网络 i 的市场份额为：

$$\alpha_i = \alpha(w_i, w_j) = \frac{1}{2} + \sigma(w_i - w_j)$$

注意到 w_i 由 F_i 和 p_i 共同决定，因此，网络 i 就可以在保持通话价格不变（从而通话量也保持不变）的情况下，通过变动固定价格 F_i 来获取市场份额。

这样，网络 i 的利润函数为：

$$\pi_i = \max_{\{F_i, p_i\}} \{ \alpha_i(p_i, F_i; p_j, F_j)[(p_i - c)q(p_i) + F_i - f] + \alpha_i(p_i, F_i; p_j, F_j)$$
$$(1 - \alpha_i(p_i, F_i; p_j, F_j))[(\gamma p_j - c_0)q(p_j) - (\gamma p_i - c_0)q(p_i)]\}$$

在给定 (F_j, p_j) 的情况下，它是价格 F_i 及 p_i 的函数。为便于技术分析，我们利用 F_i 与 w_i 之间的线性关系，将利润函数 π_i 表示为变量 (w_i, p_i) 的函数[①]。

[①] Armstrong（2002）指出在给定价格 P_i 的情况下，有两种博弈次序：（1）互联双方首先提供净效用 W_i 并展开竞争，在用户入网后，互联双方再选择固定价格 F_i 来实现承诺的效用 W_i（此时 F_i 可能依赖于事后的市场份额）。（2）互联双方提供固定价格 F_i 并展开竞争，用户预测市场均衡并入网，而后获得净效用 W_i。不幸的是，这两种博弈的结果有所不同。如第二部分所述，本章采取第二种博弈次序，这主要是因为它更加合乎经济现实。具体请参见 Armstrong, M., The Theory of Access Pricing and Interconnection, in *Handbook of Telecommunications Economics*, edited by M. Cave, S. Marjumdar and I. Vogelsang, North Holland, 2002, p. 359。

$$\pi_i = \max_{\{p_i, w_i\}} \{ \alpha_i(w_i, w_j) [(p_i - c)q(p_i) + v(p_i) - w_i - f] + \alpha_i(w_i, w_j)$$
$$(1 - \alpha_i(w_i, w_j)) [(\gamma p_j - c_0)q(p_j) - (\gamma p_i - c_0)q(p_i)] \}$$

对通话价格 p_i 求导并整理，得到：

$$p_i(w_i, w_j) = \frac{c - \alpha_j(w_i, w_j)c_0}{1 + (\frac{1 - \eta}{\eta})\alpha_j(w_i, w_j)\gamma} \qquad (6-11)$$

对净剩余 w_i 求导并整理，得到：

$$w_i = [(p_i - c)q(p_i) + v(p_i) - f] - \frac{\alpha_i(w_i, w_j)}{\sigma} + (1 - 2\alpha_i(w_i, w_j))[(\gamma p_j - c_0)q(p_j) - (\gamma p_i - c_0)q(p_i)] \qquad (6-12)$$

将 （6-11） 式和 （6-12） 式代入利润函数，得到：

$$\bar{\pi}_i(w_i, w_j) = \frac{\alpha_i^2}{\sigma} + \alpha_i^2 [(\gamma p_j - c_0)q(p_j) - (\gamma p_i - c_0)q(p_i)] \qquad (6-13)$$

显然，通话价格 p_i 由互联双方提供给用户的净剩余 （w_i，w_j） 决定。当结算价格系数 $\gamma > \eta c_0 / (\eta - 1)c$ 时，p_i 是对方市场份额 α_j 的单调增函数，而当 $\gamma < \eta c_0 / (\eta - 1)c$ 时，它是 α_j 的单调减函数。其原因在于：当 γ 较高时，通话价格 $p_i > c$，提高 α_j 将增加网络 i 的网间通话比例，并抬高通话平均成本；当 γ 较低时，通话价格 $p_i < c$，提高 α_j 将降低网络 i 的网间通话比例，进一步通话平均成本；这与拉丰等 （1998a，b） 模型的结论非常类似，在他们的模型中，通话价格 $p_i = c + \alpha_j(a - c_0)$，因此，当 $a > c_0$ 时，p_i 是 α_j 的单调增函数；反之，p_i 是 α_j 的单调减函数。

定理4给出二部制价格下的均衡分析结果。

定理4 （二部制价格竞争均衡）

◆给定 σ 较小，则无论结算价格 γ 取何值，网络竞争始终存在唯一对称性均衡；

给定 σ 较大，则当结算价格系数 $|\gamma - \eta c_0 / (\eta - 1)c| < \varepsilon$，网络竞争存在对称性均衡，否则，网络竞争不存在均衡。

◆在对称均衡处，最优价格 $p^* = \dfrac{\eta(3c_0 + 2c_1)}{2\eta - (\eta - 1)\gamma}$，它是结算价格系

数的单调增函数；最优固定价格 $F^* = f + \dfrac{1}{2\sigma} - (p^* - c)q \ (p^*)$，它是结算价格系数的单调减函数。

◆在对称均衡处，每个网络的均衡利润恒为 $\dfrac{1}{4\sigma}$，与结算价格系数无关。

证明及 $\bar{\varepsilon}$ 的定义：请参见附录 B。

二 利润中性

从定理 4 可以看出，二部制价格下的均衡利润恒为豪泰林利润 $1/4\sigma$，与结算价格系数 γ 无关。其经济学含义可解释如下：在均衡价格处，如果将结算价格系数 γ 提高到 $\gamma + \Delta\gamma$，那么最优通话价格 p^* 将增加 $\dfrac{(\eta - 1) \ \eta \ (3c_0 + 2c_1)}{[2\eta - (\eta - 1) \ \gamma]^2}\Delta\gamma$，用户从通话中获得的剩余 $v \ (p_i)$ 将下降 $\dfrac{(\eta - 1) \ \eta \ (3c_0 + 2c_1)}{[2\eta - (\eta - 1) \ \gamma]^2}\Delta\gamma q \ (p^*)$。此时，为保持均衡市场份额不变（$w_i$ 保持不变），固定价格 F_i 就必须下降 $\dfrac{(\eta - 1) \ \eta \ (3c_0 + 2c_1)}{[2\eta - (\eta - 1) \ \gamma]^2}\Delta\gamma q \ (p^*)$，这样网络均衡从固定价格上的收入将降低 $\dfrac{1}{2} \ \dfrac{(\eta - 1) \ \eta \ (3c_0 + 2c_1)}{[2\eta - (\eta - 1) \ \gamma]^2}\Delta\gamma q$ (p^*)；另外，在结算价格系数提高 $\triangle\gamma$ 后，电信运营商在零售市场的收入将增加 $\dfrac{1}{2}\pi' \ (p^*) \ \dfrac{(\eta - 1) \ \eta \ (3c_0 + 2c_1)}{[2\eta - (\eta - 1) \ \gamma]^2}\Delta\gamma$，在网间结算市场上将多支出 $\dfrac{1}{2} \ (p^* - c) \ q' \ (p^*) \ \dfrac{(\eta - 1) \ \eta \ (3c_0 + 2c_1)}{[2\eta - (\eta - 1) \ \gamma]^2}\Delta\gamma$。总体上讲，这三种效应恰好抵消，因此网络均衡利润保持不变，或者说与结算价格系数无关。

对比定理 1 和定理 4 可以发现，当采用线性价格时，运营商通过降低零售价格争夺用户时，必将伴随着网间结算亏损。而当采用二部制价格时，电信运营商既可以通过降低通话价格，也可以在不影响网间结算状况的情况下，通过降低固定价格来获取市场份额。实际上，正是这种区别导致了电信运营商在二部制价格下无法合谋。

三　最优结算价格系数

在均衡利润为"中性"的情况下，互联双方无法从合谋中获得收益，它们也没有动机关心结算价格系数的具体取值。但是从社会最优角度讲，最优均衡价格 p^* 应该等于通话边际成本 c；对应的结算价格系数 $\gamma^R = \eta c_0 /$（$\eta - 1$）c，结算价格 $a^R = \gamma^R p^* = \eta c_0 /$（$\eta - 1$）$> c_0$。而在拉丰等（1998a，b）模型中，社会最优结算价格应该基于成本，即结算价格 $a^R = c_0$。

造成这种差别的原因在于：基于资费结算规则要求结算价格 $a = \gamma p$，此时提高结算价格系数将对结算价格产生两类影响：一类为直接影响，提高结算价格系数将直接增加结算价格；另一类为间接影响，提高结算价格系数将抬高通话价格，从而间接增加结算价格。与此不同的是，在基于成本的结算规则中，结算价格 a 一经协商确定，就始终保持不变，与通话价格无关。

四　与基于成本结算规则的比较分析

由拉丰等（1998a）知，在基于成本的结算规则下，如果互联双方的结算价格为 a，那么非线性价格竞争下的对称均衡零售价格 p_{LN}^* 满足如下等式：

$$p_{LN}^* = c + \frac{1}{2}[a - c_0] \tag{6-14}$$

对应的社会总福利函数 W_{LN}^* 仍然为（6-8）式，但此时的均衡价格为 p_{LN}^*。

假设基于资费结算规则下的结算价格也为 a，那么由 $a = \gamma p^*$ 知，结算价格系数 $\gamma = a/p^*$，代入均衡价格等式，整理得到：

$$p^* = c + \frac{1}{2}[a - c_0] - \frac{a}{2\eta} \tag{6-15}$$

对应的社会总福利函数 W^* 仍然为（6-10）式，但其均衡价格换为二部制价格 p^*。

对比（6-14）式和（6-15）式，可以发现当两种结算规则下的结算价格 a 相等时，基于资费结算规则下的均衡零售价格 p^* 将小于基于成本结算规则下的均衡零售价格 p_L^*。其原因与线性价格竞争下的比较分析类同。

由社会总福利函数可知，当结算价格 a 相等时，两种结算规则下的社会总福利仍然取决于其均衡零售价格的高低。由于社会福利函数具有如下性质：当 $p_L^* > c$ 时，$\partial W_L^* / \partial p_L^* < 0$；当 $p_L^* < c$ 时，$\partial W_L^* / \partial p_L^* > 0$，因此，当 $c < p^* < p_L^*$，即 $a > \eta c_0 / (\eta - 1)$ 时，基于资费结算规则下的均衡社会福利将高于基于成本结算规则下的社会福利；当 $p^* < p_L^* < c$，即 $a < c_0$ 时，基于资费结算规则下的均衡社会福利将低于基于成本结算规则下的社会福利；当 $p^* < c < p_L^*$，即 $c_0 < a < \eta c_0 / (\eta - 1)$ 时，无法判断两种结算规则下的社会总福利的高低，具体来讲，它取决于网络成本参数和用户需求参数。

第五节　本章结论及政策含义

本章以拉丰和张昕竹（2001）为基础，提出了不同于都干鲁和图曼（2002）模型的基于资费结算规则（$a_i = \gamma p_j$），并在统一定价的约束条件下，重点分析了互联双方以线性价格及二部制价格进行竞争时的均衡性质。分析结果表明：当互联双方以线性价格展开竞争时，除非网络替代性和结算价格系数比较小，否则零售市场竞争均衡可能不存在；在均衡存在的区域内，均衡价格是结算价格系数的增函数，互联双方有动机利用结算价格系数合谋。当互联双方以二部制价格展开竞争时，竞争均衡同样可能不存在；在均衡存在的区域内，虽然均衡价格仍然是结算价格系数的增函数，但均衡利润与结算价格系数无关，互联双方没有动机合谋。

虽然这些结论比较类似与拉丰等（1998a）模型，比如两种结算规则都面临着均衡不存在问题，管制机构都要防范线性价格竞争所带来的合谋问题，但这两种结算规则的内在机制并不相同。在基于成本结算规则下，提高结算价格使互联双方更不愿意降低零售价格，其原因在于降价虽可获取市场份额，但将降低单位零售利润和恶化网间结算状况。而在基于资费结算规则下，提高结算价格系数使互联双方更愿意降低零售价格，其原因在于降价虽可降低单位零售利润，但将增加市场份额和改善网间结算状况。

本章研究结果表明：当两种结算规则下的结算价格相等时，如果互联双方以线性价格进行竞争，那么基于资费结算规则下的均衡零售价格将小于基于成本结算规则下的均衡零售价格，而其社会福利则高于基于成本结算规则下的社会福利。如果互联双方以二部制价格进行竞争，那么基于资费结算规则下的均衡零售价格仍将小于基于成本结算规则下的均衡零售价格，但其社会福利是否大于基于成本结算规则下的社会福利则取决于结算价格系数的高低。这些结论意味着基于资费的结算规则使互联双方更有动机削价或者说打"价格战"，并当前电信市场上"价格战"行为提供了一种解释。

从管制政策角度讲，虽然基于资费的结算规则简单易行，避免了大量的成本核算工作，但其缺点也同样明显，如结算价格系数确定过程不透明，存在运营效率低和妨碍竞争的可能。而在基于成本的结算规则下，结算价格直接反映了提供接入服务的成本信息，为资源的有效配置传递了正确的价格信号，实际上，本章分析表明，最优结算价格系数同样依赖于网络成本信息及用户需求信息。因此，就实现管制目标来讲，基于资费的结算规则并不一定优于基于成本的结算规则。

附录 A 线性价格竞争均衡

下面首先给出两个引理，以便于下文证明引用。

引理 A1：如果 (p_1^e, p_2^e) 是不对称均衡，且满足条件 $p_1^e < p_2^e$，那么，$p_2^e > p^M$。

证明：由正文知，线性价格竞争下网络 i 的均衡利润为：

$$\pi_i^e = \alpha_i^e \left[(p_i^e - c) q(p_i^e) - f \right] + \alpha_i^e \alpha_j^e \left[(rp_j^e - c_0) q(p_j^e) - (rp_i^e - c_0) q(p_i^e) \right] = \alpha_i^e \left[R(p_i^e) - f \right] + A_i$$

式中，$R(p_i^e) = (p_i^e - c) q(p_i^e)$，$A_i = \alpha_i^e \alpha_j^e \left[(rp_j^e - c_0) q(p_j^e) - (rp_i^e - c_0) q(p_i^e) \right]$，且结算收入（或亏损）满足等式 $A_i + A_j = 0$；

在均衡情况下，如果网络 i 模仿网络 j 的定价行为，即令 $p_i = p_j^e$，那么，由激励相容条件知：

$$\pi_i^e \geqslant \frac{1}{2} \left[R\left(p_j^e\right) - f \right] \quad i, j = 1, 2, \ i \neq j$$

将网络 i 和网络 j 的激励相容性条件相加，得到：

$$\pi_i^e + \pi_j^e > \frac{1}{2} \left[R\left(p_j^e\right) - f \right] + \frac{1}{2} \left[R\left(p_j^e\right) - f \right]$$

代入均衡利润表达式，化简得到：

$$\left(\alpha_1^e - \frac{1}{2}\right) \left[R\left(p_i^e\right) - R\left(p_j^e\right) \right] \geqslant 0$$

对 $R(p) = (p - c) q(p)$ 进行简单分析，可知 $R(p)$ 为严格拟凹函数。具体来说，当价格 $p < p^M$ 时，$R(p)$ 为单调增函数；而当价格 $p > p^M$ 时，$R(p)$ 为单调减函数。

如果 $p_1^e < p_2^e < p^M$，则由单调性条件和豪泰林模型知，$\left[R\left(p_i^e\right) - R\left(p_j^e\right) \right] < 0$ 及 $\alpha_2^e < \frac{1}{2}$，因此 $\left(\frac{1}{2} - \alpha_2^e\right) \left[R\left(p_i^e\right) - R\left(p_j^e\right) \right] < 0$，这与上述推论矛盾。所以，当均衡价格 $p_1^e < p_2^e$ 时，p_2^e 必定大于垄断价格 p^M。证毕。

引理 A2：不存在"角点"均衡解。

证明：本证明采用反证法。

假设存在角点均衡，且有 $p_1^e < p_2^e$，$\alpha_1^e = 1$，$\alpha_2^e = 0$。下面分两种 $p_1^e < p^R$ 和 $p_1^e > p^M$ 情况，证明网络竞争不存在角点均衡。

首先，假设 $p_1^e < p^R$，由 $\pi^R = 0$ 及利润函数性质可知，$\pi_1^e = R\left(p_1^e\right) - f < 0$，网络 1 将肯定会亏损，因此，网络 1 将有动机提高其价格（至少应保持盈亏平衡）。当然，这样做可能会提高网络 1 支付的结算价格。此时，网络 2 有动机将价格降低一点，比如降到 $p^R + \varepsilon$，以获取一定的市场份额和利润，这与上述假设矛盾。因此，当 $p_1^e < p^R$ 时，不存在角点均衡。

其次，假设 $p_1^e > p^M$。从利润最大化角度考虑，网络 1 有动机价格 p_1^e 降低到垄断价格 p^M，并获取垄断利润。另外，为了垄断整个市场，网络 1 均衡价格也应满足 $p_1^e < p^M$。而对网络 2 来讲，如果它将价格定的比网络 1 稍高一点，比如 $p_2^e = p_1^e + \varepsilon$，那么它将获取接近一半的市场份额。这样，它的网间结算净收入趋于零，总利润则严格大于零，这也与上述假设矛

盾。因此，当 $p_1^e > p^M$ 时，也不存在角点均衡。

从上述分析可知，两个网络应该共享整个市场，且 (p_1^e, p_2^e) 应满足利润极大化条件 $(p_1^e = r(p_2^e)) \equiv \mathrm{argmax}_{p_i} \pi_i(p_i; p_j)$，$i, j = 1, 2, i \neq j$，利润函数 $\pi_i(p_i; p_j)$ 的定义如下：

$$\pi_i(p_i; p_j) \equiv \alpha_i(p_i, p_j)[R(p_i) - f] + \alpha_i(p_i, p_j)\alpha_j(p_i, p_j) \times [(\gamma p_j - c_0)q(p_j) - (\gamma p_i - c_0)q(p_i)] \tag{A1}$$

下面证明，在网络替代性 σ 比较小时，网络竞争存在唯一、对称性均衡。我们首先证明当 $\sigma = 0$ 时，网络竞争存在唯一对称均衡；再利用利润函数的连续性，得到网络替代性比较小时，结论同样成立。

在 $\sigma = 0$ 的情况下，由豪泰林模型 $\alpha_i = \dfrac{1}{2} + \sigma[v(p_i) - v(p_j)]$ 知，网络 i 的市场份额不受其价格影响。网络 i 的利润函数为：

$$\pi_i(p_i; p_j) = \frac{1}{2}[(p_i - c)q(p_i) - f] + \frac{1}{4}[(\gamma p_j - c_0)q(p_j) - (\gamma p_i - c_0)q(p_i)]$$

对价格 p_i 求一阶条件：

$$\frac{p_i^* - (\dfrac{3c_0 + 2c_1}{2 - \gamma})}{p_i^*} = \frac{1}{\eta} \tag{A2}$$

其二阶条件为：

$$\frac{d^2 \pi_i(p_i; p_j)}{dp_i^2} = \frac{\eta(\eta - 1)}{p^{\eta + 2}}\left[p_i - \frac{\eta + 1}{\eta - 1}\frac{3c_0 + 2c_1}{(2 - \gamma)}\right]$$

由一阶条件知，均衡价格为 $p_i^* = \dfrac{\eta}{\eta - 1}\left(\dfrac{3c_0 + 2c_1}{2 - \gamma}\right)$，代入二阶条件，易知二阶导数肯定小于零。因此，当 p_i 在均衡价格 p_i^* 附近时，利润函数为局部凹函数。

同理，网络 j 的均衡价格 p_j^* 唯一，且等于网络 i 的均衡价格 p_i^*，即均衡价格具有对称性。此时，互联双方的均衡利润均为：$\pi^*(p^*, p^*) = \dfrac{1}{2}$ $[(p^* - c)q(p^*) - f]$，由利润函数拟凹性可知，只要 $p^R < p^* < \bar{p}$，均

衡利润肯定大于零。

$$p^R < \frac{\eta}{\eta - 1} \left(\frac{3c_0 + 2c_1}{2 - \gamma} \right) < \bar{p}$$

$$2 - \left(\frac{\eta}{\eta - 1} \right) \frac{3c_0 + 2c_1}{p^R} < \gamma < 2 - \left(\frac{\eta}{\eta - 1} \right) \frac{3c_0 + 2c_1}{\bar{p}}$$

当 σ 较小时，由利润函数的连续性知，$\pi_i(p_i; p_j)$ 仍是价格 p_i 的拟凹函数。为便于分析，定义 $\pi(x, y) = (x - y) q(x) - f$，将利润函数 $\pi_i(p_i; p_j)$ 可简写为：

$$\pi_i(p_i; p_j) \equiv \alpha_i(p_i, p_j) \pi(p_i, c) + \alpha_i(p_i, p_j) \alpha_j(p_i, p_j) \gamma [\pi(p_j, c_0/\gamma) - \pi(p_i, c_0/\gamma)]$$

对价格 p_i 求一阶条件，得到：

$$\frac{d \pi_i(p_i; p_j)}{d p_i} = \alpha_i \pi'(p_i, c) - \sigma q(p_i) \pi(p_i, c) - \alpha_i \alpha_j \pi'(p_i, c_0/\gamma) - \sigma q(p_i)(1 - 2\alpha_i) \gamma [\pi(p_j, c_0/\gamma) - \pi(p_i, c_0/\gamma)] = 0$$

该一阶条件给出了价格 p_i 与 p_j 之间的反应函数关系。设 $p_i = r(p_j)$，对一阶条件两边同时求关于 p_j 的导函数，整理得到：

$$\frac{dp_i}{dp_j} = r'(p_j) = \frac{-\left[\frac{\partial^2 \pi_i(p_i; p_j)}{\partial p_i \partial p_j} \right]}{\left[\frac{\partial^2 \pi_i(p_i; p_j)}{\partial p_i^2} \right]} = \frac{N}{D}$$

其中，

$$N = \sigma \pi'(v_i, c) - 2\sigma^2 \gamma [\pi(p_j, c_0/\gamma) - \pi(p_i, c_0/\gamma)] - (1 - 2\alpha_i) \sigma \gamma [\pi'(p_j, c_0/\gamma) + \pi'(p_i, c_0/\gamma)]$$

$$D = 2\sigma \pi'(p_i, c) - 2\sigma^2 \gamma [\pi(p_j, c_0/\gamma) - \pi(p_i, c_0/\gamma)] - 2(1 - 2\alpha_i) \sigma \gamma \pi'(p_i, c_0/\gamma) + \alpha_i \pi''(p_i, c) - \alpha_i \alpha_j \pi''(p_i, c_0/\gamma)$$

显然，当 σ 较小时，$\dfrac{dp_i}{dp_j} \to 0$，这意味着均衡价格具有唯一性和对称性。利用均衡对称性，简化一阶条件得到：

$$\frac{\mathrm{d}\pi_i(p_i,p_j)}{\mathrm{d}p_i}\Big|_{p_i=p_j=p^*} = \frac{1}{2}\big[(p^*-c)q'(p^*)+q(p^*)\big]-\sigma q(p^*)\big[(p^*-c)q(p^*)-f\big]-\frac{1}{4}\big[\gamma q(p^*)+(\gamma p^*-c_0)q'(p^*)\big]=0$$

代入 $\dfrac{q'(p)}{q(p)}=\dfrac{\mathrm{d}q(p)}{\mathrm{d}p}\dfrac{p}{q(p)}\dfrac{1}{p}=\dfrac{-\eta}{p}$，得到均衡价格 p^* 满足等式：

$$\frac{p^*-\left(\dfrac{3c_0+2c_1}{2-\gamma}\right)}{p^*}=\frac{1}{\eta}\left[1-\frac{4\sigma\pi(p^*)}{2-\gamma}\right] \tag{A3}$$

由于 $0<\pi(p^*)<\pi^M$，结合等式（A3）得：

$$2-\frac{\eta}{\eta-1}\frac{3c_0+2c_1}{p^*}<\gamma<2-\frac{\eta}{\eta-1}\left[\frac{3c_0+2c_1}{p^*}-\frac{4\sigma\pi^M}{\eta}\right]$$

因此，当结算价格系数 γ 满足 $2-\dfrac{\eta}{\eta-1}\dfrac{3c_0+2c_1}{\bar p}<\gamma<2-\dfrac{\eta}{\eta-1}$

$\left[\dfrac{3c_0+2c_1}{p^R}-\dfrac{4\sigma\pi^M}{\eta}\right]$ 时，互联双方肯定获取正利润。

下面证明网络替代性 σ 较大时，网络竞争不存在不对称均衡。本证明采用反证法。

给定网络替代性 σ 较大，假设网络竞争存在不对称性均衡 (p_1^e, p_2^e)，且均衡价格 $p_1^e<p^M$。根据引理 A1，价格 $p_2^e>p^M$。

由豪泰林模型知，网络 1 的市场份额 $\alpha_1^e=\dfrac{1}{2}+\sigma[v(p_1^e)-v(p_2^e)]$：

$$v(p_1^e)-v(p_2^e)=\frac{1}{\sigma}\left(\alpha_1^e-\frac{1}{2}\right)$$

当 σ 较大时，$v(p_1^e)-v(p_2^e)\simeq0$，即 $p_1^e\simeq p_2^e$（但 p_1^e 略小于 p_2^e）。这样，两个网络的均衡市场份额应该趋于 $\dfrac{1}{2}$，均衡利润趋于 $\dfrac{1}{2}[R(p_1^e)-f]$。

根据 $p_1^e<p^M$ 及 $R(p)$ 的性质：

$$\frac{1}{2}[R(p_1^e)-f] < \frac{1}{2}[R(p^M)-f]$$

定义 $v(p^\sigma)=v(p^M)+\frac{1}{2\sigma}$，由豪泰林模型知，如果网络运营商 1 偏离该不对称均衡，并将价格定在 p^σ，那么，它将垄断整个市场。

偏离该不对称均衡所获得的利润为 $\pi_1=R(p^\sigma)-f$，而不对称均衡 (p_1^e,p_2^e) 下的利润为：

$$\pi_1^e(p_1^e,p_2^e)=\alpha_1^e[R(p_1^e)-f]+\alpha_1^e\alpha_2^e[(\gamma p_2^e-c_0)q(p_2^e)-(\gamma p_1^e-c_0)q(p_1^e)]$$

因此，只要偏离均衡带来的利润 $R(p^\sigma)-f>\frac{1}{2}[R(p^M)-f]$，电信运营商就有动机偏离该不对称均衡。注意到当 σ 较大时，$p^\sigma\to p^M$，偏离均衡的利润 $\pi_1(p^\sigma)=R(p^\sigma)-f$ 接近于垄断利润，而均衡利润又小于垄断利润的一半，显然，偏离该均衡是有利的。换句话说，在网络替代性 σ 较大的情况下，网络竞争不存在不对称均衡。

下面证明网络替代性 σ 较大时，如果结算价格系数 $\gamma>\frac{\eta}{\eta-1}\times\frac{(2c+c_0)}{p^R}-2$，则网络竞争肯定不存在对称性均衡。

当 σ 较大时，由正文均衡价格（6-5）式知，均衡价格 $p^*\to c+\frac{f}{q(p^*)}$，即趋于拉姆齐价格 p^R，对应的均衡利润 $\pi(p^*)$ 趋于零。

根据豪泰林模型，某网络要想垄断整个市场，价格 p_σ 需满足 $v(p_\sigma)=v(p^*)+\frac{1}{2\sigma}$；又 $\frac{dv(p)}{dp}=-q(p)$；将等式 $v(p_\sigma)$ 在均衡价格 p^* 附近进行 Taylor 展开；

$$v(p_\sigma)-v(p^*)\simeq v'(p^*)(p_\sigma-p^*)=-q(p^*)(p_\sigma-p^*)-q(p^*)(p_\sigma-p^*)\simeq\frac{1}{2\sigma}$$

$$p_\sigma\simeq p^*-\frac{1}{2\sigma q(p^*)}$$

因此，当 σ 较大时，价格 $p^*\simeq p^R$，话务量 $q^*\simeq q^R$。然而，对电信运营

商来讲，垄断市场的利润为 $R(p_\sigma) - f$，共享市场的利润 $\dfrac{1}{2}[R(p^*) - f]$，因此，偏离均衡带来的净收益为：

$$R(p_\sigma) - f - \frac{1}{2}[R(p^*) - f] = R(p_\sigma) - \frac{1}{2}[R(p^*) + f]$$

其中，偏离均衡的收入 $R(p_\sigma)$ 约等于：

$$R(p_\sigma) \simeq R(p^*) + R'(p^*)(p_\sigma - p*) = R(p^*) + R'(p^*)\left[-\frac{1}{2\sigma q^*}\right]$$

$$= R(p^*) + \frac{\eta}{2\sigma}\left[\frac{p^* - c}{p^*} - \frac{1}{\eta}\right]$$

这样，偏离均衡的净收益可化简为：

$$R(p_\sigma) - f - \frac{1}{2}[R(p^*) - f]$$

$$= \frac{1}{2}[R(p^*) - f] + \frac{\eta}{2\sigma}\left[\frac{p^* - c}{p^*} - \frac{1}{\eta}\right] = \frac{1}{2}\pi(p^*) + \frac{\eta}{2\sigma}\left[\frac{p^* - c}{p^*} - \frac{1}{\eta}\right]$$

$$= \frac{1}{8\sigma}\left[\eta(3c_0 + 2c_1)\frac{1}{p^*} + (2 - \gamma)(1 - \eta)\right] + \frac{\eta}{2\sigma}\left[\frac{p^* - c}{p^*} - \frac{1}{\eta}\right]$$

$$= \frac{1}{8\sigma}\left[(\eta - 1)(2 + \gamma) - \eta\frac{(2c + c_0)}{p^*}\right]$$

显然，只要方括号中的项大于零，电信运营商就有动机偏离均衡，垄断该市场。令 $(\eta - 1)(2 + \gamma) - \eta\dfrac{(2c + c_0)}{p^*} > 0$，得到结算价格系数 $\gamma > \dfrac{\eta}{\eta - 1}\dfrac{(2c + c_0)}{p^*} - 2$。

下面证明定理 2（图形比较静态分析）。

从正文（6-6）式可看出，它的左端只与 σ 有关，定义函数 $h(p) = 4\sigma\pi(p)$；等式右端只与 γ 有关，定义函数 $g(p) = \eta(3c_0 + 2c_1)\dfrac{1}{p} + (2 - \gamma)(1 - \eta)$。

函数 $h(p)$ 的性质为：

$$\frac{dh(p)}{dp} = \frac{4\sigma\eta}{p^{\eta}}\left(\frac{1}{\eta} - \frac{p-c}{p}\right), \quad \frac{d^2h(p)}{dp^2} = \frac{4\sigma\eta(\eta+1)}{p^{\eta+1}}\left(\frac{p-c}{p} - \frac{2}{\eta+1}\right)$$

当价格 $p < \frac{\eta c}{\eta-1}$ 时 $h(p)$ 为单调增函数，$p > \frac{\eta c}{\eta-1}$ 时 $h(p)$ 为单调减函数；当价格 $p < \frac{\eta+1}{\eta-1}c$ 时 $h(p)$ 为严格凹函数，而当 $p > \frac{\eta+1}{\eta-1}c$ 时 $h(p)$ 为严格凸函数。而且，当 $p = c$ 或 $p = \infty$ 时，函数 $h(p) = -4\sigma f$；当 $p = p^R$ 或 $\bar{p}$ 时，函数 $h(p) = 0$。

函数 $g(p)$ 的性质为：

$$\frac{dg(p)}{dp} = -\eta(3c_0 + 2c_1)\frac{1}{p^2} < 0, \quad \frac{d^2g(p)}{dp^2} = 2\eta(3c_0 + 2c_1)\frac{1}{p^3} > 0$$

所以，函数 $g(p)$ 为单调减的凸函数（实质为双曲线）。当价格 $p = c$ 时，函数 $g(p) = 2 - \gamma + \eta\left(\gamma - \frac{c_0}{c}\right)$；当价格 $p = \frac{\eta}{\eta-1}\left(\frac{3c_0 + 2c_1}{2-\gamma}\right)$ 时，函数 $g(p) = 0$；当价格 $p = \infty$ 时，函数 $g(p) = (\gamma - 2)(\eta - 1)$。

取横轴变量为价格 p，纵轴变量为 $h(p)$ 或 $g(p)$，则在 $g(\infty) < h(\infty)$ 的情况下，即 $\gamma < 2 - \frac{4\sigma f}{\eta-1}$ 时（σ 较小即可满足），其图形如下：

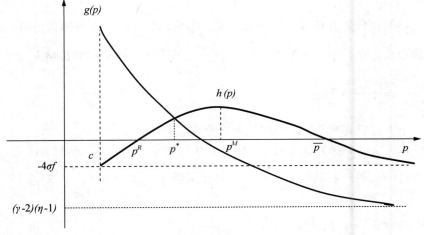

图 6 – 3

附录 B　二部制价格竞争均衡

　　首先证明竞争均衡不存在"角点"均衡。假设网络 1 垄断整个市场，则通话价格 $p_1 = c$，利润 $\pi_1 = F_1 - f \geqslant 0$，$\pi_2 = 0$。由豪泰林模型，如果网络 2 将价格定在 $p_2 = c$ 和 $F_2 = F_1 + \varepsilon$，它将获得一定的市场份额和利润。在 ε 比较小的情况下，网络 2 的市场份额趋于 $\frac{1}{2}$，利润为 $\hat{\pi}_2 \simeq (F_2 - f)/2 = \varepsilon/2 > 0$，这与 $\pi_2 = 0$ 相矛盾。因此，网络竞争不存在"角点"均衡。

　　下面着重分析共享均衡，先分析利润极大化的一阶条件。

　　假设网络 i 的价格为 (F_i, p_i)，网络 j 的价格为 (F_j, p_j)。则网络 i 利润函数为：

$$\pi_i = \max_{\{p_i, w_i\}} \{ \alpha_i(w_i, w_j)[(p_i - c)q(p_i) + v(p_i) - w_i - f] + \alpha_i(w_i, w_j)(1 - \alpha_i(w_i, w_j))[(\gamma p_j - c_0)q(p_j) - (\gamma p_i - c_0)q(p_i)]\}$$

　　对价格 p_i 求一阶条件，整理得到正文（6-11）式；对净剩余 w_i 求一阶条件，得到正文等（6-12）式。给定网络 j 的定价战略 (p_j, w_j)，将（6-11）式及（6-12）式代入网络 i 的利润函数，整理得到正文（6-13）式。

　　由（6-12）式可知，w_i 是 (p_i, p_j, w_j) 的函数，而从（6-11）式可知，价格 (p_i, p_j) 又是净剩余 (w_i, w_j) 的函数，所以，（6-12）式隐性地给出了 w_i，w_j 之间的关系，或者说定义了"伪反应函数" $w_i = w_i^R(w_j)$。

　　下面研究反应函数 $w_i = w_i^R(w_j)$ 的斜率。

　　由净剩余的一阶条件可知，$\dfrac{\partial \pi_i(p_i(w_i, w_j), p_j(w_i, w_j), w_i, w_j)}{\partial w_i} = 0$，因此，要求出反应函数 $w_i = w_i^R(w_j)$ 的斜率，只需对 $\dfrac{\partial \pi_i(p_i(w_i, w_j), p_j(w_i, w_j), w_i, w_j)}{\partial w_i} = 0$ 的两边同时求关于 w_j 的偏导数（注意，这里是隐函数求导）。

$$\frac{\partial^2 \pi_i}{\partial w_i \partial p_i}\frac{dp_i}{dw_j} + \frac{\partial^2 \pi_i}{\partial w_i \partial p_j}\frac{dp_j}{dw_j} + \frac{\partial^2 \pi_i}{\partial w_i^2}\frac{dw_i}{dw_j} + \frac{\partial^2 \pi_i}{\partial w_i \partial w_j} = 0$$

对价格 $p_i\ (w_i,\ w_j)\ =\dfrac{c-\alpha_j\ (w_i,\ w_j)\ c_0}{1+\ (\dfrac{1-\eta}{\eta})\ \alpha_j\ (w_i,\ w_j)\ \gamma}$ 求关于 w_j 的全导

数，得到：

$$\frac{\mathrm{d}p_i(w_i,w_j)}{\mathrm{d}w_j}=\sigma\,(1-\frac{\mathrm{d}w_i^R}{\mathrm{d}w_j})\ \frac{-c_0-(\dfrac{1-\eta}{\eta})\gamma c}{\left[1+(\dfrac{1-\eta}{\eta})\alpha_j\gamma\right]^2}=\sigma\,(\frac{\mathrm{d}w_i^R}{\mathrm{d}w_j}-1)\,Z_j$$

其中，$Z_j=\dfrac{c_0+\ (\dfrac{1-\eta}{\eta})\ \gamma c}{\left[1+\ (\dfrac{1-\eta}{\eta})\ \alpha_j\gamma\right]^2}$；

同理，$\dfrac{\mathrm{d}p_j(w_i,w_j)}{\mathrm{d}w_j}=\sigma\,(\dfrac{\mathrm{d}w_i^R}{\mathrm{d}w_j}-1)\ \dfrac{-c_0-(\dfrac{1-\eta}{\eta})\gamma c}{\left[1+(\dfrac{1-\eta}{\eta})\alpha_i\gamma\right]^2}=\sigma\,(1-\dfrac{\mathrm{d}w_i^R}{\mathrm{d}w_j})\,Z_i$

其中，$Z_i=\dfrac{c_0+\ (\dfrac{1-\eta}{\eta})\ \gamma c}{\left[1+\ (\dfrac{1-\eta}{\eta})\ \alpha_i\gamma\right]^2}$；

将 $\dfrac{\mathrm{d}p_i\ (w_i,\ w_j)}{\mathrm{d}w_j}$ 和 $\dfrac{\partial p_j\ (w_i,\ w_j)}{\partial w_j}$ 代入上述全微分表达式，得到 $\dfrac{\mathrm{d}w_i}{\mathrm{d}w_j}$，

$$\frac{\mathrm{d}w_i^R}{\mathrm{d}w_j}=\frac{-\dfrac{\partial^2\pi_i}{\partial w_i\partial w_j}+\sigma\left(Z_i\dfrac{\partial^2\pi_i}{\partial w_i\partial p_j}-Z_j\dfrac{\partial^2\pi_i}{\partial w_i\partial p_i}\right)}{\dfrac{\partial^2\pi_i}{\partial w_i^2}+\sigma\left(Z_i\dfrac{\partial^2\pi_i}{\partial w_i\partial p_j}-Z_j\dfrac{\partial^2\pi_i}{\partial w_i\partial p_i}\right)}$$

令等式右边分母为 D，分子为 N，则：

$$D=\frac{\partial^2\pi_i}{\partial w_i^2}+\sigma\left(Z_i\frac{\partial^2\pi_i}{\partial w_i\partial p_j}-Z_j\frac{\partial^2\pi_i}{\partial w_i\partial p_i}\right)$$

$$N=-\frac{\partial^2\pi_i}{\partial w_i\partial w_j}+\sigma\left(Z_i\frac{\partial^2\pi_i}{\partial w_i\partial p_j}-Z_j\frac{\partial^2\pi_i}{\partial w_i\partial p_i}\right)$$

这里，$\dfrac{\partial^2 \pi_i}{\partial w_i^2} = -2\sigma - 2\sigma^2[\,(\gamma p_j - c_0)\ q\ (p_j)\ -\ (\gamma p_i - c_0)\ q\ (p_i)\,]$

$\dfrac{\partial^2 \pi_i}{\partial w_i \partial w_j} = \sigma + 2\sigma^2[\,(\gamma p_j - c_0)q(p_j) - (\gamma p_i - c_0)q(p_i)\,]$

$\dfrac{\partial^2 \pi_i}{\partial w_i \partial p_j} = (1 - 2\alpha_i)\sigma[\,(\gamma p_j - c_0)q'(p_j) + \gamma q(p_j)\,]$

$\dfrac{\partial^2 \pi_i}{\partial w_i \partial p_i} = \sigma(p_i - c)q'(p_i) + (1 - 2\alpha_i)\sigma[\,-(\gamma p_i - c_0)q'(p_i) - \gamma q(p_i)\,]$

将这四个等式代入，整理得到分母 D 及 N：

$D = -2\sigma - 2\sigma^2[\,(\gamma p_j - c_0)q(p_j) - (\gamma p_i - c_0)q(p_i)\,] + \sigma^2 Z_i \times (1 - 2\alpha_i)$
$[\,(\gamma p_j - c_0)q'(p_j) + \gamma q(p_j)\,] + \sigma^2 Z_j\{(p_i - c)q'(p_i) + (1 - 2\alpha_i)[\,-(\gamma p_i - c_0)q'(p_i) - \gamma q(p_i)\,]\}$

$N = -\sigma - 2\sigma^2[\,(\gamma p_j - c_0)q(p_j) - (\gamma p_i - c_0)q(p_i)\,] + \sigma^2 Z_i(1 - 2\alpha_i)$
$[\,(\gamma p_j - c_0)q'(p_j) + \gamma q(p_j)\,] + \sigma^2 Z_j\{(p_i - c)q'(p_i) + (1 - 2\alpha_i)[\,-(\gamma p_i - c_0)q'(p_i) - \gamma q(p_i)\,]\}$

$$\Rightarrow \frac{\mathrm{d}w_i^R}{\mathrm{d}w_j} = \frac{N}{N - \sigma} = K$$

显然，当网络替代性 σ 比较小时，分子 N 小于零，反应函数的导数满足 $0 < K < 1$，这意味着竞争均衡对称且唯一。

均衡对称性：

假设均衡解满足 $w_1^e = R\ (w_2^e)\ > w_2^e = R\ (w_1^e)$，那么，

$$w_1^e - w_2^e = R(w_2^e) - R(w_1^e)\ = \int_{w_2^e}^{w_1^e} R'(w)\,\mathrm{d}w \leqslant K(w_1^e - w_2^e)$$

因此，等式两端互相矛盾，所以均衡解是对称的，即 $w_1^e = w_2^e$。

均衡唯一性：

假设 $(w^e,\ w^e)$ 和 $(w'^e,\ w'^e)$ 是两对对称均衡解，且 $w'^e > w^e$，那么，

$$w'^e - w^e = R(w'^e) - R(w^e)\ = \int_{w^e}^{w'^e} R'(w)\,\mathrm{d}w \leqslant K(w'^e - w^e)$$

因此，等式两端互相矛盾，所以均衡解是唯一的，即 $w^e = w'^e$。

下面分析利润极大化二阶条件。

在二部制定价体系下，给定网络 j 的定价战略 $(p_j, w_j \equiv v(p_j) - F_j)$，网络 i 的最佳定价行为是 $p_i(w_i, w_j) = \dfrac{c - \alpha_j(w_i, w_j) c_0}{1 + (\frac{1-\eta}{\eta}) \alpha_j(w_i, w_j) \gamma}$。所以，给定 p_j，w_j，网络 i 的利润函数仅仅是净剩余 w_i 的函数：

$$\prod_i(w_i) = \{\alpha_i(w_i, w_j)[(p_i(w_i, w_j) - c)q(p_i(w_i, w_j)) + v(p_i(w_i, w_j)) - w_i - f] + \alpha_i(w_i, w_j)\alpha_j(w_i, w_j)[(\gamma p_j - c_0)q(p_j) - (\gamma p_i(w_i, w_j) - c_0)q(p_i(w_i, w_j))]\}$$

求 $\prod_i(w_i)$ 关于 w_i 的一阶、二阶导数，得到：

$$\frac{\mathrm{d}\prod_i(w_i)}{\mathrm{d}w_i} = \sigma[(p_i - c)q(p_i) + v(p_i) - w_i - f] + \alpha_i(w_i, w_j) \times$$
$$[(p_i - c)q'(p_i)\frac{\mathrm{d}p_i}{\mathrm{d}w_i} - 1] + (1 - 2\alpha_i)\sigma[(\gamma p_j - c_0)q(p_j) - (\gamma p_i - c_0)q(p_i)] + \alpha_i\alpha_j[-(\gamma p_i - c_0)q'(p_i) - \gamma q(p_i)]\frac{\mathrm{d}p_i}{\mathrm{d}w_i} \quad \frac{\mathrm{d}^2\prod_i(w_i)}{\mathrm{d}w_i^2} =$$
$$2\sigma[(p_i - c)q'(p_i)\frac{\mathrm{d}p_i}{\mathrm{d}w_i} - 1] + \alpha_i(w_i, w_j)\frac{\mathrm{d}}{\mathrm{d}w_i}((p_i - c)q'(p_i)\frac{\mathrm{d}p_i}{\mathrm{d}w_i} - 1) +$$
$$\frac{\mathrm{d}}{\mathrm{d}w_i}((1 - 2\alpha_i)\sigma[(\gamma p_j - c_0)q(p_j) - (\gamma p_i - c_0)q(p_i)]) + (1 - 2\alpha_i)\sigma[-(\gamma p_i - c_0)q'(p_i) - \gamma q(p_i)]\frac{\mathrm{d}p_i}{\mathrm{d}w_i} + \alpha_i\alpha_j\frac{\mathrm{d}}{\mathrm{d}w_i}([-(\gamma p_i - c_0)q'(p_i) - \gamma q(p_i)]\frac{\mathrm{d}p_i}{\mathrm{d}w_i})$$

在对称均衡处，$w_i = w_j$，$p_i = p_j$；且在给定 p_j，w_j 时，$\dfrac{\mathrm{d}p_i(w_i)}{\mathrm{d}w_i} = \sigma Z_j$，

$$\frac{\mathrm{d}^2 p_i(w_i)}{\mathrm{d}w_i^2} = 2\sigma^2\gamma Z_j\left(\frac{1-\eta}{\eta + (1-\eta)\alpha_j\gamma}\right)$$

代入利润函数二阶条件，整理得到：

$$\frac{\mathrm{d}^2\prod_i(w_i)}{\mathrm{d}w_i^2} = -2\sigma + 2\sigma^2 Z_j(p_i - c)q'(p_i) + \sigma^2 Z_j^2 \alpha_i[(p_i - c)q''(p_i) + q'$$

$(p_i)] + 2\sigma^2 \gamma Z_j \alpha_i (p_i - c) q'(p_i) \left(\dfrac{1-\eta}{\eta + (1-\eta)\alpha_i \gamma} \right) + \sigma^2 Z_j^2 \alpha_i \alpha_j [-(\gamma p_i - c_0) q''$

$(p_i) - 2\gamma q'(p_i)] + 2\sigma^2 \gamma Z_j \alpha_i \alpha_j [-(\gamma p_i - c_0) \times q'(p_i) - \gamma q$

$(p_i)] \left(\dfrac{1-\eta}{\eta + (1-\eta)\alpha_j \gamma} \right)$

显然，当网络替代性 σ 比较小时，二阶导数 $\dfrac{\mathrm{d}^2 \prod_i (w_i)}{\mathrm{d} w_i^2} \approx -2\sigma$，即利润函数为严格凹函数，均衡唯一且对称，且有：

$$p^* = \frac{\eta(3c_0 + 2c_1)}{(2-\gamma)\eta + \gamma}, w^* = [(p_i^* - c) q(p_i^*) + v(p_i^*) - f] - \frac{1}{2\sigma} F^* = f + \frac{1}{2\sigma}$$

$$+ (p_i^* - c) q(p_i^*), \pi^* \equiv \frac{1}{4\sigma}$$

因此，无论结算价格系数取什么值，其均衡利润恒为 $\dfrac{1}{4\sigma}$。

下面分析给定 σ 较大时的竞争均衡。证明分两步：首先证明网络竞争不存在不对称均衡，而后证明当 $|\gamma - \eta c_0 / (\eta - 1) c| < \varepsilon$ 时，竞争存在对称性均衡，当 $|\gamma - \eta c_0 / (\eta - 1) c| > \varepsilon$ 时，竞争不存在对称均衡。

给定 σ 较大，假设互联双方共享均衡价格分别为 $p_i^e (w_i, w_j)$，$p_j^e (w_i, w_j)$，均衡利润分别为 π_i^e 和 π_j^e：

$$\pi_i^e = \frac{(\alpha_i^e)^2}{\sigma} + (\alpha_i^e)^2 [(\gamma p_j^e - c_0) q(p_j^e) - (\gamma p_i^e - c_0) q(p_i^e)]$$

如果网络 i 偏离均衡，并垄断整个市场，价格为 $\tilde{p}_i = c$，$F_i = \tilde{F}_i$。根据豪泰林模型，$\alpha_i = \dfrac{1}{2} + \sigma [v(c) - \tilde{F}_i - w_j^e] = 1$

$$\Rightarrow \tilde{F}_i = v(c) - w_j^e - \frac{1}{2\sigma}$$

其中 w_j^e 由（6 - 8）式给出，代入上式并化简：

$$\tilde{F}_i = v(c) - \frac{1}{2\sigma} + \frac{\alpha_j^e}{\sigma} - [(p_j^e - c) q(p_j^e) + v(p_j^e) - f] - (1 -$$

$2\alpha_j^e)\left[(\gamma p_i^e - c_0)q(p_i^e) - (\gamma p_j^e - c_0)q(p_j^e)\right]$

定义 $G_i = \tilde{F}_i - f - \pi^e$ 为偏离均衡带来的净收益，那么，

$G_i = v(c) - \dfrac{1}{2\sigma} - \dfrac{(\alpha_i^e)^2}{\sigma} + \dfrac{\alpha_j^e}{\sigma} - \left[(p_j^e - c)q(p_j^e) + v(p_j^e)\right] + (\alpha_j^e)^2\left[(\gamma p_j^e - c_0)q(p_j^e) - (\gamma p_i^e - c_0)q(p_i^e)\right]$

$G_i + G_j = 2v(c) - \dfrac{\alpha_i^2 + \alpha_j^2}{\sigma} - \left[(p_i^e - c)q(p_i^e) + v(p_i^e)\right] - \left[(p_j^e - c) \times q(p_j^e) + v(p_j^e)\right] + (\alpha_i^2 + \alpha_j^2)\left[(\gamma p_j^e - c_0)q(p_j^e) - (\gamma p_i^e - c_0)q(p_i^e)\right]$

假设该共享均衡为不对称均衡 (p_i^e, p_j^e)，且网络 i 结算净收入大于零：

$A_i^e = \alpha_i^e \alpha_j^e\left[(\gamma p_j^e - c_0)q(p_j^e) - (\gamma p_i^e - c_0)q(p_i^e)\right] > 0$

那么，由 $v(c) \geq \left[(p_j^e - c)q(p_j^e) + v(p_j^e)\right]$ 得到：

$G_i \geq -\dfrac{1}{2\sigma} - \dfrac{(\alpha_i^e)^2}{\sigma} + \dfrac{\alpha_j^e}{\sigma} + \dfrac{\alpha_j^e}{\alpha_i^e}A_i > -\dfrac{3}{2\sigma} + \dfrac{\alpha_j^e}{\alpha_i^e}A_i$

由于 α_i^e，α_j^e，A_i 均为有界项，因此，给定 $\sigma > \bar{\sigma} = \dfrac{2\alpha_i^e}{3\alpha_j^e}\dfrac{1}{A_i}$，偏离均衡的收益 $G_i > 0$，网络 i 有动机偏离该不对称均衡，此时网络竞争不存在不对称均衡。

假设共享均衡为不对称均衡 (p_i^e, p_j^e)，且网络 i 结算净收入等于零：

$A_i^e = \alpha_i^e \alpha_j^e\left[(\gamma p_j^e - c_0)q(p_j^e) - (\gamma p_i^e - c_0)q(p_i^e)\right] = 0$

则 $G_i + G_j$ 可化简为：

$G_i + G_j = 2v(c) - \dfrac{\alpha_i^2 + \alpha_j^2}{\sigma} - \left[(p_i^e - c)q(p_i^e) + v(p_i^e)\right] - \left[(p_j^e - c) \times q(p_j^e) + v(p_j^e)\right] = 2v(c) - \dfrac{1}{2\sigma} - \left[2v(c) - \varepsilon_i - \varepsilon_j\right] = \varepsilon_i + \varepsilon_j - \dfrac{1}{2\sigma}$

其中，$\varepsilon_i = \left[(c - c)q(c) + v(c)\right] - \left[(p_i^e - c)q(p_i^e) + v(p_i^e)\right]$，可以理解为：如果网络 i 以均衡价格 p_i^e 垄断市场，所带来的社会福利净损失

（Deadweight Loss），如下图阴影所示。

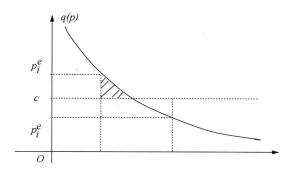

由于 ε_i，ε_j 均大于零，因此给定 $\sigma > \dfrac{1}{2\,(\varepsilon_i + \varepsilon_j)}$，偏离均衡的总收益 $G_i + G_j > 0$，此时，互联双方至少有一家偏离该不对称均衡，即不存在不对称均衡。

上述证明表明，网络竞争不存在不对称均衡，共享均衡只能为对称均衡，设对称均衡价格为 $p_i^e = p_j^e$。

当结算价格系数 $\gamma = \eta c_0 /\,(\eta - 1)\,c$ 时，$Z_j = 0$，得到 $\dfrac{d^2 \prod_i\,(w_i)}{dw_i^2} = -2\sigma < 0$。由连续性可知，存在 $\bar{\varepsilon}$，使得 $|\gamma - \eta c_0 /\,(\eta - 1)\,c| < \bar{\varepsilon}$ 时，利润函数的二阶条件仍然小于零，这意味着，只要 $|\gamma - \eta c_0 /\,(\eta - 1)\,c| < \bar{\varepsilon}$ 成立，无论 σ 有多大，网络竞争始终存在对称性均衡。然而，当 $|\gamma - \eta c_0 /\,(\eta - 1)\,c| > \bar{\varepsilon}$ 时，利润函数的二阶条件将大于零。此时，网络竞争将不存在对称性均衡。

第七章　基准网间结算价格估计

第一节　前言

本章对我国固定电话网的基准网间结算价格进行估计。在估计过程中，我们使用了 Ovum 公司收集的含有 22 个国家样本的数据库。Ovum 公司的固定电话网基准结算价格数据包括来话和去话的本地互联（local interconnnect）结算价格、来话和去话的单汇接互联（single tandem）结算价格、来话和去话的双汇接互联（double tandem）结算价格。在利用这些数据估计我国固网基准结算价格时，我们使用了计量经济学方法进行调整。此外，我们用国家统计局在 2002 年 10 月对中国电信和中国网通所做的本地网营业区内、区间话务量抽样调查结果，估计本地网平均基准结算价格。

根据我们使用的方法，这些计算结果是基于经济成本的估计，其中不包含接入亏损贡献（access deficit contribution，ADC）或普遍服务基金（USF）。下面详细解释得到这些估计结果的具体方法。

第二节　基准方法与数据

在基准网间结算价格的比较研究中，一种收集数据的方法是按照某些社会、人口、经济等方面的准则，寻找与所要研究的国家相似的某些国家，然后收集这些国家的相关数据。比如在新西兰商业委员会于 2002 年

9 月发布的"国际基准研究报告"中，就使用了这种研究方法①。该种方法隐含的是匹配样本的统计思想。但是，在我们的基准比较研究中，由于目前不存在匹配样本，所以不能使用这种匹配样本法。在这种情况下，我们采用的方法是使用可以得到的某些国家的样本数据，然后利用统计回归方法调整这些基准结算价格数据。由于样本数量相对比较少，计量经济模型的设定不可能很复杂。但尽管如此，最终得到的估计结果与先验预期一致，并且在某些条件下，对原始样本数据提供了一种最优的调整程序。

在本书中，我们使用了 Ovum 公司收集的结算价格数据。由于 Ovum 公司定期收集一些国家结算价格的最新数据，从这个角度，我们使用了目前可以得到的最新数据（2003 年）。具体来讲，我们使用 Ovum 公司的三种基准结算价格数据：第一种是本地互联价格②，在 Ovum 公司的数据库中共有 20 个国家的数据，另外，还包括了美国的多个州的样本，所以，样本中实际上包括 27 个本地互联结算价格的观测值③。第二种是单汇接互联价格，样本中包括 14 个国家这方面的数据。第三种是双汇接互联价格数据，在 Ovum 的数据库中，可以得到 13 个国家的样本④。Ovum 公司的所有数据都是用美分表示的。在将不同国家以本地货币表示的各种结算价格折算成美元时，Ovum 公司使用了平均或复合汇率，其中，现价汇率的比重为 40%，平价（PPP）汇率的比重为 60%。这种权重选择的出发点是，电信设备一般是在国际市场上进行采购，因此用现价汇率转换；而劳动成本则因国家而异，因而用平价汇率转换。估计中使用的社会经济等

---

① 该报告可以在 www. comcom. govt. nz 中找到。根据新西兰 2001 年颁布的电信法（New Zealand Telecommunications Act of 2001），该委员会需要使用相似国家的网间结算价格进行新西兰的基准网间结算价格研究。

② 由于互联点设在汇接局的位置，所以我国没有纯粹的本地互联。在这种情况下，我们用 Ovum 数据库中的平均基准结算价格代替本地互联基准结算价格。

③ 在计量经济分析中，我们尝试了对美国样本的不同处理方法，比如仅使用美国一个样本，或者使用美国的多个运营商的观测值。但是，计量经济结果对这些不同的假设并不敏感，所以我们决定使用整个样本。

④ 我们在样本中排除了日本的数据，其原因是，日本的网络结构和互联结构与样本中其他国家存在显著的差异，因此，在计算日本的双汇接基准结算价格时，Ovum 公司采用了与样本中其他国家的双汇接互联不同的定义。但是，去掉日本的样本后，我们估计的双汇接结算价格只发生很小的变动。

方面的数据，如人口密度和电话密度等是 2001 年的数据①，这是目前可以得到的这些国家的最新数据。

Ovum 公司网间结算价格的口径②。在 Ovum 公司的数据库中，有两类结算价格数据：一类是加权平均的基准结算价格，这类数据主要是利用话务量分配矩阵，把样本中不同国家、不同定价方式下的结算价格，转换成一个可以相互比较的平均基准结算价格。另一类是按照提供互联服务所使用的网络元素，或者互联点所处的位置进行定价的数据，即本地互联价格、单汇接互联价格、双汇接互联价格。

在 Ovum 的样本中，本地互联是指用于互联互通的关口局设在端局，因此，从经济成本的角度，提供本地互联所使用的网络元素主要是本地交换。单汇接互联对应于互联关口局位于本地网中的汇接局位置，因此提供单汇接互联所使用的网络元素主要为一次本地交换、一次汇接交换，以及本地交换局与本地汇接交换局之间的中继传输。与本地互联相比，单汇接互联增加了一次汇接交换和局间中继传输。双汇接互联一般是指互联关口局设在比本地汇接局更高一级的汇接局，或者互联通话呼叫的路由经过二次汇接交换。提供双汇接互联服务所使用的网络元素通常为一次本地交换和两次汇接交换，并且最多可以有四段中继传输电路。与单汇接相比，双汇接互联增加了一次交换以及相应的中继传输③。需要指出的是，这些不同的互联服务隐含的假设是，互联点可以设在本地网中相关的交换局。

根据信息产业部（前）颁布的"自动交换电话（数字）网技术体制"标准④，我国数字本地网可以有网状网和二级网两种组网结构。但在目前发展阶段，现有的本地网中仍以二级网结构为主体。我国本地网主要根据地区中心组网，其中包括地区中心城市（中等城市）和近郊以及所属的县市。根据互联互通管制的技术要求和现阶段电信网络的发展状况，互联关口局一般设在中心城市的汇接局，这是我国网络互联结构与其他国

---

① World Development Report 2002, the World Bank; World Development Indicator Database 2002; ITU Telecommunication Development Report, 2002, ITU.

② 更详细的说明参见附录 A 和附录 B。

③ 需要指出的是，根据 Ovum 定义，双汇接互联并不包括两个双汇接互联点之间的长途传输服务。

④ 信息产业部：《自动交换电话（数字）网技术体制》，1998 年 4 月 17 日发布。

家相比存在的一个显著的不同。

在现阶段，地区中心城市扩大的本地网一般为一次对去话汇接二级网结构①，局间中继电路不超过 2 段；或者为放宽的二级汇接网结构，在这种情况下，可以出现经由 3 个汇接局、4 段中继电路的组网结构。地区中心部分与各县市之间的业务互通主要有两种网络组织结构：一种是当县市设汇接局时，县市端局与地区中心各端局间的来、去话采用多路由汇接二级网结构，中心城市关口局与县市端局间经由 2 段中继电路（本章附录 C 中图 1）；另一种是当县市不设汇接局时，县市端局与地区中心各端局间的来、去话采用一次汇接二级网结构，中心城市关口局与端局间只有 1 段中继电路（本章附录 C 中图 2）。

在我国的本地网中，本地通话一般分为营业区内和营业区间两种通话模式。② 从互联互通角度，根据互联通话呼叫的距离，即关口局与最终用户的距离，也可以分为营业区内、区间两种互联通话。根据我国的网络互联结构和 Ovum 样本国家中互联服务的定义，对于一次汇接二级网结构，从整体上讲，营业区内（中心城市内）、区间（中心城市至县市）互联与单汇接互联相当，但 Ovum 的单汇接结算价格有可能高估中心城市的局间中继传输部分，而 Ovum 的本地汇接结算价格有可能低估汇接交换部分。对营业区间互联通话，Ovum 的单汇接结算价格可能低估中心城市与县市间的中继传输部分；同理，对来、去话多路由汇接二级网结构，营业区内通话与单汇接互联相当，但 Ovum 单汇接基准价格可能高估中心城市的局间中继传输部分，而 Ovum 的本地汇接基准价格可能低估汇接交换部分。营业区间通话与双汇接通话相当，但使用双汇接数据有可能高估局间传输部分。我们认为，要想得到更准确的估计，需要知道我国本地网中不同组网结构的比例。在没有这种数据的前提下，本书采取的方法是，模拟不同假设下的结算价格，以此对应各种可能的网络结构的分布状况。

需要指出的是，营业区内、区间这种通话模式的划分与 Ovum 定义的本地互联、单汇接互联、双汇接互联通话路由并不完全相符，其原因在于：首先，Ovum 样本国家中互联点可以位于交换网的不同交换层次，但

① 李少英，信息产业部，无日期。
② 北京和海南不分营业区内、营业区间。

根据我国现有的政府管制规定和网络发展状况，互联关口局一般只设在本地汇接局；其次，本地网组网结构有所差别；再次，通话模式的定义有区别；最后，互联服务的定价结构不同。因此，为了估计我国基准网间结算价格，只能根据具体的路由组织寻找合适的基准结算价格。

　　话务量数据的收集①。信息产业部于 2002 年 10 月委托国家统计局城调总队在北京、辽宁、浙江、广东、云南、陕西六省市进行了一次"本地网营业区内、区间话务量抽样调查"。利用本次抽样调查的结果，我们可以得到计算营业区内、区间平均基准结算价格所需要的权重：

表 7 - 1　　　　六省电信、网通与其他运营商间呼叫通话时长分布

单位:%

	营业区内	营业区间	总计
去话	20.89	18.53	39.42
来话	24.98	35.60	60.49

表 7 - 2　　　　六省电信、网通与其他运营商间呼叫通话次数分布

单位:%

	营业区内	营业区间	总计
去话	21.06	20.63	41.69
来话	23.38	34.94	58.32

表 7 - 3　　　　北京市通信公司与其他运营商间呼叫通话时长分布

单位:%

	总计
去话	47.58
来话	52.70

注：北京不分营业区内和营业区间。

---

　　①　有关抽样的详细说明请见国家统计局城调总队提供给信息产业部的调查报告：《本地网营业区内、区间话务量抽样调查结果》。

如前所述，在估计结算价格计量经济模型时，使用的是本地互联价格、单汇接互联价格、双汇接互联价格，这些数据的样本大小是不同的，其中本地互联价格有 29 个观测值，单汇接价格有 14 个观测值，双汇接价格有 13 个观测值。下面给出一些相关的样本统计值，其中 Q25、Q75、Q95 对应样本的不同比例，表示数据的期望偏斜度。

表 7 - 4 　　　　　　　　　　基本统计量

	本地互联		单汇接互联		双汇接互联	
	去话	来话	去话	来话	去话	来话
均值	1.290	1.280	1.158	1.127	1.609	1.491
中值	1.124	1.096	1.106	1.095	1.667	1.358
Q25	0.886	0.886	0.905	0.887	1.019	1.040
Q75	1.33	1.27	1.26	1.20	2.119	1.917
Q95	3.35	3.35	2.29	2.29	2.563	2.538

第三节　模型估计

在估计本地互联结算价格模型时，我们设定一个对数—对数回归模型，

$$\ln(INP_i) = \alpha + \beta\ln(PODE_i) + \lambda\ln(PEN_i) + \delta LDC_i + \varepsilon_i$$

其中，等式左边的变量 $\ln(INP_i)$ 是来话结算价格或去话结算价格的对数。对于本地互联来话和去话结算价格模型，我们使用了平均价格数据。由于我国所有的网间互联都包括汇接交换，因此不存在纯粹意义上的本地互联[①]。在这种情况下，根据国际经验，使用平均价格可以得到更可靠的基准价格。等式右边的解释变量中，$\ln(PODE_i)$ 为 2001 年人口密

---

① 容易看出，从经济成本角度，按照我们国家的互联结构，Ovum 的平均基准价格数据比纯粹的本地互联价格更接近本地网结算价格。

度的对数 ln（$PODE_i$）为 2001 年电话密度的对数，ln（LDC_i）为该国家是否为不发达国家的哑变量或示性变量，估计结果在表 7 - 5 中给出[①]。

表 7 - 5 结算价格估计结果

	去话			来话		
	本地互联	单汇接	双汇接	本地互联	单汇接	双汇接
常数项	3. 584807 (1. 130663)	1. 089955 (2. 501000)	1. 331823 (0. 485300)	3. 703552 (1. 094378)	1. 523786 (2. 591369)	1. 245235 (0. 421683)
人口密度	- 0. 159668 (0. 044922)	0. 152400 (0. 131435)		- 0. 174336 (0. 053034)	0. 110524 (0. 136184)	
电话普及率	- 0. 698544 (0. 269668)	- 0. 443000 (0. 594442)	- 0. 017163 (0. 008833)	- 0. 714657 (0. 259275)	- 0. 508301 (0. 615921)	- 0. 016901 (0. 007707)
发展国家虚拟变量	- 0. 391334 (0. 418064)	0. 018778 (0. 541301)		- 0. 411864 (0. 363913)	0. 007828 (0. 013957)	

（1）本地去话互联价格模型。对于本地去话互联价格方程，估计出的 2001 年人口密度对数的系数（- 0.1587），以及 2001 年电话密度对数的系数都是负的，这与电信经济学的基本原理所预测的结果是一致的。由于 t 检验超过 2.5，这两个系数的估计都是非常准确可靠的。不发达国家示性变量的系数同样为负，但 t 检验结果显示，该系数的估计结果不是很可靠。如果在方程中去掉不发达国家示性变量 LDC，总的估计结果不会发生很大改变。

在设定的方程中，电话密度可能是个共同决定的内生变量，也就是说，因为网间结算价格影响本地通话的资费，而通话资费影响电话普及率，因此结算价格可能与电话密度是共同决定的内生变量，在这种情况下，有可能存在计量模型的设定问题。通过豪斯曼检验来检验内生性问题[②]，我们得到豪斯曼检验的 m 统计值为 1.15，这个结果说明，检验结果

---

① 我们也尝试了使用其他变量如人均 GDP，但这些变样并不能改进回归方程的设定。

② 请见 J. Hausman，Specification Tests in Econometrics. *Econometrica*，46，1978，或者请见计量经济学教科书，比如 W. Greene，Econometric Analysis （1990）。

不拒绝随机扰动与等式右边不相关的先验假设,因此可以不必考虑内生性问题。所以,在本章中,我们将使用最小二乘估计。这种估计方法为无偏估计,并且比相应的工具变量估计方法更有效①。

(2)本地来话互联价格模型。本地来话互联价格模型的估计结果与本地去话互联价格模型的估计结果非常相似。估计出的人口密度和电话密度变量的系数都与去话模型的系数极为相近,而且估计结果也非常准确和可靠。不发达国家示性变量的系数与来话模型的系数相近,但是估计结果具有更高的准确度。

(3)我国本地互联基准结算价格。利用估计出的本地互联价格方程的系数,在方程右边变量中代入对应我国的值,即代入我国人口密度和电话密度的值,就可以得出我国本地互联基准结算价格。根据等式右边变量的我国值,可以估计本地互联基准结算价格的均值(mean predictor)和中值(median predictor),这里均值和中值是指等式左边变量的预测结果的性质。

表 7 - 6   本地互联结算价格

	均值	中值
本地互联		
去话结算价格	1.891	1.776
来话结算价格	1.855	1.748

注:所有值均为美分。

我们注意到,由于对数正态分布本身所具有的倾斜度,本地互联基准价格的均值比相应的中值高出 13%。我们考虑到,样本的分散度作为Ovum数据的函数,不应该进入基准值中,所以在本章中,我们将主要考虑基准结算价格的中值。但我们仍然同时提供基准结算价格的均值预测结果,以便作为备选的基准结算价格。

单汇接计量经济模型。为了估计单汇接结算价格,我们同样设定一个

---

① 我国基准结算价格的估计并不随使用的估计技术发生显著的变化。对于本地去话互联价格,使用二阶段最小二乘法(2SLS)得到的预测结果比使用最小二乘法高出 7%。

对数—对数回归模型，其中方程的左边的变量为单汇接来话结算价格的对数或单汇接去话结算价格的对数，方程右边的变量为 2001 年人口密度的对数，2001 年电话密度的对数，以及表示是否为经济不发达国家的示性函数 LDC。

（1）单汇接去话结算价格模型。对于单汇接去话结算价格模型，估计出的 2001 年人口密度的系数为正（0.1524），但是检验结果显示，估计结果并不是很准确和可靠。与本地互联结算价格模型的估计结果相比，估计结果的准确性降低的原因主要在于，单汇接互联价格数据的样本数量要小于本地互联价格数据的样本数量，更确切地讲，单汇接数据的样本数量只是本地互联结算价格样本数的一半。此外，正如电信网络经济学原理所预见的那样，估计出的 2001 年电话密度的系数为负（-0.4430）。LDC 示性变量的系数非常小，所以，在估计结果中不是很重要。

（2）单汇接来话结算价格模型。单汇接来话互联价格模型的估计结果与单汇接去话结算价格模型的估计结果相似。估计出的人口密度和电话密度的系数与去话模型的估计结果相近，并且检验结果显示估计结果很准确和可靠。LDC 示性变量的系数与去话模型的估计结果极为相似。

（3）我国单汇接互联基准结算价格。利用前面估计出来的来话和去话单汇接结算价格方程的系数，可以估计我国的单汇接基准结算价格。同样，我们同时估计了基准价格的均值和中值。

表 7 - 7　　　　　　　　　　　单汇接互联结算价格

	均值	中值
单汇接互联		
去话结算价格	2.143	1.992
来话结算价格	2.255	2.085

注：所有结果为美分。

估计结果显示，我国单汇接互联基准价格的中值比本地互联基准价格的中值高 9% 左右，产生这个结果的部分原因是，单汇接互联不但要增加一次交换，而且使用局间中继传输的距离要比本地互联通常所需要的传输距离长。

　　双汇接计量经济模型。为了估计双汇接互联的基准结算价格，我们设定一个对数线性方程，等式的左边为双汇接来话互联价格或者双汇接去话互联价格的对数。出现在等式右边的唯一变量是 2001 年的电话密度。按照对数线性设定得到的估计结果，要优于按照单汇接模型中使用的对数—对数设定得到的结果。双汇接结算价格方程的估计结果，这里略去。

　　（1）双汇接互联去话结算价格模型。对于双汇接去话结算价格方程，估计出的 2001 年电话密度的系数为负，与电信经济学理论预计的结果一致，并且检验结果表明，估计结果十分准确。对于示性变量 LDC，由于估计结果非常不可靠，因此在估计双汇接互联去话结算价格模型时，我们略去 LDC 变量。

　　（2）双汇接互联来话结算价格模型。双汇接互联来话结算价格模型的估计结果，与双汇接去话模型的估计结果相似。估计出的电话密度变量的系数与去话模型的估计结果非常相似，并且检验结果表明，估计结果也是非常可靠的。示性变量 LDC 的系数的估计结果比去话模型还要差，由于缺乏可靠性，我们在估计双汇接来话结算价格模型时同样略去了 LDC 变量。

　　（3）双汇接互联基准结算价格。利用估计出的双汇接互联结算价格方程的系数，可以估计我国双汇接互联的基准结算价格。与前面一样，我们同时估计了基准结算价格的均值和中值（见表 7－8）。

表 7－8　　　　　　　　　　　　双汇接互联结算价格

	均值	中值
双汇接互联		
去话结算价格	3.297	3.077
来话结算价格	2.900	2.740

　　注：所有结果为美分。

　　估计结果表明，双汇接互联的基准结算价格的中值，大约高出单汇接基准结算价格 40.5%，产生这个结果的部分原因是，通常情况下，一方面，提供双汇接互联服务要比提供单汇接互联多使用一次汇接交换功能；另一方面，提供双汇接互联服务所使用的局间中继传输的距离总长度，一般要比提供单汇接服务时长。由于在汇集话务量时产生的规模经济，双汇接互联基准结算价格要小于单汇接互联基准结算价格的 0.5 倍。

第四节　估计结果

　　下面把前面给出的话务量分布的抽样结果作为权重，来估计根据话务量分布进行平均而得到的营业区内、区间平均基准结算价格。从抽样调查结果中，我们可以得到营业区内、区间话务量的分布，但北京不分营业区内、区间。由于目前存在不同的本地网组网结构，以及相应的网络互联结构，并且与 Ovum 基准价格对应的网络结构有所差别，我们考虑了四种不同的估计方案，每种方案与对营业区内、区间通话对应的基准结算价格所做的不同假设相对应。

　　（1）使用本地互联和单汇接互联价格作为基准结算价格。由于我国的话务类型的定义与 Ovum 样本中其他国家的网络结构不完全一致，我们根据不同的假设，估计不同类型（营业区内、区间）通话所对应的基准网间结算价格。第一种方案把本地互联基准价格作为营业区内通话的基准结算价格。从互联互通的角度，这种定价结构对应的情形是，营业区内的互联通话呼叫的路由，与 Ovum 公司样本中隐含的本地互联通话呼叫的路由一致（一次本地交换），而营业区间的互联通话呼叫，与 Ovum 公司样本中隐含的单汇接互联通话的路由一致（两次交换，其中一次为端局交换，一次为汇接局交换），由此得到的估计结果如表 7 - 9 所示。

表 7 - 9　　本地互联价格作为营业区内通话的结算价格，单汇接互联
价格作为营业区间通话的结算价格的估计结果（美分）

	加权平均	营业区内	营业区间
中值	1.919	1.761	2.051
均值	2.058	1.872	2.213

　　表 7 - 9 的估计结果中，第 1 列是对整个样本进行加权平均的结果，第 2 列是营业区内通话的基准结算价格，第 3 列是营业区间通话的基准结

算价格。北京不分营业区内和营业区间，可以选择本地互联和单汇接互联价格的算术平均作为整个营业区的基准结算价格。

（2）使用单汇接和双汇接价格作为基准结算价格。第二种方案把单汇接互联基准结算价格作为营业区内通话的基准结算价格，而把双汇接结算价格作为营业区间基准结算价格。这种定价结构对应的情形是，营业区内的互联通话呼叫的路由与 Ovum 数据中的单汇接互联通话呼叫的路由一致（交换两次，其中一次为端局交换，一次为汇接局交换），而营业区间的通话呼叫的路由与双汇接互联通话的路由一致（三次交换，其中一次为端局交换，其余为双汇接交换），得到估计结果如表 7－10 所示。

表 7－10　　单汇接互联价格作为营业区内通话的结算价格，双汇接
互联价格作为营业区间通话的结算价格的估计结果

单位：美分

	加权平均	营业区内	营业区间
中值	2.483	2.041	2.865
均值	2.654	2.202	3.047

表 7－10 的估计结果中，第 1 列是对整个样本加权得到的平均基准结算价格，第 2 列是营业区内通话的基准结算价格，最后一列是营业区间通话的基准结算价格。同样，北京可以把单汇接和双汇接基准结算价格的算术平均作为整个营业区内的基准结算价格。容易得出，在本方案中，相对于全国的样本，得到的估计结果的中值比第一种方案高 28.6%。

（3）使用本地互联价格，单汇接互联价格以及双汇接互联价格作为基准价格。在这种方法中，我们使用前面两种方法的组合来估计，更确切地讲，我们把本地互联基准结算价格作为营业区内基准结算价格，而把单汇接互联价格和双汇接互联价格的中值的几何平均值，或者把二者的均值的算术平均值作为营业区间的基准结算价格。这种定价结构对应的情形是，营业区内的互联通话的路由与本地互联通话的路由类似（一次交换），而营业区间的互联通话的路由既有可能类似于单汇接互联通话，也有可能与双汇接互联通话一致。由此得到的结果如表 7－11 所示。

表7-11 本地互联价格作为营业区内结算价格，单汇接互联价格和双汇接互联价格的平均值作为营业区间结算价格的估计结果

单位：美分

	加权平均	营业区内	营业区间
中值	2.117	1.761	2.422
均值	2.280	1.872	2.630

表7-11的估计结果中，第1列是对整个样本加权平均得到的平均基准结算价格，第2列代表营业区间通话的基准结算价格，最后一列结果表示区间通话的基准结算价格。同样，北京不分营业区内和营业区间，可以把相应的算术平均值作为平均基准结算价格。估计结果表明，相对于整个样本，这种方案得到的平均基准结算价格的中值要比第一种方案高10.0%。由此可见，这种方法是一种介于前两种方案之间的一种方法，得到的结果大体上介于这两种方法得到的加权平均值之间。

在最后一种方案中，我们把本地互联的基准结算价格和单汇接互联的基准结算价格的平均值（几何平均或算术平均）作为营业区内通话的结算价格，而把单汇接互联基准结算价格作为营业区间通话的基准结算价格。这种定价结构反映的情形是，营业区内互联通话的路由与Ovum数据隐含的本地互联通话或者单汇接互联通话的路由一致，而营业区间的互联通话路由与单汇接互联通话路由一致。由此得到的结果如表7-12所示。

表7-12 本地互联价格和单汇接互联价格的平均值作为营业区内结算价格，单汇接结算价格作为营业区间通话的结算价格的估计结果

单位：美分

	加权平均	营业区内	营业区间
中值	1.981	1.898	2.051
均值	2.134	2.467	2.213

表7-12的估计结果中，第1列表示相对整个样本加权得到的平均基准结算价格，第2列表示营业区内互联通话的基准结算价格，第3列表示营业区间互联通话的基准结算价格。同样，利用算术平均可以得到北京的

结算价格。对整个样本使用这种假设得到的基准价格的中值与第一致情形相近，估计出的基准结算价格略高一些。

将基准结算价格转化成人民币。最后，需要将前面得出的按美分计的基准结算价格，转换成以人民币为单位的基准结算价格，为此，需要计算一个合理的汇率。在电信运营行业，某些成本要素如电信设备等属于可以在国际市场上购买的产品，或者说对于不同国家，这部分成本具有可比性。因此，使用现价汇率把以美分计的基准结算价格，转换成以人民币为单位的结算价格，基本上反映了这部分成本要素。

但是，电信企业的某些成本要素如工资和福利成本、修理和维护成本、市场营销成本等，基本上决定于当地的经济环境，或者说这部分成本在不同国家之间不能直接比较，必须利用合适的购买力平价进行调整才能相互比较。因此，使用购买力平价将以美分计的基准结算价格转换成以人民币为单位的基准结算价格，基本上反映了这部分成本。由于任何电信企业的成本中都包括这两类不同的成本，所以需要计算一个合适的复合汇率，合理反映不同成本的比例。

容易得到美元对人民币的基准现价汇率为 1 美元：8.2768 元。此外，根据世界银行出版的世界发展指标数据库①，可以得到人民币的购买力平价。

需要指出的是，选取不同复合汇率权重的方法各有优缺点②：一方面，对于像我国这样的发展中国家，由于劳动成本低，投资成本在总成本中所占的比重可能低于发达国家，所以需要避免高估复合汇率中 PPP 比重的问题；另一方面，使用国内运营商的实际数据同样存在问题。比如除了数据的可靠性以外，由于电信改革不到位，运营商仍具有市场支配权力，所以在购买电信设备时可以压低成本；此外为了得到国内巨大的市场，国内外设备制造商也有可能压低电信设备的价格等。这些因素都有可能带来电信投资成本的降低，或者说可能低估 PPP 的比重。实际上，很

---

① World Development Indicator Database 2002, the World Bank.

② 本章不讨论购买力平价的估计问题。但需要指出的是，基准结算价格的估计结果对购买力平价非常敏感。实际上，如何估计购买力平价及合适的复合利率是基准结算价格研究需要解决的关键问题之一。

难选取合适的复合汇率比重，完全准确地反映不同国家的实际情况，更何况选取复合汇率本身包含非常复杂的政治经济问题，但对于基准结算价格研究而言，选择相同的权重可以保持基准结算价格研究一致性。

由此可见，在很大程度上，选择现价汇率还是 PPP 属于政策选择变量。

附录 A 各种互联服务的定义以及相应的网络结构

不同国家的互联定价方式往往有很大的不同。在有些国家，互联定价结构反映了转接一次通话所包括的交换次数和相应的传输。按照这种定价结构，在本地交换水平完成的通话包括一次交换；在单汇接水平完成的通话需要交换三次，即从连接用户的端局，到与之相连的汇接局，再从汇接局到达连接用户的端局。一个在双汇接水平传递的通话最多需要五次交换。图1说明这种这种概念。

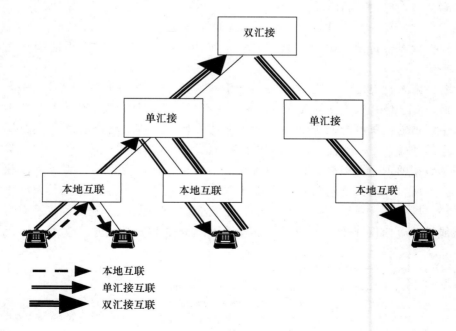

图1 互联结构

在另外一些国家，比如美国，网间结算价格结构反映了通话路由的距离、使用的交换功能，以及其他一些成本要素。为了融合这两种定价结构，使基于交换和基于传送距离这两种不同的结算价格结构相互可比，Ovum 使用了一个话务量分布转换表。

Ovum 的数据中，本地互联、单汇接互联、双汇接互联所隐含的定义为：

本地互联 = 一次本地交换 + 本地传输

单汇接互联 = 一次汇接交换 + 汇接交换到本地交换的中继传输 + 一次本地交换 + 本地传输

双汇接互联 = 一次汇接交换 + 汇接交换到另一汇接交换的中继传输 + 一次汇接交换 + 汇接交换到本地交换的中继传输 + 一次本地交换 + 本地传输

附录 B　Ovum 基准结算价格数据的口径

为了比较不同国家的结算价格，Ovum 公司在考虑了这些国家各自的定价结构和提供的互联服务的基础上，将每个国家的结算价格都转换成一个标准价格。

不同国家的运营商一般有不同的互联定价结构，比如，有的运营商按照距离定价，有的按照通话时长定价，或者兼而有之。有些运营商对试呼收费或者对成功的呼叫收取呼叫建立费，而其他运营商则不这样收费。下面简述 Ovum 的数据处理方式。

一　分离呼叫建立费和使用费

尽管很多国家只是简单地按照通话的时长收费，但有些国家除此之外还有其他项目的收费，这些收费包括呼叫建立费、第一分钟通话费、不成功通话费等。为了把这些收费也考虑进来，Ovum 做了如下假设：

（1）对所有样本国家，假设平均通话时长为 2.5 分钟。如果存在与通话时长无关的呼叫建立费，那么计算每分钟价格的公式为：

（呼叫建立费/2.5）＋每分钟价格

（2）样本中有些国家第 1 分钟的价格与第 2 分钟以后的价格不同，

在这种情况下，平均结算价格为：

[第 1 分钟价格 + （1.5 × 每分钟价格）] /2.5

（3）对于不成功呼叫即运营商已经处理但没有建立的呼叫收费，Ovum对这种收费采取了不同运营商具体对待的方式，其中假设呼叫成功率为 60%。

二　端口收费

在有些国家，运营商除了收取互联费以外，还额外收取端口费。通常，端口费按照 2Mbit/s 的标准端口，按月或按年收取。Ovum 假设一个 2Mbit/s 端口每年的话务量为 180 万分钟，然后将按年（按月时处理方法类似）的收费变成按分钟的收费：

每年的端口费/180 万分钟 = 按分钟的端口费

把这些转换过来的价格加上每分钟的结算价格，就得到总的基准结算价格。

三　话务量分布

Ovum 用一个单一的价格表示基准结算价格，也就是说，不分别比较忙时和闲时的结算价格。为此，Ovum 计算一个忙时和闲时加权平均结算价格。为了计算平均结算价格，Ovum 把运营商每星期的话务流量区分为三种分布方式：（1）固网与固网之间；（2）固网打往移动；（3）移动打往固网。

这样得到的话务量分布旨在表示一个具有代表性的运营商的话务量分布情况，它不是某个具体运营商的实际话务量分布，或者这种话务量分布应看成是样本国家的平均情况。这些话务量分布是根据 Ovum 与样本国家的运营商和管制机构的谈话得到的。由于对所有的样本使用相同的话务量分布，所以，Ovum 的话务量分布并不能非常准确地反映某个样本国家的实际情况。但由于话务量分布的变化一般很小，因此这种方法是在没有各个国家详细的话务量分布数据的情况下，比较不同国家结算价格的非常有用的方法。

四　距离划分

Ovum 把不同国家的结算价格转换成一个标准的结算价格，从而得到一个从互联点到用户的通话呼叫的每分钟平均结算价格，因为很多国家的结算价格与距离有关，因此得到这个结果需要把随距离发生变化的各种互

联服务的结算价格，转化成一个单一的结算价格。前面提到，运营商通常
按照不同的网络元素或者通话呼叫经过的距离定价。

通过分析网络组织结构和某个交换区内的人口，Ovum 把通话呼叫传
送的距离划分为 4 段，即 5 公里、20 公里、50 公里和 200 公里，然后把
相对于每个传送距离段的所有话务量，按照使用的不同网络元素进行分
配，这样得到每个国家的转换系数矩阵，利用这个转换矩阵，可以计算相
对于每个距离段的平均结算价格，最后得到每个国家之间可以相互比较的
平均结算价格。

表 1   **话务量分布：标准距离**

互联点到用户的距离（公里）	标准距离（公里）	话务量比例（%）
0—10	5	50
11—30	20	30
31—100	50	15
100 以上	200	5

资料来源：Ovum 公司。

比如，对于连通两个相距 10 公里用户的通话呼叫。通常，至少是在
欧洲，一个本地交换局连接方圆 5 公里的用户，因此传送 10 公里的通话
呼叫中，有相当一部分通话只使用一次本地交换（假设互联点可以设在
本地交换局），即只经过一次本地交换的转接；有较少部分的通话可能经
过一次本地交换和一次汇接交换的转接，而对于这样的传送距离，经过两
次汇接交换转接的可能性基本为零。

最后，Ovum 利用复合汇率，把样本中各个国家的以本国货币为单位
的基准结算价格，转化为按美元计算的基准结算价格，其中现价汇率的比
重为 40%，平价（PPP）汇率的比重为 60%。

附录 C 现有本地网组网结构

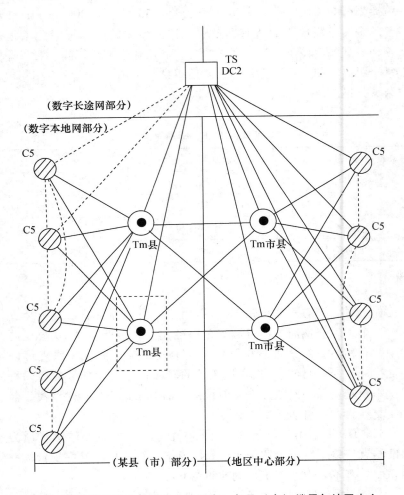

图1 中等城市扩大的数字本地网中,各县(市)端局与地区中心各端局间的来、去话多路由二级网组网方式

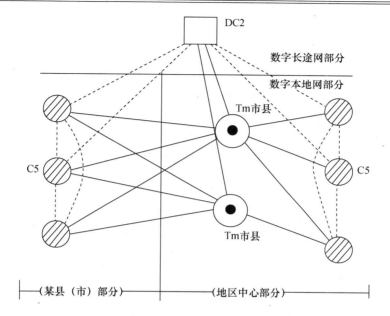

图2　中等城市扩大的数字本地网中，各县（市）端局与地区中心各端局间的来、去话一次汇接二级网组网方式

参考文献

1. Anderson, S. P., A. de Palma and J. F. Thisse (1992) *Discrete Choice Theory of Product Differentiation.* MIT Press.

2. Armstrong, M. (2002) The Theory of Access Pricing and Interconnection, in *Handbook of Telecommunications Economics*, ed. by M. Cave, S. Marjumdar and I. Vogelsang, North Holland Press.

3. Atkinson, J. and C. Barnekov (2000) A Competitively Neutral Approach to Network Interconnection. FCC OPP Working Paper 34.

4. Baumol, W. (undated) Some Subtle Issues in Railroad Deregulation. *International Journal of Transport Economics* 10.

5. Baumol, W. and G. Sidak (1994a) The Pricing of Inputs Sold to Competitors. *Yale*

Journal of Regulation 11.

6. Baumol, W. and G. Sidak (1994b) *Toward Competition in Local Telephony*. MIT Press.

7. Berry, S. , J. Levinsohn and A. Pakes (1995) Automobile Prices in Market Equilibrium. *Econometrica*, 63, 841 – 890.

8. Crandall, R. W. and J. G. Sidak (2004) Should Regulators Set Rates to Terminate Calls on Mobile Networks? Forthcoming in *Yale Journal on Regulation*, 21.

9. DeGraba, P. (2001) Bill and Keep at Central Office as the Efficient Interconnection Regime, Patrick DeGraba. FCC OPP Working Paper 33.

10. Doganoglu, T. and Y. Tauman (2002) Network Competition with Reciprocal Proportional Access Charge Rules. *The Manchester School*, 70, 16 – 35.

11. Doyle, C. and J. C. Smith (1998) Market Structure in Mobile Telecoms: Qualified Indirect Access and the Receiver Pay Principle. *Information Economics and Policy*, 10, 471 – 488.

12. Eklof, M. and A. Lunander (2003) Open Outcry Auctions with Secret Reserve Prices: An Empirical Application to Executive Auctions of Tenant Owner's Apartments in Sweden. *Journal of Econometrics* 114, 243 – 260.

13. Elyakime, B. , P. Loisel, W. Voung (1997) Auctioning and Bargaining: An Econometric Study of Timber Auctions with Secret Reserve Prices. *Journal of Business and Economic Statistics* 15, 1997.

14. FCC (2004) Ninth Report, Federal Communications Commission. Http: //hraun-foss. fcc. gov/edocs_ public/ attachmatch/FCC – 04 – 216A1. pdf.

15. Garbacz, C. and H. Thompson (2003) Estimating Telephone Demand With State Decennial Census Data from 1970 – 1990: Update with 2000 Data. Working Paper.

16. Garbacz, C. and H. Thompson (2004) Universal Telecommunications Service: A World Perspective. Working Paper.

17. Greene, W. (2000) *Econometric Analysis*. Fourth Edition, Prentice – Hall Press.

18. Hausman, J. and D. McFadden (1984) A Speciation of Test for Multinomial Logit Model. *Econometrica*, 52, 1219 – 1240.

19. Hausman, J. (2002) Mobile Telephone, in *Handbook of Telecommunications Economics*, ed. by M. Cave, S. Marjumdar and I. Vogelsang, North Holland Press.

20. Hensher, D. A. and W. Greene (2003) The Mixed Logit Model: The State of Practice. *Transportation*, 30, 133 – 176.

21. Jeon, D. S. , J. J. Laffont and J. Tirole (2004) On the Receiver Pays Principle.

Rand Journal of Economics, 35, 85 – 110.

22. Kahn, A. (1970) *The Economics of Regulation: Principles and Institutions.* Vol. I, John Wiley & Sons, Inc., New York.

23. Keane, M. P. (1997) Current Issues in Discrete Choice Modeling. *Marketing Letters*, 8: 3, 307 – 322.

24. Laffont, J. J., S. Marcus, P. Rey and J. Tirole (1998a) Internet Interconnection and the Off – Net – Cost Pricing Principle. *Mimeo*, IDEI.

25. Laffont, J. J., P. Rey and J. Tirole (1998b) Network Competition: I. Overview and Nondiscriminatory Pricing. *Rand Journal of Economics* 29, 1998.

26. Laffont, J. J. and J. Tirole (2000) *Competition in Telecommunications.* MIT Press.

27. Lee, S. (2004) Measuring the Effects of Uniform Settlement Rate Requirement in the International Telephone Industry. Working Paper, Department of Economics, University of Wisconsin – Madison.

28. Littlechild, S. (2004) Mobile Terminate Charges: Calling Party Pays Vs Receiving Party Pays. Cambridge Working Papers in Economics No. 0426, Department of Applied Economics, University of Cambridge.

29. McFadden, D. and K. Train (2000) Mixed MNL Models For Discrete Response. *Journal of Applied Econometrics*, 15, 447 – 470.

30. McFadden, D. (1973) Conditional Logit Analysis of Qualitative Choice Behavior, in *Frontiers in Econometrics*, ed. by P. Zarembka, Academic Press.

31. McFadden, D. (1989) A Method of Simulated Moments for Estimation of Discrete Choice Models without Numerical Integration. *Econometrica*, 57, 995 – 1026.

32. McFadden, D. (2000) Disaggregate Behavioral Travel Demand's RUM Side: A 30 – Year Retrospective. Working Paper, Department of Economics, University of California, Berkeley.

33. OECD (2000) Cellular Mobile Pricing Structures and Trends. Working Party on Telecommunication and Information Services Policies. http://www.oecd.org/dataoecd/54/42/2538118.pdf.

34. Panzar, J. (1989) Technological Determinants of Firm and Industry Structure, in *Handbook of Industrial Economics*, Ed. By R. Schmalensee and Willig, R., North Holland.

35. Riordan, M. (2001) Universal Residential Telephone Service. *Handbook of Telecommunications Economics.*

36. Rochet, J. – C. and J. Tirole (2003) Cooperation among Competitors: Some Economics of Payment Card Associations. *Rand Journal of Economics*, Vol. 33.

37. Rochet, Jean – Charles and J. Tirole (2004) Two – sided Markets: An Overview. IDEI Working Paper.

38. Sharkey, W. (1982) *The Theory of Natural Monopoly*. Cambridge University Press, 1982.

39. Schmalensee, R. (2001) Payment Systems and Interchange Fees. NBER Working Paper No. 8256.

40. Squire, L. (1973) Some Aspects of Optimal Pricing for Telecommunication. *Bell Journal of Economics and Management Science*, 4, 515 – 525.

41. Taylor, L. D. (1994) *Telecommunications Demand in Theory and Practice*. Kluwer Academic Publishers.

42. Train, K., D. Mcfadden and M. Ben – Akiva (1987) The Demand for Local Telephone Service: A Fully Discrete Model of Residential Calling Patterens and Service Choices. *Rand Journal of Economics*, 1987, 109 – 123.

43. Valletti, T. (2002) Is Mobile Telephony A Natural Monopoly. Imperial College and CEPR.

44. Zehle, S. (2003) CPP Benchmark Report. Coleago Consulting Ltd.. http://www.coleago.co.uk/downloads.php.

45. Alexander, R. K. (2003) A Tractable Cross – Nested LogitModel For Evaluating Two – way Interconnection Competition With Multiple Network Subscription. *Dissertation*, The George Washington University.

46. Armstrong, M. (1998) Network Interconnection. *Economic Journal*, 108, 545 – 564.

47. Armstrong, M. (2002) The Theory of Access Pricing and Interconnection, in *Handbook of Telecommunications Economics*, edited by M. Cave, S. Marjumdar and I. Vogelsang, North Holland.

48. Armstrong, M. (2004) Network Interconnection with Asymmetric Networks and Heterogeneous Calling Patterns. *Information Economics and Policy*, 16, 375 – 390.

49. Atkinson, J. M. and C. C. Barnekov (2000) A Competitively Neutral Approach to Network Interconnection. paper 34, FCC Office of Plans and Policy Work.

50. Berger, U. (2002) Two – way Interconnection and the Collusive Role of the Access Charge. *Mimeo*, Department VW5, Vienna University of Economics.

51. Carter, M. and J. Wright (1999) Interconnection in Network Industries. *Review of Industrial Organization*, 14, 1 – 25.

52. Carter, M. and J. Wright (2003) Asymmetric Network Interconnection. *Mimeo*, De-

partment of Economics, University of Auckland.

53. Cherdron, M. (2001) Interconnection, Termination – Based Price Discrimination, and Network Competition in a Mature Telecommunications Market. *Mimeo*, University of Mannheim.

54. De Bijl, P. and M. Peitz (2003) *Regulation and Entry into Telecommunications Markets*. Cambridge Press.

55. DeGraba, P. (2000) Bill and Keep at the Central Office As the Efficient Interconnection Regime. Paper 33, FCC Office of Plans and Policy Work.

56. Dessein, W. (2003) Network Competition in Nonlinear Pricing. *Rand Journal of Economics*, 34, 1 – 19.

57. Dessein, W. (2004) Network Competition with Heterogeneous Customers and Calling Patterns. *Mimeo*, Graduate School of Business, University of Chicago.

58. Doganoglu, T. and Y. Tauman (2002) Network Competition with Reciprocal Proportional Access Charge Rules. *The Manchester School*, 70, 16 – 35.

59. Economides, N. , G. Lopomo and G. Woroch (1996) Strategic Commitments and the Principles of Reciprocity in Interconnection Pricing. *Mimeo*, Stern Business School, New York University.

60. Gans, J. and S. King (2001) Using "Bill – and – Keep" Interconnection Arrangementsto Soften Network Competition. *Economics Letters*, 71, 413 – 42.

61. Hahn, J. H. (2000) Network Competition and Interconnection with Heterogeneous Subscribers. Mimeo, KeeleUniversity.

62. Haring, J. and J. H. Rohlfs (1997) Efficient Competition in Local Telecommunications without Excessive Regulation. *Information Economics and Policy*, 9, 119 – 132.

63. Intven, H. , Oliver, J. and Sepulveda, E. (2000) *Telecommunications Regulation Handbook*. McCarthy Tetraault.

64. Jeon, D. S. , J. J. Laffont And J. Tirole (2004) On the Receiver Pays Principle. *Rand Journal of Economics*, 35, 85 – 110.

65. Kim, J. Y. and Y. Lim (2000) An Economic Analysis of the Receiver Pays Principle. *Mimeo*, Dongguk University.

66. Laffont, J. J. , P. Rey and J. Tirole (1998a) Network Competition I: Overview and Nondiscriminatory Pricing. *Rand Journal of Economics*, 29, 1 – 37.

67. Laffont, J. J. , P. Rey and J. Tirole (1998b) Network Competition II: Price Discrimination. *Rand Journal of Economics*, 29, 38 – 56.

68. Laffont, J. J. and J. Tirole (2000) *Competition in Telecommunications*. MIT

Press, Mass.

69. Laffont, J. – J. and X. Z. Zhang (2001) Interconnection in Asymmetric Networks. *Mimeo*, RCRC of CASS.

70. OECD (2004) Access Pricing in Telecommunications, http: //www. oecd. org.

71. Peitz, M. (2005) Asymmetric Access Price Regulation in Telecommunications Markets. *European Economic Review*, 49, 341 – 358.

72. Poletti, S. And J. Wright (2000) Network Interconnection with Participation Constraints. *Mimeo*, Department of Economics, University of Auckland.

73. Schiff, A. (2002) Two – Way Interconnection with Partial Consumer Participation. *Networks and Spatial Economics*, 2, 295 – 315.

74. Tirole, J. (1988) *The Theory of Industrial Organization*. MIT Press, Mass.

75. Wright, J. (2002) Bill and Keep as the Efficient Interconnection Regime? *Review of Network Economics*, 1, Issue 1.

76. Vogelsang, I. (2003) Price Regulation of Access to Telecommunications Networks. *Journal of Economic Literature*, XLI, 830 – 862.

77. 张昕竹:《网络产业:规制与竞争理论》,社会科学文献出版社 2000 年版。

78. 修荣滕:《电信市场:理性竞争是主流》,《通信信息报》2005 年 1 月 5 日。

第 四 篇
接入竞争与普遍服务

第八章 移动用户离网行为——
基于持续模型的实证研究

第一节 导言

用户是电信企业存在和发展的基础。电信市场竞争的关键就在于对在网老用户和潜在新用户的维系和争夺。在电信业，受网络效应和规模效应的支配，谁拥有的存量用户越多，谁发展增量用户的边际成本越低，业务运营的边际成本也越低，所处的市场地位也就越有利。目前，在话音为主的情况下，各运营商更是将市场竞争焦点集中在用户资源上。截至2012年2月底，全国移动电话用户总数已经超过10亿户，移动电话普及率达到73.6%。随着移动市场不断趋于饱和，发展新用户（边际用户）的营销费用和代理成本越来越高，而新用户的市场价值却越来越低，这迫使各家企业加强对在网用户（超边际用户）的保留和维系工作，减少客户离网率（顾荣明，2005；金涛和胡志改，2005）。

更重要的是，有三大政策正在影响着国内移动用户的入网和离网决策行为。一是随着2008年电信市场重组的完成，我国已全面进入全业务竞争时代。在这种格局下，中国电信和中国联通正借助自身的固网优势，借助多业务综合捆绑优势，与中国移动竞争移动用户。二是2009年向三家电信企业发放了不同制式的3G牌照，受牌照制式成熟度不同，目前中国移动在3G市场上的份额只略高于40%，远低于其在2G市场上的用户份额。中国联通的3G制式优势正在不断发挥。三是2010年10月我国开始在天津和海南两地正式启动移动号码携带试点，下一步的试点扩大政策也在研究之中。所以，三家企业围绕用户的竞争正变得日趋白热化。

基于用户竞争更为激烈的大背景，如何降低用户离网率，提高用户的满意度及忠诚度，就成为各运营企业需要着重考虑的问题。因为随着用户离网概率的提高，企业往往通过"低资费"政策来挽留用户，这将使竞争双方被迫陷入"价格战"的旋涡，削弱挽留效果。此外，其他的挽留方式也将带来大量的营销成本。据高德纳公司（Gartner）的调查数据，发展一个新用户的费用是维持一个老用户成本的4—5倍。因此，减少用户离网概率，已成为保持市场竞争优势的关键所在。

为了避免用户离网问题的出现，及时挽留将要离网的用户，就需要探讨为什么有的用户愿意选择留在网内，而有的用户却选择离网？离网用户群的消费行为有什么特点？客户个体特征、宏观经济环境波动、企业市场竞争策略等影响因素，又是如何影响到用户的离网行为呢？这些行为特点对用户离网的解释力又有多强呢？或者说，它们能否作为指示变量对用户离网可能起到预警作用呢？用户离网对公司业绩的影响程度如何？要回答这些问题，就必须对用户离网行为进行建模，开展实证研究（柳兰屏和曾煜，2003）。

实际上，用户之所以离网是与用户自身的特点和历史消费行为紧密相关的。或者说，这些决策都应符合用户自身的最优决策准则（或者说理性要求），但用户的最优决策准则是什么呢？一般又受哪些因素影响呢？根据经济学中的"显示原理"，结合用户的消费数据如通话量的水平和结构特点，以及用户个体属性如年龄、性别、收入、职业、住址等信息；企业的网络和资费信息，如终端补贴策略和资费营销策略等；其他因素如客服人员态度、投诉次数、宏观经济波动等，就可以推断出用户的偏好（或效用）函数。因此，通过构建计量经济模型，就可以量化出各种影响因素的影响强度。

在此基础上，根据每个用户的基本资料和历史消费信息，推断出其离网概率的高低，未来期望在网时长的长短，并展开精准的定向挽留活动，达到事先预警的效果。因此，本章研究内容的重要理论意义在于：一是通过用户历史消费特点，推断出支配用户离网等的内在影响因素，及不同因素的影响强度；二是利用模型估计出的各类因素的影响强度参数，筛选关键影响因素，为用户离网预警提供决策，为客户维系提供精细化指南；三是本章建立带有时变因变量的持续时限模型，具有重要的学术创新意义。

第二节　用户离网数据的特点及建模选择

根据我们掌握的情况，目前国内三家电信企业都拥有完善的电信业务经营分析系统。系统详细记录了每个用户从入网、资费选择、内部徙网、离网的动态过程，以及在这些过程中用户每月的详细通话行为数据。基于用户微观需求理论，构建用户在网行为分析模型，结合统计系统中的用户个体月度动态消费行为数据和企业的资费套餐等营业数据，借助计量经济分析工具，就可以挖掘影响用户离网的关键要素。下面首先分析用户离网数据的特点，同时选择合适的计量经济学模型。

一　用户离网数据的特点

在电信企业目前的统计系统中，用户离网数据主要包含四大类关键性信息：在样本观测期内的每个时间点上，（1）用户在离网之前已经在网内的持续月份数；（2）用户在样本时点上是否发生了离网行为；（3）影响用户离网的各个解释变量是否随用户在网持续月份的增加而变化；（4）该用户是在样本观察期内入网，还是在样本期之前已经入网。

（一）离网数据的"持续性"特征

对于用户离网之前已经在网的时间长度，通常称为在网"持续期"，类似于医学上的"生存时间"（Survival Time）。大量经验研究表明，用户在网持续期的频率分布具有"右拖尾"特征，近似服从对数正态分布。通常定义用户的在网持续月份数变量为 T，它是研究用户离网行为的被解释变量（Y）。

理论上讲，用户在网持续期的度量可以精确到天，如被观测样本主体在 2008 年 1 月 8 日入网，在 11 月 28 日离网，对应的其在网天数为 325 天。但在运营实践中，电信企业并不掌握某个用户到底在哪一天离网，除非用户亲自去营业厅办理。尽管企业通常并不掌握用户入网和离网的确切日期，但企业却掌握用户入网和离网的所在月份。比如，被观测样本主体在 2008 年 1 月入网，在 11 月离网，对应的其在网持续时长为 10 个月。按照这种"分组"（Grouped）处理方法，样本个体的持续时长只能是 1 个月、2 个月、10 个月等整数。

还有一种情况是，被抽样用户在样本观察末仍然没有离网。这样，该样本用户的在网持续时长，肯定要大于我们在样本期末所观察到的用户在网持续时长，出现了"样本期右删失情形"。此时，该样本用户的在网持续时长，就与已发生离网行为的用户的在网持续时长具有不同的含义，这需要在建模时进行区别对待。

（二）离网数据的"状态性"特征

对被抽样的每个用户而言，其到样本期末的状态至少都有两种，定义用户的状态变量为 φ。一种是在样本期内发生离网，样本期结束时的状态为已离网，定义其状态为 1；另一种是到样本期结束时，抽样用户仍然在网，始终没有离网，可定义其状态为 0。两种状态的差异，需要在建模时给予特别考虑。

更一般地说，如果我们能够获得更为翔实的样本数据，则到样本期末，按照不同的统计分类，用户的状态可能更为丰富。比如，对于离网状态而言，就有离开所在城市导致的离网、转网到同区域内其他运营商所导致的离网、企业内部换品牌导致的离网等。如果考虑到部分用户仍然在网，那么我们就要面对至少四种以上的状态。但无论状态数量的多寡，这些状态基本上是相互排斥的，即用户只可能是其中一种状态，而不可能同时占据两种状态。也就是说，用户状态变量还具有"离散性"特点，这与在网持续月份数的"连续性"恰恰相反。这就要求在建模时，必须同时考虑这两个特性，否则会带来样本信息损失。

（三）离网数据的"时变性"特性

用户在网持续期和用户离网状态都是用户决策的结果，但影响用户决策的变量又是什么呢？它们在数据上有什么特点？它们对用户决策的影响强度各有多大？如何在建模中考虑这些影响因素呢？

根据影响因素（解释变量 X）的取值是否随时间发生变化，通常将用户在网数据划分为两大类：一类是不随时间趋势变化的解释变量，如籍贯等。这类变量属于外生变量，不受用户在网持续期长短的影响。另一类是时变解释变量（Time－Varying Covariates），其中又细分两个子类：（1）与时间 t 具有确定关系的变量，如年龄随时间自然增加，这类变量也属于外生解释变量；（2）与时间 t 没有必然关系的变量，主要受用户决策影响的变量，如用户的业务消费量和支出等，这类变量是典型的时变解释变量。

对被抽样用户而言，其在样本观察期内的每个观测点上，用户的业务消费量不可能完全一样。这要求我们在分析用户在网持续月份时，必须把每个观测时点的信息都考虑进来，作为一个消费序列来处理，而不是按照单个样本观测点来处理。

（四）离网数据的"删或截"特性

在抽样过程中，部分用户在样本期初已经入网，而部分用户在样本期末仍然在网。这样，对于不同的抽样用户而言，可能会出现持续期相同，但入网或离网时点不同的情形。由于存在样本删失和截断的用户个体的似然函数不同于"无截断无删失"的情形，因此准确区分用户的删失或截断类型是正确建模的前提。下面定义截断或删失变量为 δ，出现截断或删失则取 1，否则取 0。

样本删失（Censoring）是指我们只能了解到状态的变化发生在特定的时段内，而无法确知发生时点，这导致无法准确度量持续期的长度。删失可分为左删失、右删失和区间删失三种类型。左删失是指持续期的开始时点无法被观测到[①]，右删失是指持续期的终止时点无法被观测到，区间删失是指状态变化发生在某一区间内。本章中，只涉及右删失问题，即样本期末用户仍然在网。

样本截断（Truncation）是指我们系统性地将一部分信息从样本中排除，这会导致样本选择效应，因此我们需要通过样本似然函数进行校正。截断一般由抽样方法导致，与删失类似，分为左截断、右截断和区间截断三种类型。

左截断也称为延迟进入（样本期），是指受测主体的信息只有在给定时点之后才能包括在样本中，右截断是指受测主体的信息在给定时点之前才能包括在样本中，区间截断是指受测主体的信息不处于区间之内才能包括在样本中。

一般来说，实际分析的样本都是上述几种数据类型的组合。经过数据整理分析，本章的用户在网样本具有左截断、正常情形（无截无删）、右删失、左截断同时右删失（简称左截右删）四类特征。示例可见图 8-1。

---

① 社会学家、经济学家对左删失的定义与生物学家的定义存在差异，这里采用的是前者的定义。

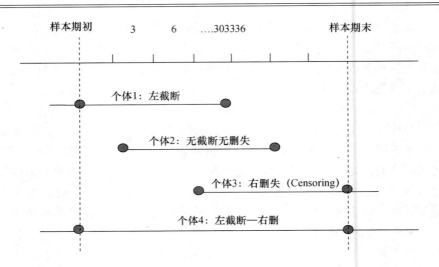

图 8 - 1 抽样用户个体的四种特征

需要注意的是，样本删失过程的决定因素是否与状态变化的影响因素相关会导致估计方法的巨大差异。如果假设相关，比如当样本中存在非随机的样本遗漏（Attrition）问题时，我们就需要对两个过程联合建模。本样本数据中，用户在网数据涉及右删失的问题完全是由样本期的设定和持续期拆分（Spell Splitting）造成的，与用户在网的影响因素并不相关。因此，样本数据的删失过程与用户在网时长持续期相互独立，不需要对两个过程进行联合建模，我们就可以得到离网分布函数的无偏估计。

二 采用 OLS 模型和离散选择模型处理的局限性

用户离网数据的四个特性，决定了离网建模方法的复杂性和特殊性，而不能采用传统的建模方法。下面分别阐述采用 OLS 模型和离散选择模型建模时存在的局限性。

（一）线性回归模型的问题

线性回归模型（OLS 模型）无疑是最基本最常用的建模方法，它在分析解释变量和被解释变量的关系方面得到了广泛应用。OLS 模型的方程设定是：

$$\ln(T_i) = X_i\beta + \varepsilon_i \qquad (8-1)$$

式中，T_i 为用户在网持续期，X_i 为影响在网持续期的主要变量；β 为各解释变量对用户在网持续期的影响强度，是模型待估参数；ε_i 为模型的误差项，通常假定为正态分布。

根据上述方程设定，OLS 模型处理离网数据时，面临的几个关键问题是：

第一，OLS 模型无法处理离网状态的离散问题。OLS 模型以用户的持续期 T 为解释变量，而没有考虑样本期末的在网状态（$\delta = 1$ 表示在网，$\delta = 0$ 表示离网）和删失状态 φ（对应不同删失状态见图 8 - 1）。这一方面带来信息损失问题，更关键的是由于样本截断或删失导致样本在网持续期 T 存在偏误，会出现模型待估参数 β 的低估问题。实际上，用户为什么在某一期是选择离网还是选择在网，不仅取决于本期的影响因素，可能还取决于前一期的影响因素。对于状态变量 δ，传统的 OLS 模型是无法处理的。

第二，OLS 模型无法处理时变解释变量。OLS 模型以持续时间为 T，分析解释变量 X 变化一单位时，对在网持续期 T 所产生的影响。但对于某个用户而言，截至样本期末，他的在网持续期 T 是给定不变的，而解释变量 X 在不同的时间点上却在不断变化，具有时变特性。那么，时变解释变量 X 的取值是以样本最后一期的值为准，还是样本开始时的值为准，还是其他样本时间点的值为准呢？无论影响因素 X 取哪个样本点的值，这些处理方法都面临着解释变量 X 的信息遗失问题（即部分时点的 X 信息被丢弃了），同时也无法解决删失样本点的取值问题。一种折中的处理思路是，按状态持续期内变量的平均值取值 $\overline{X}$，尽管这能够略微改进信息遗失的问题，但依然会带来模型估计的偏误问题。

第三，OLS 模型无法处理右删失产生的问题。右删失导致我们在样本期内观察到的用户持续期，肯定要比用户真实的持续期要短。对于 OLS 模型而言，要么（1）从样本中去掉所有删失样本点，要么（2）将所有删失样本点视为正常样本点。也就是说，难以包括样本删失变量信息 δ。一般来说，持续期越长，删失发生的概率越大①，处理方法（1）会导致样本的人为偏差；处理方法（2）则会导致样本信息记录不足问题，但不足的程度在不同持续期上不同。总体而言，两种方法都会导致估计值有偏。

---

① 这跟删失过程与生存过程独立的假设并不矛盾，这仅仅反映了时间长短的问题。

为弥补 OLS 模型的缺陷，可以借用 Tobit 模型的处理思路，对存在左截断、右删失等不同类型的样本个体，纳入删失状态 δ 变量，单独构造其似然函数。但该方法仍然无法处理状态离散性问题。

（二）离散选择模型的缺陷

使用离散选择模型的初衷是解决传统 OLS 模型无法处理的状态离散问题。其建模思路是，以用户在样本期末的离网状态 δ 作为被解释变量（发生离网就取 1，仍然在网则取 0），以各种影响因素作为解释变量 X，分析用户离网与解释变量 X 的计量关系。方程设定的具体表达形式是：

$$\begin{cases} P_{\delta_i=1} = \dfrac{\exp(X'_i\beta)}{1+\exp(X'_i\beta)} & \delta_i=1,\ 离网 \\[3mm] P_{\delta_0=1} = \dfrac{1}{1+\exp(X'_i\beta)} & \delta_i=0,\ 在网 \end{cases} \tag{8-2}$$

因此，某个用户对样本整体的似然贡献为：

$$L_i = (P_i)^{\delta_i}(1-P_i)^{1-\delta_i} = \left[\frac{\exp(X'_i\beta)}{1+\exp(X'_i\beta)}\right]^{\delta_i}\left[\frac{1}{1+\exp(X'_i\beta)}\right]^{1-\delta_i}$$

$$\ln L_i = (\delta_i)\ln\left[\frac{\exp(X'_i\beta)}{1+\exp(X'_i\beta)}\right] + (1-\delta_i)\ln\left[\frac{1}{1+\exp(X'_i\beta)}\right]$$

不难发现，离散选择模型建模同样面临着一些问题，主要体现在没有利用用户在网持续周期信息 T 和时变解释变量 X 的信息；无法有效地解决样本删失问题。

第一，离散选择模型未利用用户在网持续时长信息。如上所述，离散选择模型仅关心用户在样本期末的离网状态 δ，而不关心用户在什么时间入网及在网持续期 T。这带来的问题是，我们通常只考虑用户在样本期末的状态变化，而没有考虑用户在样本期内其他时点上的在网状态变化，这将带来参数偏误问题。

第二，离散选择模型未利用"时变解释变量 X"的信息。利用离散选择模型解释用户状态是否发生变化时，通常仅考虑样本期末的用户消费信息和行为信息 X，而不考虑状态变化前后的历史消费信息，尤其是在持续期 T 比较大的情形下。这可能会带来用户样本信息遗失问题。

第三，离散选择模型无法有效解决"样本删失"问题。与传统 OLS

模型可以拓展为 Tobit 模型，来校正样本删失所带来的系数偏差不同，离散选择模型由于只关心样本期末的状态变化，而不考虑用户的截断或删失信息 φ，这将导致待估模型系数出现偏差。因此，数据结构的特殊性要求采用更好的建模方法。

三　持续模型处理离网数据的优势

针对用户离网数据的突出特点，持续期分析模型（Duration Model）能够同时解决传统 OLS 模型和离散选择模型所面临的问题。下面阐述其主要优势。

第一，对离网时间建模。不同于传统 OLS 模型的是，持续模型能够分析用户在每个观测点上的状态变化信息 δ；不同于离散选择模型，持续模型还能够分析用户在网持续期 T。

第二，能够灵活处理删失和截断等问题，避免样本选择对估计效果产生不利影响。在参数化模型设定中，持续期模型借鉴了 Tobit 模型的建模思路，能够针对存在截断或删失（即 φ）的样本用户，分别给出各类用户的似然贡献。

第三，能够研究持续期 T 与外生解释变量 X 之间的关系，特别是能够处理时变解释变量的引入问题。相对于传统 OLS 和离散选择模型，通过拓展传统持续期模型，可以同时考虑大量解释变量 X 随时间而变化的问题，这解决了用户信息的遗失问题。

第四，持续模型能够比较不同子样本生存特征。具体包括生存曲线的形状，风险率的差异等。比如在用户离网数据中，可以比较同一个因素对不同品牌用户的持续期 T 的影响强度，对用户离网风险的影响等。

第五，持续模型的分析方法比较成熟，在金融、保险、医疗、政治、社会等领域已得到广泛应用。对于连续型持续期 T，分析方法包括参数化方法、半参方法和非参方法；对于离散型持续期 T，分析方法主要是离散数据风险模型。其中，参数化分析方法尤其适合我们对用户在网数据进行经济分析、模拟和预测。

当然，针对感兴趣的问题点，研究者可以在以上三类模型中选择一种模型，但从表 8-1 的总结中可以看出，持续期模型具有最广的适用性和最大的灵活性。

表 8 - 1   三种计量模型的详细对比与总结

研究问题	OLS 模型	离散选择模型	持续模型
解释变量与在网时间是正相关还是负相关？	√	√	√
解释变量如何影响消费者选择入网或离网的概率？		√	√
已经在网的用户会不会在某个时刻离网？离网的可能性多大？		√	√
用户在网一段特定时长（比如 3 个月）的概率是多少？			√
目前仍在网用户的平均剩余持续期是多长？			√
能够有效处理抽样产生的问题，以使计量分析结果可靠？			√

第三节 持续模型的基本思路

针对用户离网数据的突出特点，本章采用用户持续期限分析模型（Duration Models，简称"持续模型"）进行建模。它广泛应用于分析诸如个体失业时间长短（T）与失业保险金（X）的关系，药物疗效持续时间（T）与个体特征间（X）的关系等问题。其基本原理与分析思路如下：

一 持续模型的基本概念

假定被抽样用户的在网持续月数为随机变量 T，它服从某个概率分布函数 $f(T) = dF(T)/dT$，那么该用户个体的在网持续月份 T 达到时间 t 的概率为（Greene，2007）：

$$F(t) = \Pr[T \leqslant t] = \int_0^t f(t)\,\mathrm{d}t \qquad (8-3)$$

与之相对应，用户的在网持续月份 T 超过 t 月后的剩余"寿命"概率就等于：

$$S(t) = \Pr[T > t] = 1 - F(t) = \int_t^\infty f(t)\,\mathrm{d}t$$

在实际应用中，我们更关心的是，当某个用户个体的在网持续月份已

经达到 t 月时，它在下一个月份内离网的概率为多大。这在本质上是一个条件概率问题。定义该条件概率函数为 λ（t）（通常称为风险函数），那么：

$$\lambda（t）= \lim_{\Delta t \to 0} \frac{\Pr[\, t \leq T < t + \Delta t \,|\, T \geq t\,]}{\Delta t} = \frac{f（t）}{S（t）}$$

$$= -\frac{\mathrm{d}\ln(S（t）)}{\mathrm{d}t}$$

$$= -\frac{\mathrm{d}\ln(1 - F（t）)}{\mathrm{d}t}$$

定义风险函数 λ（t）的积分值为 Λ（t）$= \int_0^t \lambda（u）\,\mathrm{d}u$，那么不难得到如下恒等关系式：

$$F(t) = 1 - \exp\left(-\int_0^t \lambda（u）\,\mathrm{d}u\right)$$

$$S(t) = \exp\left(-\int_0^t \lambda（u）\,\mathrm{d}u\right)$$

$$\Lambda（t）= -\ln(S（t）)$$

因此，当我们知道每个样本用户的在网持续月份 t 后，就可以通过参数化或非参数化方法，拟合出用户在网持续月份 t 所服从的概率密度函数 f（t）。

推断用户在网持续月份的概率密度函数 $f(t)$ 的重要性在于：一是可以推断出用户在网的期望持续月份 E（T），进而预估出新入网用户的平均在网月份。结合新入网用户的 ARPU 值，就可以计算出发展一个新用户的平均收益，这为营销成本提供了上限。二是可以推断出在网持续月份不同的各类用户，在总用户数中的占比。当然，还可以计算出在网用户或者每个月的新入网用户，在后续的每个月份内，存在潜在离网可能的用户数。这为客户服务人员提供了指南，也为测算客户维护和营销成本奠定了基础。

二　持续模型的常用设定

然而，仅仅知道用户在网持续月份数 t 所服从的概率密度函数 f（t）是远远不够的，因为我们无法知道到底是什么因素导致了用户离网，无法推断出某个用户在下一个月份离网的概率有多高，也无法知道某个用户可能在几个月之后离网。为解决上述疑问，首先需要根据实践经验（或理论）来分析用户的在网持续月份数 t 主要与哪些影响因素相关；而后建立在网持续期限计量模型，分离各类因素 X 对用户在网持续月份 t 的影响方向和强度。以此为基础，就可以计算出用户在下一个月份离网的概率，以及在网用户的期望"剩余"寿命。

根据大量经验研究，移动用户的在网持续月份 t 近似服从对数正态分布。或者说在网持续月份 t 的对数值 $\ln(t)$，将服从某个正态分布。若影响在网持续月份 t 的所有因素为 X，则根据持续期模型的建模理论，对应的计量方程为：

$$\ln(t_i) = X'_i\beta + \varepsilon_i \tag{8-4}$$

式中，不同用户个体的误差项 ε_i 相互独立，而且共同服从正态分布。将上式变形得到：

$$\Rightarrow [\ln(t_i) - X'_i\beta] = \varepsilon_i \tag{8-5}$$

也就是，给定关键影响因素变量 X 和用户的在网持续月份变量 t，密度函数 $f(\ln(t_i) - X'_i\beta)$ 将服从正态分布。为下文论述方便，我们将该密度函数简写为 $f(t|X, \beta)$，这是样本用户不存在"截断或删失"情形下的密度函数。

根据用户在样本期初和期末是否在网，可以细分为四类情形，下面分别给出它们的似然函数：

（一）情形 1：有左截断，无右删失

样本"有左截断，无右删失"情形，是指某个样本用户在样本观察期初已经入网 t_a 个月份，但在样本观察期内却离网了。

假定从用户入网算起的整个在网月份为 t，且在整个样本期内，所有的影响因素 X 都保持不变时（如性别、籍贯等变量）。那么，该样本个体的条件概率密度为：

$$f(T < t \mid T \geq t_a, X, \theta) = \frac{f(t \mid X, \theta)}{\int_{-\infty}^{t} f(u \mid X, \theta)\,\mathrm{d}u}$$

$$= \frac{f(t \mid X, \theta)}{S(t_a \mid X, \theta)} \tag{8-6}$$

（二）情形 2：无左截断，无右删失

样本"无左截断，无右删失"，是指某个样本用户在样本观察期内入网，同时又在样本观察期内离网。

假定从用户入网算起的整个在网持续月份为 t，而且所有的影响因素 X 在样本期内始终保持不变，那么，样本用户的在网持续时间服从 t 密度函数：

$$f(t \mid X, \beta) \tag{8-7}$$

（三）情形 3：无左截断，有右删失

样本"无左截断，有右删失"，是指某个样本用户在样本观察期内入网，一直持续到样本观察期末仍然保持在网。也就是说，由于我们设置的样本观察期过短，导致这些用户在样本观察期末之后的信息被右删失了。

假定从入网算起，一直到样本期末的用户在网持续月份为 t_b，那么可以推断出用户的实际在网持续月份，肯定会大于我们观察到的在网持续月份 t_b。假定在影响因素 X 在样本观察期内始终保持不变，那么，右删失用户的个体的概率函数为：

$$\Pr(T > t_b \mid X, \theta) = \int_{t_b}^{\infty} f(u \mid X, \theta) \, du$$
$$= S(t_b \mid X, \theta) \tag{8-8}$$

（四）情形 4：有左截断，有右删失

样本"有左截断，有右删失"，是指某个样本用户在样本观察期初已经入网 t_a 个月份，但一直持续到样本观察期末仍然在网，但由于我们设置的样本观察期过短，导致这些用户在样本观察期末 t_b 之后的信息被删失了。

针对这种情形，用户左截断的月份为 t_a，而其在网持续月份为 t_b，若所有的影响因素 X 在样本观察期内始终保持不变，那么，"既左截断，又右删失"个体的概率函数为：

$$\Pr(T > t_b \mid T > t_a) = \frac{\int_{t_b}^{\infty} f(u \mid X, \theta) \, du}{\int_{t_a}^{\infty} f(u \mid X, \theta) \, du}$$

$$= \frac{S(t_b|X,\theta)}{S(t_a|X,\theta)} \qquad (8-9)$$

三 持续模型的似然函数

对于任何个体 i 来讲，抽样期间只可能为上述四种情形之一，因此，该个体对样本似然函数的贡献为：

$$L_i(\beta) = f(t_i|X_i,\beta)^{A_i}\left[\frac{f(t_i|X_i,\beta)}{S(t_{i,a}|X_i,\beta)}\right]^{B_i} S(t_i|X_i,\beta)^{C_i} \times \left[\frac{S(t_{i,b}|X_i,\beta)}{S(t_{i,a}|X_i,\beta)}\right]^{D_i}$$

$$(8-10)$$

式中，指示变量 A_i、B_i、C_i 和 D_i 分别表示四种情形下的变量取值。具体的取值定义为：

$$A_i = \begin{cases} 1, & \text{有左截断，无右删失} \\ 0, & \text{其他情形} \end{cases}$$

$$B_i = \begin{cases} 1, & \text{无左截断，无右删失} \\ 0, & \text{其他情形} \end{cases}$$

$$C_i = \begin{cases} 1, & \text{无左截断，有右删失} \\ 0, & \text{其他情形} \end{cases}$$

$$D_i = \begin{cases} 1, & \text{有左截断，有右删失} \\ 0, & \text{其他情形} \end{cases}$$

将用户个体 i 的似然函数取对数后，得到 $\ln L_i(\beta)$：

$$\ln L_i(\beta) = A_i[\ln f(t_i|X_i,\beta) - \ln S(t_{i,a}|X_i,\beta)] + B_i\ln f(t_i|X_i,\beta) + C_i\ln S(t_i|X_i,\beta) + D_i[\ln S(t_{i,b}|X_i,\beta) - \ln S(t_{i,a}|X_i,\beta)]$$

将 N 个样本个体的对数似然函数加总后，得到全部样本个体的似然函数 $\ln L(\beta)$：

$$\ln L(\beta) = \sum_{i=1}^{N}\left\{\begin{array}{l} A_i[\ln f(t_i|X_i,\beta) - \ln S(t_{i,a}|X_i,\beta)] + B_i\ln f(t_i|X_i,\beta) \\ + C_i\ln S(t_i|X_i,\beta) + D_i[\ln S(t_{i,b}|X_i,\beta) - \ln S(t_{i,a}|X_i,\beta)] \end{array}\right\}$$

$$(8-11)$$

四 持续模型的估计方法

对于参数化的对数似然函数，通常采用极大似然估计方法，来估计模

型待估参数（β）。该方法的核心思想是，在向量（β）的参数集合中，选择出使对数似然函数 $\ln L$（β）取值能够达到最大的某个参数向量 $\hat{\beta}$，该参数向量 $\hat{\beta}$ 被称为对数似然估计量。根据求函数极大值方法，首先需要对对数似然函数 $\ln L$（β）求一阶求导，其次求出使一阶导函数 $\dfrac{\partial \ln L（\beta）}{\partial \beta}$ 等于 0 的（β）解。通常而言，可能存在多组（$\hat{\beta}$）解同时满足一阶导数 $\dfrac{\partial \ln L（\beta）}{\partial \beta}\bigg|_{\hat{\beta}}=0$，这就需要验证每组解的意义和可行性。

幸运的是，计量理论研究表明，在线性模型设定 $\ln(t_i)=X'_i\beta+\varepsilon_i$ 下，持续模型的对数似然函数 $\ln L$（β）通常为凹函数，只存在唯一一组极大值解 $\hat{\beta}$。而且，极大似然估计还有一个重要性质——渐近正态性，这保证了模型参数的一致性和有效性。

在估计方法方面，通常选择迭代效率较高的 Newton – Raphson 算法（其他迭代算法也可以），得到待估参数 $\hat{\beta}$ 解。而后，可基于估计得到的参数 $\hat{\beta}$，来分析各类影响因素 X_j 发生变化时，它们对用户在网持续月份的影响大小。

总结一下，持续模型的建模思路是以用户在网持续期限 t 作为被解释变量，以影响因素 X 作为解释变量，待估模型的设定形式多为线性。此外，持续模型通过借鉴 Tobit 模型的处理思路，分别给出四种情形下的似然函数，解决了样本截断或删失问题。最后，针对样本似然函数，采用极大似然估计可得到样本参数值。然而，本章所阐述的持续模型，假设影响因素 X 在整个样本期内的观测值都保持不变，如性别、籍贯、品牌等。但对于随时间变化的年龄、业务消费量和消费支出、各月充值额、各月积分数等变量，就无法直接使用普通的持续模型，必须进行拓展。

第四节　时变解释变量的处理

当各类解释变量 X 随时间而变化时，如每个月的通话量、充值次数、积分、短信发送量等，传统的持续期限模型就无法处理（杜本峰，2008）。下面首先提出时变解释变量 X 的一般处理思路；然后拓展传统持续期限模型来考虑时变解释变量；最后提出本章的建模方法。

一　对时变解释变量的认识

当解释变量 X 随在网持续期而不断变化时，就不能再将用户的在网时长 t 看做一个孤立的样本点，而应根据解释变量 X (t) 取不同值的个数，将在网时长 t 划分为若干个子区间（Chalita, Colosimo and Souza Passos, 2006）。比如，图 8－2 中存在 27 个样本观测点，每个样本观测点上，因素 X 取不同的数值，如 $X(t_1)$，$X(t_2)$，…，$X(t)$ 等。因此，需将 27 个观测点拆分为 27 条记录，并重写其模型似然函数。思路如下：

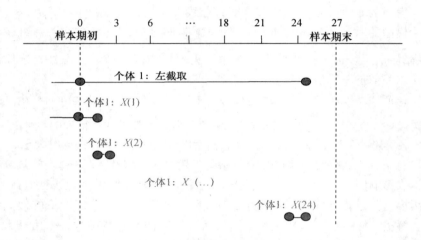

图 8－2　时变解释变量的一般处理思路

本质上，这种处理思路是根据解释变量 X (t) 的取值个数，将用户在网时长划分为不同的时间区间段，而后再针对不同的区间段，分别写出个体 i 在这些区间段的似然贡献（Petersen, 1986a, 1986b; Fisher and Lin, 1999）。问题在于，抽样用户可能存在左截断或右删失情形，因此当采用上述处理思路时，还必须考虑到各个子区间是否也存在左截断或右删失问题，并给出正确的模型似然函数。

二　带有时变解释变量的模型设定

下面结合上述四种样本用户类型，分别考虑如何拆分并给出拆分后的用户似然函数。

（一）情形 1：有左截断，无右删失

考虑到影响因素 $X(t)$ 每个月都在变化，在计算生存概率时必须考虑每个月的解释变量 $X(t)$ 的取值。对于"有左截断，无右删失"的样本用户类型 1 来讲，由于存在样本左截断问题，截断点为 t_a，因此对于在样本期内已存活 t 个月的个体（样本期内已经离网）而言，就需要将其在样本观测期内的消费记录拆分为 t 期。

具体拆分思路如图 8 - 3 所示。

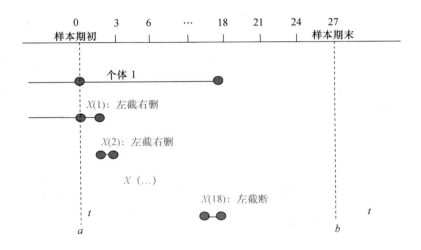

图 8 - 3　"有左截断，无右删失"用户的时变变量处理思路

在图 8 - 3 下，用户在样本期初已经入网 t_a 个月份，而后在样本观察期内又持续在网 t 个月份后就离网了。那么，该用户个体从入网一直持续到他离网的概率等于多少呢？

为计算该概率，我们需要知道该用户在样本期内所经历的一连串事件有哪些？

√ 用户在存活到样本期初 t_a 的情况下，又活过了第一期（t_a+1）；

√ 用户在存活到（t_a+1）的情况下，又活过了第二期（t_a+2）；

√ 用户在存活到（t_a+2）的情况下，又活过了第三期（t_a+3）；

√ ……

∨ 用户在存活到 $(t_a + t - 1)$ 的情况下，然而到 $(t_a + t)$ 月，用户却离网了。

也就是说，用户要存活到第 $(t_a + t)$ 个月，就必须存活过样本观测期内的第 1 个月、第 2 个月、第 3 个月……一直到期末离网。

显然，该用户在网 $(t_a + t)$ 的概率为 Pr $(T \leqslant t + t_a \mid T > t_a,\ X\ (t),\ \beta)$。它等于一系列条件概率相乘，计算公式可表示为：

$$\Pr(T \leqslant t + t_a \mid T > t_a, X(t), \beta) = \Pr(T \geqslant (t_a + 1) \mid T > t_a, X(1), \beta) \times \Pr(T \geqslant (t_a + 2) \mid T > (t_a + 1), X(2), \beta) \times \Pr(T \geqslant (t_a + 3) \mid T > (t_a + 2), X(3), \beta) \times \cdots \times \Pr(T \leqslant (t_a + t) \mid T > (t_a + t - 1), X(t), \beta) \tag{8-12}$$

该条件概率的每一个子部分，实际上就对应于拆分后的各个时期的消费记录。比如第一项，

$$\Pr(T \geqslant (t_a + 1) \mid T > t_a, X(1), \beta) = \int_{(t_a+1)}^{\infty} \frac{f(u \mid X(1), \beta)}{1 - F(t_a \mid X(1), \beta)} du = \frac{1 - F(t_a + 1 \mid X(1), \beta)}{1 - F(t_a \mid X(1), \beta)}$$

上式就对应于拆分后的样本观测期内的第一个月的消费记录 1，该记录属于第三节提到的"有左截断，有右删失"情形 4。

$$\Pr(T \geqslant (t_a + 2) \mid T > (t_a + 1), X(2), \beta) = \int_2^{\infty} \frac{f(u \mid X(2), \beta)}{1 - F(t_a + 1 \mid X(2), \beta)} du = \frac{1 - F(t_a + 2 \mid X(2), \beta)}{1 - F(t_a + 1 \mid X(2), \beta)}$$

上式就对应于拆分后的样本观测期内的第二个月的消费记录 2，该记录也属于第三节提到的"有左截断，有右删失"情形 4。

$$\Pr(T \leqslant (t_a + t) \mid T > (t_a + t - 1), X(t), \beta) = \int_{t-1}^t \frac{f(u \mid X(t), \beta)}{1 - F((t_a + t - 1) \mid X(t), \beta)} du = \frac{F(t_a + t \mid X(t), \beta) - F((t_a + t - 1) \mid X(t), \beta)}{1 - F((t_a + t - 1) \mid X(t), \beta)}$$

上式就对应于拆分后的样本观测期内的最后一期消费记录，该记录则

属于第三节提到的"有左截断，无右删失"情形 1。

因此，该个体的似然函数贡献等于上述条件概率的乘积：

$$\Pr(T \le t \mid T > t_a, X(t), \beta) = \frac{S(t_a+1 \mid X(1), \beta)}{S(t_a \mid X(1), \beta)} \times \frac{S(t_a+2 \mid X(2), \beta)}{S(t_a+1 \mid X(2), \beta)} \times$$

$$\frac{S(t_a+3 \mid X(3), \beta)}{S(t_a+2 \mid X(3), v)} \times \cdots \times \frac{S(t_a+t-1 \mid X(t), \beta) - S(t_a+t \mid X(t), \beta)}{S(t_a+t-1 \mid X(t), \beta)} \qquad (8-12')$$

（二）情形 2：无左截断，无右删失

对于"无左截断，无右删失"的用户类型 2 来讲，用户在样本期内入网，又在样本期内离网，其在网持续期为 t。按照时变解释变量的处理思路，需要把样本用户在样本观测期内的记录拆分为 t 期。比如在图 8-4 中，就应该拆分为 18 个月的消费记录。

具体的拆分思路如图 8-4 所示。

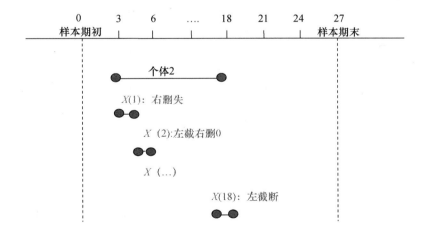

图 8-4 "无左截断，无右删失"下的时变变量的处理思路

在图 8-4 中，对于存活到时间 t 的个体来讲，其在样本期内已发生离网事件，其生存概率 $\Pr(T < t \mid X(t), \beta)$ 等于：

$$\Pr(T \le t \mid X(t), \beta) = \Pr(T \ge 1 \mid X(1), \beta) \times \Pr(T \ge 2 \mid T > 1, X(2), \beta) \times \Pr$$
$$(T \ge 3 \mid T > 2, X(3), \beta) \times \cdots \times \Pr(T \le t \mid T > t-1, X(t), \beta) \qquad (8-13)$$

或者说，用户在网持续期等于 t 月的概率也是由一系列条件概率相乘而得到。其中，

$$\Pr(T \geqslant 1 \mid X(1), \beta) = \int_1^\infty f(u \mid X(1), \beta) \mathrm{d}u = 1 - F(1 \mid X(1), \beta)$$

上式就对应于拆分后的第一个月的消费记录 1，该记录属于第三节提到的"无左截断，有右删失"情形 3。

$$\Pr(T \geqslant 2 \mid T > 1, X(2), \beta) = \int_2^\infty \frac{f(u \mid X(2), \beta)}{1 - F(1 \mid X(2), \beta)} \mathrm{d}u$$

$$= \frac{1 - F(2 \mid X(2), \beta)}{1 - F(1 \mid X(2), \beta)}$$

上式就对应于拆分后的第二个月消费记录 2，该记录属于第三节提到的"有左截断，有右删失"情形 4。

$$\Pr(T \leqslant t \mid T > t-1, X(t), \beta) = \int_{t-1}^t \frac{f(u \mid X(t), \beta)}{1 - F((t-1) \mid X(t), \beta)} \mathrm{d}u$$

$$= \frac{F(t \mid X(t), \beta) - F((t-1) \mid X(t), \beta)}{1 - F((t-1) \mid X(t), \beta)}$$

上式就对应于拆分后的第 t 个月的消费记录，该记录则属于第三节提到的"有左截断，无右删失"情形 1。

因此，该个体对似然函数的贡献等于：

$$\Pr(T < t \mid X(t), \beta) = S(1 \mid X(1), \beta) \times \frac{S(2 \mid X(2), \beta)}{S(1 \mid X(2), \beta)} \times \frac{S(3 \mid X(3), \beta)}{S(2 \mid X(3), \beta)} \times \cdots \times$$

$$\frac{S(t-1 \mid X(t), \beta) - S(t \mid X(t), \beta)}{S(t-1 \mid X(t), \beta)} \tag{8-14}$$

（三）情形 3：无左截断，有右删失

对于"无左截断，有右删失"的用户类型 3 来讲，用户在样本期内入网，但一直到样本期末仍未离网，我们观察到的在网持续期为 t。按照时变解释变量的处理思路，同样需要把样本用户在样本观测期内的记录拆分为 t 期。比如在图 8-5 中，就应把消费记录拆分为 9 期。具体的拆分过程见图 8-5。

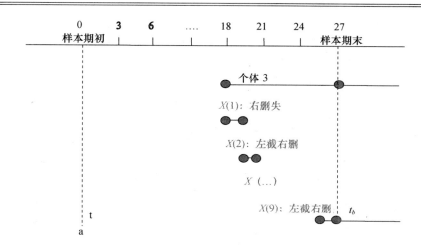

图 8 – 5　"无左截断，有右删失"下的时变变量的处理思路

在图 8 – 5 中，样本用户一直到样本期末仍未发生离网事件，因此其存活时间肯定大于 t，对应的生存概率 $\Pr\ (T>t\mid X\ (t)，\beta)$ 等于：

$$\Pr(T>t\mid X(t)，\beta)=\Pr(T\geqslant 1\mid X(1)，\beta)\times\Pr(T\geqslant 2\mid T>1，X(2)，\beta)\times\Pr(T\geqslant 3\mid T>2，X(3)，\beta)\times\cdots\times\Pr(T>t\mid T>t-1，X(t)，\beta)\qquad(8-15)$$

类似的，用户在网持续期肯定大于观测到的 t 个月的概率是由一系列条件概率构成。其中第一项，

$$\Pr(T\geqslant 1\mid X(1)，\beta)=\int_{1}^{\infty}f(u\mid X(1)，\beta)\mathrm{d}u=1-F(1\mid X(1)，\beta)$$

上式就对应于拆分后的第一个月的消费记录1，该记录属于第三节提到的"无左截断，有右删失"情形3。

$$\Pr(T\geqslant 2\mid T>1，X(2)，\beta)=\int_{2}^{\infty}\frac{f(u\mid X(2)，\beta)}{1-F(1\mid X(2)，\beta)}\mathrm{d}u$$

$$=\frac{1-F(2\mid X(2)，\beta)}{1-F(1\mid X(2)，\beta)}$$

上式就对应于拆分后的第二个月的消费记录2，该记录则属于第三节提到的"有左截断，有右删失"情形4。

$$\Pr(T > t \mid T > t-1, X(t), \beta) = \int_{t}^{\infty} \frac{f(u \mid X(t), \beta)}{1 - F((t-1) \mid X(t), \beta)} \mathrm{d}u$$

$$= \frac{1 - F(t \mid X(t), \beta)}{1 - F((t-1) \mid X(t), \beta)}$$

就对应于拆分后的样本期末（最后一个月）的消费记录 t，该记录同样属于第三节提到的"有左截断，有右删失"情形4。

因此，该个体对似然函数的贡献等于：

$$\Pr(T > t \mid X(t), \beta) = S(1 \mid X(1), \beta) \times \frac{S(2 \mid X(2), \beta)}{S(1 \mid X(2), \beta)} \times \frac{S(3 \mid X(3), \beta)}{S(2 \mid X(3), \beta)} \times \cdots \times$$

$$\frac{S(t \mid X(t), \beta)}{S(t-1 \mid X(t), \beta)} \tag{8-16}$$

（四）情形4：有左截断，有右删失

对于"有左截断，有右删失"的样本用户类型4来讲，用户在样本期初之前已经入网，但截至样本期末仍未离网，我们观察到的在网持续期恰好等于样本期长度（即27个月）。按照时变解释变量的处理思路，需要把样本用户在样本观测期内的记录拆分为27期。具体的拆分思路如图8-6所示。

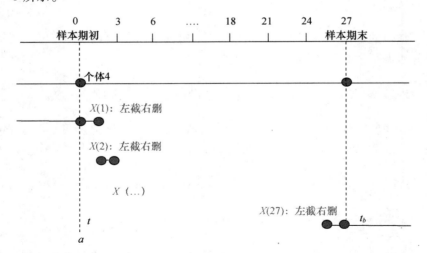

图8-6　"有左截断，有右删失"下的时变变量的处理思路

在图 8 - 6 中，用户已经入网 t_a 个月，且到样本期末 t_b 仍然在网，对应的概率 Pr（$T > t_b \mid T > t_a$，X（t），β）等于：

$$\Pr(T > t_b \mid T > t_a, X(t), \beta) = \Pr(T \geqslant (t_a + 1) \mid T > t_a, X(1), \beta) \times \Pr(T \geqslant (t_a + 2) \mid T > (t_a + 1), X(2), \beta) \times \Pr(T \geqslant (t_a + 3) \mid T > (t_a + 2), X(3), \beta) \times \cdots \times \Pr(T > t_b \mid T > (t_b - 1), X(t_b), \beta)$$

$$(8 - 17)$$

显然，用户在网持续期肯定大于观测到的（$t_b - t_a$）的概率，它是由一系列条件概率相乘得到。其中第一项，

$$\Pr(T \geqslant (t_a + 1) \mid T > t_a, X(1), \beta) = \int_{(t_a + 1)}^{\infty} \frac{f(u \mid X(1), \beta)}{1 - F(t_a \mid X(1), \beta)} \, du$$

$$= \frac{1 - F(t_a + 1 \mid X(1), \beta)}{1 - F(t_a \mid X(1), \beta)}$$

上式就对应于拆分后的样本观测期内的第一个月的消费记录 1，该记录属于第三节提到的"有左截断，有右删失"情形 4。

$$\Pr(T \geqslant (t_a + 2) \mid T > (t_a + 1), X(2), \beta) = \int_2^{\infty} \frac{f(u \mid X(2), \beta)}{1 - F(t_a + 1 \mid X(2), \beta)} du$$

$$= \frac{1 - F(t_a + 2 \mid X(2), \beta)}{1 - F(t_a + 1 \mid X(2), \beta)}$$

上式就对应于拆分后的第二个月的消费记录 2，该记录也属于第三节提到的"有左截断，有右删失"情形 4。

$$\Pr(T > t_b \mid T > (t_b - 1), X(t), \beta) = \int_{t_b}^{\infty} \frac{f(u \mid X(t), \beta)}{1 - F((t_b - 1) \mid X(t), \beta)} \, du$$

$$= \frac{1 - F((t_b) \mid X(t), \beta)}{1 - F((t_b - 1) \mid X(t), \beta)}$$

上式就对应于拆分后的最后一个月的消费记录，该记录同样属于第三节提到的"有左截断，有右删失"情形 4。

因此，该个体对似然函数的贡献等于：

$$\Pr(T > t_b \mid T > t_a, X(t), \theta) = \frac{S(t_a + 1 \mid X(1), \theta)}{S(t_a \mid X(1), \theta)} \times \frac{S(t_a + 2 \mid X(2), \theta)}{S(t_a + 1 \mid X(2), \theta)} \times$$

$$\frac{S(t_a+3\,|\,X(3)\,,\theta)}{S(t_a+2\,|\,X(3)\,,\theta)}\times\cdots\times\frac{S(t_b\,|\,X(t)\,,\theta)}{S(t_b-1\,|\,X(t)\,,\theta)} \qquad (8-18)$$

三 四种样本类型的记录拆分总结

上一节的分析表明，为了处理影响因素 X 的"时变性"特征，必须对用户在样本观测期内的消费记录进行详细拆分，然后针对每个在网子区间分别进行建模。

但对于四种用户类型来讲，在划分子区间之后，我们看到的是一条条的月度消费记录。表 8 - 2 总结了用户样本类型与消费记录类型之间的对应关系。

表 8 - 2　　　　样本类型与月度消费记录类型之间的对应关系

■ 对于四种样本类型来讲，每一种都可以根据其在网持续期，拆分为 t 条月度消费记录。 ■ 但从建模角度讲，每条消费记录的类型划分，与样本用户的划分完全相同，也是四种。			样本用户拆分后的月度消费记录类型			
			情形 1	情形 2	情形 3	情形 4
			有左截断，无右删失	无左截断，无右删失	无左截断，有右删失	有左截断，有右删失
样本用户类型	情形 1 有左截断，无右删失	记录数≥1	√(其他条)			√(第 1 条)
	情形 2 无左截断，无右删失	记录数>1	√(第 t 条)	√(第 1 条)		√(中间条)
		记录数=1		√		
	情形 3 无左截断，有右删失	记录数≥1			√(第 1 条)	√(其他条)
	情形 4 有左截断，有右删失	记录数≥1				√(全部条)

四 带有时变解释变量的似然函数

给定上述四种样本类型，为处理时变解释变量，我们首先要将每种情形的个体消费记录，按照其在网持续期的月份长度，拆分为每个月份的消费记录。根据表 8 - 2 中的对应关系，这些新生成的月度消费记录只可能是四种类型之一。在建模处理时变解释变量时，我们将不再针对"样本用户个体"进行建模，而是针对新生成的用户"月度消费记录"进行建模。这明显不同于普通的持续模型建模思路（Goodliffe，2003）。

由于对于某个用户在任何一期的消费记录来讲，在样本观察期内它只可能是表 8 - 2 中的四种情形之一。因此，任何一条消费记录 j 的样本似然函数的贡献为：

$$L_j(\beta) = \left[\frac{f(t_j|X(j),\beta)}{S(t_{j,a}|X(j),\beta)}\right]^{A_j} \times f(t_j|X(j),\beta)^{B_j} \times S(t_j|X(j),\beta)^{C_j} \times$$

$$\left[\frac{S(t_{j,b}|X(j),\beta)}{S(t_{j,a}|X(j),\beta)}\right]^{D_j} \tag{8-19}$$

其中，指示变量 A_j、B_j、C_j 和 D_j 分别表示四种情形下的变量取值。具体的取值定义为：

$$A_j = \begin{cases} 1, & \text{有左截断，无右删失} \\ 0, & \text{其他情形} \end{cases}$$

$$B_j = \begin{cases} 1, & \text{无左截断，无右删失} \\ 0, & \text{其他情形} \end{cases}$$

$$C_j = \begin{cases} 1, & \text{无左截断，有右删失} \\ 0, & \text{其他情形} \end{cases}$$

$$D_j = \begin{cases} 1, & \text{有左截断，有右删失} \\ 0, & \text{其他情形} \end{cases}$$

将月度消费记录 j 的似然函数取对数后，得到 $\ln L_j(\beta)$：

$$\ln L_j(\beta) = A_j[\ln f(t_j|X(j),\beta) - \ln S(t_{j,a}|X(j),\beta)] + B_j\ln f(t_j|X(j),\beta) + C_j\ln S(t_j|X(j),\beta) + D_j[\ln S(t_{j,b}|X(j),\beta) - \ln S(t_{j,a}|X(j),\beta)] \tag{8-20}$$

将 J 条月度消费记录的对数似然函数加总后，得到所有用户按月度消费记录建模的对数似然函数 $\ln L(\beta)$：

$$\ln L(\beta) = \sum_{j=1}^{J} \begin{bmatrix} A_j[\ln f(t_j|X(j),\beta) - \ln S(t_{j,a}|X(j),\beta)] \\ + B_j\ln f(t_j|X(j),\beta) \\ + C_j\ln S(t_j|X(j),\beta) \\ + D_j[\ln S(t_{j,b}|X(j),\beta) - \ln S(t_{j,a}|X(j),\beta)] \end{bmatrix} \tag{8-21}$$

下面在建模时，将不再针对用户个体进行建模，而是针对新生成的月度消费记录。以此为基础，估计出模型待估参数 $\hat{\beta}$。

第五节　模型设定及估计结果

下面我们采用时变解释变量的建模思路，结合国内某省某市移动企业提供的样本用户统计数据，以用户的月度消费记录为基础，首先给出待估模型的方程设定；其次给出样本数据的基本统计量；然后估计出各类影响因素 X 对用户在网月份 T 的影响强度；最后分析模型参数的经济含义。

一　模型方程设定

本研究的最终目标是预测用户的在网周期，并对可能离网的用户及时进行预警。在建模分析时，我们以观察到的各位样本用户的在网周期 T 为被解释变量 Y（不管是否存在截断或删失问题），以用户个体属性指标、用户类型指标、充值和积分指标、业务消费量指标和话单支出指标为 X 解释变量进行建模（刘绍清和黄章树，2006）。

考虑到样本数据中，用户的持续在网周期 t 整体上呈现出明显的 "右拖尾" 形状，近似服从对数正态分布。那么，根据概率统计理论，用户 i 的持续在网周期 t_i 的对数值 $\ln(t_i)$ 将近似服从正态分布，其与各种影响因素 X_i 之间的关系可用下式表达：

$$\ln(t_i) = X'_i\beta + \varepsilon_i \tag{8-22}$$

其中，不同用户个体的误差项 ε_i 相互独立，而且服从同一个正态分布 $N(0, \delta^2)$。

由于影响因素 X_i 存在时变特征，我们需要针对每个用户（i）的第（j）条消费记录进行建模。这样上述方程设定就变为：

$$\ln(t_{ij}) = X'_{ij}\beta + \varepsilon_{ij} \tag{8-23}$$

但对于用户（i）的第（j）条消费记录而言，还存在样本截断或删失现象，因而其对数似然函数应为公式（8-20）所示。所有用户全部月度消费记录加总的对数似然函数应为公式（8-21）所示。

二　模型样本统计量

模型估计之前，我们简要分析一下样本数据情况。本章样本数据由国内某省移动公司在下属市移动公司中，抽取了 2 万个移动用户在 2007 年 1 月到 2009 年 3 月共 27 个月内的统计资料。涉及六大类指标：用户属性信息、用户类型信息、用户入网及离网信息、充值与积分信息、业务消费信息和话单支出信息。各个解释变量的描述性统计量具体见本章的附表一所示。

（一）在网持续周期统计量

在样本观察期内的任一个观测点，每条月度消费记录都有"截至样本观察当月"的在网持续周期。其统计量如表 8-3 所示。

对于全部用户记录而言，在网持续周期的平均值为 29.42 个月，其中高端品牌（品牌 1）用户是 59.08 个月，而大众品牌（品牌 3）次之为 25.73 个月，而年轻时尚品牌（品牌 2）最低仅为 21.56 个月。这表明，不同品牌下的期望在网持续周期有较大差异，需要分品牌建模。

表 8-3　　　　　　　按用户消费记录计算的在网持续周期统计量

	在网持续周期（月）			
	全部	品牌 1	品牌 2	品牌 3
全部用户的消费记录	29.42	59.08	21.56	25.73
其中：有个人属性用户	39.54	64.04	25.46	36.24
无人属性用户	12.67	39.12	8.45	11.00

对于同一个品牌，当用户有、无个人属性时，按用户记录计算的在网持续周期有较大差异，总体来看，有个人属性的用户其平均在网持续周期是无个人属性用户的 3 倍以上。比如，有个人属性的品牌 3 用户，其平均在网持续期为 36.24 个月，而没有个人属性的品牌 3 用户，其平均在网持续期仅为 11 个月。因此，需要关注个人属性指标对用户在网持续周期的影响。

从全部抽样用户在网持续周期整体分布图来看，用户在网时长呈现右拖尾分布，服从典型的对数正态分布[1]。

---

[1]　当然，研究者也可以采用广义伽玛分布，对数正态分布只是它的一个特例，具体可见 Kaniovski, S. and M. Peneder（2008）。但广义伽玛分布估计过程比较复杂。

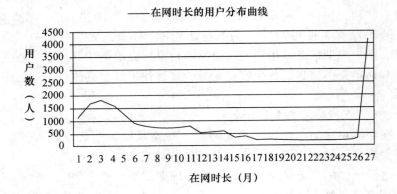

图 8 - 7　用户在网时长的用户分布曲线

　　样本数据中，每个月都有一定规模的新入网用户。追踪各个月份新入网用户的在网周期（见图 8 - 8），我们发现以下三点结论：一是它们的分布规律与总体样本的分布非常类似；二是新入网用户在第三个月的离网概率最高，而在第 7 个月会出现第二个离网高峰；这与企业调研时的说法基本吻合；三是新入网用户在入网第 17—18 个月之后，其离网率保持稳定，而且离网率水平非常低。这表明，超过 1 年半之后，用户基本上就不会离网了。因此从建模角度讲，重点应该放在如何更好地预测入网后几个月的离网行为，而不是更长。

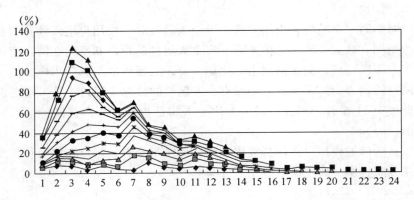

图 8 - 8　2007 年 3 月至 2008 年 2 月新入网用户在入网后

各个月的离网率堆积折线

（二）用户属性统计量

有个人属性的用户月度消费记录中，不同品牌的用户年龄、性别和籍贯分布上有所差异。具体见表 8 - 4。

表 8 - 4　　　　　　　有个人属性的用户年龄、性别和户口变量

	有个人属性用户的记录（137737 条）			
	全部	品牌 1	品牌 2	品牌 3
年龄（岁）	35.87	38.69	25.89	36.50
性别（男为 1）（%）	0.70	0.83	0.51	0.70
户口（本地为 1）（%）	0.72	0.74	0.68	0.72

从月度消费记录的个人属性分布来看，品牌 2 用户比较年轻，性别上也比较均等，且本地用户所占比例较低；而品牌 1 和品牌 3 用户的年龄都较高，且本地用户所占比重分别为 74% 和 72% 以上，男性用户所占比重也分别为 83% 和 70%。

（三）充值和积分统计量

在用户消费行为方面，我们重点统计用户在每个月份的充值次数、充值金额、是否积分和积分多少四个变量。具体见表 8 - 5。

表 8 - 5　　　　　　　　不同品牌下的用户消费行为

		全部	品牌 1	品牌 2	品牌 3
充值次数（次）	全部记录	1.53	1.87	2.07	1.42
	其中：有个人属性	1.55	2.02	2.15	1.38
	无个人属性	1.49	1.28	1.80	1.49
充值金额（元）	全部用户记录	55.59	130.73	59.62	44.06
	其中：有个人属性	61.95	142.12	63.32	45.44
	无个人属性	45.05	84.83	47.19	42.12
是否积分	全部用户记录	0.17	0.81	0.73	0.02
	其中：有个人属性	0.24	0.88	0.82	0.03
	无个人属性	0.05	0.52	0.42	0.00

续表

		全部	品牌 1	品牌 2	品牌 3
积分数 （分）	全部用户记录	281.16	1923.26	513.57	15.99
	其中：有个人属性	391.16	2051.74	614.29	25.65
	无个人属性	98.97	1405.61	174.78	2.46

　　从充值次数和金额来看，有个人属性的用户的充值次数和金额都要高于无个人属性的用户。其中，在有个人属性的用户中，品牌 2 的充值次数最高 2.15 次，品牌 1 次之为 2.02 次，品牌 3 最低仅为 1.38 次；但在充值金额方面，品牌 1 最高，品牌 2 次之，品牌 3 同样最低仅为 45.44 元。

　　从积分指标来看，同样是有个人属性的用户的充值次数和金额都要高于无个人属性的用户。其中，在有个人属性的用户中，品牌 1 超过 88%的用户有积分，品牌 2 次之为 82%，品牌 3 最低仅为 3%；同时在积分数方面，品牌 1 平均分为 2051 分，而品牌 2 次之为 614 分，品牌 3 同样最低仅为 25 分。

　　（四）业务消费量统计量

　　在用户业务消费方面，我们重点统计用户每个月份的本地通话总分钟数及网间通话占比、短信发送总量及网间短信占比等 4 个关键变量。具体见表 8-6。

表 8-6　　　　　　　　　　用户本地通话和短信消费统计量

		全部	品牌 1	品牌 2	品牌 3
本地通 话时长 （分钟）	全部记录	445	656	264	430
	其中：有个人属性	348	665	247	295
	无个人属性	605	620	318	618
本地通 话网间 占比	全部用户记录	0.40	0.35	0.37	0.41
	其中：有个人属性	0.41	0.38	0.38	0.42
	无个人属性	0.40	0.26	0.34	0.41
短信发 送量 （条）	全部用户记录	104	148	391	71
	其中：有个人属性	109	124	431	68
	无个人属性	96	247	255	77

续表

		全部	品牌 1	品牌 2	品牌 3
短信发送网间占比	全部用户记录	0.11	0.14	0.09	0.10
	其中：有个人属性	0.12	0.15	0.09	0.11
	无个人属性	0.09	0.10	0.08	0.09

在月度本地通话量方面，品牌 1 用户和品牌 3 用户的通话量分别为 656 分钟和 430 分钟，而品牌 2 仅为 264 分钟；从有、无个人属性来看，有个人属性的品牌 2 和品牌 3 用户的本地通话量，反而低于无个人属性的用户。在网间通话占比方面，品牌 3 最高为 41%，而品牌 2 为 37%，品牌 1 仅为 35%。

在月度短信发送量方面，品牌 2 用户最高为 391 条，而品牌 1 和品牌 3 分别为 148 条和 71 条，这与品牌 2 的定位相一致。按有、无个人属性来看，有个人属性的品牌 1 和品牌 3 用户的短信发送量，同样反而低于无个人属性的用户。在网间通话占比方面，品牌 1 最高为 14%，而品牌 3 为 10%，品牌 2 仅为 9%。

三　参数估计结果及解释

根据模型设定思路，带有时变解释变量的、以用户记录来建模的对数似然函数贡献为（8 - 20）式，其形式比较复杂，传统的计量经济软件无法处理，必须进行编程处理。本章参考艾钦（Iachine，2003）处理思路，以 STATA 计量软件为基础，编程估计出模型参数。

（一）模型参数估计结果

考虑到不同分组下的用户属性和行为有较大差异，我们重点分析包括全部记录和有个人属性记录两种情况下的离网行为。模型估计的结果见表 8 - 7。

估计结果显示，无论是全部记录，还是只针对有个人属性的用户记录，少数解释变量的系数并不显著。59 个变量中有 43 个解释变量显著性水平都小于 5%，其他 16 个解释变量显著性水平要大于 5%，主要是资费捆绑周期、赠送额、充值金额、积分数、本地被叫通话中网间占比、短信发送总数、用户上网总数据流量、短信总支出额、是否有上网流量支出、流量支出中漫游占比等。

表 8-7　　　　　　　　　　按有无个人属性的参数估计结果

		全部用户记录		其中有个人属性	
		系数	Z统计量	系数	Z统计量
号码特征	再利用号码	-0.0696	-1.96	-0.3338	-4.02
用户属性信息	年龄	—	—	0.0083	3.06
	性别	—	—	0.0725	1.1
	户口	—	—	0.4527	6.73
用户类型信息	集团用户	0.4582	6.17	0.2754	2.83
	虚拟网—全局	0.5501	3.95	0.2515	1.45
	虚拟网—本地	0.3909	8.68	0.3097	4.18
	品牌—品牌1	0.5018	5.57	-0.0912*	-0.63
	品牌—品牌2	0.3466	4.67	-0.3333	-2.14
用户入网信息	自有渠道	1.7873	20.85	0.9906	9.07
	渠道星级	0.4886	20.28	0.2667	8.82
	终端捆绑	2.0562	6.02	2.3330	4.75
	终端捆绑周期	-0.0825	-4.27	-0.1025	-3.75
	资费捆绑	1.4162	13.83	1.0964	4.59
	资费捆绑周期	0.0030*	0.63	0.0102*	0.51
	预付费金额	-0.0006	-2.56	-0.0004	-1.29
	赠送额	0.0034*	0.47	-0.0055*	-0.41
充值积分信息	充值次数	0.2843	17.94	0.1042	3.62
	充值金额	0.0003*	1.23	0.0007*	1.08
	是否积分	0.3810	3.18	0.6315	4
	积分数	0.0000*	0.20	0.0000*	-0.42
用户消费量信息	本地主叫总分钟数	-0.0001	-6.46	0.0000	-1.01
	是否有本地主叫时长	0.0606*	0.58	-0.6825*	-3.48
	本地主叫中网间占比	-0.3785	-4.11	-0.6787	-4.16
	本地被叫总分钟数	0.0004	2.01	0.0002*	0.86
	是否有本地被叫通话	-0.7240	-12.27	-0.7809	-6.88

续表

		全部用户记录		其中有个人属性	
		系数	Z 统计量	系数	Z 统计量
用户消费量信息	本地被叫中网间占比	− 0.0454 *	− 0.46	− 0.1482 *	− 0.82
	长途主叫总分钟数			− 0.0003 *	− 1.63
	是否存在长途主叫	− 0.3298	− 2.36	− 0.0305	− 1.63
	长途主叫中网间占比	− 0.4600	− 2.46	0.0061 *	− 0.12
	漫游主叫总分钟数			0.0004 *	0.51
	是否存在漫游通话	− 0.5315	− 2.07	− 0.1249 *	0.02
	漫游通话中主叫占比	− 1.3934	− 5.52	− 0.6849 *	0.51
	短信发出总条数	0.0000 *	0.14	0.0004 *	1.04
	是否发出短信	− 2.0816	− 31.03	− 2.6334	− 19.09
	短信发出中网间占比	0.3116	2.12	0.3887	1.59
	用户上网总数据流量	0.0011 *	0.58	0.0039 *	0.94
	是否上网	0.1386	2.01	0.0366 *	0.3
	上网流量中漫游占比	0.6270	2.94	1.3351	3.23
用户消费支出信息	本地通话总支出额	− 0.0016	− 2.45	− 0.0013 *	− 1.35
	是否有本地通话支出	− 1.0441	− 9.94	− 0.8067	− 4.09
	本地支出网间占比	0.5983	5.72	0.9180	4.95
	是否有长途通话支出	1.0073	7.14	0.5338	2.06
	长途支出网间占比	0.7097	3.33	0.3717 *	0.86
	是否有漫游通话支出	0.5837	2.39	0.1744 *	0.39
	漫游支出网间占比	1.0639	4.32	0.7380	1.63
	短信总支出额	− 0.0010 *	− 0.50	− 0.0063	− 1.67
	是否有短信支出	0.4233	8.32	0.1707	1.82
	短信支出中网间占比	− 0.2687	− 2.57	− 0.5844	− 3.49
	用户上网流量支出	− 0.0019	− 3.29	− 0.0074	− 4.82
	是否有上网流量支出	0.0222 *	0.31	− 0.0966 *	− 0.73
	流量支出中漫游占比	− 0.2495 *	− 1.18	− 1.0705	− 2.53
	数据业务占总支出比	0.1117	8.02	0.5399	7.68

		全部用户记录		其中有个人属性	
		系数	Z 统计量	系数	Z 统计量
入网自然月变量	1 月入网虚拟变量	− 0.6347	− 14.69	− 0.4392	− 4.79
	11 月入网虚拟变量	− 0.4564	− 8.40	− 0.7060	− 6.56
	12 月入网虚拟变量	− 0.6364	− 11.79	− 0.4850	− 4.18
入网后月份虚拟变量	入网 3 月后虚拟变量	− 0.0525	− 1.14	0.0666 *	0.53
	入网 7 月后虚拟变量	0.1438	1.83	− 0.0617 *	− 0.4
	入网 8 月后虚拟变量	0.2174	2.43	0.2266	1.28
	待估方程常数项	2.3638	19.27	3.1110	12.38
	误差的估计值	1.1448	98.47	1.2548	50.06

（二）参数估计结果的解释

对于模型系数显著的 43 个解释变量而言，无论是利用全部样本记录，还是只利用有个人属性的用户记录，估计出的参数符号和大小都基本上相同。下面简要解释模型参数的经济意义。

（1）再启用号码变量。相对于使用全新的手机号码，用户在使用已被他人使用过的号码时（尽管企业已经封存一定时间），其平均在网周期将会缩短，其可能的原因包括被用户骚扰，或者原有号码的业务信息未被彻底清理，等等。

（2）用户个人属性。相对于年轻人，年长者的平均在网周期将会增加，这说明年长者的在网惰性较强；相对于女性，男性的平均在网周期将会增加，或者说男性更强倾向于保持在网内；相对于外地人，本地户口的用户平均在网周期会更长，说明外地户籍人口可能因为迁徙或长途话务类型较多而经常更换网络。

（3）用户类型信息。当用户是集团用户、全局虚拟网、本地虚拟网、品牌 1、品牌 2 用户中的任何一类时，其平均在网周期都将比不是这类用户（如品牌 3 用户）的平均在网周期更长。

（4）用户入网信息。当用户从自有渠道，或者从渠道星级比较高的社会渠道入网的话，其平均在网周期将更长，这是显而易见的。同时当存在终端捆绑和资费捆绑时，平均而言其在网周期也会更长；但在捆绑的前提下，捆绑周期越长，用户在网周期却会缓慢下降。

（5）充值积分信息。从变量显著性可看出，在分析对平均在网周期的影响时，重要的是用户的充值次数是否多，越多则离网可能性越小，而不在于充值金额的高低；同样对于积分变量而言，重要的是用户是否参与了积分行动，如果参与则离网的可能性较小，而其积分数量多少并不重要。

（6）用户通话量信息。整体上讲，一是有本地通话量的用户的平均在网周期要更长，但随着本地通话量的增加，或网间通话占比的提高，其平均在网周期却会下降。二是有长途通话量或漫游通话量的用户，随网间通话占比提高，平均在网周期将下降。三是有短信的用户的平均在网周期要缩短，同时短信发出量越高，网间短信占比越高，反而会带动平均在网周期提高。这个结论与直观感觉并不符合。四是有上网流量及漫游占比较高的用户，其平均在网时长比较高。

（7）用户通话支出信息。整体上讲，一是当用户有本地通话支出时，随本地通话支出的增加，用户平均的在网持续周期将会缩短。但奇怪的是，随着本地网间支出的增加，用户在网周期却会增加。后面我们将会详细解释。二是当用户有长途通话支出和漫游通话支出时，随着长途网间或漫游网间支出的增加，用户的平均在网周期会增加。三是当用户有短信支出时，其在网平均周期会增加，但随着网间短信支出占比的提高，用户的平均在网周期会减少。四是有上网流量支出的用户，其平均在网周期会增加，但随着上网支出的增加，或者漫游流量的加大，其离网概率也将增加。

（8）入网自然月份虚拟变量。在每年的11月、12月和次年的1月份是用户返乡或过春节的高峰期，用户离网概率普遍会大幅增加。因此，每逢这三个自然月份，用户的平均在网周期会缩短。

（9）入网后的月份虚拟变量。与抽样用户数据的经验和企业运营经验基本基本一致，在用户入网后的第3个月，用户离网概率会增加。但在入网后的第7个月、第8个月里，用户的离网概率并没有突然增加。

四 解释变量的边际效应

在影响用户在网持续期的众多解释变量中，到底哪些因素起到决定性作用呢？这需要分析每个解释变量的边际效应，并对比边际效应的大小，得到关键性解释变量。

（一）边际效应含义与计算

边际效应反映了解释变量 X 每变化一个单位，对被解释变量（即在网持续周期）的影响程度。根据上文设定的计量方程，

$$\ln\ (t_{ij}) = X'_{ij}\beta + \varepsilon_{ij}$$

由对数正态分布的期望值知，任一用户 i 的期望在网持续周期 t_i 都将由下式给出：

$$E\ (t_{ij})\ = \exp\left(\sum_{k=1}^{K} X_{ijk}\widehat{\beta}_k + \frac{\widehat{\delta}^2}{2} \right)$$

式中，参数 $\widehat{\beta}_k$ 为估计出的解释变量 X_{ijk} 的参数，$\widehat{\delta}$ 为估计出的方程误差项的方差。

（1）当解释变量 X 为连续性变量时，其导数等于：

$$\frac{\partial E(t_{ij})}{\partial X_{ijk}} = \widehat{\beta}_k \exp\left(\sum_{k=1}^{K} X_{ijk}\widehat{\beta}_k + \frac{\widehat{\delta}^2}{2} \right)$$

将 X 变化一单位时，在网持续时间 t_{ij} 的变化量 $\Delta E\ (t_{ij})$ 除以 $E\ (t_{ij})$，就得到以百分比表达的边际效应：

$$\left[\frac{\partial E\ (t_{ij})}{\partial X_{ijk}} \right] \Delta X_{ijk} / E\ (t_{ij})\ = \widehat{\beta}_k \Delta X_{ijk}$$

注意，ΔX_{ijk} 可以对不同的变量取不同的数值，如对于通话量指标 ΔX_{ijk} 为一分钟，而对于通话支出指标 ΔX_{ijk} 为一元，对于网间通话占比为 1%。

（2）当解释变量 X 为离散型变量时，以百分比表达的边际效应计算公式等于：

$$\frac{E(t_{ij}|X_{ijk}=1)\ -\ E(t_{ij}|X_{ijk}=0)}{E(t_{ij}|X_{ijk}=0)} = \exp(\widehat{\beta}_k) - 1$$

（二）各影响因素的边际效应

下面结合表8-7中的估计结果，计算各个影响因素的边际效应，具体结果如表8-8所示。

表8-8 各影响因素的边际效应

单位:%

	利用全部样本用户记录，计算出的各解释变量的边际效应			
	离散型解释变量	边际效应	连续型解释变量	边际效应
用户属性信息	再启用号码	-6.7		
	性别	7.5	年龄	0.8
	户口	57.3		
用户类型信息	集团用户	58.1		
	虚拟网—全局	73.3		
	虚拟网—本地	47.8		
	品牌—品牌1	65.2		
	品牌—品牌2	41.4		
用户入网信息	自有渠道	497	渠道星级增一级	48.9
	终端捆绑	682	终端捆绑周期增1月	-8.25
	资费捆绑	312	资费捆绑周期增1月	0.30
			捆绑金额增加1元	-0.06
			赠送额增1元	0.34
充值积分信息			充值次数增1次	28.4
			充值金额增1元	0.03
	是否积分	46.4	积分数增1分	0.00
用户消费量信息	是否有本地主叫时长	6.2	本地主叫总分钟数	-0.01
			本地主叫中网间占比	-0.38
	是否有本地被叫通话	-51.5	本地被叫总分钟数	0.04
			本地被叫中网间占比	-0.05
	是否存在长途主叫	-28.1	长途主叫总分钟数	
			长途主叫中网间占比	-0.46

利用全部样本用户记录，计算出的各解释变量的边际效应			
离散型解释变量	边际效应	连续型解释变量	边际效应
是否存在漫游通话	-41.2	漫游主叫总分钟数	
		漫游通话中主叫占比	-1.39
是否发出短信	-87.5	短信发出总条数	0.0
		短信发出中网间占比	0.31
是否上网	14.9	用户上网总数据流量	0.11
		上网流量中漫游占比	0.63
是否有本地通话支出	-64.8	本地通话总支出额	-0.16
		本地支出网间占比	0.60
是否有长途通话支出	173.8	长途支出网间占比	0.71
是否有漫游通话支出	79.3	漫游支出网间占比	1.06
是否有短信支出	52.7	短信总支出额	-0.10
		短信支出中网间占比	-0.27
是否有上网流量支出	2.2	用户上网流量支出	-0.19
		流量支出中漫游占比	-0.25
		数据业务占总支出比	0.11
1月入网虚拟变量	-47.0		
11月入网虚拟变量	-36.6		
12月入网虚拟变量	-47.1		
入网3月后虚拟变量	-5.1		
入网7月后虚拟变量	15.5		
入网8月后虚拟变量	24.3		

（注：左侧纵向合并单元格依次为"用户消费量信息"、"入网自然月变量"、"入网后月份虚拟变量"）

表8-8中关于边际效应的计算结果显示，按照边际效应的大小，提高用户在网持续周期的离散类解释变量依次是：终端捆绑、自有渠道、资费捆绑、是否有长途通话支出、是否有漫游通话支出、全局虚拟网、全球通、集团用户、户口、是否有短信支出等。提高用户在网持续周期的连续类解释变量则依次是渠道星级、充值次数、漫游通话支出网间占比、年龄、长途通话支出网间占比、上网流量支出中漫游占比、本地通话支出网间占比、赠送额等。

这一结论清晰地解释了为什么目前移动企业采取这些经营策略来增强

用户黏性。一是纷纷通过赠送终端或资费捆绑来吸引用户入网，当然用户必须确保在网 24 个月或 36 个月等。二是通过发展虚拟网、集团客户、让用户参与积分活动等形式来增强用户黏性。三是更愿意与高星级的渠道合作发展用户。四是降低网内通话资费，赠送话费等。

表 8-8 中关于边际效应的计算结果还显示，明显降低用户在网持续周期的变量中，一是离散类变量中的否发出短信、是否有本地通话支出、是否有本地被叫通话、12 月入网虚拟变量、1 月入网虚拟变量、是否存在漫游通话、11 月入网虚拟变量、是否存在长途主叫、再启用号码、入网 3 月后虚拟变量。二是连续类变量中的终端捆绑周期、漫游通话中主叫占比、长途主叫中网间占比、本地主叫中网间占比、短信支出中网间占比、流量支出中漫游占比、用户上网流量支出等。

需要注意的是，在上面的边际效应中，一方面各类业务的网间通话支出占比越高，用户的在网持续周期越长；另一方面各类业务的网间通话量占比越高，用户的在网持续周期却越短。这两种看似矛盾的现象，其实并不矛盾。其原因在于：

首先，网间通话量占比高，意味着用户的社交关系圈主要在他网。而网间通话的质量通常由于互联互通的原因而不如网内通话，同时网间通话的价格通常情况下也要比网内通话要高。因此，当网间通话量占比不断提高时，用户很容易想到要转网。

其次，网间通话支出占比高，可能有两个方面的原因，一个是网间通话量占比高，另一个是网间通话价格远高于网内通话价格。当网间通话量因素被计量方程控制后，网间通话支出占比越高，就意味着网间通话相对于网内通话价格越高。反过来讲，就是网内通话的价格优势越大，因此，从这个角度讲，用户越不容易离网。

第六节　本章主要结论

本章结合离网样本数据的特点，采用带有时变解释变量的持续期限模型，对用户"在网持续月份"建模，估计出各个解释变量的参数，在此基础上计算出这些因素变动时的边际效应。本章得到许多结论。

用户离网数据有四大特点。在样本观测期内，如果用户不离网，那么他的在网月份数将一直持续下去，具有"持续"特征；同时用户在每个月份的消费量等都随在网月份增加而变化，具有"时变"特征。而到样本观测期末，一部分用户已经离网，而另一部分用户仍然在网，用户具有不同的"状态"；当然，还有一部分用户在样本观测期初已经入网了，但我们却观察不到，所以离网样本数据还具有"截断或删失"特征。这四大特征要求在建模时给予特别考虑。

在处理用户离网数据时，持续模型相对于线性回归和离散选择模型具有优势。对于用户离网数据，采用线性回归模型建模时，无法处理变量的"时变"特征，也无法处理变量的"状态"问题；而采用离散选择模型时，尽管它利用了"状态"信息，但未利用在网持续时长信息，也无法解决样本的"截断或删失"问题。相比而言，持续期限模型以用户在网持续时长为被解释变量，能够同时考虑"状态性"、"截断或删失"和"时变性"等问题，具有明显的优势。

采用持续模型处理用户离网问题时，需要推断出用户在网时长分布函数。用户的在网持续周期服从一定的概率分布，利用样本用户的在网持续时长数据，容易拟合出其具体的概率分布形式。但用户的在网持续时长往往取决于一系列前提条件，为此可采用线性方程设定形式，把各类因素作为解释变量 X 纳入计量方程中，分析 X 变化一单位时对用户在网持续周期的影响。此外，还需要借用 Tobit 模型思路来处理样本截断或删失问题。

对于时变解释变量，必须将用户在网周期分解为各个时间段分别进行建模。当解释变量 X 在用户持续期内出现变化时，即具有"时变"特征时，就必须对传统的持续模型进行拓展。拓展的思路是以用户每个月的消费记录为对象进行建模，这样解释变量 X 在每月之内就不再发生变化。但以月度消费记录进行建模时，用户能够保持在网且持续到时刻 t，是以他一直在网持续到 $t-1$ 时刻为条件的，因此，这里需要借用条件概率的思路来建模。

结合国内某省某市移动公司提供的用户月度消费数据，根据上述带有时变解释变量的建模思路，本章估计出各个解释变量对用户在网持续周期的影响方向和强度。

能够提高用户在网持续周期的变量是：（1）离网类变量中的终端捆

绑、自有渠道、资费捆绑、是否有长途通话支出、是否有漫游通话支出、全局虚拟网、品牌1、集团用户、户口、是否有短信支出等；（2）连续类变量中的渠道星级、充值次数、漫游通话支出网间占比、年龄、长途通话支出网间占比、上网流量支出中漫游占比、本地通话支出网间占比、赠送额等。

而明显降低用户在网持续周期的变量是：（1）离散类变量中的否发出短信、是否有本地通话支出、是否有本地被叫通话、12月入网虚拟变量、1月入网虚拟变量、是否存在漫游通话、11月入网虚拟变量、是否存在长途主叫、再启用号码、入网3月后虚拟变量；（2）连续类变量中的终端捆绑周期、漫游通话中主叫占比、长途主叫中网间占比、本地主叫中网间占比、短信支出中网间占比、流量支出中漫游占比、用户上网流量支出等。

对于网间通话支出占比高，用户在网持续周期越长的原因是：当各类业务的网间通话量占比因素被模型控制后，网间业务支出占比越高，就意味着网间业务价格相对于网内业务价格越高。在本章研究样本市内，虚拟网规模非常庞大，网内业务的实际价格实际上确实低于网间业务的实际价格。因此，用户反而越不容易离网。

基于本章的研究基础，可以拓展的方向包括：一是将来可以针对各个细分业务品牌分别进行建模研究，并与本章记录对比研究；二是基于本章模型估计结果，优化现行用户离网经营决策程序，高度重视影响离网的关键性指标；三是在本章模型基础上，以用户消费行为的滞后变量来解释用户的在网周期，建立新的模型，以便预测用户的预期剩余在网周期（如张民悦和郑平，2004；Henderson，Jones and Stare，2001），并与实际离网行为进行比对，开发预测用户离网行为的决策模型；四是基于用户预期剩余在网周期，及时通过营销干预，降低用户离网概率。

附表一 用户消费记录的样本统计量

	全部样本用户的消费记录（220904条）				其中：有个人属性用户的消费记录（137737条）				无个人属性用户的消费记录（83167条记录）			
	全部	品牌 1	品牌 2	品牌 3	全部	品牌 1	品牌 2	品牌 3	全部	品牌 1	品牌 2	品牌 3
		26463	16286	178155		21201	12554	103982		5262	3732	74173
在网持续周期	29.420	59.084	21.558	25.732	39.535	64.039	25.455	36.239	12.668	39.120	8.449	11.003
左截断时间点	28.372	58.030	20.503	24.685	38.515	63.021	24.444	35.217	11.572	37.919	7.247	9.921
再启用号码	0.174	0.057	0.217	0.187	0.095	0.028	0.160	0.100	0.305	0.174	0.411	0.309
年龄					35.868	38.685	25.894	36.498				
性别					0.703	0.829	0.514	0.700				
户口					0.721	0.736	0.678	0.723				
集团用户	0.206	0.466	0.197	0.168	0.288	0.493	0.234	0.253	0.070	0.356	0.072	0.050
虚拟网—全局	0.049	0.120	0.049	0.038	0.070	0.133	0.057	0.058	0.014	0.067	0.025	0.010
虚拟网—本地	0.371	0.573	0.559	0.323	0.480	0.613	0.596	0.439	0.190	0.410	0.435	0.162
品牌—品牌 1	0.120				0.154				0.063			
品牌—品牌 2	0.074				0.091				0.045			
自有渠道	0.124	0.189	0.259	0.102	0.160	0.127	0.289	0.151	0.065	0.435	0.157	0.034
渠道星级	0.511	0.206	0.547	0.553	0.484	0.210	0.589	0.528	0.554	0.188	0.406	0.588

续表

	全部样本用户的消费记录（220904条）				其中：有个人属性用户的消费记录（137737条）				无个人属性用户的消费记录（83167条记录）			
	全部	品牌1	品牌2	品牌3	全部	品牌1	品牌2	品牌3	全部	品牌1	品牌2	品牌3
		26463	16286	178155		21201	12554	103982		5262	3732	74173
终端捆绑	0.055	0.178	0.040	0.038	0.075	0.195	0.048	0.054	0.022	0.109	0.013	0.016
终端捆绑周期	0.985	3.091	0.772	0.691	1.382	3.346	0.934	1.036	0.326	2.063	0.225	0.208
资费捆绑	0.266	0.366	0.393	0.240	0.340	0.393	0.437	0.318	0.144	0.254	0.244	0.131
资费捆绑周期	5.626	10.026	5.818	4.955	7.678	10.426	6.942	7.206	2.227	8.414	2.038	1.798
预付费金额	53.728	199.641	53.174	32.104	75.637	223.855	63.043	46.937	17.442	102.078	19.973	11.310
赠送话费	1.106	3.574	1.405	0.712	1.368	2.769	1.588	1.056	0.671	6.819	0.787	0.229
充值次数	1.525	1.874	2.068	1.423	1.549	2.023	2.149	1.379	1.485	1.276	1.795	1.485
充值金额	55.589	130.729	59.621	44.059	61.954	142.121	63.317	45.444	45.047	84.828	47.191	42.117
是否积分	0.167	0.812	0.728	0.019	0.235	0.884	0.819	0.032	0.054	0.523	0.419	0.003
积分数	281.155	1923.257	513.572	15.992	391.161	2051.736	614.287	25.646	98.970	1405.606	174.778	2.460
本地主叫总分钟数	444.649	656.338	263.637	429.752	347.906	665.263	247.400	295.333	604.871	620.380	318.255	618.192
是否有本地主叫时长	0.107	0.103	0.109	0.107	0.066	0.035	0.062	0.073	0.175	0.379	0.266	0.155
本地主叫中网间占比	0.403	0.354	0.371	0.413	0.407	0.377	0.379	0.416	0.397	0.260	0.344	0.410
本地被叫总分钟数	92.137	214.503	97.572	73.465	103.863	231.954	104.862	77.626	72.718	144.190	73.046	67.631
是否有本地被叫通话量	0.266	0.137	0.235	0.288	0.204	0.062	0.172	0.237	0.369	0.443	0.446	0.360
本地被叫中网间占比	0.299	0.371	0.287	0.289	0.331	0.402	0.314	0.319	0.246	0.247	0.195	0.248

续表

	全部样本用户的消费记录 (220904 条)				其中：有个人属性用户的消费记录 (137737 条)				无个人属性用户的消费记录 (83167 条记录)			
	全部	品牌 1	品牌 2	品牌 3	全部	品牌 1	品牌 2	品牌 3	全部	品牌 1	品牌 2	品牌 3
		26463	16286	178155		21201	12554	103982		5262	3732	74173
是否存在长途主叫	0.859	0.633	0.888	0.890	0.849	0.603	0.884	0.895	0.877	0.754	0.900	0.884
长途主叫中网间占比	0.062	0.164	0.042	0.049	0.068	0.178	0.043	0.048	0.053	0.108	0.039	0.050
是否存在漫游通话	0.743	0.467	0.681	0.790	0.714	0.421	0.658	0.780	0.792	0.653	0.758	0.803
漫游通话中主叫占比	0.127	0.244	0.149	0.108	0.131	0.261	0.154	0.102	0.120	0.174	0.132	0.115
短信发出总条数	104.164	148.355	390.748	71.402	109.344	123.902	431.225	67.514	95.586	246.878	254.591	76.853
是否发出短信	0.105	0.054	0.079	0.115	0.057	0.028	0.029	0.067	0.184	0.162	0.247	0.182
短信发出中网间占比	0.107	0.139	0.087	0.104	0.115	0.150	0.089	0.111	0.093	0.096	0.080	0.094
用户上网总数据流量	1.147	1.319	5.925	0.684	1.308	1.114	6.607	0.708	0.879	2.148	3.630	0.651
是否上网	0.793	0.702	0.585	0.825	0.783	0.682	0.572	0.828	0.809	0.782	0.626	0.820
上网流量中漫游占比	0.012	0.023	0.018	0.010	0.011	0.022	0.016	0.008	0.014	0.025	0.025	0.012
本地通话总支出额	32.183	107.833	20.759	21.991	36.962	117.094	21.667	22.470	24.269	70.523	17.701	21.318
是否有本地通话支出	0.124	0.104	0.145	0.125	0.073	0.036	0.090	0.079	0.207	0.380	0.328	0.188
本地支出网间占比	0.381	0.372	0.362	0.384	0.412	0.400	0.391	0.417	0.329	0.259	0.265	0.337
是否有长途通话支出	0.914	0.767	0.938	0.934	0.904	0.744	0.930	0.933	0.931	0.859	0.964	0.934
长途支出网间占比	0.040	0.114	0.024	0.031	0.046	0.125	0.027	0.032	0.031	0.072	0.013	0.029
是否有漫游通话支出	0.757	0.473	0.708	0.803	0.724	0.428	0.683	0.790	0.810	0.656	0.792	0.822

续表

	全部样本用户的消费记录（220904 条）				其中：有个人属性用户的消费记录（137737 条）				无个人属性用户的消费记录（83167 条记录）			
	全部	品牌 1	品牌 2	品牌 3	全部	品牌 1	品牌 2	品牌 3	全部	品牌 1	品牌 2	品牌 3
		26463	16286	178155		21201	12554	103982		5262	3732	74173
漫游支出网间占比	0.120	0.257	0.130	0.099	0.129	0.274	0.137	0.098	0.105	0.185	0.107	0.099
短信总支出额	6.142	10.339	9.278	5.232	6.090	9.579	10.044	4.901	6.229	13.398	6.705	5.696
是否有短信支出	0.318	0.255	0.362	0.323	0.287	0.207	0.303	0.301	0.369	0.447	0.558	0.354
短信支出中网间占比	0.149	0.144	0.395	0.127	0.157	0.157	0.431	0.125	0.135	0.093	0.272	0.131
用户上网流量支出	1.049	2.146	1.471	0.848	0.983	1.857	1.526	0.739	1.159	3.311	1.286	1.000
是否有上网流量支出	0.855	0.849	0.834	0.857	0.859	0.836	0.823	0.868	0.848	0.899	0.871	0.843
流量支出中漫游占比	0.009	0.014	0.006	0.008	0.007	0.013	0.006	0.006	0.011	0.015	0.008	0.011
数据业务占总支出比	0.072	0.047	0.135	0.070	0.058	0.048	0.075	0.059	0.095	0.045	0.339	0.086
元月入网虚拟变量	0.118	0.112	0.127	0.118	0.116	0.113	0.121	0.117	0.120	0.111	0.147	0.120
11 月入网虚拟变量	0.084	0.083	0.094	0.083	0.080	0.082	0.091	0.079	0.090	0.087	0.102	0.090
12 月入网虚拟变量	0.084	0.084	0.100	0.083	0.081	0.083	0.095	0.079	0.089	0.091	0.119	0.087
入网 3 月后虚拟变量	0.048	0.009	0.057	0.053	0.023	0.006	0.033	0.025	0.090	0.021	0.138	0.093
入网 7 月后虚拟变量	0.030	0.011	0.031	0.033	0.020	0.007	0.032	0.021	0.047	0.029	0.027	0.049
入网 8 月后虚拟变量	0.027	0.011	0.027	0.030	0.019	0.007	0.029	0.020	0.041	0.027	0.021	0.043

第九章　发展中国家普遍服务
政策的经济分析

第一节　引言

　　在多数公共事业部门，普遍服务政策都产生了很大争议[①]。例如，在美国电信部门的最近改革中，普遍服务就是着重解决的问题之一。实际上，在 1996 年美国新电信法中，很大一部分篇幅都是有关普遍服务改革的，而且美国规制机构联邦通信委员会（FCC）一直在努力推动这方面的改革。在其他正在进行电信改革的国家中，他们的政府已经将普遍服务作为一种社会义务，在规制改革中努力推行普遍服务政策。

　　在中国，随着近年来垄断行业的规制改革不断深入，普遍服务问题逐步显露出来，并开始引起政府的高度重视。在过去的垄断时代，普遍服务一直作为一种社会义务赋予垄断企业，并通过企业内部交叉补贴提供必要的资金。但普遍服务机制一直缺乏明确的法律框架，确切地讲，既没有从法律上规定垄断企业必须承担这些社会负担，也没有明确规定交叉补贴机制的法律地位。比如电信行业的"村村通"工程，是作为企业的社会负担来实现的。但政企分开和引入竞争以后，这种默许的普遍服务政策受到市场竞争的强烈冲击，诸如"村村通"这样的公共目标的实施逐步处于停滞状态。

　　表面上看来，普遍服务是一个简单的由企业来承担政府职能问题，因此在竞争环境下，只需把这些社会负担从商业化的企业中剥离，而由政府

[①]　最近的贡献可参见克雷默等（Cremer et al. , 2001）。

来承担这些负担。但较高的公共资金成本和网络外部性等原因，以及财政支付的政治经济因素，使得简单的财政支付手段既不一定有效，同时也很可能不可行。正是在这样复杂的背景下，政府在明确普遍服务目标的同时，开始重新考虑普遍服务政策的实施问题[1]。在我国电信业，正在起草中的电信法正式明确了普遍服务目标，并开始酝酿出台普遍服务实施办法；在电力行业，新成立的电力监管委员会也明确将普遍服务作为监管目标。

　　尽管多数国家已经在不同程度上对普遍服务政策做出承诺，但在改革过程中，普遍服务问题还是产生了很多矛盾。实际上，普遍服务政策引发了许多重要的理论问题和实践问题，其中争论的两个焦点问题与发展中国家密切相关[2]：

　　首先，网络扩张的最优规模究竟应该多大？在发达国家，基础设施的建设已经不再成为一个问题，但发展中国家还没有建设足够的基础设施来提供服务，尤其是在农村地区，因此网络建设的投资激励是发展中国家的

---

　　[1]　寻求新机制并不意味彻底放弃内部交叉补贴机制。对绝大多数经济学家来讲，交叉补贴似乎是一种魔鬼，因为根据经济学教科书最基本的常识，它意味着价格扭曲和由此带来的社会成本，但这个结论并没有考虑制度因素和交易成本：首先，政府补贴的社会成本取决于公共资金的影子价格；其次，产业交叉补贴方式或者普遍服务基金机制带来额外的执行成本或交易成本（影子价格为产业预算约束的拉格朗日乘子）。在上述两种成本都很大的情况下，尤其是对公共资金成本较高（发达国家为 0.3 左右，而根据我们的研究，中国为 1.5—2.0），并且行政管理效率较低的发展中国家，只要合理地分摊普遍服务负担，企业内部交叉补贴（其影子价格为企业预算约束的拉格朗日乘子）很可能是更有效的实现机制。根据我们所知，是否应该用内部交叉补贴实现普遍服务的纯学术上的争议，最早源于 1998 年 4 月 20—21 日召开的世界银行世界银行发展经济学年会（ABCDE），本章的作者都有幸参加了这次会议，并且作为特邀代表，拉丰作了主题发言。在演讲中，拉丰根据一系列学术研究结果提出，对于很多发展中国家，由于制度上的原因，选择实现普遍服务目标的最优机制并不现实，而内部交叉补贴可能是更现实的次优选择。这个观点在这样一个发展经济学最高规格的会议上提出以后，立即遭到了包括乔斯科（Joskow）在内的很多主流经济学的批评。实际上，这种观点并不仅仅只是理论上的可能。尽管主流观点都赞同普遍服务基金机制，但这种看似非主流的思路也在实践中得到了应用，比如阿根廷就是由南北两个公司（与我国电信和网通的情形类似），通过交叉补贴方式在各自区域实现普遍服务目标。据悉，我国政府主管部门也在考虑采取内部交叉补贴方式，在竞争环境下实现普遍服务目标的可行性。

　　[2]　有关发展中国家的普遍服务，基本上没有学术文献可查。参见拉丰和 N'Gbo（2000）、Gasmi 等（1999）。

普遍服务政策需要考虑的一个重要问题。

其次，如何定价才能最好地实施普遍服务政策。在实践中，由于不能使用基本的财政手段，规制机构常常只能依靠价格政策来实现配置效率以及赋予的再分配目标。但是在基础设施部门实现自由化以后，这些政策就会面临新的挑战。在垄断时代，用交叉补贴机制实现普遍服务也许是可行的，但是在引入竞争之后，这种方法面临严峻的"撇奶油"问题，因此必须寻求实现普遍服务的新机制。在发展中国家，这个问题可能更为严重，其原因在于，这些国家缺乏在竞争环境中对基础设施进行规制的经验。

除了推动普遍服务改革的基本动机外[①]，越来越多的发展中国家认识到，普遍服务政策实际上是一个经济与社会发展问题。在发展中国家，政策制定者常常认为，普遍服务政策是提高经济发展水平的一个重要手段；我国也确立了用信息化带动工业化，实现跨越式发展的战略目标。由于信息化的关键在于解决普遍接入问题，所以普遍服务政策成为信息化战略的关键所在。

为了分析发展中国家的普遍服务问题，我们构建了一个简单的模型，在模型中我们假设，政府与垄断企业对于在农村提供服务的边际成本具有不对称的信息。我们使用该模型分析非对称信息对最优普遍服务政策的影响。在这里，最优的普遍服务政策通过两种规制手段来实现，即农村电信网络的服务定价和投资。我们对区别定价（城市和农村之间）与统一定价这两种定价机制对应的结果进行了比较分析。

我们得到的结果表明，与完全信息相比，在这两种定价机制下，非对称信息均会导致农村地区的资费上升和网络覆盖减小。尽管统一定价机制可能会降低农村地区的资费水平，但这是以减小网络覆盖为代价的。

本章的主要贡献在于，应用激励理论来分析发展中国家具体的公共政策问题。我们注意到，发展中国家的政府在制定普遍服务政策时常常有许多困惑，而且似乎又没有机会从理论和实践经验中学习。的确，作为一个公共政策问题，尽管普遍服务已经引起了广泛的讨论，但从现有的文献来看，还缺乏对普遍服务的理论上的分析。本章从规范经济学角度，对普遍

---

① 参见拉丰和蒂罗尔（2000）。

服务政策的理论基础进行了分析，这是理解发展中国家的普遍服务问题的必要条件。

第二节　基本设定

考虑极大化福利的政府和垄断企业之间一个简单的委托—代理关系，该垄断企业在某地区提供业务（例如电信业务或电力服务）时受到政府的规制。这个地区分为低成本地区和高成本地区两个部分，或者称为城市地区和农村地区，这两个地区的人口比例分别记为 α_1 和 α_2，其中，$\alpha_1 + \alpha_2 = 1$。

假设在城市提供服务的边际成本是 c_1，c_1 是共同知识。我们可以认为，该假设是城市中充分竞争的简化形式。但是，在农村提供服务的边际成本 c_2 却是企业的私有信息。为了简化分析，我们假设私有信息只有两种类型，即 $c_2 \in \{\underline{c_2}, \overline{c_2}\}$，其概率分布分别为 $\Pr(c_2 = \underline{c_2}) = v$，$\Pr(c_2 = \overline{c_2}) = 1 - v$。假设 $\Delta c_2 \equiv \overline{c_2} - \underline{c_2} > 0$。

我们还假设，城市地区电信网络已经完全覆盖，而农村只实现部分覆盖。记 $\mu < 1$ 是农村中已经享受电信服务的人群比例。因为仅有农村地区尚未实现完全覆盖，政府可以通过特定的网络投资政策和定价政策来实现农村地区的普遍服务。假设网络投资函数 $C(\mu)$ 是一个凸函数，满足 $C'(\cdot) > 0$，$C''(\cdot) > 0$。

假定城市和农村消费者具有相同的总社会剩余函数 $S(q)$，逆需求函数为 $P(q)$。为简化分析，我们不考虑消费者的接入意愿，也就是说，消费者能获得消费产生的所有剩余，网络容量可以得到充分利用。同样，出于简化的目的，假设消费者的需求弹性为常数 η，并且 $\eta > 1$。

整个博弈的时序如下：首先，企业得到自己的私有信息 c_2；其次，政府制定规制政策，决定城市和农村的网络覆盖面积和服务价格；最后，垄断企业进行农村网络投资，扩大农村覆盖面积，消费者做出相应的消费选择。

第三节 区别定价下的最优规制

在本节，我们考虑区别定价时的情形，假定规制机构在两个地区制定的价格分别是 p_1 和 p_2，两个地区消费水平分别为 q_1 和 q_2。企业的效用函数为：

$$U = t + \alpha_1 P(q_1) q_1 + \alpha_2 \mu P(q_2) q_2 - [\alpha_1 c_1 q(p_1) + \alpha_2 \mu c_2 q(p_2)] - C(\mu)$$

这里，t 是为实施普遍服务政策，政府对企业的转移支付。

假设极大化社会福利的政府的社会福利函数为：

$$W = \alpha_1 [S(q(p_1)) - p_1 q(p_1)] + \alpha_2 \mu [S(q(p_2)) - p_2 q(p_2)] - (1 + \lambda) t + U$$

这里，$\lambda > 0$ 是公共基金的影子成本，因为企业不受预算约束，λ 为外生变量。将 t 代入，可以将目标函数改写为：

$$W = \alpha_1 [S(q(p_1)) + \lambda p_1 q(p_1)] + \alpha_2 \mu [S(q(p_2)) + \lambda p_2 q(p_2)] - (1 + \lambda)[\alpha_1 c_1 q(p_1) + \alpha_2 \mu c_2 q(p_2) + C(\mu)] - \lambda U$$

为了表达的简洁起见，我们引入以下符号：$\bar{p}_i$、$\bar{q}_i$ 和 $\underline{p}_i$、$\underline{q}_i$，$i = 1$，2，分别表示类型 $\bar{c}_2$ 和 $\underline{c}_2$ 对应的价格与消费；同样，记 $\bar{t} = t(\bar{c}_2)$，$\underline{t} = t(\underline{c}_2)$ 和 $\bar{\mu} = \mu(\bar{c}_2)$，$\underline{\mu} = \mu(\underline{c}_2)$。下面来讨论完全信息下的基准模型。

首先考虑企业的参与约束。容易得到，高成本（或坏类型）企业的参与约束为：

$$\bar{t} + \alpha_1 \bar{p}_1 \bar{q}_1 + \alpha_2 \bar{\mu} \bar{p}_2 \bar{q}_2 - (\alpha_1 c_1 \bar{q}_1 + \alpha_2 \bar{\mu} \bar{c}_2 \bar{q}_2) - C(\bar{\mu}) \geqslant 0 \qquad (9-1)$$

低成本（或好类型）企业的参与约束为：

$$\underline{t} + \alpha_1 \underline{p}_1 \underline{q}_1 + \alpha_2 \underline{\mu} \, \underline{p}_2 \underline{q}_2 - (\alpha_1 c_1 \underline{q}_1 + \alpha_2 \underline{\mu} \underline{c}_2 \underline{q}_2) - C(\underline{\mu}) \geqslant 0 \qquad (9-2)$$

这样，在完全信息下，政府的最优规制政策由以下规划决定：

$$\underset{\{\underline{q}_1,\overline{q}_2,\overline{\mu},\overline{U},\underline{q}_1,\overline{q}_2,\underline{\mu},\underline{U}\}}{\text{Max}} \quad W = v\{\alpha_1(S(\overline{q}_1) + \lambda\,\overline{p}_1\overline{q}_1) + \alpha_2\overline{\mu}(S(\overline{q}_2) + \lambda\,\overline{p}_2\overline{q}_2) -$$

$$(1+\lambda)(\alpha_1 c_1\overline{q}_1 + \alpha_2\overline{\mu}\overline{c}_2\overline{q}_2 + C(\overline{\mu})) - \lambda\,\overline{U}\} + (1 -$$

$$v)\{\alpha_1(S(\overline{q}_1) + \lambda\,\overline{p}_1\overline{q}_1) + \alpha_2\overline{\mu}(S(\overline{q}_2) + \lambda\,\overline{p}_2\overline{q}_2)$$

$$- (1+\lambda)(\alpha_1 c_1\overline{q}_1 + \alpha_2\overline{\mu}\,\overline{c}_2\overline{q}_2 + C(\overline{\mu})) - \lambda\,\overline{U}\}$$

s. t. （9 - 1）式和（9 - 2）式

求解此规划可以得到：

定理 1：如果 $|S''|$ 足够大，那么在完全信息和区别定价时，最优价格结构遵循拉姆齐规则；在网络投资的社会边际成本与社会边际收益相等时，网络覆盖达到最优规模。具体有：

$$\frac{\underline{p}_1^* - c_1}{\underline{p}_1^*} = \frac{\overline{p}_1^* - c_1}{\overline{p}_1^*} = \frac{\lambda}{1+\lambda}\,\frac{1}{\eta}$$

$$\frac{\underline{p}_2^* - c_2}{\underline{p}_2^*} = \frac{\overline{p}_2^* - \overline{c}_2}{\overline{p}_2^*} = \frac{\lambda}{1+\lambda}\,\frac{1}{\eta}$$

$$(1+\lambda)C'(\underline{\mu}^*) = \alpha_2\left[S(\underline{q}_2^*) + \lambda\,\underline{p}_2^*\underline{q}_2^* - (1+\lambda)\underline{c}_2\underline{q}_2^*\right]$$

$$(1+\lambda)C'(\overline{\mu}^*) = \alpha_2\left[S(\overline{q}_2^*) + \lambda p_2^*\,\overline{q}_2^* - (1+\lambda)\overline{c}_2\overline{q}_2^*\right]$$

证明：参见本章附录。

在完全信息下，规制机构仅需要满足垄断企业的参与约束，因此留给企业的信息租金为零；最优价格符合拉姆齐原理，边际成本之上的加价取决于公共基金的社会成本。

在决定网络覆盖的最优规模时，需要考虑在农村提供服务的两个方面的收益：净剩余效应 $S(\overline{q}_2) - (1+\lambda)\,\overline{c}_2\overline{q}_2$ 和收入效应 $\lambda\overline{p}_2\overline{q}_2$，前者是使农村消费者得到服务的净收益，后者是消费者的消费带来的社会收益[①]。容易得到，$\underline{p}_1^* = \overline{p}_1^* = p_1^*$，$\underline{p}_2^* < \overline{p}_2^*$，以及 $\underline{\mu}^* > \overline{\mu}^*$，其含义是较高的边际成本导致农村地区价格高并且网络覆盖小（见图 9 - 1）。

在网络投资函数中，对 λ 微分后得到 $d\mu^*/d\lambda < 0$，也就是说，最优

[①]　因为公共资金成本大于 1，所以回收成本带来正的社会收益。

网络覆盖面积是公共基金社会成本的减函数。与发达国家相比，发展中国家的 λ 要大得多，因此从规范角度，发展中国家的网络覆盖面积相对较小。

假设规制机构只有 c_2 的不对称信息。根据显示原理，不失一般性，可以只考虑直接显示机制：

$$\{p_1(\tilde{c}_2), p_2(\tilde{c}_2), \mu(\tilde{c}_2), t(\tilde{c}_2)\}, \tilde{c}_2 \in \{\underline{c}_2, \bar{c}_2\}$$

这里，$\tilde{c}_2$ 是垄断企业向政府显示的自己的类型 c_2。

以下分别是坏类型代理人和好类型代理人的激励相容约束条件：

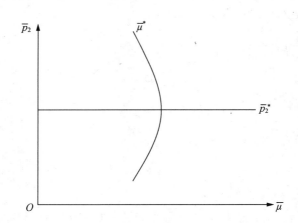

图 9 - 1 区别定价、完全信息下最优定价与网络规模

$$\bar{t} + \alpha_1 \bar{p}_1 \bar{q}_1 + \alpha_2 \bar{\mu}\, \bar{p}_2 \bar{q}_2 - (\alpha_1 c_1 \bar{q}_1 + \alpha_2 \bar{\mu}\, \bar{c}_2 \bar{q}_2) - C(\bar{\mu}) \geq \underline{t} + \alpha_1 \underline{p}_1 \underline{q}_1 + \alpha_2 \underline{\mu} \times$$

$$\underline{p}_2 \underline{q}_2 - (\alpha_1 c_1 \underline{q}_1 + \alpha_2 \underline{\mu}\bar{c}_2 \underline{q}_2) - C(\underline{\mu}) \tag{9-3}$$

$$\underline{t} + \alpha_1 \underline{p}_1 \underline{q}_1 + \alpha_2 \underline{\mu}\, \underline{p}_2 \underline{q}_2 - (\alpha_1 c_1 \underline{q}_1 + \alpha_2 \underline{\mu}\, \underline{c}_2 \underline{q}_2) - C(\underline{\mu}) \geq \bar{t} + \alpha_1 \bar{p}_1 \bar{q}_1 + \alpha_2 \bar{\mu} \times$$

$$\bar{p}_2 \bar{q}_2 - (\alpha_1 c_1 \bar{q}_1 + \alpha_2 \underline{c}_2 \bar{\mu}\, \bar{q}_2) - C(\bar{\mu}) \tag{9-4}$$

政府的规划为：

$$\underset{\{\overline{q}_1, \overline{q}_2, \overline{\mu}, \overline{U}, \underline{q}_1, \underline{q}_2, \underline{\mu}, \underline{U}\}}{\text{Max}} \quad W = v\{\alpha_1(S(\underline{q}_1) + \lambda \underline{p}_1 \underline{q}_1) + \alpha_2 \underline{\mu}(S(\underline{q}_2) + \lambda \underline{p}_2 \underline{q}_2) - (1$$
$$+ \lambda)[(\alpha_1 c_1 \underline{q}_1 + \alpha_2 \underline{\mu} \underline{c}_2 \underline{q}_2 + C(\underline{\mu})) - \lambda \underline{U}\} + (1 -$$
$$v)\{\alpha_1(S(\overline{q}_1) + \lambda \overline{p}_1 \overline{q}_1) + \alpha_2 \overline{\mu}(S(\overline{q}_2) + \overline{\lambda p}_2 \overline{q}_2) -$$
$$(1 + \lambda)(\alpha_1 c_1 \overline{q}_1 + \alpha_2 \overline{\mu} \overline{c}_2 \overline{q}_2 + C(\overline{\mu})) - \lambda \overline{U}\}$$

s. t. (9－1)式、(9－2)式、(9－3)式和(9－4)式

因此有以下定理：

定理 2：如果 | S'' | 足够大，在非对称信息下，最优规制政策满足：

（1）如果 $c_2 = \underline{c}_2$，农村地区的最优定价与网络覆盖与完全信息时相同；

（2）如果 $c_2 = \overline{c}_2$，与完全信息时相比，农村地区的价格上升，网络覆盖下降。

具体有：

$$\underline{p}_1^{SB} = \overline{p}_1^{SB} = p_1^*, \quad \underline{p}_2^{SB} = \underline{p}_2^*; \quad \underline{\mu}^{SB} = \mu*$$

$$\frac{\overline{p}_2^{SB} - \overline{c}_2}{\overline{p}_2^{SB}} = \frac{\lambda}{1+\lambda}\frac{1}{\eta} + \frac{\lambda}{1+\lambda}\frac{v}{1-v}\frac{\Delta c_2}{\overline{p}_2^{SB}}$$

$$(1+\lambda)C'(\overline{\mu}^{SB}) = \alpha_2[S(\overline{q}_2^{SB}) + \overline{\lambda p}_2^{SB}\overline{q}_2^{SB} - (1+\lambda)\overline{c}_2\overline{q}_2^{SB} - \lambda\frac{v}{1-v}\Delta c_2\overline{q}_2^{SB}]$$

证明：参见本章附录。

在非对称信息时，为满足高效率代理人的激励相容条件，规制机构必须给予信息租金 $\Pi = \alpha_2\overline{\mu}\Delta c_2\overline{q}_2$。为了减少信息租金，当 $c_2 = \overline{c}_2$ 时，农村地区的次优定价和网络覆盖面积均要发生扭曲。同完全信息时的社会最优相比，农村地区的次优定价 $\overline{p}_2$ 上升（或者消费量 $\overline{q}_2$ 下降），最优网络覆盖面积下降（见图9－2）。

定理 2 表明，如果允许区别定价，在非对称信息时，农村地区的用户因为信息租金成本要面对更高的价格，从而消费量降低，而且由于信息租金使得投资成本上升，尚未接入网络的人接入网络的可能性下降。在这个意义上，已接入人群与尚未接入人群均要受到非对称信息的负面影响。

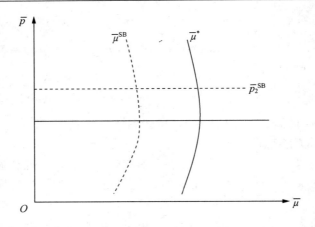

图 9 - 2 区别定价下非对称信息的影响

第四节 统一定价时的最优规制

本节讨论统一定价机制时的最优规制政策。同前面一样，先考虑完全信息时的基准模型，即先假设在农村提供服务的边际成本 c_2 是完全信息。为了简便起见，引入以下记号：$\bar{p} = p(\bar{c}_2), \bar{q} = q(\bar{p}), \underline{p} = p(\underline{c}_2), \underline{q} = p(\underline{p})$，其他记号的含义与前面类似。

在完全信息时，必须满足参与约束条件。对于坏类型代理人，其参与约束条件为：

$$\bar{t} + (\alpha_1 + \alpha_2 \bar{\mu})\bar{p}\bar{q} - (\alpha_1 c_1 + \alpha_2 \bar{c}_2 \bar{\mu})\bar{q} - C(\bar{\mu}) \geqslant 0 \qquad (9-5)$$

好类型代理人的参与约束条件为：

$$\underline{t} + (\alpha_1 + \alpha_2 \underline{\mu})\underline{p}\underline{q} - (\alpha_1 c_1 + \alpha_2 \underline{c}_2 \underline{\mu})\underline{q} - C(\underline{\mu}) \geqslant 0 \qquad (9-6)$$

政府的最优普遍服务政策对应以下数学规划：

$$\underset{(\underline{p}, \underline{\mu}, \bar{p}, \bar{\mu})}{\text{Max}} \quad W = v\{(\alpha_1 + \alpha_2 \underline{\mu})(S(\underline{q}) + \lambda \underline{p}\underline{q}) - (1 + \lambda)[(\alpha_1 c_1 + \alpha_2 \underline{\mu} c_2)\underline{q} +$$

$$C(\underline{\mu})] - \lambda\ \underline{U}\} + (1 - v)\{(\alpha_1 + \alpha_2\overline{\mu})(S(\overline{q}) + \overline{\lambda p q}) - (1 + \lambda)[(\alpha_1 c_1 +$$

$$\alpha_2\overline{\mu}\,\overline{c}_2)\overline{q} + C(\overline{\mu})] - \lambda\ \overline{U}\}$$

s. t. （9 – 5）式和（9 – 6）式

最优规制满足以下条件：

定理 3：在政府对 c_2 具有完全信息时，如果 $| S'' |$，$C''\ (\,\cdot\,)$，α_2 都足够大，则与区别定价相比，统一定价时的农村地区价格和网络覆盖都降低。具体有：

$$\frac{\underline{p}^{**} - \dfrac{\alpha_1 c_1 + \alpha_2\ \underline{c}_2\underline{\mu}^{**}}{\alpha_1 + \alpha_2\underline{\mu}^{**}}}{\underline{p}^{**}} = \frac{\overline{p}^{**} - \dfrac{\alpha_1 c_1 + \alpha_2\ \overline{c}_2\overline{\mu}^{**}}{\alpha_1 + \alpha_2\overline{\mu}^{**}}}{\overline{p}^{**}} = \frac{\lambda}{1 + \lambda}\frac{1}{\eta}$$

$$(1 + \lambda)C'(\underline{\mu}^{**}) = \alpha_2[S(\underline{q}^{**}) + \lambda\ \underline{p}^{**}\underline{q}^{**} - (1 + \lambda)\underline{q}^{**}\ \underline{c}_2]$$

$$(1 + \lambda)C'(\overline{\mu}^{**}) = \alpha_2[S(\overline{q}^{**}) + \lambda\ \overline{p}^{**}\overline{q}^{**} - (1 + \lambda)\overline{q}^{**}\ \overline{c}_2]$$

证明：参见本章附录。

在完全信息时实行统一定价，实现最优配置不需要放弃任何信息租金，并且价格由拉姆齐规则决定，但这里的成本为平均边际成本。当边际成本为 $\underline{c}_2$ 时，平均边际成本为 $\dfrac{\alpha_1 c_1 + \alpha_2\ \underline{c}_2\underline{\mu}}{\alpha_1 + \alpha_2\underline{\mu}}$，低于 $\underline{c}_2$；当边际成本为 $\overline{c}_2$ 时，平均边际成本为 $\dfrac{\alpha_1 c_1 + \alpha_2\ \overline{c}_2\overline{\mu}}{\alpha_1 + \alpha_2\overline{\mu}}$，低于 $\overline{c}_2$。但农村地区的平均成本要高于城市地区，因此统一定价的确具有再分配效应，不管网络覆盖如何变化，农村地区价格下降，城市地区价格上升，即 $p_1^{*} < \underline{p}^{**} < \underline{p}_2^{*}$，$p_1^{*} < \overline{p}^{**} < \overline{p}_2^{*}$。但下面将要看到，农村地区的价格下降是以网络覆盖的向下扭曲为代价的。

如果垄断企业具有高成本技术，即 $c_2 = \overline{c}_2$，则农村地区网络扩张的边际成本为 $C'(\mu)$。同前，网络扩张具有两个方面的收益：消费的净剩余效应 $S(\overline{q}) - (1 + \lambda)\overline{q}\overline{c}_2$，以及因为公共基金存在社会成本而产生的收入效应。但与区别定价时有所不同，这里的净效应 $S(\overline{q}) + \overline{\lambda p q} - (1 +$

λ）$\overline{q}\,\overline{c}_2$ 在 $\overline{q}^{**}$ 处是 $\overline{q}$ 的减函数，而不是常函数，其原因在于，统一定价时农村地区的定价要向下扭曲，从而导致网络覆盖面积的扭曲，这样，$\mu^{**} < \mu^*$，$\overline{\mu}^{**} < \overline{\mu}^*$。

在实践中，人们常常发现普遍服务义务是通过统一定价（例如，邮政和电信业务）来实现的。尽管这一规制政策在实施上具有许多政治经济方面的优点，但人们不禁要问：这到底是不是一项有利于农村消费者的政策？毕竟，政府可以设计其他的再分配政策，例如改变目标函数中不同地区的消费者权重。具体来讲，假设政府赋予农村的净消费者剩余的权重为 $\omega > 1$，这暗含着政府的政策倾向于农村消费者。经过简单计算，将政府的目标函数改写为：

$$W = \alpha_1(S(q_1) - p_1 q_1) + \alpha_2 \mu \omega (S(q_2) - p_2 q_2) - (1 + \lambda)t + U$$

$$= \alpha_1(S(q_1) + \lambda p_1 q_1) + \alpha_2 \mu \omega \left[S(q_2) - (\frac{1 + \lambda}{\omega} - 1)p_2 q_2 \right] - (1 + \lambda) \times$$

$(\alpha_1 c_1 q_1 + \alpha_2 c_2 \mu q_2 + C(\mu))$

从而

$$\frac{p_2^{\omega} - c_2}{p_2^{\omega}} = (1 - \frac{\omega}{1 + \lambda}) \frac{1}{\eta}$$

$$(1 + \lambda) C'(\mu^{\omega}) = \alpha_2 \left[\omega (S(q_2^{\omega}) + (\frac{1 + \lambda}{\omega} - 1)p_2^{\omega} q_2^{\omega}) - (1 + \lambda) \right.$$

$\left. c_2 q_2^{\omega} \right]$

为了将以上结果与统一定价下的结果相比较，将 $p_2^{\omega} = \overline{p}^{**}$ 代入上面的定价函数得到

$$\omega = (1 + \lambda)\left[1 - \frac{\overline{p}^{**} - \overline{c}_2}{\overline{p}^{**}} \eta \right]$$

从而，有：

$$\omega(S(\overline{q}^{**}) + (\frac{1 + \lambda}{\omega} - 1)\overline{p}^{**}\overline{q}^{**} - (1 + \lambda)\overline{c}_2\overline{q}^{**}) > S(\overline{q}^{**}) + \overline{\lambda p}^{**}$$

$\overline{q}^{**} - (1 + \lambda)\overline{c}_2\overline{q}^{**}$

不难看出，在农村地区同样的价格下，统一定价会导致农村地区的网络覆盖减小，社会福利降低。由此我们可以得到结论，如果政策上可行，合适的歧视性价格比统一定价能更有效地实现再分配目标。

现在假设规制机构对 c_2 具有不对称信息，统一定价下规制政策为如下直接显示机制：

$$\{ p(\hat{c_2}), \mu(\hat{c_2}), t(\hat{c_2}) \}, \hat{c_2} \in \{ \underline{c_2}, \overline{c_2} \}。$$

坏类型和好类型代理人的激励相容约束条件分别如下：

$$\overline{t} + (\alpha_1 + \alpha_2\overline{\mu})\overline{p}\,\overline{q} - (\alpha_1 c_1 + \alpha_2 \overline{c_2}\overline{\mu})\overline{q} - C(\overline{\mu})$$
$$\geq \underline{t} + (\alpha_1 + \alpha_2\underline{\mu})\underline{p}\,\underline{q} - (\alpha_1 c_1 + \alpha_2 \overline{c_2}\underline{\mu})\underline{q} - C(\underline{\mu}) \tag{9-7}$$

$$\underline{t} + (\alpha_1 + \alpha_2\underline{\mu})\ \underline{p}\,\underline{q} - (\alpha_1 c_1 + \alpha_2 \underline{c_2}\underline{\mu})\ \underline{q} - C\ (\underline{\mu})$$
$$\geq \overline{t} + (\alpha_1 + \alpha_2\overline{\mu})\ \overline{p}\,\overline{q} - (\alpha_1 c_1 + \alpha_2 \underline{c_2}\overline{\mu})\ \overline{q} - C\ (\overline{\mu}) \tag{9-8}$$

政府的最优规制政策由以下规划决定：

$$\underset{(\underline{p},\underline{\mu},\underline{U},\overline{p},\overline{\mu},\overline{U})}{\text{Max}} W = v\ \{ (\alpha_1 + \alpha_2\underline{\mu})\ (S\ (\underline{q})\ +\lambda \underline{p}\underline{q})\ -\ (1+\lambda)\ ((\alpha_1 c_1$$
$$+\alpha_2\underline{\mu}c_2)\ \underline{q} + C\ (\underline{\mu}))\ -\lambda\ \underline{U}\}$$

$$+\ (1-v)\ \{ (\alpha_1 + \alpha_2\overline{\mu})\ (S\ (\overline{q})\ +\overline{\lambda}\overline{p}\overline{q})\ -\ (1+\lambda)\ [\ (\alpha_1 c_1 +$$
$$\alpha_2\overline{\mu}\overline{c_2})\ \overline{q} + C\ (\overline{\mu})]\ -\lambda\ \overline{U}\}$$

s. t. （9-5）式、（9-6）式、（9-7）式和（9-8）式

求解上述数学规划得到以下结论。

定理 4：假设政府具有 c_2 的非对称信息，如果｜S''｜，C''（·），α_2 都足够大，则

（1）当信息非对称程度 Δc_2 足够大时：

如果 $c_2 = \underline{c_2}$，最优规制政策同完全信息下统一定价的结果相同；

如果 $c_2 = \overline{c_2}$，同完全信息下统一定价相比，价格上升，网络覆盖面积下降；同完全信息下的区别定价相比，价格下降，网络覆盖面积下降。

具体有：

$$\underline{p}^{USB} = \underline{p}^{**}, \underline{\mu}^{USB} = \underline{\mu}^{**}$$

$$\frac{\overline{p}^{USB} - \dfrac{\alpha_1 c_1 + \alpha_2 \overline{c}_2 \overline{\mu}^{USB}}{\alpha_1 + \alpha_2 \overline{\mu}^{USB}}}{\overline{p}^{USB}} = \frac{\lambda}{1+\lambda}\frac{1}{\eta} + \frac{\lambda}{1+\lambda}\frac{v}{1-v}\frac{\alpha_2 \Delta c_2 \overline{\mu}^{USB}}{\alpha_1 + \alpha_2 \overline{\mu}^{USB}}\frac{1}{\overline{p}^{USB}}$$

$$(1+\lambda)C'(\underline{\mu}^{**}) = \alpha_2[S(\underline{q}^{**}) + \lambda \underline{p}^{**}\underline{q}^{**} - (1+\lambda)\underline{q}^{**}\underline{c}_2]$$

$$(1+\lambda)C'(\overline{\mu}^{USB}) = \alpha_2[S(\overline{q}^{USB}) + \lambda \overline{p}^{USB}\overline{q}^{USB} - (1+\lambda)\overline{q}^{USB}\overline{c}_2 - \lambda\frac{v}{1-v}$$

$$\Delta c_2 \overline{q}^{USB}]$$

（2）当信息非对称程度 Δc_2 比较小时，将出现混同解，最优规制政策满足：

$$\frac{p^{USB} - \dfrac{\alpha_1 c_1 + \alpha_2[v\underline{c}_2 + (1-v)\overline{c}_2]\mu^{USB}}{\alpha_1 + \alpha_2 \mu^{USB}}}{p^{USB}} = \frac{\lambda}{1+\lambda}\frac{1}{\eta} + \frac{\lambda}{1+\lambda}\frac{v\alpha_2 \Delta c_2 \mu^{USB}}{\alpha_1 + \alpha_2 \mu^{USB}}\frac{1}{p^{USB}}$$

$$C'(\mu^{USB}) = \alpha_2\left[\frac{S(q^{USB}) + \lambda p^{USB}q^{USB}}{(1+\lambda)} - (v\underline{c}_2 + (1-v)\overline{c}_2)q^{USB} - \frac{\lambda}{1+\lambda}v\Delta c_2 q^{USB}\right]$$

证明：参见本章附录。

当 $\underline{c}_2 = \overline{c}_2$ 时，最优规制政策与完全信息下的统一定价一样，也就是说，在顶端不存在扭曲。但是当企业具有高成本技术时，为了使代理人报告真实类型，政府需要给予信息租金 $\alpha_2\underline{\mu}\Delta c_2 \underline{q}$，因此最优价格和网络覆盖都是效率与租金提取之间的权衡。

统一定价对定价决策产生两个方面的影响：一是非对称信息导致价格上升；二是统一定价影响平均边际成本，根据网络覆盖变化的大小，价格既有可能上升，也有可能下降。但如果信息非对称程度 Δc_2 足够大，在统一定价下，农村地区的价格会比完全信息时高（见图 9 – 3）。

决定最优网络投资需要考虑三个因素。除了剩余效应和收入效应外，还要考虑非对称信息的直接影响。非对称信息导致网络覆盖减小，如果 Δc_2 足够大，所有效应的净效应是网络覆盖面积减少。

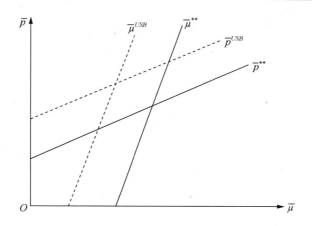

图 9 - 3 统一定价下非对称信息的影响

下面将以上结果与区别定价时进行比较。我们仍然需要考虑两方面的效应。现在，导致价格下降的平均边际成本效应有了一个相反的效应，但可以发现，与区别定价时相比，统一定价下的农村地区的价格始终要低。实际上，如果将区别定价下的平均价格记为 $\overline{p} \equiv \dfrac{\alpha_1 p_1 + \alpha_2 \overline{\mu} \overline{p}_2}{\alpha_1 + \alpha_2 \overline{\mu}}$，给定网络覆盖面积，这恰好等于统一定价下的价格，即 $\overline{p} = \overline{p}^{USB}$；而且与区别定价时相比，统一定价时的网络覆盖面积要小。由此可以得出的结论是，在非对称信息下，尽管统一定价有利于农村消费者，但这是以网络覆盖的减小为代价的。

当 Δc_2 较小时，在统一定价时存在一个有趣的现象，即出现混同解（Pooling Equilibrium）。在这种情形，社会福利最大化要求消费与网络投资是 c_2 的减函数。的确，当 α_1 足够大时，完全信息时最优解处的单调性条件满足；但在非对称信息下，如果 Δc_2 比较小，说真话的二阶条件就不成立。这样在统一定价时就不能得到分离解（Separating Equilibrium）[1]。

---

① 关于一维模型中非反应性的解释，请参考 Laffont 和 Martimort（2002）。

第五节 结 论

本章通过建模，对与普遍服务义务相关的最优规制政策进行了分析，我们特别分析了统一定价和区别定价两种定价机制下，非对称信息对最优普遍服务政策的影响。模型结果显示，在两种定价机制下，非对称信息都会导致农村地区的价格上升和网络覆盖下降。另外还得出，尽管统一定价确实可以实现再分配目标，使农村地区价格下降，但这是以减少农村网络覆盖为代价的。

本章得出的主要政策含义是，当使用统一定价来帮助农村用户时，未接入网络的消费者可能会受到网络投资减少的负面影响，这样统一定价就不能实现政策制定者所希望达到的提高普及率的目标，而这在发展中国家恰恰是一个相当紧迫的任务；或者说，尽管统一定价确实帮助了农村消费者，但网络扩张的进度将会减缓。由此可以得到的一个一般性结论是，在制定普遍服务政策时，应该综合考虑网络投资的激励与定价政策。

因为发展中国家尚未建立足够的基础网络设施为全社会提供服务，所以网络扩张是这些国家重要的发展策略。实际上，在很多发展中国家，贫困人群愿意以较高的价格得到基本业务，但由于网络覆盖不够，他们最终不能得到这些服务。从这个意义上讲，在发展中国家，政府应该将更多的精力放在如何为网络投资提供激励上，而不应该扭曲价格。

附 录

定理 1 的证明：

关于 $\bar{q}_1$，$\bar{q}_2$，$\bar{\mu}$ 的一阶条件（q_1，q_2，μ 类似）分别为：

$$\alpha_1(S'(\bar{q}_1) + \bar{\lambda}p_1'\bar{q}_1 + \bar{\lambda}p_1) - (1+\lambda)\alpha_1 c_1 = 0 \qquad (9-9)$$

$$\alpha_2\bar{\mu}(S'(\bar{q}_2) + \bar{\lambda}p_2'\bar{q}_2 + \bar{\lambda}p_2) - (1+\lambda)\alpha_2\bar{\mu}\bar{c}_2 = 0 \qquad (9-10)$$

$$\alpha_2(S(\bar{q}_2) + \bar{\lambda}p_2\bar{q}_2) - (1+\lambda)(\alpha_2\bar{c}_2\bar{q}_2 + C'(\bar{\mu})) = 0 \qquad (9-11)$$

因为 $C'' > 0$，目标函数为凹函数的一个充分条件是 $|S''|$ 足够大。

根据拉姆齐规则，等式（9 - 10）决定了 $\bar{q}_2$[①]，从而由 $\bar{q}_2$ 又决定了 $\bar{\mu}$。

定理 2 的证明：

因为只有 $\bar{q}_2$ 和 $\bar{\mu}$ 受到非对称信息的影响，所以只要考虑关于 $\bar{q}_2$ 和 $\bar{\mu}$ 的一阶条件：

$$-v\lambda\alpha_2\Delta c_2\bar{\mu} + (1-v)[\alpha_2(S'(\bar{q}_2) + \bar{\lambda}p_2'\bar{q}_2 + \bar{\lambda}p_2) - (1+\lambda)\alpha_2\bar{c}_2]\bar{\mu} = 0$$

$$(9-12)$$

$$-v\lambda\alpha_2\Delta c_2\bar{q}_2 + (1-v)[\alpha_2(S(\bar{q}_2) + \bar{\lambda}p_2\bar{q}_2) - (1+\lambda)(\alpha_2\bar{c}_2\bar{q}_2 + C'(\bar{\mu}))] = 0$$

$$(9-13)$$

易知，只要 $|S''|$ 足够大，就可以保证凹性条件。记

$$U(c_2, \tilde{c}_2) \equiv t(\tilde{c}_2) + \alpha_1 p_1(\tilde{c}_2)q(p_1(\tilde{c}_2)) + \alpha_2\mu(\tilde{c}_2)p_2(\tilde{c}_2)q(p_2(\tilde{c}_2))$$
$$- (\alpha_1 c_1 q(p_1(\tilde{c}_2)) + \alpha_2 c_2\mu(\tilde{c}_2)q(p_2(\tilde{c}_2))) - C(\mu(\tilde{c}_2))$$

为 c_2 类型企业报告 $\tilde{c}_2$ 时所获得的效用，将 c_2 看成是一个连续变量，则讲真话的一阶条件为：

$$\underline{t} + \alpha_1(\underline{p_1}q_1'p_1 + \underline{p_1}q_1) + \alpha_2\mu p_2 q_2 + \alpha_2\mu(q_2\underline{p_2} + p_2\underline{p_2}q_2')$$
$$- (\alpha_1 c_1 q_1'\underline{p_1} + \alpha_2 c_2(\mu q_2 + \mu q_2'\underline{p_2})) - C'(\mu)\underline{\mu} = 0$$

二阶条件为：

$$-\alpha_2(\underline{\mu}q_2 + \mu q_2'\underline{p_2}) \geqslant 0$$

因为 $q_2' < 0$，一个充分的二阶条件是 $\underline{\mu} < 0$ 且 $\underline{p_2} > 0$，这样可以利用通常的处理技巧，先不考虑二阶条件求解，然后再检验充分条件 $\underline{\mu} < 0$ 且 $\underline{p_2} > 0$ 是否满（见 Guesnerie and Laffont, 1984）。由于 $\bar{p}_2^{SB} > \bar{p}_2^* > \underline{p}_2^* = \underline{p}_2^{SB}$ 且 $\bar{\mu}^{SB} < \bar{\mu}^* < \underline{\mu}^* = \underline{\mu}^{SB}$，激励相容的二阶条件满足（见图 9 - 2）。

---

① 当然，$\bar{p}_2$ 与 $\bar{q}_2$ 存在一一对应关系。

定理 3 的证明：

关于 $\bar{q}$ 和 $\bar{\mu}$ 的一阶条件分别为：

$$(\alpha_1 + \alpha_2\bar{\mu})(S'(\bar{q}) + \bar{\lambda}p'\bar{q} + \bar{\lambda}p) - (1+\lambda)(\alpha_1 c_1 + \alpha_2 \bar{c}_2 \alpha_1 \bar{\mu}) = 0$$

$$(9-14)$$

$$\alpha_2(S(\bar{q}) + \bar{\lambda}p\bar{q}) - (1+\lambda)(\alpha_2 \bar{c}_2 \bar{q} + C'(\bar{\mu})) = 0 \qquad (9-15)$$

根据二阶条件，目标函数满足凹条件的充分条件是：

$$(\alpha_1 + \alpha_2\bar{\mu})(S''(\bar{q}) + \lambda \bar{p}''\bar{q} + 2\lambda \bar{p}') < 0$$

$$-C''(\bar{\mu})(\alpha_1 + \alpha_2\bar{\mu})(S''(\bar{q}) + \lambda \bar{p}''\bar{q} + 2\lambda \bar{p}) > (1+\lambda)\left[\frac{\alpha_1\alpha_2(c_1-c_2)}{\alpha_1 + \alpha_2\bar{\mu}}\right]^2 = 0$$

因此目标函数为凹函数的一个充分条件是 $|S''|$ 足够大。

因为 $\dfrac{\alpha_1 c_1 + \alpha_2 c_2 \mu}{\alpha_1 + \alpha_2\bar{\mu}} < c_2$，可以得到 $\bar{p}^{**} < \bar{p}_2^{*}$ 和 $\underline{p}^{**} < \underline{p}_2^{*}$，而且由一阶条件可知 $\bar{p}_2^{*}$ 最大化 $\dfrac{S(\bar{q}_2) + \bar{\lambda}p_2\bar{q}_2}{1+\lambda} - \bar{c}_2\bar{q}_2$，并且 $\dfrac{S'(\bar{q}^{**}) + \bar{\lambda}p^{**}\bar{q}^{**} + \bar{\lambda}p^{**}}{1+\lambda} - \bar{c}_2 < 0$，这样就可以得到 $\bar{\mu}^{**} < \bar{\mu}^{*}$；同理 $\underline{\mu}^{**} < \underline{\mu}^{*}$。最后可得：$\dfrac{d\bar{p}}{d\bar{\mu}} =$

$$\dfrac{c_1}{1 - \dfrac{\lambda}{1+\lambda}\dfrac{1}{\eta}}\dfrac{\alpha_1\alpha_2(\bar{c}_2 - c_1)}{(\alpha_1 + \alpha_2\bar{\mu})^2} > 0,\ C''(\bar{\mu})\dfrac{d\bar{\mu}}{d\bar{q}} = \alpha_2\left(\dfrac{S'(\bar{q}) + \lambda \bar{p}'\bar{q} + \lambda \bar{p}}{1+\lambda} - \right.$$

$\bar{c}_2)\ <0$，由此可知价格曲线与网络覆盖曲线均为 $\bar{p}$ 的增函数。

以下两式分别对 c_2 求微分：

$$\dfrac{p - \dfrac{\alpha_1 c_1 + \alpha_2 c_2 \mu}{\alpha_1 + \alpha_2\mu}}{p} = \dfrac{\lambda}{1+\lambda}\dfrac{1}{\eta}\ ,\ C'(\mu) = \alpha_2\left[\dfrac{S(q) + \lambda pq}{1+\lambda} - c_2 q\right]$$

求解方程组可以得到：

$$\dfrac{dq}{dc_2} = \dfrac{1}{\Delta}\left[-\dfrac{q'\mu C''}{(1 - \dfrac{\lambda}{1+\lambda}\dfrac{1}{\eta})(\alpha_1 + \alpha_2\mu)} + \dfrac{\alpha_1\alpha_2(c_2 - c_1)qq'}{(1 - \dfrac{\lambda}{1+\lambda}\dfrac{1}{\eta})(\alpha_1 + \alpha_2\mu)^2}\right]$$

$$\frac{\mathrm{d}\mu}{\mathrm{d}c_2} = \frac{1}{\Delta}\left[q - \frac{\alpha_2 q'\mu\ (S'\ (q)\ +\lambda p'q + \lambda p -\ (1+\lambda)\ c_2)}{(1 - \frac{\lambda}{1+\lambda}\frac{1}{\eta})\ (\alpha_1 + \alpha_2\mu)\ (1+\lambda)}\right]$$

这里 $\Delta = -\dfrac{C''}{\alpha_2} + \dfrac{\alpha_1\alpha_2 q'(c_2 - c_1)(S'(q) + \lambda p'q + \lambda p - (1+\lambda)c_2)}{(1 - \dfrac{\lambda}{1+\lambda}\dfrac{1}{\eta})(\alpha_1 + \alpha_2\mu)^2(1+\lambda)}$。

$\dfrac{\mathrm{d}q}{\mathrm{d}c_2} \leqslant 0$ 和 $\dfrac{\mathrm{d}\mu}{\mathrm{d}c_2} \leqslant 0$ 的一个充分条件是 C'' 和 α_2 均足够大（见图 9 - 3）。

若 $\bar{c}_2$ 不比 c_1 大许多，则（9 - 14）式和（9 - 15）式可以用图 9 - 3 来表示，从图中可以看出，除非 C'' 和 α_2 足够大，否则 $\bar{c}_2$ 变动带来的效应不明显，其二阶条件满足，定理 3 就是求解得出的结果。

定理 4 的证明：

容易得到一阶条件如下：

$-v\lambda\alpha_1\Delta c_2\bar{\mu} + (1 - v)[(\alpha_1 + \alpha_2\bar{\mu})(S'(\bar{q}) + \lambda\ \bar{p}'\bar{q} + \lambda\ \bar{p}) - (1+\lambda)(\alpha_1 c_1 + \alpha_2\bar{c}_2\bar{\mu})] = 0$

$-v\lambda\alpha_1\Delta c_2\bar{q} + (1 - v)[\alpha_2(S(\bar{q}) + \lambda\bar{p}\bar{q}) - (1+\lambda)(\alpha_2\bar{c}_2\bar{q} + C'(\bar{\mu}))] = 0$

目标函数呈凹性的一个充分条件仍然是 $|S''|$ 足够大。记 $U(c_2, \tilde{c}_2) \equiv t(\tilde{c}_2) + (\alpha_1 + \alpha_2\mu(\tilde{c}_2))p(q(\tilde{c}_2))q(\tilde{c}_2) - (\alpha_1 c_1 + \alpha_2 c_2\mu(\tilde{c}_2))q(\tilde{c}_2) - C(\mu(\tilde{c}_2))$ 为 c_2 类型企业报告 $\tilde{c}_2$ 时所获得的效用，将 c_2 看成是一个连续变量，则讲真话的一阶条件为：

$\bar{t} + \alpha_2\bar{\mu}p(q)q + (\alpha_1 + \alpha_2\mu)(p'\bar{q}q + \bar{p}q) - \alpha_2 c_2\bar{\mu}q - (\alpha_1 c_1 + \alpha_2 c_2\mu)\bar{q} - C'(\mu)\bar{\mu} = 0$

二阶条件为：

$-\alpha_2\bar{\mu}q - \alpha_2\bar{\mu}q \geqslant 0$

容易得出，二阶条件成立的一个充分条件是 $\bar{p}^{USB} > \underline{p}^{USB}$ 和 $\bar{\mu}^{USB} < \underline{\mu}^{USB}$，也就是说，

$$\frac{\alpha_1 c_1 + \alpha_2\bar{c}_2\bar{\mu}^{USB}}{\alpha_1 + \alpha_2\bar{\mu}^{USB}} + \frac{\lambda}{1-\lambda}\frac{v}{1-v}\frac{\alpha_2\Delta c_2\bar{\mu}^{USB}}{\alpha_1 + \alpha_2\bar{\mu}^{USB}} > \frac{\alpha_1 c_1 + \alpha_2\underline{c}_2\mu^{**}}{\alpha_1 + \alpha_2\underline{\mu}^{**}}$$

$$\frac{S(\overline{q}^{USB}) + \lambda \overline{p}^{USB} \overline{q}^{USB}}{1 + \lambda} - \overline{q}^{USB} \overline{c}_2 - \frac{\lambda}{1 + \lambda} \frac{v}{1 - v} \Delta c_2 \overline{q}^{USB} < \frac{S(\underline{q}^{**}) + \lambda \underline{p}^{**} \underline{q}^{**}}{1 + \lambda}$$

$$- \underline{q}^{**} \underline{c}_2$$

因此，满足说真话的二阶条件的一个充分条件是 Δc 足够大，但是如果 Δc 比较小，就有 $\overline{p}^{USB} < \underline{p}^{USB}$，$\overline{\mu}^{USB} > \underline{\mu}^{USB}$，从而出现混同解，这样 $\overline{p}^{USB} = \underline{p}^{USB} = p^{USB}$，$\overline{\mu}^{USB} = \underline{\mu}^{USB} = \mu^{USB}$。

下面讨论 $\overline{p}^{USB} > \overline{p}^{**}$ 和 $\overline{\mu}^{USB} < \overline{\mu}^{**}$ 成立的充分条件。从一阶条件可以得到：

$$\frac{\alpha_1 c_1 + \alpha_2 \overline{c}_2 \overline{\mu}^{USB}}{\alpha_1 + \alpha_2 \overline{\mu}^{USB}} + \frac{\lambda}{1 - \lambda} \frac{v}{1 - v} \frac{\alpha_2 \Delta c_2 \overline{\mu}^{USB}}{\alpha_1 + \alpha_2 \overline{\mu}^{USB}} > \frac{\alpha_1 c_1 + \alpha_2 \overline{c}_2 \overline{\mu}^{**}}{\alpha_1 + \alpha_2 \overline{\mu}^{**}}$$

或者说，如果 Δc_2 足够大，有 $\overline{p}^{USB} > \overline{p}^{**}$。同样，当 Δc_2 足够大时有 $\overline{\mu}^{USB} < \overline{\mu}^{**}$。最后，因为 $\frac{\alpha_1 c_1 + \alpha_2 \overline{c}_2 \overline{\mu}^{USB}}{\alpha_1 + \alpha_2 \overline{\mu}^{USB}} + \frac{\lambda}{1 + \lambda} \frac{v}{1 - v} \frac{\alpha_2 \Delta c_2 \overline{\mu}^{USB}}{\alpha_1 + \alpha_2 \overline{\mu}^{USB}} < \overline{c}_2 +$ $\frac{\lambda}{1 + \lambda} \frac{v}{1 - v} \Delta c_2$ 总是成立的，所以就可以得到 $\overline{p}^{USB} < \overline{p}_2^{SB}$。而且，由于 $\overline{p}_2^{SB}$ 是 $\frac{S(\overline{q}_2) + \lambda \overline{p}_2 \overline{q}_2}{1 + \lambda} - \overline{q}_2 \overline{c}_2 - \frac{\lambda}{1 + \lambda} \frac{v}{1 - v} \Delta c_2 \overline{q}_2$ 的优化解，因此 $\overline{\mu}^{USB} < \overline{\mu}^{SB}$。

第十章　中国电信业普遍服务政策

第一节　引　言

经过 30 多年的改革开放, 我国经济和社会发展取得了举世瞩目的成就, 但在很多方面, 还存在一些日益突出的矛盾: 一是经济的持续快速增长面临着越来越严重的资源约束, 使得增长方式的转变成为可持续发展需要解决的主要矛盾; 二是经济持续快速增长的同时, 不同社会成员所得到的利益严重失衡, 地区发展不平衡和收入分配状况恶化, 特别是 "三农" 问题成为日益突出的社会问题。

很显然, 无论是可持续发展, 还是收入分配问题[1], 其微观基础都意味着 "市场缺陷", 从公共政策角度, 这些矛盾是政府通过合适的公共政策进行干预的前提条件。

近年来信息产业的飞速发展, 为利用信息化带动增长方式的转变带来重要的历史机遇, 为改善地区发展不平衡和收入分配状况、促进 "三农" 问题的解决奠定了物质基础, 而电信普遍服务政策就是通过促进电信产业的发展和信息化, 实现这些目标所需要的一项可行的公共政策。

电信普遍服务是电信管制中的一项重要政策, 其变化和发展过程一直充满争议。讨论电信普遍服务需要涉及很多问题[2], 但本章的主要目的是讨论电信普遍服务的内涵, 以及用这项政策促进 "三农" 问题解决的内

---

[1]　比如可持续发展的主要问题包括外部性 (Externalities) 和不完全市场 (Incomplete markets), 后面将讨论收入分配与效率之间的关系。

[2]　有关普遍服务的讨论请见拉丰和蒂罗尔 (2000)。

在机制，而不是系统研究普遍服务问题①，为此我们将重点讨论电信普遍服务与信息化的关系，并利用经济学分析工具，分析选择电信普遍服务政策的必要性。

第二节 电信普遍服务与信息化基本概念

一 普遍服务

无论是在中国还是在其他国家，电信普遍服务一直是电信管制政策中充满争议的问题，其中一个重要问题是，电信普遍服务的内涵到底是什么？回答这个问题需要从一般的普遍服务概念出发。

作为一个国际通行的概念，普遍服务属于政府公共政策目标的范畴，其含义是国家为了维护全体公民的基本权益，缩小贫富差距，通过制定法律和政策，使居住在本国任何地方的全体公民，都能以普遍接受的价格，获得能够满足基本生活需求和发展的服务。

根据定义，普遍服务具有以下几个重要属性：

首先，普遍服务的种类和内容直接与公众生活密切相关，一般具有必需品的性质，如食品、住房、基础教育、基础医疗保健、公共交通、邮政通信、供电供水等，也就是说，普遍服务的领域既包括电信业这种具有垄断特征的网络产业，也包括食品和住房那样的完全竞争性的行业。

其次，普遍服务具有改善收入分配状况的性质，通常以提供平等的发展机会为收入分配的目标。

再次，实施普遍服务时，常常是以提供实物而不是现金的方式实现转移支付。

最后，普遍服务是一个动态概念，随着社会与经济发展、科技进步、人民生活水平的提高，普遍服务的内容也随之发生变化，并由国家制定政策或法律进行调整。

二 电信普遍服务

(一) 电信普遍服务的定义

电信普遍服务起源于 1907 年美国 AT&T 总裁韦尔（Vail）先生的广

---

① 更详细的讨论参见我们提交给 PPIAF 的研究报告（张昕竹等，2002）。

告词："一种政策，一种体制，普遍服务"，但当时主要是出于应对电话公司之间的激烈竞争而提出的。韦尔的目的是形成一个综合性的全美网络[①]，与目前的普遍服务概念没有任何关系。从 20 世纪 20 年代开始，美国电信业进入新的发展阶段，普遍服务也被随之赋予新的含义，即全民有机会享受电话服务。到 1934 年，普遍服务在美国《电信法》中以法律形式确定下来。

随着数字时代信息差距的加大，电信普遍服务已经成为各国电信政策制定者和行业监管者的主要任务之一。20 世纪 80 年代末，经济合作与发展组织（OECD）在名为"普遍服务和电信资费的改革"报告中，将电信普遍服务定义为"任何人在任何地点都能以承担得起的价格享受电信业务，而且业务质量和资费标准一视同仁"[②]。1998 年，国际电信联盟（ITU）在《世界电信发展报告》中对电信普遍服务的特征作出了明确界定，指出，普遍服务是一个复合概念，包括服务的普遍性、接入的平等性及用户承受性三方面内容。具体来说，服务的普遍性是指全国性覆盖，即不论何时何地，只要有需求就应该有覆盖全国范围的电话服务；接入的平等性是指无论所处地理位置、种族、性别、宗教信仰，用户在价格、服务和质量等各方面都应得到一视同仁的对待；用户承受性是指电话服务的价格或资费水平应让大多数用户承受得起。

现在，普遍服务已经成为各国电信政策的重要目标，并且成为世界各国电信企业的义务。虽然在各个国家的政策或法律中，普遍服务有不同的提法，但其服务对象都包括以下几个方面：（1）经济发展落后、居民用不起电话的地区；（2）偏远的网络基础设施建设成本非常高的地区；（3）任何地区无力支付电话费用的居民、病弱伤残人员。普遍服务的核心内涵都是对任何人提供无地域、质量、资费差别且能承担得起的基本电信服务。

（二）电信普遍接入与电信普遍服务

在很多文献中，经常出现"电信普遍接入"这一概念。根据 ITU 的

[①]　很多人认为，提出这种策略是为了得到垄断利润，但也有人认为有效率方面的考虑，但正是普遍服务和相应的垄断才带来了政府对 AT&T 的管制。

[②]　普遍服务并不等于对所有家庭提供电信服务。实际上，由于生理和宗教信仰等方面的限制，饱和普及率低于 100%，或者说存在大于零的自然率。

定义，普遍接入是指"任何人在一个合理的距离内都能够享用电话服务"。普遍接入强调的是社区电话接入，其政策重点是促进付费公用电话的建设。当然，公用电话或接入点的设置须在一定距离范围内，确保绝大多数位于偏远或人口稀少地区的公民，也能够享用一些最基本的电信业务。ITU 同时认为，普遍服务至少应定义为"每个家庭拥有一部电话"，相应的政策目标是"在全国范围内，包括偏远和网络扩展难以通达的区域，向所有家庭提供电话或电信业务"，所以这种政策目标的重点，是让目标用户（如低收入用户或位于高成本及农村地区的用户）获得并维持电话服务。OECD（1995）也指出，普遍服务是指为各住宅及商业用户提供独自使用的装机服务，而普遍接入是指为那些没有独自装机的用户提供接入服务，比如通过公用电话提供公共接入。

很显然，电信普遍接入是电信普遍服务的低级阶段。这样看来，在发达国家，普遍服务是一项现实的政策目标，而在发展中国家，普遍接入则是一项更加实际的政策目标。表 10 - 1 为一些发展中国家的普遍接入目标。

表 10 - 1　　　　　　　发展中国家实施普遍接入的具体目标

标准	定义	例子
人口	常住人口中每 X 人有一部电话	在加纳，定义为居民超过 500 人的地方就有一部电话
距离	X 公里范围内有一部电话	在布基纳法案中，定义为每 20 公里范围内有一部电话
时间	X 分钟路程内有一部电话	在南非，定义为每两小时步程内有一部电话

资料来源：ITU：《1998 年世界电信发展报告》。

尽管存在一些区别，但普遍服务和普遍接入的概念是密切相关的，在很多情况下可以互相替代。由于本章的研究重点为农村普遍服务，以下我们用普遍服务同时表示两者概念，即普遍服务是指，向那些无条件享受基本电信服务的人群（主要是贫困地区的农村居民）提供电信服务并设法提高他们的使用水平[①]。

---

① 实际上，普遍接入是我国现阶段电信普遍服务的重点。比如信息产业部"十五"规划明确规定，到 2005 年我国村村通电话的比例必须达到 95%。

三　信息化

（一）信息化提出的背景

西方发达国家在 20 世纪上半叶基本上实现了工业化，经济发展进入了一个新的阶段，客观上要求有一个新的持续性的内容。信息化概念[①]包括信息社会、信息产业、信息经济等，最早是由美国人提出的：1959 年，美国的社会学家 D. 贝尔在他的《后工业化社会：推测 1985 年及以后的美国》著作中，提出了"后工业化社会"的概念，实质上指的也是信息社会；1962 年，美国普林斯顿大学教授 F. 马克鲁普在他的《美国的知识生产和分配》一书中，提出了"知识产业"概念，实质上指的是信息产业；1977 年，美国斯坦福大学博士 U. 波拉特在他的博士论文《信息经济》中，提出了"信息经济"的概念。

1964 年，日本新闻界已有"信息社会"的提法，在长达两年之久的讨论后，日本政府的一个科学、技术、经济高级咨询小组，于 1967 年正式提出了"信息化"的概念，他们认为，信息化是"由工业社会向信息社会前进的过程"，是"信息产业高度发展并在产业结构中占据优势的社会"。

我国提出信息化相对比较晚，比美国晚了 20 多年。1986 年 12 月，当时国家科委的发展研究中心在北京召开了"首届中国信息化问题"学术讨论会，首次正式提出了信息化的概念。

从世界上主要国家信息化概念的提出，以及信息化发展进程来看，信息化已经成为无法阻挡的世界发展趋势。

（二）信息化含义

最经典的有关信息的定义是由阿罗给出的。他在《信息经济学》[②]译本序言中说："人们可以花费人力和财力来改变经济领域（以及社会生活的其他方面）所面临的不确定性，这种改变恰好就是信息的获得。不确定性具有经济成本，因而不确定性的减少就是一种收益，所以把信息作为一种经济物品来分析，既是可能同时也是非常重要的。"从阿罗的解释看，信息具有四个重要特征：第一，信息是人类的一种基本需求；第二，

---

① 本小节内容参考了郭长学和张晓红（1996）。

② 北京经济学院出版社 1989 年版。

信息是生产的投入要素；第三，信息是对市场的一种反映；第四，信息具
有公共品特征。

按照《新帕尔格雷夫经济学大辞典》对"工业化"的定义（工业化
是机器大工业诞生以来经济结构的变动过程）方式，可以将信息化定义
为，伴随着信息技术的广泛应用而出现的、以信息作为重要生产和生活资
源的一种持续的社会改造和进化过程。这一过程为各社会主体共同分享技
术进步和信息资源，提高劳动生产率和生活质量提供了一个前所未有的发
展空间。从主体而言，国民经济和社会信息化最终需要建立政府、企业
（含其他社会机构）与家庭（或个人）之间的网络化互动关系：政府通过
上网工程实现政府网络与其他网络的互联互通，实现电子政务；企业通过
内外网络的建设、大力发展电子商务，充分利用政府管理及市场两方面的
信息资源，促进虚拟企业的成长，实现企业经营方式的革命性转变；家庭
则通过互联网络利用政府、企业等提供的广泛的网络资源，并享受虚拟社
区的全新服务。

根据信息化的定义，信息化包括两个层次：第一，信息产业的发展。
信息技术发展以后，整个信息化过程包括信息技术推广应用、信息资源的
开发利用、信息产业的发展不断壮大，使信息产业在国民经济中占据非常
重要的地位。第二，信息技术和信息装备渗透到社会的各个方面，影响到
社会的各个方面，而这种渗透需要信息产业的支撑，这也是信息化的基本
内涵。

（三）信息化主要特征

第一，高渗透性与普遍服务性。信息化发展的渗透性表现为对国家政
治、经济、文化、日常生活等各个层面的深刻影响，这种渗透性决定了信
息化发展的普遍服务原则：只有实施普遍服务，才能真正实现信息化。这
一思想体现在美国国家信息基础设施（NII）计划中，在该计划中信息化
发展的基本目标规定为，让每个社会成员都有权利并且有能力享用信息化
发展的成果，从而彻底改变社会诸方面的生存状态。

第二，生存空间的网络化。这里的网络化不仅仅包括技术方面的网络
之间的互通互联，而是强调基于这种网络载体之上的网络化社会、政治、
经济和生活形态的网络化互动关系。

第三，信息化发展不仅表现为人民生活质量的提高，而且表现为人民

知识水平的普遍提高。知识水平的提高在实现知识经济社会的国家战略方面具有重要意义，而信息化的发展大大加快了各主体之间的信息交流和知识传播的速度和效率，信息化水平提高必然表现为国家人口素质的普遍提高。

第四，信息化与现代化。信息化与现代化相比较，信息化是手段，现代化是目的。在当今世界，要想全面实现现代化，不可能离开信息化，但同时不能为了信息化而信息化，信息化的目的是要加快现代化建设。

四　电信普遍服务的演变

（一）新的普遍服务概念

美国于 1996 年制定了新的电信法，其目的是减少管制、促进竞争、降低资费、引入先进业务，把美国的电信行业从垄断带入竞争时代。在新的竞争体制下，美国普遍服务的概念和政策框架都发生了相应变化。1996 年《电信法》第 254 条清楚地阐明，普遍服务是国家通信系统的一个柱石，并且重新定义了普遍服务，使得普遍服务不再是传统意义上的电话服务，而是"电信服务的演化水平"，明确规定普遍服务的定义应是动态的，是由美国联邦通信委员会（FCC）定期制定的不断演化的电信服务。为此《电信法》明确提出，要在全美国以相当于市区服务的水平和资费，推行先进的电信服务，要为学校、卫生部门和图书馆提供先进的电信业务接入。

澳大利亚于 1999 年发布了《电信（消费者保护和服务标准）法1999》，在此电信法案的第二部分，对普遍服务进行了详细明确的规定：所有澳大利亚人，不论住在何地，从事何种职业，都应当在公平合理的基础上享有合理地接入以下服务的权利，包括标准电话服务、公用电话服务、规定传输服务、数字数据服务，这里特别强调了数字数据服务。

日本也于 1994 年成立了一个专门小组，研究普遍服务及多媒体时代面临的问题。1996 年 5 月，该研究小组在终期报告中提出了高级普遍服务概念，包括多媒体接入服务和多媒体服务，前者涵盖了宽带网业务和网络功能服务，后者包括多项多媒体应用服务，如远程医疗、远程教育等。

（二）电信普遍服务到信息普遍服务的必然性

传统的电信普遍服务解决了电信接入问题，但并没有解决信息内容本身的问题，如果没有信息内容，电信接入的作用就主要局限于基本的语音业务，信息化就无从谈起。因此，为了将电信接入的效用最大化，积极推动信息普遍服务是电信普遍服务的内在要求。

随着信息通信技术的发展，信息在经济发展、社会进步和文化繁荣等领域发挥着基础性的作用。在信息社会里，无法享受信息通信服务意味着不平等的发展机会，这势必对社会生活的各个方面产生消极影响。因此，实现信息普遍服务不再是关系个别产业、个别地区的经济问题，而是事关全局、需要全社会认真对待和解决的重大问题。

在发达国家，由于基本电话服务已经得到普及，因此其普遍服务得以继续深化发展，现已包括数据信息业务，开始向信息普遍服务演变。对于发展中国家，虽然基本电信服务尚不能普及，但由于技术的发展使得接入信息网络的成本越来越低，可以适度地实施赶超战略，积极促进电信普遍服务向信息普遍服务转变，以解决"数字鸿沟"问题。

五 电信普遍服务与信息化的关系

（一）信息产业是信息化的支撑

在当今信息时代，信息产业是国民经济的基础和重要组成部分，是关系国家经济命脉和国家安全的基础性和战略性产业，是推进国家信息化、促进国民经济增长方式转变的核心产业。信息产业已渗透到几乎所有的行业中，担负着农业、工业及服务业信息化的重任。

（二）电信业是信息产业的核心

信息技术包含的很多内容都在电信业得到体现，信息技术进步对社会带来的变化也在相当程度上通过电信业得以实现：一方面，电信运营业在整个电信业产业链中居于上游，电信业对信息化的直接贡献是提供高性能的网络基础设施；另一方面，电信运营业的高速发展推动电信产业链不断扩张与延伸，使越来越多的内容提供商（ICP）、应用提供商（ASP）加入开放的电信产业链中，这些新进入企业带动了信息传输向信息服务的转变。

（三）电信普遍服务是电信业发展的内在要求

普遍服务政策将促进电信业的发展以及电信服务的普及。由于电信需求具有网络特性，电信网络的规模越大，用户从电信网络中得到的效用也越大，因此在电信市场有可能产生所谓的"市场失灵"，即电信网络的市场规模或覆盖范围小于社会最优规模。当存在网络外部性时，可能导致低均衡或低效水平的电话普及率。通过普遍服务政策，会实现较高的电话普及率水平，从而促进电信业的进一步发展。

（四）电信普遍服务和信息化都是一种手段

普遍服务和信息化都统一于实现现代化、提高社会福利的整体目的。但就这两者而言，电信普遍服务是实现信息化的基本前提。信息化的内涵要比电信普遍服务广，从信息化角度，普遍服务主要解决的是接入手段的普及问题，而信息化还要解决信息普及或"信息鸿沟"问题。

第三节　农村电信普遍服务与信息化的现状与问题①

一　"三农"问题现状

（一）我国是一个农业大国

截至 2003 年年底，12 亿多人口中，除港澳台外，农民人口有 9.38 亿，占总人口的 73%。即使加上县城和小镇，全国城镇化的比重也只有 40% 左右，比世界平均水平低 10 个百分点，比同类发展水平国家低 20 个百分点。就我国目前国情来看，农业兴，则百业兴；农民富，则国家富；农村稳定，则天下稳定。深化农村改革，加快农村发展，维护农村稳定，直接关系到我国经济社会发展的全局。在 2003 年年初举行的中央农村工作会议上，中央明确指出，实现全面建设小康社会的宏伟目标，最繁重、最艰巨的任务在农村，没有农民的小康就没有全国人民的小康，没有农村的现代化就没有国家的现代化。2004 年 12 月中央经济工作会议，胡锦涛总书记再次强调"三农"问题是全党工作的重中之重。

（二）农民增收缓慢导致城乡居民收入差距进一步扩大

当前的"三农"问题集中反映在农民收入过低，农民就业问题严重，以及农村社会的政治经济发展缓慢等方面。尽管政府对"三农"问题给予了极大的关注，并且采取了许多有针对性的政策措施，但是传统条件下形成的农村与城市分割的城乡二元经济结构，并没有伴随我国市场化改革

---

① 本节涉及的数字，均整理自各年份的《通信业统计年报》、《通信行业统计公报》、《中国统计年鉴》和《中国农村统计年鉴》。

的推进而实现根本性的改变，这种状况极大地限制了当前"三农"问题的解决。近年来，农民收入增长缓慢，城乡差距、东西部差距进一步拉大，"三农"问题有愈演愈烈之势，逐渐成为可持续发展的瓶颈。

"九五"计划以来，中央一直把农民增收当作头等大事来抓，并且出台了一系列政策措施，但总体来看收效甚微，农民收入增长幅度远远低于"八五"期间，农民收入的增长幅度也大大低于同期城镇居民的收入增长，呈逐年下降的趋势。

1990—2003年，农民人均纯收入增长4.3%，比20世纪80年代增长速度几乎慢了一倍；而同期城镇居民人均可支配收入增长182%，年均每年增长7.7%，比80年代增长快69%，导致城乡居民收入差距进一步扩大。

2003年，农民人均纯收入为2622元，城镇居民人均可支配收入为8472元，前者为后者的31%，名义差距为3.2:1，相比1990年时的差距2.2:1扩大了45%。如果将城镇居民享受的医疗、福利等因素考虑在内，目前城乡居民实际收入比至少在5:1以上。

消费方面，以农村居民人均消费水平为1，城乡居民人均消费比值由1990年的3:1上升为2003年的3.6:1。占全国人口70%的农村仅占社会消费品零售额的35%，农民消费与农村对GDP的贡献极不相称。自20世纪90年代以来，农村部门（第一、第二、第三产业）对全国GDP（为100%）的贡献率保持在50%左右，但农民消费占GDP的比例却由1990年的28%下降为2003年18%，这与农村人口比例更是极不相称。

（三）东西部农村的差距正在继续扩大

1990—2003年，东部国内生产总值（GDP）占全国GDP的比重由51.5%上升为58.5%，上升7个百分点；中部的份额由28.3%，下降到24.6%，下降3.7个百分点；西部的份额由20.2%下降到16.9%，下降3.3个百分点。

2003年，东部地区人均GDP为16306元，中部地区为7775元，西部地区为6217元，三者比例分别为2.6:1.3:1。同年东部、中部、西部农民人均纯收入分别为3617元、2382元和1879元，相应的比例大致为1.9:1.3:1，与1990年的比例1.6:1.2:1相比，东部、西部的差距进一步拉大。

二　农村电信普遍服务与信息化现状——数字鸿沟

数字鸿沟又称为信息鸿沟，是指一部分人和另外一部分人之间掌握信息的差别很大，更具体地讲，是指当代信息技术领域中存在的差距现象，既存在于信息技术的开发领域，也存在于信息技术的应用领域，特别是指由接入网络的差距而产生的鸿沟。

数字鸿沟有两种：一种是国与国之间的鸿沟，比如发达国家和发展中国家之间存在的数字鸿沟；另一种是在一个国家内部，穷人和富人之间、城市和农村之间的鸿沟。本部分，我们仅讨论后一种数字鸿沟。

（一）农村电信发展的总体状况

自 20 世纪 90 年代以来，我国电信业得到了迅猛发展。截至 2003 年年底，我国电信用户总数达到 5.33 亿，已成为世界电信用户第一大国。电话普及率达到 42 部/百人，提前两年完成"十五"计划电话普及率目标（全国电话普及率超过 40%）。

在我国电信业惊人增长的背后，是农村电信发展的巨大落差。农村电信的迅速发展始于 20 世纪 90 年代。1978 年，农村共有电话用户 73.4 万户，农话普及率为 1 部/千人，到 1990 年农话用户仅增长 1 倍，普及率才达到 1.7 部/千人。而 1990—2000 年，农话用户增长了 30 余倍，普及率迅速上升至 6.4 部/百人，2003 年进一步增长至 11.9 部/百人。农话用户的迅速增长是以通信网络向乡村快速延伸为基础的，特别是 90 年代中期我国开始实施"村村通电话"工程以来，村村通电话比例获得较快增长。1996 年，我国行政村通电话的比例为 53.5%，到 2000 年，该比例上升到 82.9%。"十五"计划的农村电信普遍服务目标是行政村通电话的比例达到 95% 以上，但到 2003 年年底，通话行政村比例为 89.2%，也就是说，全国还有 10.8% 的行政村不能享受到最基本的语音通话服务。按全国 70 万个行政村计算，还有 7.48 万个行政村没有通上电话。

（二）基本电信接入的城乡差距

仅就固定电话而言，2003 年城市普及率已经达到 32.7 部/百人，农村普及率只有城市的 36.4%，略超过城市普及率的 1/3。如果将移动电话也考虑进来，二者差距将更大。国家统计局的抽样资料显示，2004 年农村居民平均每百户拥有移动电话 23.7 部，普及率约 5.8 部/百人，城镇居民平均每百户拥有移动电话 90.1 部，普及率约为 29.9 部/百人，前者约为后者的 1/5。若照此比例计算的话，则农村电话普及率为 20% 弱，城市电话普及率将超过 70%，差距达到 3.5:1。

因为电话用户中的很大一部分属于企事业、商业和政府，为了更加准确地反映居民接入状况，有必要单独考虑住宅电话普及率。2003 年农村住宅电话用户总规模达 8389.7 万户，占农村固定电话总用户的 91.5%，普及率为 10.9 部/百人，城市住宅电话用户占固定电话总用户的比例为 73.3%，普及率为 23.9%，即农村不及城市水平的一半，二者的差距略为缩小，这主要由于大量行政、企事业单位集中在城镇造成的。进一步考察城乡居民通信设备拥有情况可以发现，2003 年农村居民平均每百户拥有的固定电话和移动电话数量分别为 49.1 部和 23.7 部，分别为城镇居民拥有量的 51.5% 和 26.3%。

（三）城乡电信发展水平差距的动态变化

虽然农村通信在 20 世纪 90 年代经过较快发展，与城市的差距曾一度缩小，但近年来却出现了步履放缓，差距又扩大的趋势。就固定电话用话而言，1995 年农话新增 324.3 万户，相当于同期城市电话用户新增数的 31.9%，此后二者差距逐年缩小，一直到 2000 年该比例上升至 95.4%。这之后农话用户增长速度减缓，与城市的差距迅速拉大。2001 年农村电话用户新增 1671.8 万户，与上年相比下降了 5.2%，占同期城市电话用户新增数比例回落至 88.8%，2002 年仅新增 1000 万户，同比下降达 40% 之多，2003 年农村电话用户发展有所回升，但因城市电话用户数增长更快，农村用户新增数进一步降至城市的 37.4%，这与农村庞大的人口基数很不相称。

同期，农话用户数占全国电话用户总数（包括固定电话和移动电话）的比重逐年下滑，2000 年为 22.5%，2001 年为 21%，2002 年又下降了两个百分点，为 19%。2003 年，全国已通固定电话行政村比例为 89.2%，尽管比上年上升了 3.9 个百分点，但是，考虑到我国行政村合并或撤销引起基数缩小 2.29%，通电话的行政村个数并没有增加多少。图 10-1 是我国自 20 世纪 90 年代中期以来进行的"村村通电话"工程的进展情况。从图中可以看出，1996—1999 年间，我国的通电话行政村比例上升了 24.4 个百分点；而 1999—2003 年间，此比例仅仅上升了 11.3 个百分点，普遍服务发展速度大大下降。

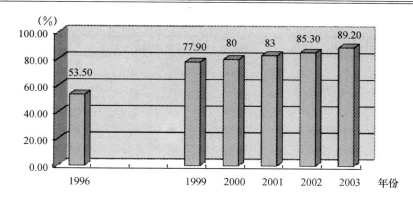

图 10 – 1　20 世纪 90 年代中期以来 "村通电话" 工程的进展

（四）地区之间基本电信接入差异在农村表现尤为突出

农村通信的落后不仅体现在与城市相比具有较大差距，还体现在农村内部发展的不平衡上，包括西部与东部、贫困地区与非贫困地区、穷人与富人之间。由于我国地域辽阔，地区间经济发展水平差异明显，直接导致我国电信业发展极不平衡。截至 2002 年年底，东部地区固定电话主线普及率为 25.3 线/百人，中部地区为 13.9 线/百人，西部地区仅为 11.5 线/百人，三者之比为 2.2∶1.2∶1，中西部远较东部落后；类似的，固定电话普及率东中西部比率依次为 1.9∶1.4∶1；移动电话普及率的地区差别就更大。以贵州为例，2001 年固定电话主线普及率仅为 5.95%，只占到上海的 16%，移动电话普及率只有 4.82%，仅为上海的 13%。

东部地区如上海、江苏、广东等地已经在 2000 年前先后实现了 "村村通电话"，而西部地区，如贵州、青海等省份至今还没有实现 "乡乡通电话"，更谈不上 "村村通电话" 了。到 2003 年年底，东部地区未通电话村的比例只有 1.03%，中部地区未通电话村的比例为 7.44%，而地广人稀的西部地区高达 25.31%，约有 5.2 万个行政村未通电话（见表 10 – 2）。这表明东西部农村之间通信服务的可及性存在很大差别。

从农村居民电话拥有的情况来看，2002 年 40.1% 的农户家庭拥有电话，东部、中部、西部分别有 59.6%、33.5% 和 20.9% 的农户家庭拥有电话，地区差别有较大缩小，这与东部、中部人口密度远较西部高有很大

表 10 - 2 　　　　2003 年我国中部、西部未通行政村及未通行政村比例

	行政村总数（个）	未通行政村数（个）	未通行政村占地区比例（%）	各地区未通行政村占全国比例（%）
东部地区	212480	2198	1.03	2.94
中部地区	276307	20547	7.44	27.47
西部地区	205728	52065	25.31	69.6
全国	694515	74810	10.8	100

资料来源：信息产业部编：《中国电信业发展指导》（2004），人民邮电出版社 2004 年版。

关系。但它同时也反映了这样一个事实，即使改善了通信服务状况，也未必提高农民使用该服务的比例，也就是说，经济承担能力在西部农村电信普及中具有很大影响①。

（五）贫困地区和贫困人口的电信接入现状更令人担忧

21 世纪初，国家在《2001—2010 年中国农村扶贫开发纲要》里确定了 592 个扶贫开发工作重点县（以下简称"贫困地区"），这些县的总土地面积 243 平方公里，占全国的 25.5%，总人口 22787 万人，占全国的 17.7%，其中乡村人口 20093 万人，占全国的 21.5%，它们是国家扶贫的主战场。与其他地区相比，这些贫困地区的电信基础设施发展更加滞后。2002 年，贫困地区固定电话用话达到 1525 万户，普及率仅为 6.7%，比全国平均水平低 10 个百分点，比非贫困地区低 12 个百分点，为非贫困地区普及率的 36%；每百户电话拥有量为 25.6 部，分别为全国平均水平和非贫困地区的 43% 和 39%，其中农村每百户电话拥有量为 16.3 部，相当于全国农村平均水平的 40%，相当于贫困地区城镇居民的 23%；移动电话用户为 883 万户，普及率仅达 3.9%，分别为全国平均水平和非贫困地区的 24% 和 21%。

在我国农村，贫困人口还占有相当一部分比例，按国家统计局标准，

---

① 目前，东部省份已经基本实现"村村通电话"，有些省份的村通电话率甚至达到了 100%。如果农民有安装电话的意愿并且收入水平足够高，就完全能够装上电话。但事实上，即使在最发达的地区，也不能实现家家通电话，这说明收入水平在电话普及中具有相当大的作用。考虑到西部地区的贫困现象更为严重，收入约束对电话普及的影响就更为明显。

2002年绝对贫困人口为2820万人，占乡村总人口的3%，低收入人口为5825万人，占乡村总人口的6.2%。该年贫困户所在村通电话的比重为77.6%，对于低收入户，该指标为84.4%，其他农户为97.3%。因此，与其他农户相比，贫困户和低收入户更缺乏获得电信服务的基本条件。2002年年末，平均每百户拥有电话机数量，贫困户为9.8部，低收入户为15.7部，其他农户为43.5部。也就是说，贫困户和低收入拥有电话的比例分别仅为其他农户的23%和36%；平均每百户拥有移动电话数量，贫困户、低收入户和其他农户分别为1.6部、2.8部和14.8部，前两者分别只占后者的11%和19%。不同农户拥有电话的差异，在很大程度上反映了他们之间的收入差距：该年贫困户和低收入户的人均纯收入分别为531元和813.1元，而其他农户为2773.9元，前两者分别为后者的19%和29%。

（六）互联网发展差距远大于传统语音接入差距

前面主要就接入基本电信设施（固定电话和移动电话）作了分析，实际上，如果考虑信息化和互联网的接入水平，则接入鸿沟更加明显。国家信息化测评中心2000年调查显示，按照国际通用的计算方法，中国信息化的网络指数是37.12；其中，北京最高，达到了318.82；西藏最低，只有0.2。

表 10 - 3　　　　　　我国东西部重要省市信息化水平的差异比较

单位:%

	2000 年（用户总数 2250 万）		2003 年（用户总数 5910 万）	
	网络用户比例	域名数比例	网络用户比例	域名数比例
北京	12.4	36.9	6.6	33.4
上海	9.0	9.2	7.1	8.3
广东	9.7	14.1	9.5	13.9
青海	0.3	0.07	0.3	0.25
宁夏	0.5	0.25	0.3	0.08
西藏	0.03	0.12	0.1	0.12

资料来源：根据相关资料整理。

由表10-3可知，互联网发展的领先省市在全国所占份额都有所下降，而落后省市的份额略有上升，反映了我国各省市对缩减"数字鸿沟"

的努力，但由于总量增长迅速，东西部地区之间绝对差距正在不断扩大，"数字鸿沟"越来越大的事实已不可回避。

国务院信息化工作办公室《2003 年中国互联网络信息资源数量调查报告》显示，我国东西部互联网络的发展很不平衡，数字鸿沟呈现进一步加剧的态势。截至 2003 年年底，全国已有近 60 万个网站，比上年同期增长 60.3%，但华东、华北、华南三地区的网站数量占全国总量的近90%，网站数量排在前四位的省市依次是北京、广东、浙江和上海，这四个省市的网站数量占全国网站总数的 56.8%，并且域名数量占了全国域名总数的 50.6%。图 10 - 2 为我国各地区域名数比例，包括 CN 域名和通用顶级域名（GTLD），但不含中文域名。

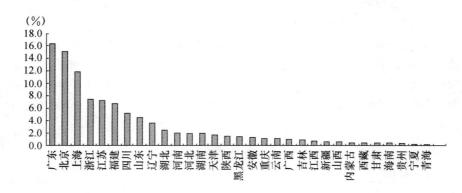

图 10 - 2　中国各地区域名数量分布

（七）数字鸿沟有可能演变为社会政治问题

数字鸿沟不仅是一种"社会状态"，而且是"社会后果"和"社会问题"。在信息资源已经成为国家经济实力和国际竞争力的核心战略资源的今天，国家或地区之间由于信息基础设施建设和操作技术普及水平差异，造成信息资源获取能力的巨大差距（包括信息接收、生产、传递与利用等方面差距），进而影响弱势国家的经济实力与国际竞争力；不同人群之间因为收入、教育水平、所处地域及种族等方面的差异，造成对信息技术掌握和运用的差异，进而导致不同群体在社会中面临的机遇、待遇不等，出现"信息落差"、"知识分隔"和"贫富分化"等问题。因此数字鸿沟已不只是国家间或国家内部在信息基础设施、数字技术的使用、电子化服务方面差别的问题，它涉及整个社会的贫富差距、信息资源多寡和资金、文化、就业、生活质量等问题，关系国家或地区科技参与能力的强弱、经济的增长方式等更深层次方面的社会问题。

如上所述，广大农村地区，由于各方面条件的限制，电话普及率还很低，互联网服务更是无从谈起。数字鸿沟造成的差别正在成为我国继城乡差别、工农差别和脑体差别"三大差别"之后的"第四大差别"，并加剧了旧有阶层、种族、性别和代沟问题，产生了新的结构性失业，使社会的内在矛盾更为复杂化，"富者越富、贫者越贫"的趋势更加明显，社会不满情绪上升，不稳定因素增多。

三 用电信普遍服务解决"三农"问题的必然性

首先，普遍服务政策有助于促进电信业的持续快速发展。经过 20 多年的快速发展，固定电话和移动电话的增长均出现了放缓的趋势，通过实施普遍服务政策，将电信网络延伸至广大的农村地区，除了网络投资产生直接经济效益外①，还扩大了全国的电信市场；同时推动了农村电信消费②，为电信业的持续发展奠定了良好的基础。

其次，电信业的发展将有力地促进经济的发展，而经济的发展进一步带动电信业的发展。电信业的地位和作用体现在其对经济增长的贡献中，这种贡献包括直接贡献和间接贡献。直接贡献一般用电信业增加值占GDP 的比重来表示。近些年，电信业对国民经济的直接贡献不断提高，2003 年直接贡献率为 2.38%。电信业作为经济增长的促进变量，还为其他产业提供中间投入产品，提高该产业的技术水平。电信业的技术进步，大幅度地降低了整个经济的交易成本，成为整个经济的增长源泉，随着互联网和电子商务的日益普及，电信业已经成为信息化的重要基础，成为新经济时代最重要的基础设施产业和新型工业化道路的基础。此外，电信业消费其他产业的中间产品可以带动相关产业的发展，这些推动和带动构成

---

① 为了满足运营商的激励条件，普遍服务需要回收运营商的经济成本，包括合理的资本回报。

② 替代效应和收入效应都使农村电信消费增加（见图 10-3）。在交叉补贴机制下，提供补贴者的电信消费受到扭曲而减少，但由于补贴针对接入，而接入弹性很小，城市电信消费受到的影响比较小，所以最终结果是总电信消费增加。

了电信业对经济增长的间接作用。根据信息产业部电信研究院政策研究所在 2002 年《电信业对经济发展影响研究》中的测算，近几年电信业对经济增长的间接贡献不断提高，2002 年电信业的间接贡献中，推动作用达到了 4.67%，带动作用达到了 7.47%。当然，经济的不断增长也会增加整个经济对电信的需求，促进电信业技术创新和业务创新，从而促进电信业的发展，为普遍服务的实施奠定物质基础。

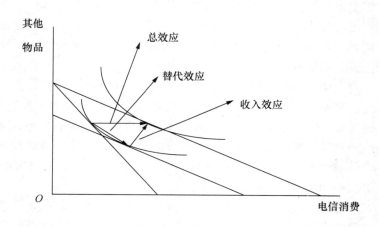

图 10 - 3　收入效应与替代效应

　　最后，加强普遍服务有助于减轻"三农"问题。普遍服务的实施有利于降低农村地区，尤其是边远山区获取市场信息的成本，便于寻找更多的市场机会，促进农村经济的增长；利用信息与通信技术提供卫生保健知识和远程医疗手段，有助于提高西部地区各族人民的身体素质；促进信息与资金流动，带动其他产业劳动生产率的提高，增强农村经济的活力；充分发挥网络信息的作用，开展网络教育，帮助农村低收入者素质的提高，增强吸收知识能力；增强农村群众知识交流的能力；加快社会文化和精神文明建设，强化政治民主，促进农村基层民主，改善人们的精神文化生活，提升农村生活质量等。

第四节　电信普遍服务的经济学分析

一　电信普遍服务的效率因素

在讨论普遍服务政策时，人们常常关注的是它的收入分配特征，而忽略普遍服务与配置效率之间的内在关系。实际上，电信产业是一种典型的网络产业，由此产生的网络外部性可能导致市场失灵，而普遍服务政策的一个重要目的就是恢复配置效率。

电信业最显著的需求特征就是存在网络外部性，这是理解普遍服务政策的一个基本概念。电信业的网络外部性，是指网络规模越大，网络的价值越大，因此用户效用与网络规模相关①，这是因为，网络中的用户越多，用户可以与之相联系的人就越多，或者说通话机会越多，因此网络规模越大，用户的效用就越大，所以当某个新用户接入电信网络时，该用户不仅个人效用增加，而且使网络中原有用户的效用增加，或者说给网络中的原有用户带来正的外部性。

当存在网络外部性时，可能存在多个电话普及率的均衡水平（Riordan，2001）。假设网络规模比较小时，多数人预期电信服务将来不会得到广泛应用，或者说电信网络的规模不会很大（这种预期与收入水平和其他影响电话普及率的因素有关），由于用户效用与网络规模有关，此时安装电话的效用低于相应的成本，因而用户选择不安装电话。很显然，这种预期是自我维持的：如果大家都有这样的预期，那么在其他人没有安装电话的情况下，我也没有动机安装电话，因此不安电话就成为一个（纳什）均衡，并且是在较小网络规模上达到的无效均衡。

当电话普及率超过某个临界值后，电信网络就会通过自我发展，在较高的普及率水平上达到均衡：如果预期其他人都安装电话，那么在其他人安装电话的情况下，我安装电话的效用就会比较高，因而我也会选择安装电话，从而在比较高的网络规模上达到均衡。

需要指出的是，由于现有网络用户不会考虑边际用户的效用，所以尽

---

①　更确切地讲，这是直接网络外部性。详见卡茨和夏皮罗（Katz, M. and C. Shapiro, 1985）。

管通过自我发展可以达到比较大的网络规模，但此时达到的网络规模仍然低于社会最优网络规模，也就是说，不仅在普及率较低时，网络外部性可能导致配置效率损失，在普及率很高时，仍然可以导致网络规模低于社会最优规模（Noam，1998）。

我们可以用图 10 - 4 说明这个观点。图中横轴表示用户规模，纵轴表示平均成本（价格）和效用。在达到临界规模 n_1 前，除非存在外部补贴，否则网络无法自我生存，此时由于入网用户太少，用户得到的效用低于较高的价格或平均成本；超过临界规模后，随着用户的增加，网络成本分摊得更低，用户效用大于平均成本，网络逐渐自我成长壮大，但用户规模达到 n_2 时，用户效用开始趋于稳定，而此时平均成本开始上升，所以私人最优网络规模为 n_2，即如果没有外部补贴，网络不会超过这个规模。但从社会福利角度，在决定网络扩充决策时，网络现有用户并没有考虑新用户的增加所带来的正效用，如果考虑到这个边际用户带来的效用，网络规模会继续扩展到 n_3，它介于私人最优规模 n_2 和社会净效用开始小于零的网络规模 n_4 之间，即社会最优网络规模 n_3 大于私人最优网络规模。

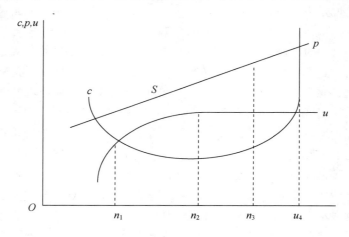

图 10 - 4　网络外部性与多重均衡

网络外部性所导致的多重均衡意味着，如果只依靠市场机制配置资源，在缺乏有效协调机制的前提下，难以形成有效的网络规模，很多消费者因此得不到电信服务，由此带来社会福利损失。尽管在电话发展的初期，这种市场失灵尤为严重，但是，网络外部性是电信网络的内在属性，由此导致的福利损失，在网络规模超过临界之后依然存在。

如何将网络外部性内部化，以便得到最优的网络规模？传统上，一般认为可以借助某种形式的补贴（庇古税）来校正这种市场缺陷，这也正是电信普遍服务的基本内涵之一，换句话说，除了收入分配以外，电信普遍服务的另一个重要目的，就是利用这样的公共（补贴）政策，恢复有效的网络规模，达到更有效的资源配置。

由于是边际用户带来网络外部性，所以理论上，补贴对象应该是这些边际用户。根据电信的需求特征，使用价格同样影响用户接入决策，所以补贴范围应该既包括接入，也包括使用，但在实际管制政策中，补贴重点往往为用户接入，以便促使新用户入网①。虽然网络外部性意味着需要对接入提供补贴，但这并不意味着对所有未安电话的人都需要提供补贴：一方面，对于那些具有足够支付意愿的消费者，并不需要提供补贴；另一方面，对于那些没有任何安装电话的意愿，或者支付意愿非常低的人，至少从效率角度讲，也没有必要提供补贴。所以在确定补贴目标时，普遍服务政策应具有明确的目标，只对具有一定支付意愿的人提供补贴，而不是对所有用户提供补贴。

图 10-5 中的边际个人收益曲线表示每个新用户入网得到的效用，这是典型的用户接入的向下倾斜的需求曲线。如果网络接入价格等于边际成本 c，此时得到的用户规模为 n_1。在没有网络外部性时，n_1 就是最优网络规模；图中边际个人收益曲线上的虚线表示新用户带来的边际外部收益；将边际个人收益与边际外部性两条线叠加，就得到社会收益曲线。当存在网络外部性时，边际社会收益等于边际成本时得到社会最优水平 n_2。容易看出，达到社会最优水平 n_2 需要补贴。假设移动运营商不能对新老用户实行区别定价，那么需要的补贴额为 $Smax = (c-p) \times n_2$；但如果能够实施区别定价，则需要的补贴额为 $Smin = (c-p)(n_2-n_1)$②。

---

① 由于接入弹性比较小，对接入提供补贴主要借助于收入效应。

② 英国的 OFTEL 和欧共体竞争委员会试图用这种方法测算移动网的外部性，其中欧共体竞争委员会得出的结果是，内部化移动网外部性需要对移动网一次主叫和被叫每分钟收取 0.165 欧分，在一定条件下，这个结果可以等价的换算成，对移动网每个边际用户补贴 35 欧元。参见 Bomsel 等（2003）。

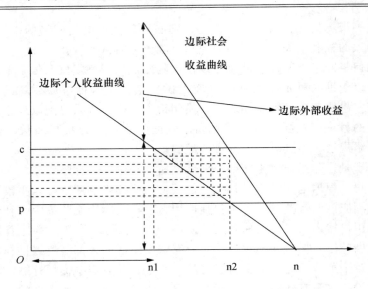

图 10 - 5　网络外部性与接入补贴

　　需要特别指出的是，上面的讨论仅仅是为了说明网络外部性和相应的补贴，但补贴的确定是一个非常复杂的问题，比如除了需要测量外部性外，还要确定补贴的受益者，在确定补贴目标时，既要考虑到新用户给原有用户增加的效用（外部性），同时也要考虑用户本身对于接入服务的支付意愿等。

　　在给定电话的接入费和使用费的条件下，决定补贴范围时需要考虑的因素主要包括（Taylor，1994）：首先是现有用户与新用户进行信息交流的意愿。如果现有用户与新用户进行交流的意愿很强（外部性很大），他们就会愿意提供较多的补贴；其次是新用户本身希望接入网络的意愿。在电话接入率比较低的情况下，比如对于我国农村，以上提到的两种意愿都会比较显著，特别是对大多数还没有安装电话的家庭来说，接入服务和通话费用相对过高是他们不能安装电话的主要原因。如果对接入进行补贴，并且降低现有资费水平，就会吸引他们安装电话。所以，与发达国家相比，对于中国这样的发展中国家来讲，提供补贴的必要性和补贴的范围都相对较大。

由此可以看出，虽然理论上讲，确定补贴的范围和对象非常容易，只需将补贴提供给上面提到的最有可能接入网络的潜在用户，但是在实践中，这种补贴方式很难操作，比如不可能获得足够的信息，确定谁是最有可能安装电话的潜在用户，而且即便能够得到这样的信息，也因为有可能存在寻租等问题，使交易成本过高而难以操作①。

最后，在强调电信普遍服务作为补贴手段，解决低效率的网络规模问题时，还必须回答的一个问题是，这种政府干预是否必要，特别是竞争的引入和不断的技术创新，是否会最终导致普遍服务政策失去存在的必要性。这是一个非常复杂的问题，除了需要深入分析网络外部性的影响外，还需要仔细研究普遍服务政策的成本收益，并且与其他公共政策进行比较，这些讨论显然已经超出了本章的讨论范围。

这里，我们想指出的是：

首先，并不是所有外部性都需要政府干预，根据科斯定理，交易成本比较小时，市场参与者可以找到内部协调机制，或者通过政府定义产权解决外部性。比如，在移动网发展初期，提供手机补贴②是很多企业自行选择的一种营销策略，或者通过高结算费提供接入补贴，但这些机制本身可能带来更严重的效率问题，这些问题目前已经引起很多国家监管机构的密切关注③。

其次，在普遍服务政策作为合理公共政策选择的前提下，电信竞争带来的效率提高、新技术的出现、更为集中的补贴目标等可能降低普遍服务规模，但普遍服务以及对于相应的补贴资金的需求永远不会消失。也许人们会对普遍服务的规模或者到底需要多少补贴产生争议，但无可争议的是，需要的补贴数额肯定永远大于零。需要强调的是，竞争并不

---

① Estache 等（2004）。

② 但在现实中运营商使用这种补贴手段时，其目的与其说是使边际用户入网，不如说是让用户不离开自己的网络，或者吸引超边际用户入网。从这个意义上讲，手机补贴已经蜕化为竞争手段，而不是用作将外部性内部化的手段。甚至有迹象表明，过度的手机补贴已经带来资源的浪费，比如表现为由于补贴过度，很多入网的低端用户的意愿支付低于社会成本。

③ 在移动单向收费情况下，移动运营商向固定电话运营商收取很高的结算费用，以此来提供补贴的资金来源。不过，已有研究表明，即使考虑网络外部性因素，移动网目前过高的结算价格水平仍高于最优水平。参见 Armstrong（2002）。

意味着不需要通过补贴实施收入再分配：食品和住房是竞争性非常强的产业，但很多国家仍然在这些领域，通过一定的补贴政策，实施收入再分配。从这个角度，人们不应该将收入分配问题与生产和资源配置效率问题相混淆。

最后，需要说明的是，电信普遍服务除了是提高配置效率的内在要求外，收入再分配也是电信普遍服务的一个重要目标。

二 电信普遍服务的收入分配功能

（一）用电信普遍服务实现收入分配的表现形式

除了效率方面的考虑外，实施普遍服务的另一个重要目的是实施收入再分配，之所以得出这种判断是因为：

首先，根据前面的分析，如果普遍服务政策只考虑解决网络外部性问题，那么接受补贴的用户应该是所有边际用户或新用户，但对于实际执行的普遍服务政策，补贴仅仅提供给高成本地区或者城市地区的低收入用户，这些补贴对象的选择明显带有收入再分配的性质，很难仅仅用网络外部性来解释。

其次，随着普及率的逐步提高，网络发展已摆脱低水平均衡问题，所以普遍服务政策的力度和范围都应该逐步缩小。但根据国际经验，电信普遍服务政策不仅依然存在，而且从其不断演化的趋势看，似乎变得越来越重要，比如随着政策的演化，高级电信服务也被纳入普遍服务的范围，这种状况只能用普遍服务具有收入再分配的目标来解释。

最后，很多国家在制定普遍服务政策时，都把改善收入分配明确作为实施普遍服务的政策目标，并且设定相应的项目来实施。实际上，尽管在网络达到一定规模后，仍存在一定程度的市场缺陷问题，但普遍服务政策的重点已经变成改善收入分配。从这个意义讲，由于我国地区发展不平衡与收入不平衡高度重叠，我国现阶段的普遍服务政策的重点应该是，改善地区经济发展不平衡以及由此带来的收入分配不平衡。

在电信业，普遍服务作为收入再分配的一种手段，主要是通过价格政策来实现的，管制经济学上称为管制税（Posner，1971）。实际上，尽管在某些情况下存在一定的重叠，电信普遍服务通常实施的是两种不同的再分配：一种是通过统一定价或对高成本用户制定不能完全反映成本的价格，对高成本或很难提供服务地区的用户提供补贴；另一种是通过向低收入用户征收提供补贴后的资费，对低收入用户提供补贴。

由此不难看出，电信普遍服务作为收入再分配的手段，具有以下几个重要特征：第一，通过扭曲相对价格取得补贴资金。通常情况下，作为一种补贴政策，普遍服务的资金是通过对低成本地区或高收入群体收取较高的资费（比如统一定价）得到的，这种取得补贴资金的方法相当于征收间接税，不同于通过财政税收手段得到补贴资金。第二，在产业内实现预算平衡。一般来讲，普遍服务政策通过扭曲相对价格实现收入再分配，比如低成本地区用户交叉补贴高成本地区用户。第三，电信普遍服务是以提供实物的形式，而且是通过提供电信服务来改善收入分配，而不是通过提供现金的方式。

根据以上特征，要想使收入再分配成为电信普遍服务的目标，还必须解决以下几个问题：（1）在补贴资金的取得上，为什么用扭曲相对价格的方法，而不是利用财政手段，毕竟财政手段是实现收入再分配的主要手段；（2）从实施收入再分配的角度，为什么通过提供实物的方式，或者更确切地讲，通过提供电信服务的方式实现收入再分配。

为了进一步分析普遍服务与收入分配的关系，下面简要地回顾政府实施收入再分配的主要原因：第一，公平尤其是机会均等是一个广泛接收的社会目标；第二，从效用主义的角度，如果假设每个人的效用可比，在边际效用递减的条件下，收入分配可以增加社会福利；第三，从 Rawls 无知公正的角度，极大化最弱势群体的效用要求收入再分配；第四，慈善或收入再分配具有准公共品特征，容易产生"搭便车"问题，如果只是由经济中私有部门参与慈善事业，提供的慈善水平会过低；第五，收入再分配实际上是一种收入保险，是 Rawls 无知公正下的一个公正选择。

因此，收入再分配不仅仅是为了实现公正的社会目标，还与效率问题密切相关。

（二）普遍服务与直接税的比较

通常，电信普遍服务政策通过扭曲电信业务的相对价格得到补贴资金，因此一个现实的问题是，为什么用这种办法而不是利用直接的税收手段得到补贴资金。实际上，斯蒂格利茨－阿科森定理（Laffont and Tirole，2000）证明了，实现收入再分配的最好办法是，直接通过对收入或劳动力等生产要素征税，而不是利用间接税取得所需资金。根据前面的讨论，用扭曲电信业务相对价格的方法得到补贴资金相当于征收间接税，而且是在比较小的税基上，相对于电信产业征收的间接税，因此，从获取资金的角度，这种方法比一般税收系统间接税的效率低，并且比直接税的效率更低，所以这个重要理论结果说明，用普遍服务实现再分配是一种低效率的公共政策。

但实际上，由于斯蒂格利茨—阿科森定理的成立是有条件的，这个结果与普遍服务政策并不矛盾。理解这个问题需要从该定理的基本条件出发，其关键在于必须从次优角度，考虑某些重要的制度因素。比如对于中国这样的发展中国家，其重要的制度特征是，税收系统的效率比较低，或者说公共资金的成本或者影子价格比较高，这些社会成本是税制设计的不完善和征税过程中产生的经济扭曲的直接反映。虽然一般来讲，直接对生产要素征税所产生的经济扭曲，要低于征收间接税所产生的扭曲，但根据可靠研究（Ballard, C. et al., 1985），在发达国家，由于税制合理并且税收征管体制发达，公共资金的影子价格一般在 0.3 左右，而在中国，由于税制的不合理，比如更多地依赖间接税，并且征收过程的效率很低，如存在比较严重的腐败问题等，公共资金的成本高达 1.5—2.0（Zhang, 1995）。

较高的公共资金的影子价格可能意味着，普遍服务是一种更优的机制。为了说明这个观点，假设可以利用两种方法取得实现收入再分配所需要的补贴资金：一种是利用普遍服务政策（交叉补贴）实现收入再分配；另一种是利用一般的财政税收手段，可以是直接税，或者是更一般的最优税制。为了简单起见，不妨假设消费者的收入状况、需求曲线等有关信息已知。对于第一种方法，相对价格的扭曲将带来相应的社会成本，但这种方法避免了利用税收手段实现收入再分配所产生的社会成本，其相应的总福利水平取决于预算约束的影子价格（内生的），而与外生的公共资金的影子价格无关（图 10-6 中的水平直线），但是利用税收手段实现收入再分配得到的总福利水平，会随着影子价格的上升而下降（图 10-6 中的斜实线），容易验证，当公共资金的影子价格非常高时，利用交叉补贴机制实现收入再分配得到的社会福利，很可能高于直接用财政税收手段实现收入再分配所得到的社会福利。

虽然在一定条件下交叉补贴有其合理性，但仍存在应从哪些业务得到

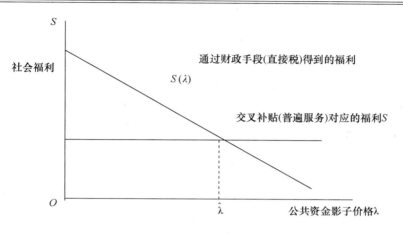

图 10 - 6　直接征税与交叉补贴的福利比较

补贴资金，使得由于相对价格扭曲而产生的社会福利损失最小的问题，这个问题与价格弹性密切相关。传统上，一般是通过提高使用价格包括长话价格得到补贴资金，但根据 Garbacz 和 Thompson（2003 和 2004）的相关弹性研究，他们利用 Logit 模型估计了美国电话价格弹性（见表 10 - 4）和世界电话价格弹性（见表 10 - 5），得出的结果验证了初装费的弹性小于月租的弹性，而月租的弹性又远小于使用价格，包括市话和长话的价格弹性，所以传统的收取补贴资金的方法效率比较低，基于这样的原因，一些国家开始尝试改变补贴资金收取方式，比如美国 1996 年新电信法出台后，开始收取用户线路附加费（SLS）。

表 10 - 4	美国电话价格弹性和收入弹性		
	1980 年	1990 年	2000 年
市话	－ 0. 032	－ 0. 028	－ 0. 011
初装费	－ 0. 012	－ 0. 006	－ 0. 002
长话	－ 0. 059	－ 0. 020	－ 0. 004
可支配收入	0. 069	0. 058	0. 029

资料来源：Garbacz 和 Thompson（2003）。

表 10 - 5　　　　　　　　　世界电话价格弹性和收入弹性

	商业用户		居民用户		移动用户	
	所有国家	发展中国家	所有中国家	发展中国家	所有中国家	发展中国家
人均 GDP	0.493	0.287	0.203	0.268	0.703	0.905
商户月租	- 0.127	- 0.067				
居民月租			- 0.056	- 0.037	- 0.136	- 0.164
移动月租	- 0.051	- 0.017	- 0.055	- 0.061	- 0.328	- 0.346
商户初装	- 0.037	- 0.014				
居民初装			- 0.040	- 0.052		
移动初装	- 0.011	- 0.010	- 0.010	- 0.010	- 0.035	- 0.040

资料来源：Garbacz 和 Thompson（2004）。

　　需要说明的是，虽然在一定条件下，电信普遍服务可能比直接利用税收手段更符合效率原则，但这并不意味着普遍服务就是实现收入再分配的最优手段，而只是说明，普遍服务政策必须结合具体的制度特征：首先，普遍服务政策不可能代替税收手段，成为实现收入再分配的主要手段。其次，交叉补贴机制并不是实施普遍服务政策的最有效率的方法（Estache et al.，2004），特别是交叉补贴与引入电信竞争之间存在一定的矛盾，由于竞争产生的"撇奶油"问题，这样的普遍服务机制很难维持。最后，政府干预时往往缺少相应的信息。根据前面的讨论不难看出，为了保证普遍服务的有效性，需要知道很多相关的信息，比如需要知道提供普遍服务给运营商带来的额外成本，只有这样，才能保证合理补偿运营商，满足其网络投资的激励相容条件。但在实际中，政府或规制机构缺少这些信息，因此很难保证普遍服务目标得到有效的实施。

　　（三）普遍服务与现金转移支付的比较

　　在电信普遍服务政策的争议中，一些人认为，即使承认收入分配目标，也不一定选择电信普遍服务。实际上，这些争议主要强调，在补贴资金的使用上，电信普遍服务等于替消费者选择，因此选择其他收入再分配领域可能更为合理。更一般地说，如果给补贴对象提供现金，让其自由选择，可能达到更好的收入再分配效果。这里的争议包含两个方面的问题：一方面，为什么选择提供实物而不是直接提供现金进行补贴；另一方面，如果选择实物补贴确实有其合理性，为什么选择电信服务而不是其他产品或服务，比如食品或住房？

　　根据公共经济学理论，选择实物补贴方式的最主要理由是，慈善或收入再分配具有集体消费品的特征，因此收入再分配的目标不仅仅极大化受益者的效用，还要极大化纳税人或补贴资金提供者的效用。如果纳税人只关心受益者的效用，那么提供现金补贴确实是最有效的方式。但一般来讲，很多人希望帮助受益者得到食品、住房、电信、供水等对生存和发展必不可少的物品和服务，而不希望用这些钱购买其他物品或服务，在这种情况下，转移支付将采取实物方式。

　　实际上，Lucien（1967）在理论上证明了，在一定条件下，利用实物进行转移支付同样可以达到帕累托最优。尼古拉斯·巴尔在《福利国家经济学》①也对此进行了分析，他指出：第一，从政治经济学角度，利用实物进行再分配可能更容易实现②；第二，考虑到接受现金补贴的消费者可能产生消费负外部性，使用现金补贴产生的社会福利可能未必高于实物补贴；第三，在个人偏好与社会整体偏好发生冲突时，直接采用实物补贴带来的社会福利可能更高。

　　图 10－7 说明了现金补贴与实物补贴的效率③。假设 K 为实物补贴，Q 为其他物品 Q。在没有补贴的情况下，某个居民消费的 K 物品为 K_1，消费的其他物品为 Q_1。假设在实物补贴项目中，受益者得到的补贴为 K_s，那么该受益人的预算约束变为通过 B 平行于原预算约束（下面的直线）的直线（上面的直线）。容易看出，补贴后受益者的效用有三种情况：首先，如果该受益者除了补贴前的消费额 K_1 外，还要消费提供的补贴 K_s，那么 K 物品的总消费额为 K_2（等于 K_1+K_s），此时提供现金的效用等于提供实物的效用。其次是受益者只想消费补贴额 K_s，当然此时提供现金的效用也等于提供实物的效用。最后，受益者在得到补贴后，可能想用原来购买 K 物品的部分收入购买其他物品，此时消费的 K 物品为 K_3，因此提供实物带来的效用，低于提供现金带来的效用。

----

　　①　中国劳动社会保障出版社 2003 年版。
　　②　考虑到发展中国家中很多的腐败和寻租行为，这种情况在发展中国家表现更为明显。有关普遍服务中寻租问题的讨论参见 Estache 等（2004）。
　　③　The World Bank（undated）Government Redistribution Programs.

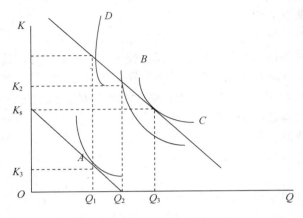

图 10－7　现金补贴与实物补贴

　　尽管一般而言，提供现金的效率高于提供实物的效率，但根据前面的分析，这个结论只有在补贴数量大于受益人的消费数量时才成立①。比如在现有收入水平下，如果受益人只需要其他更必要的产品或服务，而不是电信接入服务②，此时提供普遍服务的效率小于提供现金或其他实务普遍服务项目；而如果受益人的消费额大于补贴额，比如在补贴后的预算约束下，受益人需要电信接入服务，此时实物补贴并不影响受益人面临的相对价格，因此从效率角度，提供现金与提供实物的效率等价③。在一般情况下，在实施电信普遍服务时，补贴的受益对象往往只针对基本电信服务，从这个意义上讲，具有实物转移支付性质的电信普遍服务，其效率并不一定低于现金转移支付的效率。

　　当然，在受益人非常贫穷时，电信普遍服务政策对于改善收入分配有一定局限性。但需要强调的是，这个结论并没有否定普遍服务，而只是强调，电信普遍服务并不能代替其他收入分配政策，需要与其他收入分配政策相结合，才能达到相应的政策目标。更确切地讲，与其他收入分配政策相比，电信普遍服务给受益人带来的效用越高，这种公共政策就越具有合理性。综合前面的分析，图 10－8 描述了电信普遍服务的合理区域。

----

　①　假设收入效应很小。

　②　此时 B 与横轴相交，即不需要 K 物品。

　③　当然，还要考虑收入再分配项目的管理效率等因素。

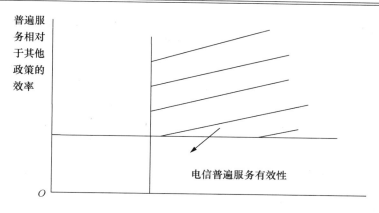

图 10 - 8　电信普遍服务有效性

归纳起来，从补贴资金使用角度，选择电信普遍服务作为收入再分配
手段的主要原因是：首先，在通常情况下，补贴金额小于收益人的消费数
量，所以使用实物与使用现金等价，或者更一般的，电信普遍服务的效率
高于其他收入分配政策。其次，在补贴金额大于消费数量的情况下，虽然
使用现金或其他收入分配政策的效率高于使用实物，但是，由于纳税人或
补贴提供者认为[①]，电信服务对于摆脱贫困具有重要作用，因此仍有可能
选择电信普遍服务，而不是其他的产品或服务。

第五节　制定电信普遍服务政策面临的主要问题

一　普遍服务与竞争的矛盾

（一）垄断时期的普遍服务

在电信垄断时期，作为垄断地位的交换条件，垄断运营商是电信普遍
服务的承担者。为实现普遍服务，电信公司不仅要在盈利地区提供业务，

---

①　假设在多数决策机制下，多数纳税人认为如此。

还要按照政府制定的普遍服务目标，在不盈利地区提供业务。在不盈利地区提供普遍服务产生的政策性亏损，需要由各种补贴来弥补，这些补贴一般分为社会性补贴和行业内互补。社会性补贴是指政府的政策性补贴，比如无息或低息贷款、财政援助、特殊税收和倾斜政策等，以及用户补贴，如高初装费、用户债券等；而行业内互补是指企业不同业务，如长途与市话业务以及不同地区之间的交叉补贴。

概括地讲，我国传统的电信普遍服务机制，是一种建立在政府优惠政策基础上、主要依靠主导电信运营商的内部交叉补贴来实现的机制，它是在电信垄断的历史条件下形成的。历史地看，我国各级政府和邮电部门为实现电信普遍服务做出了极大的努力，通过一系列积极有效的政策和措施，特别是初装费政策，解决了电信网发展初期的资金匮乏问题，促进了电信网的高速发展，这是我国普遍服务政策的重要体现和巨大成功，为建设我国信息基础设施、全面推进我国信息化建设打下了坚实的基础。

（二）竞争时期的普遍服务

随着电信科技进步和互联网技术的发展，电信的自然垄断性正在逐渐发生变化，不断地放松管制和引入竞争，使得固定电话网盈利较高的业务，正在被一些专业公司或新兴公司所分割，竞争的影响使传统的高利润业务的收益降低，传统的交叉补贴无法得以维持，同时电信市场出现的众多运营者，使原有的由垄断企业独自承担普遍服务义务的做法失去公平，因此，由政府出面建立新的普遍服务政策和机制，使所有运营者都承担起普遍服务义务，并符合电信竞争环境，就成为竞争环境下普遍服务政策的客观要求。

尽管我国电信业总体上发展很快，但这种发展实际上是非常不平衡的，尤其是我国的农村电话普及率还相当低，东部、中部、西部电信发展的差距还相当大，向广大边远和贫穷地区普及电信服务的任务相当繁重，若不能有效地解决具有"撇奶油"性质的电信竞争对原有补贴机制产生的影响，必然导致有限的资金大量流入发达地区，并使电信企业内部的发达地区与不发达地区间的相互补贴难以为继，其结果必将导致地区差距进一步扩大，并且影响全网规模经济的实现，延缓我国电信业的整体发展及国民经济信息化进程。

二　普遍服务由市场和政府共同解决

对普遍服务争议较多的一个问题是，普遍服务到底是由市场还是政府来解决。市场论者认为，政府解决普遍服务不但会扭曲市场，还会对电信行业形成保护。换句话说，无论是出于外部性上的考虑，还是从收入再分配的目标出发，前面分析的理由都不足以证明普遍服务政策的合理性；而政府论者承认普遍服务政策的合理性，认为普遍服务实际上一种全国性的公共物品，不可能由趋利性的企业来实施。实际上，这两种说法都有其正确的一面，但都没有全面地反映电信普遍服务背后的本质问题。电信普遍服务的二维性决定了，应该由市场和政府共同解决电信普遍服务问题。

（一）普遍服务的两个维度

就基本电信接入而言，我们可以从两个角度来分析接入问题：一是高收入人群和低收入人群；二是城市和农村/偏远地区。根据这种划分，接入鸿沟的两个基本维度可分别看做贫困问题和地理隔绝问题。在实际中，普遍服务政策也是按照这种划分来设计的，比如美国的普遍服务分为高成本地区项目和低收入项目。当然，这种划分并不是绝对的，它们之间显然存在着一定程度的重合，比如城市中也存在低收入居民。

但一般来讲，按照地理或成本维度设计普遍服务显得更为重要，特别是在我国地区差异与贫困差距高度重合的情况下，考虑农村接入问题显然更为重要。在电信服务的地理位置方面，城市中的低收入人群并不是被隔离的；而在偏远农村地区，由于提供电信服务的收益常常不能弥补风险，这些地区通常被运营商忽略，因此除非政府介入，否则这些地区将成为最后接入电信服务的地区。从这个意义上讲，农村地区的接入问题要比城市中低收入居民的接入问题严峻得多。

（二）两种接入鸿沟

普遍服务的主要目的，是通过对电信网络进行投资，使之尽可能地覆盖全部区域。在这过程中，需要克服两种不同的鸿沟：（1）市场效率鸿沟；（2）接入鸿沟。虽然有时对这两种鸿沟并不加以区分，而统一称为接入鸿沟，但它们属于不同的问题，需要通过不同的机制加以解决。

市场效率鸿沟是指在目前条件下，电信服务普及率与最优市场条件下普及率的差距。这种鸿沟的缩减一般不需要特别的政府干预，可以通过电信产业市场化、稳定的管制政策、私人部门参与网络投资加以解决。在许多国家，通过市场竞争和公平的管制环境改革，这个方面已经取得了很大的成功。但这种改革本身仍存在一定的问题，比如说市场的极限在什么地方，如何根据这样的边界制定最优的管制和投资政策，这些问题并没有统一答案和解决问题模式，而必须结合国情具体分析。

接入鸿沟是由于存在支付能力约束而产生的，即使在是最有效的市场中，也存在一些地区和人群，他们的支付能力不足以支付最低水平的电信接入成本，因此如果不借助某种形式的政府干涉，这种鸿沟将一直存在下去。

容易理解，通过公共接入服务，例如公用电话，可以提高整个社会的电信接入水平，但是，即使对于公共接入服务，仍存在支付能力边界问题。对于支付能力边界之外的那部分居民的接入问题，必须由政府建立某种机制来解决，而对支付能力之内的接入问题，就应该让市场去解决，毕竟市场竞争机制在解决效率及成本问题上更具有优势。需要说明的是，市场效率鸿沟与接入鸿沟并没有轻重之分和先后之分，最好是通过合适的政策同时加以解决。

三 普遍服务的融资机制

根据前面的讨论，电信普遍服务政策是提高配置效率、改善收入分配状况的内在要求，在这个前提下，普遍服务的核心变成融资问题。实际上，不论电信普遍服务如何实施，都需要大量的补贴资金，这也是普遍服务的最棘手的问题。在电信垄断时期，普遍服务是通过内部交叉补贴来实现的，那时的补贴资金问题并没有表现出来，但随着电信业不断地引入竞争，补贴资金的融资成为普遍服务政策中的一个越来越重要的问题。

目前世界各国融资机制的基本的趋势是，由原来公司内部的交叉补贴的"暗补"转变为向社会公开的"明补"，采取的主要方式包括：（1）接入费：接入费是电信运营公司为呼叫的始发和落地向本地公司支付的费用，目的是让本地运营公司回收本地环路的部分成本；（2）接入赤字费：这是接入费的一种变体，是在位电话运营商提供本地电话服务时，其收入和成本之间的差额（接入赤字），由各运营公司予以分摊补偿；（3）财政资助：通常指借助财政手段，帮助贫困电话用户享用服务的一种方式，一般通过降低残疾人、老人、穷人等用户的资费来实现；（4）普遍服务基金（USF）：一种日趋流行的主流机制，主要由运营公司按照收入水平出资建立。

在这些方法中，目前国际上比较流行的是普遍服务基金机制，通过政府管理的普遍服务基金实现普遍服务目标。在普遍服务基金机制下，所有电信运营商都要通过缴纳普遍服务基金，履行电信普遍服务义务，在普遍服务资金集中起来后，再统一转移支付给实际承担提供业务的运营商。

由于运营商的收益来自现有用户，所以这种机制实际上是通过现有用户，而不是通过所有纳税人支持的国家财政，得到资助普遍服务的补贴资金。根据前面的分析，因为现有用户得到正的外部性，从这个意义讲，这样的机制符合效率原则。此外，由于所有竞争对手承担同样的普遍服务义务，因此普遍服务基金不会与竞争机制产生矛盾，满足竞争中性原则。

普遍服务基金的使用通常有两种方式：第一，提供普遍服务的公司从普遍服务基金中获得所需的资金，以确保普遍服务，这种情况主要对应已经实现网络全覆盖；第二，普遍服务基金用于投资尚无电信服务地区的网络建设，这种情况主要对应发展中国家，此时基金的管理者通过招标在特定地区提供普遍服务，投标价最低的运营商获得基金资助，开展普遍服务设施的建设。

目前，信息产业部、财政部等政府部门都在积极推动建立新的普遍服务机制的工作，同时积极建立和完善普遍服务的法律基础。经过一段时间的研究，政府主管部门的基本意见倾向于普遍服务基金制，因此我国下一步亟待解决的问题是，如何根据电信业发展状况建立符合实际情况的普遍服务基金。但作为过渡措施，有关部门已经制定其他融资和管理办法。2004 年 1 月 16 日，信息产业部下发了《关于在部分省区开展村通工程试点工作的通知》，确定六大运营企业以分片包干的形式分别承担陕西等五省区的村村通任务，开始以"村通电话工程"的方式改善偏远地区通信落后的积极尝试；2004 年 9 月，信息产业部再次下发了第二批"村通工程"试点工作，新增 8 个"村通"试点省份。从执行情况看，目前存在的问题是，分片包干过于粗糙，没有做必要的成本信息调查，完全是一种行政命令式的做法，不具有持续性，不能从根本上解决问题。

四　普遍服务补偿机制

补偿机制是普遍服务的关键环节。从根本上讲，实现电信普遍服务就是要建立起一种合理的补偿机制。实际上，无论选择什么样的普遍服务政策，其实质都是某些利益主体对另外一些利益主体的补偿。更确切地讲，就是要使那些高成本地区的企业得到补偿后，能够继续提供服务和发展，而那些低收入的用户得到补偿后可以享用电信服务。

当然，无论哪种补偿都会使价格偏离成本，从而造成消费行为的扭曲和厂商行为的扭曲，由此带来福利损失，因此好的普遍服务政策应做到最大限度地减少扭曲，尽量减少对市场竞争过程产生的不利影响。

（一）成本补偿机制

成本补偿机制是应用最广泛的补充方式。建立普遍服务基金制，关键是要测算提供普遍服务发生的成本。根据国际经验，通常是通过建立成本模型，计算电信企业的前瞻性成本，在此基础上确定一个补偿标准，即补贴额等于前瞻性成本减去政府确定的基准成本。由此可见，普遍服务成本负担的测算，变成如何确定企业的前瞻性成本。

在一定意义上讲，前瞻性成本的核心问题是成本测算方法的选择。一般来讲，不同成本测算方法给运营商提供的激励是不同的：历史成本补偿方式按照实际成本测算成本，补偿额等于历史成本减去给定的基准成本。按照这种补偿方法，补偿额依赖于实际成本，所以是一种具有较低激励强度的方法，但这种方法比较简单，因此成为其他改进方法的基础；前瞻性成本补偿方式基于经济成本测算成本，补偿额等于前瞻性成本减去基准成本，与实际发生的成本无关，因此这种方法对于运营商降低成本具有较强的激励作用。

但是，根据规制经济学理论，正如选择规制工具的激励强度时，不能简单地选择低激励强度或高激励强度的规制手段一样，成本补偿方式的选择也必须充分考虑到国情。虽然前瞻性成本补偿方法更有利于降低成本，但这种方法存在的一个最大问题是，由于数据方面的原因，很难得到可靠的经济成本测算结果。

（二）收入补偿机制

收入补偿机制是直接对低收入者进行补偿，而不是对提供普遍服务的运营商进行补偿。比如政府通过提供现金或电信券的方式，保证他们有能力享用电信服务。随着市场经济的发展，我国经济发展不平衡的问题日益突出，东西部之间、城乡之间的收入差距呈逐步扩大的趋势。根据前面的讨论，现金支付通常使受益人得到更高的效用，并且容易验证，在一定条件下，与现有的转移支付方式相比，提供电信券有可能使受益者得到更大的效用①，这些直接补偿方式可以成为一种辅助的补偿手段。目前，我国尚未建立收入补偿方式，需要进行深一步研究。

（三）价格补偿机制

价格补偿机制一般需要以电信垄断，或较强的市场支配地位为基础，通过对某些盈利性业务实行高资费，补偿另外一些业务的亏损。比如以国际业务、长途业务、城市业务的盈利补贴国内业务、市话业务、农村业务的亏损。在电信引入竞争前，这种补偿方式具有容易控制、方便实施的特点。

在引入电信竞争以后，通过盈利性业务的高资费来补贴某些业务低资费的可能性已经大为削弱。尽管如此，依然可以通过其他价格政策，如实行城乡统一定价进行补偿。以中国为例，2000 年在电话资费调整前，电信市场基本上划分为两大部分，即城市和农村，并对这两地实行区别定价。一般来说，由于在农村提供电信服务的成本较高，农村电话使用者应该支付较高的价格。2000 年年底，新的电信资费政策要求城市和农村实行统一定价，从收入分配角度，这显然是一项有利于农村消费者的普遍服务政策。

但已经有研究指出（Estache et al.，2004），尽管从收入分配角度，统一定价使农村地区价格下降，因此有利于农村用户，但却是以减少农村网络覆盖为代价的。在发展中国家，由于尚未建立足够的基础网络设施，所以与发达国家不同，网络扩张仍然是非常重要的发展策略，在这种情况下，统一定价的合理性减弱。

由此得到的一般性结论是，在制定普遍服务政策时，特别是在发展中国家，应该综合考虑网络投资问题与定价政策。实际上，在很多发展中国家，贫困人群愿意以较高的价格得到基本业务，但由于网络覆盖不够，他们最终不能得到这些服务，因此在发展中国家，政府应该将更多的精力放

---

① 按照现有的普遍服务政策，运营商以补贴价格提供属于普遍服务范围的电信服务，如基础电信服务，受益者只能选择这些服务，而不能在这些业务和其他业务之间替代，比如受益人可能选用公共电话享受信息服务，而不一定选择家庭接入，在这种情况下，虽然也属于实物转移支付，但提供电信券可能使受益人得到更高的效用。

在如何为网络投资提供激励上，而不应该扭曲价格，或者至少允许一定程度的差别定价。

第六节 我国农村电信普遍服务与信息化的政策建议

一 设立多层次的普遍服务目标

根据国际经验，随着电信技术和业务的发展、成熟，电信普遍服务的具体内容不断演进，所以我国的普遍服务政策应设立多层次目标，分阶段、分层次推进。根据"总体规划，分步实施"的原则，我国确定了2004—2008年的普遍服务目标：

到2005年，按期实现"十五"计划目标，即全国村通电话率达到95%的目标，其中东部、中部、西部地区的行政村通电话比例要分别达到99.5%以上、97%以上和88%以上，家庭总户数超过300户的已通村中，至少要有两部公用电话；到2008年，全国实现农村地区98%以上的行政村通电话，其中东部、中部、西部比例分别达到100%、99%和94.4%；2005年以后，在有条件的地区逐步扩大普遍服务的业务类型，提供基础语音电话业务、增值业务、因特网接入业务。

虽然目前未通村的总数（7万个左右）已经不是很多，但这些未通村基本上都处在偏远的、自然条件非常恶劣的地区，实施上依然存在相当大的难度，所以目前制定的普遍服务目标已经考虑到各地区的差距，是一个比较合适的目标，但为了确保实现村村通的目标，有必要将普遍服务的目标再进行细化。此外，由于同发达国家相比，我国还存在较大的数字鸿沟，为此应该在有条件的地区，积极推进普遍服务向更高层次发展。比如在北京、上海、广东、江苏等发达省市，应该制定类似"村通电话"的互联网接入目标。

二 尽快建立电信普遍服务基金

目前，"村村通"工程采用"分片包干"的基本思路，仍然基于传统的按行政区域进行划分的思路，这种做法很可能成为今后建立普遍服务基金的障碍。从企业的反馈来看，企业对信息产业部推行"分片包干"的做法也颇有微词，一方面，"分片包干"难以做到真正的公平；另一方面，没有对原有已建但是亏损运营的部分做出规定，但实际上这部分的普遍服务成本相当大。因此，"分片包干"只能定位于为完成"十五"计划而采用的过渡措施，还必须加快建立普遍服务基金制的进程。

在未来建立普遍服务基金时，建议以运营商电信收入的一定比例进行征收。根据国际经验，这个比例一般在 5% 以内，平均比例在 2% 左右。普遍服务基金纳入中央预算管理，作为中央财政收入中的非税收收入，列入中央的财政专户，实行"收支两条线"，专款专用。信息产业部作为主管部门，制定普遍服务基金的征收标准和补偿使用办法，包括对运营商的成本进行核算等。

三　扩大普遍服务义务的主体

目前，中国的普遍服务义务仅由六大基础电信业务运营商承担，但全国增值电信业务运营商已经有 1.1 万多家，更重要的是，随着电信技术和互联网技术的发展，增值电信业务与基础电信业务的界限越来越模糊，增值业务运营商正在大量分流传统电信运营商的基础业务，对基础业务的替代竞争已经越来越明显，为此有必要使增值业务运营商也承担普遍服务义务。但通信设备制造业是否要纳入普遍服务义务的主体之中，有待进一步研究。

四　多种融资机制与补贴机制并进

由于普遍服务基金出台尚待时日，而且即使出台了普遍服务基金，在基金运作的初期，融资额度也未必能满足实际需要，而电信普遍服务又是一个迫在眉睫的问题，很难等到普遍服务基金成熟之后再实施，因此目前还应积极鼓励普遍服务基金以外的其他融资方式。比如除普遍服务基金外，可以考虑让地方政府、受益用户和企业都为此作出贡献。对于普遍服务的补偿机制，成本补偿不应成为唯一的方式，建议与价格补偿相结合，比如在不同成本地区允许一定程度的差别定价。

五　放宽接入技术的限制

鉴于普遍服务问题的严重性与紧迫性，政府在各种技术面前应当保持中性立场，减少技术选择的干预，允许电信企业在现有电信业务经营范围内，采取多种接入手段开展普遍服务，特别是允许企业按照市场原则选择技术成熟、性价比优越、适合农村通信解决方案的新技术和新设备，用于解决农村通信普遍服务工程，以降低不必要的工程造价，提高投资的社会效益和经济效益。随着无线技术的发展，无线接入具有建网成本低、运营成本低、建网速度快、可逐步扩容、投资回收快和可靠性高等一系列优点，在某些条件下，是解决普遍服务问题的最佳技术途径[①]。

六 从法律和管理机制上规范普遍服务

为了保证普遍服务政策能够在法制的轨道上规范、有序、健康的发展，需要加强普遍服务的立法工作。目前，《电信法》已经呈送国务院法制办审阅，《电信法》中涉及很多普遍服务方面的内容，在这同时，信息产业部也在积极制定普遍服务条例，这些法律文件的出台对于电信普遍服务的有效实施具有积极的推动作用。

七 普遍服务基金的管理机构

随着电信市场主体的日益增加，现有电信主管部门的监管工作非常繁忙，很难再承受额外的监管任务，在这种情况下，为了保证管理的有效性，满足公平、公正和公开的要求，同时切合中国国情，最好成立专门的管理机构，管理普遍服务基金，但在这样的机构建立之前，建议暂由信息产业部电信管理局，包括各省的通信管理局，采用中央与省（区、市）二级管理机构形式，负责监管和实施，待时机成熟后再成立独立的管理机构。

参考文献

1. Estache, A., J. - J. Laffont and X. Z. Zhang (2004) Universal Service Obligations in Developing Countries. *Policy Research Working Paper Series* 3421, The World Bank.

2. Armstrong, M. (2002) The Theory of Access Pricing and Interconnection, in *Handbook of Telecommunications Economics*, ed. by Cave, M. et al. .

3. Atkinson, A. B. and J. Stiglitz (1976) The Design of Tax Structure: Direct and Indi-

---

① 据媒体报道，SCDMA 农村无线接入系统突出的特点是它的经济性，据信息产业部测算，采用架杆、拉线的方法，当前我国城市安装一部固定电话的平均成本为 1200 元，农村高达 1.3 万元，而 SCDMA 农村无线接入系统却一下子将农村安装每部固定电话的平均成本降低到 800 元，因此被信息产业部列为"村村通电话"的首推技术选择。

rect Taxation. *Journal of Public Economics* 6: 55 – 75.

4. Ballard, C. , J. Shoven and J. Whalley (1985) General Equilibrium Computation of the Marginal Welfare Losses of Taxes in the United States. *American Economic Review* 75: 128 – 138.

5. Laffont, J. – J. and J. Tirole (2000) *Competition in Telecommunications.* MIT Press.

6. Katz, M. and C. Shapiro (1985) Network Externality, Competition, and Compatibility. *American Economic Review* 75: 424 – 440.

7. Foldes, L. (1967) Income Redistribution in Money and in Kind. *Economica*, New Series, Vol. 34, No. 133 (Feb. 1967), 30 – 41.

8. Garbacz, C. and H. Thompson (2003) Estimating Telephone Demand With State Decennial Census Data from 1970 – 1990: Update with 2000 Data. Working Paper.

9. Garbacz, C. and H. Thompson (2004) Universal Telecommunications Service: A World Perspective. Working Paper.

10. Riordan, M. (2001) Universal Residential Telephone Service. *Handbook of Telecommunications Economics.* Amsterdam: Elsevier Science.

11. Moam, E. (undated) Beyond Liberalization Ⅲ: Reforming Universal Service. Memio, http: //www. citi. columbia. edu/elinoam/articles/beyondlib3. html.

12. OECD (1995) *Universal Service Obligations in a Competitive Telecommunications Environment.* Paris.

13. Bomsel, O. et al. (2003) *How Mobile Termination Charges Shape the Dynamics of the Telecom Sector.* The University of Warwick, July 2003.

14. Posner, R. (1971) Taxation by Regulation. *Bell Journal of Economic and Management*, Science 1: 22 – 50.

15. Taylor, L. D. (1994) *Telecommunications Demand in Theory and Practice*, Kluwer Academic Publishers.

16. Zhang, X. Z. (1995) An Estimate of China's Cost of Public Fund. *IQTE Working Paper.*

17. Cremer, H. , F. Gasmi, A. Grimaud and J. J. Laffont, Universal Service: An Economic Perspective. *Annals of Public and Cooperative Economics*, 2001, 71, 5 – 42.

18. Gasmi, F. , J. J. Laffont and W. Sharkey, Competition, Universal Service and Telecommunications Policy in Developing Countries. *Information Economics and Policy*, 1999, 12, 221 – 248.

19. Guesnerie, R. and J. J. Laffont, A Complete Solution to a Class of Principal – Agent Problems with An Application to the Control of a Self – Managed Firm. *Journal of Public Eco-*

nomics, 1984, 25, 329 – 369.

20. Laffont, J. J. and A. N'Gbo, Cross – Subsidies and Network Expansion in Developing Countries. *European Economic Review*, 2000, 44, 797 – 805.

21. Laffont, J. J. and D. Martimort, *The Theory of Incentives I: The Principal – Agent Model*, Princeton, NJ: Princeton University Press, 2002.

22. Laffont, J. J. and J. Tirole, *Competition in Telecommunications*. Cambridge, MA: MIT Press, 2000.

23. Laffont, J. J. and X. Zhang, Universal Service Obligations in Developing Countries. 2003, RCRC Working Paper, CASS.

24. Chalita, L. S. , E. A. Colosimo and J. R. Souza Passos (2006) Modeling Grouped Survival Datawith Time – Dependent Covariates. Communications in Statistics – Simulation and Computation, Vol. 35, pp. 975 – 981.

25. Fisher, L. D. , D. Y. Lin (1999) Time – dependent Covariates in the Cox Proportional – hazards Regression Model. *Annual Review of Public Health*, Vol. 20, pp. 145 – 157.

26. Goodliffe, J. (2003) The Hazards of Time – Varying Covariates. Working Paper, Brigham Young University.

27. Green, W. H. (2007) *Econometric Analysis*. 6th edition, Prentice Hall, New York.

28. Henderson, R. , M. Jones and J. Stare (2001) Accuracy of Point Predictions in Survival Analysis. *Statistics in Medicine*, 2001, Vol. 20, pp. 3083 – 3096.

29. Iachine, I. (2003) Additional Notes: Survival Analysis with STATA. Working Paper.

30. Kaniovski, S. , M. Peneder (2008) Determinants of Firm Survival: A Duration Analysis Usingthe Generalized Gamma Distribution. *Empirica*, Vol. 35, pp. 41 – 58.

31. Petersen, T. (1986a) Fitting Parametric Survival Models with Time – Dependent Covariates. *Journal of the Royal Statistical Society*. Series C (Applied Statistics), Vol. 35, pp. 281 – 288.

32. Petersen, T. (1986b) Estimating Fully Parametric Hazard Rate Models with Time Dependent Covariates – Use of Maximum Likelihood. *Sociological Methods & Research*, Vol. 14, pp. 219 – 246.

33. 杜本峰:《事件史分析及其应用》,经济科学出版社 2008 年版。

34. 顾荣明:《移动通信客户离网分析与对策建议》,《当代通信》2005 年第 18 期。

35. 金涛、胡志改:《移动通信客户流失分析》,《移动通信》2005 年第 2 期。

36. 柳兰屏、曾煜：《移动通信客户流失分析方法》，《移动通信》2003 年第 4 期。

37. 刘绍清、黄章树：《生存分析在电信增值服务行业客户流失分析中的应用》，《广州大学学报》（自然科学版）2006 年第 6 期。

38. 修士辉：《移动通信用户离网的营销管理分析》，《博通智信》，http://www.cnii.com.cn/20040423/ca266605.htm。

39. 张民悦、郑平：《可靠性理论中剩余寿命函数的研究》，《兰州理工大学学报》2004 年第 5 期。

40. 肯尼思·阿罗：《信息经济学》，北京经济学院出版社 1989 年版。

41. 尼古拉斯·巴尔：《福利国家经济学》，中国劳动社会保障出版社 2003 年版。

42. 郭长学、张晓红：《国内外"信息化"概念及发展趋势》，《现代情报》1996 年第 10 期。

第 五 篇
电话网长期增量成本模型

第十一章　固定电话网长期
增量成本模型

　　本章介绍基于我国固定电话网网络结构研制的固定电话网长期增量成本（LRIC）模型，为此我们将解释模型工作流程及模块结构，并为建模方法，包括成本计算方法及模型中涉及的概念，提供一些必要的背景知识。有兴趣使用长期增量成本模型的学者和机构，可在现有模型基础上，根据需要改变模型假设及参数，然后进行成本计算研究①。

第一节　建模方法

一　基于成本的互联定价的理论基础

　　电信网互联是两个或多个电信网之间的网间连接，这样从某个网络发起的呼叫，能够经过网间互联传输到另一个网络，建立和完成相应的通话。

　　由此可见，由于所有用户都希望能够与其他所有用户相连，如果缺少有效的网间互联政策，就不可能形成电信运营商之间的有效竞争：如果入网用户仅能得到网内业务（比如网络互不相连），那么由于网络外部性，所有用户都将加入网络规模最大的运营商。所以没有有效的互联政策，新进入运营商将很难吸引客户。

---

　　① 2003 年 9 月，信息产业部委托中国社会科学院规制与竞争研究中心，负责研制自下而上的经济成本模型，并以成本模型为基础，测算我国固定电话网和移动网的互联及接入成本，从而为制定和监管网间结算与零售业务价格提供决策支持，其中固定电话网成本模型的研制涉及的运营商包括中国电信和中国网通。

　　为保证政策的有效性和可行性，互联政策必须保证对各个利益相关者公平合理，为此互联费或网间结算价格必须基于经济成本[①]，即一个运营商为另一运营商提供互联业务所引起的成本。这意味着该成本必须是：（1）使用前瞻性（而非过时的或淘汰的）技术的运营商的有效成本；（2）话务量敏感成本。

　　测算网间互联经济成本的两个基本原则是：（1）互联成本中不应该包含无效成本；（2）话务量非敏感成本（或与话务量无关成本）不是互联业务引起的，因此不应该包括在互联成本中。

二　模型设计基本原理

（一）长期增量成本原理

　　基本的经济学理论告诉我们，最优定价方法是边际成本定价，即某种业务的价格等于提供这种业务的边际成本。边际成本的定义为，提供额外一个单位产品或业务所增加的成本。但是，在电信业这样具有巨大沉淀成本的产业中，按边际成本定价存在很大的局限性，它将导致沉淀成本无法回收。因此，在实际应用中，通常采用其他成本测算方法。

　　在电信业，使用最广泛的两种成本测算方法为：（1）全分摊成本法（FDC），也称为全分配成本（FAC）法，之所以称其为全分摊，是因为所有成本包括公共成本都被分摊到不同类型的业务上。（2）长期增量成本法（LRIC），用于确定提供某种业务所带来的成本，换句话说，就是提供某种业务与不提供该业务的成本之差，即提供该业务的增量成本。

　　在这两类成本测算方法中，成本都是指长期成本，且假设所有成本都随时间变动，包括资本成本，都随时间变动。不随产出变化的成本是所有业务的公共成本。

　　下面用一个例子来说明这两种方法的区别。假设某个公司使用一种资产提供两种业务，公司成本与这两种业务产出之间的关系如图 11 - 1 所示。可以看出，提供这两种业务时存在显著的规模经济和范围经济——平

---

　　① 相关的理论文献见 Armstrong, M. (2002) The Theory of Access Pricingand Interconnection, in *Handbook of Telecommunications Economics*, Volume 1, ed. by M. E. Cave et al., North – Holland; Laffont, J. - J., P. Rey, J. Tirole (1998) Network Competition I and Ⅱ. *Rand Journal of Economics*, 29, 1 – 37and 38 – 56。

均成本和边际成本都随产出增加而下降。对于长期增量成本方法，这是一个非常重要的性质。根据这种方法，提供某种业务所引致的成本等于不提供该业务时的可避免成本。如图所示，在不提供业务 B 时，可沿着成本曲线得到不提供业务 B 而减少或避免的成本，业务 B 的可避免成本就是该业务的长期增量成本。

但正如前面讨论所言，仅仅基于长期增量成本定价并不可行，因此业务 B 的定价应该分摊一部分公共成本。在长期增量成本方法中，可以在前面算出的长期增量成本基础上加成，得到包含公共成本加成的长期增量成本。

全分摊成本法处理成本的方式则截然不同。根据这种方法，成本由所有业务平摊，因此没有考虑提供某种业务所带来的规模经济和范围经济。如图 11 - 1 所示，业务 A 和业务 B 根据各自的话务量按比例分摊总成本。

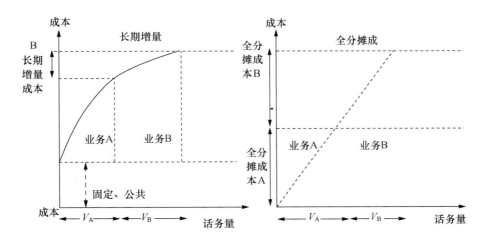

图 11 - 1 长期增量成本与全分摊成本

（二）本模型采用长期增量成本法

在确定基于成本的网间结算价格时，长期增量成本法被公认为是最符合效率原则的方法，而完全分摊法则更适合于建立自上而下模型。

在实际中，长期增量成本的成本数量关系（CVR）的形状常常取决于主观判断，并且范围经济效应并不像图 11 - 1 所示的那样显著；此外，对所有业务完全按长期增量成本方法进行测算，不但耗时长而且成本高。因此，本章采用一种简化的长期增量成本法，即全业务长期增量成本法（TS - LRIC）。

这种方法通过确定固定公共成本，并将之分摊到不同业务的长期增量成本，来考虑规模经济效应。但我们假定，公共成本以外的成本数量关系为线性，也就是说，假设边际成本为常数。这种方法估计不提供任何业务的可避免成本，故被称做全业务长期增量成本法；然后根据不同业务的话务量，对这些长期增量成本进行加权平均（见图 11 - 2）。

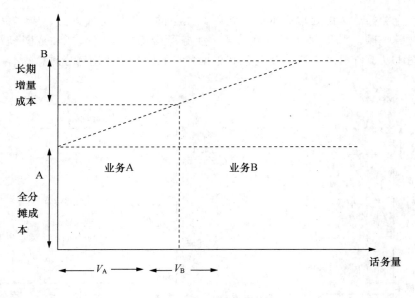

图 11 - 2　全业务长期增量成

（三）自下而上模型

在测算电信业务的成本时，通常使用两类不同的模型，一类为自上而下模型，另一类为自下而上模型。

自上而下模型首先利用运营商的历史成本数据得到分类成本，然后将这些成本数据转换为各类业务的成本（按每分钟计的业务成本）。

自下而上模型则采取不同的方法测算成本。本质上，这种方法并不基于运营商的财务数据，而是估计采用最新技术的完全有效运营商的成本。在自下而上模型中，一般基于一定的工程原则，根据话务量和网络设备所需投资构造一个理论上的网络模型，在此基础上测算网络成本和业务成本。

　　本章将研究自下而上模型。自上而下和自下而上两种建模方法的优缺点总结如表 11 - 1 和表 11 - 2 所示。

表 11 - 1　　　　　　　　　　　　　　自上而下模型

优点	缺点
利用运营商的历史成本数据进行互联定价，其主要优点在于：	采用运营商得历史成本数据进行互联定价，其主要缺点在于：
□唯一完全以历史成本为基础的建模方法，其他任何方法均需对网络运营状况进行假设	□没有充分考虑潜在的效率改进因素，某种程度上，自上而下方法受历史网络设计和实际运营情况约束
□考虑了所有真实成本。无论其他方法的假设多么完美，都不能与历史成本中的细节相吻合	□使用运营商的历史成本数据存在保密性问题。如果自上而下方法需要满足公开透明的要求，那么数据必须来自公开渠道
□便于审计检验。自上而下方法依靠审计手段对运营商的历史成本进行审计，并确定一个公平合理的互联成本	

表 11 - 2　　　　　　　　　　　　　　自下而上模型

优点	缺点
建立一个基于有效运营商的工程经济模型，其主要优点在于：	自下而上模型定价方法符合互联定价原则，其主要缺点在于：
□充分考虑了理论上所能达到的效率，包括技术效率和运营效率两方面。自下而上模型可采用焦化土地方法，来模拟运营商的现实网络，并根据预测用户数和话务量来重新搭建一个有效的网络	□与运营商的实际成本并不直接相关。比如，经过两年努力开发出自下而上模型后，OFTEL 承认，该方法与自上而下方法存在不一致的地方

优点	缺点
□在一定程度上避免了数据保密性问题。理论上，模型的建立完全不依赖于运营商的实际网络，且成本和话务量数据一般均可从公开渠道得到	□不能处理运营成本。现实中，该成本约占运营商网络总成本的 50% —60%。为考虑运营成本，自下而上模型只能依赖于加成方法，或者与最优实践相比较的基准原则

（四）焦化节点方法

在自下而上模型中，对网络拓扑的建模一般采取两种方法：一是焦化土地方法，这种方法考虑目前和将来的业务量及用户分布情况，按照网络优化原则确定网络节点位置及其数量；二是焦化节点方法，这种方法以现有网络节点的位置和数量为基础建模，并针对话务量和用户的预测，依据网络优化原则，确定未来网络节点的位置和数量。

在本章中，我们采用焦化节点方法。焦化土地方法显得过于复杂，其主要缺点，首先是商业上不现实，尤其对在位运营商而言。现实中，网络节点很少位于理论上的最优位置，因此实际建造的网络并不一定是理论上的最优网络。其次是在建模中不可行。网络设计是一个复杂的过程，涉及多种因素和大量设计参数，一般很难获取全部相关数据。最后是一般仅能满足某一时点的最优要求。一般来讲，电信网络结构要随（预测）需求的变化而不断演化，并且要考虑到升级要求和很多不确定性因素，因此不可能按照理论上的最优效率原则来设计网络。

相比而言，焦化节点方法更具有优越性，其原因在于：首先，该方法认为，纯粹的预测性模型不可能准确刻画高度复杂的网络设计过程；其次，该方法承认，从商业和经济角度，都不可能连续优化网络节点和网络结构，或者说，在可预见的时期内，成本模型的结构不会发生显著变化；最后，用相关运营商的实际网络结构作为约束条件，进行网络优化设计。

自下而上模型构建一个有效的网络结构，并在以下两者之间作出合理的权衡：一是理论上的效率要求；二是网络建设与演化的实际情况。

具体来讲，研制本模型时将努力在以下几个方面进行合理的权衡：

第一，采用现有网络节点。这意味着我们研制的模型并不优化现有网络节点。

第二，假设网络现有系统和设备的功能保持不变。如果现在购买这些设备，其价值是多少。这意味着，模型根据现有网络节点及结构，采用当前最有效的技术来确定系统的前瞻性成本，而不是采用某种"不现实"的高效技术。此外，就实现当前网络中某特定功能来讲，模型并不限定使用哪种设备，也不限定购买渠道，而单一渠道往往隐含着较高的购买折扣。

第三，假设当前话务量和路由系数保持不变。即使可能存在更有效率的网络结构，模型也采用现实网络节点结构，并认为节点之间的相互关系保持不变。例如，假定某个网络中所有的话务量都经过汇接交换；那么在建模时，即使存在更有效的路由组织，我们仍然假定该网络的路由组织保持不变。

第四，假设网络节点功能保持不变。这是一个保守的假设。一些自下而上模型（如 OFTEL 为英国移动市场管制所开发的模型）将网络节点的数量和位置视为固定，但使用动态优化方法确定每个节点的功能。我们研制的模型保持运营商所确定的节点的功能不变，但允许网络节点功能在未来年份发生变化，这与运营商具有改变其网络未来配置的能力相一致。

（五）折旧

在成本模型中，网络资产及其他设备的重置成本是一项重要成本。折旧是每年为重置网络资产而必须支出的费用。本模型采用经济折旧来刻画由于技术进步而引起网络设备在寿命期内的重置价值的变化。

本模型采用经济成本，因此相应的折旧概念为经济折旧，而不是会计概念中的资产寿命和财务折旧。

在重置资产时，公司要计提由资产重置引起的折旧。考虑到各种因素，资产寿命可分为：（1）经济寿命。考虑存在替代资产的情况下，资产净值为零的时间。比如，资产的经济寿命可按以下方式确定：替代资产能完成同样功能，但总成本更低的时刻所对应的时间长度。（2）运营寿命。考虑到维护成本，资产能有效地使用或被磨损到不值得维护的时刻所对应的时间长度。（3）税收寿命。为满足所得税评估，税务当局允许资产被注销的时刻所对应的时间长度。

由于这些寿命依不同的标准确定，资产的经济寿命、运营寿命和税收寿命不必、通常也不会相同。例如，为使早期税收抵扣最大，公司会尽可能采用最短的税收寿命；再比如，人们经常发现，某些公司的资产目录中，有些资产已经折旧完，但由于还足以承担相应的功能，所以仍在使用。

在成本模型中，折旧反映的是网络投资的分摊，或者用经济学语言来说，它是资本服务的成本，因而是成本测算中需要考虑的主要成本之一。由于所选折旧方法将为市场提供资源配置的经济信号，所以需要选择合适的折旧方法，以便定价决策能够促进市场竞争，并确保电信部门能持续吸引投资，这一点非常重要。当然，所选折旧方法必须在理论上合理，并且在操作上还要可行。

经济折旧反映了资产价值的逐年变化。现金流模型就是一种确定资产价值变化的方法，它考虑到影响资产经济寿命的各种因素，并决定资产价值每年的变化量。这些因素包括：（1）折旧率（资本成本）；（2）未来资产价格的变化；（3）运营成本的变化趋势；（4）资产利用率。

这种方法考虑了以上各种因素，并在资产净现值（NPV）等于零的约束下计算折旧。我们认为，这种方法为竞争性进入者提供了正确的经济信号，同时允许在位运营商在资产寿命期内得到合理的资本回报。尽管从经济角度讲，这种方法非常好，但在实践中也存在一些缺点，比如在资产寿命期内，运营成本的测算非常复杂，并且存在很多不确定性。

本模型考虑了资产价值在寿命期内的变化，并依照经济折旧的基本原理来计算折旧，所用方法为自下而上财务资本保值（FCM）方法的变型。在此方法中，资本支出由以下因素决定：（1）将要采用的新技术的情况下所估计的资产经济寿命；（2）资产的价格变动或当代等价资产价值。

下面用一个简单的例子来解释这种折旧方法的原理。假设某种资产第一年初始价值为 100 美元，经济寿命为 5 年。按线性折旧法，每年折旧额为 20 美元。但这种折旧方法并没有考虑每年的资产价值变化。如果假设该资产的当代等价资产价值每年下降 10%，则可按表 11 - 3 计算折旧值。

此方法按照资产经济寿命，计算每年的当代等价资产价值；然后考虑到资产剩余生产能力的下降，求出剩余生产能力（如在上述例子中，每年减少 20%），并用它计算剩余生产价值；最后根据每年当代剩余生产价值的变化量，确定经济折旧。

表 11 – 3 财务资本保值（FCM）折旧方法

年份	0	1	2	3	4	5
当代等价资产价值（元）	100					
逐年价值变化（%）		– 10	– 10	– 10	– 10	– 10
当代等价资产价值（元）		90.0	81.0	72.9	65.6	59.0
剩余生产能力（%）	100	80	60	40	20	0
剩余当代等价资产生产价值（元）	100	72.0	48.6	29.2	13.1	0.0
折旧（元）		28.0	23.4	19.4	16.0	13.1
累计折旧（元）		28.0	51.4	70.8	86.9	100.0

从上述例子可以看出，由于预期到资产价值将会下降，公司将"加快"资产使用初期的折旧。对于技术进步迅速、市场风险巨大的电信资产来讲，这是一种合适的折旧方法。此外，FCM 方法比较符合现实，可以合理地确定经济折旧值。

（六）加权平均资金成本

资金成本是公司由于债务融资或股权融资所带来的综合成本。以这两类资金在资本结构中所占的比例为权重，经过加权可得到公司加权平均资金成本（WACC）。

对许多企业，尤其是那些完全或部分国有的企业，或者很少在资本市场融资的企业，通常难以计算它们的资金成本①，并且难以判断企业的资本结构是否合理。在某种程度上，中国所有的基础电信运营商都或多或少地存在这种情况。

总之，与资本市场的合理值或有效值相比，某公司为其融资所付出的成本既有可能多，也有可能少于市场合理值；与竞争性电信市场中的电信企业相比，其资本结构（就债券和股票比例而言）可能也不合理。在这种情况下，根据资本市场合理值简单地假设一个 WACC 值并不合适。

我们认为，更合理的方法是，一方面考虑到类似市场上的资金成本，以此对模型中的某些参数做出假设；另一方面，还要考虑到公司的实际资

---

① 需计算资金成本的影子成本。

本结构，在此基础上求出一个合适的 WACC 值，并以此作为原始数据，直接输入成本模型中计算成本。需要说明的是，成本模型本身并不估算 WACC，具体估算过程由其他模块单独求出。

在计算 WACC 数值时，我们参考了国际合理值和我国电信运营商的实际情况，对某些参数做出合理的假设。这里的 WACC 为税前值，我们利用 WACC 确定受管制业务的合理回报率。

计算 WACC 所采用的标准公式基于 CAPM 模型（资本资产定价模型）[1]。税前名义 WACC 公式：

$$WACC_{pre\ tax} = \left(r_{Debt\ post\ tax} \frac{D}{D+E} + r_{Equity\ post\ tax} \frac{E}{D+E} \right) \Big/ (1 - T_c)$$

式中 $r_{Debt\ post\ tax}$ =（无风险收益率 + 债券风险溢价）×（$1 - T_c$）

$r_{Equity\ post\ tax}$ = 无风险收益率 + β × 市场风险溢价

T_c = 边际税率

D = 债务市值

E = 股权市值

对固定和移动运营商来讲，上述大部分变量都相同，但以下三个变量可能有所不同：（1）债券风险溢价；（2）D 和 E 的值，或者 D/E 比率；（3）β 值。

无风险收益率：实践中的标准做法是采用长期政府债券的收益率作为无风险收益率。容易理解，该收益率反映了与投资相关的国家风险情况，这对投资于中国的投资者来讲，风险完全相同。2003 年 6 月 4 日，财政部在银行同业债券市场发行了四期 15 年期国库券（T - bond），总价值达 120 亿元，票面利率为 4.69%[2]，模型将此作为无风险收益率。

债券风险溢价：这种溢价反映了同样期限的政府债券和公司债券之间的收益率差异[3]。历史证据表明，诸如 BT 等蓝筹公司债券，尽管其溢价估计值变化很大，但其风险溢价值很小。英国竞争委员会（垄断和兼并

① 参见 Valuations, Copeland, Koller, Murrin (1995) *Principles of Corporate Finance*, Brealey, R. A. and S. C. Myers (1996). McGraw - Hill。

② http://fpeng.peopledaily.com.cn/200106/05/eng20010605_71816.html。

③ 详细讨论参见《OFTEL：公司债券成本由无风险部分和公司风险溢价组成》。

委员会的前身）假设固定电话业务的溢价在 0.7%—1%之间。其他管制机构假设该风险溢价在 1%—2%之间①。

市场风险溢价（MRP）：反映了中国资本市场上，股票的预期收益率和政府债券收益率之间的差异。模型中根据国际基准范围来取值。依市场环境的不同，市场风险溢价取值范围在 5.0%—8%之间，但我们认为，当前的市场风险溢价更接近 8%。

在确定合适的股票风险溢价数值时，OFTEL 考虑了历史性及前瞻性因素，并在消费者短期和长远利益之间取得平衡。较低的资本回报率导致较低的价格，因而给消费者带来短期利益，但也可能损害消费者的长远利益。电信产业需要大量的投资以支撑创新及市场的快速增长，如果资本回报率太低，在全球经济范围内游动的投资者，就不可能投资于电信行业，长期看来，这反而对消费者不利。

β 值：公司的 β 值衡量其资产的系统风险，更确切地讲，是相对于市场组合而言的系统风险。β 值为 1.0 意味着该股票与市场组合有相同风险。在计算 WACC 时，模型对固定业务和移动业务的 β 值进行区分，以反映这些业务内在的系统风险差异。

债务资本比率：对于相对资本市场没有完全市场化的公司，在计算其债务资本比率时要非常小心。此时，所要考虑的是合理资本结构，而不是实际资本结构，这是计算我国电信运营商需要考虑的一个重要问题。

税率：我国电信运营企业所得税税率为 33%。

（七）网络设备成本

模型中，网络设备成本的计算基于其当代等价资产（MEA）的价值，而非账面价值或会计账簿中记录的历史成本来计算。MEA 价值的含义是，如果现在购买具有同样功能的资产所需的成本。由于电信网络设备的单位成本因为技术进步而在不断降低，这是建立成本模型必须考虑的一个重要原则。

在资产价值评估中，通常采用两种会计核算方法：（1）历史成本法（HCA）：资产的账面总价值（GBV）以初始购买资产的价值为基础；（2）当前成本法（CCA）：重估资产价值以反映资产的当前重置价值。

① http://www.oftel.gov.uk/publications/pricing/pcr0101.html.

本模型采用当前成本法评估资产价值。在计算 CCA 价值时，也可使用多种方法，本手册将不讨论这些计算方法。具体到本模型，我们采用当代等价资产价值（MEA）法重估资产价值。

采用 MEA 方法时，需要解决的问题是：如果现在购买这些网络设备，其成本或造价将会是多少？这个问题的答案就是模型中的网络设备成本，也就是说，模型计算时不使用设备的历史成本或设备的购买价，而使用其当代等价资产价值。

（八）流动资金

流动资金用于补充商业活动中不连续现金流，并为到期账款提供支付。

（九）公共成本

模型中，网络资本成本是唯一需要详细建模的成本。在满足当前和将来用户规模及话务量的前提下，计算所需网络设备数量，并求出网络资本成本（具体细节参见模型中网络拓扑结构部分）。

本模型通过对网络资本成本加价，即使用一定的加价系数，来考虑网络中的联合成本、支撑成本、零售成本和公共成本，这样做的原因在于，对这些成本进行详细建模非常困难，即便能够建模，结果的准确性也值得怀疑。

在与运营商讨论之后，并参考过去所做类似项目，我们对联合成本、支撑成本、零售成本和公共成本确定一个合适的加价系数。

（十）成本分类和分摊

在此，对模型中使用的各类成本进行定义是有用的。在最高层次上，主要有三大类成本：（1）网络成本；（2）零售成本；（3）公共成本。

网络成本是指与网络设备、网络维护及其他与网络活动直接相关的所有成本。例如，交换机及持续的维护成本就属于网络成本。网络成本还可以按不同的网络设备进行细分，例如在固定网中，网络成本还可以分为本地交换机、汇接交换机、局间传输等。在成本模型中，这些具有不同功能的网络设备被称为网络元素。

除了网络元素外，还有两类重要的网络成本：（1）联合成本：联合成本是不能完全分摊到某种网络元素上，但同时支撑一个以上的网元的成本（例如某台发电机可以同时支持交换机和智能网平台）。（2）支撑成本：为网络元素提供支撑服务的成本，包括房屋、电源设备等。

零售成本是与提供零售业务相关的活动，如销售和营销、客户支持等的所有成本。例如，经营客户服务呼叫中心的成本就是零售成本。因为建立本模型的目的在于估计互联成本，所以需要将零售业务从网络业务中分出来。互联业务属于批发业务，所以互联成本不应该包括零售成本。

公共成本是指同时支持网络活动和零售业务所引致的成本，也被称为管理费用。例如，财务部门和法律部门的工资成本属于公共成本。

上述成本或者以资本支出（Capex）形式出现，或者以运营支出（Opex）的形式出现。

（十一）本地网抽样

在模型中，我们利用若干个本地网的抽样数据来设计网络。样本中所选的本地网涵盖了不同的经济区域、省份及地理类型。

表 11 - 4　　　　　　　　　　　本地网样本示例

省份	本地网	地区
河北	邯郸	中部
	石家庄	中部
	张家口	中部
北京	北京	东部
辽宁	大连	东部
	盘锦	东部
	铁岭	东部
广东	江门	东部
	梅州	东部
	深圳	东部
浙江	杭州	东部
	绍兴	东部
	台州	东部
陕西	汉中	西部
	渭南	西部
	榆林	西部

续表

省份	本地网	地区
云南	昆明	西部
	思茅	西部
	玉溪	西部
新疆	阿尔泰	西部

（十二）路由系数

为了将各种网络元素的成本转换成不同业务的成本，需要知道每种业务对不同网络元素的利用率。路由系数的作用就在于将网络成本转换成业务成本。表 11 - 5 是一个简单的路由系数表，根据该表可看出，平均而言，提供每一分钟的业务 A，将使用 1.2 个单位的网元 2，0.9 个单位的网元 3，但不需要使用网元 1 和网元 4。

表 11 -5　　路由系数示例（不同业务对各种网元的相对利用率）

	网元 1	网元 2	网元 3	网元 4
业务 A	0	1.2	0.9	0
业务 B	1.5	0	0	0
业务 C	0	1.2	0.9	1

需要强调的是，路由系数表示的是不同网元的相对利用率，这一点非常重要，而我们计算时所需要的就是相对使用率，而不是绝对值。如果将表中所有的数都乘以某一个数，比如都乘以 10，路由系数将保持不变。

本模型中，路由系数不是直接输入数据，而是基于路由组织表计算得到的（见后面关于路由组织表的详细说明）。

通过下面非常简单的例子，可以清楚地了解路由系数的使用过程。假设某个固定网络只提供三种业务：（1）网间来话（CT）；（2）网间去话（CO）；（3）网内通话 。

这个网络由如下的网元构成：（1）互联网关；（2）数字汇接交换机；（3）数字本地交换机；（4）远端交换模块。

图 11 - 3 描述如何利用路由系数将网元成本转化为业务成本。

图 11 - 3　网元成本与业务成本的转换

首先求出路由组织表，如表 11 - 6 所示。

表 11 - 6　　　　　　　　　　　路由组织表

	互联网关	数字汇接交换机	数字本地交换机	远端交换模块
网间来话（CT）	1	1	1	1
网间去话（CO）	1	1	1	1
网内通话	0	1	2	2

根据表 11 - 6，网内通话不使用互联网关，只使用数字本地交换机和远端交换模块，并且使用次数是网间来去话使用次数的两倍。

现在可以确定各种网络元素使用的总时长，如表 11 - 7 所示。

表 11 - 7　　　　　　　各种业务对不同网元的使用时长

	话务量（分钟）	互联网关	数字汇接交换机	数字本地交换机	远端交换模块
网间来话（CT）	1000	1000	1000	1000	1000
网间去话（CO）	300	300	300	300	300
网内通话	200	0	200	400	400
总计	1500	1300	1500	1700	1700

将表 11 – 7 中的通话时长列乘以路由结构表 11 – 6，得出各网元被所有业务利用的总时长。例如，通过数字本地交换机的总时长等于 $1000 \times 1 + 300 \times 1 + 200 \times 2 = 1700$ 分钟；然后将每种业务使用某种网元的时长除以通过该网元的总时长，就得出每种业务对该网元的相对利用率。

表 11 – 8   网元的相对利用率

	互联网关	数字汇接交换机	数字本地交换机	远端交换模块
网间来话（CT）	1000/1300 = 77%	1000/1500 = 67%	1000/1700 = 59%	1000/1700 = 59%
网间去话（CO）	300/1300 = 23%	300/1500 = 20%	300/1700 = 18%	300/1700 = 18%
网内呼叫	0	200/1500 = 13%	400/1700 = 24%	400/1700 = 24%
总计	100%	100%	100%	100%

最后，用每种网元的相对利用率乘以该网元的成本，再横向相加可得到每种业务的总成本；将业务总成本除以对应业务的总通话时长，就得到每种业务的单位成本。

表 11 – 9   业务成本和单位业务成本

	互联网关	数字汇接交换	数字本地交换	远端交换模块	业务总成本	业务单位成本
网元单位成本	1000	800	400	400		
网间来话（CT）	769	533	235	235	1773	1.77
网间去话（CO）	231	160	71	71	532	1.77
网内通话	0	107	94	94	295	1.47

三 模型设计

在最基本网络结构层面，固定电话网模型和移动电话网模型具有类似的模型结构，图 11 – 4 为固定电话网模型的结构图。

图中 11 – 4 中，每个方框代表模型的一个独立模块。通过上述模块，可以求出主要业务的全业务长期增量成本及包含加价的成本，主要计算过程可分为五步：

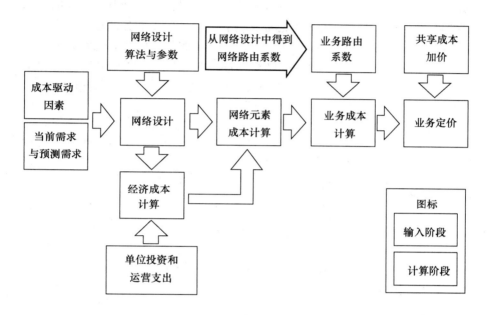

图 11 - 4　模型结构

第一步：用户数和话务量数据（模块 1 和模块 2）。根据用户数和忙时话务量设计网络，以满足用户需求。

第二步：网络设计（模块 3 和模块 4）。基于上一步收集的需求数据及模块 3 中的网络设计参数，计算所需网元的容量、网络传输容量，以及相应的设备数量。

第三步：网络成本计算（模块 5、模块 6 和模块 7）。首先，将网元的单位成本乘以第二步得到的网络设备数量，并考虑网络设备的价格趋势，计算每种网元的当代等价资产价值（MEA）；其次，基于设备折旧、安装成本和年度运营成本，计算每种网元的年度总成本；最后，将各种网元的年度总成本划分为话务量敏感成本和话务量不敏感成本，如将 RSU 成本划分为线卡、端口和 CPU 成本，其中端口为话务量敏感成本，CPU 为试呼次数敏感成本，线卡则为用户数敏感成本。

第四步：将网元的成本转化为业务成本。首先，利用路由系数和话务量，确定各网元相对利用率，再将网元总成本分摊到每种业务；其次，每种业务的总成本除以该业务的总通话时长，得到每种业务的单位成本。

第五步：公共成本加价（模块 10 和模块 11）。在单位业务成本上按一定比例加价，得到每种业务单价。加价包括三类：（1）网络共享和网络公共成本加价；（2）零售和零售公共成本加价；（3）流动资金加价。

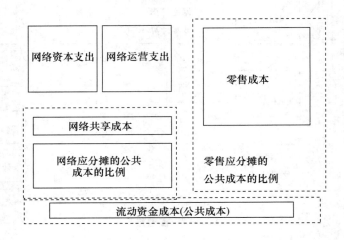

图 11 -5 加价示意

为了理解模型的计算流程，我们用下面的流程图（见图 11 -6）表示输入参数、中间结果与最终计算结果之间的关系。

四 网络设计

（一）概述

在建立自下而上模型之前，首先要了解网络的拓扑结构，这是因为，网络成本是模型中唯一需要测算的成本，而其他所有成本，包括网络运营成本、共享成本、零售成本和公共成本等，都是在网络成本基础上，利用一定加价系数得到的。

综合各方面的信息，我们得到下面代表我国固定电话网的拓扑结构（见图 11 -7）。

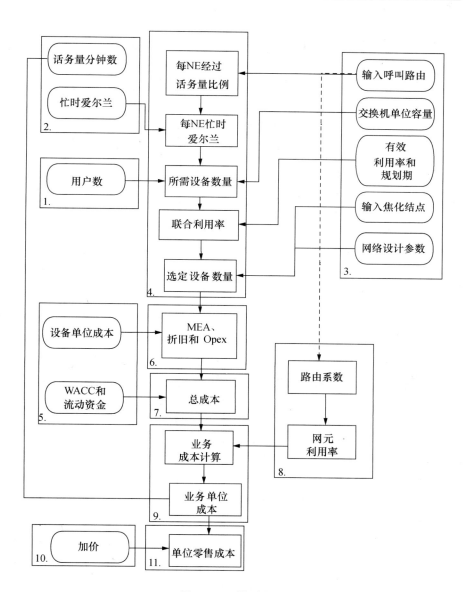

图 11-6　模型流程

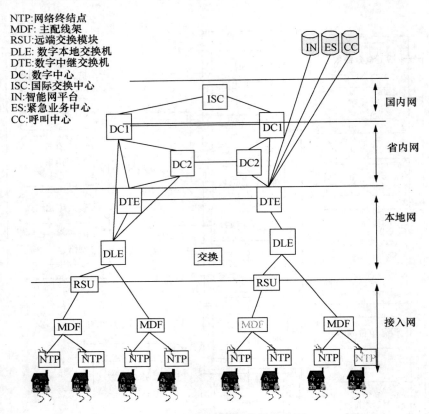

NTP:网络终结点
MDF: 主配线架
RSU:远端交换模块
DLE: 数字本地交换机
DTE:数字中继交换机
DC: 数字中心
ISC:国际交换中心
IN:智能网平台
ES:紧急业务中心
CC:呼叫中心

图 11-7 我国固定网分层结构图

资料来源:综合各方面信息,并与运营商讨论后得出。

　　模型按照下述原则确定网络元素: (1) 执行不同功能。例如,交换和传输分别执行不同功能。(2) 成本驱动因素不同。比如,DLE 交换机由用户线数驱动,而 DTE 交换机则由忙时话务量驱动。(3) 成本不同。比如,IP 交换机的功能与传统交换机一样 (见表 11-10),但成本要低很多。(4) 专属于某一特定业务。例如,智能网 (IN) 平台仅用于需要该设备的呼叫,因此不应将其成本分摊到未使用该设备的业务上。

　　模型所用网元列表如表 11-10 所示。

　　模型中将要测算成本的业务。模型中将要测算其成本的一些主要业务，包括：

表 11 - 10   网元列表

网元名称缩写	描述
MDF	主配线架
RSU	远端交换模块
DLE	数字本地交换机
DTE	数字汇接交换机
DC2	二级数字交换中心（省际长途）
DC1	一级数字交换中心（省内长途）
ISC	国际交换中心
IPS	IP 交换机
IGW	互联网关
NMS	网络管理系统
IBIL	互联计费系统
IN	智能网平台
A/F - NTP - MDF	接入网光纤—NTP - MDF
A/F - MDF - RSU	接入网光纤— MDF - RSU
A/F - MDF - DLE	接入网光纤— MDF - DLE
A/C - NTP - MDF	接入网铜缆— NTP - MDF
A/C - MDF - RSU	接入网铜缆— MDF - RSU
A/C - MDF - DLE	接入网铜缆— MDF - DLE
RSU rings	RSU 传输环
Local rings	本地传输环
Provincial rings	省内传输环
National rings	省际传输环
T - GW - GW	网关间传输链路
T - DC1 - ISC	DC1 - ISC 传输链路
Dedicated links	客户服务中心、紧急和查号呼叫专用链路

网内本地营业区内通话：主被叫属于同一个运营商的同一个本地网且

在同一个营业区内的通话。

网内本地营业区间通话：主被叫属于同一个运营商的同一个本地网但不在同一个营业区内的通话。

网内省内长途通话：主被叫属于同一个运营商，并且属于同一个省份但不同本地网的通话。

网内省际长途通话：主被叫属于同一个运营商但属于不同省份的通话。

网间本地营业区内去话：主被叫属于不同运营商，主叫和互联点属于同一个营业区的本地去话①。

网间本地营业区间去话：主被叫属于不同运营商，主叫和互联点分属不同营业区的本地去话。

网间省内长途去话：主被叫属于不同运营商但属于同一个省、不同本地网的去话②。

网间省际长途去话：主被叫属于不同运营商且属于不同省的去话。

国际去话：从国内发起呼叫到其他国家的通话，这里只包括呼叫发起端到国际关口局之间的国内路段。

网间本地营业区内来话：主被叫属于不同运营商，被叫和互联点属于同一个营业区的来话。

网间本地营业区间来话：主被叫属于不同运营商，被叫和互联点分属不同营业区的来话。

网间省内长途来话：主被叫属于不同运营商且属于同一个省、不同本地网的来话。

网间省际长途来话：主被叫属于不同运营商且属于不同省的来话。

国际来话：从其他国家发起终接到国内的呼叫，这里只包括国际关口局到被叫用户之间的国内路段。

网内号码查询：网内用户打往号码查询业务中心的通话，该业务包括通话中心设施。

---

① 在利用成本模型测算时，根据我国互联定价的实际情况，网间通话的成本只计算到互联关口局，不包括关口局间互联电路的成本。

② 模型采用远端入网的假设。

网内紧急呼叫：网内用户打往紧急呼叫中心的通话，该业务包括电话公司提供的通话中心设施，但不包括急救服务设施。

网内客户服务中心：网内用户打往客户服务中心的通话，该业务包括通话中心的设施。

网内拨号上网：网内用户打往自己所属的 ISP 的呼叫。

网间号码查询：其他运营商的用户打往号码查询中心的通话，该业务包括通话中心设施。

网间紧急呼叫：其他运营商的用户打往紧急中心的通话，该业务包括电话公司提供的通话中心设施，但不包括急救服务设施。

网间客户服务中心：其他运营商的用户打往客户服务中心的通话，该业务包括通话中心的设施。

除这些业务以外，模型中还包括以下两类业务的平均成本估计，即：

网内本地通话：用网内区内和区间通话话务量对网内区内和区间通话成本加权。

网内长途通话：用省内长途和省际长途话务量对省内长途和省际长途通话成本加权。

网间本地去话：用网间本地区内和区间去话话务量对相应通话成本加权。

网间长途去话：用网间省内和省际长途去话话务量对相应通话成本加权。

网间本地来话：用网间本地区内和区间来话话务量对相应通话成本加权。

网间长途来话：用网间省内和省际长途来话话务量对相应通话成本加权。

呼叫应答和呼叫建立。

每种业务的通话成本由两部分组成：（1）通话成本，由忙时爱尔兰驱动；（2）呼叫建立（或试呼），由试呼次数驱动。

通话成本以分钟计，与各种呼叫所使用的网络元素的成本相关，因此由忙时爱尔兰驱动，但只包含话务量敏感的那部分网络成本。需要特别指出的是，交换成本细分为用户线路插板、处理器和端口成本，其中只有端口成本为话务量敏感成本，用户线路插板成本由用户数驱动，而处理器成本则由试呼次数驱动。

呼叫建立成本是与试呼有关的、按试呼次数计算的成本，并且只有处理器成本是试呼次数敏感成本[①]。按照有效定价原则，应以二部制定价分别回收通话成本和呼叫建立成本。在模型中，考虑到现有的网间互联定价方式，我们将呼叫建立成本转化成按分钟计的成本，也就是说，将呼叫建立成本除以平均通话时长[②]，再加上每分钟的通话成本，就得到各业务的单位成本。

（二）交换网络

下面解释交换网络的建模方法、设备数量增长的驱动因素及设备数量的计算过程。

1. 网元功能说明

主配线架（MDF）：主配线架是一个金属机架，它的作用是汇集用户线。在我国现有的网络中，这些用户线或与远端交换模块连接，或直接连接到数字本地交换机。

远端交换模块（RSU）：远端交换模块是指数字交换机控制下的简单交换机，每个远端交换模块只属于一个数字交换机。远端交换模块可以直接连接处于同一本地网内的两个用户之间的通话，也可以将用户线连接到数字本地交换机。根据我国的实际情况，远端交换模块通常与上一层交换相距比较远。

数字本地交换机（DLE）：数字本地交换机是端局，它既可以直接与用户相连，也可以连接和控制几个远端交换模块。数字本地交换机控制所有本节点用户间的呼叫，同时也参与疏通与其他端局间的来去话呼叫。一般来讲，通话在到达 DTE 之前，要经过 DLE 交换。

数字汇接交换机（DTE）：数字汇接交换机通常是在中等规模或较大本地电话网中所设的第二级本地交换，它是第四级交换中心。一般情况下，每个本地网有 1 个或 2 个数字汇接交换机，大城市所使用的 DTE 数量可能要稍多一些。

---

①　在实际中，交换的处理器部分也可能用于呼叫应答，但与呼叫建立相比，其利用率非常小，以致在实际处理时可被忽略掉。

②　平均通话时长基于信息产业部提供的国家统计局话务量抽样调查结果。

数字中心 2（DC2）：DC2 是疏通本地网之间业务的第三级交换。一般来讲，并不是所有的本地网都配备 DC2。

数字中心 1（DC1）：DC1 也是第三级交换，一般在省会城市配备。在北京或上海等大城市，可能有不止一个 DC1。DC1 处理所有的省际业务，也向 ISC 疏通国际呼叫业务。

国际交换中心（ISC）：ISC 处理所有进出中国的国际业务。

IP 交换机（IPS）：IP 交换机功能与 DLE 或 DTE 相似，目前配置量极少。

互联网关（IGW）：IGW 处理所有与其他网络相连的来话和去话业务。网关通常与一个 DLE 或 DTE 放在一起，且为备份目的成对安装。

网络管理系统（NMS）：NMS 监视网络运行，检测网络错误。这些系统安装在本地网层面。

互联计费系统（IBIL）：IBIL 处理所有与互联业务相关的计费功能。

智能网平台（IN）：IN 平台为与个人号码无直接关系的呼叫提供智能服务，如免费业务。

2. 交换网计算

下面介绍交换与平台设备数量的计算方法，其中包括各类网元的增长驱动因素、各种话务的路由组织以及各网元的利用率。

（1）设备驱动因素。为了满足业务需求，需要计算交换机与平台设备数量。在计算之前，首先确定每种网元的增长驱动因素。但在现实网络中，很多网元有几个维度的容量约束。比如，DLE 所能带的用户线路数有容量限制，所能处理的忙时爱尔兰也有容量限制，处理器所能处理的试呼次数同样有容量限制，因此在理论上，需要建立多元成本数量关系，得到这样的成本数量关系不但需要大量的数据，而且计算过程非常复杂。为避免模型过于复杂，在建模时，我们假设每种网元只有一种容量约束（可以认为是最重要的成本驱动因素）。例如，假设 DLE 的成本驱动因素为用户数，做出这样的假设主要是因为，在规划新的 DLE 时，电信公司主要考虑的是用户数增长，而不是话务量增长。

表 11-11 列出模型中每种网元的成本驱动因素。由此可见，不同设备的驱动因素或者是用户数，或者是话务量（忙时爱尔兰，话务量分钟数，或者忙时试呼次数）。

表 11－11 各种网元成本驱动因素

网络元素名称	成本驱动因素
MDF	用户数
RSU	用户数
DLE	用户数
DTE	忙时爱尔兰
DC2	忙时爱尔兰
DC1	忙时爱尔兰
ISC	忙时爱尔兰
IPS	用户数
IGW	忙时爱尔兰
NMS	用户数
IBIL	互联分钟或话务量
IN	忙时试呼
A/F－NTP－MDF	忙时爱尔兰
A/F－MDF－RSU	忙时爱尔兰
A/F－MDF－DLE	忙时爱尔兰
A/C－NTP－MDF	用户数
A/C－MDF－RSU	用户数
A/C－MDF－DLE	用户数
RSU 传输环	忙时爱尔兰
本地传输环	忙时爱尔兰
省内传输环	忙时爱尔兰
省际传输环	忙时爱尔兰
T－GW－GW	忙时爱尔兰
T－DC1－ISC	忙时爱尔兰
专用传输链路	忙时爱尔兰

（2）交换与平台容量。根据前面的解释，每种交换机或平台可能都有特定的容量约束。实际上，对每种网元来讲，其容量都是特定的，它取决于设备型号、设备制造商及实际配置。比如，某个 DLE 的容量可能是 10 万个用户，而某个 DTE 的容量可能为 5 万个爱尔兰。①

由于我国固定网的网络规模巨大，并且随历史发展而不断演化，全国各地所安装的交换机和平台类型有很大差异。为得出具有代表性的容量，并尽量简化模型，我们利用 20 个抽样本地网的数据，求出各种设备的加权平均容量，并作为输入数据来测算成本。

（3）路由组织。在对固定网建模时，需要了解的一个非常重要的信息就是网络中各种业务的路由组织，通常由类似于表 11 - 12 的路由组织表来表示，其中表格的最左边是需要建模的业务类型，最上面一行代表各种业务所使用的网络元素，表中的数值代表某种业务使用某个网元的程度。例如，根据该表可以推断，网内本地呼叫对 DLE 的利用程度：20% 的网内本地通话仅使用一个 DLE；60% 的网内本地通话使用两个 DLE；由此可以得出的结论是，20% 的网内本地通话完全不使用 DLE（比如仅使用 RSU）。

根据路由组织表可以计算：每种网元的忙时爱尔兰和各种业务的路由系数。

（4）利用率。模型使用利用率的概念考虑以下某些实际运营情况：

首先，网络设备不可能长期满负荷运行。为了保证运营安全，要求低于满负荷运营；另外运营商也会预留一定的容量，以满足短期峰值话务量。在模型中，我们使用"有效利用率"来考虑这种情况。

其次，在规划网络容量时，需要提前考虑未来用户数及话务量的增长。我国的固定网规模还在以比较快的速度增长，因此在规划交换机与平台的设备数量时，必须考虑未来一到二年甚至三年内的用户数或话务量增长情况。在模型中，我们使用"规划期"参数来考虑这种情况。

---

① 这些数字是仅用于说明，与运营商实际提供的数据无关。

表 11 - 12

路由组织表——不同业务对不同网元的使用率

单位：%

平均路由组织	MDF	1RSU	2RSUs	1DLE	2DLEs	1DTE	2DTEs	1DC2	2DC2s	1DC1	2DC1s	ISC	IPS	IGW	NMS	IN
本地网内呼叫—营业区内	100	30	20	20	60	20	5								100	3
本地网内呼叫—营业区间	100	30	20	20	60	20	5								100	3
省内网内呼叫	100	45			100	95	5	10	90	10			5		100	6
国内网内呼叫	100	45			100	95	5	20	90	30	60		5		100	6
本地网间去话—营业区内	100	45				100								100	100	
本地网间去话—营业区间	100	45		100		85	15							100	100	
省内网间去话	100	45		100		90	10	10	90	10				100	100	12
国内网间去话	100	45		100		90	10	20	80	35	60			100	100	5
国际去话	100	45		100		90	10	100		90	10	100	5	100	100	
本地网间来话—营业区内	100	45		100		100								100	100	
本地网间来话—营业区间	100	45		100		85	15							100	100	
省内网间来话	100	45		100		100								100	100	
国内网间来话	100	45		100		100								100	100	
国际来话	100	45		100		100		85		90	10	85		15	100	
网内查号呼叫	100	45		100		50								100	100	
网内紧急呼叫	100	45		100		50								100	100	
网内客户呼叫中心	100	45		100		50								100	100	
网内拨号上网	100	45		100		50									100	100
网间查号呼叫						85	15							100	100	
网间紧急呼叫						85	15							100	100	
网间客户呼叫中心						85	15							100	100	

注：表中的数值代表某种业务对各种网元的使用程度。比如，20%的网内本地呼叫使用一个DTE，5%的网内本地呼叫使用两个DTE。需要强调的是，此表并非运营商提供的实际数据。

表 11 – 13　　　　　　　　　各种网元的有效利用率

单位:%

网元	2002 年	2003 年	2004 年	2005 年	基于
MDF	65	65	65	65	线卡
RSU	65	65	65	65	线卡
DLE	65	65	65	65	线卡
DTE	75	75	75	75	端口
DC2	75	75	75	75	端口
DC1	75	75	75	75	端口
ISC	75	75	75	75	端口
IPS	65	65	65	65	线卡
IGW	75	75	75	75	端口
NMS	75	75	75	75	用户数
IBIL	75	75	75	75	互联分钟数
IN	75	75	75	75	互联分钟数
A/F – NTP – MDF	75	75	75	75	每链路爱尔兰
A/F – MDF – RSU	75	75	75	75	每链路爱尔兰
A/F – MDF – DLE	75	75	75	75	每链路爱尔兰
A/C – NTP – MDF	75	75	75	75	用户数
A/C – MDF – RSU	75	75	75	75	用户数
A/C – MDF – DLE	75	75	75	75	用户数
RSU 传输环	75	75	75	75	每链路爱尔兰
本地传输环	75	75	75	75	每链路爱尔兰
省内传输环	75	75	75	75	每链路爱尔兰
国内传输环	75	75	75	75	每链路爱尔兰
T – GW – GW	75	75	75	75	每链路爱尔兰
T – DC1 – ISC	75	75	75	75	每链路爱尔兰
专链	75	75	75	75	每链路爱尔兰

注：表中数据不代表运营商提供的实际数。

表 11-14   **各种网元的规划期**

规划期		
网元	年数	月数
MDF	1	6
RSU	1	6
DLE	1	6
DTE	1	6
DC2	1	6
DC1	1	6
ISC	1	6
IPS	1	6
IGW	1	6
NMS	1	6
IBIL	1	6
IN	1	6
A/F - NTP - MDF	1	6
A/F - MDF - RSU	1	6
A/F - MDF - DLE	1	6
A/C - NTP - MDF	1	6
A/C - MDF - RSU	1	6
A/C - MDF - DLE	1	6
RSU 传输环	1	6
本地传输环	1	6
省内传输环	1	6
国内传输环	1	6
T - GW - GW	1	6
T - DC1 - ISC	1	6
专用链路	1	6

注：表中数据不代表运营商提供的实际数。

利用"有效利用率"和"规划期"可以求出"综合利用率"，其计算过程如下：首先，计算网元规划期内用户数或业务量的增长百分比。对任何一个给定年份，模型算出当前规划期内的增长率。比如，假定 2002 年的用户数为 10 万户，2003 年的用户数为 20 万户。如果由用户数驱动的网元的规划期为一年半，那么规划期内用户数的增长百分比为：

（2003 年年中用户数/2002 年用户数）− 1 =（150000[①]/100000）− 1 = 50%

综合利用率等于：

有效利用率/（1 + 规划期内用户数或业务量增长比）。

用 80% 的有效利用率除以 50% 的用户增长比，可得出综合利用率：

0.80/（1 + 0.50）= 0.533 或者 53.3%

下面说明如何利用综合利用率计算设备配置数量。

（5）计算设备数量。为了计算交换机和平台的设备数量，需要知道这些网元的话务量（或用户）和单位容量。

所需设备数量为：

所需设备量 = 业务需求量/网元单位容量

但是，考虑到运营现实情况，运营商需要安装更多的设备以满足规划期内的业务增长。为此，需要利用综合利用率调整所需设备数量，得到设备配置数量：

选定设备量 = 所需设备量/综合利用率 = 业务需求/（网络容量 × 综合利用率）

对于由用户数驱动的网络元素来讲，其需求就是用户数。但对于那些由忙时话务量驱动的网络元素，则需要利用上述路由系数表，求出经过每种网元的忙时话务量。为了解释这个概念，注意网内本地通话的路由组织，以及它们利用 DTE 的程度。

根据前面的路由结构表 11 − 12 可知，有 20% 的网内本地通话使用 1 个 DTE，另有 5% 的网内通话使用 2 个 DTE，因此平均来讲，有 20% + 2 × 5% = 30% 的网内本地通话使用 DTE。

为进一步解释这个概念，假设一个只有 6 个用户和 2 个 DLE 组成的简单网络。为说明需要，这里可忽略经过 RSU 的路由结构。

---

① 为了计算年中数，假设用户数线性增长。

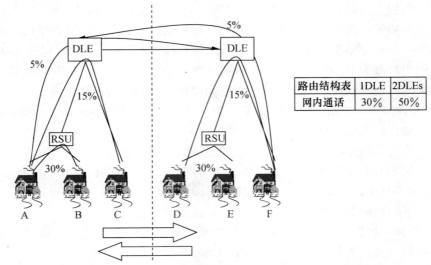

图 11 - 8　利用路由结构表计算经过某个交换机的业务量

　　在本例中，30% 的网内通话经过一个 DLE，假设话务量均匀分布，即 15% 话务量经由 A→C，另有 15% 的通话经由 F→D。此外，还有 10% 的网内通话经过两个 DLE。因此，经过 DLE 的话务量为总业务的30% +2 × 10% =50%（其余 50% 经由 RSU 交换）。

　　同理，可求出经过每种网元的话务量百分比，用该百分比乘以每类话务量的忙时爱尔兰，相加即可得到每种网元的忙时总话务量。

　　如上所述，选定设备数量可按照下式计算：

　　选定设备量 = 忙时需求/（网元单位容量×综合利用率）

　　此式中的三个变量均已知，其中忙时需求及综合利用率在前面已经求出，而网元单位容量则为直接输入参数。

　　（三）接入和传输网

　　本小节介绍传输网建模方法，以及如何计算传输容量。网间互联经济成本模型不包含接入网成本，但模型中包含了某些接入网元素，以便将来需要时对模型进行必要的扩展。

　　1. 网元描述

　　传输链路 A/F - NTP - MDF，A/F - MDF - RSU，A/F - MDF - DLE。这些接入网传输链路采用光纤传输，我国已有部分接入网使用了有源光纤和无源光纤链路。

传输链路 A/C – NTP – MDF，A/C – MDF – RSU，A/C – MDF – DLE。这些接入网链路与上述链路功能相同，不同之处是采用了铜缆。

RSU 传输环。RSU 传输环（又称接入环）将本地网中的 RSU 彼此连接起来，同时连接上层的 DLE。RSU 环使用 SDH 技术，通常根据节点的数量，配备 155Mbps 或 622Mbps（STM – 1 或 STM – 4）的传输容量。每个 RSU 环最多可带 16 个节点，平均每个环上有 10 个节点。每一环路配置两个光纤，其中一根备用（见图 11 –9）。

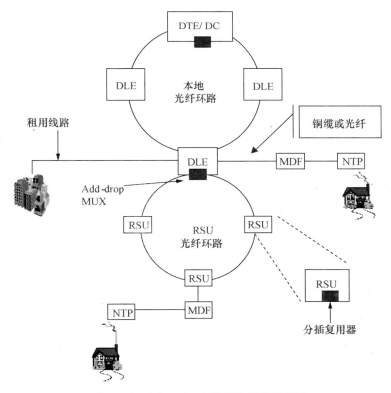

图 11 – 9　RSU 环、本地环的拓扑逻辑图

资料来源：综合各种资料，以及与运营商的讨论。

本地传输环。本地环路将本地网中的 DLE、DTE 和 DC 交换机连接起来。模型中本地环路的功能与现实网络中的中继和骨干环（back bone

rings）的功能相同。本地环路使用 SDH 技术，通常配备 622Mbps（STM -
4）的传输容量。每个本地环最多可带 16 个节点，平均每个环上有 10 个
节点。每一环路配置两根光纤，其中一根备用（见图 11 - 9）。

省内传输环。顾名思义，省内环通常布置在省内，它将省内的 DC2
彼此相连，并将之连接到位于省会的 DC1 上。平均每个环的节点数量为 7
个或 8 个，最多可带 16 个。省内环通常配备的传输容量为 2.5Gbps（STM
- 16），每一环路配置两个光纤，其中一根备用（见图 11 - 10）。

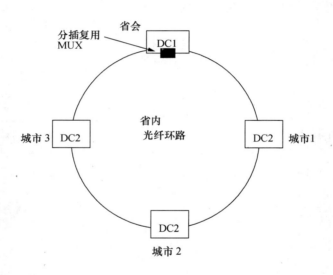

图 11 - 10 将 DC2 和 DC1 相连的省内环

资料来源：综合各种资料及与运营商的讨论。

省际传输环。省际传输环是最高级别的传输层，它将国内的 DC1 连
接起来。省际传输环通常使用 DWDM 技术，通常配备 2.5Gbps 或 10Gbps
（STM - 16 或单个 STM - 16）的传输容量，每一环路配置两个光纤，其中
一根备用（见图 11 - 11）。

T - IGW - IGW。互联网关间传输链路将国内各运营商的互联网关直
接连接起来。在我国，各种互联话务实行远端入网。换句话说，在将通话
交接给被叫网络之前，呼叫发起网络将尽可能利用自己的传输网络。

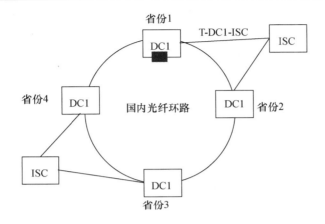

图 11－11　连接 DC1 的传输环

资料来源：综合各种资料及与运营商的讨论。

T－DC1－ISC。该链路将每个 DC1 与国际交换中心连接起来。每个省至少一个 DC1，并且至少有一条连接 DC1 与 ISC 的传输链路。

专用链路。专用链路专门用于紧急呼叫、客户服务中心呼叫和查号业务，它们经由 DTE 直接连接到相关呼叫中心。

2. 传输网计算

下面解释传输网间的建模和成本计算方法。

驱动因素。传输网容量仅由交换机之间的忙时话务量驱动。

路由组织。与交换网的计算方法相类似，利用路由组织表，并根据传输网的拓扑结构，可确定各交换节点间的传输业务占总业务的百分比，从而可以确定通过每个传输环/链路的话务量。

利用率。传输网中的利用率概念与交换网的利用率概念完全相同。

确定传输容量。为计算所需传输环容量（required capacity），需要知道：首先，各种环路所连接的节点数（比如，RSU 环上的节点数是其连接的 RSU 与 DLE 节点之和），此参数可由前面算出的交换设备数量求得。其次，经由传输环路的话务量。利用路由组织表，并考虑到传输网的拓扑结构，可求出经由环路的话务量。

其中，第一项决定了特定区域内所需的形状类似的同心环数量。每环路最多可带 16 个节点（默认输入值），但一般来讲，环上所带节点数量只为某个平均数（焦化节点数量）。比如，如果某个城市的 RSU 环路需要连接 32 个节点，则至少需要两个 RSU 环路，但不能仅配备两个传输环，因为倘若如此，就不能为未来的话务量增长预留容量。用 RSU 传输环上的节点总数除以每个传输环的平均节点数，并对计算结果取整数上限，就得到所需传输环数量。

第二项决定了传输环所需容量（STM − 1、4、16 或 64）。在这里，我们假设每种传输环（RSU、本地环、省内环、省际环）或链路只使用四种 STM 中的一种，而不是混合使用四种设备。在模型中，将所需环路的数量乘以对应的 STM 设备容量，就可以确定环路容量；然后在满足话务量的约束下，取最少的环路数量。一旦在建网初期确定了环路传输容量，那么其余年份也可以继续利用该容量。但是，如果未来所需节点数超过环路可支持的最大节点数，就需要增加额外的环路以满足节点数的要求，同时承担部分话务量。

在知道所需节点总数之后，需要计算经由每种传输环路的话务量。利用路由组织表，就可以确定每种环路可承载的话务量占总话务量的百分比。

结合传输网拓扑结构，可以推算经由每个环路/链路的话务量占总话务量的百分比：

A/F − NTP − MDF 话务量 = 接入网中光纤线路所占百分比

A/F − MDF − RSU 话务量 = 连接到 RSU 的光纤线路所占百分比 = 连接到 RSU 的线路所占百分比 × 接入网中光纤线路所占百分比

A/F − MDF − DLE 话务量 = 直接连接到 DLE 的光纤线路所占百分比 = 不与 RSU 相连的线路所占百分比 × 接入网光纤线路所占百分比

A/C − NTP − MDF 话务量，A/C − MDF − RSU 话务量，A/C − MDF − DLE 话务量的计算如上，但传输媒介为铜缆。

RSU 环话务量 = 通过 RSU 环而由 DLE 交换的所有话务量

= DLE 交换的话务量（利用交换部分计算的结果）− 经由 MDF − DLE 链路的话务量（在交换部分中已经算出）

本地环话务量 = 环中节点所交换的话务量

= Max（由 DTE、DC2 交换的话务量）

省内环话务量＝环中节点所交换的话务量

　　　　　　　　＝Max（由 DC2、DC1 交换的话务量）

国家环话务量＝由 DC1 交换的话务量

IGW－IGW 话务量＝由 IGW 交换的话务量

DC1－ISC 话务量＝由 ISC 交换的话务量

专用链路＝查号、紧急呼叫和客户服务中心的来去话务量

　　在确定经由传输环/链路的话务量所占百分比之后，就可以将忙时爱尔兰分配到各种传输环/链路上；在确定需要传输环路数以后，可以确定传输环路或链路（STM－1、4、16、64）的容量或传输速率；在算出所需传输环/链路的数量及其传输速率这两个参数之后，可以确定传输网的基本结构。另外，为计算传输环/链路成本，还需要环路平均长度。模型中，该参数为直接输入参数。

（四）路由系数计算

　　前面解释了路由系数的概念，以及如何利用路由系数将网络成本转换为业务成本。本小节讲解如何利用路由组织表来求出路由系数。

　　我们在前面解释了如何利用路由组织表将忙时话务量分摊给每种网元，而后根据网络设备容量计算所需网元设备数量。

　　路由组织表的另一层含义是，每种业务每分钟的话务量所用交换的平均次数。为说明这一点，请参见表 11－15（从前述路由组织表中摘取）。

表 11－15　　　　　　　　　　路由系数表（部分）

单位：%

路由组织	1DLE	2DLES	1DTE	2DTES
网内本地呼叫—营业区内	20	60	20	5
网内本地呼叫—营业区间	20	60	20	5
网内省内长途		100	95	5
网内国内长途		100	95	5
网间本地去话—营业区内	100		100	
网间本地去话—营业区间	100		85	15
网间省内长途去话	100		90	10

注：本表仅用于讲解路由系数含义，与实际使用的路由系数表无关。

网内本地呼叫使用 DLE 的平均数量 = 1 × 0.2 + 2 × 0.6 = 1.4DLEs

类似的可得：

网内本地呼叫使用 DTE 的平均数量 = 1 × 0.2 + 2 × 0.05 = 0.3DTEs

因此平均来讲，网内本地呼叫使用 1.4 个 DLE 和 0.3 个 DTE，利用这些路由组织信息，就可以求出路由系数，从而将网元成本转化为业务成本。

第二节 模型参数

模型包含三个维度的参数，具体讲：（1）时间：抽样期限内的话务量和用户数据；（2）业务：需建模的各种业务的话务量数据；（3）网络元素：每种网元的网络设计参数及单位成本数据。

一 模块 1：用户数

在预测期内，需要分省的年度用户数以及全国用户数。

本模块所有用户数均为全国数据。

二 模块 2：话务量需求及预测

本模块主要包含运营商提供的全国话务量数据，具体来讲，主要有四类话务量数据：（1）总话务量（分钟）；（2）忙时话务量（爱尔兰）；（3）成功试呼次数（次数）；（4）平均通话时长（分钟）。其中各类话务量又按 21 种业务细分，对于每种业务，需要得到运营商在样本期内的全国数据。

模型需要测算 21 类业务的经济成本，这些业务的分类仅仅是基于网内呼叫或互联业务（无论来话、去话）的逻辑上的业务集合。另外，考虑到管制者会特别关心某些业务的成本，模型另外测算了这些业务（如紧急呼叫，客户服务呼叫等）的（相应话务量加权的平均）经济成本。这些业务类型如表 11 – 16 所示。

三 模块 3：网络设计参数

在对交换网和传输网建模时，需要确定网络设计方面的参数，作为模型的输入数据，本模块主要汇集这些参数：（1）连接 RSU 的线路百分比；（2）接入网中光纤线路的百分比（线路数的%）；（3）有效传输容量；

表 11-16	建模业务类型
网内本地呼叫—业务区内
网内本地呼叫—业务区间
网内长途呼叫—省内
网内长途呼叫—国内
网间去话—营业区内
网间去话—营业区间
网间去话—省内长途
网间去话—国内长途
网间去话—国际长途
网间来话—营业区内
网间来话—营业区间
网间来话—省内长途
网间来话—国内长途
网间来话—国际长途
网内查号呼叫
网内紧急呼叫
网内客户服务中心呼叫
网内拨号上网
网间查号呼叫
网间紧急呼叫
网间客户服务中心呼叫

（4）再生器/放大器之间平均距离；　（5）忙时试呼占总试呼百分比；
（6）传输容量；（7）每种传输环的平均节点数；（8）每种传输环最大节
点数；　（9）每种传输环/链路的光纤数；　（10）物理传输线路数；
（11）焦化节点数据Ⅰ，传输环/链路数；（12）焦化节点数据Ⅱ，交换机
和网络平台数；（13）交换机和网络平台的单位容量；（14）接入和传输
链路的平均长度；（15）经过不同地形的传输链路百分比（拓扑结构）；
（16）管道/非管道传输所占百分比；（17）各种网络元素有效利用率；

（18）各种网络元素的规划期；（19）路由组织，即各种业务对各种网元的使用情况。

四　模块5：设备成本（单位投资和运营支出）

本模块包含各种网元的单位成本，以及流动资金和WACC。对每种网元来讲，需要以下输入参数：（1）经济寿命；（2）当代等价资产（MEA）价格；（3）2002—2005年MEA每年变化率（%）；（4）资本化安装成本；（5）2002—2005年资本化安装成本每年变化率（%）；（6）资产的运维成本；（7）2002—2005年运维成本每年变化率（%）。

五　模块10：公共成本和零售加价

为了将每种业务的LRIC成本转化为批发成本，需要知道公司的管理费用和其他公共成本数据。此外，为了将批发成本转化为零售价格，还需要知道与零售业务相关的成本，然后通过加价得到包括零售成本的零售业务成本。零售加价仅适用于网内通话业务和去话业务——网间来话业务属于批发业务，所以来话业务不包含零售加价；但网间去话涉及零售计费，因此包含零售加价。

第三节　计　算

一　模块4：网络设计

作为网络设计部分，模块4主要计算交换机数量和网络传输容量。该模块首先计算每种网元需要满足的话务量和用户数量，然后在满足需求约束的情况下，计算交换机数量和传输容量。

主要计算步骤包括：

（1）计算"经过"每种网元的业务占总业务的百分比；

（2）考虑到用户数和话务量的增长，计算每种网元在未来几年的综合利用率；

（3）对于任意某种网元，用所有业务的忙时话务量分别乘以这种业务经过该网元的话务量所占的百分比，得到每种业务经过该网元的忙时话务量，然后将所有经过该网元的忙时话务量加总，就得到经过该网元的忙时话务量；

（4）根据给定的成本驱动因素（用户数、忙时话务量或互联业务分钟数），计算所需每种网元的设备数量；

（5）考虑所需设备量、综合利用率和焦化节点信息，计算设备配备数量，其中焦化节点设备数量应不低于根据模型计算出的设备数量；

（6）针对每种传输链路，根据选定的链路数量，计算所需传输容量；

（7）将选定链路的传输容量转换为以 Mbps 为单位的传输容量；

（8）根据节点（仅用于传输环路）数量和所需传输容量，计算传输设备的配备数量。

二　模块6：计算网元成本

本模块利用"单位投资和运营支出"及"网络设计"参数，计算每种网络元素的年度设备成本，包括：（1）MEA 增加值；（2）安装成本；（3）经济折旧；（4）剩余生产价值；（5）运营支出。其中折旧的计算采用前面介绍的 FCM 折旧方法。

三　模块7：计算经济成本

本模块引用"网元成本计算"模块中的中间结果，并计算所需经济成本：

（1）基于 WACC 和剩余生产能力价值计算资金成本；

（2）将折旧、资金成本和网络运营支出三者相加得到年度总成本；

（3）计算流动资金成本；

（4）分摊网络管理系统（NMS）公共成本；

（5）将交换成本分摊到用户线路插板、中央处理器和端口。

由于测算的是话务量敏感成本，因此需要利用上述最后一步计算，对相关网元的年度成本作进一步分摊。需要强调的是，在建模时，不需要考虑接入网部分的各种成本，如用户线路插板的成本。

四　模块8：业务路由系数

该模块包括：（1）利用路由组织表计算路由系数；（2）计算经过各种网络元素的加权话务量；（3）对于任何一种网络元素，利用每类业务经过该网元的话务量除以经过它的加权话务量，求出每类业务对该网元的相对利用率。

五　模块9：计算业务成本

单位业务成本的计算可分为两个步骤：（1）将网元成本乘以网元的

相对利用率并横向加总，将网元成本转化为业务成本；（2）将业务总成本除以该业务话务量，得到该业务的单位成本。

六 模块 11：计算业务成本和零售价格

利用加价系数得到各类业务的零售成本：（1）网络共享成本和公共成本加价：利用公共成本加价系数，将不同网络元素的共享成本如建筑物、电力设施等成本，以及所有业务共享的成本如公司管理费用等，在各种业务之间分摊；（2）零售加价：利用零售加价系数回收所有零售成本，如零售计费、销售和营销、广告、客户支持等。零售加价仅适用于零售业务（网间来话不属于零售业务）。

附录 模型计算示例

下面通过一个简化的例子，解释固定电话网模型的概念及其具体计算流程。

第一步：需求数据与输入。

假设某个简化了的、只提供3种业务的固定电话网络：（1）网内通话；（2）网间去话；（3）网间来话。

其中包含的网元有：（1）DLE：数字本地交换机；（2）DTE：数字汇接交换机；（3）T－DLE－DTE：交换机之间传输。

假设需求信息如表1所示。

表1 用户数和话务量

用户数：3000

业务类型	话务量（万分钟）	忙时话务量（爱尔兰）
网内通话	200	100
互联去话	50	25
互联来话	50	25
总计	300	150

网络设计参数如表2和表3所示。

表 2　　　　　　　　　　　　　网络设计参数

单位：%

路由组织	1 DLE	2 DLEs	1 DTE	2 DTEs
网内通话	80	20	20	10
网间去话	100	0	10	0
网间来话	100	0	10	0

表 3　　　　　　　　　　　　　网元参数

网元	有效利用率（%）	设备容量（爱尔兰）	平均长度（公里）
DLE	60	5	
DTE	70	10	
A – NTP – DLE	90		1
T – DLE – DTE	70		3

网络设备单位成本如表 4 所示。

表 4　　　　　　　　　　　　网络设备单位成本

设备成本	单位成本（美元）
DLE	10000
DTE	50000
A – NTP – DLE	500（每公里）
T – DLE – DTE	1000（每公里）

第二步：计算设备数量。

利用表 2 中的路由组织数据，计算各类业务经过每种网元的忙时话务量百分比。比如：

经过 DLE 的话务量的 % = 使用 1 个 DLE 的呼叫的 % + 2 × 使用 2 个 DLE 的呼叫的 %

表 5   经过每种网元的忙时话务量比例

单位:%

经过各网元忙时话务量百分比	DLE	DTE	A – NTP – DLE	T – DLE – DTE
网内通话	120	40	100	40
网间去话	100	10	100	10
网间来话	100	10	100	10

将表 5 的结果乘以忙时爱尔兰（BHE）数（见表 1），得到经过每种网元的忙时爱尔兰（BHE）数。

表 6   每种网元的 BHE

网元忙时话务量	DLE	DTE	A – NTP – DLE	T – DLE – DTE
网内通话	120	40	100	40
网间去话	25	2.5	25	2.5
网间来话	25	2.5	25	2.5
总计	170	45	150	45

求出每种网元的忙时话务量后，就可以计算所需设备数量。根据前面的介绍：所需设备数量=需求/容量，选定设备数量=需要设备量/有效利用率，因此有表 7。

表 7   设备所需数量及选定量

设备计算	驱动因素	所需设备量	实际设备量
DLE	话务量	34	57
DTE	话务量	4.5	7
A – NTP – DLE	用户	3000	3333
T – DLE – DTE	话务量	35	50

第三步：网络成本计算。

利用网络设备数量及单位成本，计算各种网元的折旧和剩余生产价值。由前面计算：交换机成本=交换设备数量×设备单位成本，传输成本=传输总长度×每公里成本。

利用 FCM 法计算出的折旧为：GBV − （剩余生产容量×资产重估值），其中：资产重估值 = （1 + 价格趋势） × MEA。

年末剩余生产能力的价值为：剩余生产能力的价值 = MEA − 折旧。

表 8 第一年折旧和剩余生产能力价值

第一年成本计算	MEA	经济寿命（年）	第一年年底剩余生产容量	价格趋势	折旧	剩余生产价值
DLE	500000	5	80%	−3%	127680	442320
DTE	250000	5	80%	−3%	78400	271600
A − NTP − DLE	500	5	80%	−3%	112	388
T − DLE − DTE	3000	5	80%	−3%	672	2328

为得到总年度成本，需要计算资金成本（ROA），其计算公式为：ROA = WACC × 剩余生产价值。

假设 WACC 为 10%，则得到表 9 中的计算结果。

表 9 总年度成本

年度总成本	折旧	WACC	ROA	总计
DLE	127680	10%	44232	171912
DTE	78400	10%	27160	105560
A − NTP − DLE	112	10%	39	151
T − DLE − DTE	672	10%	233	905

第四步：路由系数及业务成本计算。

利用路由系数将年度总成本转化成各种业务的成本（见表10）。

表 10 路由系数表

路由系数	DLE	DTE	A − NTP − DLE	T − DLE − DTE
网内通话	1.2	0.4	0.0	0.4
网间去话	1.0	0.1	0.0	0.1
网间来话	1.0	0.1	0.0	0.1

表 11   网元相对使用率

网元使用率 （%）	DLE	DTE	A – NTP – DLE	T – DLE – DTE	话务量 （分钟）
网内通话	$1.2 \times 2000000/$ （1.2×2000000 $+ 1.0 \times 500000 + 1.0 \times 500000$） $= 71\%$	89%		89%	2000000
网间去话	15%	6%		6%	500000
网间来话	15%	6%		6%	500000
总计	100%	100%		100%	3000000

　　由表 10 和表 11 可看出，网内通话使用 DLE 的比例为 71%，而网间去话使用 DLE 的比例为 15%。

　　最后，将表 10 和表 11 中的网元相对使用率乘以对应网元的总成本（第三步），横向加总求出相应业务的总成本，再除以总通话时长，得到该业务的单位成本（见表 12）：

　　业务单位成本 = 业务总成本/总通话时长

表 12   单位业务成本

业务成本	DLE	DTE	A – NTP – DLE	T – DLE – DTE	单位成本（美分/分钟）
网内通话	121350	93831	0	804	10.80
网间去话	25281	5864	0	50	6.24
网间来话	25281	5864	0	50	6.24
总计	171912	105560	151	905	

第十二章　移动电话网长期
增量成本模型

第一节　建模方法

移动电话网的成本模型与固定电话网的成本模型有很多相似之处，因此下面重点介绍移动电话网的不同之处。在考虑移动电话网成本模型的细节时，可以参见第十一章中固定电话网成本模型的相关内容。

一　模型设计基本原理

（一）最小覆盖

最小覆盖网络是指在网络覆盖范围内任何地方，都可以拨打和接听电话的最小容量网络，与之对应的概念是容量覆盖网络。

在移动网络长期增量成本模型中，由于最小覆盖网络成本对话务量并不敏感，因此，在计算长期增量成本时，不能将最小覆盖成本直接分摊到各类业务上。在模型中，我们通过公共成本加价系数来回收该类成本。

在许多国家，规制机构在发放牌照或颁布规制条款时，都会要求移动运营商满足一定的覆盖要求。在这种情形下，最小覆盖应该指规制者所要求的最小覆盖。到目前为止，我国监管机构并没有此类要求，因此在本模型中，最小覆盖面积以移动网络的实际覆盖面积为准。

由于最小覆盖成本属于公共成本，所以本模型将网络设计分为两个部分："最小覆盖网络设计"和"全容量网络设计"。

最小覆盖网络的网络容量非常小，其主要目的是提供网络覆盖，而不是提供容量覆盖。在实际运营中，并不存在一个物理上的最小覆盖网。换句话说，它只是一个理论上的网络，作这种区分的目的在于，将网络成本划分为非增量网络成本与增量网络成本。在设计最小覆盖网络时，我们只考虑提供最小覆盖的无线网络元素，而不考虑其他网络元素。因此，最小覆盖网络主要包括以下网络元素：（1）收发装置（TRU）；（2）宏站点和直放站点（Macro－S & Direct－S）；（3）基站收发系统（BTS－S & BTS－L）；（4）基站控制器（BSC）；（5）同步数字系列——BTS 至 BSC 间的中继链路（SDH）。

全容量网络用于承载当前话务量（或未来的预测话务量），其成本驱动因素为忙时话务量。全容量网络包括移动网络运营所需要的所有网络元素，而且其网元数量一般大于最小覆盖网络的网元数量。

全容量网络成本减去最小覆盖网络成本即为全业务长期增量成本，也就是模型中的增量网络成本。然后，根据各种业务的路由组织，求出每种业务的长期增量总成本，再除以该类业务的业务量，即可得到该业务的长期增量成本。根据成本概念，最小覆盖网络成本属于所有业务的公共成本，因此，为回收该类成本，需要在各种业务的长期增量成本基础上，按照一定的比例进行加价。

很多国家的管制机构都采用了这种计算方法，比如英国的 OFTEL。其原因在于，网络中主要交换网元都受话务量直接驱动，因此，它们应该是全容量网络的一部分，而不应属于最小覆盖网络。

通过将网络分为覆盖网络和全容量网络，并按照不同的算法进行设计，我们就可以正确地将模型中的各类网元的成本进行归类，并通过不同的分摊方法来回收这些成本。

（二）焦化节点方法

在本章中，我们采用焦化节点方法。具体来讲，研制本模型时将努力在以下几个方面进行合理的权衡：

（1）采用现有网络节点，这意味着，研制的模型并不优化现有网络节点。

（2）假设网络现有系统和设备的功能保持不变，如果现在购买这些设备，其价值是多少，这意味着，模型根据现有网络节点及结构，采用当前最有效的技术来确定系统的前瞻性成本，而不是采用某种"不现实"的有效技术。此外，就实现当前网络中某特定功能来讲，模型并不限定使用哪种设备，也不限定其购买渠道，因为单一渠道往往隐含着较高的购买折扣。

（3）假设当前话务量和路由系数保持不变，即使可能存在更有效率的网络结构，模型也采用现实网络节点结构，并认为节点之间的相互关系保持不变。例如，假定某个网络中所有的话务量都经过汇接交换，那么在建模时，即使存在更有效的路由组织，我们仍然假定该网络的路由组织保持不变。

（4）假设网络节点功能保持不变，这是一个保守的假设。一些自下而上模型（如 OFTEL 为英国移动市场管制所开发的模型）将网络节点的数量和位置视为固定，但使用动态优化方法确定每个节点的功能。我们研制的模型保持运营商所确定的节点的功能不变，但允许网络节点功能在未来年份发生变化，这与运营商具有改变其网络未来配置的能力相一致。

（三）网络设计

要建立自下而上模型，首先要了解移动网络的拓扑结构，因为业务成本与网络设备数量和业务路由组织的关系非常密切。图 12－1 为我国移动电话网网络架构图。

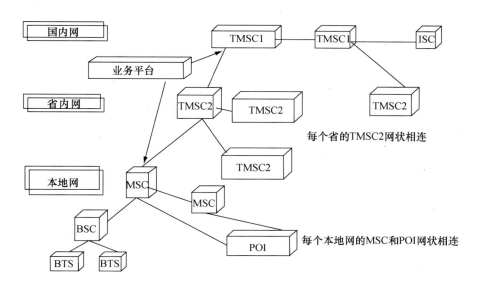

图 12－1　移动电话网拓扑结构

　　就建模过程来讲，必须清楚地了解移动网络使用了哪些交换设备，哪些传输线路，而后才能根据网络容量及网络设备参数设计网络。网络元素的确定需要考虑：（1）设备功能不同。例如，交换和传输单元的网络功能就显著不同，而且这两种网元的成本驱动因素也不同。（2）影响路由组织。例如，移动网络为移动网和固定网来话设置了不同的关口局，这将影响相关业务的路由组织，从而各类业务分摊的成本就有所不同。（3）是否专用于某种业务。例如语音信箱平台仅用于语音信箱业务，所以与语音信箱平台相关的成本就不应分摊到未使用该设备的其他业务上。

　　模型中涉及的网络元素包括：

　　基站控制器（BSC）：基站控制器是控制基站（BTS）和其他无线元素的一种交换设备。基站控制器汇集下属基站的话务量，然后根据路由组织表，将它们转送到目的移动交换中心。

　　小型基站（BTS - S）：载频在 4 个以上的收发系统。

　　大型基站（BTS - L）：载频在 4 个以下（包括 4 个）的收发系统。

　　收发单元（TRU）：基站中需要使用一个频率的无线收发设备。

　　宏蜂窝站点（Macro - S）：大区域覆盖站点，网络覆盖中最常用的标准蜂窝类型。

　　微蜂窝站点（Micro - S）：提供容量站点，主要用于话务密度比较高的城镇区域。

　　室内蜂窝站点（In - Build - S）：室内覆盖站点，主要用于城镇建筑物中，以提供具体的室内覆盖。

　　直放蜂窝站点（Direct - S）：直放覆盖站点，主要用于乡村公路覆盖。

　　BTS - BSC 的中继链路（BTS - BSC - TL）：连接 BTS 和 BSC 之间的 SDH 传输链路及设备。

　　国际关口局（INT）：国际业务的互联点，也即国际交换中心（ISC）。

　　移动交换中心（MSC）：移动网络中主要交换设备，完成各种话务的交换。

　　汇接移动交换中心（TMSC）：移动网络中的高层交换设备。

　　互联点与其他运营商的互联网关（POI）：MSC 关口局或综合网关，负责完成与其他运营商的互联。

MSC－BSC 链路（MSC－BSC－L）：连接 MSC 和 BSC 的传输链路。

MSC－BSC 设备（MSC－BSC－T）：用于 MSC－BSC 链路的传输设备。

MSC－MSC 链路（MSC－MSC－L）：连接 MSC 与 MSC 之间的链路，包括 MSC 与 TMSC 之间的链路以及 TMSC 之间的链路。

MSC－MSC 传输设备（MSC－MSC－T）：用于 MSC－MSC 链路的传输设备。

信令网（SN）：信令传输和信令控制点。

客户管理系统（CMS）：移动用户数据库，用于管理、跟踪、监控用户活动，如用户服务、故障管理及促销活动。

归属位置寄存器（HLR）：用户登记系统，为话音业务的管理和计费提供用户信息。

互联计费系统（BIL）：互联计费系统汇集互联业务的话单数据，并可离线处理账单数据。

网络管理系统（NMS）：网络管理系统用于网络的监控、维护和运营。

短消息业务网关（SMS－G）：短消息业务的互联网关。

短消息业务平台（SMS－P）：短消息接收、储存和存档的管理系统。

智能网平台（IN－P）：计费平台和预付费智能交换平台用于业务管理和提供预付费业务。此平台可实时处理用户账户金额，比如用户欠费管理和充值管理。智能网平台还用于其他数据业务。

二　模型设计

（一）模型结构

在最基本网络结构意义上，固定网模型和移动网模型具有相同的模型结构，如图 12－2 所示。

（二）模型流程

上面的模型结构图又可以细分为图 12－3 的五个计算步骤：

第一步：网络覆盖和业务量（模块 1 和模块 2）。

（1）基于移动网络覆盖面积、地表类型和地理位置，确定各种组合下的覆盖面积；

（2）用户数、各类呼叫的业务量和忙时话务量。

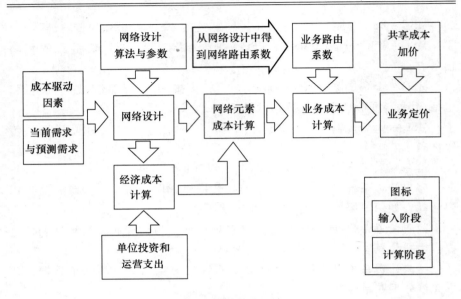

图 12 - 2 模型结构简图

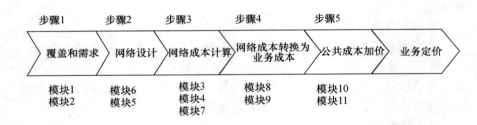

图 12 - 3 模块计算过程

第二步：网络设计（模块 5 和模块 6）。

（1）基于第一步收集的网络覆盖数据，设计最小覆盖网络，求出各类网元的数量；

（2）基于第一步收集的业务量数据，设计容量网络，求出各类网元的数量。

第三步：网络成本计算（模块 3、模块 4 和模块 7）。

（1）基于各网元当代等价资产价值（MEA）及年度运营成本，计算每个网元年度成本；

（2）利用各网元年度成本，分别计算覆盖网络成本和容量网络成本；

（3）根据覆盖网络和容量网络网元数量，计算增量网络成本。

第四步：网元成本转化为业务成本（模块 8 和模块 9）。

（1）利用路由系数和各类业务的话务量，将网元总成本分摊到各类业务上；

（2）各类业务的总成本除以对应的通话时长，得到各类业务的单位成本。

第五步：公共成本加价（模块 10 和模块 11）。

基于各类业务单位成本（LRIC），按一定比例加价得到各类业务单价。

公共成本加价包括三类：（1）流动资金成本；（2）最小覆盖网络成本（在第三步计算）；（3）其他相关公共成本，用运营成本的百分比表示。

先计算出流动资金成本和最小覆盖网络成本的绝对值，而后除以网络增量成本，得到公共成本加价系数。在此基础上，再计算其他公共成本的加价系数，得到公共成本总加价系数。

三　网络设计

（一）概述

为了建立自下而上模型，首先要了解移动网络的拓扑结构，因为业务成本与网络设备及业务路由组织的关系非常密切。移动电话网网络拓扑结构图见图 12-1。

（二）网络元素

我们按照以下原则确定网络元素：（1）执行功能不同。例如，交换网元和传输网元具有不同的功能。（2）成本驱动因素不同。例如，BTS 成本受覆盖面积驱动，MSC 成本受忙时话务量驱动。（3）成本不同。例如，TMSC 与 MSC 都执行交换功能，但 TMSC 成本相对较高。（4）专用于某类业务。例如，语音信箱或短消息平台只有某些特定业务使用，所以与此平台相关的成本不应该分摊到其他业务上。

表 12-1 列出了本模型所用网络元素，主要可分为四大类：（1）无线网元：用户接口单元，移动网通过无线网元为用户提供移动服务，固定

网没有无线网元。（2）交换设备：其功能与固定网交换网元的功能相同。
（3）传输和信令系统：与固定网非常相似，包括三个层次的传输网（本
地网，省内网和国内网）。移动网与固定网传输系统采用相同的输入成本
数据。（4）用于支持单独业务的平台。

表 12－1 移动电话网网络元素列表

网元缩写	名称
无线网元	
BSC	基站控制器
BTS－L	大型基站收发系统
BTS－S	小型基站收发系统
TRU	收发装置
Macro－S	宏蜂窝站点
Micro－S	微蜂窝站点
InBuild－S	室内蜂窝站点
Direct－S	直放蜂窝站点
BTS－BSC－TL	BTS 与 BSC 间中继链路
主要交换设备	
INT	国际网关
MSC	移动交换中心
TMSC	汇接移动交换中心
POI	互联点与其他运营商互联的关口局
传输和信令系统	
MSC－BSC－L	BSC 与 MSC 间的传输链路
MSC－BSC－T	MSC－BSC 传输设备
Fibre	光纤（10 芯）
Duct	管道
T－Flat	管沟—平原地形
T－Hilly	管沟—山区地形

续表

网元缩写	名称
T – Mt	管沟—山地地形
ADM – LR	分插复用器—本地环
ADM – PR	分插复用器—省环
ADM – NR	分插复用器—国内环
OptRA	光再生器/放大器
SN	信令网
主要平台	
CMS	客户管理系统
HLR	归属位置寄存器
BIL	互联计费系统
NMS	网络管理系统
SMS – G	短消息网关
SMS – P	短消息平台
IN – P	智能网平台

（三）模型包含的业务

模型将测算下列业务的成本：

网内本地通话：主被叫属于同一运营商的同一本地网的通话。

网内省内长途通话：主被叫属于同一个运营商且属于同一个省份但不同本地网之间的通话。

网内省际长途通话：主被叫属于同一个运营商但位于不同省份的通话。

网间本地去话：主被叫属于不同运营商但属于同一本地网的去话。

网间省内长途去话：主被叫属于不同运营商但属于同一个省、不同本地网之间的去话。

网间省际长途去话：主被叫属于不同运营商且属于不同省的去话。

国际去话：从国内发起到其他国家的通话，这里只包含呼叫发起端到国际关口局之间的国内成本。

网间本地来话：主被叫属于不同运营商但属于同一本地网的来话。

网间省内长途来话：主被叫属于不同运营商且属于同一个省、不同本地网之间的来话。①

网间省际长途来话：主被叫属于不同运营商且属于不同省的来话②。

国际来话：从其他国家发起终结到国内的呼叫，这里只包含国际关口局到被叫用户之间的国内成本。

网内短消息：短消息发起方和接收方属于同一个运营商。

网间短消息发起：短消息发起方和接收方属于不同运营商的短消息发起。

网间短消息接收：短消息发起方和接收方属于不同运营商的短消息接收。

网内本地通话：主被叫属于同一运营商的同一本地网的通话。

网内长途通话：主被叫属于同一个运营商但不属于同一个本地网。

网间本地去话：主被叫属于不同运营商但属于同一本地网的去话。

网间长途去话：主被叫属于不同运营商且属于不同本地网之间的去话。

网间本地来话：主被叫属于不同运营商但属于同一本地网的来话。

网间长途来话：主被叫属于不同运营商且属于不同本地网之间的来话。

（四）路由组织

对于移动模型来说，清楚地了解各类业务的路由组织非常重要。本模型所用路由组织表如表 12-2 所示，其中最左一栏是业务类型，最上一行是所用网元列表。表中的数字代表某类业务一次呼叫使用各类网元的次数，比如 1 次网内本地通话使用 2 次 BTS-BSC 传输链路，而 1 次网间去话只使用 1 次本地 BTS-BSC 传输链路。

---

① 网间来话的话务量不能区分网间本地来话，网间省内长途来话和网间省际长途来话。网间来话从互联点出来是按照相同的方式传送到其目的地。因此，三类网间来话的成本是相同的。
② 同上。

表 12 - 2 路由组织表

业务类别	业务名称	BSC	BTS – L	BTS – S	TRU	Macro – S	Micro – S	Inbuild – S	Direct – S	BTS – BSC – TL
语音业务	网内本地通话	2.0	1.8	0.2	2.0	1.7	0.1	0.0	0.2	2.0
	网内省内长途通话	2.0	1.8	0.2	2.0	1.7	0.1	0.0	0.2	2.0
	网内省际长途通话	2.0	1.8	0.2	2.0	1.7	0.1	0.0	0.2	2.0
	网间本地去话	1.0	0.9	0.1	1.0	0.9	0.0	0.0	0.1	1.0
	网间省内长途去话	1.0	0.9	0.1	1.0	0.9	0.0	0.0	0.1	1.0
	网间省际长途去话	1.0	0.9	0.1	1.0	0.9	0.0	0.0	0.1	1.0
	国际去话	1.0	0.9	0.1	1.0	0.9	0.0	0.0	0.1	1.0
	网间本地来话	1.0	0.9	0.1	1.0	0.9	0.0	0.0	0.1	1.0
	网间省内长途来话	1.0	0.9	0.1	1.0	0.9	0.0	0.0	0.1	1.0
	网间省际长途来话	1.0	0.9	0.1	1.0	0.9	0.0	0.0	0.1	1.0
	国际来话	1.0	0.9	0.1	1.0	0.9	0.0	0.0	0.1	1.0
短消息业务	网内短消息	2.0	1.8	0.2	2.0	1.7	0.1	0.0	0.2	2.0
	网间短消息—发起	1.0	0.9	0.1	1.0	0.9	0.0	0.0	0.1	1.0
	网间短消息—接收	1.0	0.9	0.1	1.0	0.9	0.0	0.0	0.1	1.0
数据业务	其他数据业务—本地和省内	0.0	0.0	0.0	0.0	0.0	0.0	0.0	0.0	0.0
	其他数据业务—省间	0.0	0.0	0.0	0.0	0.0	0.0	0.0	0.0	0.0

业务类别	业务名称	BSC – MSC – T	L – TR	P – TR	N – TR	INT	POI – T	SN	CMS	HLR	BIL	NMS	SMS – G
语音业务	网内本地通话	2.0											
	网内省内长途通话	2.0	0.8	0.0	0.0	0.0	0.0	0.0	0.0	0.0	0.0	0.0	0.0
	网内省际长途通话	2.0	0.0	0.0	0.0	0.0	0.0	0.0	0.0	0.0	0.0	0.0	0.0
	网间本地去话	1.0	0.8	0.0	0.0	0.0	0.0	0.0	0.0	0.0	0.0	0.0	0.0
	网间省内长途去话	1.0	0.8	0.0	0.0	0.0	0.0	0.0	0.0	0.0	0.0	0.0	0.0

续表

业务类别	业务名称	BSC – MSC – T	L – TR	P – TR	N – TR	INT	POI – T	SN	CMS	HLR	BIL	NMS	SMS – G
语音业务	网间省际长途去话	1.0	0.0	0.0	0.0	0.0	0.0	0.0	0.0	0.0	0.0	0.0	0.0
	国际去话	1.0	0.8	0.0	0.0	0.0	0.0	0.0	0.0	0.0	0.0	0.0	0.0
	网间本地来话	1.0	0.8	0.0	0.0	0.0	0.0	0.0	0.0	0.0	0.0	0.0	0.0
	网间省内长途来话	1.0	0.8	0.0	0.0	0.0	0.0	0.0	0.0	0.0	0.0	0.0	0.0
	网间省际长途来话	1.0	0.8	0.0	0.0	0.0	0.0	0.0	0.0	0.0	0.0	0.0	0.0
	国际来话	1.0	0.8	0.0	0.0	0.0	0.0	0.0	0.0	0.0	0.0	0.0	0.0
短消息业务	网内短消息	2	0.9	0.2	0.1	0.0	0.0	0.0	0.0	0.0	0.1	0.0	0.0
	网间短消息—发起	1.0	0.1	0.5	0.2	0.0	0.0	0.0	0.0	0.0	0.0	0.0	0
	网间短消息—接收	1.0	0.8	0.0	0.0	0.0	0.0	0.0	0.0	0.0	0.0	0.0	0
数据业务	其他数据业务—本地和省内	0.0	0.0	0.0	0.0	0.0	0.0	0.0	0.0	0.0	0.0	0.0	0.0
	其他数据业务—省间	0.0	0.0	0.0	0.0	0.0	0.0	0.0	0.0	0.0	0.0	0.0	0.0

利用路由系数，可以将网络成本转化为各类业务的长期增量成本。

第二节 原始数据

一 简介

移动电话网长期增量成本模型需要五大类数据，具体包括：（1）时间维度数据：本模型预测未来三年的成本；（2）地理数据：移动网覆盖面积，按地理位置分类；（3）拓扑数据：移动网覆盖面积，按地表类型分类；（4）需求数据：移动业务需求特性，包括日常话务量和忙时话务量；（5）覆盖数据：移动网络覆盖要求。

这些数据均为输入数据，总的来讲，可概括为以下几类：（1）覆盖，即地表类型和地理位置；（2）需求，即话务量；（3）设备；（4）财务网络设计参数。

二 需求：网络覆盖

网络覆盖数据包括：（1）每个抽样本地网的土地面积，按地表类型和地理位置细分；（2）每个抽样本地网的用户数，按地表类型和地理位置细分；（3）每个抽样本地网的网络覆盖面积，按地表类型和地理位置细分，包括当前和未来几年值。

移动运营商在设计和铺设网络时，需要考虑多种因素，如用户规模、业务量的增长趋势，以及当地的地表类型等。

在网络设计中，未来用户规模及其分布将影响网元类型和数量。例如，大城市移动用户密度高，通常要求无隙覆盖，并提供较大的容量。相对来讲，乡村用户密度低，通常要求覆盖区域较广，但覆盖容量较小。为了反映这两类不同的覆盖要求，模型将覆盖区域分为两种地理型，即城镇和乡村，这也与我国统计年鉴上的口径一致。

地形条件或地理类型，对各类蜂窝的覆盖范围影响很大。一般来说，同样的蜂窝站点在平原地形的覆盖范围比较大，而在山区和山地，它的覆盖范围就要小些。为了反映蜂窝覆盖范围的差别，我们需要考虑地表类型对覆盖的影响。当然，模型中关于平原、山区和山地的分类方法与我国统计年鉴中的分类方法相一致。

三 需求：话务量

（1）每个样本本地网和全国的移动用户绝对数，细分为预付费和后付费用户；

（2）每个样本本地网和全国的总话务量，并按业务细分；

（3）全国忙时话务量（爱尔兰），并按业务细分；每个本地网的忙时话务量（爱尔兰），并按业务细分。

数据用途是设计移动网络，确定网络设备容量和数量。

然而，用户需求在一天或一个星期中的不同时间是不同的。在设计移动网络时，其网络容量必须满足用户忙时话务量。这里，"忙时"代表一定时间段内网络话务量最高的小时。根据忙时话务量及网元容量参数，设计全容量网络，求出所需网元数量及传输设备数量。

在成本计算时，首先，利用业务量数据及路由组织表，得到各种业务对各类网元的相对利用率（即路由系数），将网络总成本转化为业务总成本。其次，将各类业务的总成本除以对应业务的通话时长，得到各类业务的单位长期增量成本。

四 网络设备

本模型使用了多种网元。对每种网元来讲，需要知道如下参数：（1）当代等价资产价值；（2）设备及系统成本；（3）设备安装成本，以及与安装成本相关的调试成本，比如资本化的劳动力成本、土地成本、建筑物成本、供电成本以及验收测试成本等；（4）各网元的年度运营成本，等于原始购买价和安装成本的一定比例；（5）资产寿命期－资产的经济寿命（按月计算）。

需要注意的是，这里只包括成本可直接分摊的网元，共享网元的成本通过加价得到。

本模块数据用途是，计算基于网络的前瞻性经济成本，也即基于设备的当前经济成本，而不是财务报表中记录的历史购买成本。当代等价资产重置价值加上年度运营成本，得到每种网元的年度资金成本。

五 财务数据

为测算各网元的年度成本，模型需要下列财务数据：

（1）加权平均资金成本（WACC）：由于移动网所需资金非常庞大，所以 WACC 数值对于移动网的成本影响很大。本模型直接使用测算出的 WACC 数值，其具体测算方法详见本手册"设计思想与原则"一节。

（2）流动资金：流动资金用于补充商业活动中不连续现金流，并为到期账款提供支付。模型中，流动资金按照一定的天数进行计算。

（3）公共成本加价：运营移动网络所需要的公共成本，它不能直接归属于某类业务，只能作为公共成本。根据最佳国际经验，我们确定了一个公共成本加价系数。

（4）零售加价：模型通过零售加价系数回收零售成本，比如销售及营销活动支出。零售加价还包括零售计费平台，以及所有与零售计费活动相关的成本，其加价系数根据最佳国际经验确定。

六 网络设计参数

在计算网元数量时，需要网络设备的设计参数。这些参数大致分为三类：

（一）焦化节点信息

当前网络所用交换网元的数量，它主要包括 BSC、MSC、TMSC1 和

TMSC2。

在设计移动网络时，假定在建网初年，各种交换站点的数量和位置保持不变。

（二）网元容量

各类小区的标准蜂窝配置信息（宏蜂窝、微蜂窝、室内蜂窝和直放蜂窝）：包括各类蜂窝 TRU 的平均配置数量；各类蜂窝话音信道的平均配置数量；各类蜂窝短消息/其他数据/信令信道的平均配置数量。

各种地理条件下的蜂窝覆盖半径，包括 900MHz 下的最小、最大覆盖半径，1800MHz 下的最小覆盖半径；

BSC 容量：每个 BSC 忙时所能处理的最大爱尔兰数和每个 BSC 所连 TRU 的最大数；

INT 容量：每个国际网关忙时所能处理的最大爱尔兰数；

MSC 容量：每个移动交换机忙时所能处理的最大爱尔兰数；

TMSC 容量：每个汇接移动交换机忙时所能处理的最大爱尔兰数；

POI 容量：每个本地互联网关忙时所能处理的最大爱尔兰数；

LR 容量：每个 HLR 注册的典型用户数；

短消息网关容量：每个短消息网关忙时所能处理短消息的最大条数；

短消息平台容量：每个短消息平台忙时所能处理短消息的最大条数；

传输容：网络设计中用到的传输设备的容量，包括实际传输容量和有效传输容量。

这部分数据的用途是，提供各类网元的容量信息，主要用于网络设计，以满足覆盖要求及忙时话务量。

（三）网络配置

可用频谱：每个本地网目前在 900MHz 下和 1800MHz 下的可用频谱带宽；

无线接口话音信道阻塞率：此参数反映了网络设计中的业务质量要求；

室内小区参数：在最小覆盖和全容量网设计中，室内蜂窝数所占比例；

BTS 与 BSC 之间的平均传输链路长度（公里）；

BSC 与 MSC 之间的平均传输链路长度（公里）；

每个 MSC 所连 BSC 的最大平均数；

传输环参数，包括本地环、省内环和国内环：

每环平均长度

各地形条件下所占比例（平原、山区和山地）

地埋光缆比例

管道光缆比例

每环上的平均节点数

每环上的最大节点数

每传输环中光纤环的数量

传输环上再生器之间的平均距离；

每个本地网互联点之间传输链路的最小数；

每个省国际网关传输链路的最小数；

短消息与数据业务的转换系数——将短消息与数据业务转换成等价话音分钟数；

频谱复用系数；

各类地形下小区最大覆盖半径的衰减系数；

各类站点下的蜂窝配置；

900MHz 和 1800MHz 下，每 MHz 的 GSM 载频数；

话务量非敏感网元—网络设计中，假设某些网元全国只设一个；

路由组织表—各类业务使用每种网元的比例；

每种网元的规划期及其利用率。

这部分数据将为计算各种网元的数量提供其配置参数。

第三节　计算

一　网络覆盖要求—地表类型和地理位置

根据覆盖要求，我们需要得到每个抽样本地网的覆盖面积，以及按地表类型和地理位置进一步细分后的覆盖面积，而后在一定假设条件下，计算抽样本地网在不同地表类型和地理位置组合下的覆盖面积。

根据地表类型和地理位置的分类，可得到以下几种情形（见表 12 - 3）。

表 12 - 3 地表类型和地理位置分类

	城镇	乡村
平原	1. 平原/城镇	2. 平原/乡村
山区	3. 山区/城镇	4. 山区/乡村
山地	5. 山地/城镇	6. 山地/乡村

（一）城镇

假设本地网城镇覆盖区域不包括山地，即"山地/城镇"组合的面积为零。这与我们的实践经验——城镇一般不建设在山地里——相符合。作为简化，模型不考虑其他特殊情况。

另外，还假设城镇的山区与平原覆盖面积之比和该本地网中山区与平原覆盖面积之比相同。

（二）乡村

假设山地覆盖面积全部位于乡村覆盖区域内。另外，还假定乡村覆盖中山区与平原覆盖面积之比和该本地网中山区与平原覆盖面积之比相同。

例如：若覆盖面积如下，根据以上假设，可得到各种组合下的覆盖面积（见表 12 - 4 和表 12 - 5）。

表 12 - 4 按地表类型和地理位置细分的覆盖面积

地表类型		平原	山区	山地	合计
地理位置	平方公里	6500	2500	1000	10000
城镇	1500				
乡村	7500				
合计	10000				

表 12 - 5 各种组合下的覆盖面积

地表类型		平原	山区	山地	合计
地理位置	平方公里	6500	2500	1000	10000
城镇	1500	1083	417	0	1500
乡村	7500	5417	2083	1000	8500
合计	10000	6500	2500	1000	10000

二 网络设计

在满足模块 2 和模块 3 中的覆盖要求及话务量需求的情况下，结合模块 5 网络设计参数及算法，我们可以求出各类网元的数量。为了更好地将成本归类（话务量敏感与否），测算业务长期增量成本（LRIC），我们设计了两个层次上的网络：（1）最小覆盖网络（对话务量不敏感，受覆盖要求驱动）；（2）全容量网络（用于满足话务量需求，受忙时话务量驱动）。

全容量网络与最小覆盖网络之差为增量网，其成本正是本模型所测算的长期增量成本。正如前述，最小覆盖网络对话务量不敏感，其成本属于公共成本，因此，需用一定的加价系数来回收该成本。

（一）最小覆盖网络设计

在第三部分"建模方法"中，我们已经指出最小覆盖网络是指满足地理覆盖要求的移动网络，它只包含无线元素，在设计网络时不考虑其话务量要求。

最小覆盖网中各网元的驱动因素如下：

收发单元（TRU）：宏蜂窝站点数量。假设每个 BTS 带一个 TRU。

宏站点（Macro - S）：覆盖面积。根据模块 1 中移动网覆盖要求和模块 5 中蜂窝最大覆盖面积计算，计算公式为：宏蜂窝数 = 覆盖面积/宏蜂窝最大覆盖面积。

直放站点（Direct - S）：覆盖距离。根据模块 1 中乡村公路覆盖要求和模块 5 中直放蜂窝覆盖半径计算。计算公式为：直放蜂窝数 = 覆盖区域/直放蜂窝最大覆盖区域。

基站（BTS - L & BTS - S）：蜂窝数量。根据模块 5 每站点的蜂窝数和站点数计算。

基站控制器（BSC）：TRU 数量。根据模块 5 每 BSC 所连 TRU 的最大数计算。

BTS - BSC 中继链路（SDH）：基站数。

（二）全容量网络设计

全容量网络用于承载本地网的话务量，其话音质量用阻塞率来体现，其网元数量受忙时话务量驱动。各种网元的驱动因素如下：

基站控制器（BSC）：忙时爱尔兰，所连 TRU 数，焦化节点数。

大型基站（BTS - L）：宏蜂窝数量。

小型基站数量（BTS－S）：微蜂窝，室内蜂窝和直放蜂窝的数量。

收发单元（TRU）：所有蜂窝忙时话务量。

宏小区站点（Macro－S）：忙时所需话音信道数。

微小区站点（Micro－S）：忙时所需话音信道数。

室内小区站点（Inbuild－S）：忙时所需话音信道数。

直放小区站点（Direct－S）：忙时所需话音信道数。

BTS－BSC 中继链路（BTS－BSC－TL）：BTS 数量。

国际网关（INT）：国际业务的忙时爱尔兰。

移动交换中心（MSC）：忙时爱尔兰，焦化节点数量。

汇接移动交换中心（TMSC）：忙时爱尔兰，焦化节点数量。

互联点—与其他运营商的互联网关（POI）：互联业务忙时爱尔兰。

MSC－BSC 链路：BSC 数量。

MSC－BSC 传输设备（MSC－BSC－T）：BSC 数量。

本地环（L－TR）：MSC 数量。

省内环（P－TR）：TMSC2 的数量。

国内环（N－TR）：TMSC1 数量。

国际网关链路（INT－TL）：每个省内环中链路数量。

互联点链路（POI－L）：每个本地环中链路数量。

光纤（Fibre）：环数、链路数以及传输特性。

管道（Duct）：环数、链路数以及传输特性。

管沟（Trench）：环数、链路数以及传输特性。

分插复用设备（Add Drop Multiplexer）：每个环上的节点数。

光再生器（Optical Regenerators）：传输环上节点之间的平均距离。

信令网（SN）：全中国设一个。

客户管理系统（CMS）：全中国设一个。

归属位置寄存器（HLR）：用户数。

互联计费系统（BIL）：全中国设一个。

网络管理系统（NMS）：全中国设一个。

短消息网关（SMS－G）：全中国设一个。

短消息平台（SMS－P）：全中国设一个。

智能网络平台（IN－P）：全中国设一个。

三 网络设备年度成本

利用网元的价格信息，可计算出每类网元的年度成本，其中包括资本成本和运营成本。而后，利用每类网元的年度成本和设备数量，得到每类网元年度总成本。

各种网元的年度成本计算公式为：年度成本＝资金成本＋折旧＋运营成本，其中：资金成本＝当代等价资产价值（模块3）×加权平均资金成本（模块4）；折旧＝当代等价资产价值－剩余生产能力价值，剩余生产能力价值＝（剩余寿命月数/资产经济寿命月数）×当代等价资产价值，其中，剩余寿命＝资产投入使用后所剩余的经济寿命月数，资产寿命＝资产经济寿命期的总月数；运营成本＝网元的年度运营成本（模块3的输入）。

四 网络成本转化为业务成本

为了将各种网络元素的成本转换成不同业务的成本，我们需要知道每种业务对各类网元的相对利用率（即路由系数）。表 12－6 是一个简单的路由组织表。从表中可看出，平均而言，提供每一分钟的业务 A，将使用 1.2 个单位的网元2，0.9 个单位的网元3，但不需要使用网元1和网元4。

表 12－6 路由系数示例

	网元 1	网元 2	网元 3	网元 4
业务 A	0	1.2	0.9	0
业务 B	1.5	0	0	0
业务 C	0	1.2	0.9	1

需要强调的是，路由系数表示的是对网元的相对利用率，不是绝对利用率，这一点非常重要。如果将表中所有数据都乘以某一常数，比如都乘以 10，各种业务的路由系数将保持不变。

通过如下简单例子，我们可以清楚地了解路由系数的具体计算过程及其用途。

假设某个移动网络只提供三种业务：（1）网间来话；（2）网间去话；（3）网内通话。并且该网络由如下网元构成：（1）互联网关；（2）移动交换中心；（3）基站控制器；（4）基站。

首先得到路由组织表，如表 12－7 所示。

表 12 - 7   路由组织表实例

	互联网关	移动交换中心 MSC	基站控制器 BSC	基站 BS
网间来话（CT）	1	1	1	1
网间去话（CO）	1	1	1	1
网内通话	0	1	2	2

由表 12 - 7 可知，网内通话不使用互联网关，但使用 BSC 和 BS，并且使用次数是网间来去话使用次数的两倍。

现在可以得到每类业务使用各种网元的总时长，如表 12 - 8 所示。

表 12 - 8   各种业务对不同网元的使用时长

	话务量（分钟）	POI	MSC	BSC	BS
网间来话（CT）	1000	1000	1000	1000	1000
网间去话（CO）	300	300	300	300	300
网内通话	200	0	200	400	400

将表 12 - 8 中的话务量列乘以路由组织表对应表格，得出所有业务利用各种网元的总时长。例如，通过 BSC 的总时长等于 1000 × 1 + 300 × 1 + 200 × 2 = 1700 分钟。

然后，将每种业务使用某种网元的时长除以通过该网元的总时长，得到每种业务对该网元的相对利用率，如表 12 - 9 所示。

表 12 - 9   网元的相对利用率

单位：%

	POI	MSC	BSC	BS
网间来话（CT）	77	77	58.82	58.82
网间去话（CO）	23	23	17.65	17.65
网内呼叫	0	0	23.53	23.53
总计	100	100	100	100

最后，用每种网元的相对利用率乘以该网元的年度总成本，再横向相加得到每种业务的年度总成本；将业务年度总成本除以该业务的总通话时长，得到每种业务单位成本（见表 12 - 10）。

表 12 - 10　　　　　　　　业务成本和单位业务成本

	POI	MSC	BSC	BS	总业务成本	单位业务成本
网元单位成本	1000	800	400	400		
网间来话（CT）	769	533	235	235	1773	1.77
网间去话（CO）	231	160	71	71	532	1.77
网内通话	0	107	94	94	295	1.47

附录　模型主要模块

一　网络设计参数与算法

（一）关键假设

数据输入模块。

移动网络覆盖中有一定的室内覆盖，确切地讲，城镇全容量网中包含一定的室内覆盖。最小覆盖网络没有室内覆盖。

在建模期内，网络设计参数保持不变。

运营商之间不共享网元，例如基站站址。

网络须满足忙时话务量。模型假定各类业务的忙时在同一时间段。

采用焦化节点方法，考虑运营商的现有网络节点的数量、位置和功能，以反映网络结构的历史演变过程。

本模型运用转换系数，将短消息及数据业务量转换为等价的话音分钟数，以便于用同样的计量单位来分摊网络成本。

对于短消息，其转换系数为 0.01，计算过程如下：话音通常以13.2kbps 的速度传输，而短消息所要求的上行传输速度为 256bytes（1byte 相当于 8bit）：

短消息的话音分钟等价转换因子 ＝ （8×256）／（$13.2 \times 60 \times 1000$）
＝ 0.0026

但语音信道并不是一直占用（一般来说，它的利用率小于 50%），所以有效转换率应该高于此计算值。另外，在设计移动网络时，考虑到短消息仅在信令信道中传输，因此需要给予一定冗余容量，最终我们建议短消息转换系数为 0.01。其他国家的规制者如英国 OFTEL 使用的转换系数也是 0.01。

对于数据业务，其转换系数为 10.1，计算过程如下：话音以 13.2 kbps 的速度传输，而数据业务则以 1 MB 的速度传输，这样：

数据业务的话音分钟等价转换因子 ＝ 1000000×8／（$13.2 \times 60 \times 1000$）＝ 10.1

其中，1000000×8 是将 MB 转换成 bit 数，$13.2 \times 60 \times 1000$ 是将话音转换为每分钟的 bit 数。

（二）定义

呼叫阻塞率：试呼失败的概率。

焦化节点：当前网络中网元数量。在设计网络时，我们采用焦化节点方法，以反映网络的历史演变情况。例如，在计算 BSC、MSC 和 TMSC 网元数量时，要用到焦化节点信息。

（三）输入数据

本模块包含大量网络设计参数，具体可细分为三大类：

1. 焦化节点

当前网络所用交换网元的数量：（1）BSC；（2）MSC；（3）TMSC1；（4）TMSC2。此类数据作为约束条件，计算交换网元数量。

2. 网元容量

各类蜂窝的标准蜂窝配置信息（宏蜂窝、微蜂窝、室内蜂窝和直放蜂窝）：TRU 的平均配置数；话音信道的平均配置数；短消息/其他数据业务/信令信道的平均配置数。

各类蜂窝在不同地形下的覆盖半径，包括 900MHz 下的最小、最大半径和 1800MHz 下的最小半径。

BSC 容量：每个 BSC 忙时所能处理的最大交换能力及一个 BSC 所连 TRU 最大数。

INT 容量：每个国际网关忙时所能处理最大爱尔兰数。

MSC 容量：每个移动交换机忙时所能处理最大爱尔兰数。

TMSC 容量：每个汇接移动交换机忙时所能处理最大爱尔兰数。

POI 容量：每个本地互联网关忙时所能处理最大爱尔兰数。

HLR 容量：每个 HLR 注册的典型用户数。

短消息网关容量－每个短消息网关忙时所能处理短消息最大条数。

短消息平台容量－每个短消息平台忙时所能处理短消息最大条数。

传输容量：网络设计中各类传输设备的容量，包括实际传输容量和有效传输容量。

这部分数据用于设计移动网络。

3. 网络配置

可用频谱。每个本地网在 900MHz 下和 1800MHz 下可用的频谱带宽。

无线接口的话音信道阻塞率。此参数反映了网络的业务质量。

室内蜂窝参数——在最小覆盖和全容量网络设计中，室内蜂窝数根据一定的比例确定。

BTS－BSC 站点之间的平均传输链路长度（公里）。

BSC－MSC 站点之间的平均传输链路长度（公里）。

每个 MSC 所连 BSC 的最大平均数。

传输环参数，包括本地环、省环和国家环：传输环的平均长度；在各种地形条件下所占比例（平原、山区和山地）；地埋光缆比例；管道光缆比例；每环上节点平均数；每环上节点最大数；每个传输环中光纤环数量；传输环上再生器间距离。

每个本地网互联网关之间传输链路最小数。

每个省国际网关传输链路最小数。

短消息和数据业务的转换系数——网络设计中需将其转换成等价话音分钟数。

频谱复用系数。

各地形下小区最大覆盖半径衰减系数。

各类蜂窝站点的蜂窝配置。

900MHz 和 1800MHz 下，每 MHz GSM 载频数。

话务量不敏感网元——有些网元假设全国只设一个。

路由组织表——各类业务使用每种网元的比例。

每种网元的规划期和有效利用率。

这部分数据主要是在满足给定的话务量和覆盖要求条件下，确定各种网元的数量。

4. 计算

根据覆盖半径和衰减系数，计算各类小区在不同地形和地理位置下的最大和最小覆盖面积。

二 网络设计

（一）关键假设

结合焦化节点信息，根据自下而上建模方法，设计最小覆盖网和全容量网。

根据地理覆盖要求，设计最小覆盖网。最小覆盖成本属于公共成本，应通过公共成本加价系数来回收。

根据忙时话务量数据，设计全容量网络。全容量网络包括该网络所需全部网元。

最小覆盖网络只满足覆盖要求，不考虑其容量。它主要包括收发单元、宏站点和直放站点、基站收发系统、基站控制器和同步数字系列 – BTS – BSC 的中继链路。

蜂窝配置。为了满足覆盖要求，按照以下原则来配置蜂窝类型：

最小覆盖网络设计，包括宏蜂窝用于提供面积覆盖、直放蜂窝用于提供乡村公路覆盖、不使用 900MHz 的微蜂窝和 1800MHz 蜂窝、蜂窝数由各类蜂窝所覆盖的最大面积确定、假设宏蜂窝延伸到乡村公路覆盖区域和假设城镇公路已经被宏蜂窝完全覆盖。

全容量网络设计，包括：城镇容量网络设计使用 900MHz 宏蜂窝、900MHz 室内蜂窝和 1800MHz 的微蜂窝；乡村容量网络设计使用 900MHz 宏蜂窝和 900MHz 直放蜂窝；计算在地理覆盖约束和频谱约束下的蜂窝配置；假设宏蜂窝延伸到乡村公路覆盖区域；假设城镇公路已经被宏蜂窝完全覆盖。

地理覆盖约束下的蜂窝配置，包括：

（1）全容量网络设计的蜂窝配置需要考虑地理覆盖约束，但是一定的覆盖面积下所能配置的蜂窝数量是有限的。如果再考虑到频谱约束，我们就得出双重约束下的各类蜂窝的数量。当然，这些数量应能满足忙时话务量需求。

（2）地理覆盖约束下的蜂窝配置可作为满足忙时需求的前提。通常来说，各类蜂窝之间的比例（微蜂窝、宏蜂窝、直放蜂窝）随着忙时需求的增长和网络演化而不断变化。一旦覆盖要求不变，只要忙时话务量增长，我们就需要增加其他蜂窝的数量，如微蜂窝数量，来满足该忙时话务量。为了反映各类蜂窝的动态配置比例，模型用地理覆盖约束下的所能配置的最大蜂窝数作为各类蜂窝数量的上限。如果再考虑到各类配置蜂窝的先后次序，就可以确定动态的蜂窝数量比。

（3）900MHz 宏蜂窝可用数量由覆盖面积及覆盖半径共同确定。为了反映移动网络的演化过程，在计算容量网中宏蜂窝的数量时，我们需要根据话务量密度来选择覆盖半径。如果我们纯粹用最小半径来设计网络，其后果是宏蜂窝承载的话务量过大，甚至无须微蜂窝即可满足话务量要求。可是，网络扩容所用蜂窝一般都是微蜂窝。如果用宏蜂窝最大半径来设计网络，那么网络覆盖质量将下降，且微蜂窝数量过多，这不符合技术经济原则。

（4）900MHz 下可用室内蜂窝数，可根据模块 5 室内蜂窝与宏蜂窝比例系数确定。

（5）900MHz 下可用微蜂窝数由覆盖区域面积和其覆盖半径确定。在计算微蜂窝数量时，将使用其最大覆盖半径，这来自移动网络扩容实践。如果还不能话务量需求，则可通过增加 1800MHz 蜂窝来进一步扩容。

（6）1800MHz 下可用微蜂窝数由覆盖区域和其最小覆盖半径确定。在设计容量网络时，一般是在无法满足容量需求的情况下，才使用 1800MHz 微蜂窝来满足超载话务量。

频谱约束下的蜂窝配置。地理覆盖约束下的蜂窝数量还要满足网络频谱约束，当然，频谱约束涉及话音信道阻塞率和频谱复用系数等参数。

蜂窝配置优先次序，包括：

（1）在满足忙时话务量前提下，按照如下顺序配置各类蜂窝：一是首先使用宏蜂窝满足忙时需求。二是如果宏蜂窝容量不足，则使用其他 900MHz 蜂窝类型。三是如果 900MHz 蜂窝仍不能满足该忙时需求，则使用 1800MHz 蜂窝。

　　上述蜂窝配置的优先顺序反映了网络建立和发展的实际情况。首先用宏蜂窝和直放蜂窝满足覆盖要求，然后使用微蜂窝和室内蜂窝填充，以满足话务量增长。

　　（2）网元驱动因素。所需网元数量由网元的忙时处理能力以及与其他网元的连接比例确定。详见模块5中各种网元的驱动因素。

　　（3）网络设计中，无线网元的驱动因素主要是"话音忙时"。短消息和其他数据业务的处理能力由标准话音信道中短消息信道比例确定。我们假设短消息和其他数据业务不存在忙时。

　　传输环主要包括下列网元：BTS－BSC传输链路（SDH）：一个BTS与一条链路相连；BSC－MSC链路（BSC－MSC－L）：一个BSC与多条链路相连；本地环：包括本地网所有MSC节点和一个TMSC2节点；省内环：包括省内网所有的TMSC2节点和一个TMSC1节点；国内环：包括所有的TMSC1节点；国际网关之间的链路：每个省均有此链路；互联链路节点：本地网的互联点。

　　（二）定义

　　最小覆盖网络：最小覆盖网络是指在网络覆盖范围内的任何地方都可以拨打和接听电话。详见本书第三部分。

　　全容量覆盖网络：全容量网络用于承载当前或预测的话务量。全容量网受"忙时话务量"驱动，它包含移动网所有的网络元素，其网元数量一般大于最小覆盖网络对应网元数量。

　　（三）计算

　　本模块包含两类计算：（1）最小覆盖网络设计－满足覆盖要求所需的网元数；（2）全容量网络设计－满足容量要求所需的网元数。

　　全容量网络与最小覆盖网络之间的增量即为增量网络。如果全容量网络中网元数小于最小覆盖网络中的网元数，那么其增量为0。其计算逻辑如图12－4所示。

　　1.最小覆盖网络设计步骤

　　第1步：根据每个本地网各年的覆盖要求，计算所需蜂窝数。根据各种地表类型和地理位置组合下的覆盖要求，以及各类蜂窝的覆盖面积，计算每个本地网所需蜂窝数。其计算公式为：所需蜂窝数＝覆盖面积/蜂窝覆盖面积

网络计算步骤

图 12-4 增量网络计算步骤

第2步：计算每个本地网各年所需各类蜂窝站点数。基于蜂窝站点配置信息，以及第一步算出的蜂窝数，计算每个本地网所需各类蜂窝站点数。

第3步：计算每个本地网各年所需 TRU 数。按照最小覆盖网络的定义，假设每个小区配置 1 个 TRU。

第4步：计算每个本地网各年所需的大型基站和小型基站数。假设 1 个直放站点或室内站点只带 1 个小型基站，而 1 个宏站点则带 1 个大型基站。

第5步：计算每个本地网各年所需 BSC 数。根据网络设计参数（每个 BSC 所连 TRU 的最大数），计算各本地网每年所需 BSC 数。需要注意的是，焦化节点信息只用于容量网络设计，而不用于最小覆盖网络设计。

第6步：计算各本地网每年所需 SDH 链路长度。根据 BTS-BSC 中继链路的平均长度和 BTS 数，计算 SDH 链路的总长度。注意假设每个 BTS 仅与 1 条 SDH 链路相连。

2. 全容量网络设计步骤

忙时负荷：由于同一网元可被多种业务使用，而每种业务使用该网元的程度并不相同，因此网元的忙时负荷受各种业务路由组织影响。结合模块 5 中路由组织信息，可计算出各种网元的忙时负荷。

网元数量：容量网络设计中，我们分城镇和农村两张网，分别计算其网元数量。下面的计算步骤中，第 1 步至第 9 步为城镇容量网络设计过程，乡村容量网络设计过程与其类似。但是，由于乡村容量网络中不使用 1800MHz 蜂窝，所以乡村容量网络设计没有第 2 步。

第 1 步：计算地理覆盖约束下可用 900MHz 蜂窝数。基于模块 5 中各类蜂窝的覆盖面积，计算各本地网每年所需蜂窝数。其中乡村容量网络设计中，直放蜂窝数量按照最小覆盖网络设计中配置计算；城镇容量网络设计中，计算宏蜂窝数量时，根据话务量密度确定覆盖半径。

第 2 步：计算地理覆盖约束下可用 1800MHz 蜂窝数。基于 1800MHz 蜂窝的最小覆盖半径，计算所需 1800MHz 蜂窝最大数。其中 1800MHz 下仅使用微蜂窝。

第 3 步：计算地理覆盖约束下可用小区的总话音信道数。基于模块 5 中每个小区的话音信道配置数和上面计算所得的可用蜂窝数，计算各类蜂窝的可用话音信道数。

第 4 步：计算频谱约束下的可用话音信道数。基于每个本地网的可用频谱带宽、900MHz 下每 MHz 的载频数、频谱复用系数以及各类小区的 TRU 配置数，计算频谱约束下每个本地网的可用话音信道数。

第 5 步：在地理覆盖和频谱限制双重约束下，计算最大可用话音信道数。对于城镇 900MHz 蜂窝，频谱分配优先顺序依次为宏蜂窝、室内蜂窝和微蜂窝。对于乡村 900MHz 蜂窝，频谱分配优先顺序依次为直放蜂窝、宏蜂窝。1800MHz 下仅使用微蜂窝。

第 6 步：在地理覆盖和频谱限制双重约束下，计算最大可用蜂窝数。基于每个蜂窝的话音信道配置数，以及上面已计算出的可用话音信道数，计算最大可用蜂窝数。

第 7 步：计算可用蜂窝所能承载的最大忙时爱尔兰。利用国际电联提供的、标准的呼损率——爱尔兰表格，以及话音阻塞率和标准蜂窝配置，将第 6 步所得可用蜂窝数转换为爱尔兰数。详细的呼损率——爱尔兰表格请参见 http://www.itu.org。

第 8 步：抽样本地网的话音忙时话务量。根据全国各业务忙时话务量，以及各全国话音忙时占全国所有业务忙时的比重，计算每个本地网话音业务的忙时话务量，计算公式为：本地网话音业务的忙时话务量 = 本地忙时话务量 ×（全国话音业务忙时话务量/全国忙时话务量）。

　　考虑到用户数或话务量的增长，得到选定忙时话务量。在第9步中，我们求出各类蜂窝的数量，当然这些蜂窝应能满足该选定忙时话务量。

　　注意在模块5中的标准蜂窝配置参数中，我们已经为短消息和其他数据业务预留了一定的话音信道，因此，在计算所需蜂窝数量时，只需考虑忙时话音爱尔兰。此外，当覆盖约束和频谱约束下的最大可用蜂窝数仍不能满足忙时话务量时，说明当前的设计参数和覆盖要求不能满足该本地网的忙时话务量。

　　第9步：分配忙时话务量，得到各类蜂窝数量。利用步骤6所得的蜂窝数来分配忙时话务量，分摊顺序为900MHz宏蜂窝、900MHz室内蜂窝、900MHz直放蜂窝和1800MHz微蜂窝。乡村容量网络设计只使用900MHz宏蜂窝和900MHz直放蜂窝，城镇容量网络设计不使用900MHz直放蜂窝。

　　第10步：计算每个本地网总的蜂窝配置数。基于前面设计出的城镇容量网和乡村容量网，将各种网元分别进行加总，得到每个本地网所需各类蜂窝总数。

　　第11步：计算每个本地网各类蜂窝站点数。基于蜂窝站点所配蜂窝数，以及第10步的各类蜂窝数，计算每个本地网各类蜂窝站点数。

　　第12步：计算每个本地网所需TRU数。利用各类蜂窝TRU的标准配置，以及第10步的蜂窝数，计算每个本地网所需TRU数。

　　第13步：计算每个本地网所需大型基站数和小型基站数。假设1个宏蜂窝站点使用1个大型基站，其他类型蜂窝站点均使用1个小型基站，据此以及第12步计算所得蜂窝站点数，计算每个本地网所需的大型基站数和小型基站数。

　　第14步：计算每个本地网所需的BSC数。取下述两项较大值，并取整：（1）每个本地网的BSC忙时负荷除以每个BSC的忙时最大处理能力，并取整。（2）每个本地网的TRU数除以每个BSC所连的最大TRU数。

　　第15步：计算每个本地网所需的MSC数和TMSC数。MSC数，取下述两项较大值，并取整：（1）模块5中MSC的焦化节点信息；（2）每个本地网MSC的忙时负荷除以每个MSC的忙时处理能力。

　　本地网不使用TMSC，所以只计算抽样本地网所需TMSC总数，它由这些抽样本地网忙时负荷占全国忙时负荷的比例确定。

第16步：计算每个本地网所需 SDH 链路长度。根据 BTS - BSC 链路的平均长度，以及每个本地网 BTS 数，计算每个本地网所需的 BTS - BSC 链路总长度。注意每个 BTS 仅与 1 条 SDH 链路相连。

第17步：传输环。传输链路包括 BSC、MSC 和 TMSC 之间的链路。BSC 与 MSC 通过链路相连，MSC 相连成本地环，TMSC2 相连成省环，TMSC1 相连成国家环。

（1）计算每个本地网所需 BSC - MSC 链路长度及传输设备数。基于每个 BSC 所连的 BSC - MSC 链路数，以及第14步计算所得的 BSC 数，计算 BSC - MSC 总链路数。链路总长度根据模块 5 中 BSC - MSC 链路平均长度和总链路数计算。另外，假设每条 BSC - MSC 链路需要 1 组传输设备。

（2）计算抽样本地网所需本地网环数和相关设备数。基于每个本地环的平均节点数及最大节点数，以及第15步计算所得的抽样本地网的 MSC 数，计算抽样本地网所需本地环数。

假设每个本地环包含 1 个 TMSC2 节点。使用模块 5 中其他传输参数，确定传输环上其他网元（如光纤、管道等）的数量。

计算抽样本地网所需的省环数和相关的设备数。

基于每个省环的平均节点数、最大节点数，以及第15步计算所得的抽样本地网的 TMSC2 数，计算抽样本地网所需省环数。

假设每个本地环包含 1 个 TMSC1 节点。使用模块 5 中其他传输参数，确定传输环上其他网元（如光纤、管道等）的数量。

计算抽样本地网所需的国家环数和相关设备数。

基于每个国家环的平均节点数、最大节点数，以及第15步计算所得的抽样本地网的 TMSC1 和 INT 数，计算抽样本地网所需国家环数。

使用其他传输参数，确定传输环上其他网元（如光纤、管道等）的数量。

这里加入一个容量校验模块，以确保各类传输环能够承载对应的忙时话务量。如果传输环容量小于忙时话务量需求，则需选择其他类型的传输环以扩大传输容量。

第18步：计算互联网关之间的传输链路和传输设备。国际网关链路位于省网层次，而互联点链路位于本地网层次。

第 19 步：计算每个本地网所需 HLR 数。根据每个本地网的用户数，以及每个 HLR 所能处理的最大用户数，计算每个本地网所需的 HLR 数。

第 20 步：计算抽样本地网所需互联计费系统数。假设全国只需一个互联计费系统。根据抽样本地网的用户数占全国用户数的比例，计算抽样本地网所需的互联计费系统数。

第 21 步：计算抽样本地网所需的客户管理系统数。假设全国只需一个客户管理系统。根据抽样本地网的用户数占全国用户数的比例，计算抽样本地网所需的客户管理系统数。

第 22 步：计算抽样本地网所需的国际网关数。首先，利用抽样本地网占全网忙时话务量的比例以及全网国际话音业务的忙时话务量，求出抽样本地网的国际话音忙时话务量。其次，根据单位国际网关忙时处理能力，计算抽样本地网所需的国际网关数。最后，再考虑到用户数增长、话务量增长，以及设备规划期等因素，得到建模期内每年所需的国际网关数。

第 23 步：计算抽样本地网所需网络管理系统数。假设全中国只需一个网络管理系统。根据抽样本地网的用户数占全国用户数的比例，计算抽样本地网所需的网络管理系统数。

第 24 步：计算抽样本地网所需的互联点网元数。首先，利用抽样本地网占全国忙时话务量的比例以及全国网间话音业务（除国际话音业务）的忙时话务量，求出抽样本地网的网间话音忙时话务量。其次，根据单位本地互联网关设备的忙时处理能力，计算抽样本地网所需互联网关数。最后，再考虑到用户数增长、话务量增长，以及设备规划期等因素，得到建模期内每年所需的本地互联网关数。

第 25 步：计算抽样本地网所需的短消息网关数。首先，利用抽样本地网网间短消息量占全国网间短消息量的比例，以及全国忙时网间短消息量，求出抽样本地网的忙时网间短消息量（包括网间短消息接收和网间短消息发送）。其次，根据单位短消息网关的忙时处理能力，计算抽样本地网所需的短消息网关数。最后，考虑到用户数增长、话务量增长，以及设备规划期等因素，计算建模期内每年所需的短消息网关数。

第 26 步：计算抽样本地网所需的短消息平台数。首先，利用抽样本地网忙时话务量占全国忙时话务量的比例，以及全国忙时短消息业务量，求出抽样本地网的忙时短消息业务量。其次，根据单位短消息平台的忙时处理能力，计算抽样本地网所需的短消息平台数。最后，基于用户数增长、话务量增长，以及设备规划期等因素，计算建模期内每年所需的短消息平台数。

第 27 步：计算抽样本地网所需的信令网系统数。假设全中国只需一个信令网系统。根据抽样本地网的用户数占全国用户数的比例，计算抽样本地网所需的信令网系统数。

第 28 步，计算抽样本地网所需的智能网平台数。假设全中国只需一个智能网平台。根据抽样本地网的用户数占全国用户数的比例，计算抽样本地网所需的智能网平台数。

3．计算结果

由本模块可以得到：（1）最小覆盖网络设备数；（2）全容量网络设备数、全网络设备数，其中覆盖网络设计网元数与全容量网络设计网元数其取大值。

三　计算网元成本

本模块计算全网总成本和增量网成本，以及单位网元的增量成本。

（一）关键假设

全容量网与最小覆盖网之间的增量，即为增量网络。如果最小覆盖网络中某些网元的数量小于全容量网络对应网元的数量，那么该网元的增量为 0。

随着网络容量的增加，每类网元在各年都有一定的增量，但在不同年份购买的网元的成本并不相同，所以需要计算各年投入的网络设备在成本测算年的成本。

（二）需要数据

全容量网元数量和最小覆盖网元数量；网元年度总成本（引用模块 4：经济成本计算）。

（三）计算

第 1 步：计算增量网网元数量。根据全容量网网元数量和最小覆盖网网元数量，得到增量网网元数量。

第 2 步：计算增量网中各种网元的年度增量。比如假设增量网中，2003 年的 TRU 数为 203，2004 年的 TRU 数为 225，则 2004 年 TRU 的增量为 22（225 − 203）。

第 3 步：计算每个网元的总增量成本。用单位网元成本乘以本模块各网元的增量，得到每种网元总增量成本。

而一些传输类网元（如 Fibre，duct，ADM）的成本，则按照各类传输所占比例，分摊到各类传输环、链路上（本地环、省环和国际环等）。

（四）计算结果

由本模块得出每种网元的总增量成本。

四　路由系数

（一）关键假设

基于移动网络拓扑结构及路由组织表，得到路由系数矩阵。

（二）定义

业务路由系数：各类业务对每种网元的相对使用率。

（三）输入数据

路由组织表；全容量网络中大型基站与小型基站比例，以及四类蜂窝站点之间的比例。

（四）计算

利用路由系数将网络成本转换为业务成本，其计算分为两类：

第一，路由组织表中只包含各类业务对基站或者小区站点的使用情况，不包括对小型基站、大型基站或者各类小区的具体使用情况，所以要得到各类业务对某种基站的使用情况，就要根据全容量网络设计中小型基站和大型基站的比例，以及各类小区的比例信息。例如，假设路由系数表中，某种业务对蜂窝站点的路由系数为 2，那么此业务对宏蜂窝的路由系数就等于：2 ×（宏蜂窝站点数/蜂窝站点总数）。

第二，由于路由组织表只表示某类业务在不同路由情况下对某种网元的占用情况，并不表示对某种网元的综合占用情况，所以，需要根据路由组织表进行计算。例如，假设网内省内长途业务，其 55% 的话务量使用 1 次 TMSC1，其 45% 的话务量使用 2 次 TMSC1，那么路由系数表中此业务对 TMSC1 的利用系数为：（1 × 55%）+（2 × 45%）= 1.45。

五　业务成本计算

（一）关键假设

根据增量网中各网元总成本和业务路由系数，计算各类业务的单位增量成本。

本模型为全业务长期增量成本模型，对应的，增量成本为全业务长期增量成本。

（二）计算

将抽样本地网的各类话务量分别加总。对于短消息和其他数据业务，则利用转换系数转换成等价的话音分钟数。

单位增量成本计算步骤如下：

第1步：计算各类业务对每种网元的使用量。将抽样本地网各类业务的话务量分别乘以每种网元对应的业务路由系数，得到各类网元被利用的总时长。

第2步：计算各类业务对每种网元的相对利用率。将各类业务对每种网元使用量除以第1步中每种网元的总使用量，得到了各类业务对每种网元的相对利用率。

第3步：计算各类业务单位增量成本。将各类业务对每种网元的相对占用率乘以此网元总成本，然后横向加总得到了各类业务的年度总成本。各类业务成本除以抽样本地网的对应业务的总话务量，就得到了单位业务成本。

（三）计算结果

本模块计算得到各类业务每年总成本以及各类业务每年的增量成本。

六　公共成本加价

（一）关键假设

公共成本用长期增量成本的百分比表示；流动资金成本和最小覆盖成本为公共成本；共享成本和公共成本为另一类公共成本。

（二）定义

加价：增量成本乘以加价系数得到的成本，用于回收不能直接分摊到具体业务的公共成本。

流动资金：用于补充商业活动中不连续的现金流，并为到期账单提供支付。在本模型中，如果缺少具体信息，则按40天计算所需流动资金。

（三）计算

第1步：计算流动资本成本。

首先，根据模块6的全容量网络网元数量，计算每种网元的年度增量。例如，在全容量网络中，假设2003年TRU数量为203，2004年TRU数量为225，那么2004年TRU增量为22。

其次，计算全容量网络总成本。将全容量网每年的网元增量乘以对应年份的网元年度成本，得到增量网络总成本。

再次，计算每年所需的流动资金。其计算公式为：

流动资金 =（所需流动资金天数/365）×全容量网络总成本

最后，计算流动资金成本。其计算公式为：

流动资金成本 = 流动资金×WACC

第2步：计算最小覆盖网络成本。

首先，计算最小覆盖网中各类网元的年度增量。例如，在最小覆盖网络中，假设2003年的TRU数为203个，2004年的TRU为225，那么2004年TRU增量为22。

其次，计算覆盖网络总成本。将上述覆盖网网元增量乘以对应网元年度成本，得到覆盖网络的年度总成本。

第3步：计算流动资金和最小覆盖加价系数。将每年的流动资本成本和覆盖网络总成本相加，再除以增量网总成本，得到第一项加价系数。

第4步：计算总加价系数。其计算公式为：

总加价系数 =（1 + 第一项的加价系数）×（1 + 公共成本加价系数）− 1

按照上述步骤，计算各年加价系数。

（四）计算结果

由本模块计算得出每年公共成本加价系数。